世界珍稀古地圖中的臺灣

從古羅馬到日本帝國，
跨越2000年，
從 **83** 幅珍稀古地圖發現臺灣

目次

第 1 章　宗教與知識的火花＊十五世紀之前

第2章 航海大發現與殖民主義＊十六世紀

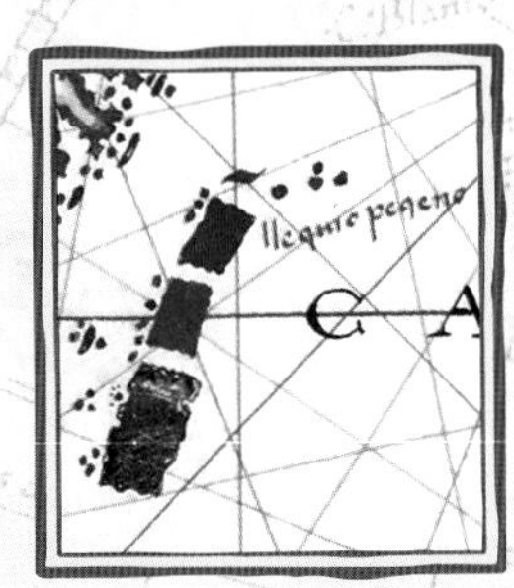

第3章 荷蘭黃金時代與宗教改革運動＊十七世紀

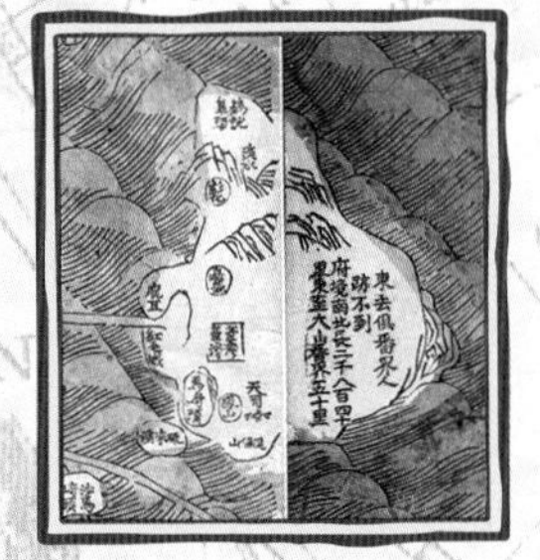

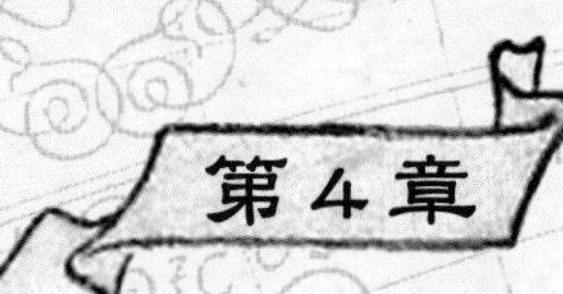

第4章 工業革命與啓蒙運動＊十八世紀

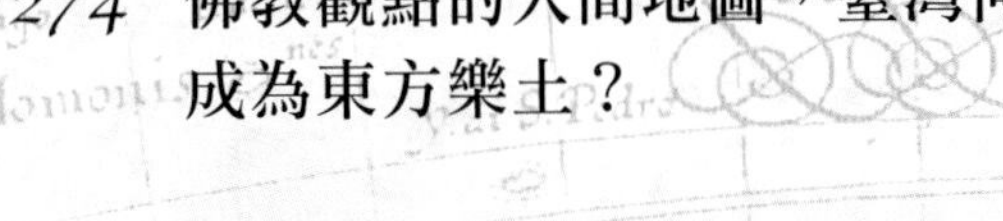

第5章 民族主義 vs 新帝國主義＊十九世紀

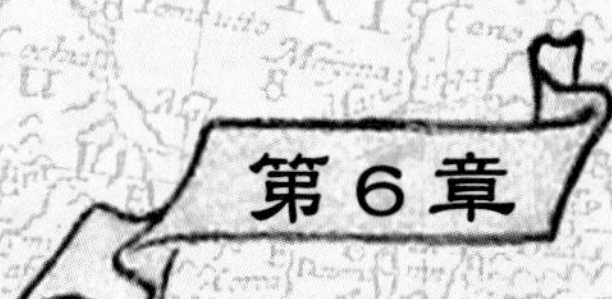

第6章 獨立運動與世界大戰＊二十世紀

臺灣登上國際舞臺的滄桑史

／王存立

臺灣在哪裡？這個簡單問題的背後卻隱藏著複雜難解的恩怨情仇。在國際地位上，臺灣曾是聯合國安理會五個常任理事國之一的政府所在地，舉足輕重；但在政治現實中，臺灣也曾被眾多的盟友背棄，嘗盡世態炎涼。

西拉雅族捕鹿圖（乾隆年間的《六十七兩采風圖合卷》）

臺灣雖然沒有被擊倒，但打落牙齒和血吞的滋味卻如此苦澀。「行不改名，坐不改姓」的基本骨氣，在參與國際活動時，竟然成了能否列席的悲憤抉擇。

從1945年日本戰敗無條件投降，聲明「放棄對於臺灣、澎湖群島的一切權利」開始，直到今天，在臺海兩岸長期對峙、國際間爾虞我詐的多次折衝過程中，「臺灣主權未定論」爭辯了七、八十年。

除了主權模糊，臺灣這個亞洲第十大島，中國近海第一大島，只在中國古籍中隱約出現幾次「疑似」的身影，縹緲而模糊，既遠遜於西漢時便設立珠崖、儋耳郡的海南島，更不如1372年時向明朝進貢的琉球國（沖繩島）。即使臺灣面積是琉球群島的10倍，仍被貶稱為小琉球，甚至在地圖上被占去位置，消失無蹤。直到地理大發現時期的十六世紀中葉，才漸漸以「美麗島」（Formosa）之名嶄露頭角。

其實早在1000萬年前，因為菲律賓海板塊不斷朝西北推擠歐亞大陸板塊，使得歐亞大陸板塊東緣的海底盆地和陸棚沉積層，逐漸被推升到海面上，與2000萬年前冒出海面的幾座火山島合為一體，形成一座大島。於是西太平洋的廣大舞臺上，多了一位狀似番薯的新演員，準備粉墨登場，演出歷史大戲。

到了10,000～5,000年前，這座大島上開始出現「南島民族」，其中人口最多、勢力最強的西拉雅族，曾在南部海岸的一個沙洲上建立「臺窩灣」（Teyowan）部落。

明朝天啟四年（1624年），入侵的荷蘭東印度公司驅離該沙洲上的西拉雅族人，建立了熱蘭遮城（Zeelandia），作為商館與行政中心。這些外來者參照「臺窩灣」的西拉雅語發音，稱當地為「大員」（Teowan、Tayouan或Taioan）。殖民政府以大員長官為最高行政首長，總攬全島行政事務，同時設有大員評議會，為最高決策機構，因此「大員」也常作為全島的代稱。

崇禎年間（1628～1644年），明給事中何楷在〈論閩省海賊疏〉中說：「賊窟為何？臺灣是也。臺灣在彭湖島外，水路距漳、泉約兩日夜。其地廣衍高腴，可比一大縣；中國版圖所不載。初，窮民至其處，不過規漁獵之利已耳；其後見內地兵威不及，往往聚而為盜。近則紅夷築城其中，與奸民私相互市，屹然成大聚落矣。」崇

1644年《荷蘭聯合東印度公司的起源與發展》書中的熱蘭遮城

禎十二年（1639年）給事中傅元初也在〈請開洋禁疏〉中提到，閩海之民「往往至島外區脫之地曰臺灣者，與紅毛番為市。」以北京官話發音的「臺灣」代替「臺窩灣」或「大員」，是最早出現「臺灣」一詞的文獻。

明永曆十五年（1661年），鄭成功趕走熱蘭遮城的荷蘭人，建立承天府，將島名改為「東寧」。康熙二十三年（1684年），清朝接受鄭氏王朝的投降，將東寧納入版圖，設立臺灣府，臺灣的正式官方名稱從此確定。

其實，臺灣曾有許多不確定的古名，從秦代的「瀛洲」、漢代的「東鯷」、三國的「夷州」、隋唐的「流求」、宋代的「毗舍耶國」、元代的「琉求」、一直到明清的「小琉球、雞籠山、東蕃、鯤島」等，眾說紛紜，莫衷一是。而臺灣的外文名字也不一而足，除了上述的Teowan等之外，還被稱為Lequeo pequeno、Lequio minor（小琉球）、Formosa（福爾摩沙）、Hermosa（艾爾摩沙，西班牙文）、Pakan（北港）、タカサコ（高砂國）等。

除了名稱之外，臺灣在中國古地圖中的形狀也是一變再變。從最早以一個小黑點的形式出現在「唐十道圖」上開始，到清朝的最後一幅臺灣地圖為止，臺灣島的外貌造型不下十幾種。至於外國古地圖中的臺灣形狀也是不遑多讓，橫豎彎直，甚至一分為三，令人眼花撩亂。

名稱與外貌多變的臺灣登上人類文明的舞臺，雖可上溯至50,000～10,000年前的舊石器時代，但一般以1624年荷蘭人占領臺灣後，傳入羅馬拼音給原住民書寫當時平埔族語言的新港文為史前與歷史時期的分界點，所以有人認為臺灣有400年的歷史。

至於早在1800年前的吳大帝黃龍2年（西元230年）進征夷州；1400年前的隋煬帝大業6年（西元610年）攻打流求；800年前的元成宗元貞3年（西元1297年）討伐瑠求等數次中國大陸對臺軍事行動，均以招撫、征討、俘虜或宣揚國威為目的，對這個化外之地，並無長遠的教化與開發計畫，因此漢文化並未在這座荒島上扎根。

洪武四年（1371年），為了防止沿海奸民私通倭寇，明朝政府頒布「海禁令」，嚴禁私自出海與外國互市，也限制外國商人到中國進行貿易。無法得到明朝政府許可的外國商人，只好與鋌而走險的中國沿海居民做起私販生意，雙方交易的地點包括遠離明朝官府勢力範圍的臺灣。

《抗倭圖卷》局部（明朝嘉靖年間）

中國東南沿海地區經過倭寇及海盜多年肆虐後，駐守江南、浙江的水師防務能力大幅增強，使得倭寇及海盜在當地討不到便宜，只好南移，以臺灣為基地，將活動範圍轉移到中國、東南亞間海域。明泰昌元年（1620年）時以臺灣為基地的中國海盜據說曾多達上萬人。

到了清朝，為了斷絕中國沿海居民對臺灣鄭氏王朝的接濟，於康熙元年（1662年）下令從山東省至廣東省沿海的所有居民內遷50里，並將該處的房屋全部焚毀，不准沿海居民出海。此舉使沿海居民生計斷絕，流離失所，「濱海數千里，無復人煙」。

但是明清數百年來的海禁政策，反而導致海盜和走私的活動更為猖獗。被康熙朝中部分大臣視為「海外丸泥，不足為中國加廣。裸體文身之蕃，不足與共守」的蠻荒之島臺灣，果然成為中國海盜與西方貿易侵略者盤據或藏身之處。

占據臺灣南部大員的荷蘭為了與中國及日本進行貿易，與當時僑居日本最有影響力的海盜李旦合作，而李旦的主要根據地則在臺灣中部的北港。明天啟六年（1626年），一直備受荷蘭威脅的西班牙，為了不讓其從馬尼拉到日本的航線被荷蘭以臺灣從中切斷，於是派軍占領臺灣北部的基隆與淡水。此時臺灣島上有荷蘭、西班牙、中國海盜等三股勢力據地為王。

西班牙占領基隆後所繪的《臺灣島西班牙人港口圖》（*Descripcion del puerto de los Espanoles en Ysla Hermosa*）

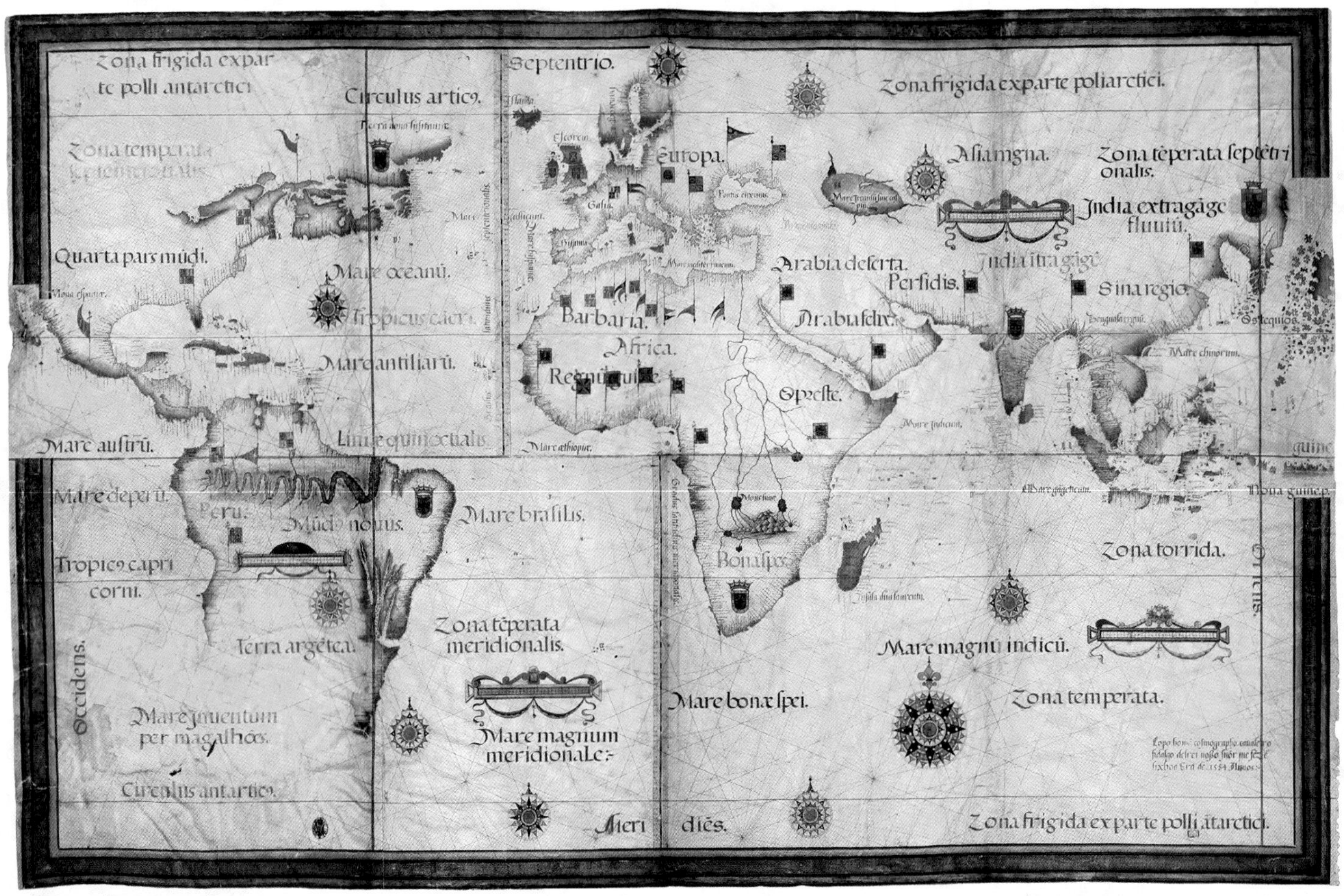

1554年《球體投影航海圖》

臺灣終於有機會登上國際舞臺，但演出的角色卻不太光彩，既是「賊窟」，又是走私貿易的據點。雖然如此，1540年代開始就有外國水手稱呼它「美麗之島」（Ilha Formosa），但直到1554年，在葡萄牙製圖家羅伯．歐蒙（Lopo Homem）繪製的地圖《球體投影航海圖》（*Planisfero nautico*）上才首次將臺灣島標示為Fremosa（應是Formosa的誤寫）。在此之前，西洋古地圖中的中國東南方海面上，不是杳無島蹤，就是有島無名。臺灣在哪裡？

本書雖從好奇的觀點搜尋古地圖中的臺灣蹤影，但更深層的意圖是想從各個面向，探討各國歷代古地圖中的臺灣樣貌，以及當時的臺灣在世界歷史與地理座標中占了什麼樣的位置？因此除了敘述該幅古地圖的繪製背景、繪製者簡介之外，也探討圖中臺灣的呈現方式，以及當時的世界發生了哪些直接或間接影響臺灣的重大事件，採用不違背史實的通俗觀點，與讀者分享古地圖中人事物相關的歷史典故與趣聞。希望在輕鬆的尋幽訪古過程中，進一步了解臺灣這個滄桑而美麗的島嶼。

編寫本書的過程長達十年，非常感謝貓頭鷹出版社的包容，允許我不斷更換蒐集到的精采古地圖，以及定稿前青刊社地圖工作室黃清琦老師的細心訂正；也感謝在此期間協助整理圖文資料的邱艷翎、陳文怡與不厭其煩修改編排的陳致儒等三位工作夥伴。當然，對於無怨無悔忍受我多年埋首書稿的家人，除了感謝，還有些許的愧疚。

如今，在近千幅古地圖中尋找「臺灣在哪裡」的答案終於浮現：對於每一位認同這塊土地的人而言，不論身在何處，「臺灣就在我們心裡。」

如何使用本書

本書依地圖繪製或出版的年代排序，從中世紀到十九世紀分為六章。讀者可以循序漸進，從每一幅地圖問世的時空背景、當代發生直接或間接影響臺灣的世界大事，探索臺灣以何種身影隱藏或出現在古地圖中。

除了上述基本架構及書後的索引，本書還有下列幾項功能，可以協助讀者閱讀本書時，更容易按圖索驥，延伸拓展，增加閱讀的收穫與樂趣。

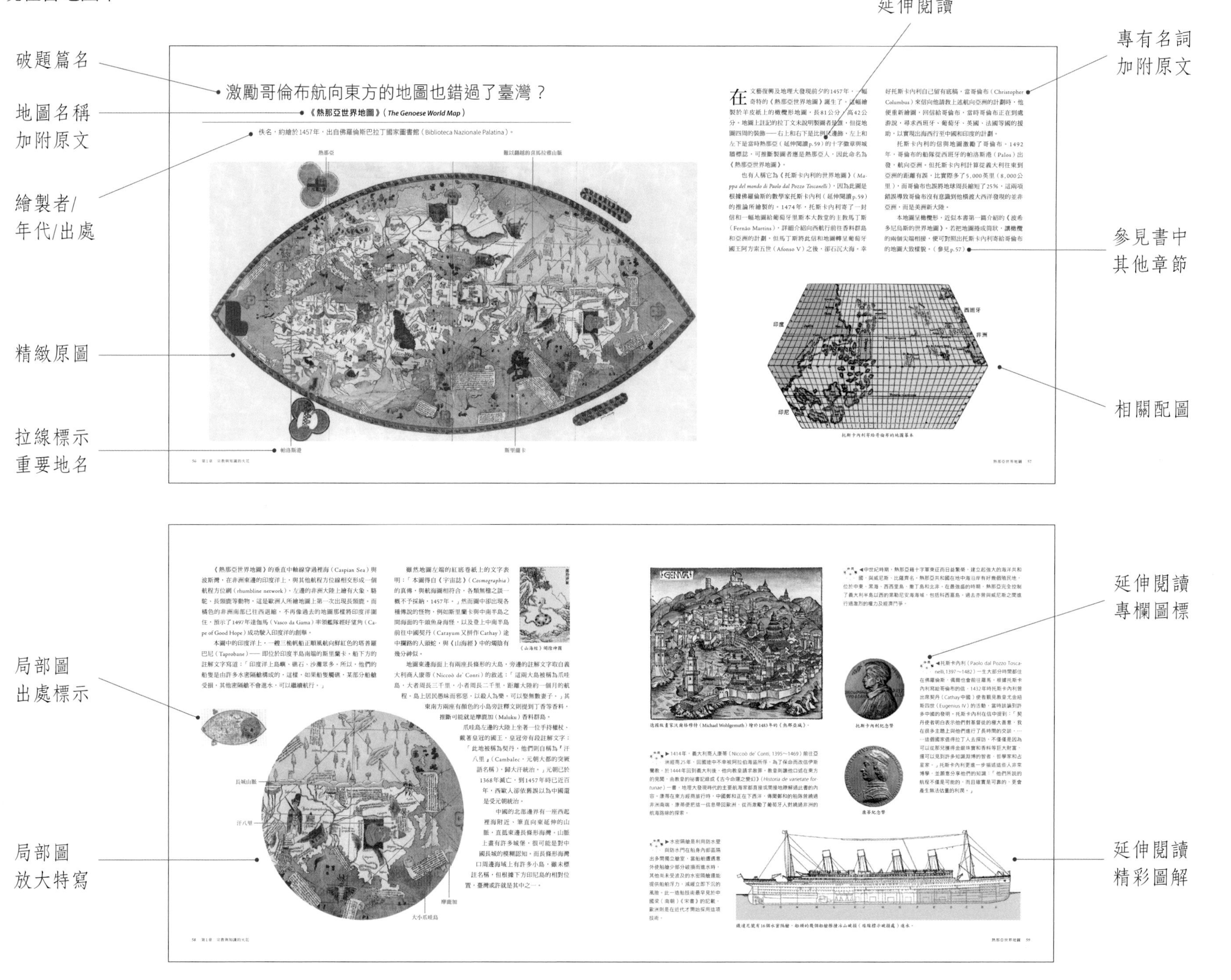

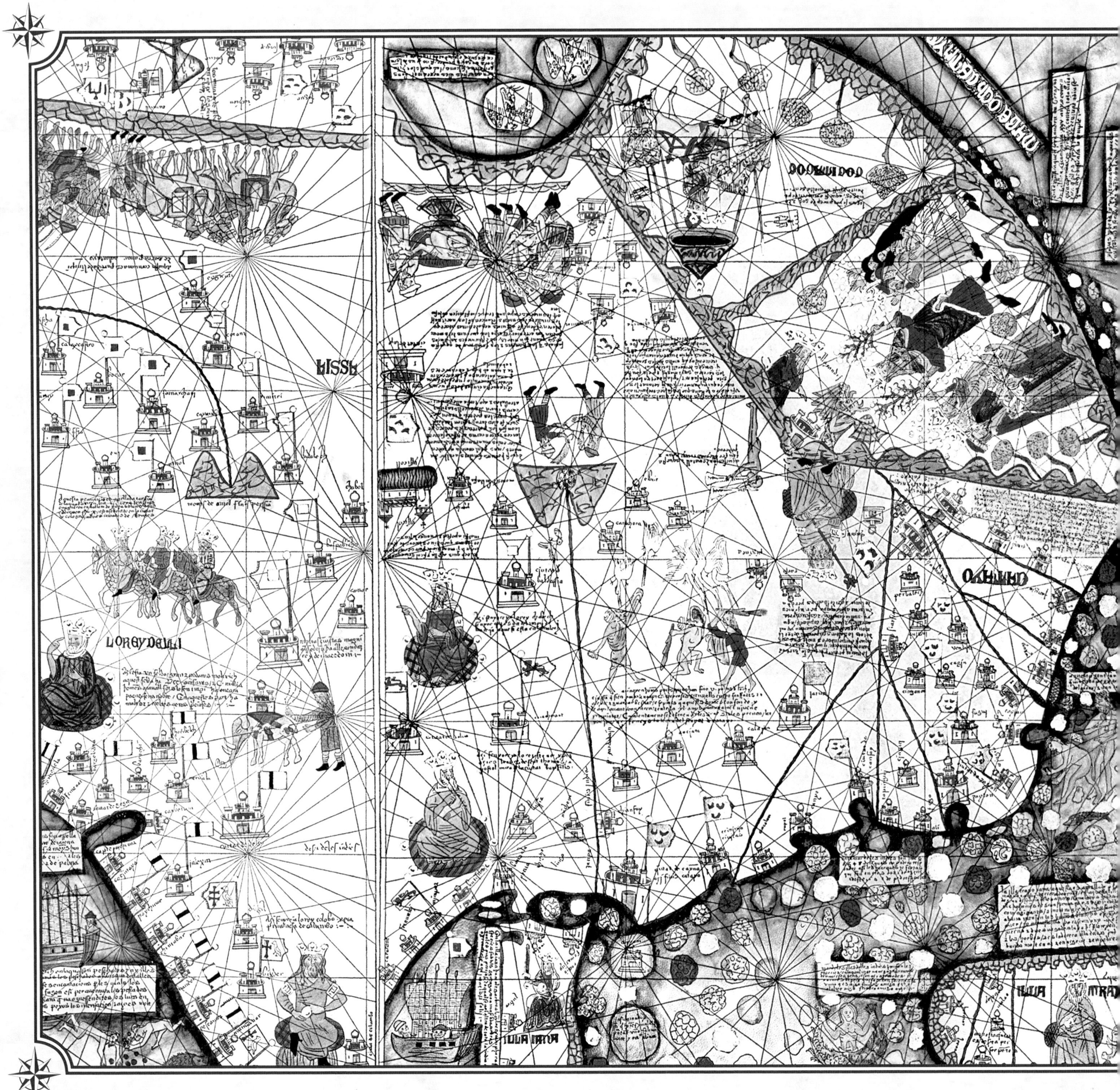

LO REY DELLI

ILLA IAUA

第 1 章

宗教與知識的火花

十五世紀之前

要將地球拋向何方？

《波希多尼烏斯的世界地圖》（*Sphendonē, hoc est, fvnda Posidonii*）

西元前100～70年，佩特魯斯．波提烏斯（Petrus Bertius）重繪於1628～1630年。

西元1628～1630年，波提烏斯（Petrus Bertius）重繪希臘哲學家波希多尼烏斯（Posidonius，約135～51B.C.）對世界的看法，認為地球像拋石繩中的承石袋一樣，中間寬，兩端呈錐狀。

波希多尼烏斯曾四處旅行，增廣見聞，被譽為「當代最有學問的哲學家」，他的著作《關於大洋和鄰近地區》卻極度誇大適合人類居住的地區，從直布羅陀海峽到印度的長度，占了整個地球的一半。此一錯誤觀念被托勒密（Ptolemy）以降的歐洲地理學家、天文學家和製圖家引用及發揚，直到十六世紀文藝復興時期。

在航海大發現的年代，此一錯誤觀念導致人們對未知世界的大小認知跟著出錯，最有名的例子是哥倫布堅信，向西航行即可抵達大西洋對岸的印度。

本圖的右端是當時歐洲人認為的遠東地區，由於所知有限，在伊毛姆山脈（Imaum，泛指帕米爾高原、興都庫什山脈，延伸到喜馬拉雅山脈）右側，就只有三個地名：Scythia（斯基泰，古波斯語稱為Sakā，譯為塞克或薩迦）、Seres（塞里斯，源於中國字「絲」，是古希臘人對中國西北的稱呼）與Sinae（塞里斯南部，拉丁文字首Sino-代表「秦國的－」，後來泛指中國）。

至於當時的臺灣，就如同與波希多尼烏斯同一年代的司馬遷（約135～86B.C.）在《史記》中的記載：「齊人徐市等上書，言海中有三神山，名曰蓬萊、方丈、瀛洲，僊人居之。」西元前210年，祈求不死之藥的秦始皇南巡至會稽（今浙江附近），登高遙望海上，冀遇海中三神山而不可得。本幅古地圖右端的陸地盡頭也是茫茫的大海，號稱「蓬萊仙島」的臺灣並未現身，而緣慳一面的皇帝最終則含恨病死於回程中的沙丘，三年後大秦帝國滅亡。

帕米爾高原（Photo by Irene 2005 CC BY 2.0）

延伸閱讀 ◀▼自古以來，拋石繩被用於打獵、戰鬥、放牧等。《聖經．撒母耳記》裡曾記載：「大衛用手從囊中掏出一塊石子來，用機弦（拋石繩）甩去，打中非利士人（歌利亞）的額，石子進入額內，他就仆倒，面伏於地。」波希多尼烏斯以拋石繩袋來形容地球，是想將地球拋向無邊的宇宙？還是無敵的天神？

延伸閱讀 ▶斯基泰人活動於俄羅斯平原一直到內蒙古和鄂爾多斯沙漠，是歷史記載中最早的游牧民族。西元前512年時，斯基泰人曾以焦土戰術令波斯王大流士一世（Darius I）的東進霸業受挫。右圖描繪斯基泰使者將謎題似的國書呈給大流士一世，表明侵略斯基泰將付出重大代價。

延伸閱讀 ▶西元前120年時，漢朝大將衛青、霍去病追擊匈奴二千餘里，擄殺匈奴八、九萬人，匈奴遠遁。西元前117年時，張騫出使西域，至大宛（今俄羅斯中亞東部）、康居（今俄羅斯中亞北部）、大月氏、大夏（今阿富汗北部）。西元前115年攜烏孫使者返回長安，西域交通從此打開。西元前105年時，漢與烏孫和親，漢使西逾葱嶺，西域諸國皆奉使於漢，前後不絕，葡萄、苜蓿等物隨之傳入中國。

張騫雕像

最古老世界地圖集裡的臺灣蹤影

《托勒密觀點的世界地圖》（*Darstellung aus Ptolemäus' Sicht der Erde*）

約作於西元150年，約翰尼斯・德・阿姆賢（Johannes de Armsshein）重繪於1482年。

西元一世紀前繪製的地圖多為單幅的區域地圖或世界地圖。克勞狄烏斯・托勒密（Claudius Ptolemy，約西元90～168年）所著的《地理學指南》（*Geographike Hyphegesis*或*Geographia*）是最古老的世界地圖集，雖然原始手稿已經佚失，但仍有一些手稿副本留存下來。它記述了歐、亞、非三大洲共約8100處地點的經度值、緯度值及當地山川景物等情況，最後附了一幅世界地圖及26幅區域地圖（歐洲10幅、亞洲12幅、非洲4幅）。

該幅世界地圖經度0°從西方的「幸運群島」（Fortunate Islands，即加那利－馬德拉Canary Madiera群島）開始，到東方的卡蒂加拉（Cattigara，位於古稱交趾的越南），托勒密在貫穿兩地的赤道上，每隔5°劃分成36條經線共180°（延伸閱讀p.19）。緯度則從北緯63°至南回歸線的23.5°，因為當時的地理學家所知道的「人類居住世界」就在此範圍之內。

地圖中，南方有一塊未知的大陸連結非洲南部與東方的亞洲，包圍著當時人們認為的最大海洋——印度洋（Mare Indicum或Mare Prasodum）。就連位於印度南方的斯里蘭卡（Sri Lanka）都被放大了約14倍，名之為塔普羅巴尼島（Taprobane）。其實早在西元前112年，漢武帝已平定南越，設置九郡。隨後便派使者前往南海海域進行官方貿易，最遠就曾到達此島，當時稱為「已程不國」。

幸運群島

馬德拉群島（Photo by Bengt Nyman CC BY 2.0）

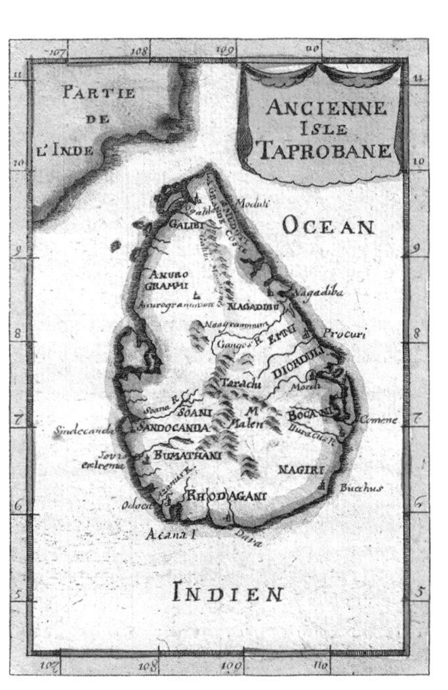

1683年塔普羅巴尼島古地圖

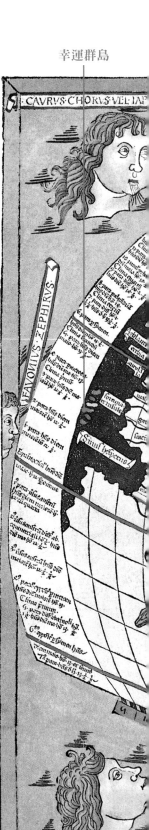

卡蒂加拉

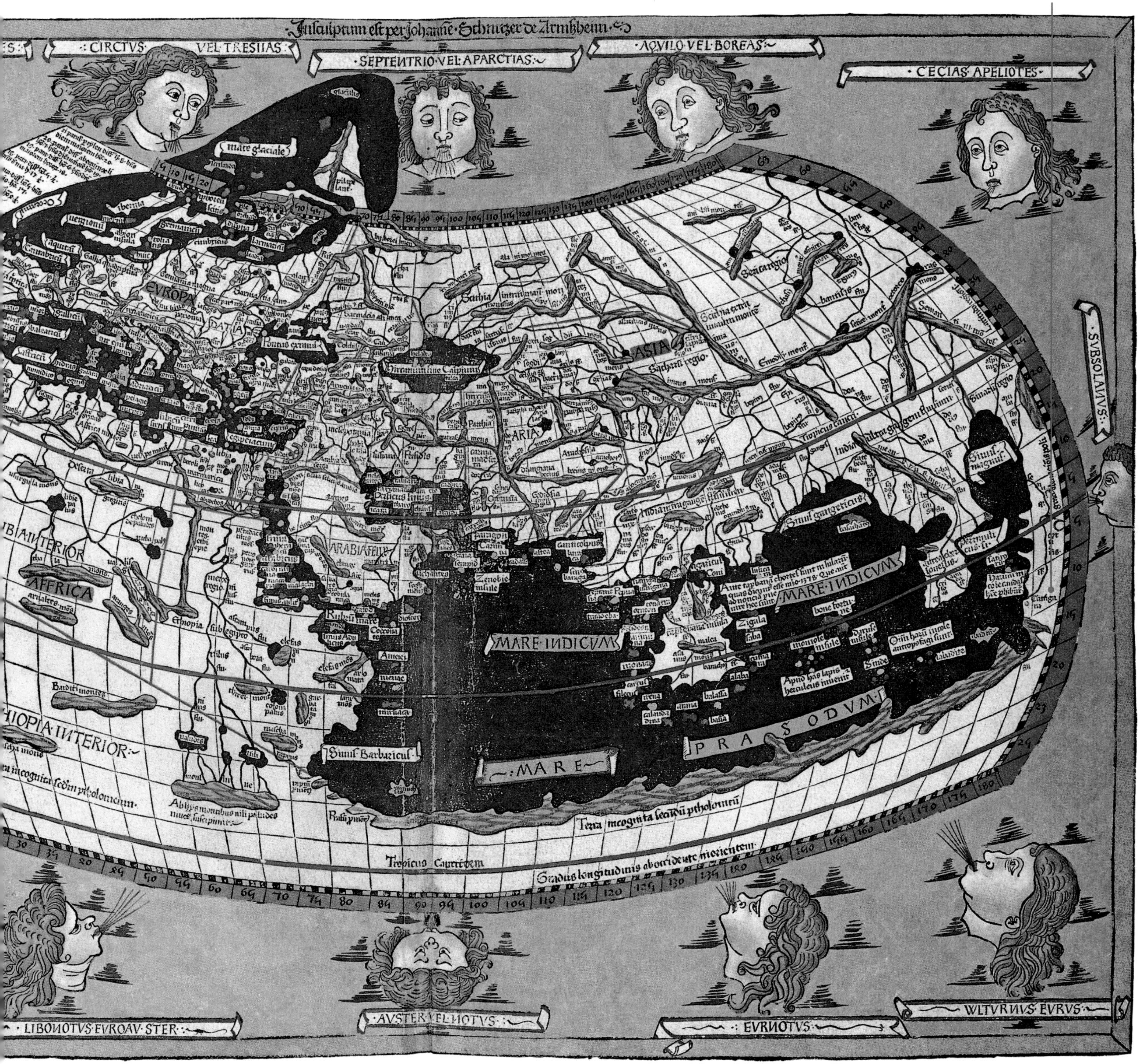

CIRCTUS VEL TRESIAS
SEPTENTRIO VEL APARCTIAS
AQUILO VEL BOREAS
CECIAS APELIOTES
SUBSOLANUS
mare glaciale
EUROPA
ASIA
AFRICA
ARABIA FELIX
MARE INDICUM
MARE
PRASODUM
ETHIOPIA INTERIOR
Tropicus Capricorni
LIBONOTUS EUROAUSTER
AUSTER VEL NOTUS
EURNOTUS
WLTURNUS EURUS

1467年版的《地理學指南》手稿，收藏於波蘭的扎莫伊斯基（Zamoyski）圖書館。

塔普羅巴尼島的右上方標示著恆河灣（Sinus Gangeticus），即今日的孟加拉灣（Bay of Bengal）。船隻若繼續往東航行，繞過馬蹄形或牛蹄形的黃金半島（aurea chersonesus，今日的馬來半島），就會進入地圖最右邊的大海灣（Sinus Magnus）。然而相較於恆河灣，所謂的「大」海灣顯然名不符實，推測是因為此處已達「人類居住世界」的極限，即使仍有大片未知的土地與海洋，卻都得在此結束，因此原本涵蓋泰國灣與部分南中國海的「大」海灣，被嚴重彎曲的中南半島局限在狹窄的5°空間內，而且原本的「半島」也被迫連上了南方的不知名大陸。

大海灣上方的陸地寫著拉丁文Sina-regio（中國地區），從中南半島的相對位置而言，應是指當時中國漢朝西南邊陲的交州。至於位於中南半島東方海面的臺灣，仍然隱藏在尚未被發現的太平洋中。其實早在繪製本圖的二百多年前（西元前112～111年），由於漢武帝征討南越與閩越，根據《史記．南越列傳》記載，不少越人逃亡入海，而距離最近的宜居大島就是澎湖與臺灣，推想當時已有越人移居島上。

到了托勒密《地理學指南》問世80年後的黃龍二年（230年）正月，東吳大帝孫權派衛溫、諸葛直帶領上萬士兵出海尋找夷洲、亶洲，想俘回該地民眾來充實東吳的人口，陸遜和全琮都直諫反對：「不當遠涉不毛，萬里襲人，風波難測。又民易水土，必致疾疫，欲益更損，欲利反害。且其民猶禽獸，得之不足濟事，無之不足虧眾。」但孫權不聽。結果「衛溫、諸葛直軍行經歲，士卒疾疫死者什八九，亶洲絕遠，卒不可得至，得夷洲數千人還。溫、直坐無功，誅。」（《資治通鑑》）

歷史學者利用《臨海水土志》中之記事與《隋書．流求國傳》互相比較，部分學者認為夷洲可能就是臺灣。至於當時被擄回吳國的數千名夷洲人，命運如何？是否如陸遜等人所言般視如「禽獸」？有無繁衍後代？仍待進一步查找史料。

延伸圖讀 ▶托勒密很可能是根據埃及的亞歷山卓（Alexandria）圖書館中的月食紀錄文獻資料，以兩地的時間差與距離來推算地圖上的經度，因為托勒密幾乎一輩子都住在亞歷山卓。這座繁華的商業城市與學術重鎮由亞歷山大大帝（Alexander the Great）建於西元前334年左右，是托勒密王朝的首都，聚集了來自世界各地的航海者和商隊，提供了收集遠處知識的機會。右圖中港口前方紅框處為世界七大奇蹟之一的法羅斯島（Pharos）燈塔。亞歷山卓圖書館位於港口後方的紅框處，曾是世界上最大的圖書館，由托勒密一世建於西元前三世紀，後來遭火焚毀。

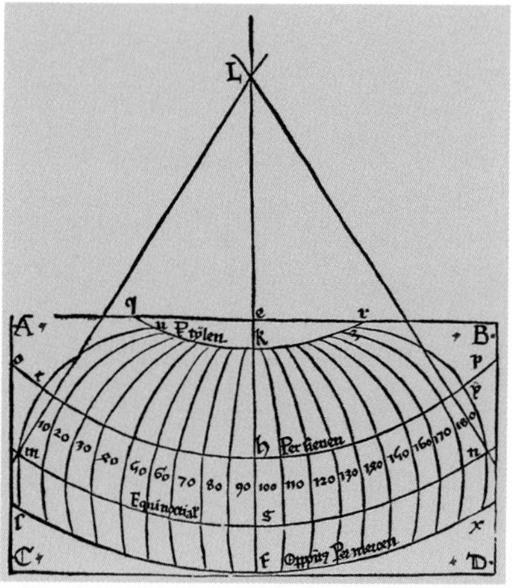

◀西元前三世紀時，古希臘人便已確立地圓的概念，對專精於數學與天文學的托勒密而言，無法迴避地圖的投影問題。因此《地理學指南》中的這幅世界地圖，托勒密以位於北極上空的某一點為圓心，畫出各圓弧，代表不同的緯線，而各經線則是從該點向下輻射的弧線。在當時，地理緯度可由天文觀測來確定（例如測定一年中圭表在當地影長的變化），地理經度則可由在兩地分別觀測同一次日食或月食來確定（獲得兩地的經度差）。

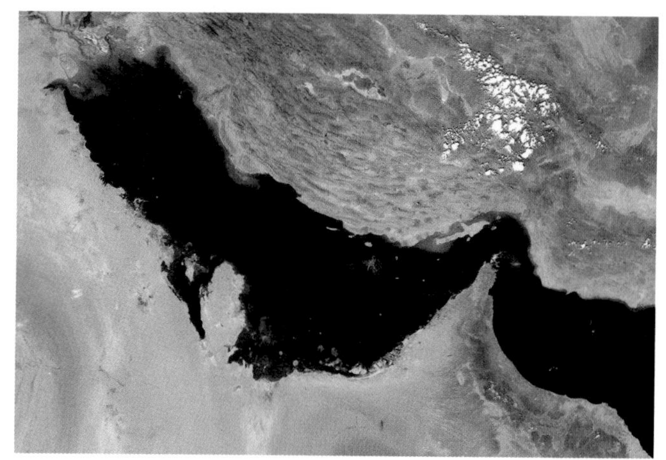

波斯灣右岸內凹處的伊朗荷莫茲（Hormuz）自古以來是貿易的重要據點。（NASA）

▲繪製《托勒密觀點的世界地圖》時，羅馬帝國疆域達到最廣，橫跨歐、亞、非三大洲，而中國大漢帝國卻被王莽所篡，西域諸國陸續背叛，直到西元73年，班超出使西域才恢復暢通。西元94年，班超大破焉耆、尉犁，西域五十餘國紛紛臣屬中國，大秦（羅馬）、條支（今伊拉克）等國皆遣使來獻。

三年後，班超遣甘英出使大秦、條支，至安息（今伊朗）西界臨海（波斯灣）時，安息人對甘英說：「海水廣大，順風時三個月才能到達，若遇逆風，船上便得準備三年的糧食。」還大肆渲染海上航行的恐怖。其實北經敘利亞的陸路途徑也可順利前往大秦，但因為安息長期以來將漢朝的絲織品轉售給大秦，從中獲取壟斷的暴利，當然不願讓漢朝直接與大秦往來，因此惡意阻擾，一直到了西元166年，羅馬才遣使來到中國。

亞歷山卓鳥瞰圖（約繪於1575年）

條條大路通羅馬？臺灣呢？

《波伊廷格地圖》（*Tabula Peutingeriana*）

阿格里帕（Marcus Agrippa）等繪於西元328～400年，科爾馬（Colmar）修道院修士摹繪於1265年，
康拉德．米勒（Konrad Miller）增補摹繪於1887～1888年，出自奧地利國家圖書館（Österreichische Nationalbibliothek）。

本地圖可說是羅馬帝國的跨洲公路網路線圖，覆蓋範圍大致從英格蘭到中國。製圖師當時是遵照羅馬帝國開國皇帝奧古斯都（Augustus）的女婿阿格里帕（Marcus Agrippa）的命令繪製的。原始版本已經佚失，它的摹本是1265年時由法國科爾馬（Colmar）的一位道明會（Dominican）修士描繪在羊皮紙上，整幅地圖長6.75公尺、寬34公分。1507年時，奧格斯堡的收藏家波伊廷格（Konrad Peutinger，1465～1547）獲得此圖，後人便以他的名字將這幅地圖命名為Tabula Peutingeriana（Tabula是地圖的拉丁文），現保存在維也納的國家圖書館。2007年，被聯合國教科文組織列入「世界記憶名錄」（Memory of the World Register）。

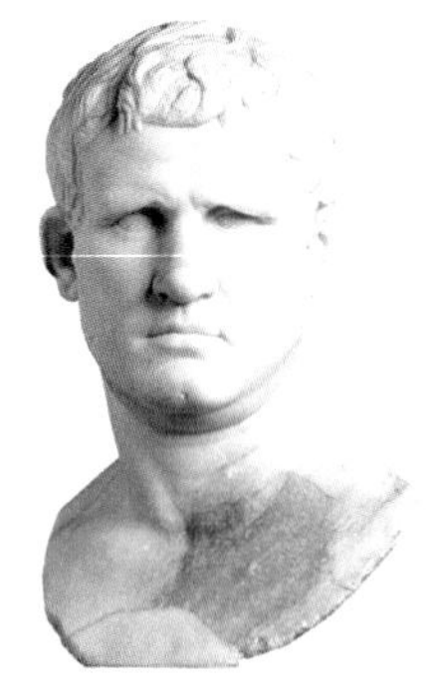

阿格里帕

科爾馬的摹本只有十一段，但看起來不完整，因為缺少了英格蘭的大部分、西班牙和北非西部，而當時的羅馬帝國涵蓋上述地區，沒理由不畫出來。因此1887年時，康拉德．米勒（Konrad Miller）增補摹繪了第十二段，以白色陸地做為區隔。

本圖原始版本很可能附有一個紙莎草紙輥，可以捲起來，以便隨身攜帶，因此它的寬度受到嚴重的限制，無法以正確的比例呈現，只是一幅示意的路線圖或里程彙編圖。

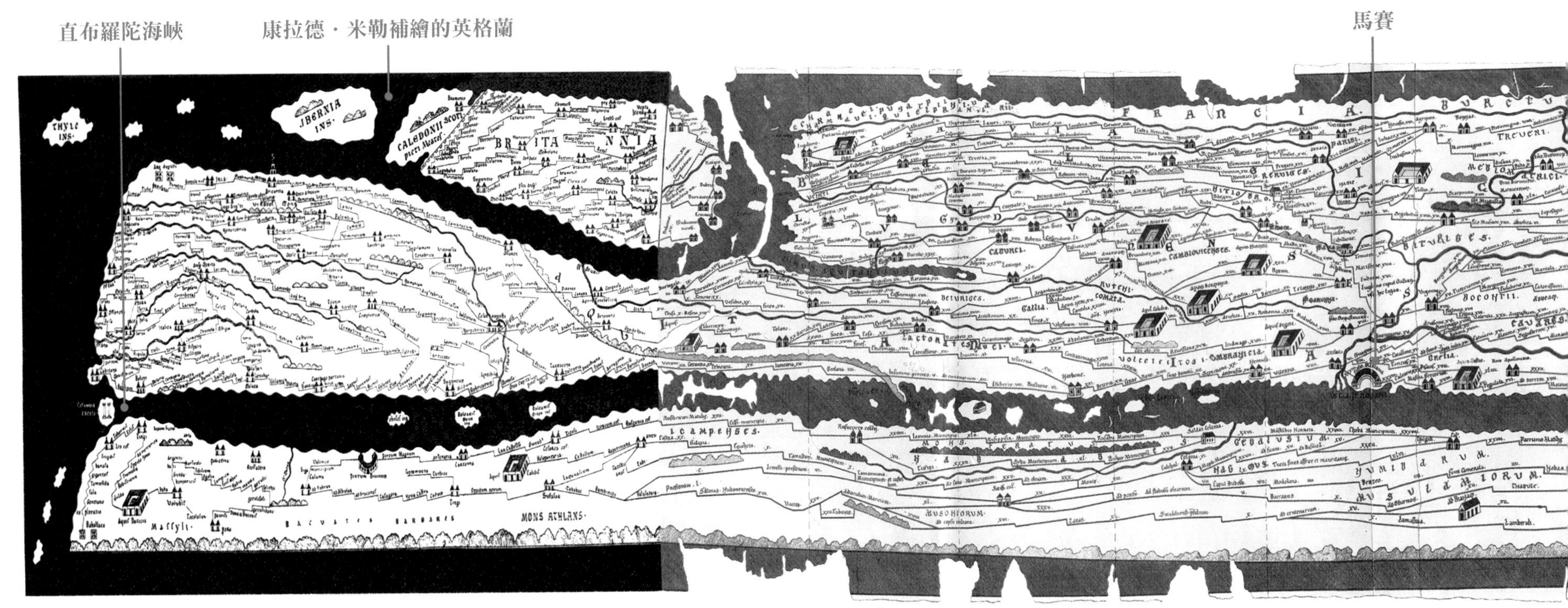

君士坦丁堡（約繪於1572年）

▲根據多數專家的說法，本地圖的原始版本大約完成於西元1～4世紀。有些學者則認為原圖可能繪於西元335～366年之間，因為圖中的君士坦丁堡（Constantinopolis）是在西元330年時，由拜占庭（Byzantium）更名後作為東羅馬帝國的首都。

從龐貝城廢墟眺望維蘇威火山（Photo by Morn the Gorn CC BY-SA 3.0）

▲西元79年維蘇威（Vesuvius）火山噴發，摧毀了赫庫蘭尼姆（Herculaneum）、奧普隆蒂斯（Oplontis）、龐貝（Pompeii），而且未再重建，本地圖中卻仍畫出這三座城市，因此有人推論原圖應繪於一世紀晚期之前。之所以會出現與前述推論落差近二百年，應該是不同時期的摹本繪者對前一版地圖進行增修，包括地區性的修訂、沿海地區的更精細呈現，或添加一些新發現的島嶼。

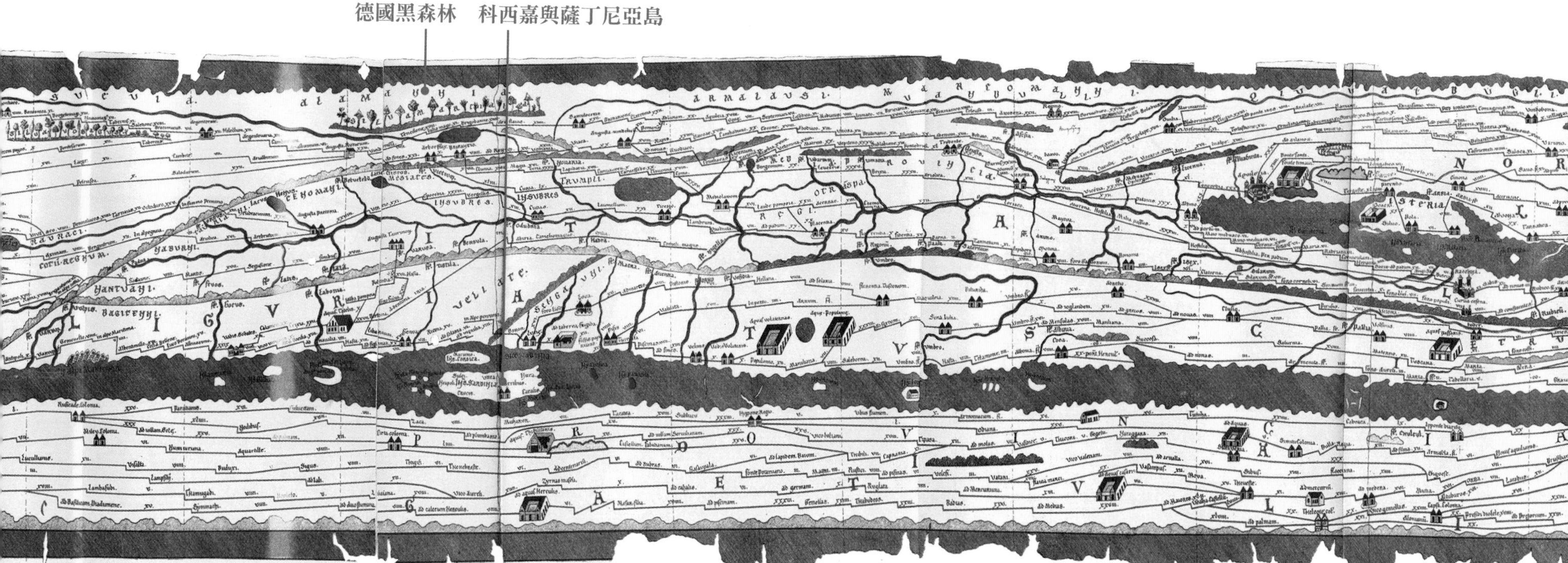

出了羅馬城，往東來到土耳其，君士坦丁堡的寶座上坐著一位左手持矛和盾牌的戴盔守護神，右手邊的圓柱上立著君士坦丁大帝的雕像。而位於君士坦丁堡東南方的安提阿，則由命運女神堤喀（Tyche）坐鎮城中。

過了安提阿城，繼續往東方前進，便進入兩河流域的美索不達米亞（Mesopotamia），下方的紅海與波斯灣，夾著遭到壓扁變形的阿拉伯半島。再往東就是最後的第十二段地圖，村鎮聚落等圖示及距離標註明顯變少，因為已經超出了羅馬帝國的統治範圍，相關資訊只能由商旅等轉述提供，無法進行官方的專業測量。

最後一段地圖描繪裡海到印度，圖中央有一列山脈直達東方海岸，山脈上方有兩行紅色字體寫著：「Hic Alexander responsum accepit：usque quo Alexander？」翻成中文的意思就是：「在這裡，亞歷山大面臨了一個問題：接下來你要征服哪裡，亞歷山大？」

山脈下方標有Sera Maior，指的就是生產絲綢的中國。再往下的第二條河流Fl. Ganges即印度的恆河，中印之間的東方海面上散布著一些島嶼，或許其中一個就是臺灣？事實上，大約在繪製此地圖的一百年前，吳國丹陽太守沈瑩的《臨海水土志》就曾記載：「夷州位在臨海（今浙江臺州、溫州、麗水及閩北一部分）東南，去郡二千里，土地無霜雪，草木不死，四面是山，眾山夷所居⋯⋯。」文中還描述山夷的生活與風俗，其中「此夷各號為王，分畫土地，人民各自別異。人皆髡（音同昆，剃髮）頭穿耳，女人不穿耳。⋯⋯能作細布，亦作班文布，刻畫其內，有文章，以為飾好也。⋯⋯以粟為酒，木槽貯之，用大竹筒長七寸許飲之。⋯⋯戰得頭，著首。還，於中庭建一大材，高十餘丈，以所得頭差次掛之。歷年不下，彰示其功。⋯⋯女以嫁，皆缺去前上一齒。」與臺灣原住民的習俗頗為相近，因此有些學者推論夷州就是臺灣。

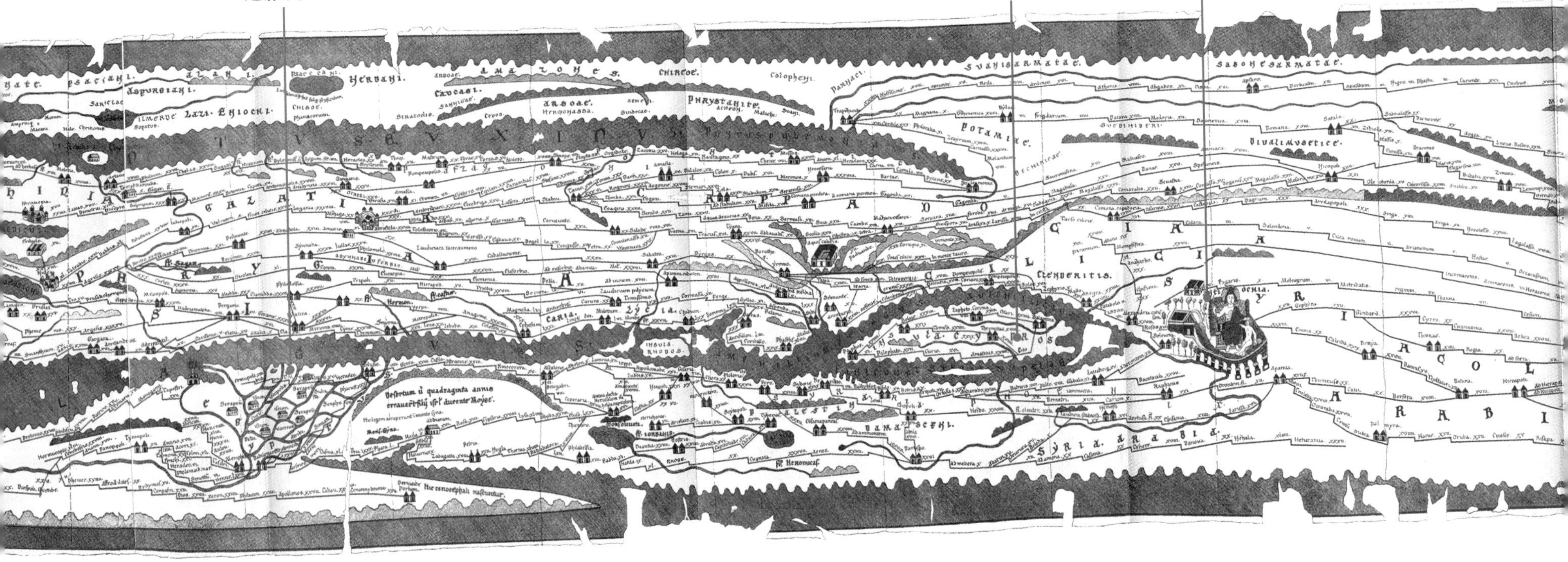

亞歷山大（西元前100年龐貝城鑲嵌壁畫，現藏於那不勒斯國家考古博物館）

尼羅河口

塞浦路斯

安提阿

羅馬浴場

戴克里先

▲在此地圖繪製之前的西元303年，羅馬皇帝戴克里先（Diocletian）曾禁止基督教儀式、沒收教產、處死教徒，是歷史上基督教受迫害規模最大的一次。直到西元313年，君士坦丁大帝與李錫尼（Licinius）聯合發表〈米蘭敕令〉，承認基督教的合法地位，才使得基督教從此成為羅馬帝國的官方宗教及統治工具。

▲大多數的古羅馬城市裡都有至少一個公共浴場，不僅是大眾洗浴的地方，也是主要的社交場所之一。浴場的用水通常來自附近的河流，或者專為此挖鑿的水道，水流到熱水浴室之前會在專門的處所被柴火加熱。

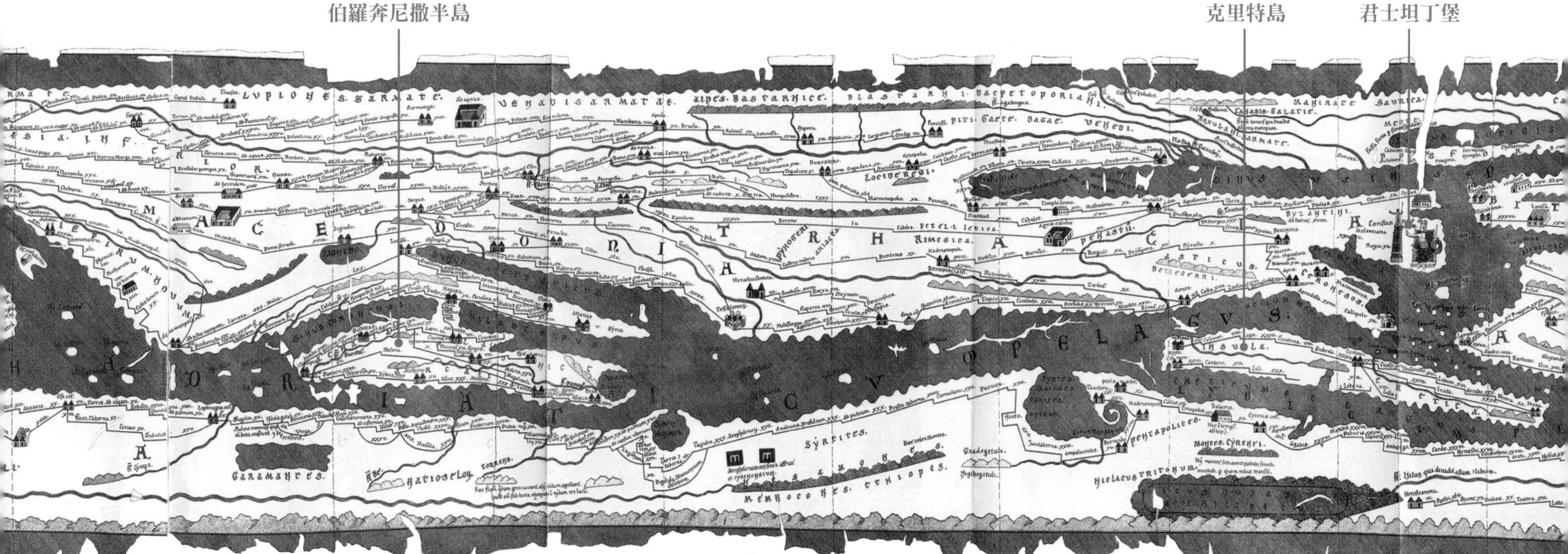

伯羅奔尼撒半島

克里特島

君士坦丁堡

羅馬帝國自建立以來，便一直對外擴張。為了運輸方便，每占領一個地方，都會修築通往羅馬的道路。本圖中的紅線就代表主要的「國道」（cursus publicus），交織成官方運輸系統的交通網，供統治者及信差使用，為他們提供西起西班牙，東至中國的4000多條道路的詳細資訊，註記沿途2769個村鎮聚落（雙併建築）的位置和道路的距離，並且透過地圖上標示的驛站、港口、燈塔、祭壇、穀倉（長形屋頂並排的建築）、交易中心、52座溫泉浴場（圍著內院的正方形建築，延伸閱讀p.23拉頁）、山脈、河流、森林（兩處位於德國、一處位於敘利亞的安提阿）等一系列圖示，告知使用者在哪些地方可以安全的休息。

這個交通運輸系統，在後期帝國擴展及軍隊調動時，提供了有規律可循的驛站間隔。圖中顯示的主要道路共約70,000羅馬里（104,000公里），沿線每隔一段距離就會彎折出一個小鉤，代表休息站，兩個休息站之間相隔約一天的路程，當時的公務信差每天平均奔馳50羅馬里（74公里）。這幅地圖雖然不是一幅軍事地圖，卻可能被用於軍事目的。

安提阿到哈爾基斯（Chalcis）的羅馬古道
（Photo by Bernard Gagnon）

由於本地圖不符合任何投影的規則，也無法套用一個恆定的距離標準，只能參考作者註記在路線旁的數字。圖中雖然大部分採用羅馬里（約1.48公里），但也會依照所在地區分別採用高盧的league（約4.83公里）、波斯的parasang（約6公里）和印度的crosa（約3.66公里）。

除了數千個村鎮聚落、驛站、穀倉、溫泉浴場之外，地圖中特別明顯畫出了羅馬、君士坦丁堡、安提阿（Antioch）三大城，城中分別坐著一位守護神，象徵君士坦丁大帝（Constantine the Great）三個兒子的統治。

羅馬城中的守護神左手握著象徵權力的權杖，右手握著象徵世界的地球，寶座左側還有一面盾牌。以羅馬城為起點往四周延伸出了十二條道路，史稱「執政官大道」（viae consulares），羅馬城下方是奧斯蒂亞港（Ostia Antica），港口處有一座高高的燈塔，以及一座類似大教堂的建築。

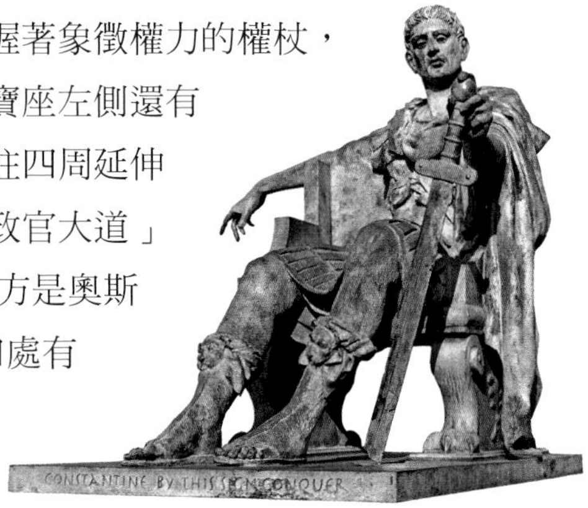

君士坦丁大帝

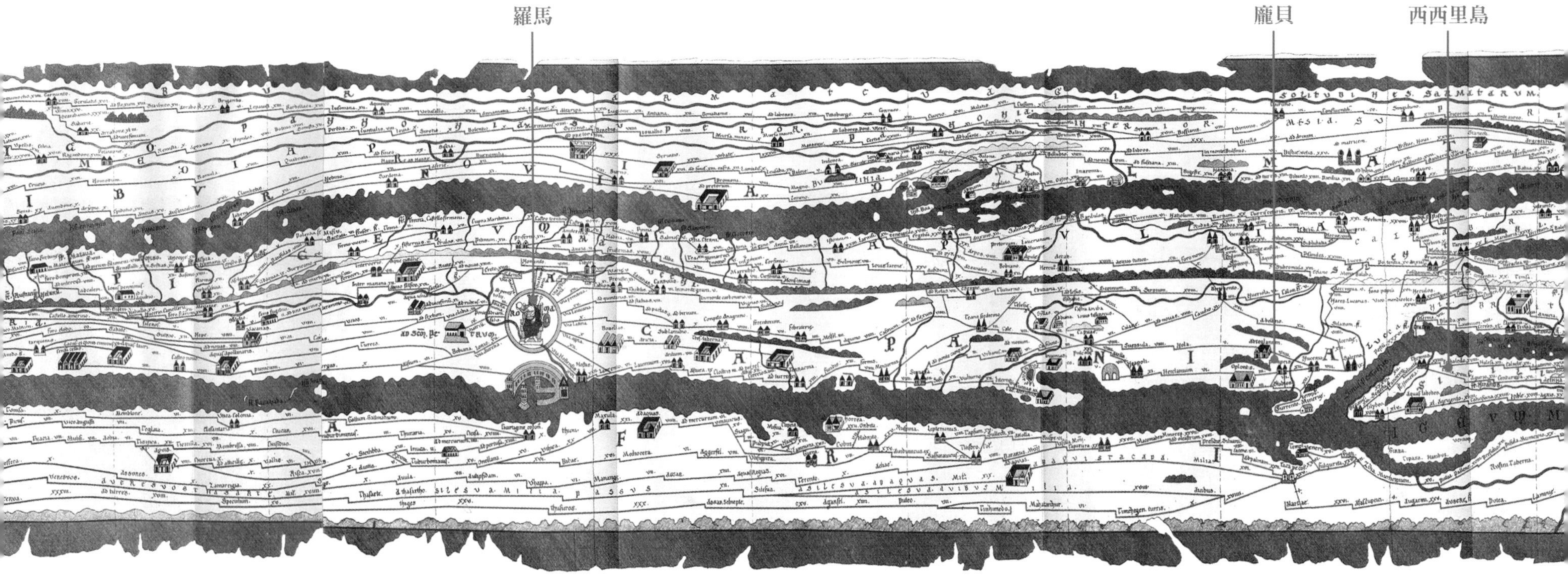

羅馬

龐貝

西西里島

亞歷山大在印度的最後一戰擊敗波魯斯（Porus）的象軍（Nicolaes Berchem 繪）

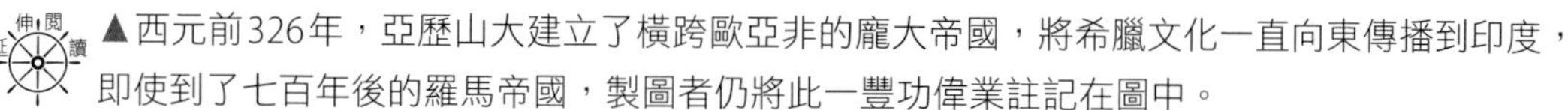

▲西元前326年，亞歷山大建立了橫跨歐亞非的龐大帝國，將希臘文化一直向東傳播到印度，即使到了七百年後的羅馬帝國，製圖者仍將此一豐功偉業註記在圖中。

查士丁尼大帝

▲當時中國正值五胡亂華，晉室南渡，與北方十六國對峙。同一時間的西元395年，羅馬帝國也分裂為東、西羅馬兩個國家，其中的東羅馬皇帝查士丁尼（Justinian）於西元552年時，派人潛入中國，偷運蠶卵回君士坦丁堡，為西方養蠶業之始。

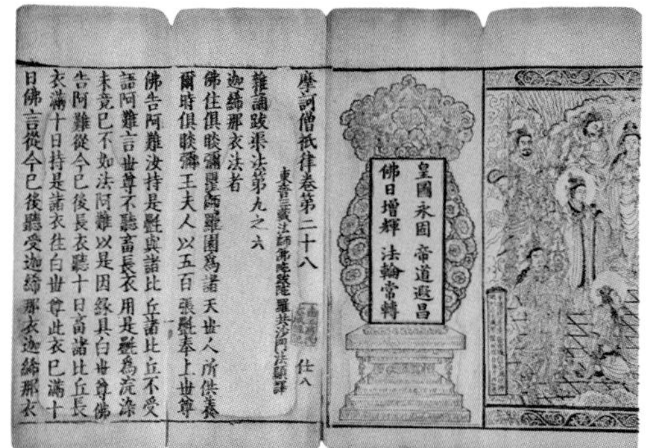

皇圖永固 帝道遐昌
佛日增輝 法輪常轉

摩訶僧祇律卷第二十八 仕八
東晉三藏法師佛陀跋陀羅共沙門法顯譯
雜誦跋渠法第九之六
迦絺那衣法者
佛住俱睒彌瞿師羅園為諸天世人所供養
爾時俱睒彌王夫人以五百張㲲奉上世尊
佛告阿難汝持是㲲與諸比丘諸比丘不受
語阿難言世尊不聽畜長衣用是㲲為浣染
未竟已不如法阿難以是因緣具白世尊佛
告阿難從今已後長衣聽十日畜諸比丘長
衣滿十日持是諸衣往白世尊此衣已滿十
日佛言從今已後聽受迦絺那衣迦絺那衣

法顯所譯《摩訶僧祇律》

▲這時，東晉的法顯等人正從長安出發（西元399年），赴天竺（今印度）求取佛經，遍歷天竺等地，後赴獅子國（即地圖右下角的Taprobane島，今稱斯里蘭卡）。六年後，獅子國遣使送玉佛至晉，供奉在瓦官寺。

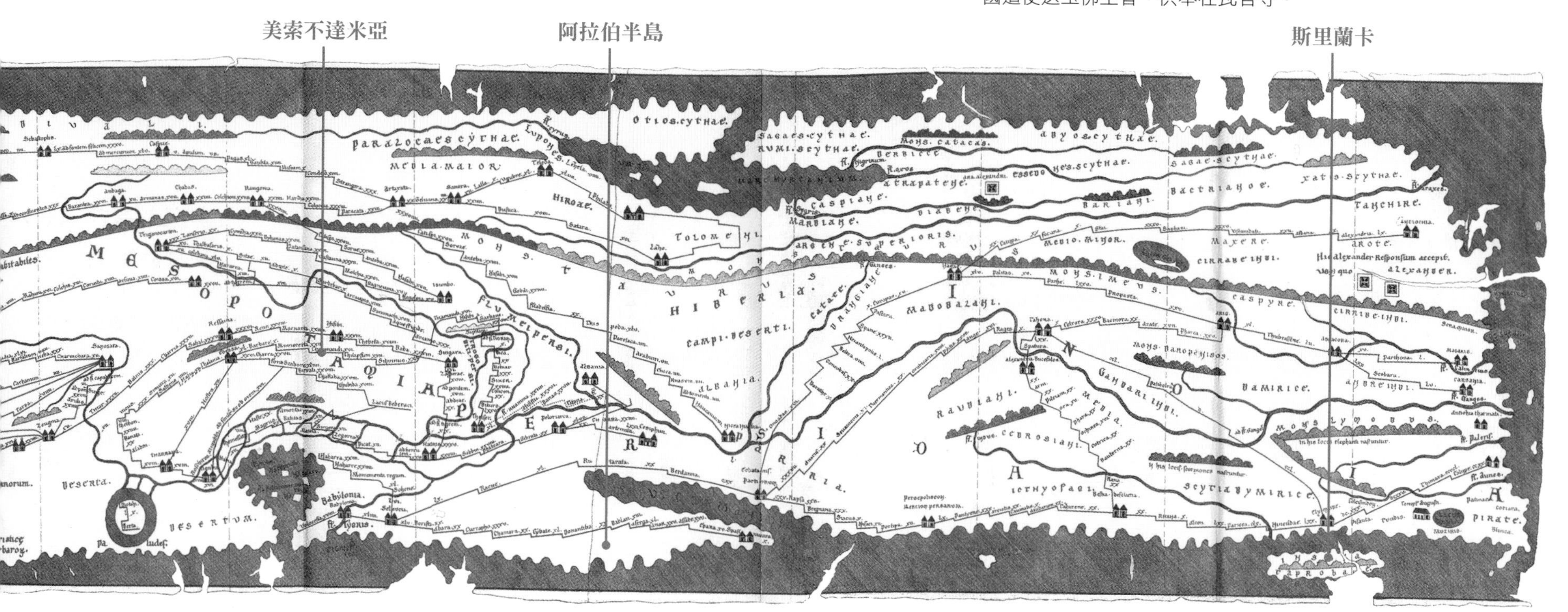

伊甸園附近的金銀島

《聖貝雅圖斯世界地圖》（*Saint Beatus of Liébana-Mappaemundi*）

聖貝雅圖斯（Saint Beatus of Liébana）繪於776年左右，

法國亞奎丹（Aquitanian）聖瑟弗（St. Sever）修道院修士重繪於1050年。

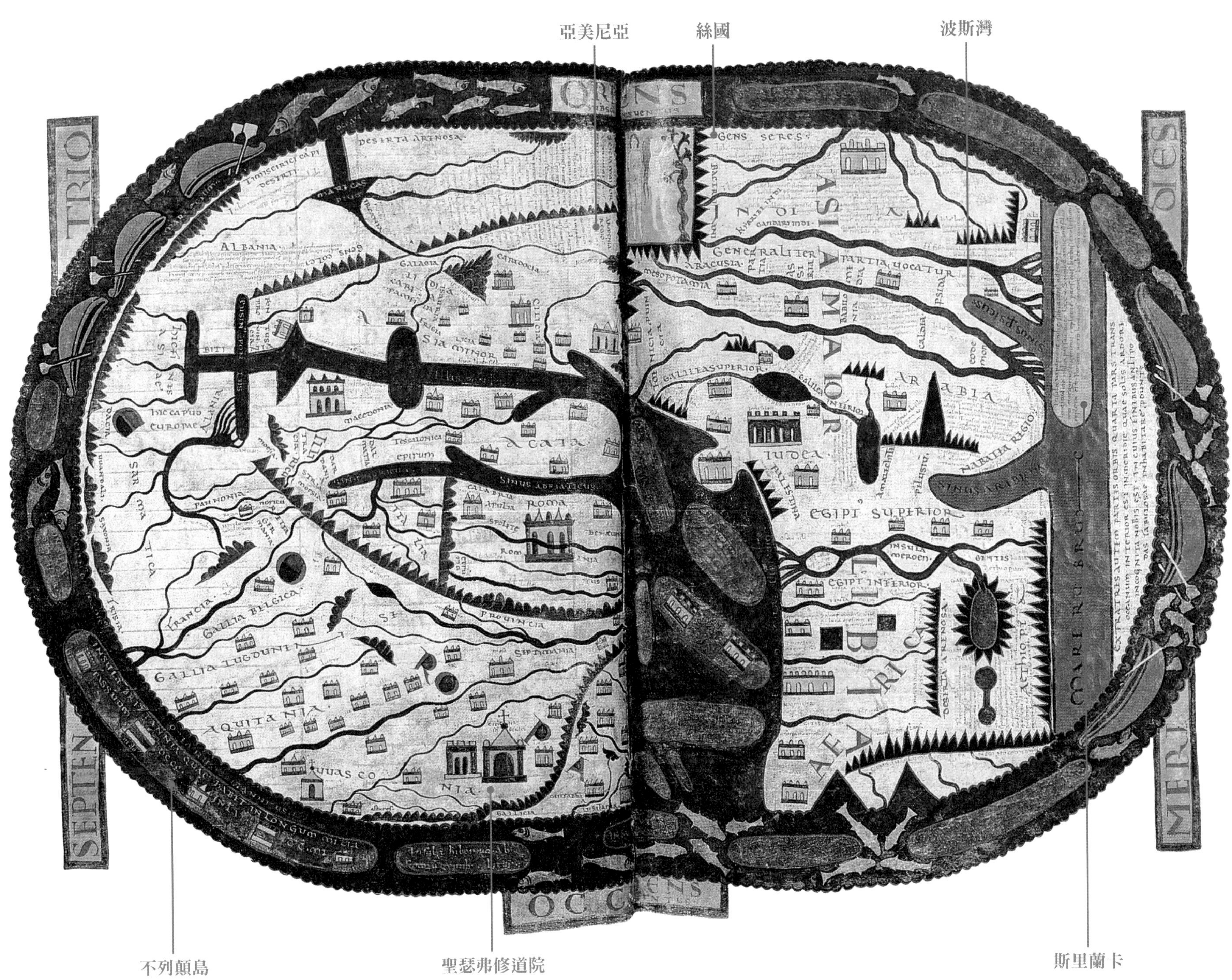

八世紀時，西班牙籍修士聖貝雅圖斯（730～800）著有《啟示錄註釋》（*Commentary on the Apocalypse*）一書，本地圖是該書的附圖之一，圖中標示了近三百處地名，幾乎是沿襲自上一幅的《波伊廷格世界地圖》，甚至重要城市也同樣以類似的建築物做標記。不同的是，本圖將原本橫向極度拉長的《波伊廷格世界地圖》逆時針轉了90度，變成東在上西在下，南在右北在左，並且將東西方的距離大幅壓縮成扁平狀的橢圓形。

聖瑟弗修道院教堂（Photo by Jibi44 CC BY-SA 3.0）

本圖中最醒目的紅海（Mare Rubrum）將非洲大陸分成兩個海灣：阿拉伯灣（Sinus Arabicus）和波斯灣（Sinus Persicus）。紅海口的黃色大島Taprobane，是古希臘地理學家對今日斯里蘭卡的稱呼。

羅馬（Roma）位於地圖正中央，下方的聖瑟弗修道院（屋頂有個十字架）畫得幾乎比羅馬還大，實在不符合出家人的低調作風。羅馬右側的地中海裡有數座島嶼，而直布羅陀（Gibralta）海峽外的大西洋上，另有一座最長的不列顛島（Insula Brittannia）。

地圖的上方中央繪有伊甸園，四周群山環繞，園中夏娃正在摘智慧樹上的蘋果，一條蛇纏繞在樹幹上，亞當則默默地佇立一旁，一臉無辜狀。伊甸園右邊為亞洲（Asia Maior），以紅字標出了印度（India）和絲國（Gens Seres），海岸邊畫了一棟不小的房子，顯示當時歐洲與印度間的貿易往來已有一定程度的認識。印度和絲國旁邊的海面上漂浮著兩座島嶼Insula Argire & Crise，根據中世紀歐洲地理學的描述，這兩座島嶼蘊藏豐富的金和銀，指的或許就是今日東南亞到日本之間的島嶼，臺灣也隱身其間。

在繪製此地圖的一百七十年前，《隋書．流求國傳、陳稜傳》記載：「大業三年，煬帝令羽騎尉朱寬入海……因到流求國。言不相通，掠一人而返。明年，帝復令寬慰撫之，流求不從，寬取其布甲而還。」「帝遣武賁郎將陳稜、朝請大夫張鎮州率兵自義安浮海擊之。至高華嶼，又東行二日至鼅鼊嶼，又一日便至流求。……遣人慰諭之，流求不從，拒逆官軍。稜擊走之，……載軍實而還。自爾遂絕。」據考證，義安就是廣東潮州，高華嶼可能是汕頭的南澳島，鼅鼊嶼可能是澎湖的奎壁嶼，至於流求，可能就是臺灣。

▶伊甸園左邊的西里西亞（Scicia Maior）與亞美尼亞（Armenia Regio）註記了滿滿的文字，卻沒畫任何建築物。其實西元前95～65年間，亞美尼亞曾是西亞最強大的國家之一，但是在之後的千餘年中，相繼遭到羅馬、帕提亞、波斯、塞爾柱土耳其、拜占庭、蒙古、鄂圖曼土耳其等不同異族的統治，信仰基督教的亞美尼亞人不斷遭到迫害和屠殺。人間樂土伊甸園旁邊的基督徒慘遭迫害與屠殺，實在是鮮明的對比。

亞美尼亞的埃奇米阿津主教座堂被認為是全世界最古老的主教座堂。

▶相較於伊甸園旁邊的基督徒慘遭迫害，中國唐朝的包容性大多了。西元635年的「大秦景教流行中國碑」記載，大秦國阿羅本（Alopen Abraham）帶著聶斯托里派基督教（Nestorian Church，景教）經書來到長安，獲唐太宗接見，批准教徒在長安興建廟寺一所。景教在中國順利發展了150年，與祆教及摩尼教並稱唐代「三夷教」。

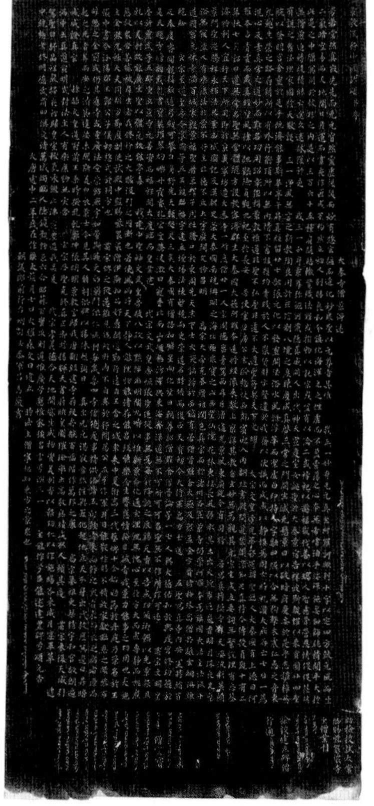
大秦景教流行中國碑

長安慈恩寺的大雁塔築於西元645年，用以貯藏玄奘自天竺攜回的經像。

▲西元631年時，玄奘抵達古印度佛教最高學府那爛陀寺留學十餘年，從印度帶回大量佛經，花了十幾年時間譯成漢文。當時印度戒日王朝曾多次派遣使臣與中國唐朝通好，唐太宗亦派王玄策等人四次使印報聘。

最早出現疑似臺灣的中國古地圖

《歷代地理指掌圖——古今華夷區域總要圖、唐十道圖》

西元1098～1100年，北宋．稅安禮。

臺灣這座美麗島嶼早在1000萬年前，便逐漸浮現於中國大陸的東南海域。面對這個沿海第一大島，中國統治者的態度始終曖昧不明，有時視而不見，明朝船隊繞過臺灣去冊封更遠、更小的中山王國（沖繩）；有時卻染指垂涎，數度派兵跨海征伐，直到清朝康熙才設臺灣府；有時又棄如敝屣，割讓給日本。

回溯歷史，最早出現疑似臺灣的中國古地圖，首推《歷代地理指掌圖》。這本最早的中國歷史地圖集由蜀人稅安禮編撰，成書於宋哲宗元符年間，從傳說時代的帝嚳開始，到北宋為止，共44幅地圖。

其中第一幅的《古今華夷區域總要圖》總覽北宋之前的華夷區域分布概況，周邊標示了歷代對疆域的開拓，西抵碎葉城（今吉爾吉斯的Tokmok，延伸閱讀p.31）與葱嶺（帕米爾高原），北達關外的受降城（今內蒙古），東抵安東府（今吉林），南達瓊州（今海南島）。這對於疆域逐漸萎縮的宋朝而言，宛如是在緬懷昔日的輝煌。

地圖中以層層的波浪來描繪大海，卻僅以簡單的橢圓形標示島名，而且位置偏離，甚至錯誤，顯示出當時對於海外諸島或國家了解不多，例如古名「蝦夷」的日本東北或北海道竟然掉到偏南的海面，至於「流求」的位置也大幅偏北。

這種地理位置大挪移的現象，部分原因是為了將所有訊息註記在有限的圖面上，不得不壓縮或扭曲地理空間；但另一個重要原因在於，繪圖者往往是根據遊記史料上的文字敘述或航海員的口述來描繪，並非親自現場速寫，而各史料與口述的地名又紛雜不一，

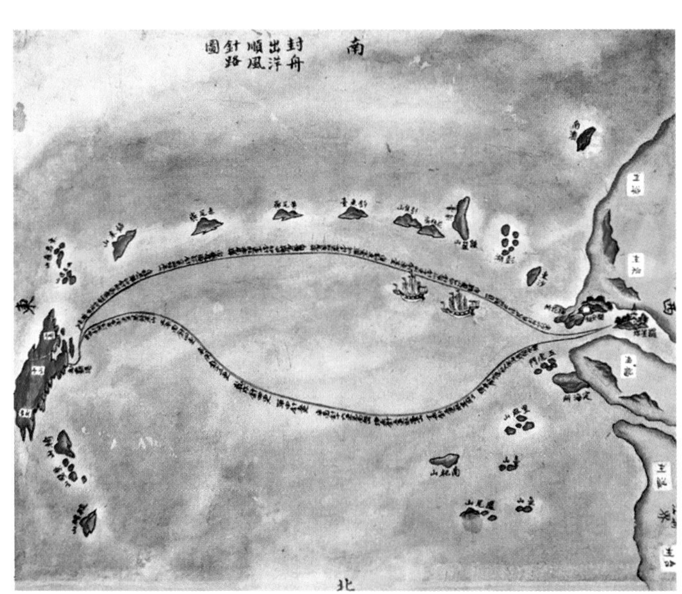

1756年《封舟出洋順風針路圖》

延伸閱讀 ◀1756年的《封舟出洋順風針路圖》描繪大清「封舟」出海賜封海外諸王的「出洋」航線。所謂「針路」就是用指南針導航，將每一航段對應的羅盤針位都記錄下來，用針位資料構成一條航線。而在沒有機械動力之前，海上行船主要是靠季風，借風而行，稱為「順風」。
此圖的方位為上南下北，左東右西。從右側的福州羅星塔（今馬尾港）出發，到達圖左側的琉球國都首里（今那霸），沿途繪出了海上的重要地標，包括東沙島（今連江縣莒光鄉）、彭湖、雞籠山、釣魚臺等。早在繪製此圖的一百多年前，荷蘭人就以精確的海圖繪製技術測繪到了臺灣附近海域；但此圖採用的仍是三百多年前《鄭和航海圖》的繪圖方法，與大航海時代完全脫節，落後一大段。

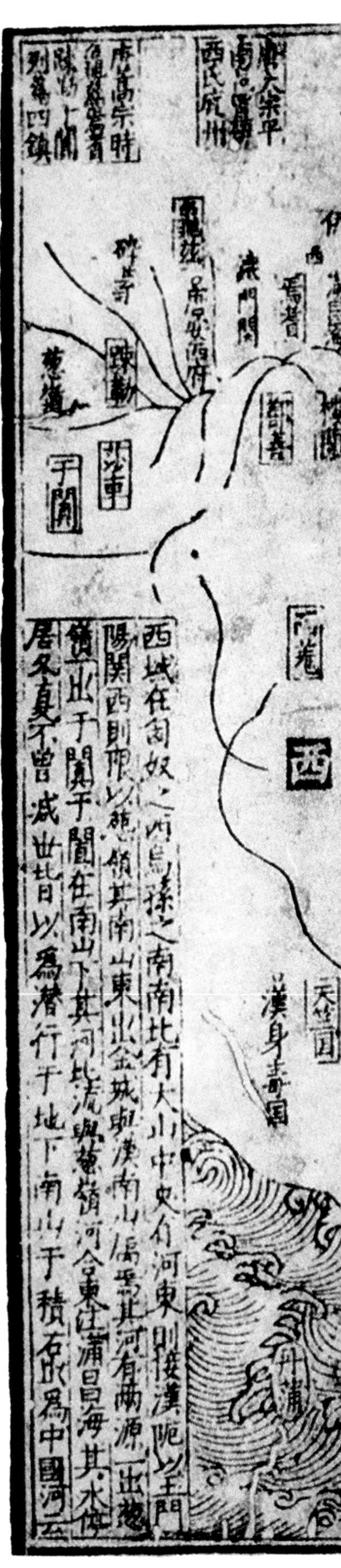

古今華夷區域揔要圖
東

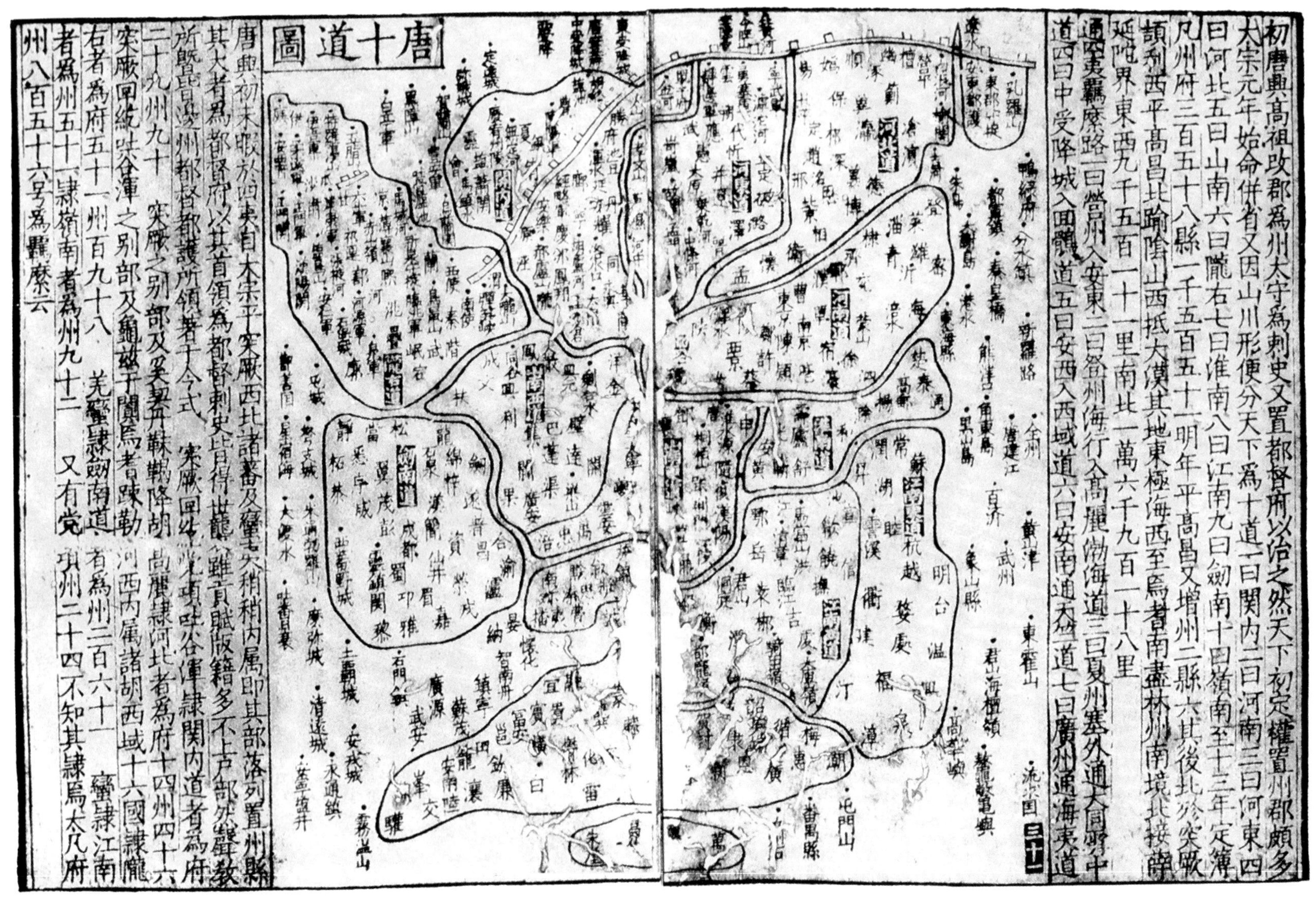

導致地圖上的地名錯置。

與臺灣有關的古地名「流求」最早出現在《隋書．流求國傳、陳稜傳》中，用了約一千字描述當地原住民生活型態與臺灣原住民相近。「流求」之名沿用至宋代，《宋史．外國傳》記載：「流求國在泉州之東，有海島曰彭湖，煙火相望。其國塹柵三重，環以流水，植棘為藩，以刀槊弓矢劍鈹為兵器，視月盈虧以紀時。無他奇貨，商賈不通⋯⋯。旁有毗舍邪國，語言不通，袒裸盱睢，殆非人類。淳熙間（西元1174～1189年），國之酋豪嘗率數百輩猝至泉之水沃、圍頭等村，肆行殺掠。」其中的「毗舍邪國」，有些學者認為是菲律賓北部的原住民，也有人認為是臺灣原住民，曾經跨海侵擾澎湖與泉州沿海地區，若是後者，可說是流求對當年隋軍入侵後「虜男女數千而歸」的一種報復。南宋泉州、福州知府真德秀的《西山先生真文公文集》中就曾說：「澎湖人過夜不敢舉燈，以為流求國望見，必來作禍。」

南宋末年厓門海戰（1279年），陸秀夫揹著八歲的宋朝末代皇帝趙昺跳海自盡，宋朝滅亡。當時有不少南宋臣民亡命海上，可能會暫時停靠在尚未淪陷的澎湖（隸屬南宋晉江縣），但若長遠考慮，應會繼續前往流求落腳。到了元代，汪大淵的《島夷志略》提及「其峙山極高峻，自彭湖望之甚近」，書中並略述原住民的獵頭習俗與其地的物產，其中硫磺（延伸閱讀p. 31）與臺灣早期的物產相符。《元史．瑠求傳》則記載：「在南海之東。漳泉興福四界內彭湖諸島，與瑠求相對。」二書均將《隋書》中的「流求」改成了

澎湖群島（Photo by Wikipedia user -Wpcpey CC BY-SA 3.0）

同音異字的「琉求」或「瑠求」，明代之後，進而改成了相同部首的「琉球」。

從隋代至元代，「流求／琉球」的概念一直在琉球群島（沖繩）和臺灣島之間搖擺。明朝嚴從簡的《殊域周咨錄》云：「《祖訓》中載有大琉球、小琉球之別。小琉球不通往來，未嘗入貢，則今之奉敕封為中山王者，乃大琉球也。」這種「只看敕封與否、不顧實際大小」的命名原則，混淆了無數地圖繪製者與閱讀者的邏輯認知。

根據學者的考證，《隋書》中的流求、《明史》中的琉球，所指較可能是今日的沖繩。而《宋史》與《諸蕃志》中的流求、《元史》與《文獻通考》中的瑠求，所指較可能是今日的臺灣。

明朝中葉之後，連江人陳第隨沈有容至臺灣安平外海驅逐倭寇，事後撰寫了《東番記》敘述此一經歷，臺灣開始有了新名稱。隨著「雞籠山、北港、大員、大冤、東寧」等專指臺灣的名稱出現，「琉球」一詞開始專指琉球群島。

從《歷代地理指掌圖》中第27幅《唐十道圖》上的「流求」位置來看，較符合臺灣的地理特徵，位於福建泉州附近的海面，中間還繪出了「高華嶼」和「鼊鼊嶼」。同一本地圖集中的「流求」相關位置大不同，推想應該是南宋趙亮夫在淳熙十二年（1185）時所增訂。

十七世紀西班牙人在陽明山區採硫的想像圖（小早川篤四郎繪於1935年）

延伸閱讀 ▲硫礦是以前製造火藥的原料，臺灣原住民用手掘法在北部的大屯山區硫坑挖採，再經由華商轉賣到中國沿海及亞洲各地。三百多年前，西班牙人和荷蘭人曾先後落腳淡水，主要目標也是覬覦大屯火山區的硫礦，當時整個大屯山區產硫礦處甚多，西班牙人還特別在地圖上標記出「硫礦山」的地名。

碎葉城遺址（Photo by Vmenkov CC BY-SA 3.0）

延伸閱讀 ◀碎葉城由唐將王方翼修築於唐高宗調露元年（679年），以取代焉耆鎮，是中國歷代以來，在西部地區設防最遠的一座邊陲城市，與龜茲、疏勒、于闐並稱為唐代「安西四鎮」。貞觀三年（629年），玄奘曾路過此城。郭沫若考證，唐代大詩人李白就出生在碎葉城內一個富商之家，直到五歲時才離鄉。

阿拉伯地理學家的世界盡頭

《西西里國王羅傑二世地圖》
（*Charta Rogeriana*）

穆罕默德・伊德里希（Mohmmed Al-Idrisi）繪於1154年，康拉德・米勒（Konrad Miller）摹繪於1887～1888年，出自《羅傑之書：遙遠國度的愉快之旅》（*Tabula Rogeriana: Nuzhat al-mushtāq fi'khtirāq al-āfāq*），美國國會圖書館。

西元741年，北非摩爾人（Moors）穆斯林從休達（Ceuta）橫渡直布羅陀海峽，入侵西班牙，占領伊比利半島南半部，建立哈里發政權，持續近八百年。

大約400年後，伊德里希（Mohmmed Al-Idrisi，1099～1165）出生於休達，是伊斯蘭先知穆罕默德、北非摩洛哥（Morocco）伊德里希（Idrisids）王朝的後代子孫，在西班牙安達魯西亞（Andalusia）哥多華（Córdoba）接受教育，博學多才，精通地理學、歷史學。早年遊歷過葡萄牙、法國、英國、埃及、北非、希臘、羅馬等地。

伊德里希

1138年時，年近40歲的伊德里希應西西里國王羅傑二世（Roger II）的邀請，來到首府巴勒莫（Polermo）擔任宮廷地理學家。西西里島在965年時曾被阿拉伯人占領，直到1072年才被諾曼人取代。但新的統治者仍然保存阿拉伯文化的精華，穆斯林學者在宮廷中扮演舉足輕重的角色。

當時巴勒莫聚集了許多來自世界各國的水手、商人、朝聖者、十字軍（延伸閱讀p.35）和學者，從他們口中聽到許多遙遠國度的描述，羅傑二世興起了將所有這些不同報告編輯成書的念頭。因此敦聘伊德里希率領一群學者，考察可及的世界範圍，從經濟、政治到人文，進行巨細靡遺的介紹及描繪。

15年之後的1154年，在羅傑王逝世的前幾週，終於完

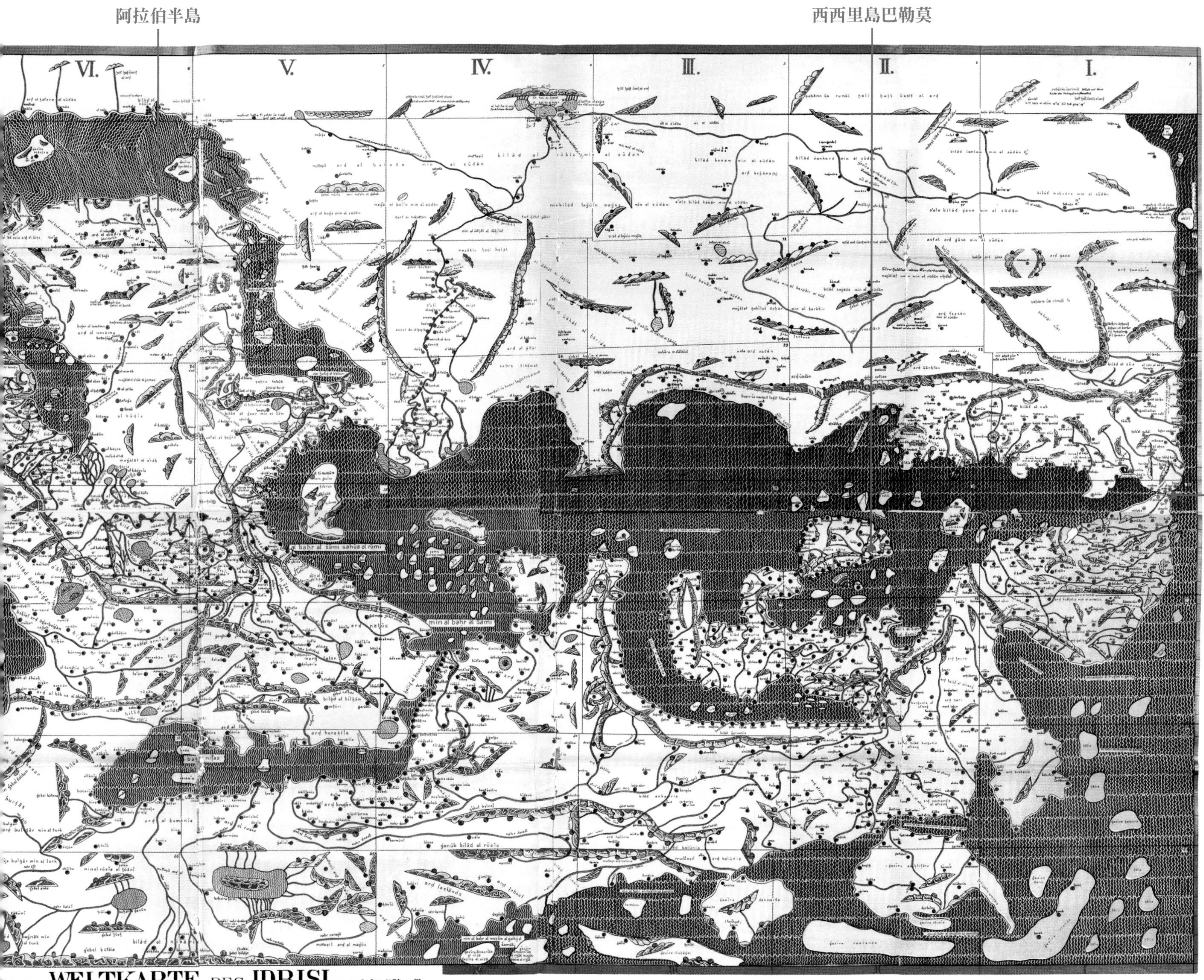

成了《羅傑之書：遙遠國度的愉快之旅》，這是一部內容豐富的世界地理志，總結了托勒密等人著作中的主要研究成果，並依據羅傑二世派往各地實測者提供的大量第一手材料，結合伊德里希本人到過許多地方遊歷的見聞，是十二世紀歐洲最正確、詳細且浩大的地理學著作。翻譯成拉丁文後，300年期間，都被歐洲人視為地理學的權威寶典。

本書除了一幅圓形的世界簡明地圖外，還有70幅長方形的分區地圖，是利用經緯線正交的方法，將赤道以北劃分

1456年版摹繪本中的圓形世界地圖

為7個氣候區，每個氣候區按經線等分為10節，每一節以單幅地圖描繪並附加文字說明。70節小地圖拼接在一起時，就構成一幅矩形的世界地圖，類似托勒密《地理學指南》的設計。很可惜，為了遵循托勒密規劃的氣候區，伊德里希將蒐集來的資料塞進七條平行的氣候帶中，未考慮到地球的曲率，導致過於擁擠，使地理位置扭曲變形。

但伊德里希並未完全受制於托勒密，他更新了很多托勒密的錯誤資料，例如自托勒密以來，都認為非洲南部延伸到遙遠的東方，將印度洋環繞成封閉型的內海，但阿拉伯海員告訴伊德里希，印度洋的東方並未封閉，因此他在書中寫道：「秦（Sin，中國）海是黑暗之海（Dark Sea，大西洋）的一部分。」

本幅長方形大地圖中，左側第一氣候區第八節的印度洋上橢圓形大島即為過度放大的斯里蘭卡（gezira sarandib），再往左邊則是長條形的蘇門答臘島（gezira al rami）及橫貫第九節的中南半島（gezira al kamar uahija gezira malai柬埔寨與馬來島），而半島左方應與中國（aali al sin）大陸相連處卻被海水截斷，成了一座長島，漂浮在亞洲大陸與南方大陸之間，其上方的婆羅洲（al kamarun）則被誤畫成七個分離的小島，說明伊德里希對東方這片複雜的海域還不夠了解，因此更往左的東方海面上散布的眾多島嶼，大部分的島名都是al sila或magus，或許其中一個就是臺灣。

大約在同一年代，樓鑰的《攻媿集》中記載，宋孝宗乾道七年（1171），汪大猷知泉州，「郡實瀕海，中有沙洲數萬畝，號平湖（即澎湖），忽為島夷號毗舍耶者（有些學者認為是臺灣的原住民）奄至，盡刈所種。他日，又登海岸殺略，禽四百餘人，殲其渠魁，餘分配諸郡。初，則每遇南風遣戍為備，更迭勞擾。公即其地造屋二百間，遣將分屯；軍民皆以為便。不敢犯境。」顯示當時澎湖已有駐軍，防範毗舍耶島夷的侵擾，這也代表臺澎諸島間的住民已有頻繁的活動：捕魚、耕種與殺掠。

延伸閱讀

▶穆斯林占領伊比利半島南半部40年後的西元751年，阿拉伯駐呼羅珊（Khorasan）將領齊雅德（Ziyad ibn Salih）於怛羅斯（Talas）大敗唐朝高仙芝軍，被俘的唐軍中有造紙工人，遂將中國造紙術傳至撒馬爾罕（Samarkand）。794年巴格達（Baghdad）出現由中國工匠建立的造紙作坊。800年傳入埃及，逐漸取代莎草紙，到十世紀中，完全取代莎草紙。1150年，造紙術傳入西班牙，由阿拉伯人在薩狄瓦（Xativa）建立了歐洲第一家造紙廠。

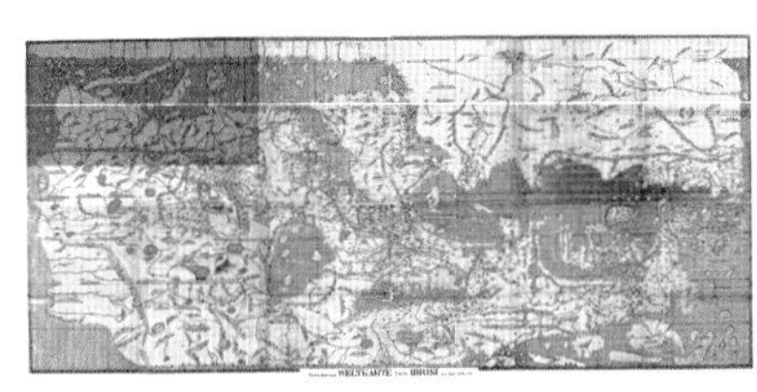

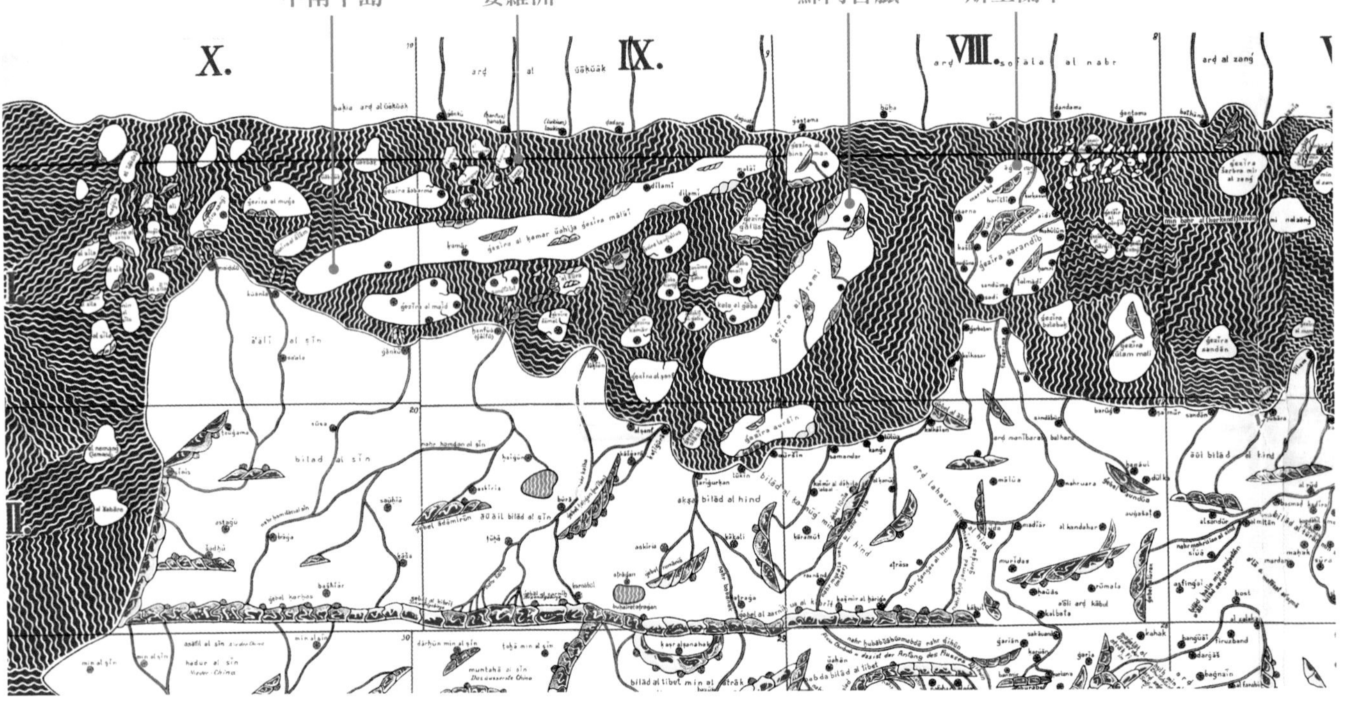

古代伊斯蘭造紙廠的作業情形

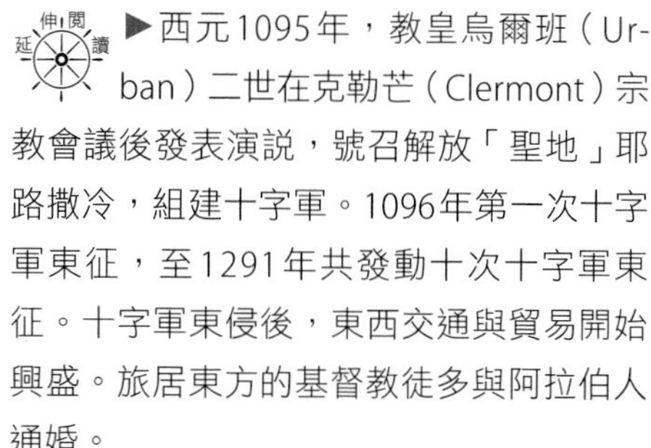

延伸閱讀 ▶西元1095年，教皇烏爾班（Urban）二世在克勒芒（Clermont）宗教會議後發表演説，號召解放「聖地」耶路撒冷，組建十字軍。1096年第一次十字軍東征，至1291年共發動十次十字軍東征。十字軍東侵後，東西交通與貿易開始興盛。旅居東方的基督教徒多與阿拉伯人通婚。

教皇烏爾班二世在克勒芒號召組建十字軍

古騰堡的活字印刷機

延伸閱讀 ▲宋代畢昇於慶曆年間（1041～1048年）發明的活字印刷術，很可能也是透過阿拉伯商人攜帶入境的宋版書，觸發了德國人古騰堡的靈感，在1440年左右發明了西式活字印刷術，隨即在歐洲迅速傳播，被視為歐洲文藝復興、宗教改革、啟蒙時代和科學革命等運動中的重要推手，為現代的知識經濟和知識傳播奠定了基礎。

古代廣州窯場燒製瓷器的情形

延伸閱讀 ▲早在第七到第九世紀時，穆斯林的商人便經由海路和陸路到達中國，向南到達東非海岸，向北深入俄羅斯，向西航進未知的大西洋海域，擴大知識的探索世界，使得阿拉伯文明在同時代占有領先的地位。例如西元851年，阿拉伯商人蘇萊曼（Sulaiman al-Tajir）到達廣州府的港口，參觀瓷器的製造、糧倉系統、清真寺建築，並帶回了米酒、茶與瓷器。

基督擁抱世界時可曾遺漏臺灣？

《埃布斯托夫地圖》（*The Ebstorf Map*）

蒂爾伯里的傑維斯（Gervase of Tilbury）繪於1234年，翻拍拼繪於1888年。
出自漢諾威下薩克森州立歷史博物館（Museum of the Historical Society of Lower Saxony）。

乍看之下，這幅埃布斯托夫地圖一點也不像地圖，倒像是一幅精緻的插畫，繪於德國埃布斯托夫的聖本篤會修道院，由30張羊皮拼接而成，寬3.58公尺，高3.56公尺。1830年發現時已有部分毀損（右上方及左側），1888年進行翻拍，重新修復拼繪後送至德國漢諾威保存；遺憾的是，1943年二次大戰期間空襲德國時導致原圖全毀，只留下複製圖。

據傳這幅地圖作者可能是英國蒂爾伯里的傑維斯（Gervase of Tilbury），1223年至1234年時，他曾在埃布斯托夫擔任教皇派（Guelphs）的教長。另一說法是出自1234年該修道院的修女們之手，她們參考來自四方參訪者的口述與描繪，加上對聖經教義的詮釋，製成了此張精采萬分的故事地圖。此圖是目前已知最大的一幅中世紀歐洲所繪世界地圖，其製圖手法總結了中世紀歐洲基督教的製圖傳統，除了遵循中世紀歐洲基督世界「TO」地圖結構（延伸閱讀p.39），外圈海洋以十二個雙環同心圓代表風向外，更細緻地增加寓言故事和宗教性質的插圖。

埃布斯托夫地圖以基督受難釘十字架（手腳上有釘痕）為背景，上端是頭部，下端是雙腳，兩手分別指向南北。金黃色城牆圍起來的耶路撒冷位於地圖的中心，亞洲則由此一直向東（上）延伸。在東方高聳綿延的山脈後面，則是擁有生命之樹、四河（水河、奶河、酒河和蜜河）、分辨善惡樹的伊甸園。

埃布斯托夫修道院（Photo by ArishG CC BY-SA 4.0）

耶路撒冷（Photo by AVRAHAM GRAICER CC BY-SA 4.0）

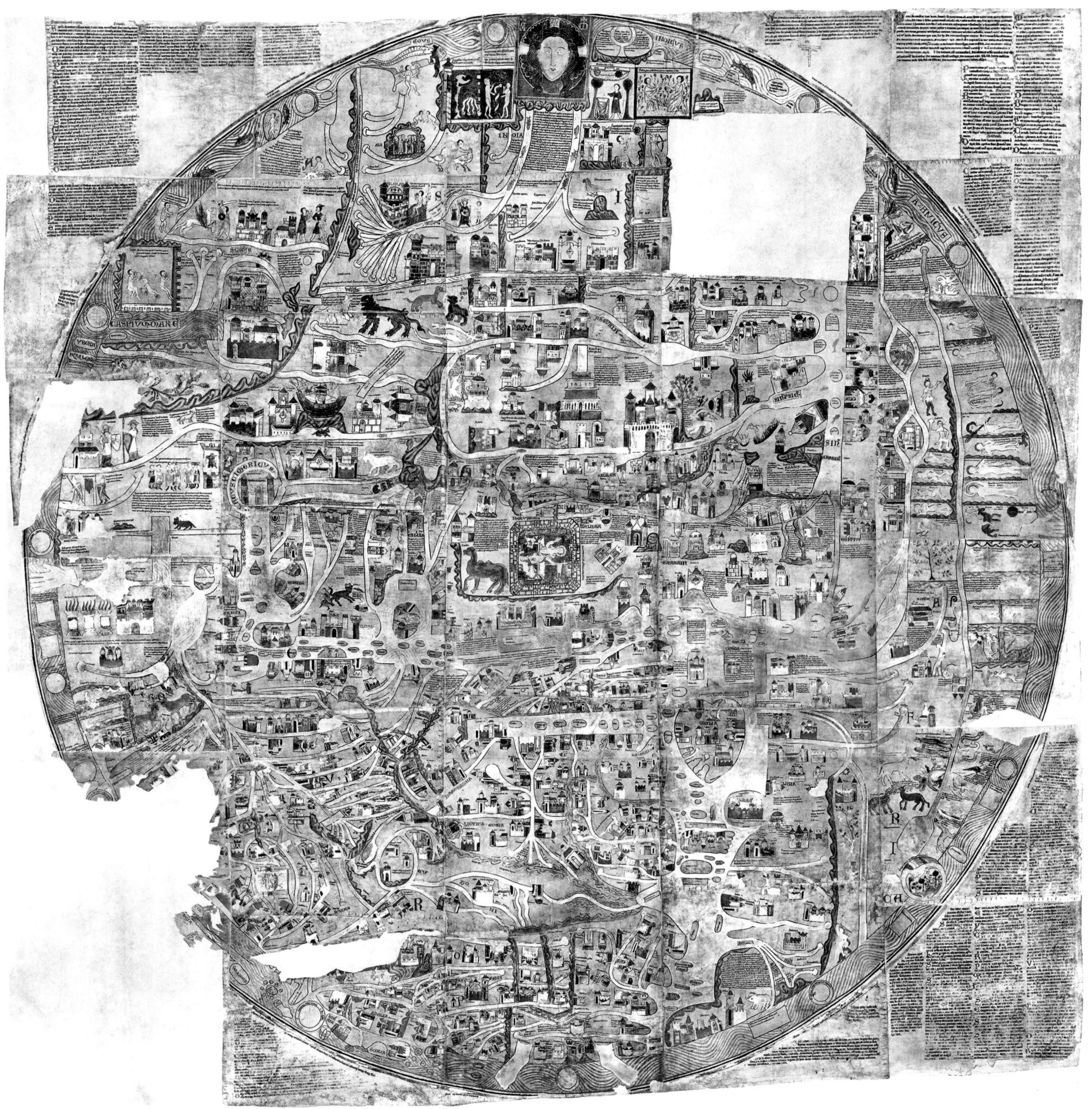

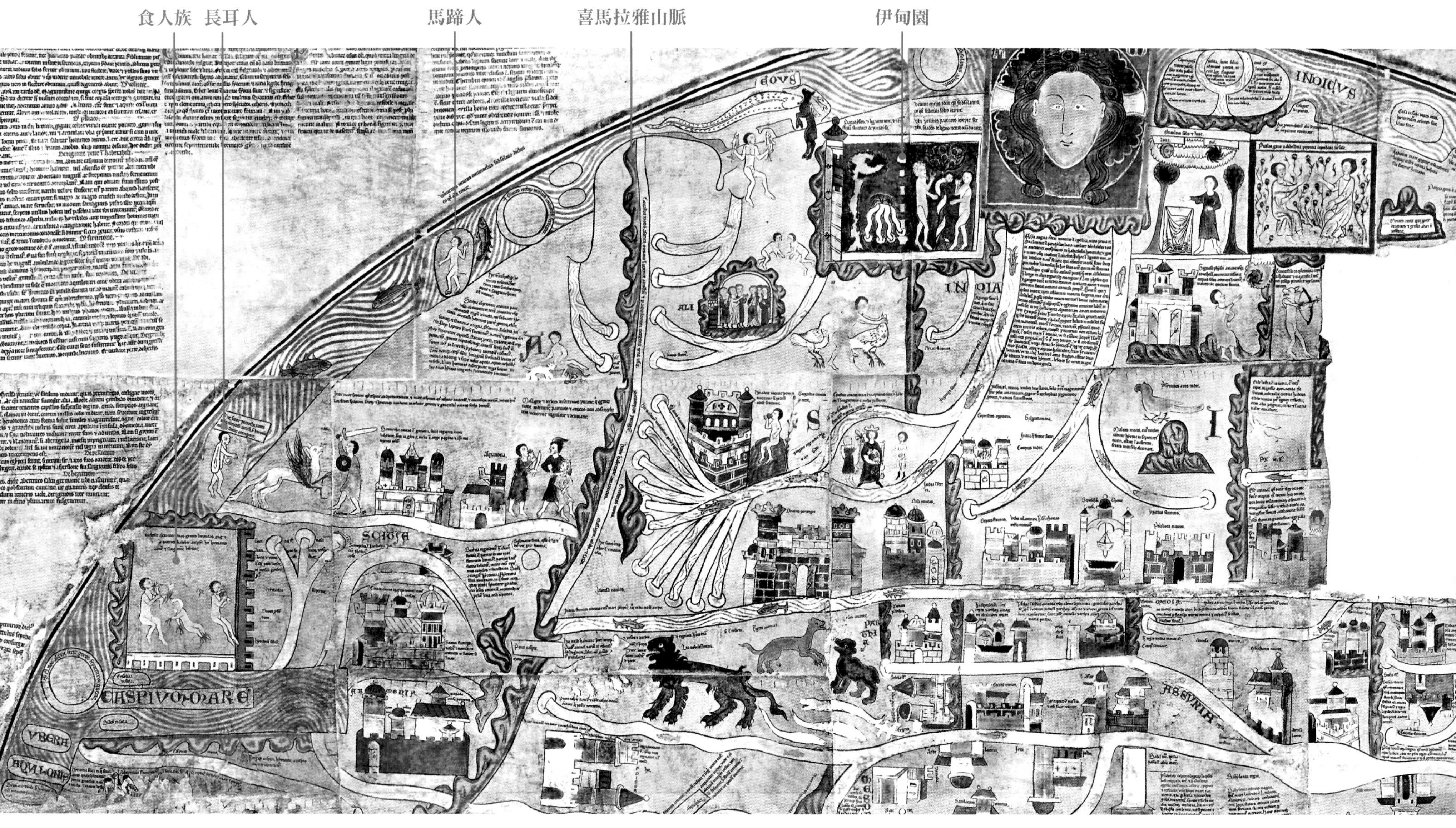

伊甸園右下方標示INDIA（印度）地名，匯集十一條支流的恆河從右側流向上方的東海（EOUS）及印度洋（INDICUS）。恆河上游支流多源自左側弧形的喜馬拉雅山脈，山脈的另一側就是充滿神祕的遠東地區，有食人族及獸身鷹爪的雙翼怪物，東海上除了標示風向的同心圓，還有5座島嶼，最大島上有巨魚，會攻擊麋鹿，另2座島上分別有耳垂及腹與人身馬蹄的奇人（是本地圖所有海島中繪有生物的三座島嶼），模樣宛如先秦（西元前221年）古籍《山海經》中所記載的聶耳國與釘靈國等奇人異獸。

這些古籍可能在西元前119年東漢張騫打通西域之後，以口耳相傳、手抄本或唐宋（西元618～1279年）時期印刷本的方式，透過貿易與戰爭，傳向西亞與歐洲，成為西方揣摩想像中國的資料。

地圖上東海各海島間有數尾大魚，顯示比印度洋之外的其他空蕩蕩海域有更豐富的漁產，還有兩個無名小島位於標示東北風雙環同心圓的旁邊，或許臺灣就隱身其中，留下想像的空間。

當時正值宋理宗端平元年（1234），南宋聯合蒙古滅金後，違背雙方協議，出兵想要收復開封府、河南府和應天府，但由於糧草不濟，最終被蒙古軍大敗而退回原來的秦嶺淮河線防線，形成了與蒙古連續四十餘年不斷戰爭的對峙僵局。此後南宋天災人禍接連不斷，國力逐漸衰弱，對於孤懸南海的澎湖與臺灣更是無心經營。

記錄在埃布斯托夫地圖中的世界印象，雖然少了精確的科學比例尺，但在跌宕起伏的歷史洪流中，這幅精采的歷史文明紀錄圖，或許也曾激起某些探險家探索神祕絲綢之國的勇氣。

▶TO地圖盛行於歐洲中世紀，以耶路撒冷為圓心畫T，把世界分成亞洲、歐洲和非洲三部分，三大洲被一O形大海（Mare-Oceanum）所包圍。東方朝上、西方朝下、北方朝左、南方朝右。此種地圖最早的相關敘述出現於七世紀時西班牙神學家聖依西多祿（Saint Isidore of Seville）所著世上第一部使用插圖的百科全書《詞源》（*Etymologiae*）。而最早的印刷版本則是1472年奧格斯堡（Augsburg）的岡瑟魯斯．蘭納（Guntherus Ziner）所繪。它顯示了挪亞在大洪水之後，將世上的土地分給了三個兒子Shem（閃）、Ham（含）、Japheth（雅弗）。

▼就在此幅地圖繪製前不久的西元1219～1223年，成吉思汗率領第一次蒙古西征，入侵中亞，滅花剌子模（Khwarezm）。之後數次的西征，又陸續攻滅了木剌夷（Assassin）、阿拔斯（Abbas）王朝、敘利亞阿尤布（Ayyub）王朝，並多次入侵匈牙利與保加利亞。東方文化也隨著戰火與蒙古汗國的建立，進入了西亞與歐洲。

1258年蒙古攻打巴格達。左下角的拋石機最早出自《墨子》的記載，六世紀時傳入中亞。

▲《山海經．海外北經》記載：「聶耳之國在無腸國東，使兩文虎，為人兩手聶其耳，縣居海水中。」唐李冗的《獨異志》則形容得更誇張：「山海經有大耳國，其人寢，常以一耳為席，一耳為衾。」這些想像或許是源自原住民族穿耳洞懸掛重物拉長耳垂的習俗。

至於釘靈國，《山海經．海內經》記載：「其民從膝以下有毛，馬蹏善走。」《異域志》甚至形容丁靈國人「自鞭其腳，一日可行三百里」，明顯是自虐狂。還是汪紱的註釋較合理：「釘靈國亦作丁零，出貂。其人多毛，以皮為足衣，如馬蹄而便走，即後世之靴是矣，非真馬蹄也。」

穿著韃靼服裝的馬可．波羅

◀除了蒙古大軍東向西的強勢傳播，西方也有採取主動的時候。西元1275年，義大利旅行家馬可．波羅隨著父親和叔叔，沿著絲綢之路到達元朝首都大都（今北京），且擔任元朝官員。1292年回到威尼斯後，在監獄裡口述其旅行經歷，由魯斯蒂謙（Rustichello da Pisa）寫出《馬可波羅遊記》。而就在馬可．波羅返回威尼斯的前一年，十字軍的最後一個據點——阿卡（Acre）被穆斯林攻占，耶路撒冷王國滅亡，本圖中心的聖城耶路撒冷淪入了穆斯林之手。

最後的審判時臺灣在哪裡？

《赫里福德世界地圖》(*Hereford Mappa Mundi*)

理查．德．拜婁(Richard de Bello)繪於1290年。出自赫里福德主教座堂(Hereford Cathedral)。

西元1988年英國赫里福德主教座堂因為年久失修的屋頂漏水，主教參事會決定拍賣現存(原件非複製)最大幅的中世紀世界地圖《赫里福德世界地圖》來彌補財政缺口，登上拍賣會目錄，驚動了「國家遺產紀念基金會」。幾經磋商，由基金會及美國企業家保羅．蓋提(Paul Getty)等提供大筆資金修繕教堂，並且新建一座圖書館來保存《赫里福德世界地圖》等教堂典籍。

赫里福德世界地圖創作於1290年，一直懸掛在唱詩班走道的牆上，1649～1660年英國王位空缺的動盪時期，藏進了附屬小禮拜堂的地板下，直到1855年才被發現，交由大英博物館進行修復與考證。第二次世界大戰期間，被保存在遠離戰火的安全處所，1946年回到赫里福德主教座堂。專家推估製圖者應是右上角文字中所提到的理查．德．拜婁，他是赫里福德主教座堂的受俸神父，可想而知，這幅地圖自然脫離不了宗教的色彩。

這幅繪於牛皮上的地圖高158 cm寬133 cm，以耶路撒冷(齒輪狀的城市)為世界中心，上方是本圖中最高聳巨大的建築巴別塔(Turris Babel，延伸閱讀p. 43)，人類因為想建此塔通天而被上帝分歧語言，並分散到世界各地，通天塔最終功敗垂成；塔左下方不遠處的亞拉拉特(Ararat)山上停了一艘挪亞方舟，上帝藉由洪水警惕倖存的挪亞家人和各種陸上生物，應該記取他們的祖先在右上方圓形伊甸園內的教訓，圓框外最上方則是復活升天的耶穌正在進行最後的審判，其右下方紅海的鮮豔顏色彷彿呼應著耶穌受難時的鮮血，也與下方中央深棕色的地中海形成強烈對比。

綜觀這幅世界地圖，至少繪製了五百個圖像，包括420座城鎮或城堡、15則聖經故事、8則古典傳奇故事、33種動植物和奇怪的生物，以及32種民族或人的模樣，製圖者將這張典型的TO地圖大致分成兩種世界——神所眷顧的世界(多以城鎮與正常的人呈現)和野蠻無知的世界(多以深山荒島與奇人異獸呈現)，試著以這樣一張細節豐富的地圖，讓識字與不識字的民眾認知整個世界，同時加強他們的宗教信仰。簡言之，製圖者追求的目標未必是如實呈現地理的精確性，宗教的教育意義才是地圖的主要功用。

上述的奇人異獸除了前一篇《埃布斯托夫地圖》中提到的聶耳國與釘靈國之外，非洲Agriophani Ethiopes族的國王只有一個眼睛長

赫里福德主教座堂，右後方的建築即教堂圖書館(Photo by Diliff CC BY-SA 3.0)

挪亞方舟

埃及的紅海岸(Photo by Romazur CC BY-SA 3.0)

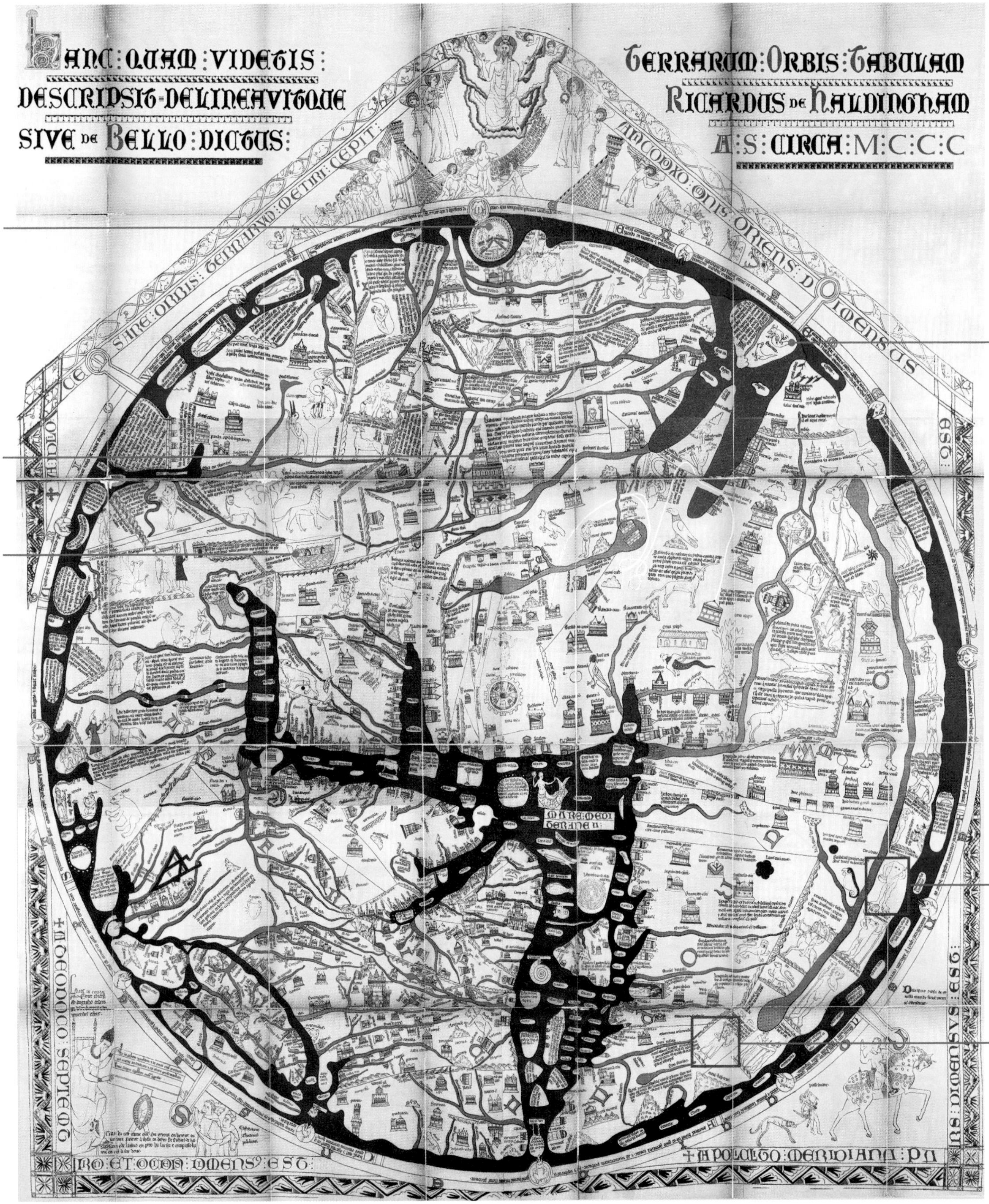

HANC : QUAM : VIDETIS :
DESCRIPSIT DELINEAVITQUE
SIVE DE BELLO : DICTUS :

TERRARUM : ORBIS : TABULAM
RICARDUS DE HALDINGHAM
A : S : CIRCA : M : C : C : C

伊甸園

錫蘭

巴別塔

挪亞方舟

MARE MEDITERANEUM

Blemyae族

Agriophani Ethiopes族

撒馬爾罕（Richard-Karl Zommer繪）

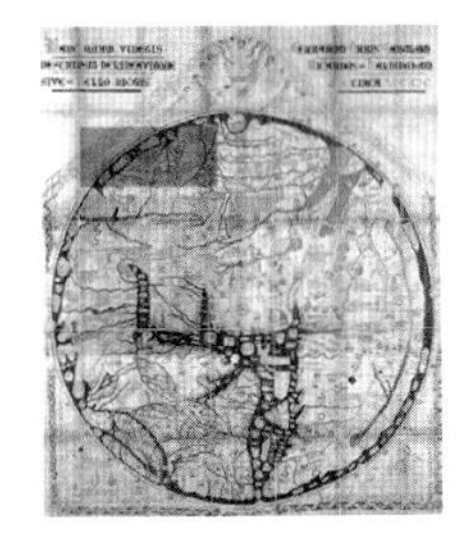

在前額；Blemyae族的眼睛和嘴巴則長在胸口，彷彿也都出自《山海經》中的一目國與刑天，可見東西方對於偏遠異族的看法，所見略同。

本圖最上端為亞洲區域，右側的印度大象望著誤植到紅海口的錫蘭島（Taprobanā），滿腹狐疑。左側的恆河岸邊則有個用一隻大腳遮住日晒或耶穌的Monocoli族，再往左翻越喜馬拉雅山，就到了撒馬爾罕（Samarqand，曾是帖木兒帝國的首都）與塞里斯（Seres，拉丁文的意思是絲國，也就是發明絲綢的中國）。當時中國為元朝，已與歐亞各族有過戰爭及貿易往來，絕非蠻荒之地，因此畫了一座不小的城堡。

至於左側外圍島嶼就沒那麼文明，像是Phanesii島民的耳朵大到包覆身體（《山海經》中的聶耳國），Spopodes島民則長有馬腳（《山海經》中的釘靈國，也有人推測那是穿著日式木屐的日本人），中間兩個小島則僅有無可考的簡單島名，或許臺灣就是其中之一。

就在本圖完成的隔年元世祖下詔：「收撫江南已十七年，海外諸蕃罔不臣屬。惟琉求邇閩境，未曾歸附。議者請即加兵。朕惟祖宗立法，凡不庭之國，先遣使招諭，來則按堵如故，否則必致征討。今止其兵，命楊祥、阮鑒往諭汝國。果能慕義來朝，存爾國祀，保爾黎庶；若不效順，自恃險阻，舟師奄及，恐貽後悔。爾其慎擇之。」於是楊祥奉命率軍自澎湖的汀路尾澳舟行，「至是日巳時，海洋中正東望見有山長而低者，約去五十里。祥稱是琉求國。……令軍官劉閏等二百餘人以小舟十一艘，載軍器，領三嶼人（呂宋島西南岸的三個港口）陳煇者登岸。岸上人眾不曉三嶼人語，為其殺死者三人，遂還。」到了元成宗元貞三年（1297），福建省平章政事高興又派遣張浩、張進赴琉求國，擒生口一百三十餘人。這些被擒回福建的琉求人是否在異鄉落地生根？令人好奇。

中外古人都難免以自我為中心，將偏遠未知的異族視為蠻荒未開化的異類，不但衣不蔽體，而且奇形怪狀，不成人樣。雙方禮尚往來，誰也不吃虧。直到十五世紀航海大發現之後，這些遭到誤解的蠻荒之地與島嶼才被驗明正身，恢復人形。

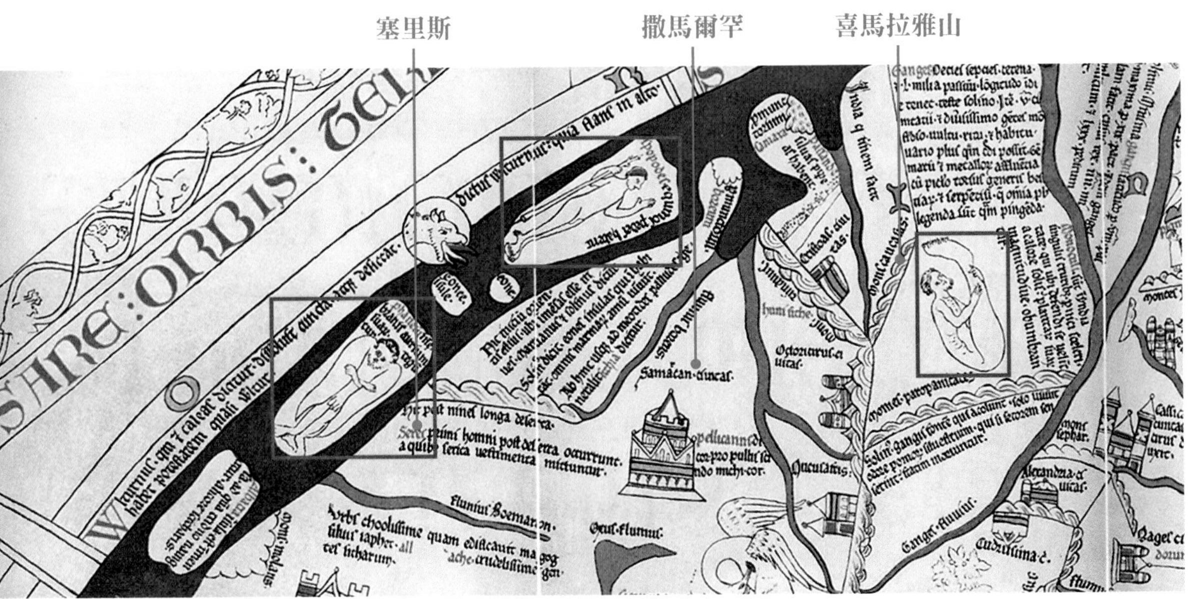

延伸閱讀 ▶巴別塔的故事出自舊約聖經《創世記》，當時地上的人們都說同一種語言，「大洪水」之後人們來到示拿（Shinar）之地。有人說：「來吧，我們要建造一座城和一座塔，塔頂通天，為了揚我們的名，免得我們被分散到世界各地。」耶和華看見了便說：「如今他們既然能做起這事，以後他們想要做的事就沒有不成功的了。」於是耶和華打亂他們的語言，讓他們不能知曉別人的意思，並將他們分散到世界各地，無法繼續建那座城。該城的名字「巴別」源於希伯來語，意思是「混亂」。耶和華的這項行動不僅是對人類傲慢的懲罰，也是文化多樣性的緣由，因此巴別塔也被視為「文明的搖籃」。

巴別塔

延伸閱讀 ▼這幅地圖繪製完成不到50年，便爆發了英法百年戰爭，法國想趕走仍然盤據法國本土西南地區亞奎丹（Aquitaine）的英國勢力，統一法國。而法國貴族出身的英王非但不肯，還想奪回其祖先原先受法王封贈的其他土地。雙方相持不下，新仇加上舊恨，終於引燃戰火，一打就是上百年。這兩個同為耶和華子民的國家，皇室間有著緊密的姻親或血緣關係，卻仍然勢同水火，兄弟鬩牆長達百年。不知最後審判日時如何在上帝面前各說各話？

延伸閱讀 ▼英法百年戰爭開打十年後，黑死病在歐洲大規模流行，到1353年時約三分之一的歐洲人死於這場瘟疫。畫家老彼得・布勒哲爾（Pieter Bruegel de Oude）創作《死神的勝利》（*De triomf van de dood*）描繪黑死病的慘況，彷彿呼應了「最後審判」的主題。

老彼得・布勒哲爾《死神的勝利》

1346年英法百年戰爭中的克雷西（Crécy）會戰

東方海上的彩色珍珠

《加泰隆尼亞地圖集 —— 亞洲》（*Atlas Catalán-Asia*）

亞伯拉罕・柯雷斯克（Abraham Cresques）繪於1375年，出自巴黎國家圖書館（Bibliothèque nationale）。

歐洲中世紀海員使用的波特蘭海圖（portolano，義大利文原意為與港口相關的）是根據實際航海紀錄，詳盡描繪海岸線、島、礁、灘和港口的「航海指南」，因為當時的船隻較小，遇到暴風雨時必須盡快駛入港口或峽灣內避難，故障時也必須就近拖上沙灘進行維修，因此有關海岸線的情報非常重要。波特蘭海圖除了採用早期大部分地圖上所沒有的圖解比例尺，還明顯標示航海用的羅盤方位線。

這些航海指南的海圖通常裝訂成冊，其中最著名的是1375年的

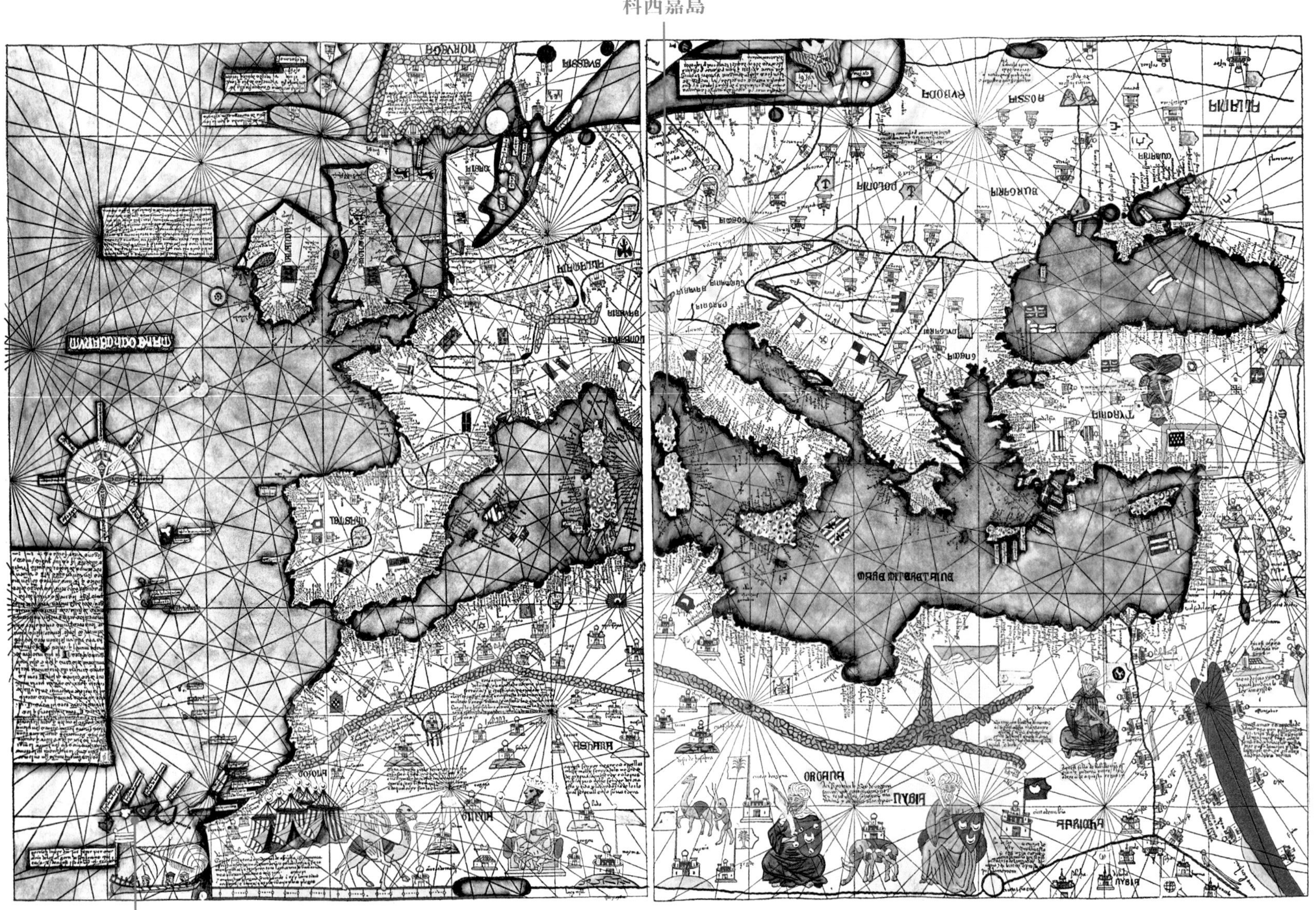

《加泰隆尼亞地圖集》。該地圖中標註非洲為黃金產地，因此吸引了無數歐洲探險者前去一探究竟，左側大西洋上更出現了世界地圖史上第一個羅盤方位圖（compass rose，延伸閱讀p. 47），而它的正下方靠近非洲海岸處也畫出了一排彩色島嶼，正是1312年發現的加那利群島。

柯雷斯克

1375年，西班牙亞拉岡（Aragon）王國馬略卡島（Majorca）帕爾馬（Palma）的猶太籍製圖師亞伯拉罕．柯雷斯克（Abraham Cresques，1325～1387）受命於亞拉岡胡安王子（Prince John，後來的胡安一世），製作一套海圖，必須超越當代波特蘭海圖涵蓋的範圍，「延伸至直布羅陀海峽以西」。

《加泰隆尼亞地圖集》原圖由六張羊皮紙組成，每張尺寸約65×50公分，地圖集總尺寸為65×300公分。前兩頁以加泰隆尼亞文字配上插圖，描述宇宙學、天文學、占星術和已知世界的狀態，並提供水手潮汐的信息以及如何在夜間判讀時間。餘下的四頁為地圖的主體，標示出許多城市，插上各種旗幟表明不同的政治立場；基督教城市以尖頂上的十字架作為象徵，其他城市則以圓頂為代表。為了讓四頁地圖拼接完整不遺漏，拼接處左右兩側各有部分重疊繪製的區域，從義大利左側的科西嘉島（Corsica）與薩丁尼亞島（Sardinia）即可明顯看出。

右側兩頁描繪東方部分，印度半島第一次有了正確的輪廓。圖上註記了許多文獻資料，結合中世紀的世界地圖及當時的遊記，尤

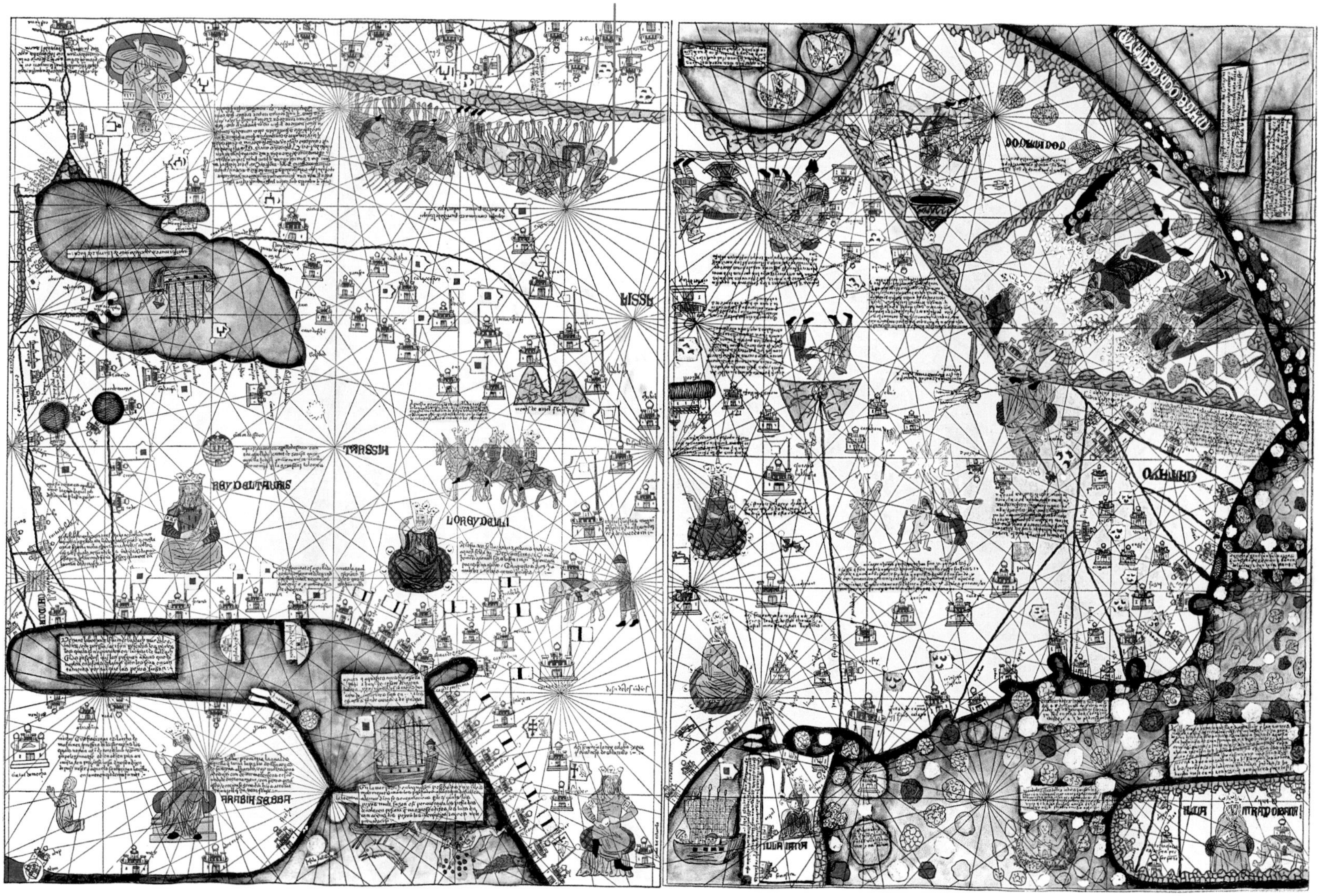

駱駝商隊

其是《曼德維爾爵士旅行記》（*The Travels of Sir John Mandeville*）和馬可．波羅的《東方見聞錄》。最上方一隊駱駝商隊正沿著山脈前往中國（Catayo），馬可．波羅與他的父親可能就在其中。

本段地圖最下方的印度半島右側畫了一艘船正航向大島Illa Iana，根據相對位置應該是斯里蘭卡島（Sri Lanka當時歐洲人稱其為Taprobanā），但斯里蘭卡島卻被擠到最右下角（Illa Trapobana），而該處應該是爪哇島（Java），想必是兩島互相誤植。

地圖最右側的東方海面上，布滿色彩繽紛的圓狀物，宛如珍珠。一對裸體原住民置身其中，一人正彎身撿拾珍珠，頭頂前方的海灣便是當時元朝市舶司之一的寧波（圖中標註地名為海灣口與寧波相望的舟山島Fusam）。1368年元軍退出中原後，因為張士誠、方國珍等餘黨亡命入海與倭寇勾結，頻來騷擾沿海州縣，明太祖朱元璋在1374年時下令暫時關閉市舶司，嚴格實施海禁以防倭寇。

就在實施海禁的隔年，本地圖繪製完成，而在這片東方珍珠海面上，從第一個海灣港口寧波，一直到Iana大島右側的紫色小島Caynam（海南）之間的繽紛海域，美麗的福爾摩沙島究竟在哪裡？

回溯元朝期間，元世祖與元成宗都曾遣使招諭或派兵征伐琉求臺灣，並在澎湖設置巡檢司。除了上述官方紀錄，民間的關注也不遑多讓。元惠宗至正九年（1349年），商人兼旅行家汪大淵在泉州出版《島夷志略》一書，記述1330年和1337年二度漂洋過海親身經歷的二百多個地方，包括澎湖與琉求。書中形容琉求「地勢盤穹，林木合抱。……其峙山極高峻，自彭湖望之甚近。……土潤田沃，宜稼穡。……男子、婦人拳髮，以花布為衫。煮海水為鹽，釀蔗漿為酒。知番主酋長之尊，有父子骨肉之義，他國之人倘有所犯，則生割其肉以啖之，取其頭懸木竿。地產沙金、黃豆、黍子、硫黃、黃蠟、鹿、豹、麂皮。貿易之貨，用土珠、瑪瑙、金珠、粗碗、處州瓷器之屬。海外諸國，蓋由此始。」其中的「土珠、瑪瑙、金珠」似乎呼應了本地圖的東方海上彩色珍珠。

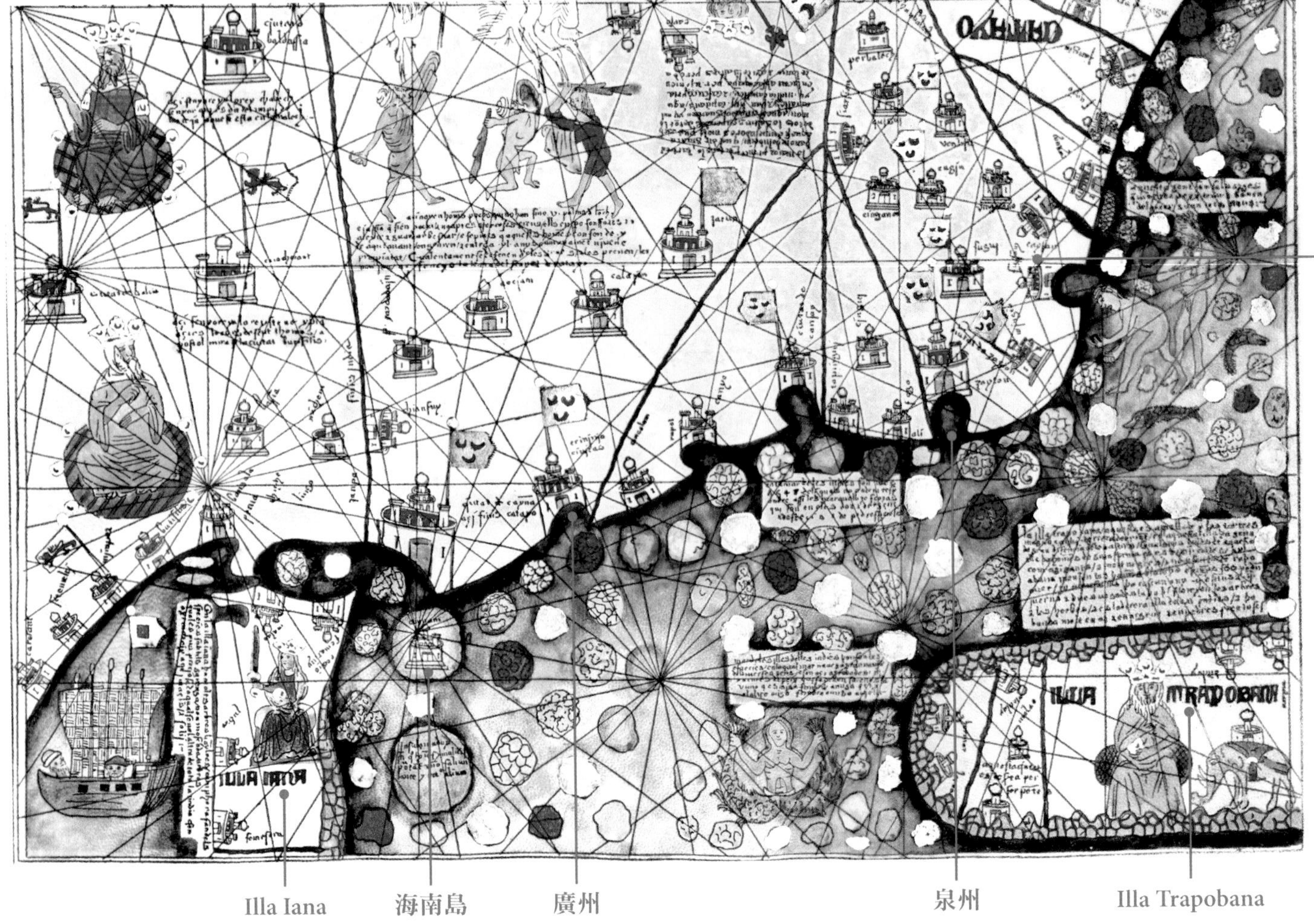

中國古代航海羅盤

地圖史上第一個羅盤方位圖

▲中國發明的羅盤大約在十二世紀時傳入阿拉伯，又經阿拉伯傳入歐洲，使海員在航行中獲益非淺，在此之前，航海家必須依靠夜空晴朗的北極星導航。

元軍跨海征戰圖

▲1292年時，爪哇將元朝遣往諭令朝覲的使臣黥面放歸。元廷盛怒，派出海船一千艘、軍士二萬人攻打爪哇，不巧遇上當地政變，元軍受託協助弭平政變後，卻又被倒戈擊敗，倉皇逃回。陸上驃悍的元軍，繼1274年及1281年兩度跨海征日，都因後援不足及遭遇颱風，鎩羽而歸之後，再嘗敗績。但元朝畢竟國威遠播，爪哇自知無法長期對抗，1296年時便遣使奉表稱臣。

孟特戈維諾

▲馬可．波羅在1292年動身回歐洲之前，方濟各會神父孟特戈維諾（Giovanni da Montecorvino）受羅馬教宗尼古拉四世（Nicolaus PP.IV）派遣，於1291年經海路抵達中國泉州。1294年抵達元朝大都後便定居下來，直至1328年逝世，生前曾在大都興建教堂二所。1342年，聖方濟各會會士馬黎諾里（Giovanni dei Marignolli）一行奉羅馬教宗本篤十二世（Benedictus PP.XII）之命前來中國，抵達上都。

《泉州府圖說》（美國國會圖書館收藏）

◀1293年，元朝設立杭州、上海、澉浦、溫州、慶元（今浙江寧波，地圖中彎身撿拾珍珠的原住民頭頂前方的第一個海灣）、泉州（第二個海灣港口Zayton，唐朝時稱為刺桐）、廣州（第五個海灣港口Cincolam）七個市舶司，物貨皆三十取一當成稅金。

中國地圖都出現非洲了，豈可不見臺灣？

《大明混一圖》與《混一疆理歷代國都之圖》

佚名，1389年／朝鮮人金士衡等，1402年。

《大明混一圖》長4.75公尺，高3.86公尺，彩繪絹本，是目前已知尺寸最大、年代最早、中國人繪製且保存最完好的世界地圖，以大明王朝版圖為中心，東至日本、朝鮮；南至爪哇；西達非洲西海岸、西歐；北至貝加爾湖南岸。原件現存中國第一歷史檔案館。

全圖沒有明顯的疆域界線，僅以地名條塊的不同顏色來區別內外所屬。圖中描繪了明朝各級治所、山脈、河流、湖泊、島嶼等共計一千餘處。海洋以鱗狀波紋線表示，中國東部海岸線輪廓大致準確，但雷州半島、海南島的位置偏西，日本群島大幅往西南方偏移，尾端並列的三島應是受明朝冊封而被明顯誇大的琉球王國（分為南山、中山、北山三國），島上標明了數個地名。琉球王國西方的長條狀島嶼即為未受冊封的臺灣，因為被視為蠻荒之地，所以島上未標註任何地名。

《大明混一圖》的中國部分相對精確，應該是依據元朝朱思本「計里畫方」的中國全圖《輿地圖》（延伸閱讀p.51）；而外國部分的比例則明顯失真，地圖左側為被擠壓變形的歐洲與非洲，非洲位於下方，其中兩條河流的方位接近埃及尼羅河和南非的奧蘭治河（Orange River），南部的山脈也與今日的龍山山脈（Drakensberg）位置吻合。至於非洲大陸中央的大湖，則是源自阿拉伯的傳說。

長腿形的阿拉伯半島就在非洲的右側，中間隔著一條細細的紅海。再往東越過波斯灣與阿拉伯海，便來到印度半島，繼續向東橫渡孟加拉灣，本應抵達狹長形的中南半島，但由於繪圖者認知不足，半島緊靠著中國，難以區分。

中國文獻在西元一世紀時便已提及非洲，到了西元三世紀，中國商船已越過印度，出現在波斯灣，到了唐代，中國與印度洋各國的海上貿易已相當可觀，包括對非洲的貿易，宋朝時達到了頂點，並對非洲國家有深入的了解。例如南宋周去非的《嶺外代答》（1178年）與趙汝適的《諸蕃志》（1225年）書中分別記載了崑崙層期國（Komr Zangī即馬達加斯加島）與勿斯里國（Misria即埃及）等非洲國家的概況。

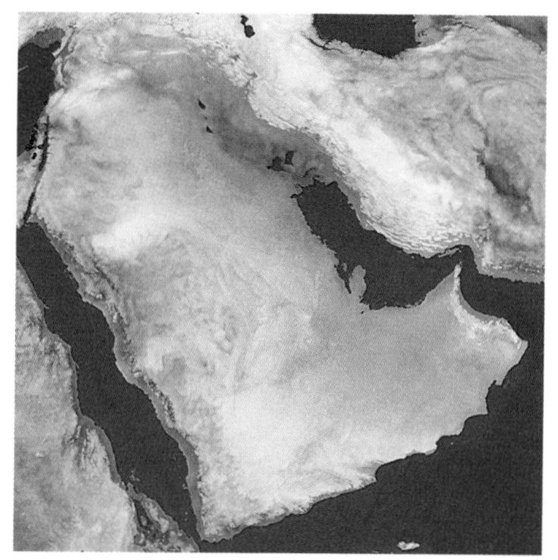
阿拉伯半島衛星空照圖（NASA）

紅框內的臺灣

龍山山脈（Photo by Diriye Amey CC BY 2.0）

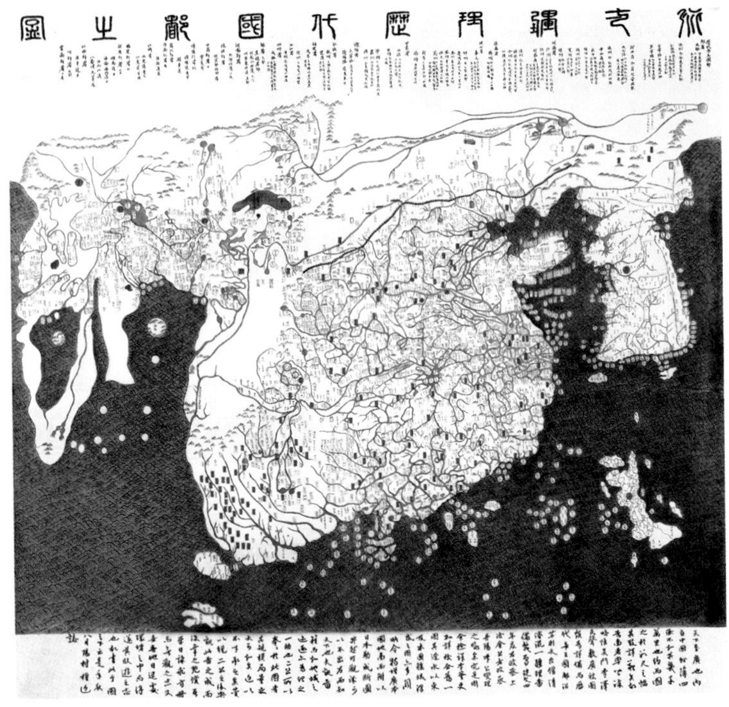

龍谷大學摹本

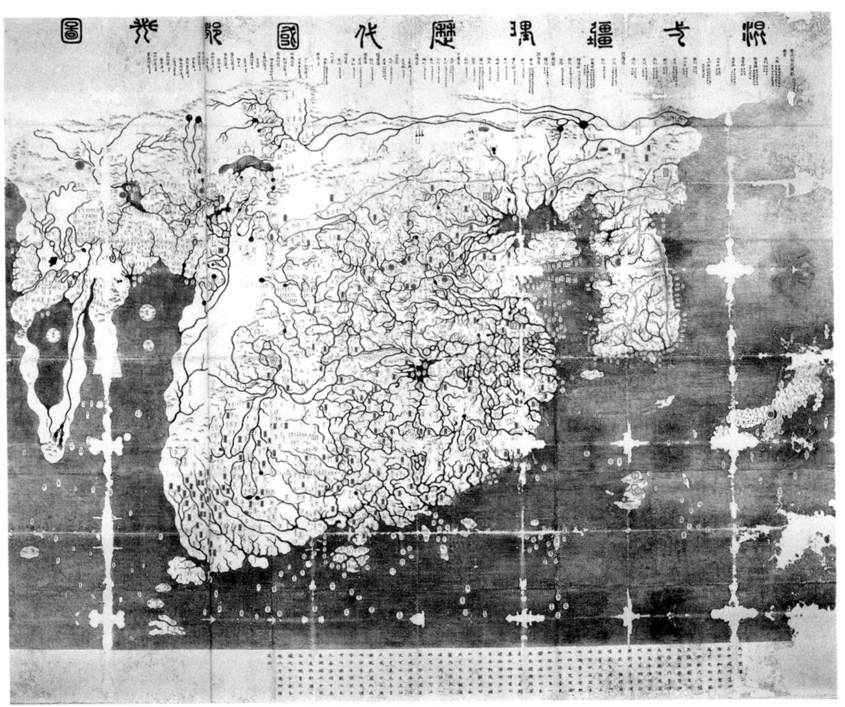

本光寺摹本

與《大明混一圖》同一時期繪製的《混一疆理歷代國都之圖》長168 cm，高158 cm，是1399年明惠帝登基時，朝鮮賀使金士衡將元代李澤民的《聲教廣被圖》和清浚的《廣輿疆理圖》的複本帶回朝鮮，1402年經金士衡與李茂考訂，李薈校對，由權近補充朝鮮和日本部分（特意將朝鮮半島畫得比日本列島大四五倍）所完成。

該圖於十六世紀末的「文祿·慶長之役」時被帶至日本，原本藏於京都西本願寺，後來佚失，現存的《混一疆理歷代國都之圖》是十六世紀日本人的摹繪本，被京都龍谷大學圖書館收藏。後來，長崎本光寺也發現了一幅江戶時代的摹本，尺寸更大（280 cm×220 cm）。

《混一疆理歷代國都之圖》如同《大明混一圖》，不僅畫出了大體的非洲，阿拉伯半島也畫得相對準確，這除了要歸功於趙汝適等人的著述，也不應忽視當時到中國經商或旅遊的阿拉伯人的貢獻。

《混一疆理歷代國都之圖》與《大明混一圖》的繪製手法極為相似，包括山脈的寫意畫法、海洋的鱗狀畫法、地名的縱向條狀標示等，特別是非洲部分和中國東南沿海一線，兩圖如出一轍。

至於這兩幅出現非洲的古地圖中，臺灣以何種姿態露臉？龍谷大學摹本中的日本群島比《大明混一圖》更誇張，不但大幅縮小，且上下顛倒，更往

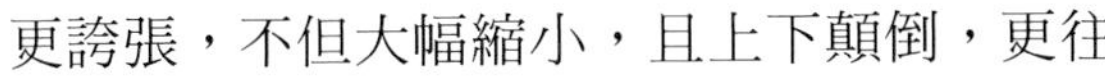

南偏移，跑到臺灣的東南方海面，其西北方的三座島嶼由西至東依序是大琉球（沖繩）、琉球（臺灣）及澎湖，雖然都位於中國東南海岸邊，但島嶼的大小比例仍有明顯的偏差。

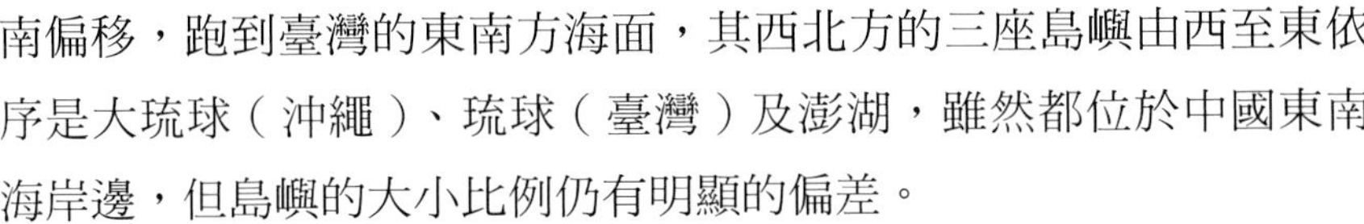

本光寺摹本的日本群島雖也偏小、偏南，但相對位置較正確。其西南方海面上一座脊椎動物胚胎狀的島嶼就是大琉球，其西北方的三座小島中間那座就是琉球（臺灣），一樣遭到大幅縮小。

至於臺灣西邊的澎湖，境遇也不佳，在本圖繪製期間的明太祖洪武二十一年（1388年）遭到「盡徙嶼民，廢巡司而墟其地。繼而不逞者潛聚其中；倭奴往來，停泊取水，亦必經此。」臺澎兩地逐漸淪為海盜、倭寇的巢穴。

▶「計里畫方」的技法始於中國晉代裴秀，他曾以一寸折百里的比例編製了《地形方丈圖》。到了元代朱思本，用「計里畫方」的方法繪製全國地圖《輿地圖》，精確性超過前人。此法沿用1500餘年，在地圖的製圖學史上具有重要意義，但由於未考慮到地球曲率，故除中心部分較準確外，越往四周變形越大。

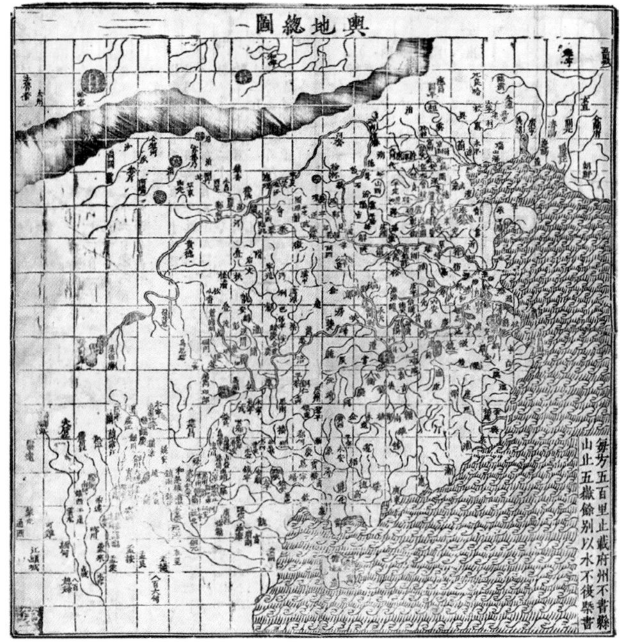

根據朱思本《輿地圖》摹繪的《輿地總圖》

葡萄牙航海家迪亞士

▲早在葡萄牙航海家迪亞士（Bartolomeu Dias）於1488年航行繞過好望角（Cape of Good Hope）之前，中國人便已經環繞非洲航行了。而在南非北部出土的中國陶器，可追溯至十三世紀。

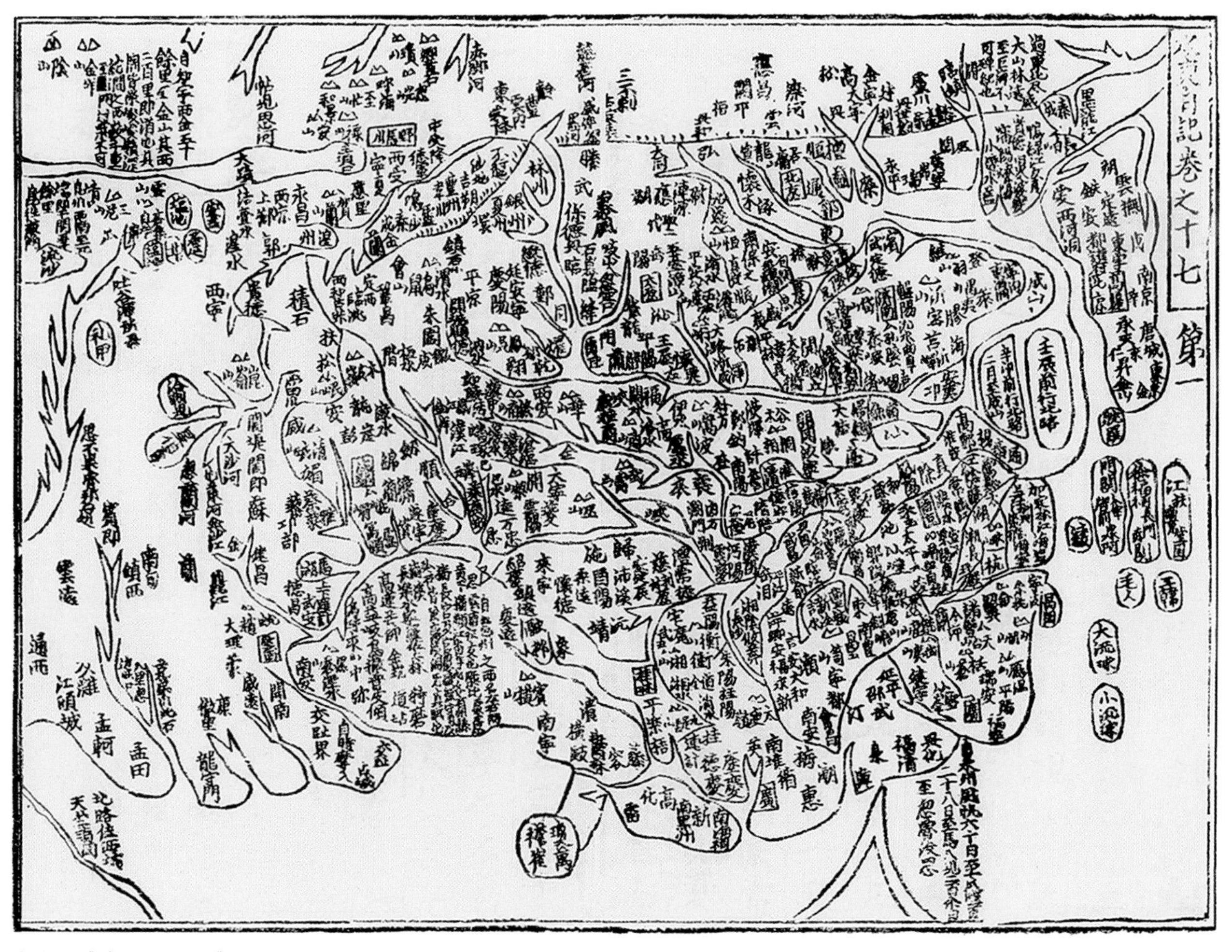

清浚的《廣輿疆理圖》

◀明吏部侍郎葉盛所著《水東日記》中第十七卷載有一幅《廣輿疆理圖》，註明原圖由僧人清浚繪於元朝至正二十年（1360），明代嚴節摹繪於景泰三年（1452），可說是最早將「琉球」區分成大、小琉球的地圖。圖左下方的孟加拉灣標註有「此路使西域天竺各國」，顯示出十三世紀之後對西域的海上貿易航線。圖右下方的泉州海面標註「自泉州風帆，六十日至爪哇，百二十八日至馬八兒，二百餘日至忽魯沒思」。航線終點「忽魯沒思」即今日波斯灣的荷莫茲（Hormuz）海峽。

銅版世界地圖上鐫刻的古老傳説

《波吉亞世界地圖》（*The Borgia World Map*）

佚名，繪於1410～1458年，出自梵蒂岡教廷圖書館（Biblioteca Apostolica Vaticana）。

歷史的巨輪轉向十五世紀，歐洲進入大航海時代，地圖學、航海術與造船術逐漸進步。然而，在日益講求地理精準的時代背景下，出現了這幅古樸的《波吉亞世界地圖》，時光彷彿又回到十四世紀之前。它是樞機主教斯特凡諾・波吉亞（Stefano Borgia）在十八世紀末的古董店裡發現的。由於不知道製圖者與相關資訊，這幅地圖便以波吉亞為名。

這「片」圓形地圖由兩塊銅版以及鉚釘組成，直徑約為63公分，製圖師先將世界的圖像與文字刻在這組銅版上，再以顏料填入凹痕中，大部分圖案是棕色，唯有船帆塗成白色，火焰線條間塗成紅色。根據考證，本圖約繪製於十五世紀前期，不過十四世紀之後，葡萄牙人已開始沿著非洲海岸線進行大西洋航海探險，然而《波吉亞世界地圖》歐洲部分的內容並未加入新時代的地理知識，例如地中海、黑海及歐洲的大西洋沿岸部分畫得比較粗糙，連比它還早的《加泰隆尼亞地圖集》（1375年，參見p.44）都已呈現出西歐海外探險的內容。

《波吉亞世界地圖》的方位以南方朝上，北方朝下，東方朝左，西方朝右。這樣的地圖方位和製作的銅版材質，在古代地圖中非常罕見。另外，更不一樣的地方是，它竟沒有如古代地圖般以基督教的聖地耶路撒冷做為地圖的中心（換成了位於歐亞交界處的伊斯坦堡），更沒有特別標出耶路撒冷。因此專家推測，這幅地圖製作之初，可能僅是作為牆面裝飾，用來簡單說明世界地理。地圖上繪有世界各地的主要城市、民族、動物、傳奇生物等圖案，及大量的拉丁文說明。

《波吉亞世界地圖》以圓形呈現整個世界，海洋環繞在外圍，從右側的直布羅陀海峽貫入地中海與黑海，左上方則以紅海與波斯灣包夾阿拉伯半島。所有水域（包括裡海等湖泊）均以波浪水紋表示，增添了畫面的動態感。

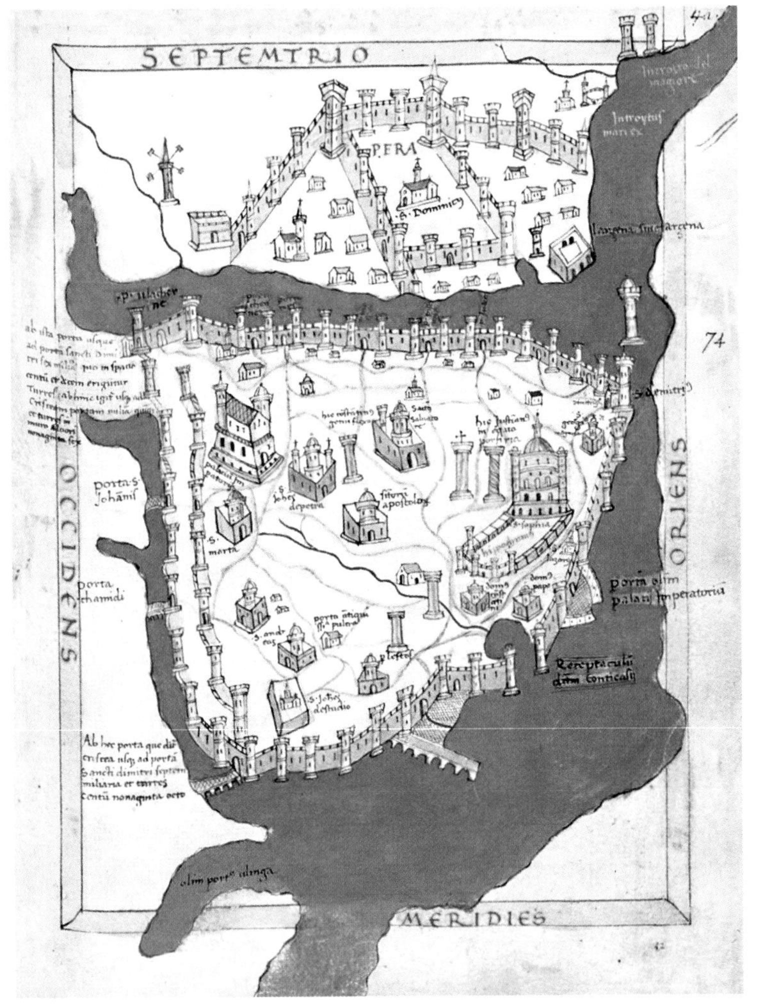

現存最早的君士坦丁堡地圖（1422-Cristoforo Buondelmonti）

延伸閱讀 ▲西元330年，君士坦丁大帝將羅馬帝國的權力重心東移，以伊斯坦堡為羅馬帝國的新首都，改名君士坦丁堡，成為希臘文化和基督教的中心。在中世紀的大部分時間，君士坦丁堡是歐洲大陸最大和最富裕的城市。1453年，蘇丹穆罕默德二世攻陷君士坦丁堡，東羅馬帝國滅亡，伊斯坦堡成為鄂圖曼帝國的新首都。

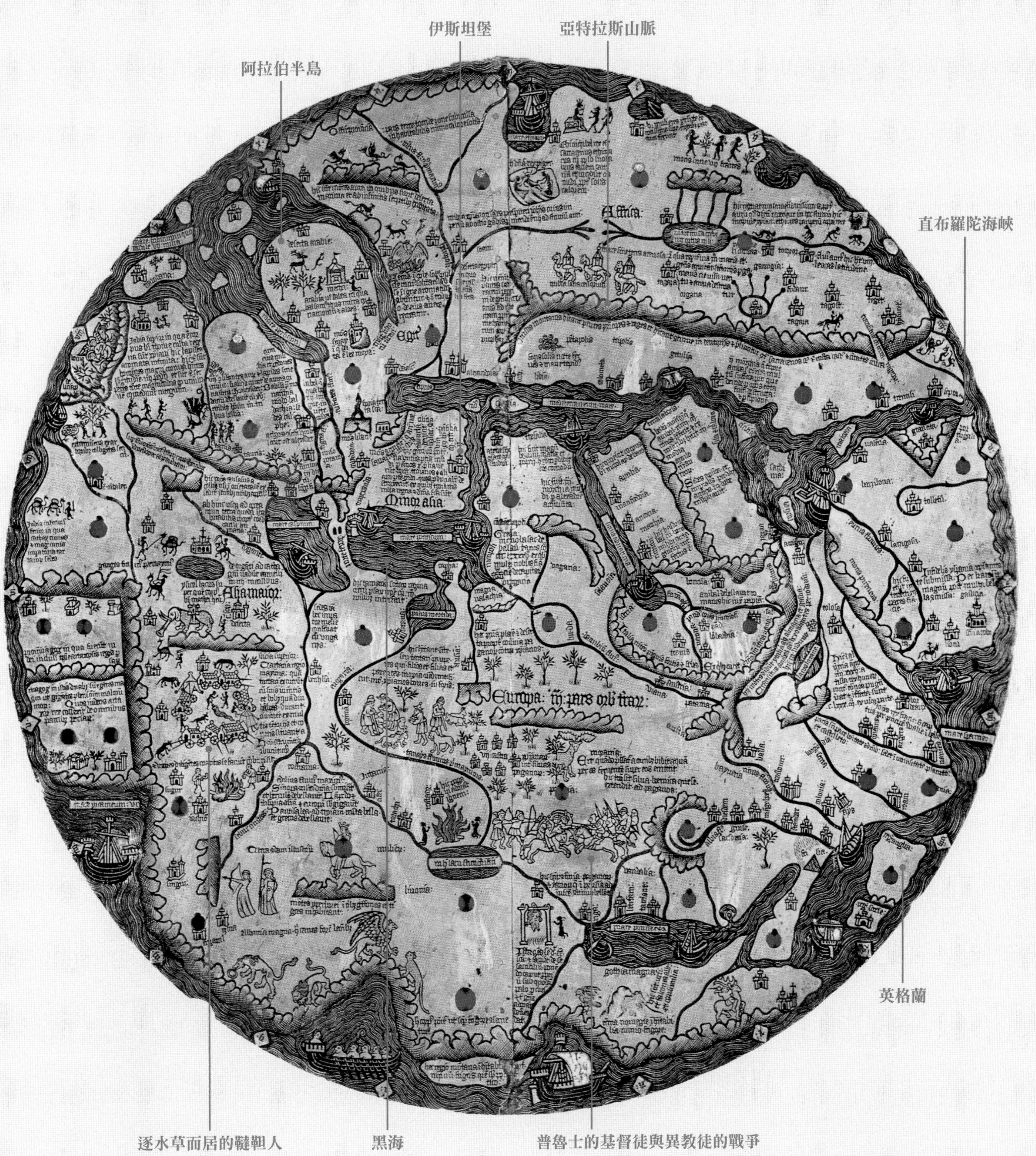
伊斯坦堡
亞特拉斯山脈
阿拉伯半島
直布羅陀海峽
英格蘭
逐水草而居的韃靼人
黑海
普魯士的基督徒與異教徒的戰爭

地圖最上方是非洲，亞特拉斯山脈（Atlas Mountains）的長度被延伸了兩倍，從西非海岸橫亙到尼羅河口的亞歷山卓（Alexandria）附近。我們的視線越過尼羅河與紅海，進入阿拉伯半島，就可見到伊斯蘭教徒朝聖的麥加（Mecca）。半島東側的波斯灣外海便是印度洋，其中最大的皇帝豆形島嶼Taprobane就是今日的斯里蘭卡，島上有兩座象徵城市的屋宇，代表當時該島已為重要的貿易據點。島的左下角隔海就是群山環繞的伊甸園，亞當和夏娃蹲在天使兩側，擔心何時會被逐出伊甸園。

伊甸園右方有一大片文字：「上印度，這兒是使徒多馬（Thomas the Apostle）殉道之處，有許多基督教王國。這裡有無數的珍貴琥珀寶石，也有角長四英尺的巨人，還有巨大的蟒蛇，可以吞下一頭牛。」

伊甸園正下方有兩個人正在樹下工作，文字說明「遙遠的絲國人民從樹上收集絲線」，完全跳過「養蠶吐絲」等複雜的流程，最後，精美的中國絲綢便沿著右方山脈旁邊的絲路進入中亞，再轉賣到歐洲。

採桑人的背後有一隻大鳥和一艘停靠在海岸邊的大船，本地圖繪製完成約五十年後的1498年，達伽馬才發現通往印度的新航線，因此這艘船很可能是明朝鄭和1405年到1433年七下西洋時的船艦，停靠在出發的福建港口。可惜的是，本圖中的中國海岸外一片汪洋，仍然見不到就位於福建對岸的臺灣。

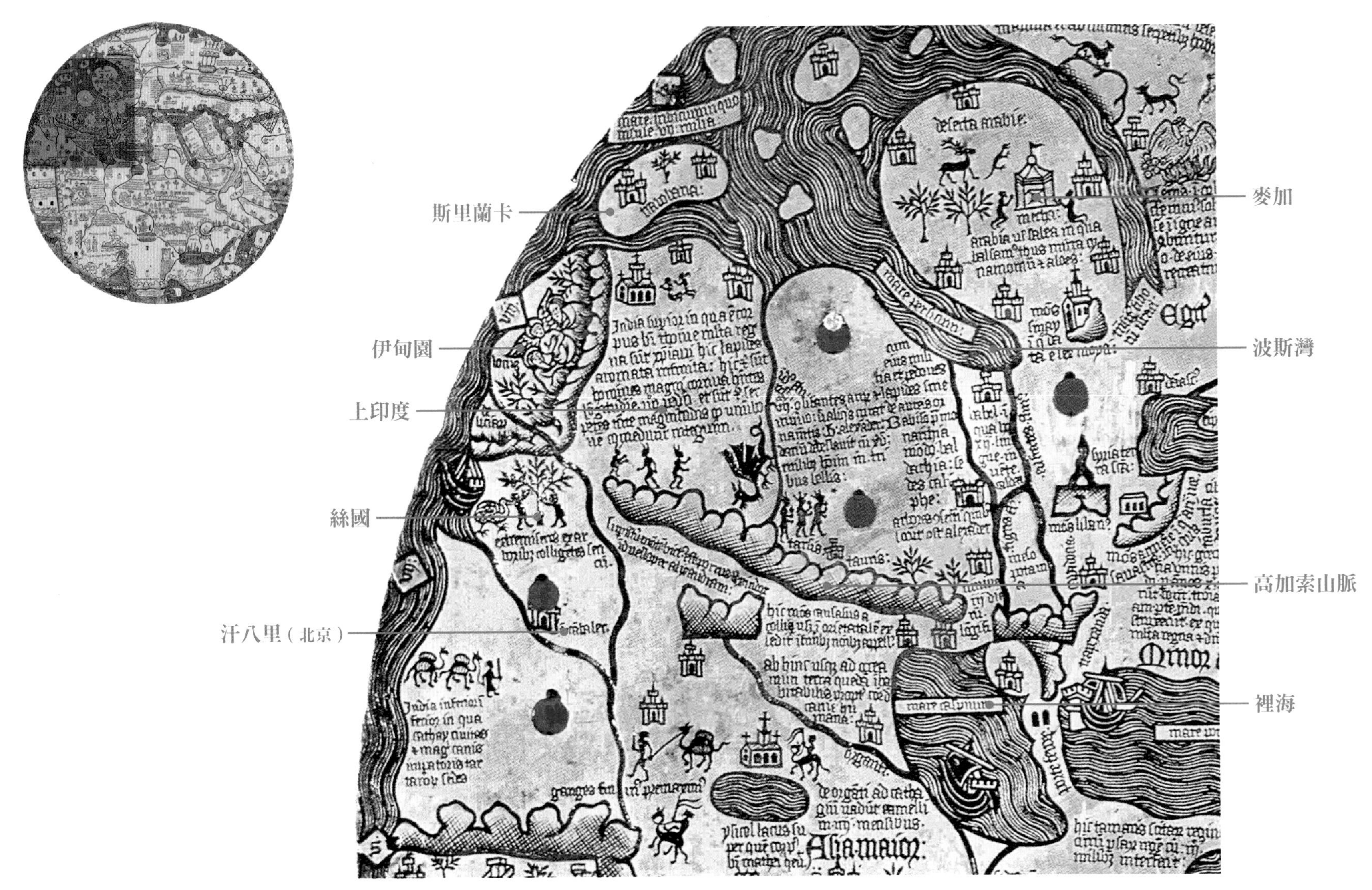

麥加大清真寺內的卡巴天房（Muhammad Mahdi Karim；edited by jjron－GNU Free Documentation License, version 1.2）

◀麥加大清真寺（Al-Haram Mosque）內的卡巴天房（Kaaba）是一座立方體的石造建築，由麥加附近山區的花崗石為材料，相傳初建於亞當之手，後由亞伯拉罕和以實瑪利（Ishmael）父子共同修建。根據記載為「天使崇拜真主之處」，是伊斯蘭教最神聖的聖地，所有信徒在地球上任何地方必須面對它的方向祈禱。

▼絲綢的生產起源於中國，可以追溯到史前時代。西漢開闢絲路之後，一千年來絲綢製作都由中國壟斷。西元522年，拜占庭帝國成功獲得了桑蠶卵，開始了桑蠶的養殖。與此同時，阿拉伯人也開始生產絲綢。由於養蠶業傳播，雖然中國仍然在奢侈品絲綢市場上保持著優勢，但外地已不那麼依賴中國絲綢。

元代程棨《耕織圖》（局部）

▶從1405年到1433年，明成祖命鄭和率領二百四十多艘海船、二萬七千四百名船員的龐大船隊遠航，拜訪了三十餘個西太平洋和印度洋的國家和地區，歷時28年，最遠航至阿拉伯半島和東非肯亞。比迪亞士（Bartolomeu Dias）發現好望角及哥倫布發現美洲大陸早七、八十年，是當時世界上規模最大的遠航航海項目，總航程達到七萬多海里，長度相當於地球圓周的三倍有餘。

香港科學博物館中的鄭和寶船模型（Photograph by Mike Peel.CC-BY-SA-4.0）

激勵哥倫布航向東方的地圖也錯過了臺灣？

《熱那亞世界地圖》（*The Genoese World Map*）

佚名，約繪於1457年，出自佛羅倫斯巴拉丁國家圖書館（Biblioteca Nazionale Palatina）。

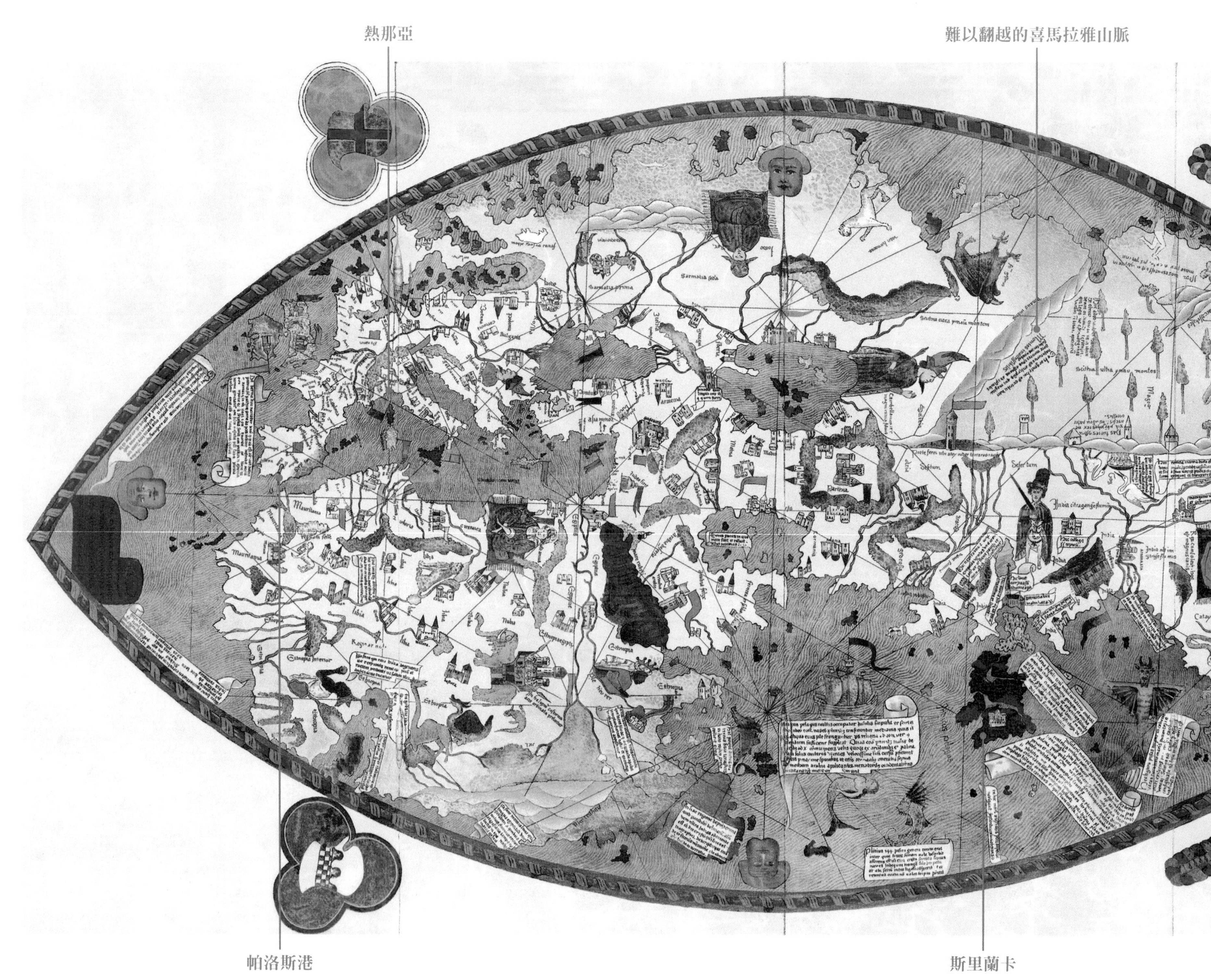

在文藝復興及地理大發現前夕的1457年，一幅奇特的《熱那亞世界地圖》誕生了。這幅繪製於羊皮紙上的橄欖形地圖，長81公分，高42公分。地圖上註記的拉丁文未說明製圖者是誰，但從地圖四周的裝飾——右上和右下是比例尺邊飾，左上和左下是當時熱那亞（延伸閱讀p.59）的十字徽章與城牆標誌，可推斷製圖者應是熱那亞人，因此命名為《熱那亞世界地圖》。

也有人稱它為《托斯卡內利的世界地圖》（*Mappa del mondo di Paolo dal Pozzo Toscanelli*），因為此圖是根據佛羅倫斯的數學家托斯卡內利（延伸閱讀p.59）的推論所繪製的。1474年，托斯卡內利寄了一封信和一幅地圖給葡萄牙里斯本大教堂的主教馬丁斯（Fernão Martins），詳細介紹向西航行前往香料群島和亞洲的計劃。但馬丁斯將此信和地圖轉呈葡萄牙國王阿方索五世（Afonso V）之後，卻石沉大海。幸好托斯卡內利自己留有底稿，當哥倫布（Christopher Columbus）來信向他請教上述航向亞洲的計劃時，他便重新繪圖，回信給哥倫布，當時哥倫布正在到處游說，尋求西班牙、葡萄牙、英國、法國等國的援助，以實現出海西行至中國和印度的計劃。

托斯卡內利的信與地圖激勵了哥倫布。1492年，哥倫布的船隊從西班牙的帕洛斯港（Palos）出發，航向亞洲。但托斯卡內利計算從義大利往東到亞洲的距離有誤，比實際多了5,000英里（8,000公里），而哥倫布也誤將地球周長縮短了25%，這兩項錯誤導致哥倫布沒有意識到他橫渡大西洋發現的並非亞洲，而是美洲新大陸。

本地圖呈橄欖形，近似本書第一篇介紹的《波希多尼烏斯的世界地圖》。若把地圖捲成筒狀，讓橄欖的兩個尖端相接，便可對照出托斯卡內利寄給哥倫布的地圖大致樣貌。

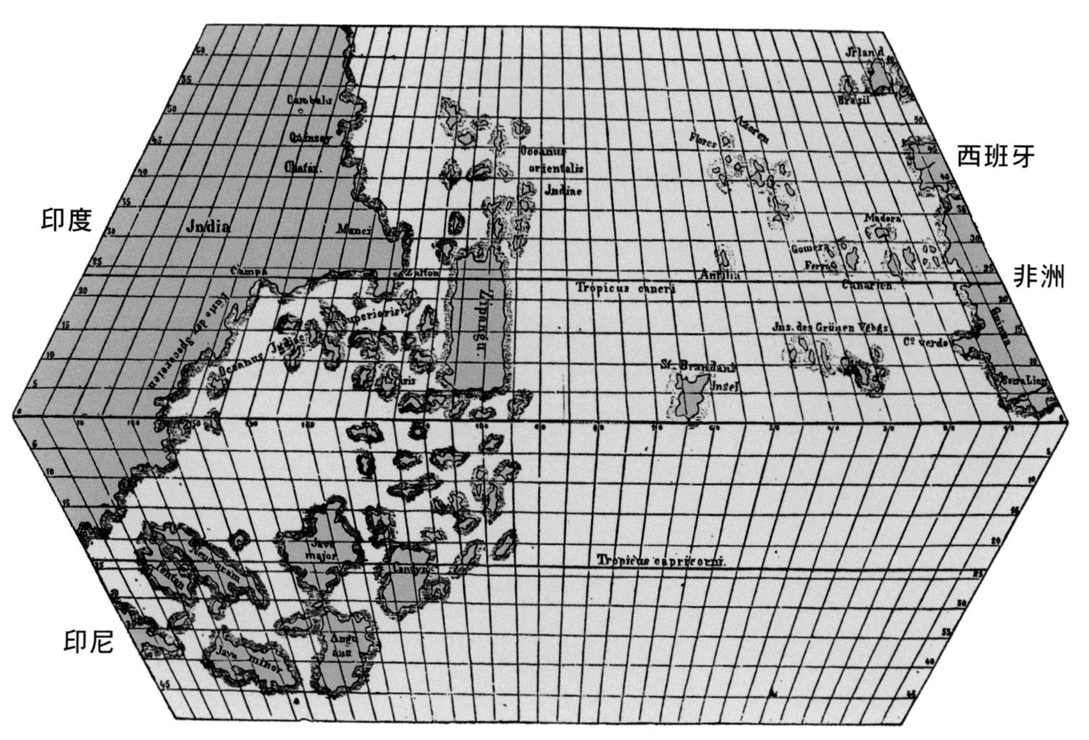

托斯卡內利寄給哥倫布的地圖摹本

《熱那亞世界地圖》的垂直中軸線穿過裡海（Caspian Sea）與波斯灣，在非洲東邊的印度洋上，與其他航程方位線相交形成一個航程方位網（rhumbline network）。左邊的非洲大陸上繪有大象、駱駝、長頸鹿等動物，這是歐洲人所繪地圖上第一次出現長頸鹿。而橘色的非洲南部已往西退縮，不再像過去的地圖那樣將印度洋圍住，預示了1497年達伽馬（Vasco da Gama）率領艦隊經好望角（Cape of Good Hope）成功駛入印度洋的創舉。

本圖中的印度洋上，一艘三桅帆船正順風航向鮮紅色的塔普羅巴尼（Taprobane）—— 即位於印度半島南端的斯里蘭卡。船下方的註解文字寫道：「印度洋上島嶼、礁石、沙灘眾多。所以，他們的船隻是由許多水密隔艙構成的，這樣，如果船隻觸礁，某部分船艙受損，其他密隔艙不會進水，可以繼續航行。」

雖然地圖左端的紅底卷紙上的文字表明：「本圖得自《宇宙誌》（*Cosmographia*）的真傳，與航海圖相符合，各類無稽之談一概不予採納，1457年。」然而圖中卻出現各種傳說的怪物，例如斯里蘭卡與中南半島之間海面的牛頭魚身海怪，以及登上中南半島前往中國契丹（Catayum又拼作Cathay）途中攔路的人頭蛇，與《山海經》中的燭陰有幾分神似。

《山海經》燭陰神圖

地圖東邊海面上有兩座長條形的大島，旁邊的註解文字取自義大利商人康蒂（Niccoò de' Conti）的敘述：「這兩大島被稱為爪哇島，大者周長三千里，小者周長二千里，距離大陸約一個月的航程。島上居民愚昧而邪惡，以殺人為樂。可以娶無數妻子。」其東南方兩座有顏色的小島旁註釋文則提到丁香等香料，推斷可能就是摩鹿加（Maluku）香料群島。

爪哇島左邊的大陸上坐著一位手持權杖、戴著皇冠的國王，皇冠旁有段註解文字：「此地被稱為契丹，他們則自稱為『汗八里』（Cambalec，元朝大都的突厥語名稱），歸大汗統治。」元朝已於1368年滅亡，到1457年時已近百年，西歐人卻依舊誤以為中國還是受元朝統治。

中國的北部邊界有一座西起裡海附近、筆直向東延伸的山脈，直抵東邊長條形海灣。山脈上畫有許多城堡，很可能是對中國長城的模糊認知。而長條形海灣口周邊海域上有許多小島，雖未標註名稱，但根據下方印尼島的相對位置，臺灣或許就是其中之一。

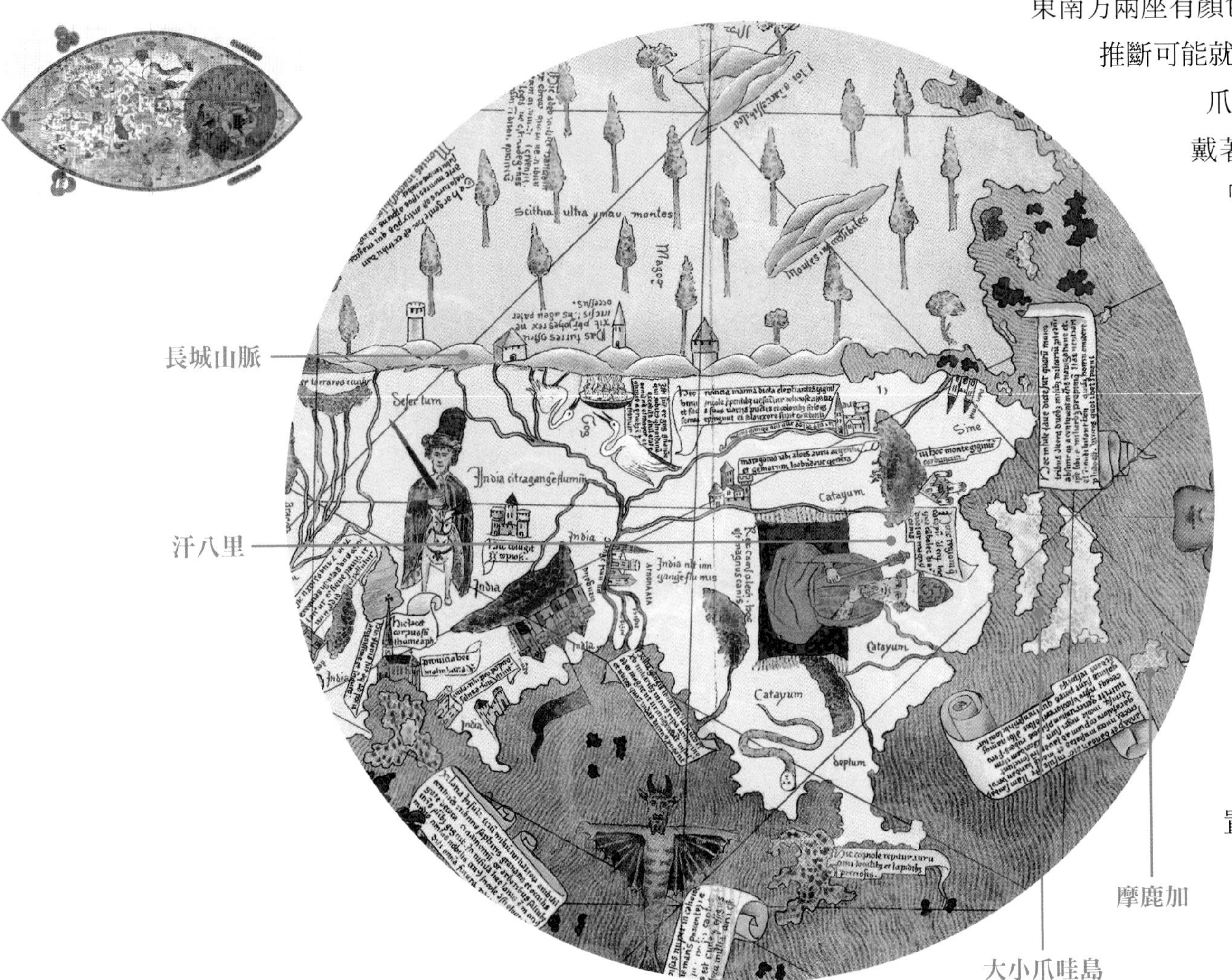

德國版畫家沃爾格穆特（Michael Wohlgemuth）繪於1483年的《熱那亞城》。

延伸閱讀 ◀中世紀時期，熱那亞藉十字軍東征而日益繁榮，建立起強大的海洋共和國，與威尼斯、比薩齊名。熱那亞共和國在地中海沿岸有好幾個殖民地，位於中東、黑海、西西里島、撒丁島和北非。在最強盛的時期，熱那亞完全控制了義大利半島以西的第勒尼安海海域，包括科西嘉島。過去亦曾與威尼斯之間進行過激烈的權力及經濟鬥爭。

托斯卡內利紀念幣

延伸閱讀 ◀托斯卡內利（Paolo dal Pozzo Toscanelli, 1397～1482）一生大部分時間都住在佛羅倫斯，偶爾也會前往羅馬。根據托斯卡內利寫給哥倫布的信，1432年時托斯卡內利曾出席契丹（Cathay中國）使者覲見教皇尤金紐斯四世（Eugenius IV）的活動，當時談論到許多中國的發明。托斯卡內利在信中提到：「契丹使者明白表示他們對基督徒的極大善意，我在很多主題上與他們進行了長時間的交談，……這個國家值得拉丁人去探訪，不僅僅是因為可以從那兒獲得金銀珠寶和香料等巨大財富，還可以見到許多知識淵博的智者、哲學家和占星家。」托斯卡內利更進一步描述這些人非常博學，並願意分享他們的知識：「他們所說的航程不僅是可能的，而且確實是可靠的，更會產生無法估量的利潤。」

延伸閱讀 ▶1414年，義大利商人康蒂（Niccoò de' Conti, 1395～1469）前往亞洲經商25年，回國途中不幸被阿拉伯海盜所俘，為了保命而改信伊斯蘭教。於1444年回到義大利後，他向教皇請求赦罪。教皇則讓他口述在東方的見聞，由教皇的祕書記錄成《古今命運之變幻》（*Historia de varietate fortunae*）一書，地理大發現時代的主要航海家都直接或間接地瞭解過此書的內容。康蒂在東方經商旅行時，中國鄭和正在下西洋，傳聞鄭和的船隊曾繞過非洲南端，康蒂便把這一信息帶回歐洲，從而激勵了葡萄牙人對繞過非洲的航海路線的探索。

康蒂紀念幣

延伸閱讀 ▶水密隔艙是利用防水壁與防水門在船身內部區隔出多間獨立艙室，當船舶遭遇意外使船艙少部分破損而進水時，其他尚未受波及的水密隔艙還能提供船舶浮力，減緩立即下沉的風險。此一造船技術最早見於中國梁（南朝）《宋書》的記載，歐洲則是在近代才開始採用這項技術。

鐵達尼號有16個水密隔艙，船頭的幾個船艙擦撞冰山破損（綠線標示破損處）進水。

葡萄牙船隊即將繞過好望角
福爾摩沙已不遠

《弗拉．毛羅世界地圖》（*Fra Mauro-Mappamondo*）

弗拉．毛羅（Fra Mauro），繪於1460年，出自威尼斯的聖馬可國家圖書館（Biblioteca Nazionale Marciana）。

葡萄牙國王阿方索五世雖然沒有理會托斯卡內利寄來的地圖（參見p. 57），也未答應資助哥倫布西航尋找印度，但與西班牙競逐海外探險開發的野心不減。1457年時，阿方索五世出資並提供當時葡萄牙航海所得的最新地理情報，委託威尼斯著名的地圖學家毛羅（Fra Mauro）繪製世界地圖。

毛羅年輕時曾從軍與經商，四處遊歷，熟悉中東地區。後來受僱於威尼斯聖米凱萊島（Isola di San Michele）的島上聖彌額爾堂（Chiesa di San Michele in Isola），負責收租，自1450年代開始，他又身兼製作一系列世界地圖的製圖工作。

當時的威尼斯是東西方貿易的樞紐，來自各地的商人、旅行者、水手齊聚於此，互通有無，交換資訊，因此地圖繪製名家輩出。但自十五世紀開始，威尼斯共和國的統治者便感受到鄂圖曼（Ottoman）帝國在巴爾幹半島和東地中海的擴張，使得威尼斯共和國原本壟斷歐洲與亞洲貿易的傳統路線飽受威脅，亟需另謀通路，適逢瀕臨大西洋的葡萄牙王國也亟需開闢新航路，於是促成了這宗地圖繪製委託案。

聖米凱萊島上的聖彌額爾堂（Photo by Didier Descouens CC-BY-SA-4.0）

毛羅接受委託後，率領航海家兼地圖學者比安科（Andrea Bianco）等多名助手，採用最上等的羊皮、黃金和顏料，耗時兩年，完成這件240公分見方、精美絕倫的藝術品。1459年送往葡萄牙，隨著地圖一起寄送的還有威尼斯統治者給阿方索五世的叔父恩里克親王（Prince Henry）的信，鼓勵恩里克繼續支持航海事業，開闢新航路。該幅地圖收藏在里斯本的聖喬治堡（São Jorge Castle）直到1494年，之後卻不知所終。目前留存的這幅《弗拉．毛羅世界地圖》是當初繪製時特別複製一份留在威尼斯的副本，目前收藏在威尼斯的聖馬可國家圖書館（Biblioteca Nazionale Marciana）中。1804年，英國製圖師弗雷澤（William Frazer）在羊皮紙上複製本地圖，與威尼斯原版只有細微差異，如今收藏於大英圖書館。

紀念幣上的恩里克親王

這張地圖最顯著的特徵之一是南方朝上（與當時的阿拉伯地圖方位標示相同），既不仿效托勒密北方朝上的畫法，也不像大多數中世紀歐洲製世界地圖那樣把伊甸園的東方朝上，而且耶路撒冷也沒依慣例擺在世界中央，至於南非的海岸線則近似1457年的《熱那亞世界地圖》，可由大西洋繞過南非航進印度洋，比達伽馬在1488年第一次繞過好望角還早，也預示了中世紀初期那種反映聖經地理

學的世界地圖已經開始走向尾聲。修道士毛羅小心翼翼地接納了新的科學技術與發現。

圖中的三千多條說明文字記錄了商旅們從各地（尤其是非洲和亞洲）帶回的最新報導，主要來自馬可波羅的所見所聞，和旅行家康蒂的記述，以及「葡萄牙人執行或籌劃的所有新發現的資訊」。

想當然耳，威尼斯所在的地中海周邊地區（包括黑海）的地圖描繪相對準確，但往東橫越紅海之後，地圖因為陌生而逐漸變形，印度被分成了三大區，第一區下面的Saylam即舊名錫蘭（Ceylon）的斯里蘭卡；繼續往東，來到第二區孟加拉（Bangla）外海的蘇門答臘島（Sumatra），該島在十五世紀時曾和錫蘭島混用古名Taprobana；再過去的第三區就是今日的中南半島，半島東南方的海面上散布著眾多島嶼，其中的Giava即今日的爪哇（Java），就相對位置來看，周邊各島為菲律賓群島，臺灣應該也置身其間。

朝北繼續航行，又發現另一個大島同樣標名Giava，推想可能是對印尼群島漫長島鏈的誇大表現，但也有可能是將日本群島誤標為Giava，因為該大島的北邊有座島嶼上標名Cimpagu，乃是西方人對「日本國」（Cipangu）的音譯，這也是日本島首次明顯出現在歐洲人所繪的世界地圖上。

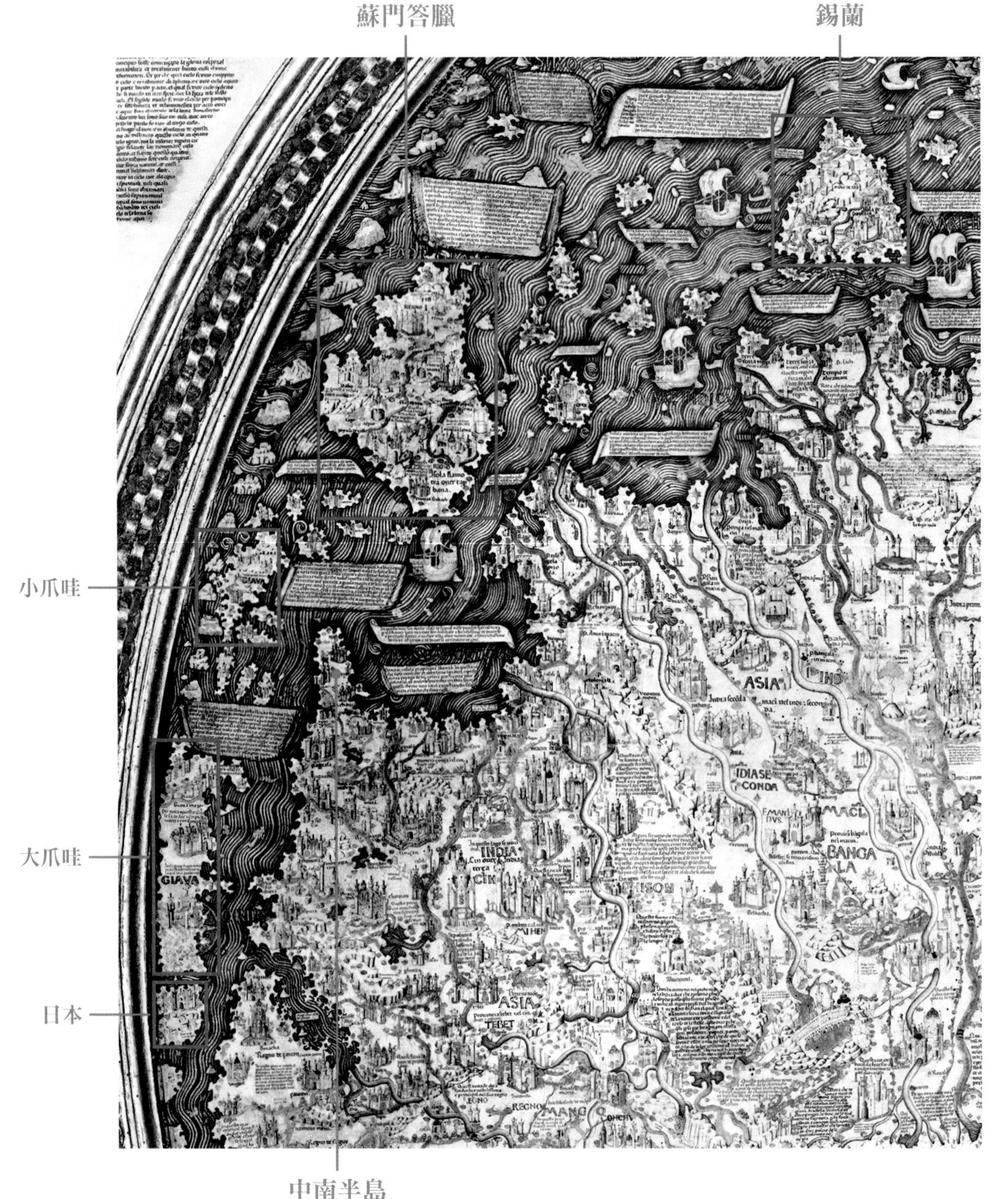

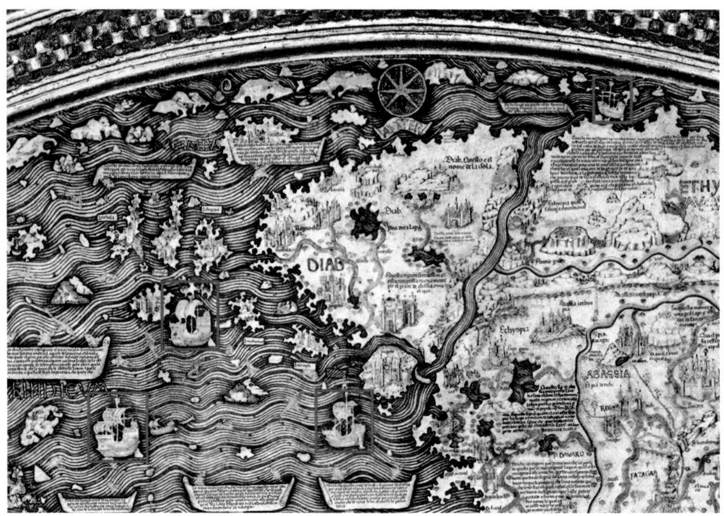

南非附近海面有四艘中國帆船，其中一艘已繞到大西洋。

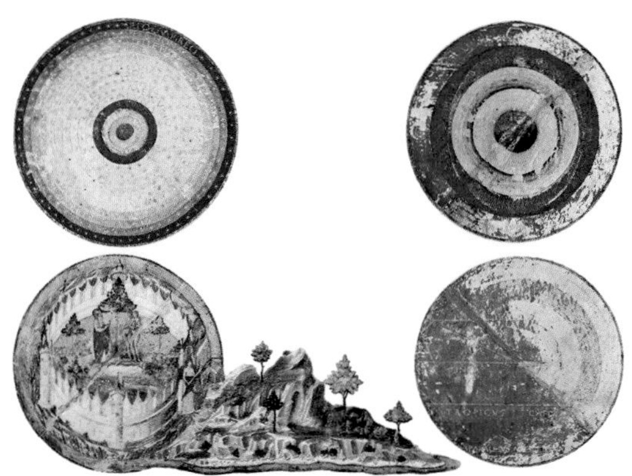

《毛羅世界地圖》外圍四個角落的小圖

延伸閱讀 ▲這張地圖依舊根據中世紀晚期的基督教信仰呈現整個宇宙的形象：左上角是托勒密的太陽系圖。右上角是四元素——中央的地球外圍依序是水、火和空氣。右下角是地球，標示出北極、南極、赤道、北回歸線和南回歸線。左下角是伊甸園——位於世界之外，而不是傳統的東方地區。

哥倫布的克拉克帆船「聖瑪利亞號」

延伸閱讀 ▲克拉克帆船（Carrack）是歐洲史上第一款用作遠洋航行的船艦，因為它龐大的體積能夠在大海中保持穩定，大量的空間得以擺放足夠遠航的物資。它的特徵就是巨大的弧形船尾，以及船首的巨大斜桅，前桅及中桅裝配數張橫帆，後桅則配上一面三角帆。十六世紀初，更安裝了多層的甲板，以便於安裝更巨大的炮座，增加威力，海戰不再只是登上敵艦廝殺及互射弓箭的模式，而轉變為更具威力的炮戰。精良的裝備也使得歐洲殖民者得以進占多個地區，建立海上霸權。

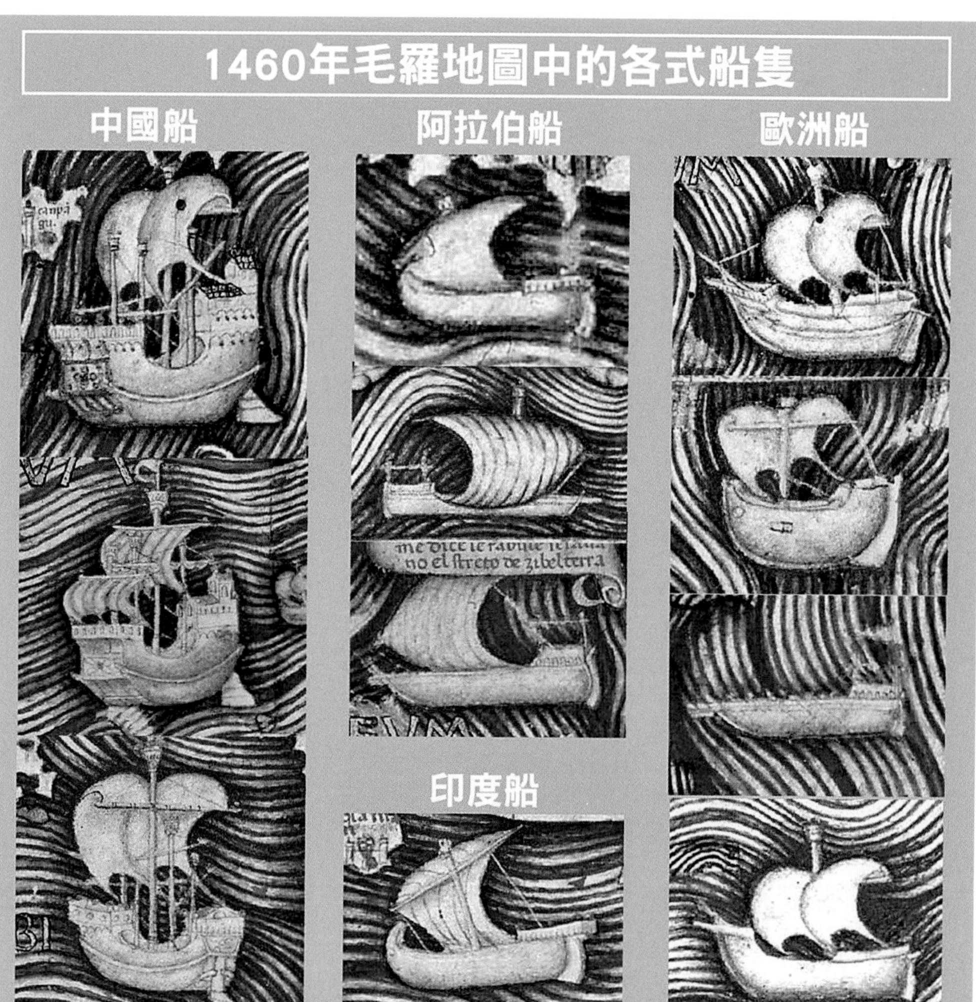

《毛羅世界地圖》中的各式船隻（World Imaging）

延伸閱讀 ▲毛羅可能聽過康蒂所説的有關中國帆船環繞非洲航行的故事。十五世紀時，歐洲與東方的所有直接聯繫幾乎都被伊斯蘭人切斷了，鄂圖曼帝國封鎖歐洲通往東方的陸路，並透過亞歷山卓港和大馬士革，以壟斷的高昂價格將來自東方的香料、絲綢和珍珠賣給威尼斯和熱那亞。而中國明朝在鄭和七下西洋的偉大遠航之後，由於倭寇與海盜屢屢侵擾沿岸，朝廷實施海禁的鎖國政策。歐洲人對東方的所有知識幾乎都還是兩百年前留下的。

福船「耆英號」

延伸閱讀 ◀明代水師主要以單龍骨的尖底福船組成，船首高翹，帶有堅強的衝擊裝置，乘風下壓能犁沉敵船。歷史上最著名的福船「耆英號」曾於1846年至1848年期間，從香港出發，經好望角及美國東岸到達英國，創下中國帆船航海最遠的紀錄。

最古老地球儀上的美麗島

《地球蘋果》(*Erdapfel*)

馬丁·倍海姆(Martin Behaim),繪於1492年,

出自紐倫堡的日耳曼國家博物館(Germanisches Nationalmuseum in Nuremberg)。

西元前六世紀,古希臘數學家畢達哥拉斯(Pythagoras)率先提出大地是球體的概念,經過亞里士多德以科學方法證明之後,西方人大多數都認可地球呈球形,而地圖的繪製也盡量以二維的平面描繪三維的球體。到了西元前一世紀,根據古希臘地理學家斯特拉波(Strabo)的描述,古希臘學者克拉特斯(Crates of Mallus)設計出了一個球體地球,可說是史上第一個地球儀。

相較於平面的地圖,球形的地球儀可以將地區、方位、角度、距離、面積等以較精確的方式顯示,不會因為三維球體轉成二維平面而造成扭曲。可惜克拉特斯的地球儀沒有留存下來,目前世界上留存最早的地球儀是馬丁·倍海姆(Martin Behaim)製作的《地球蘋果》(*Erdapfel*)。

古希臘地理學家斯特拉波手上拿著一顆地球。

克拉特斯設計的地球儀

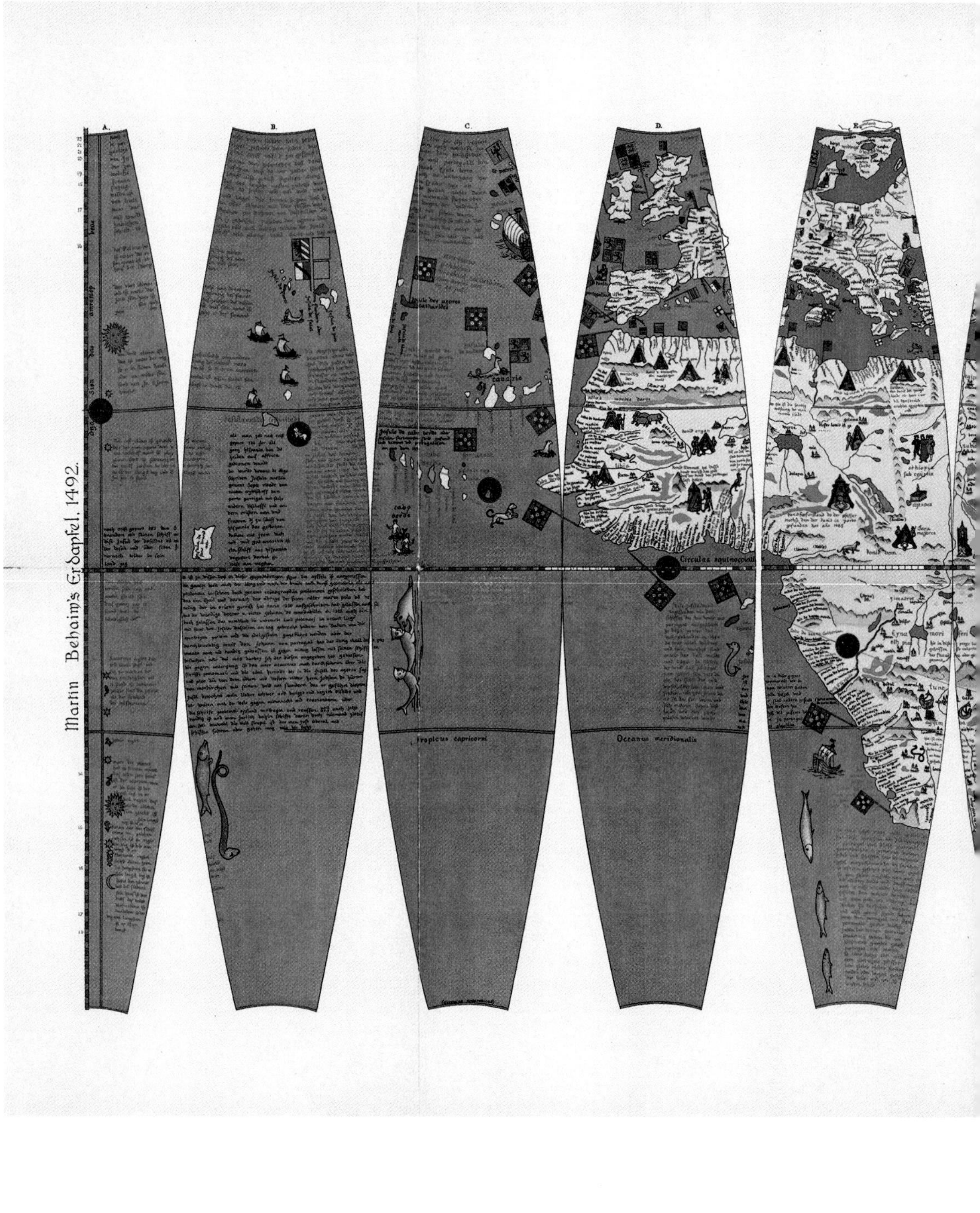

倍海姆出身於德國紐倫堡的富商家庭，原本被送到安特衛普與里斯本（延伸閱讀p. 67）等地學習貿易經商，但因為對天文學、航海學和地理學很感興趣，於是轉換了人生的跑道，認真學習葡萄牙先進的航海學和地理學知識，並逐漸嶄露頭角。曾參加由葡萄牙皇家贊助、迪奧戈·康（Diogo Cão）率領的西非探險船隊，尋找傳說中的基督教祭司王約翰（Prester John）之國。甚至獲邀在航海學委員會上，向葡萄牙人介紹猶太天文學家蓋爾森（Levi ben Gershon）設計的十字測天儀（Jacob's staff），如何用在航海時測量距離。葡萄牙國王若昂二世（João II）也聘請他擔任宮廷顧問。

蓋爾森設計的十字測天儀

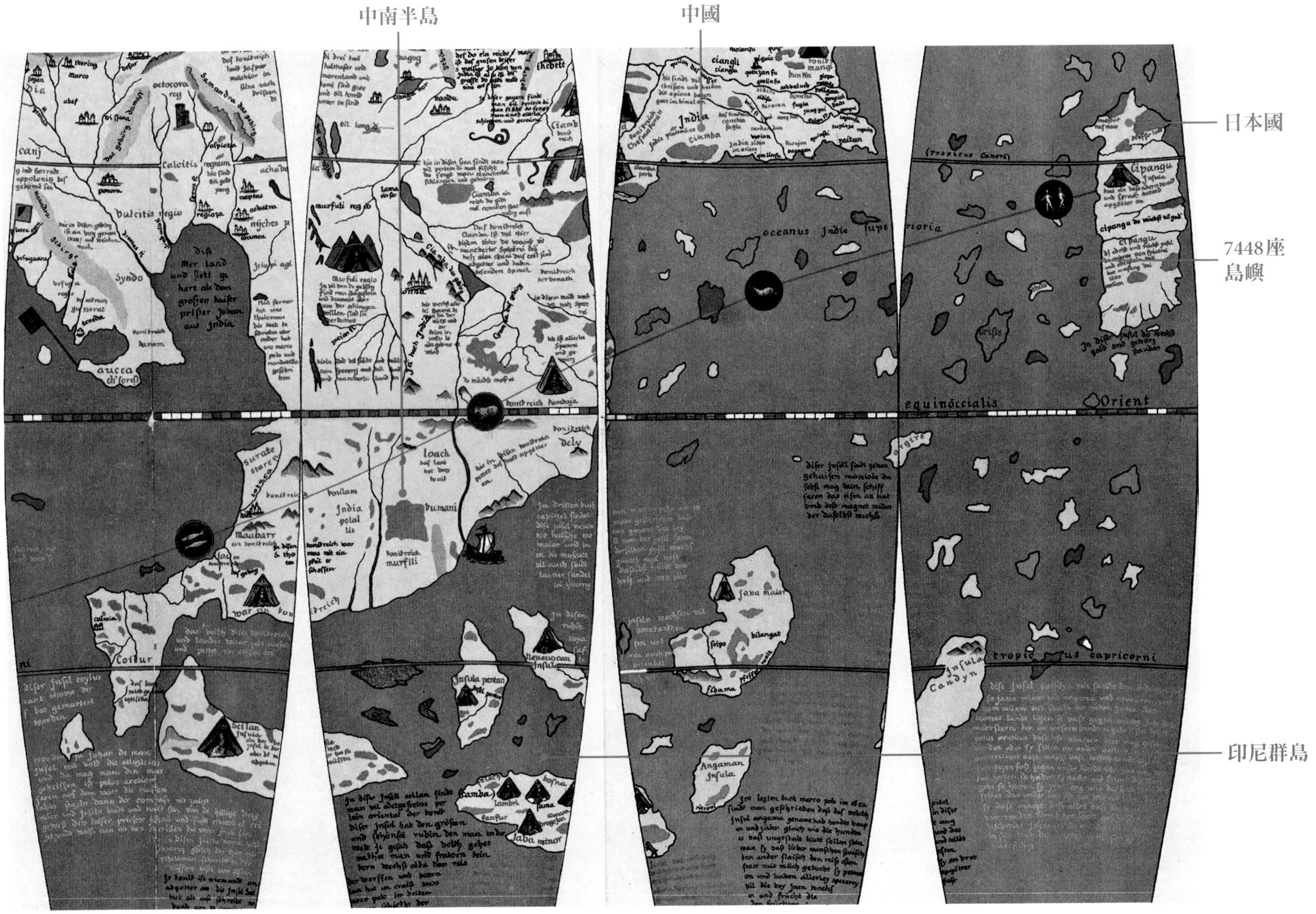

中南半島

中國

日本國

7448座島嶼

印尼群島

倍海姆回到故鄉紐倫堡之後，於1491年到1493年間，和畫家格洛肯森（Georg Albrecht Glockenthon）一起製作地球儀「Erdapfel」（德文意為「地球蘋果」或「馬鈴薯」），用兩個亞麻布糊成的半球黏合而成，參照托勒密的地圖格局，加進了中世紀晚期的地理新發現（例如馬可波羅在亞洲的見聞等）。當然，還是免不了存在許多錯誤，包括尚未繪出1492年哥倫布發現卻誤認為印度的美洲大陸，而日本國（Cipangu）也被錯置於距離歐洲海岸僅2400公里（實際約9600公里）的大西洋中，當時太平洋還未出現在歐洲人的地圖上。

日本國西邊是遭到扭曲變形的中國與中南半島，南邊的印尼群島上方則是布滿眾多島嶼的南中國海。根據《馬可波羅遊記》記載，馬可波羅由海上絲路返回歐洲的途中，曾在東南亞逗留數月，他描述南中國海上有7448座島嶼，大部分島嶼都有人居住，就相對位置而言，北回歸線沿著中國南方海岸向東延伸，經過泉州（古名刺桐Zaitun）後所穿越的紅綠二島，應該就是常被誤繪成南北雙島的臺灣。

倍海姆的地球儀雖然不如當時航海家們所使用的波特蘭航海圖（portolan chart）精美和準確，但它是地圖學發展中一個重要的轉折點，率先以球體呈現地圖，是一部歐洲觀點描繪中世紀晚期世界的百科全書。

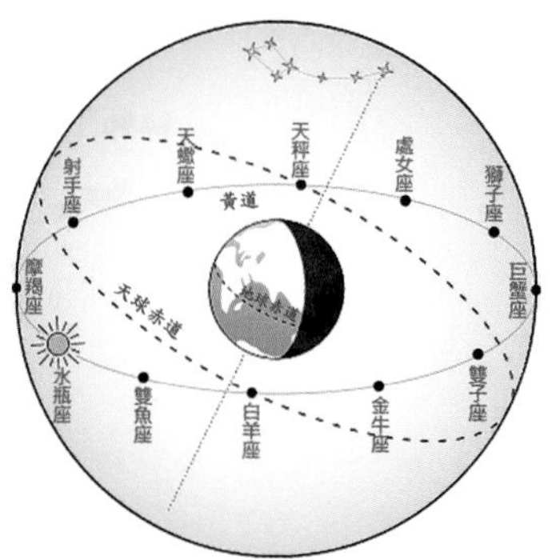

黃道十二星座與天球赤道（Macalves CC-BY-SA-3.0）

◀倍海姆地圖的南北回歸線之間有呈波浪形分布的黃道十二星座，由最西邊的大西洋開始，依序向東分別為：巨蟹座、獅子座、處女座、天秤座、天蠍座、射手座、摩羯座、水瓶座、雙魚座、白羊座、金牛座、雙子座。

由於天球赤道面（地球自轉軌道面的向外延伸）與黃道面（地球繞太陽公轉的軌道面）間形成約23.5度（南北回歸線的緯度）的傾斜角，若將黃道十二星座垂直投影到地球上，就會依序落在南北回歸線之間，天秤與白羊座則落在赤道上。

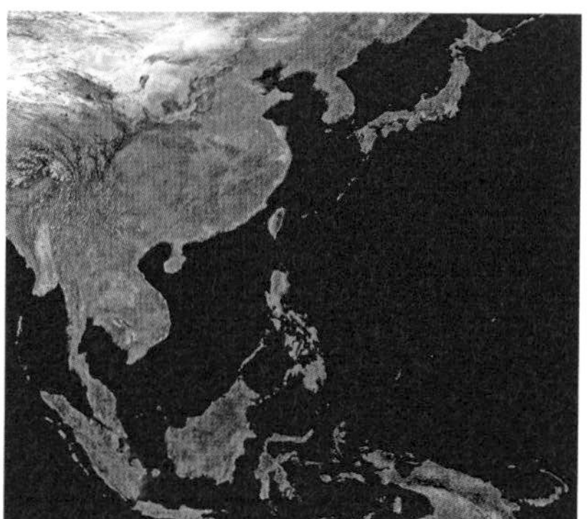

NASA空拍東亞衛星地圖
（NASA-Goddard Space Flight Center）

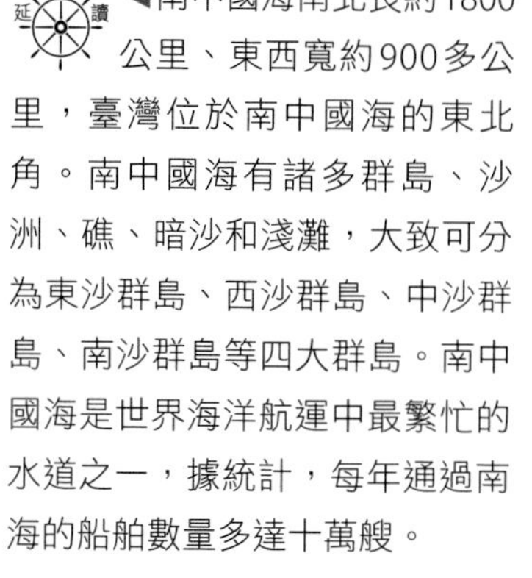

◀南中國海南北長約1800公里、東西寬約900多公里，臺灣位於南中國海的東北角。南中國海有諸多群島、沙洲、礁、暗沙和淺灘，大致可分為東沙群島、西沙群島、中沙群島、南沙群島等四大群島。南中國海是世界海洋航運中最繁忙的水道之一，據統計，每年通過南海的船舶數量多達十萬艘。

十六世紀的里斯本

◀里斯本是葡萄牙的首都和最大都市，地理大發現時代很多航海家都是由這裡出發到不同的地方探險，大量黃金也從當時葡萄牙的殖民地運回里斯本，讓此地成為葡萄牙殖民帝國富甲一方的政治與商業中心。1480年21歲的倍海姆來到里斯本的隔年，若昂二世繼承王位，積極恢復王叔恩里克親王的大西洋探險，持續派遣船隊沿著非洲西海岸不斷向南推進，期待另闢前往印度的海上航線，突破伊斯蘭人對香料貿易的壟斷。

1493年的紐倫堡

◀紐倫堡是中世紀多位德意志皇帝誕生和居住的城市，通常被稱為神聖羅馬帝國的「非官方首都」，因為帝國議會（國會大廈）和法院都在紐倫堡。1219年，皇帝腓特烈二世（Frederick II）授予紐倫堡許多特權，包括鑄造硬幣及獨立的海關政策，使得紐倫堡很快就成為歐洲的重要貿易中心之一。1491～1493年間，倍海姆回到故鄉紐倫堡，花了三年時間製作現存最古老的地球儀。

挪亞將臺灣分給了哪個兒子？

《第二紀元的世界》（*Secunda etas mundi*）

沃爾格穆特（Michael Wolgemut）及布雷登沃夫（Wilhelm Pleydenwurff），繪於1493年，
出自哈特曼．舍德爾（Hartmann Schedel）主編的《紐倫堡編年史》（*Nuremberg Chronicle*）。

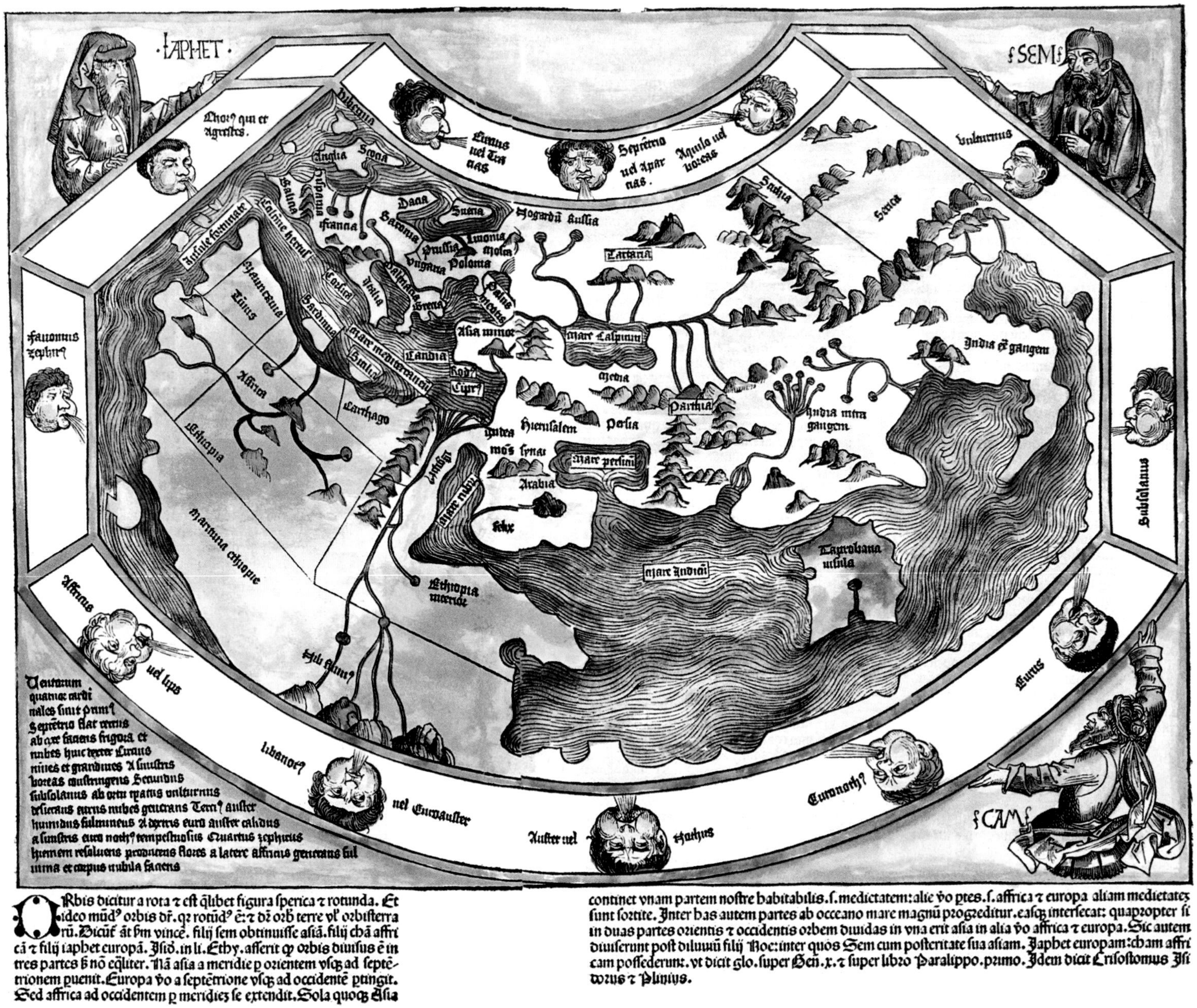

這幅世界地圖出自《紐倫堡編年史》(*Nuremberg Chronicle*),該書以聖經為基礎記載了歷史上的許多事件,由哈特曼.舍德爾(Hartmann Schedel)醫生主編,在哥倫布發現「西印度群島」後返回西班牙的同一年(1493年)於紐倫堡出版,是一本結合傳說、幻想和傳統知識的著作,書中圖文並茂,一千八百多幅精美的木刻版畫插圖是一大特色,包括一幅世界地圖、一幅北歐地圖與主要城市的景觀,以棉紗紙單色印刷後,再用手工上色。如此龐大的工作由當地的富商出資委託製作,它是十五世紀最華麗精美的圖書之一,這時離古騰堡1440年發明歐洲印刷術(延伸閱讀p.71)不到六十年,《紐倫堡編年史》印刷了約兩千冊(1400~1500本拉丁文版及700~1000本德文版),是當時發行最廣的書籍之一,至今仍有約七百冊存世。

這幅世界地圖尺寸為31×44cm,遵循當時盛行的希臘天文學家托勒密的投影法,顯示為圓錐投影球體的一部分(舍德爾聲稱曾於1492年協助倍海姆繪製地球儀),並由十二個風向頭(延伸閱讀p.71)包圍,但加以簡化而未標示經度、緯度及豐富的地名與解說等細節。這張地圖顯然是參考自1482年出版的羅馬地理學家梅拉(Pomponius Mela)撰於西元43~44年的《描繪世界》(*De situ orbis*)卷首插圖,以中世紀的繪圖技藝圖示了聖經《創世紀》第十章的場景(延伸閱讀p.71):挪亞的三個兒子閃(Shem,繼承亞洲)、含(Ham,繼承非洲)、雅弗(Japheth,繼承歐洲)三分天下。

西班牙六世紀末七世紀初的神學家聖依西多祿(San Isidoro de

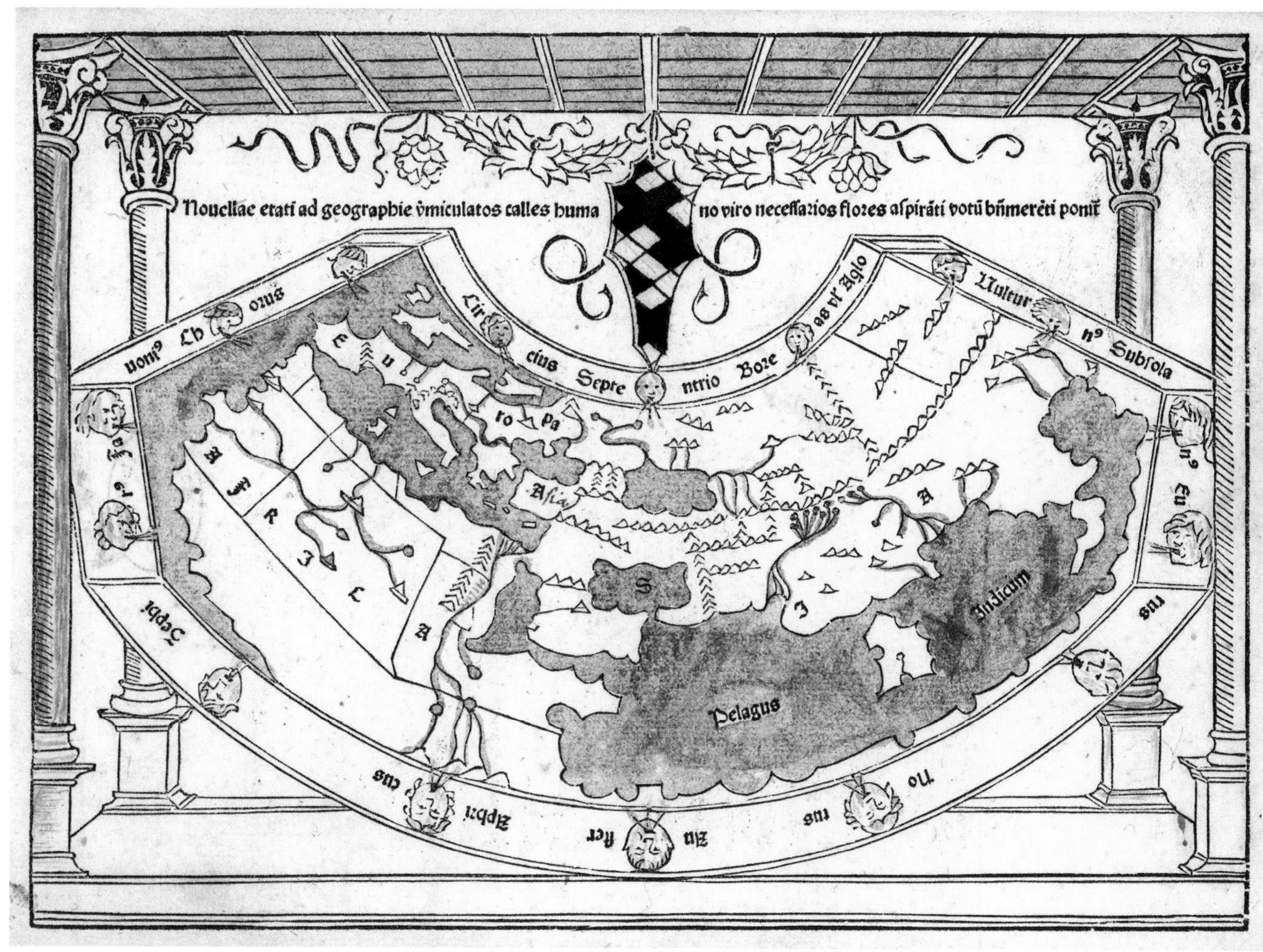

梅拉《描繪世界》的卷首插圖

挪亞的三個兒子(James Tissot 1904)

Seville）的百科全書《詞源》（*Etymologiae*），將世界歷史分為七個紀元。第二個紀元從挪亞方舟開始，到所多瑪和蛾摩拉（Sodom and Gomorrah）的毀滅。《紐倫堡編年史》在討論了洪水和挪亞的醉酒之後，引用普林尼、希羅多德（Herodotus）和聖依西多祿的資料，還有來自中世紀旅行者的故事，描繪其他異邦民族，地圖左側有七族，地圖背面還有另外十四族，包括六臂人（可能是對印度舞蹈表演圖卡的一瞥）、毛身人、六指人、半人馬、四眼人、鴕鳥人、狗頭人、獨眼人、無頭人、反足人、陰陽人、巨腳人（據說巨腳可用來遮陽，但更可能是不幸罹患象皮病）、無嘴人、無鼻人、巨脣人（衣索比亞Mursi族）、長耳人（衣索比亞Suri族）、羊角人、馬蹄人等等。類似的奇人怪物也出現在中國的先秦古籍《山海經》中，顯示人類對遠邦異族的偏激想像一樣不切實際。

衣索比亞Mursi族（Photo by MauritsV CC-BY-SA-2.0）

Suri族（Photo by Rod Waddington from Kergunyah, Australia CC-BY-SA-2.0）

舍德爾的世界地圖係以當時最科學的製圖技術描繪，利用新發明不久的歐洲印刷術印製，內容卻呈現古典時代與中世紀的世界觀，同樣將印度洋錯誤描繪成一片封閉的海洋，非洲南部的土地與亞洲相連，印度的形狀嚴重扭曲，斯里蘭卡被過分誇大。即使是歐洲人較熟悉的西歐和地中海地區，看起來也比1482年的《托勒密觀點的世界地圖》（參見P. 16）及當時的海圖更不準確。至於臺灣所在的東亞地區，只見絲國（Serica，即中國）與「印度以外區域」（India extra gangem）兩個拉丁文地名，唯一比前述地圖多的資訊就是：挪亞將臺灣連同亞洲劃分給了長子閃。

《紐倫堡編年史》與《山海經》中的異族圖譜

延伸閱讀 ▶古代帆船完全靠風力航行，因此航海用的海圖非常重視季風的週期、風向與風力等資訊，所以會根據前人的經驗及航海學家的研究，在地圖或海圖的四周繪出數個風神或小天使的頭像，鼓起嘴巴朝地圖吹氣。後來演變成風向玫瑰圖（windrose），與羅盤方位圖合併繪於地圖中，一般多用8、16或32個羅盤方位來表示，由於形狀酷似玫瑰花而得名。右邊的風向玫瑰圖四周環繞32個頭像，對著羅盤的32個方位吹風，各風向的名稱用六種語文標示在方位線上。頭像大小依風力大小比例繪製，有老有少，有白有黑，代表各大洲；四個角落的頭像較大，代表四季的季風。

1506～1509年時歐洲印刷廠的作業情形。

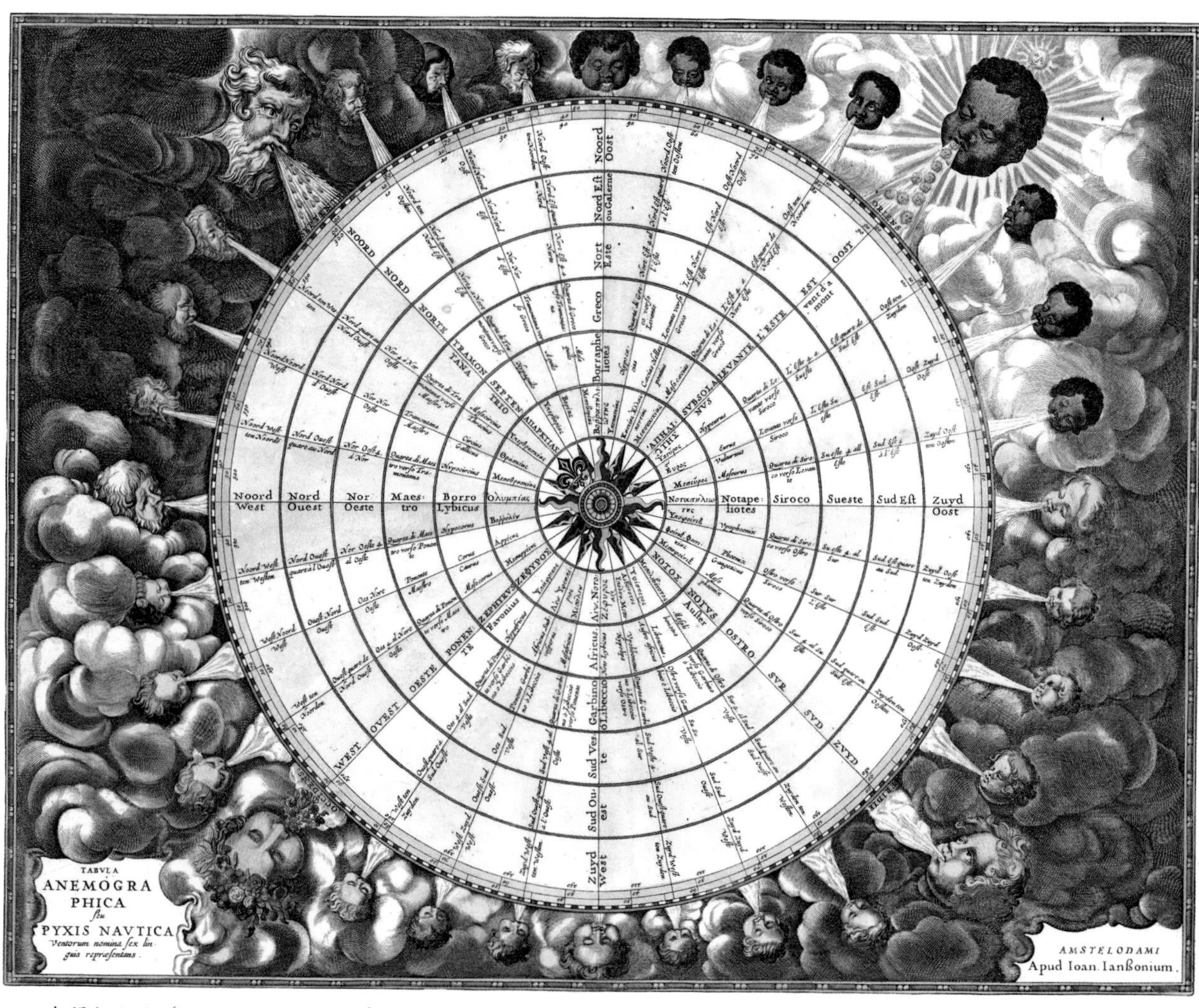

1650年揚松紐斯（Johannes Janssonius）所繪的風向玫瑰圖。

延伸閱讀 ▲古騰堡以熔點低的鋅、鉛和銻合金來快速鑄造經濟又耐用的字模，並採用含油墨水。他將這些元素集合在他發明的印刷機裡，成為一套非常實用的系統，可以大量印刷，速度也提高了許多，而且經濟實惠。他的發明在歐洲快速普及，50年間便印刷了三萬種書刊，共1200多萬份印刷品，使得歐洲的文盲大量減少。雖然古騰堡的活字印刷術在時間上晚於中國的畢昇在宋慶曆年間（1041～1048年）的發明，但國際學術界一般認為，古騰堡的活字印刷為獨立發明。

西斯汀禮拜堂穹頂壁畫中的挪亞醉酒。

延伸閱讀 ◀《創世記》9章20-27節記載：挪亞喝了一些酒就醉了，在他的帳棚裡赤著身子（代表和妻子親熱，親熱後就睡著了）。迦南的父親含（闖入帳棚）看見他父親赤身（隱喻藉機與母親亂倫），就到外面告訴他的兩個兄弟（他已取代了挪亞的地位）。於是閃和雅弗拿了外衣進去，遮蓋父親的赤身。挪亞酒醒以後，知道小兒子向他所做的事，就說：「迦南（含與母親亂倫所生之子）當受詛咒，必給他弟兄作奴僕的奴僕。」

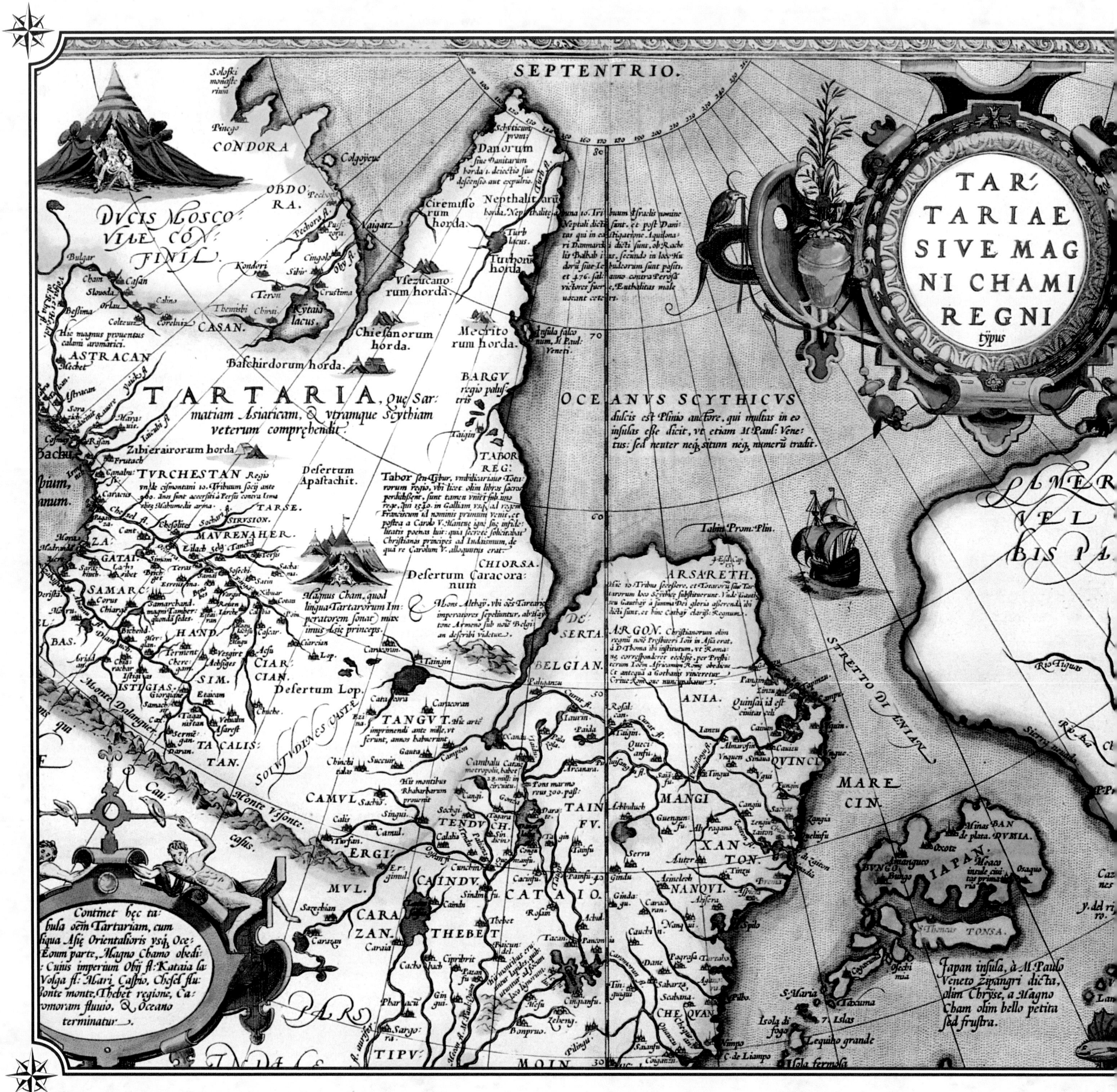

SEPTENTRIO.

TARTARIAE SIVE MAGNI CHAMI REGNI
týpus

TARTARIA, quæ Sarmatiam Asiaticam, & vtramque Scythiam veterum comprehendit.

DVCIS MOSCOVIAE CONFINIA.

OCEANVS SCYTHICVS dulcis est Plinio auctore, qui multas in eo insulas esse dicit, vt etiam M. Paul: Venetus: sed neuter neq; situm neq; numerū tradit.

Tabor seu Tybur, vmbilicariae Totarorum regio, vbi licet olim libras sacros perdidissent, sunt tamen vnitē sub uno rege, qui 1540. in Galliam vsq; ad regem Franciscum id nominis primum venit, et postea a Carolo V. Mantuæ igni sic infidelitatis poenas luit: quia secretē sollicitabat Christianos principes ad Iudaismum, de qua re Carolum V. allocutus erat.

Magnus Cham, quod lingua Tartarorum Imperatorem sonat, maximus Asiæ princeps.

Mons Althay, vbi oēs Tartarię imperatores sepeliuntur, ab Hayttone Armeno sub noīe Belgian describi videtur.

Desertum Caracoranum

Desertum Lop.

Desertum Apastachit.

TVRCHESTAN Regio vnde cismontani 10. Tribuum socij ante 400. Anos sunt accersiti à Persis contra Ismaelitas Mahumedis arma.

Danorum siue Danitarum horda i. deiectio siue descensio aut expulsio.

Nepthalitarum 10. Tribuum Israelis nomine Neptali dicti sunt, et post Danitas qui in castigatione Aquilonari Dannarch dicti sunt, ob Rachelis Balbah iras. secundo in loco Hu dorū siue Ie hudorum sunt positi, et 476. sal anno contra Persas victores fuere, Euthalitas male vocant ceteri.

ARSARETH. Hic 10. Tribus secessere, et Totarorū siue Tartarorum loco Scythice substituerunt. Unde Gauthseu Gauthey à summa Dei gloria asserenda ibi dicti sunt, et hinc Cathay clarissi. Regnum.

ARGON. Christianorum olim regnū noīe Presbiteri Iois in Asia erat, à D. Thoma ibi institutum, vt Romanę correspondere ecclesiæ, per Presbiterum Ioem Africanum Romę obediens et antequā a Gothanis vinceretur Crine Romę oēs nunc ispalauer.

TANGVT. Hic artē imprimendi ante mille, vt ferunt, annos habuerunt.

Cambalu Cataię metropolis, habet 28. mill: in circuitu.

Pons marmoreus 300. pass:

His montibus Rhabarbarum prouenit

Quinsai id est ciuitas celi

Insula falconum, M. Paul: Veneti.

Hic magnus prouentus calami aromatici.

Japan insula, à M. Paulo Veneto Zipangri dicta, olim Chryse, a Magno Cham olim bello petita sed frustra.

AMERICAE VEL INDIAE OCCIDENTALIS PARS

STRETTO DI ANIAN

MARE CIN.

IAPAN.

SOLITVDINES VASTAE

Monte Dalanguer

Monte Visonte.

DESERTA BELGIAN.

CATAIO.

MANGI

QVINCI

XANTON.

NANQVI.

CHEQVAN

THEBET

CAINDV.

CARAZAN.

TENDVCH.

TAINFV.

CAMVL

ERGI

MVL.

SAMARC

ISTIGIAS.

TACALISTAN.

TARSE.

MAVRENAHER.

CHIORSA.

TABOR REG.

BARGV regio palustris

ASTRACAN

CASAN.

CONDORA

OBDORA.

Continet hęc tabula oēm Tartariam, cum aliqua Asię Orientalioris ysq; Oceani Eoum parte, Magno Chamo obedientem: Cuius imperium Obij fl: Kataia lacu, Volga fl: Mari Caspio, Chesel fluuio, Bonte monte, Thebet regione, Caramoram fluuio, & Oceano terminatur.

第 2 章

航海大發現與殖民主義

十六世紀

強權畫線瓜分新世界，臺灣究竟歸屬哪一邊？

《坎迪諾世界地圖》（*Cantino Planisphere*）

阿爾貝托．坎迪諾（Alberto Cantino），約繪於1502年，出自義大利摩德納（Modena）埃斯特圖書館（Biblioteca Estense）。

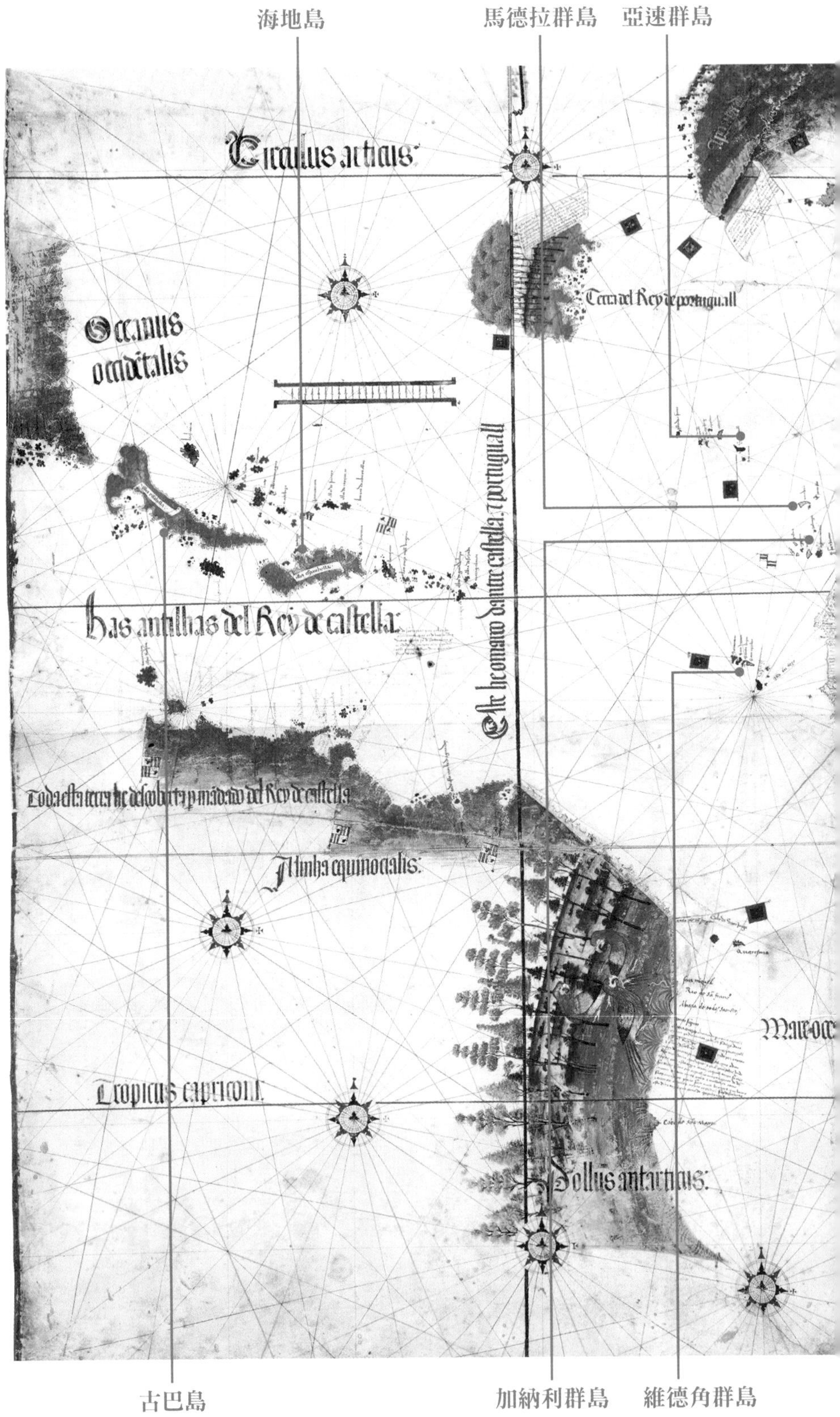

西元1493年3月4日，剛經歷一場暴風雨的聖克拉拉號（Santa Clara），蹣跚地駛入葡萄牙的里斯本港。哥倫布回來了，雖然他出發時搭乘的旗艦聖馬利亞號不幸在海地島（Haiti）附近觸礁沉沒，但他已完成任務，找到了所謂的「西印度」。

哥倫布本應該直接航返距離里斯本不遠的西班牙帕洛斯港（Palos），去向贊助他遠航探險的西班牙國王回報成果，卻將船駛進西班牙競爭對手的葡萄牙港口。不知是否因為船況不佳須緊急靠岸，還是故意來此向曾經拒絕他的葡萄牙國王若昂二世示威。

哥倫布登陸西印度群島（1856, H. B. Hall）

海地島　馬德拉群島　亞速群島

古巴島　加納利群島　維德角群島

哥倫布自稱獲得若昂二世的盛大歡迎，但葡萄牙官方卻查不到相關資料。據說哥倫布趾高氣揚地誇大自己此次航行的成果，若昂二世看到哥倫布帶回來的印地安土著，的確與非洲土著不同，內心

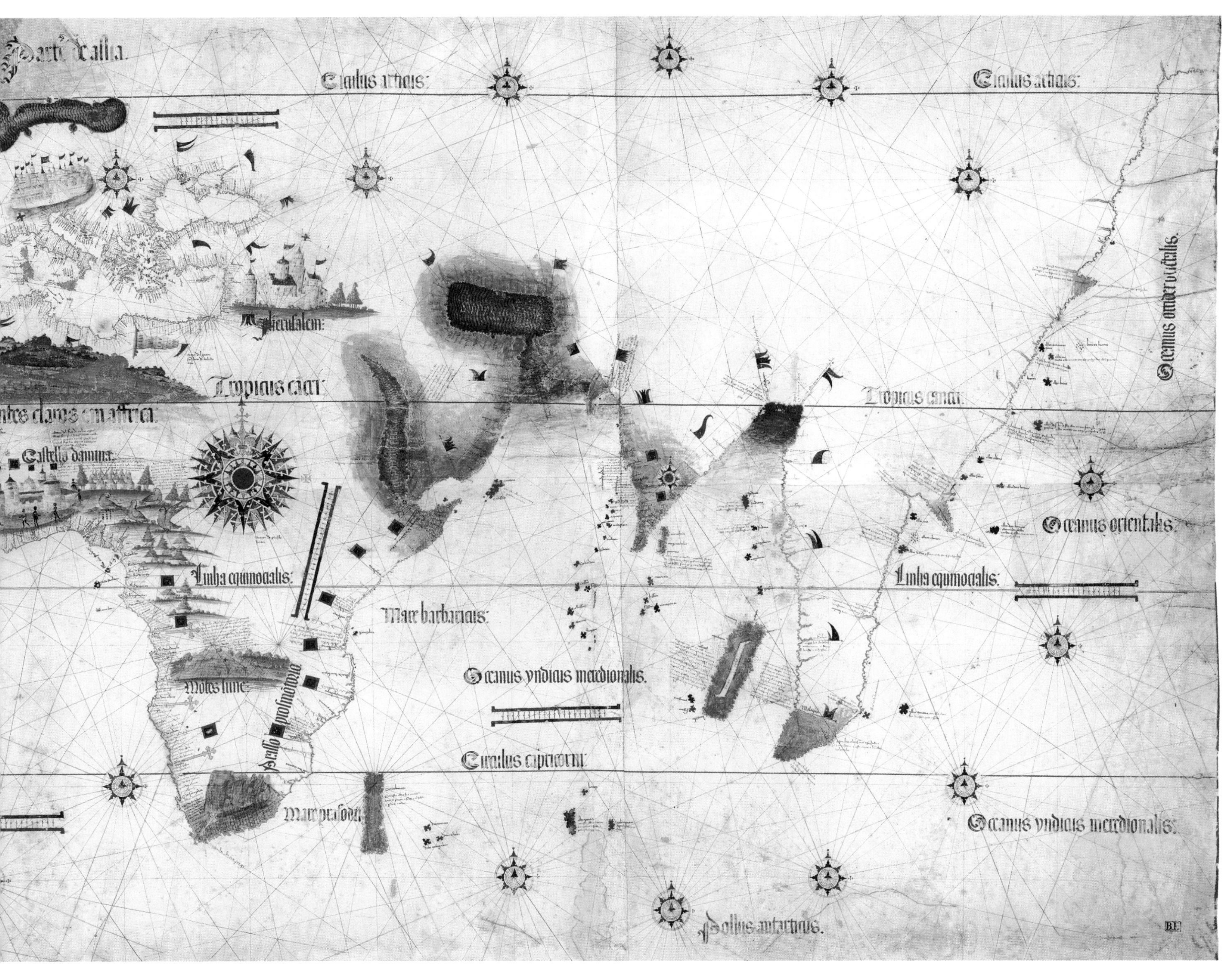

大受震動。有人建議若昂二世藉故將哥倫布殺了，查扣其航海紀錄，將探險成果據為己有。但若昂二世不想這麼做，因為這是小人行徑，而且葡萄牙與西班牙的關係已經高度緊張，容易引燃戰火。

若昂二世立刻寫了一封措辭嚴厲的信給西班牙國王，指責哥倫布侵犯了葡萄牙的領土。因為1479年時，兩國曾簽署《阿爾卡蘇瓦什條約》（*Treaty of Alcáçovas*），議定加納利（Canary）群島歸屬西班牙，而亞速群島（Azores）、馬德拉（Madeira）群島、維德角（Cape Verde）、幾內亞（Guinea）等地以及其他已知或未知的大西洋權益全部歸於葡萄牙所有。哥倫布發現的土地顯然屬於葡萄牙的勢力範圍，葡萄牙準備派遣探險隊前往接管。

西班牙國王收信後立即向西班牙裔的教宗亞歷山大六世（Alexander VI，延伸閱讀p.79）求助，經教宗調解，雙方於1494年在西班牙的小鎮托爾德西里亞斯簽訂了《托爾德西里亞斯條約》（*Treaty of Tordesillas*），將穿越當時已屬葡萄牙的西非維德角群島與哥

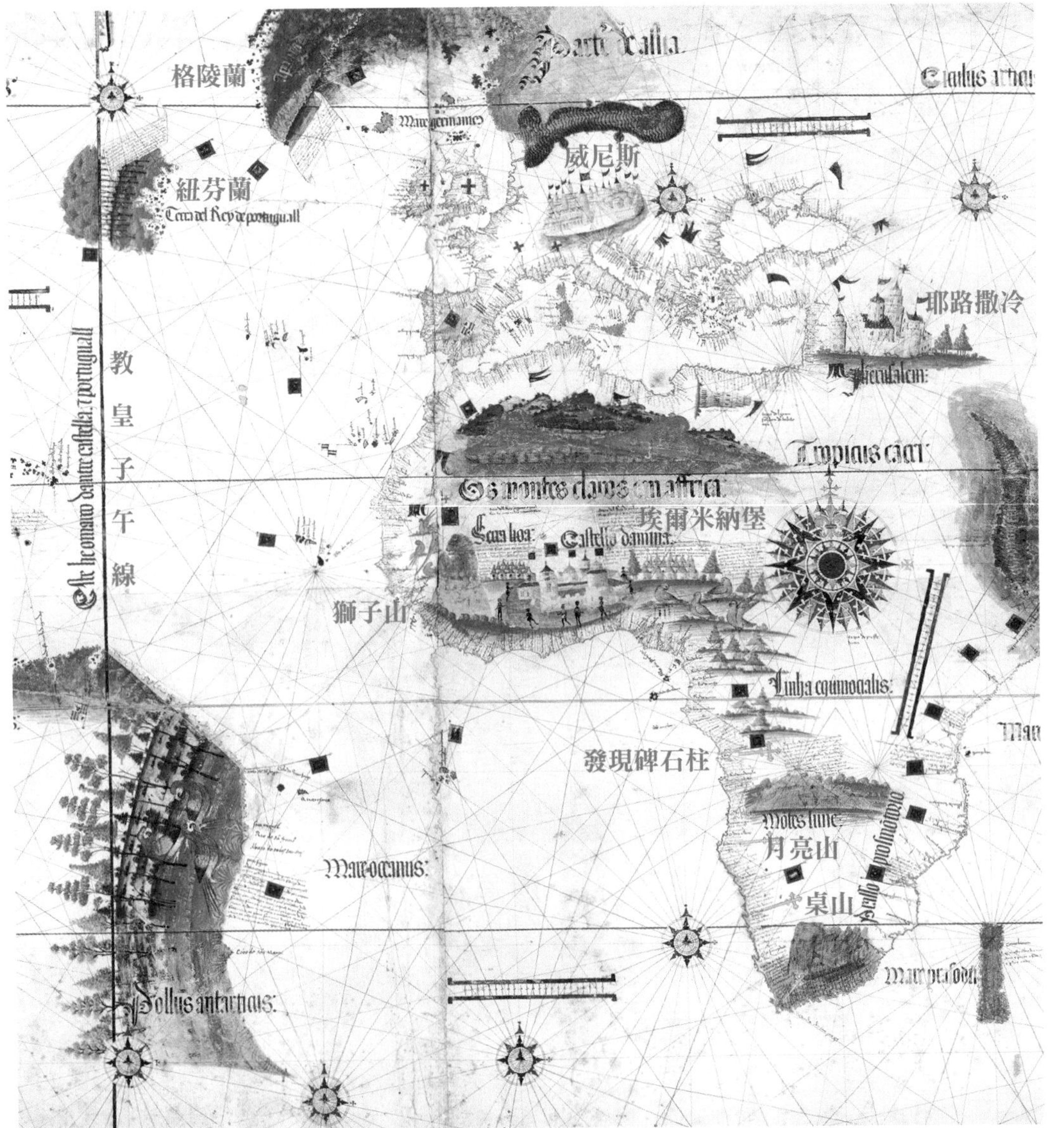

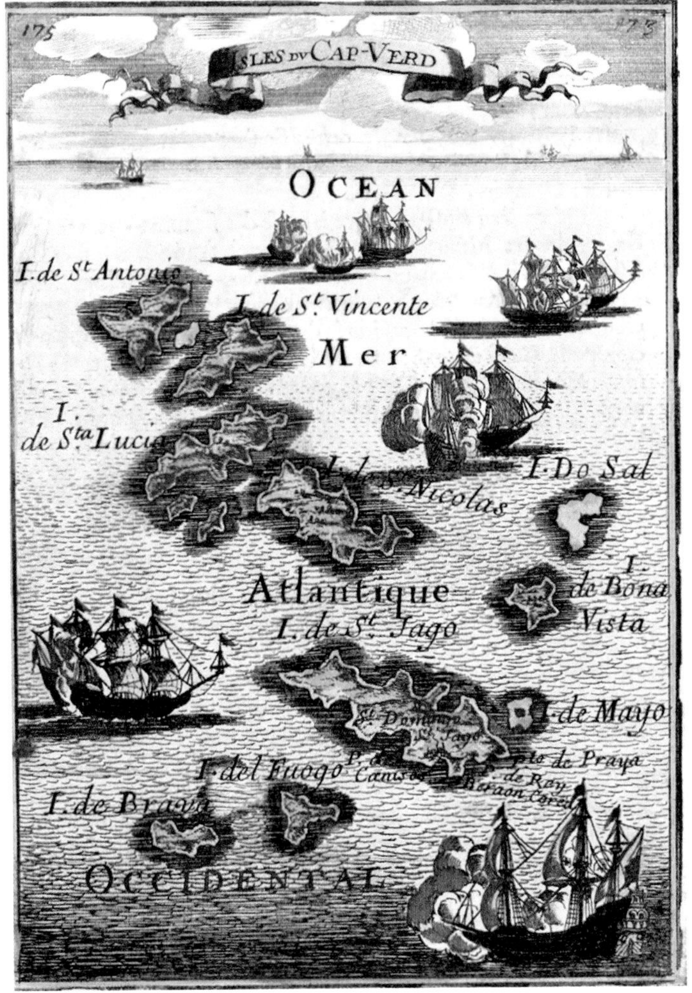

維德角群島（1683, Allain Mallet）

倫布發現的古巴島和伊斯帕尼奧拉島（Isla de La Española，或譯西班牙島，又稱為海地島Haiti）連線中點的經線作為兩國的勢力分界線。分界線以西歸西班牙，以東歸葡萄牙。這條分界線也被稱為教皇子午線，但此條約漠視了其他歐洲強國的權利，在英格蘭、法國崛起後，遭到抵制。

《托爾德西里亞斯條約》簽訂8年後，義大利費拉拉（Ferrara）公爵派駐葡萄牙的商務代理坎迪諾（Alberto Cantino）聽說葡萄牙官方正在繪製航海探險最新發現的地圖。由於當時的地圖與海圖涉及軍事國防、貿易航線與殖民計畫等重大利益，被列為國家最高機密，嚴防落入競爭者手中。這位商務代理坎迪

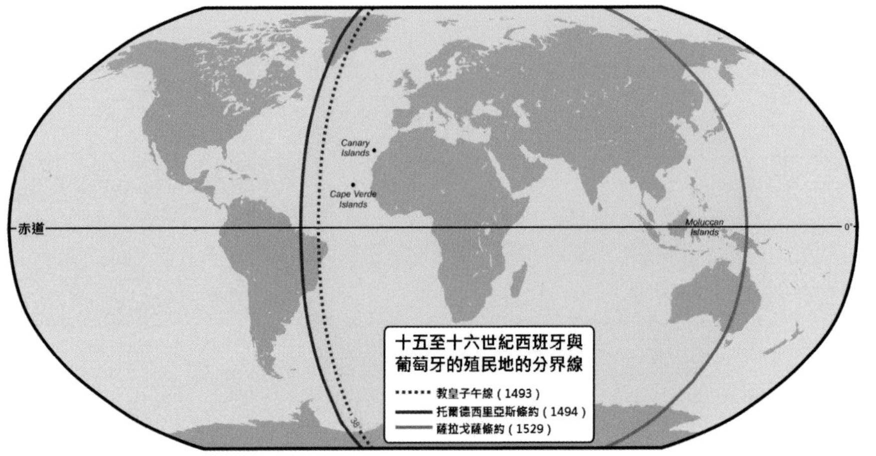

十五至十六世紀西班牙與葡萄牙殖民地的分界線（Lencer CC-BY-SA-3.0）

◀1512年，葡萄牙探險船隊在教皇子午線以東航行，繞過非洲南端的好望角，橫渡印度洋，進入太平洋，發現極有經濟價值的香料群島摩鹿加（Moluccas），引起了西班牙的垂涎。1521年由西班牙資助環球航行的葡萄牙探險家麥哲倫橫渡大西洋，越過教皇子午線一路往西，繞過南美洲智利的麥哲倫海峽，進入太平洋，也在摩鹿加登陸。西班牙與葡萄牙在這裡遭遇，雙方都符合《托爾德西里亞斯條約》的規範，只能怪地球是圓的。於是兩國從1523年開始談判，至1529年達成《薩拉戈薩條約》（*Treaty of Zaragoza*），修訂勢力範圍界線，在太平洋的摩鹿加群島以東加劃一條分界線。西班牙退出摩鹿加群島，葡萄牙則為此補償西班牙35萬個金幣（Ducats）。而太平洋分界線以西的菲律賓則繼續被西班牙統治。

▼▶《坎迪諾世界地圖》又稱為平面球形圖（planisphere），屬於波特蘭型海圖（portolan chart），這種海圖的特徵是依圖的大小設定1至3個大圓的圓心，本圖的西部大圓以維德角群島為圓心，東部大圓以印度為圓心，兩個大圓相切於地圖中央的大型羅盤玫瑰。從東西兩個大圓圓心各放射出32條均勻分布的恒向線（也叫等角航線，在實際航行中總是和經線保持某一固定夾角的弧線），同時將大圓的圓周平均分成十六等分，在圓周的每個等分點上再繪製一個小型羅盤玫瑰，這些小型羅盤玫瑰也均勻放射出32條恒向線。依靠這些縱橫交錯構成網狀的恒向線進行導航。

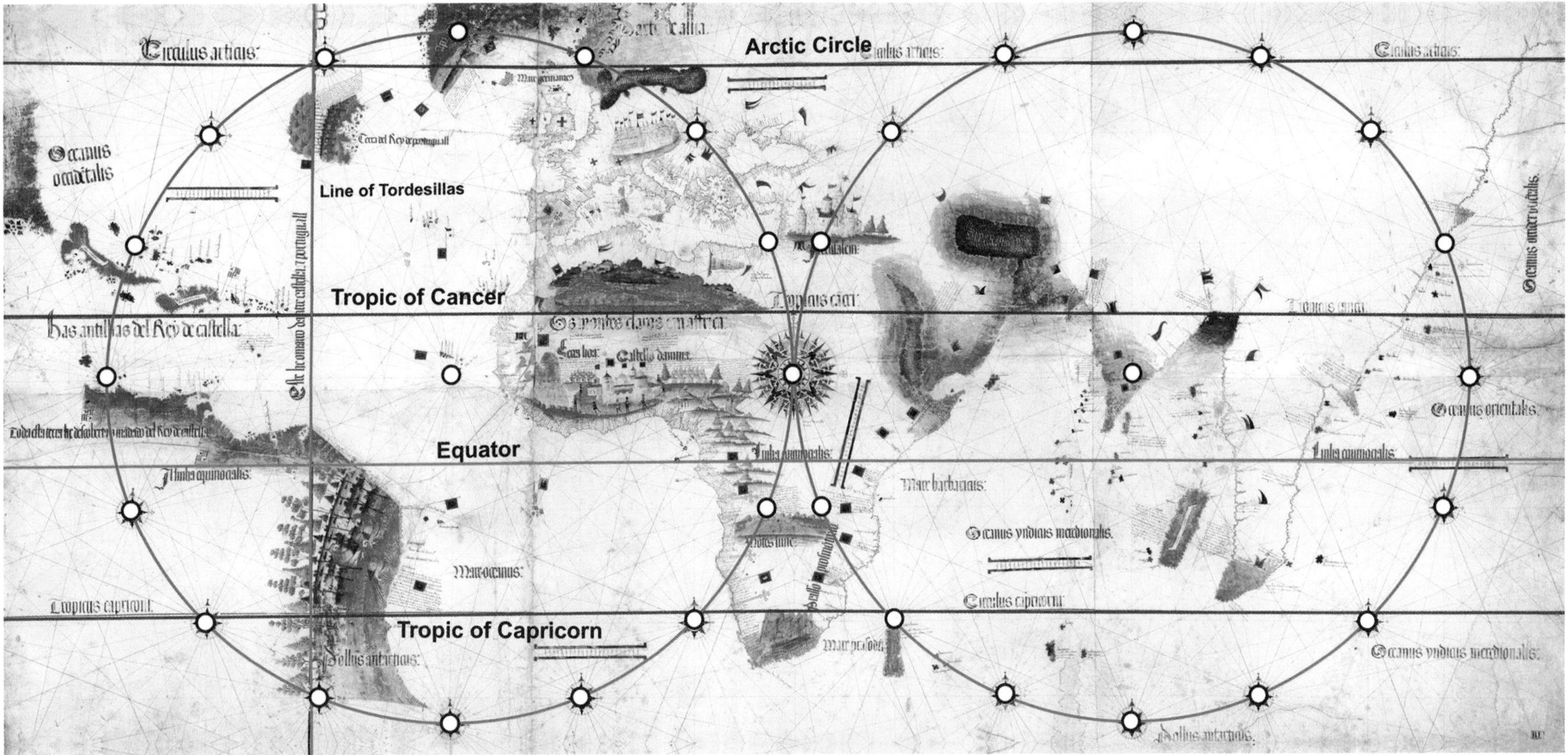

《坎迪諾世界地圖》的羅盤方位線系統。（Alvesgaspar CC-BY-SA-3.0）

諾長袖善舞，利用12枚金幣買通葡萄牙宮廷的繪圖師，取得了一份副本地圖，偷偷寄回義大利。由於繪製者不詳，後世便以坎迪諾來命名。

《坎迪諾世界地圖》除了率先畫出教皇子午線，並在該線以東的巴西、亞速群島、馬德拉群島、維德角群島、非洲東西海岸直到印度西海岸的許多地方都插上葡萄牙國旗，甚至連北大西洋上未建立殖民據點的格陵蘭島（1495～1498年葡萄牙探險隊發現）與紐芬蘭（1497～1498年由英國探險隊率先發現，1500～1501年葡萄牙探險隊才到訪），也插上葡萄牙國旗，並附上說明文字，向世人宣示其主權。

本地圖中的插圖很少，只放大詳細描繪三座城市：威尼斯、耶路撒冷和西非黃金海岸的埃爾米納堡（Elmina Castle）。其他插圖包括巴西的雨林鸚鵡、非洲鳥類、埃及的亞歷山卓燈塔、獅子形狀的獅子山（Sierra Leone）、烏干達的月亮山（Mountains of the Moon）與南非的桌山（Table Mountain）等。非洲西海岸還畫出1480年代迪奧戈・康（Diogo Cão）和迪亞斯沿途探險所豎立的發現碑石柱（padrões）。

令人吃驚的是《坎迪諾世界地圖》不但畫出了哥倫布發現的古巴等加勒比海島嶼，還提早十年畫出了西班牙1513年才發現的佛羅里達（Florida）半島，而且圖中的巴哈馬群島比其他後來的地圖都詳細。但這些都位於教皇子午線以西，葡萄牙探險家和繪圖師再怎麼詳細描繪，還是歸西班牙所有。至於歸葡萄牙所有的巴西海岸、非洲東西兩側的大西洋海岸和印度洋海岸，本地圖理所當然以更驚人的準確性和詳細度加以描繪。

發現碑石柱（1931, Victorcouto）

不過印度以東的亞洲則較為粗略，基本上還是托勒密時代的地理學遺產。東亞大陸延伸至南回歸線呈半島形狀，也就是今日的馬來半島。沿著半島陡直的東岸北上，經過赤道後，一個綠色的小半島伸入浩瀚的東洋（Oceanus Orientalis），乃中南半島南端的交趾支那（Chinacochim，越南南部）。繼續往北，便會發現北回歸線的附近各有一座藍色與紅色島嶼，雖島名不甚清楚，但就相對位置來看，最有可能是臺灣。

南非桌山（Photo by Danie van der Merwe CC-BY-SA-2.0）

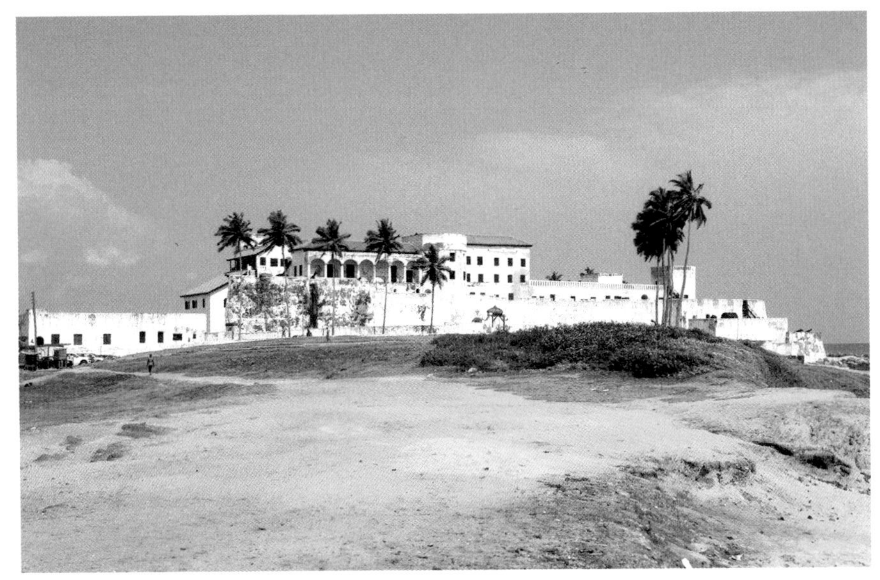
埃爾米納堡（Photo by Damien Halleux Radermecker CC-BY-SA-2.0）

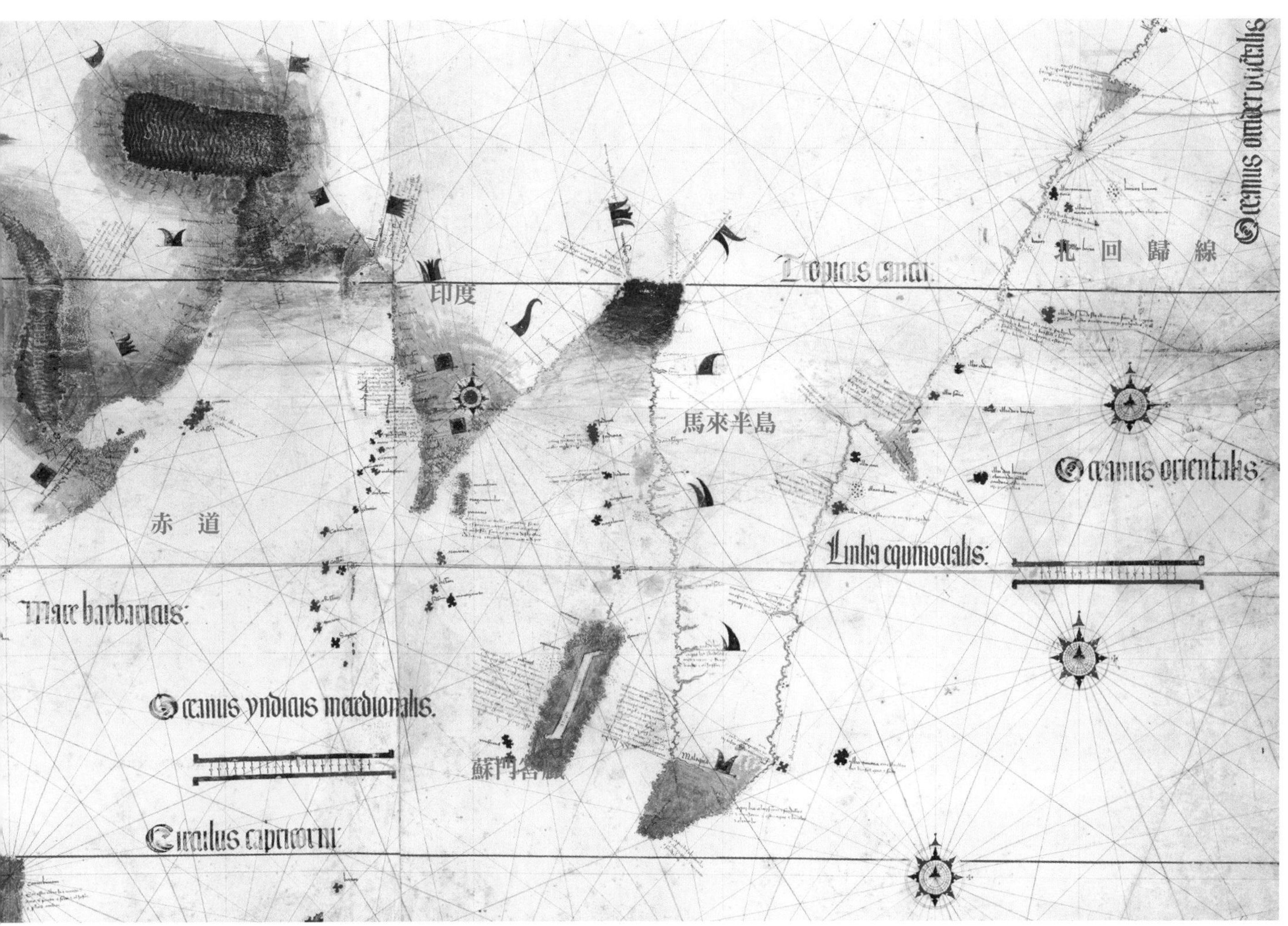

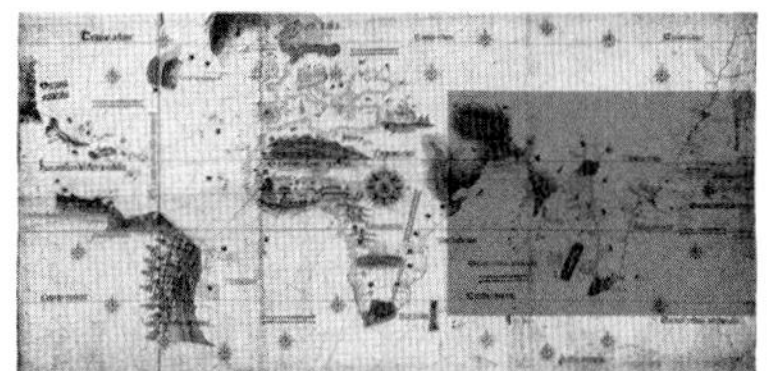

◀El mina的葡萄牙文意思是「礦藏、寶庫」。1471年，葡萄牙人率先抵達西非的黃金海岸（Gold Coast，即今日的迦納Ghana），發現當地蘊藏有大量的金礦。1482年，葡萄牙人在此興建了第一個歐洲人據點埃爾米納堡，進行奴隸、黃金、刀子、項鍊、鏡子、蘭姆酒和槍枝的貿易。1637年，荷蘭從葡萄牙人手中奪取這座城堡，直到1814年廢除奴隸貿易之前，三百多年來，這兒的恐怖地牢中關押著從非洲各地抓來的大量黑奴，等候奴隸船到來，被囚禁數月的黑奴通過城堡的「不歸之門」上船，被運送到歐洲或轉售到其他殖民地。1872年，這座城堡轉由英國人接管。1957年，黃金海岸獨立為迦納共和國，埃爾米納堡的控制權一併轉移。1979年，被聯合國教科文組織列為世界遺產。

亞歷山大六世接受聖母子授任（1612, Pietro Fachetti）

◀亞歷山大六世是文藝復興時期最具爭議的教宗，是第一位公開承認自己與情婦有子嗣（5名）的教宗。但之後繼任的教宗思道五世（Sixtus V）與烏爾班八世（Urban VIII），都稱讚他為聖伯多祿之後最為傑出的教宗之一。亞歷山大六世比較像是一名外交官、政治家，他對藝術和科學有獨到的鑑賞力和眼光，擔任樞機主教時就有眾多情婦，當時教士有情婦雖屢見不鮮，但為了避嫌，他還是支付大筆金錢，安排人娶其情婦為妻，第一任丈夫死後，再安排第二及第三任丈夫，煞費苦心。

美洲已在地圖上露臉，何時才輪到臺灣登場？

《世界地理誌》（*Universalis Cosmographia*）

瓦爾德澤米勒（Martin Waldseemüller），繪於1507年，
出自美國國會圖書館（Library of Congress in Washington, D.C.）。

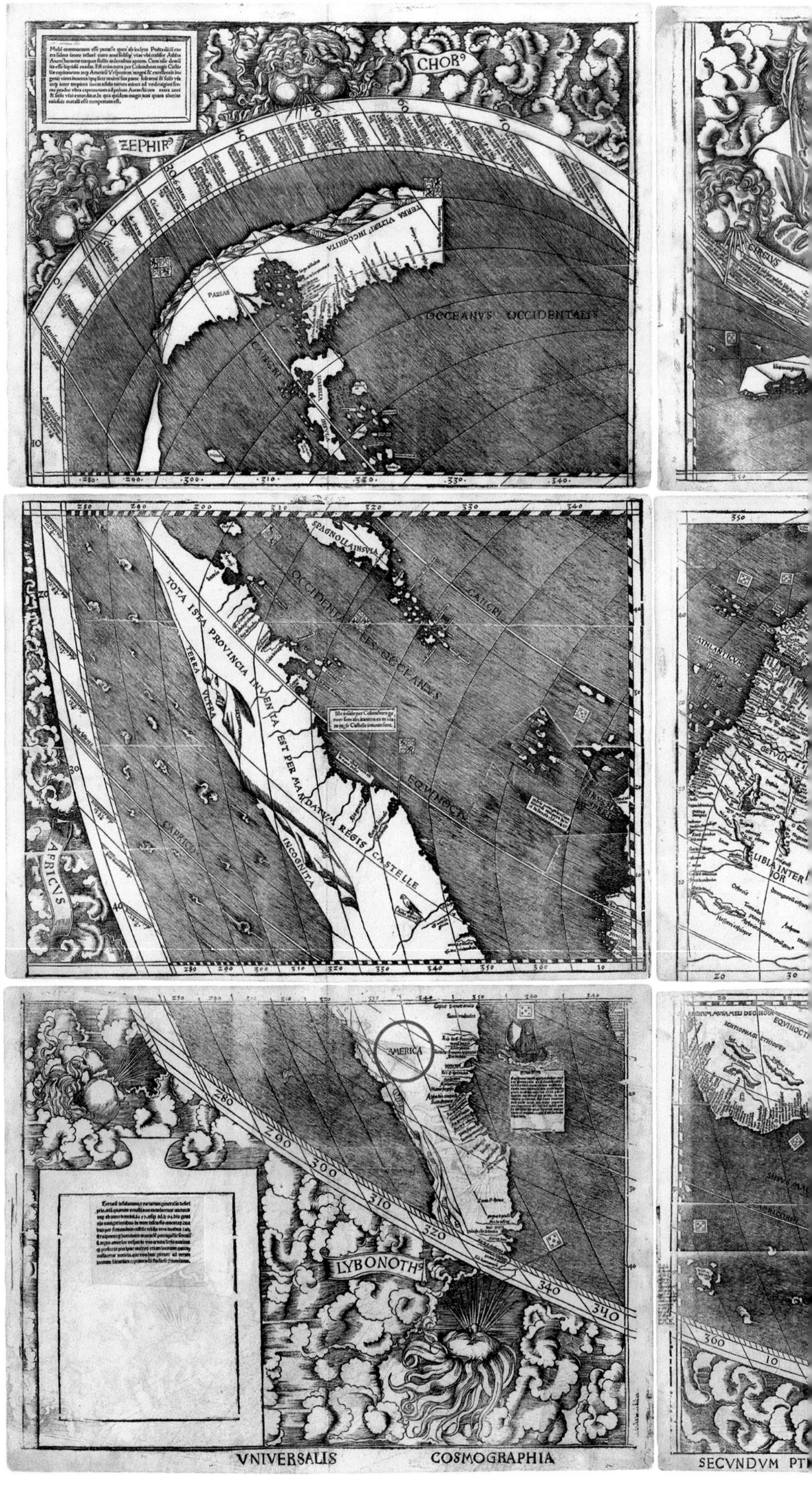

法國東北部的小鎮孚日聖迪耶（St-Dié-des-Vosges）位於德國、法國、比利時、盧森堡四國交界處，自1990年以來，每年10月的第一週舉辦「國際地理節」，頒發地理領域的最高榮譽路德獎（Vautrin Lud Prize），也被稱為「諾貝爾地理學獎」。

之所以選在這裡舉辦如此盛會，是因為1507年時，孚日聖迪耶教堂詠禮司鐸路德（Vautrin Lud）召集數位專家學者來到這座小鎮，在當時洛林公國（Duchy of Lorraine）勒內二世（René II）的贊助下，編印孚日聖迪耶高中教師瓦爾德澤米勒（Martin Waldseemüller）的《世界地理概論》（*Cosmographiae Introductio*），包括球瓣形小地圖與全球大掛圖《世界地理誌》（*Universalis Cosmographia*），這兩種地圖各印刷了約1000張，分發給各教育機構。

孚日聖迪耶大教堂建築群（Photo by Jihelpé CC BY-SA-4.0）

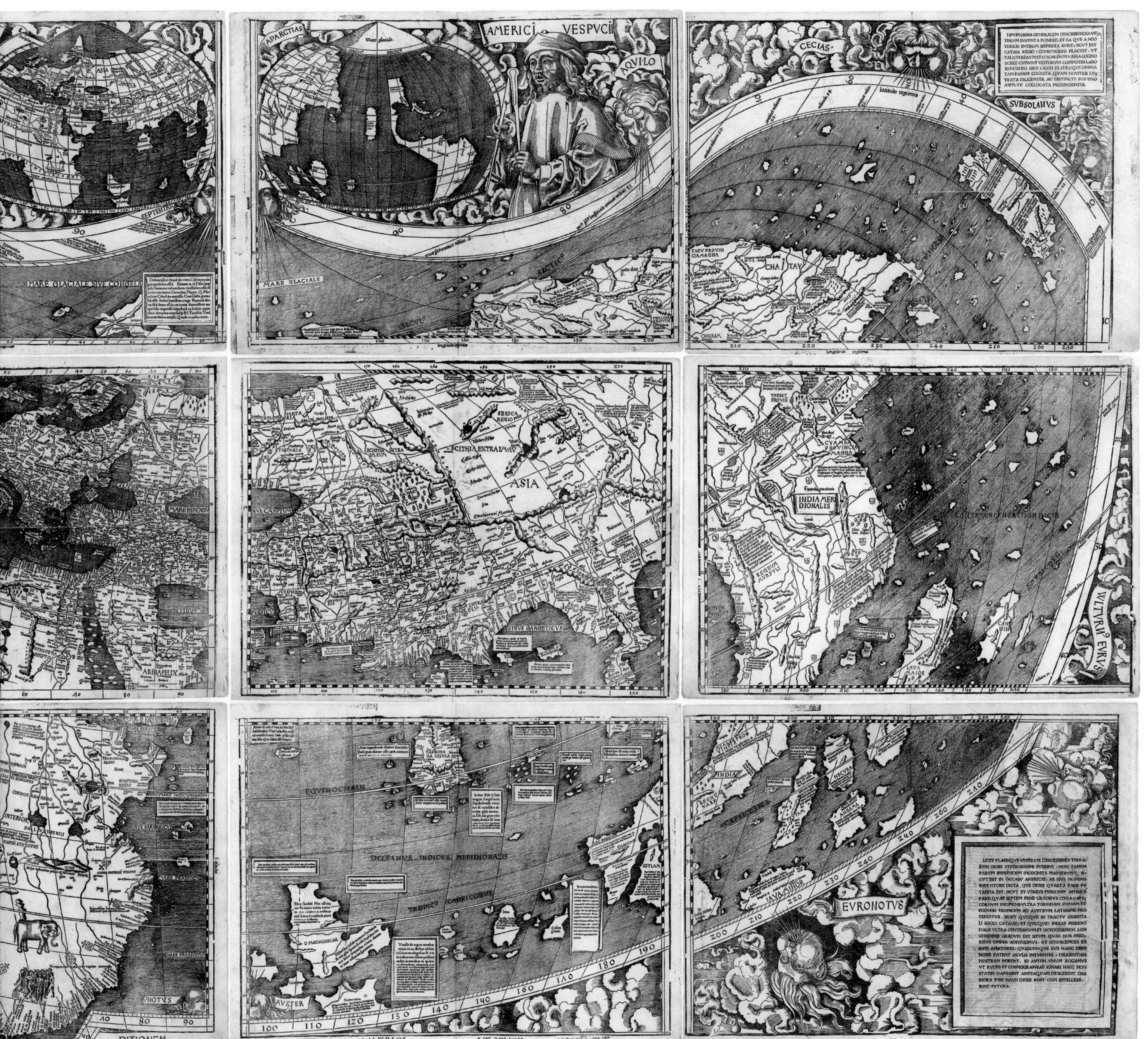

AMERICI VESPUCII
APARCTIAS
AQUILO
CECIAS
SUBSOLANUS
MARE GLACIALE
MARE GLACIALE SIVE CONGELA
ASIA
SCITHIA EXTRA IMAU
SINUS GANGETICUS
INDIA MERI DIONALIS
MARE HIRCANU
OCCEANUS INDICUS MERIDIONALIS
TROPICO CAPRICORNI
AEQUINOCTIALIS
MADAGASCAR
AUSTER
NOTUS
EURONOTUS
VULTURNUS EURUS
DITIONEM
ET AMERICI VESPUCII ALIORU QUE
LUSTRATIONES

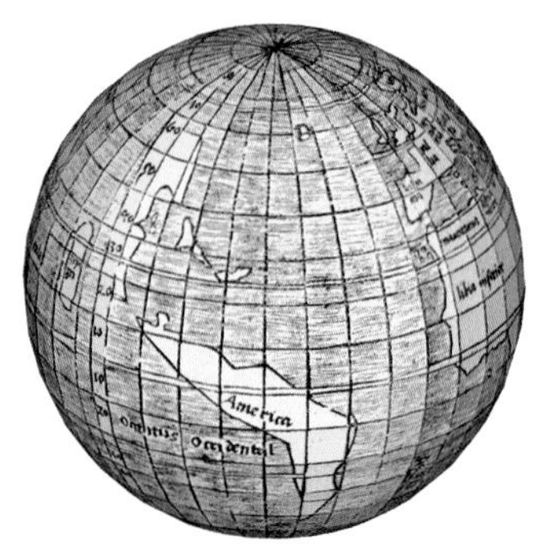

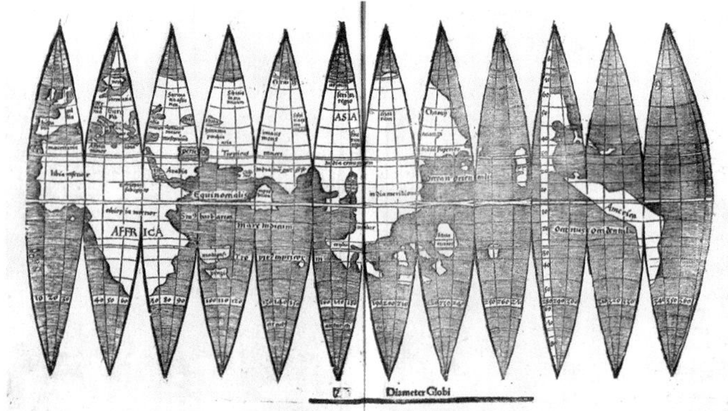

瓦爾德澤米勒球瓣形小地圖

雖然《世界地理誌》目前僅存世1張，球瓣形小地圖僅存世4張，但它是繼西元150年托勒密《地理學指南》(*Geographia*)所附地圖之後，對世界影響最大的一幅地圖，除了千百年來已知的歐亞非三洲之外，它率先明顯繪出了新發現的第四洲——美洲，並將多次探險南美洲的亞美利哥．維斯普奇(Amerigo Vespucci)的名字標在南美洲的大地上，引發了後世對誰是美洲發現者的論戰。

不少人覺得1492年登陸中美洲巴哈馬群島的哥倫布應該是第一個發現美洲的歐洲人，但如果就大範圍的美洲大陸發現歷史而言，北歐的冰島人早在西元982年時，就在北美洲格陵蘭島的東海岸建立了殖民地，一直持續到十五世紀。而哥倫布至死都堅稱他登陸的是亞洲「西印度」，一如當初承諾西班牙國王必定完成開闢印度新航線的任務。既然哥倫布不承認自己發現了新大陸，也就沒理由抱怨用別人的名字來命名新大陸。

至於曾替哥倫布裝備船隻並與其親切交談的亞美利哥，從未主動爭取命名。但由於他寫信給佛羅倫斯共和國昔日上司索代里尼，說明其多次南美洲探險的

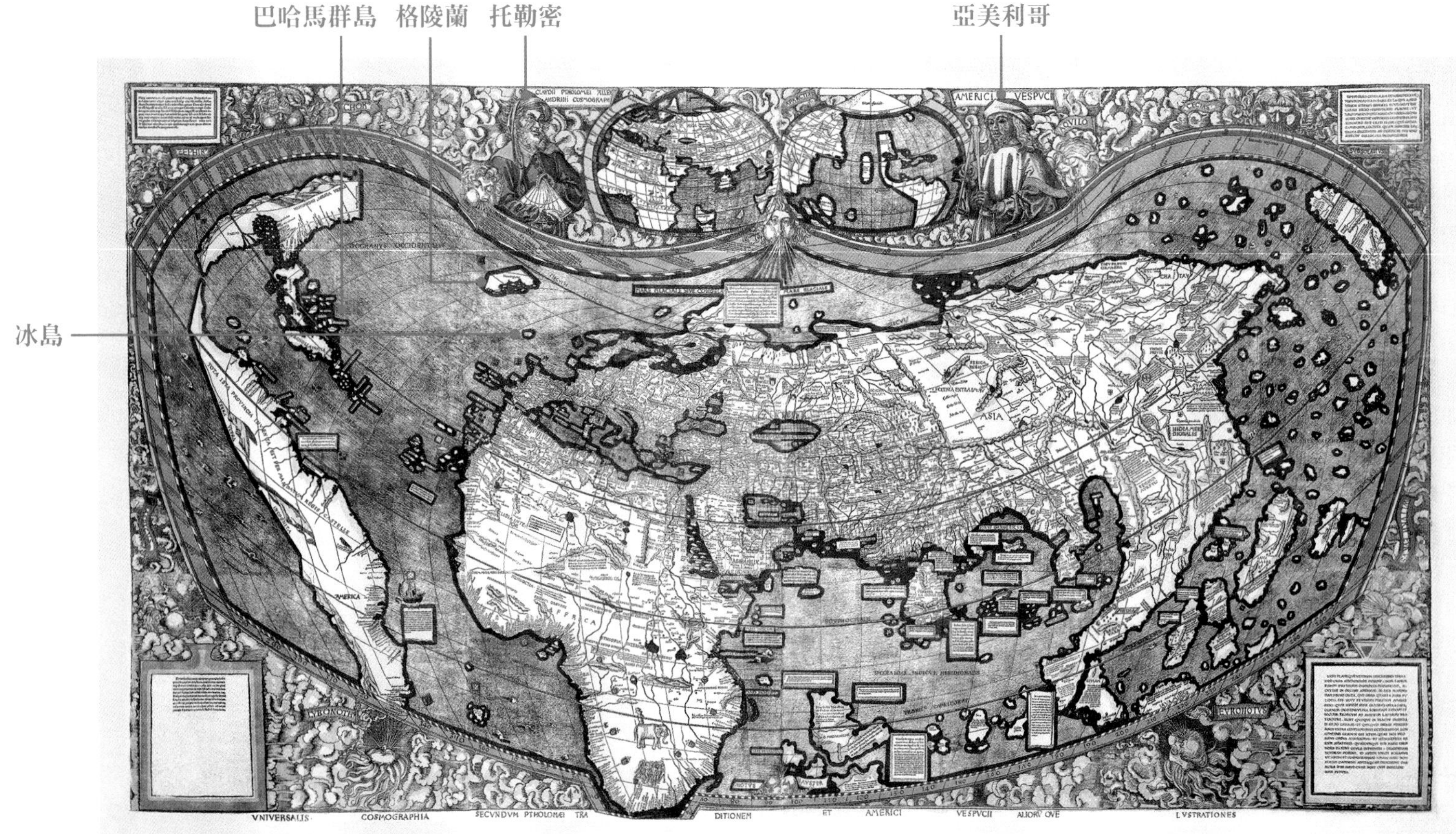

19世紀德國斯圖加特(Stuttgart)發行的彩色摹本《世界地理誌》。

經過，被出版成小冊子並廣為流傳，因此瓦爾德澤米勒在1507年出版的《世界地理概論》中，將這塊大陸標為America。而亞美利哥在1512年去世時，都還不知道美洲用自己的名字來命名，但大多數人已將這張地圖視為美洲的「出生證明」。

《世界地理誌》是歐洲最早印刷的地圖之一，整幅地圖由3橫排，每排4小塊共12小塊組合而成，總長2.4公尺，寬1.4公尺。以托勒密的圓錐投影法和弧形的經緯線來描繪地球的整個表面。從技術的角度來看，本圖描繪歐洲的方式並不精確，這不是因為瓦爾德澤米勒對於歐洲地理沒有更為完善的理解，而是因為他自己希望保留一千多年前托勒密筆下的世界模樣，因此特別在地圖上方第一排中間左幅描繪了托勒密與歐亞非小地圖，而右幅則描繪亞美利哥與美洲為主的小地圖。

庫克群島的亞美利哥銀幣

延伸閱讀 ◀亞美利哥・維斯普奇（Amerigo Vespucci）曾在佛羅倫斯共和國駐法國大使索代里尼（Piero Soderini）手下任職。1492年又被派往西班牙，擔任塞維亞船舶裝備公司的主管，這項職務使他進一步了解航海探險家所使用的船隻及相關知識。1496年時該公司負責裝備哥倫布的探險船隻，亞美利哥終於有機會與哥倫布交談，發現兩人都對馬可波羅的作品著迷，這次會談進一步鼓勵了亞美利哥對探險的興趣。

1504年，亞美利哥曾寫信給昔日上司索代里尼，說明他在1497至1504年間航行至美洲的四次探險，他的第三次探險代表葡萄牙出航，這次航行曾到達阿根廷南部的巴塔哥尼亞（Patagonia）地區。亞美利哥根據考查結果，提出不同於1492年哥倫布宣稱發現「西印度」的結論：這是一塊新大陸！1505年，他入籍西班牙，1508年受贈海軍部長的頭銜。

延伸閱讀 ▶地圖投影是指依照一定的數學法則將地球橢球面上的經緯網轉換到平面上，使地理坐標與平面直角坐標建立起函數關係。早期的投影法利用幾何透視原理，假設光源位於透明地球儀的球心，再用描圖紙沿著地球儀的赤道捲成圓筒狀，或做成圓錐狀剛好罩住地球儀，球心的光源會將地球儀上的經緯線及地形輪廓投影到圓柱形或圓錐形的描圖紙上，描圖完成後再將描圖紙展開成平面，即為投影平面圖。

最早使用投影法繪製地圖的是西元前三世紀古希臘地理學家埃拉托斯特尼（Eratosthenes），他採用經緯線互相垂直的等距圓柱投影法繪製以地中海為中心的世界地圖，所投射出來的所有經緯線皆為直線且直角相交，其方位與實地相符。

1569年，麥卡托（Gerardus Mercator）採用正軸等角圓柱投影法編繪航海圖，使航海者可以不轉換羅盤方向，採用直線導航。由於可顯示任兩點間的正確方位，航海圖大多以此方式繪製。但因投影角度的關係，與地球軸心線垂直的赤道附近形狀、距離較正確，愈向高緯度地區，緯線間隔愈被放寬，面積愈被放大而失真。

西元一世紀，托勒密發明的圓錐投影法，經線由頂點向下呈放射狀直線，緯線為同心圓弧，圓錐面與地球儀相切的標準緯線（與地球軸心線垂直）附近形狀、距離較正確。

1921年問世的溫克爾投影（Winkel tripel projection）為折衷投影的一種，既沒有完全等積，也沒有完全等角，而是在兩者之間做折衷。

1998年，美國國家地理學會採用溫克爾投影，之後許多教育機構也選擇溫克爾投影來繪製世界地圖。

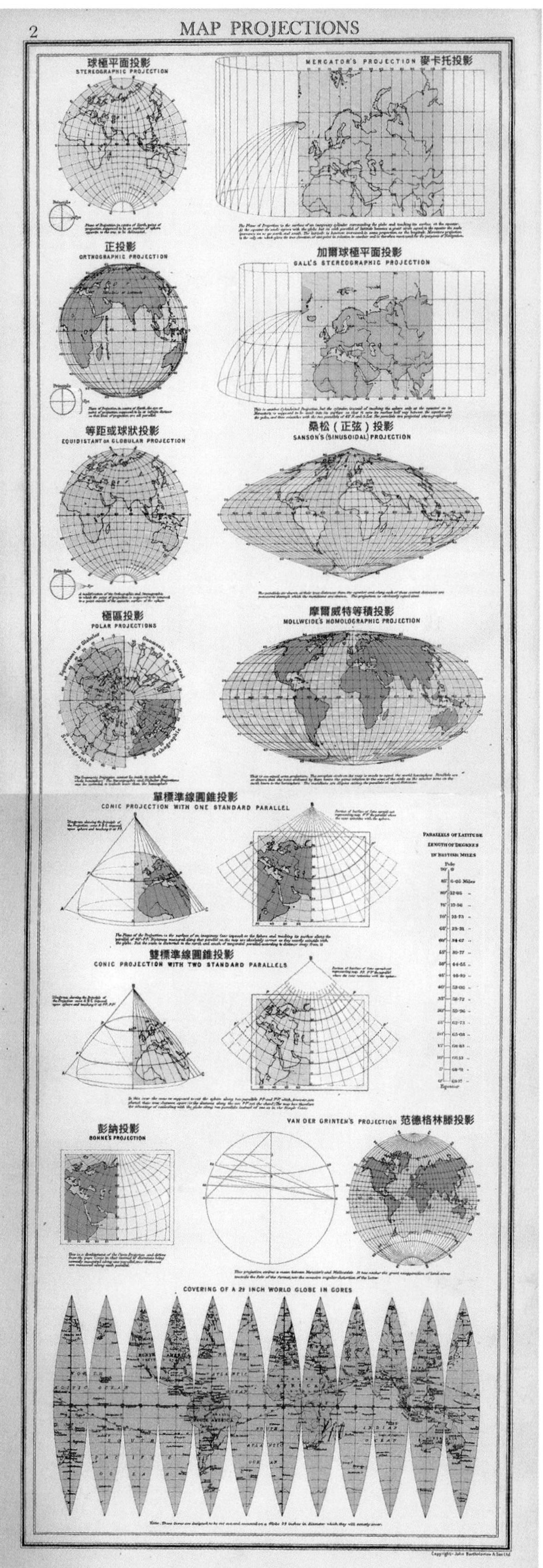

地圖投影法（Oxford Advanced Atlas－Bartholomew, 1936）

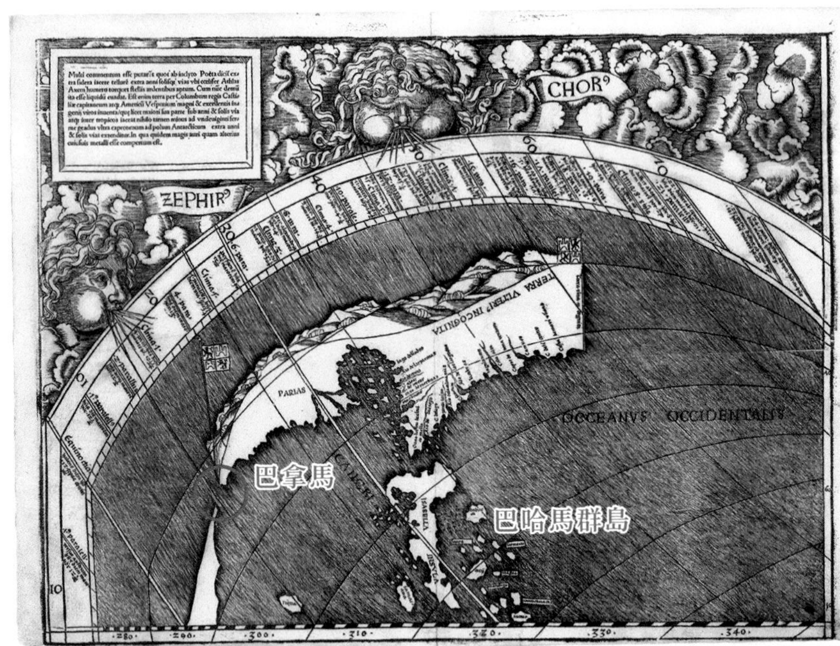

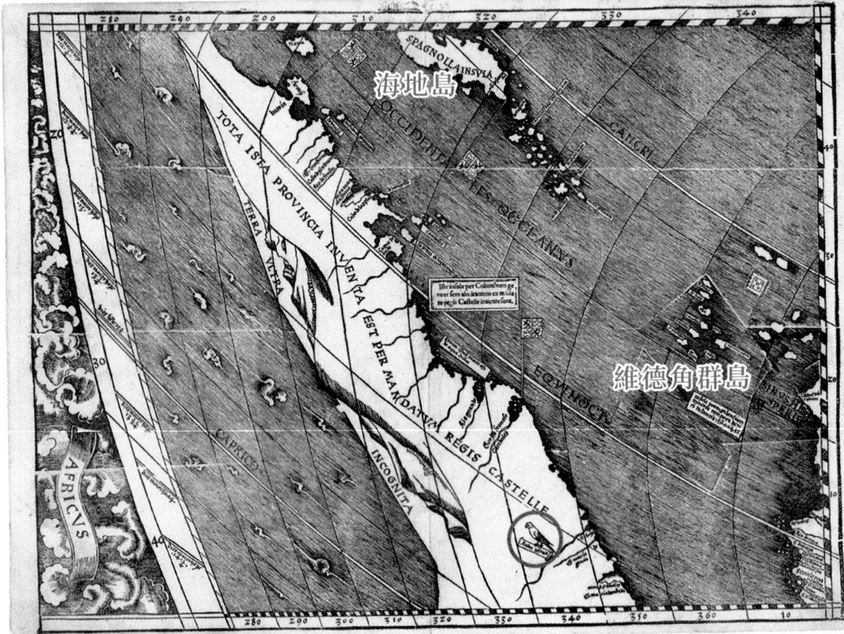

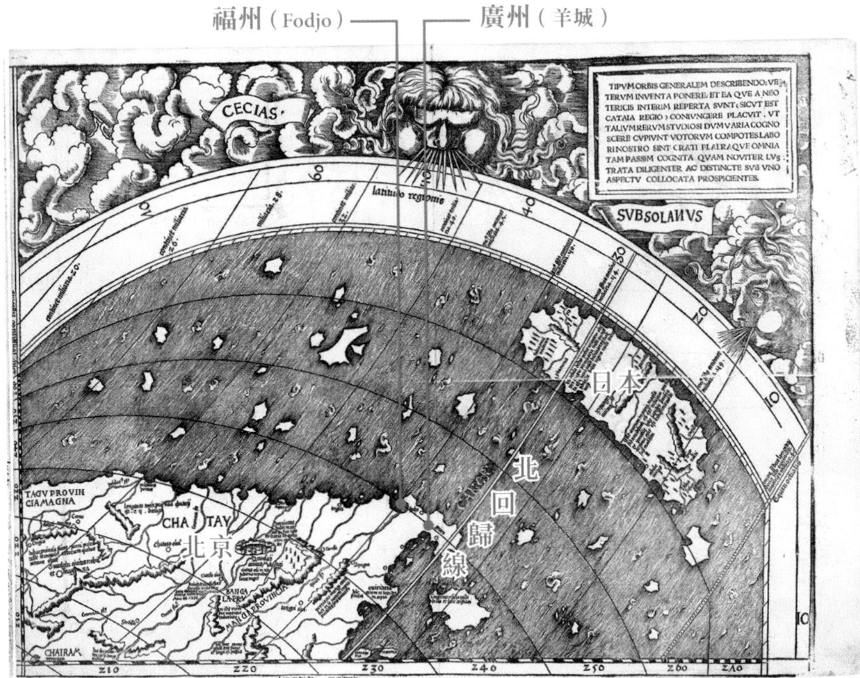

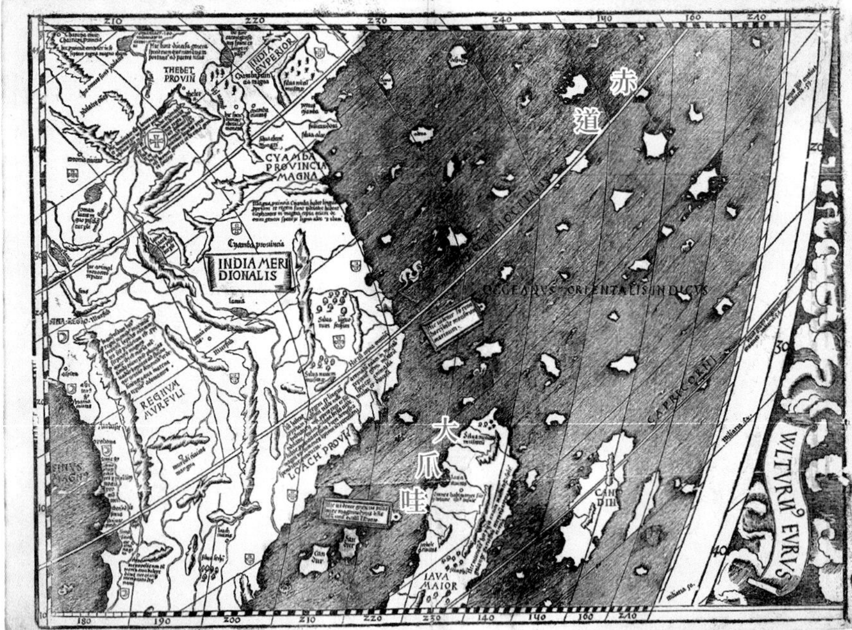

大地圖西側首度出現的南美洲呈細長狀，是最引人注目的地區。南美洲上方有一個尚待積極探訪的小型北美洲，兩者之間的中美洲包括哥倫布已探訪過的加勒比海群島，以及狹長的地峽（左上圖紅圈處）。令人驚奇的是，插了一枝西班牙旗幟（巴斯蒂達斯Rodrigo de Bastidas於1501年發現巴拿馬）的北美洲南端，並未與地峽的北端相連，地峽西側的海水從中間流進了大西洋（太平洋海面比大西洋海面高24公分），當時沒有人知道美洲和亞洲之間還有一片海洋，這要到6年以後的1513年，西班牙探險家巴爾博亞（Vasco Núñez de Balboa）航抵巴拿馬地峽東岸，由原住民嚮導前往西岸，歐洲人才首次看見了太平洋。而極大縮短兩大洋之間航程的巴拿馬運河直到1914年才建成，瓦爾德澤米勒如何在1507年時預知這一切呢？

本地圖以地理學教育功能為主，圖中沒有傳統的海妖及奇人異獸，僅如實描繪南美洲的鸚鵡（左下圖紅圈處）、非洲的大象及原住民，唯一的一艘船航行在標註America（p.80地圖左下角紅圈處）的南美洲東岸海面上，而唯一的一座大城則坐落在中國契丹（Chatay），應是指明朝首都北京。大城東面海上的大島為日本國（Zipango），與下面一張小地圖中的大印尼島（Iava Maior）隔著赤道相望。有趣的是北緯23.4度的北回歸線竟然可以穿越位於北緯30度以北的日本，往西延伸，在古稱羊城（Geiten）的廣州附近穿越中國陸地，廣州下方的大島是海南島，而左上方不遠處的港灣為福州（Fodjo），臺灣本應位於廣州與福州之間，但卻不見比海南島大且符合地理方位的大島。這時的廣州與福州都是中國數一數二的大港，各國來華貿易船隻頻繁航經臺灣海峽，為何未發現臺灣這座美麗之島？

《世界地理誌》組合式大地圖大多陳列展示在教育機構的開放空間，不像典藏在圖書館裡那樣受到較專業的保管，因此目前已知完整留存至今的只剩一份。1901年，歷史和地理學教授費希爾（Joseph Fischer）神父在德國沃爾夫埃格城堡（Wolfegg Castle）發現僅存的一幅，幸好在歷經20世紀的戰火後仍被保存下來。2003年，美國國會圖書館花了1000萬美元，從該貴族的後人手中買下它，展示在圖書館入口處的大廳。2005年聯合國教科文組織將這幅地圖列入文獻遺產的「世界記憶名錄」。

1902年時的美國國會圖書館

延伸閱讀 ▲美國國會圖書館成立於1800年，是美國國會的附屬圖書館，也是美國實際上的國家圖書館，共有4000多名工作人員，每年為兩百多萬讀者和遊客提供服務。收藏有3000萬種書籍，涵蓋了470種語言，超過5800萬份手稿、100萬份跨越三個世紀來自世界各地的報紙、50萬個微縮膠片卷軸、270萬首音樂；此外，還保存了480萬張地圖，館藏量為全球最大。

延伸閱讀 ▶巴拿馬運河橫穿巴拿馬地峽，連接太平洋和大西洋，全長82公里，兩端皆有船閘，船隻在船閘中由軌道牽引機牽引行動，進入湖河中航行，最後再經由船閘進入另一邊的海洋。每座船閘都是成對的，所以可以雙向進行。

1881年，法國人開始建造巴拿馬運河，但由於工程技術問題和勞工的高死亡率而停工。美國於1904年接手此一工程，於1914年建成，是人類歷史上最大的工程項目之一，巴拿馬運河大幅縮短了大西洋和太平洋之間的航程，使船隻不用繞經遙遠而危險的麥哲倫海峽和德瑞克海峽（Drake Passage）。

1912年的巴拿馬運河鳥瞰圖

葡萄牙國旗環繞南中國海，福爾摩沙呼之欲出

《米勒地圖集 —— 馬來群島 & 中國海》（*Miller Atlas*）

洛波．歐勉等人（Lopo Homem and Pedro & Jorge Reinel），繪於1518～1519年，
出自法國國家圖書館（Bibliothèque nationale de France）。

葡萄牙國王曼努埃爾一世繼承了若昂二世的航海事業，1495～1521年在位期間，將葡萄牙變成東方的海上貿易帝國。

西元1855年，法國考古學家米勒（Emmanuel Miller）前往葡萄牙的聖塔倫（Santarém）旅行，此地是最早發現巴西並遠航印度的葡萄牙航海家卡布拉爾（Pedro Álvares Cabral）晚年定居的城市。米勒在城中的書商那兒發現一本極為精緻的地圖集，根據其中的題詞，地圖集是由製圖師歐勉（Lopo Homem）和賴內爾父子（Pedro & Jorge Reinel），以及插畫家歐蘭達（António de Holanda），奉葡萄牙國王曼努埃爾一世（Manuel I）之命，於1519年在里斯本繪製完成。米勒買下這本地圖集帶回法國自己收藏，直到1897年，米勒的遺孀將其賣給了米勒曾經任職的法國國家圖書館，後人便以米勒之名為這本地圖集命名。

現存的《米勒地圖集》由6張羊皮紙組成，共有10幅地圖，分別是：平面球形圖、北歐、亞速群島、巴西、阿拉伯與印度洋、摩鹿加群島、馬來群島、中國海、大西洋圖、地中海圖。

這本地圖集除了插畫細緻、色彩繽紛之外，還大量使用珍貴的金色顏料，讓整幅圖顯得金碧輝煌。之所以繪製得如此精美，據說是葡萄牙國王曼努埃爾一世準備當成皇家禮物，送給法國國王法蘭

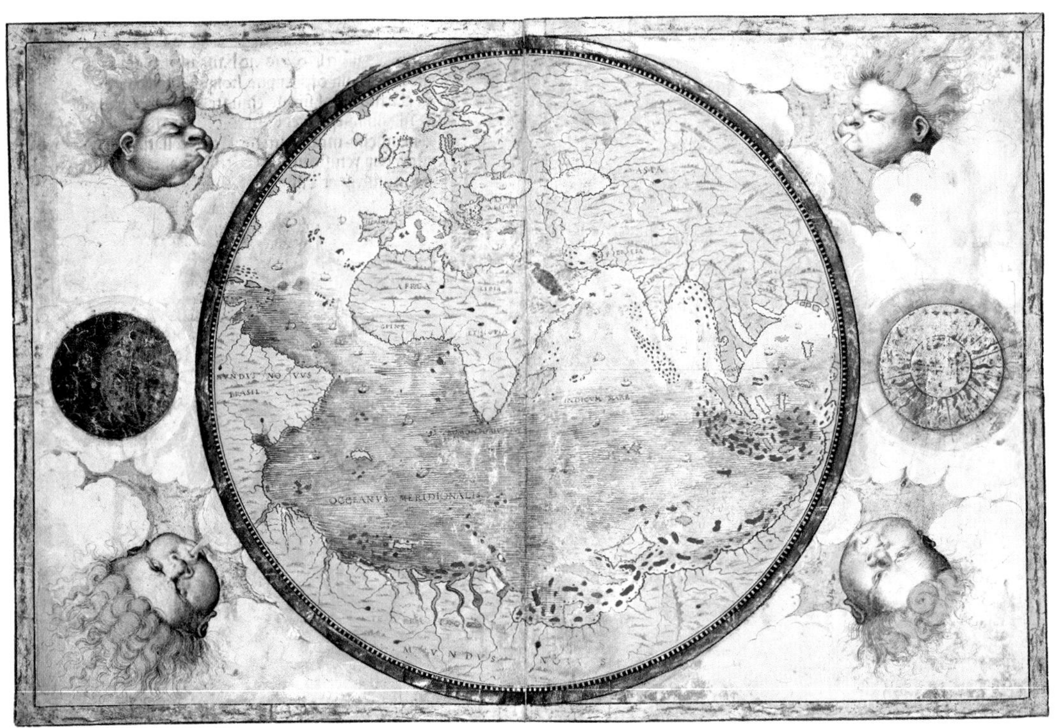

第一幅「平面球形圖」

西斯一世（Francis I）。而此一餽贈背後隱藏著當時歐洲各國間的角力，充滿了算計，其實最主要的目的是故意藉此先放出消息給卡斯提亞王國（Kingdom of Castile，西班牙王國的前身），透過展現葡萄牙在全世界建立的新舊殖民據點，及刻意扭曲造假的地圖，暗示不可能向西航行到地球的另一邊，促使卡斯提亞國王查理一世（Charles I）取消派遣麥哲倫進行環球航行的計劃。1517年時曼努埃爾一世拒絕了該計劃，導致麥哲倫轉向卡斯提亞求援，準備於1519年8月啟航。卡斯提亞國王查理一世又稱為神聖羅馬帝

開啟西班牙日不落帝國時代的卡斯提亞國王查理一世

國查理五世，是神聖羅馬帝國皇帝菲利普一世（Filipe I）與卡斯提亞女王胡安娜（Joanna）之子，1516～1556年在位，開啟了西班牙日不落帝國的時代。

這本地圖集的繪製期間，諜影幢幢。參與製圖的喬治・賴內爾（Jorge Reinel）在1519年時，曾前往西班牙的塞維亞，協助繪製麥哲倫環球航行所需的航海圖。相關史料查不出他是腳踏兩條船，吃裡扒外，還是葡萄牙派去搞破壞的，在航海大發現時代留下一團迷霧。

後來可能因為這本精美的地圖集來不及完成，或詭計已被識破，最終並未送到法國國王法蘭西斯一世（卡斯提亞國王查理一世的死對頭）的手上，而是三百多年後才被法國考古學家米勒在葡萄牙的聖塔倫購得，1897年藏入原屬皇家圖書館的法國國家圖書館，這份皇家禮物遲到了近四百年，而且是法國人去葡萄牙花錢買回來的。

1509年葡萄牙人在印度洋擊敗阿拉伯人，奪取了阿拉伯人對印度洋、紅海的控制權。《米勒地圖集》結合當時最新的航海發現和最好的插畫技藝，以美麗而嚴謹的異國情調描繪，滿足歐洲人對新土地的好奇，或是企圖迷惑卡斯提亞人的眼睛。以第一幅的「平面球形圖」為例，製圖者將歐亞非三洲的舊世界大陸略往北移，然後將新發現的南美洲誇張地往南延伸，一如托勒密時代往南延伸未知的非洲南部一樣，巨大而奇幻的南部陸地從西向東延伸，連結上新發現的東南亞島嶼。而哥倫布不久前發現的加勒比海

法國國家圖書館黎塞留館（Richelieu Building）的閱覽室（Photo by Poulpy CC BY-SA 3.0）

延伸閱讀 ◀法國國家圖書館的館藏包含1500萬冊書籍和印刷品，此外，還有手稿、版畫、攝影、地圖、樂譜、錢幣、紀念章、多媒體資料、錄音、錄影、裝飾品、服飾等。以一種百科全書式的包容精神呈現所有知識、藝術和科學學科。每年約有15萬冊書籍通過法定送存、購買或捐贈的方式進入館藏。如今，法國國家圖書館的Gallica數位圖書館可查閱400多萬的文獻資料，包括13萬多幅地圖。

塞維亞曾是一個重要的港口，西班牙船隊從新大陸運來的大批黃金、白銀，經由此地轉運至歐洲各地。

島嶼上方，原本比南美洲還大的北美洲則被誇張地縮小為狹長陸地，往北延伸，與北歐陸地連在一起，將地球上的海洋全部圍起來，變成一個超大型湖泊，一反自古以來「海洋包圍陸地」的地理學常識，對十六世紀的地圖而言實在不可思議，只能推測這些地圖是故意設計的，以阻撓麥哲倫的環球航行計劃。

《米勒地圖集》中與臺灣相關的地圖為「馬來群島」與「中國海」。馬來群島由2萬多個島嶼組成，是世界上面積最大的群島。本圖西側大島蘇門答臘島周邊被混亂地描繪成一座巨大的島嶼迷宮，可被解讀為1511年葡萄牙人攻占馬來半島上的馬六甲（Malaqua）之後，勸阻其他競爭者放棄穿越或繞過馬六甲海峽探索摩鹿加群島（Maluc Insule，也就是香料群島）

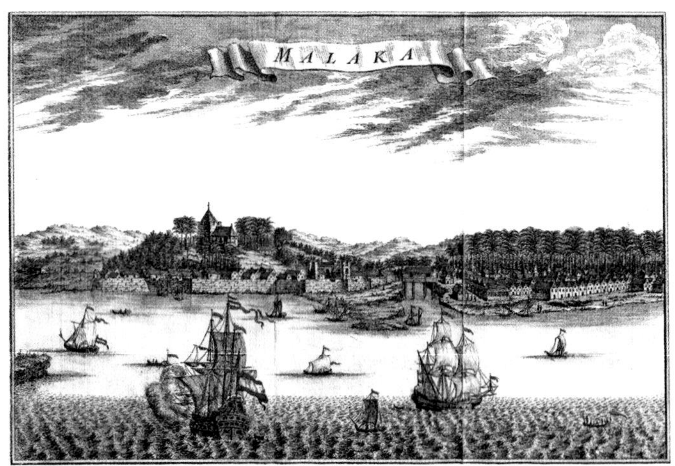

馬六甲

延伸閱讀 ▲馬六甲於永樂三年（1405年）遣使向明朝進貢，受封為「滿剌加國王」，不再臣屬於暹羅。永樂九年（1412年）滿剌加國王曾率領妻子陪臣五百餘人隨鄭和前往明朝覲見天子，明成祖親自設宴款待，賞賜豐厚。

滿剌加由於戰略位置，成為鄭和遠航船隊的重要前哨基地。馬來史記載明朝的漢麗寶公主帶了五百名隨從，嫁給滿剌加國王（但明朝無公主出嫁國外的紀錄），這五百名隨從也與當地人通婚而後定居在唐人山（Bukit Cina），其後裔男稱峇峇（Baba），女稱娘惹（Nyonya），後來擴散到全國各地，檳城和新加坡有最多娘惹。1511年，馬六甲被葡萄牙人阿爾布克爾克占領，成為葡萄牙在東印度群島擴張的戰略基地。

蘇門答臘　馬六甲

印尼群島

《馬來群島》

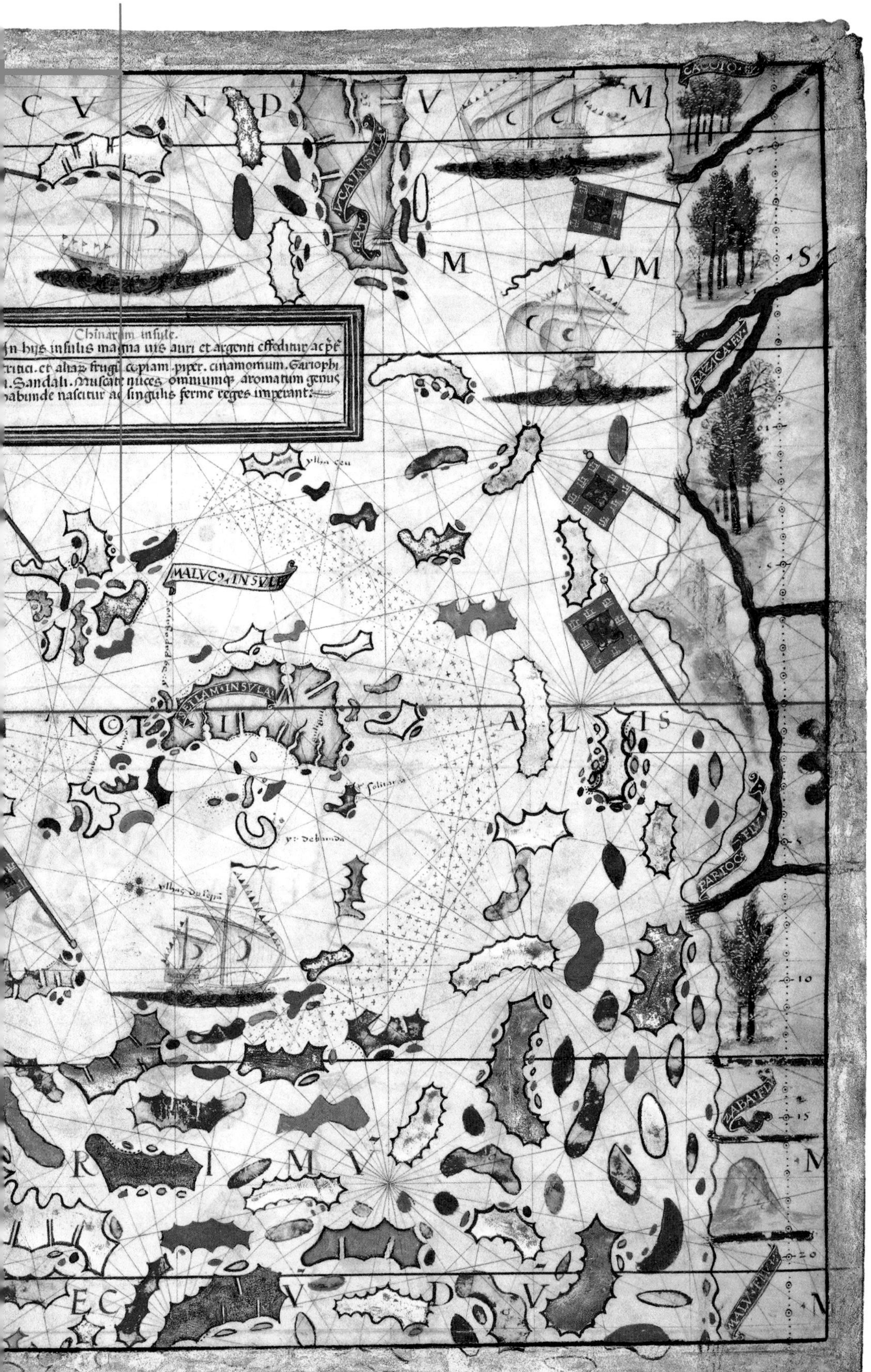

摩鹿加群島

摩鹿加群島

的企圖，因為他們會迷航在島嶼迷宮中。蘇門答臘島北端的框內文字說明這個海域有1378個島嶼，雖然數量比馬可波羅描述的7448個島嶼少，但已相當驚人，可產生一定的嚇阻作用。

即使穿越了島嶼迷宮，進入印尼群島，又會陷入另一座島嶼迷宮。而地圖東側畫有大片土地。平直的海岸線旁不僅畫有山林、河流，還標註了好幾個地名，甚至插有三面葡萄牙旗幟，表明葡萄牙人已經占領了這些地方。可是，事實上，在太平洋的此一區域並不存在這樣的陸地，為什麼會想像出這樣的陸地並插上葡萄牙旗幟呢？追根究柢，目的就是告訴西班牙人，印度洋和中國海到此為止，與大西洋並未相通，因此，要進行環球航行是不可能的。圖中除了十字架標誌的葡萄牙帆船，還畫了數艘新月形的伊斯蘭帆船，想藉此佐證自己所言非虛。

圖正中央插有葡萄牙旗幟的摩鹿加群島上方框內文字說明：「中國群島（Chinarum Insule）盛產黃金白銀，還有大量的穀物、水果、胡椒、肉桂、丁香、檀香木、肉豆蔻等各種各樣的香料，國王非常強有力地統治其臣民。」在地圖的繪製者看來，東南亞的眾多島嶼顯然都屬於中國。

花蓮縣豐濱鄉北回歸線標誌碑（Photo by Dodd CC BY-SA 4.0）

方框右上方的綠色島嶼標註Batuca Insule，同樣出現在下一幅「中國海」地圖中，因靠近圖中央的紅色北回歸線，推測應為菲律賓群島，但菲律賓是在本圖繪成兩年後的1521年，被環球航行而來的麥哲倫登陸插旗的，然而插的應該是卡斯提亞的旗幟，而非圖上的葡萄牙旗幟。其左上方靠圖正中央的兩直排島嶼南部橫跨在紅色的北回歸線上，就相對位置來看，最有可能就是臺灣，由於未被登陸實測，早期古地圖上的臺灣經常被繪成由數座小島組成。

疑似臺灣島的西側海面上有一艘六桅帆船，鼓起的風帆上既無十字架也無新月形標誌，推測應為中國帆船，這種六桅大船與明朝鄭和下西洋時的寶船同樣用於遠洋航行。拱門形的中國海下方框內文字說明：「這裡是中國海的巨大海灣，人們在大島上交易各種

鷹頭獅

六桅中國船

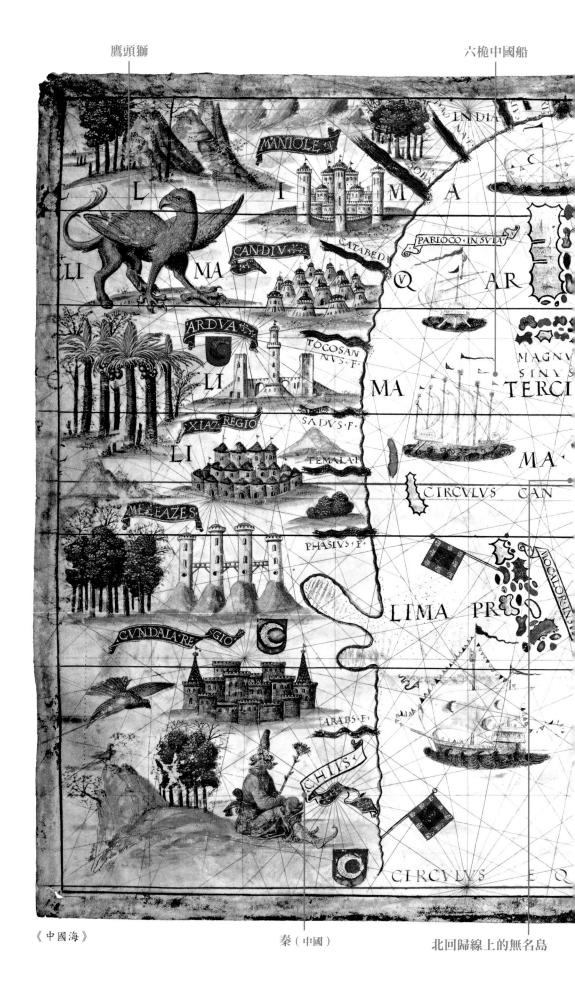

《中國海》

秦（中國）

北回歸線上的無名島

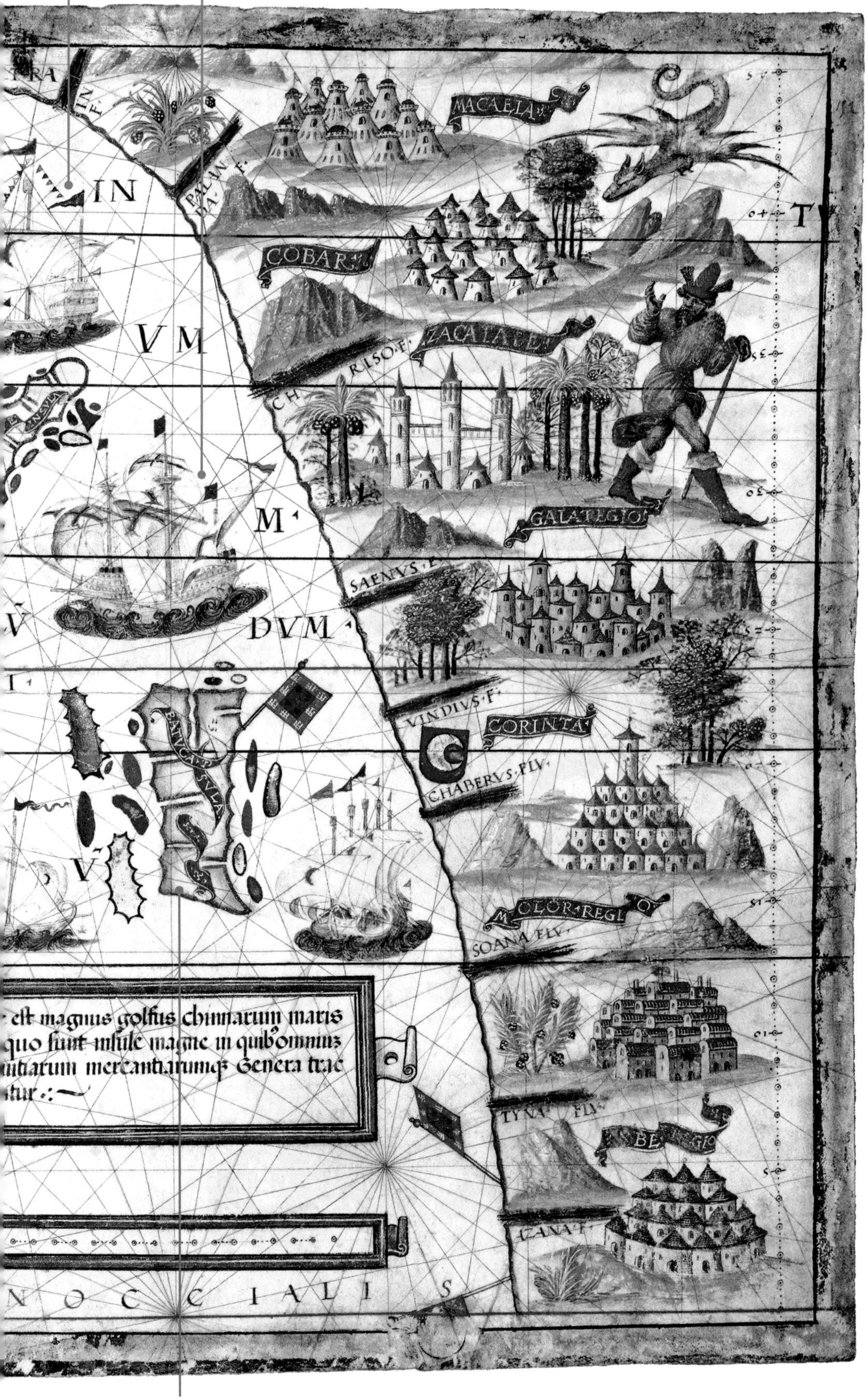

伊斯蘭船

葡萄牙船

菲律賓群島？

商品。」雖然左下角的陸地上標註了Chiis，以一千七百年前統一中國的秦王朝來稱呼中國，但除此之外，整幅「中國海」地圖的陸地上幾乎找不到與中國相關的地名或景物，即使坐在Chiis地名旁那位高帽長靴的老者一點也不像中國人，更別說西洋味十足的圓頂塔式建築，以及左上角那頭希臘神話中看守金礦的鷹頭獅（Griffin）。畫面雖繽紛華麗，卻充滿錯誤與虛假。

事實上，早在繪製《米勒地圖集》之前的1513年，葡萄牙探險家歐維士（Jorge Álvares）就曾占領珠江口的屯門島（地圖左下角中國海岸邊插了一根葡萄牙旗幟）。1516～1518年期間，也陸續有葡萄牙商人及使臣在廣州登陸，要求通商，甚至透過賄賂獲得正在南巡的明武宗接見，然後隨武宗前往北京，對中國的認知不可能如地圖所繪那樣離譜，印證了繪製此地圖集的戰略陰謀。不過隨後，廣州坊間便傳言葡萄牙人好食中國兒童之肉，加上發生葡萄牙船員攻擊中國人、強奪民女為奴等事件，驚動明朝政府逮捕並處決葡萄牙罪犯、燒燬葡萄牙船隻，導致雙方的談判徹底破裂。

屯門島（Photo by Minghong CC BY-SA 4.0）

北回歸線上的無名島

《上印度與古韃靼地圖》（*Tabula superioris Indiae et tartariae maioris*）

洛倫茨・福里斯（Lorenz Fries），繪於1522～1541年，

出自1522～1541年版《托勒密地理學》（*Geographia of Claudius Ptolemy*）。

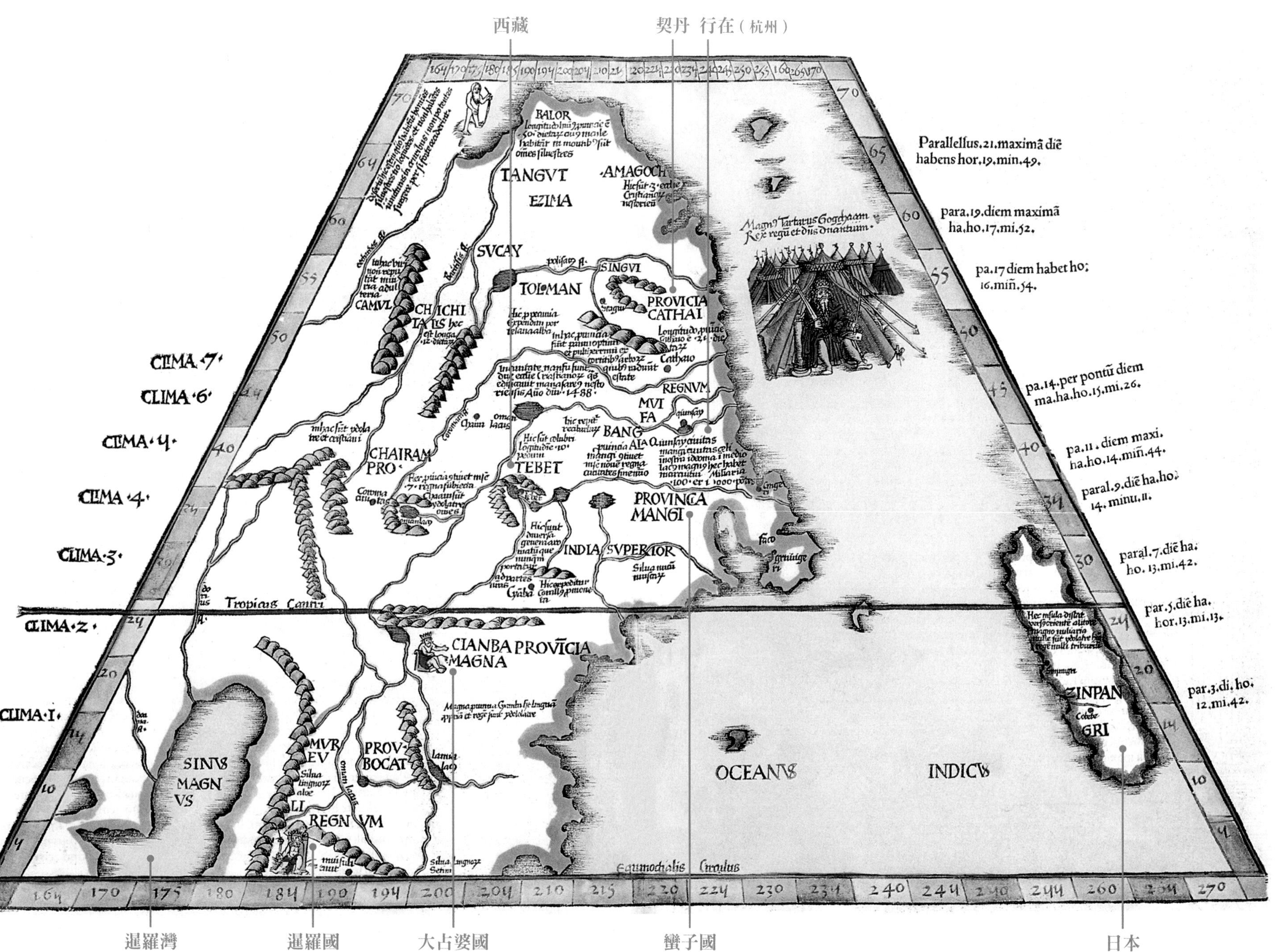

這是第一幅歐洲人所繪以日本和中國地區為主的單幅地圖。製圖者洛倫茨·福里斯（Lorenz Fries）本業是一位醫師，出生在法國與德國交界的阿爾薩斯（Alsace），曾到義大利與奧地利求學，1519年回到故鄉斯特拉斯堡（Strasbourg）定居，因為出版醫學書籍結識了出版商格呂寧格爾（Johann Grüninger）及率先繪出美洲地圖的瓦爾德澤米勒（Martin Waldseemüller），開始接觸地圖繪製。最早的地圖作品是1520年時與格呂寧格爾一起，編繪瓦爾德澤米勒1507年的大掛圖《世界地理誌》（*Universalis Cosmographia*）（參見p.80）縮簡版。後續的地圖作品則是1522～1541年出版的新版《托勒密地理學》（*Geographia of Claudius Ptolemy*），福里斯在新版的地圖集中，增加了幾幅新地圖，包括世界新圖、印度新地圖與本幅《上印度與古韃靼地圖》。

採用梯形投影的《上印度與古韃靼地圖》涵蓋範圍從北極到赤道（圖中的赤道明顯偏北），西起大海灣（Sinus Magnus即暹羅灣）東到日本（Zipangri或Jipangu）。地圖背面描述本地圖的拉丁文依稀可見。

地圖右上方畫了一位韃靼王（大汗）坐在帳篷裡，後方有數座帳篷環護。左方陸地上的拉丁文Provincia Cathai（Cathay）是指中國北方的契丹，源自1298年的《馬可波羅遊記》中將元朝稱為契丹，雖然繪製此圖時元朝早已滅亡150年。

契丹之地往南跨過黃河、長江兩條大河，便進入了蠻子國（Provincia Mangi），因為蒙古人稱南方的漢人為蠻子（Mangi），也就是馬可波羅抵達元朝大都時，仍偏安江南的南宋，而南宋的臨時首都杭州就位於長江下游流域錢塘江畔西湖邊的紅點Quinsay（行在）。

蠻子國西邊是群山環繞的西藏（Tebet），南邊則標註為本圖名稱中的「上印度」（Superioris Indiae），因為歐洲人最早接觸的東方大國是印度，便一直以「恆河之外的印度」（India extra gangem）來標示未知的東方地區，包括東南亞和中國，甚至連南中國海及太平洋也被標示為印度洋。

上印度下方的紅線就是北回歸線，橫貫東方海面上的一座無名小島與日本島，實際上北緯23度26分的北回歸線並未穿越位於北緯約30度以上的日本大島，至於同在北回歸線上的無名小島，就相對位置而言，最有可能是臺灣島。因為橫貫左邊大陸的北回歸線下方繪有兩位國王：越南中部的Cianba Provincia Magna（大占婆國）和暹羅灣旁的暹羅國或馬來國，在地理位置上都可以對應南中國海面上，北回歸線唯一穿越的大島就是臺灣。

本圖繪製當年的九月，麥哲倫的船隊回到西班牙，完成人類史上的第一次環球航行。

延伸閱讀 ▶梯形投影（trapezoidal projection）的特點是緯線為平行直線，經線則為一組放射線，除中央經線與緯線正交外，其餘經線均與緯線斜交。方法是在每幅圖上用一等腰梯形來表示相應的球面梯形。本投影法中心部分變形量較大，但因每幅圖涵蓋範圍有限，故實際變形量甚小，尚可符合製圖的要求。

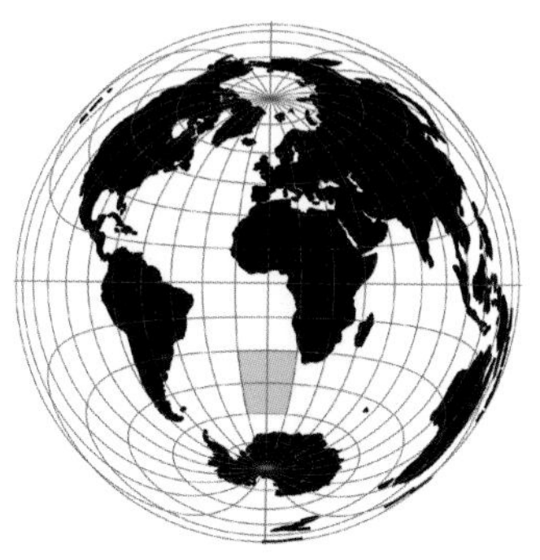

遼代契丹人

延伸閱讀 ◀契丹（Khitan、Catai或Cathay）為古代遊牧民族，居住在今蒙古國及中國東北地區。契丹族首領耶律阿保機於916年稱帝建國「契丹」，946年攻滅後晉之後改國號為「大遼」，1125年被金朝打敗後，耶律大石西遷到中亞楚河流域，1132年建立「西遼」，又稱喀喇契丹（Kara Khitan）。1141年擊敗塞爾柱（Seljuk）帝國聯軍，成為中亞霸主，將威名遠播至歐洲。「契丹」之名後來又隨著蒙古帝國西征（1219～1260年）傳向歐洲，遂被歐洲人當成中國的代名詞。

杭州西湖（Photo by Nat Krause）

延伸閱讀 ▲「行在」是指名義上雖非帝都，但實際上是皇帝和朝廷所在並行使首都職能的地方。靖康之難後，北宋被金朝所滅，宋高宗逃往南方建立南宋後，為顯示收復故土的決心，將杭州定為臨安府，稱為行在。《馬可波羅遊記》和同時期的西方著作也都將杭州稱為行在（Quinsay）。

皇家認證版地圖中，臺灣現身了嗎？

《包含所有已發現的全世界總圖》

（*Carta Universal en que se contiene todo lo que del mundo se ha descubierto fasta agora*）

迪奧戈·里貝羅（Diego Ribeiro），繪於1529年，出自梵蒂岡宗座圖書館（Biblioteca Apostolica Vaticana）。

繪製本地圖的迪奧戈·里貝羅（Diego Ribeiro）是葡萄牙人，青少年時就擔任水手，並以領航員身分多次前往印度，1502、1504和1509年曾分別在葡萄牙探險家達伽馬（Vasco da Gama）、蘇亞雷斯（Lopo Soares）和阿爾布克爾克（Afonso de Albuquerque）的船隊裡擔任船長。

然而從1516年開始，里貝羅和一群未獲葡萄牙國王曼努埃爾一世（Manuel I）青睞的葡萄牙製圖員與探險家，轉身投靠與葡萄牙爭奪海上霸權的卡斯提亞（西班牙），聚集在塞維亞（Seville）為登基不久的西班牙國王查理一世（Charles I）服務。1518年，里貝羅擔任西印度交易所（Casa de la Contratación de las Indias，延伸閱讀p.97）的製圖師，參與製作麥哲倫（也是葡萄牙籍）第一次環球航行中使用的地圖。1524年更代表西班牙參加巴達霍斯（Badajoz）會議，和葡萄牙代表討論托爾德西里亞斯（Tordesillas）條約中有關香料群島與菲律賓的歸屬問題。

迪奧戈·里貝羅

1527年，里貝羅已升任西印度交易所的首席製圖官，奉命繪製皇家認證版（Padrón Real）地圖，做為所有西班牙船舶用地圖的模板。依政府規定，所有西班牙船長都必須使用「皇家認證版地圖」的副本，否則將被罰款50金幣，而且回國後要如實向西印度交易所報告他們此行的新發現及航程中的緯度和經度等細節，以便西印度交易所的製圖師將這些新資料彙整在最新版的地圖上。每當有新船出航時，將獲得最新版的「皇家認證版地圖」副本。里貝羅曾複製了6幅「皇家認證版地圖」，分別收藏在魏瑪大公國圖書館（1527）和梵蒂岡宗座圖書館（1529）等地。

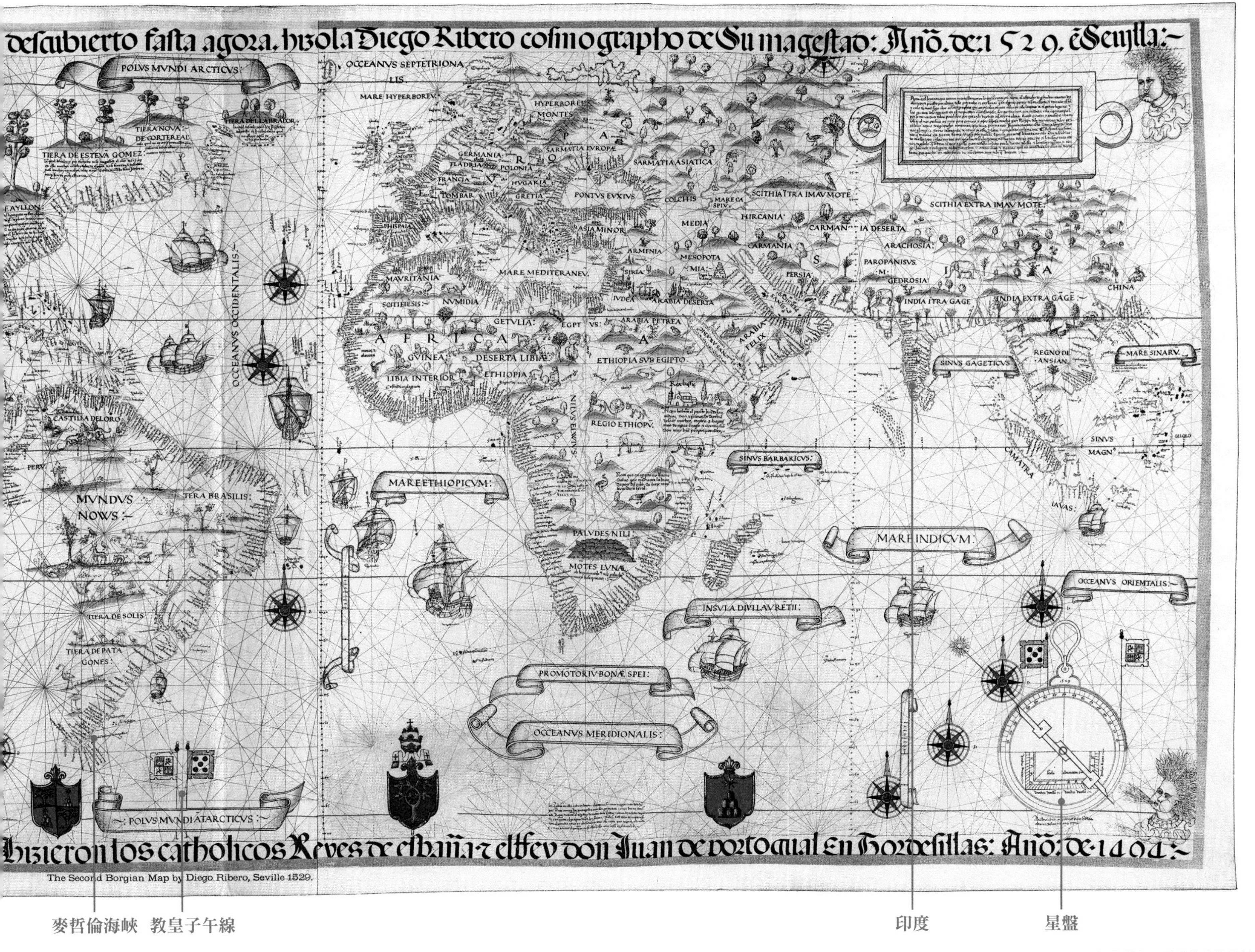

The Second Borgian Map by Diego Ribero, Seville 1529.

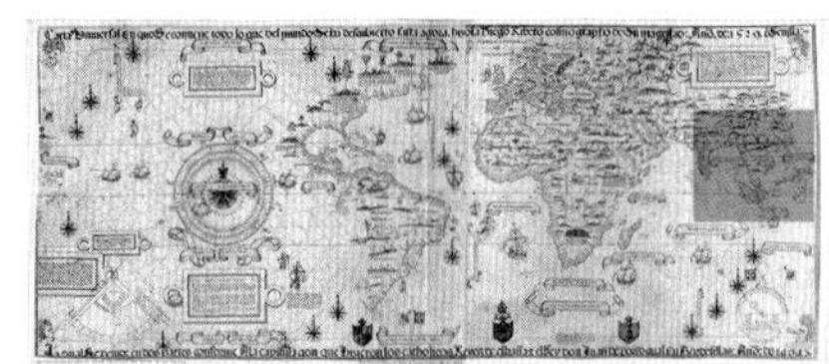

1529年西班牙與葡萄牙在薩拉戈薩（Zaragoza）締結條約，重新劃定各自的勢力範圍之際，里貝羅完成了這幅1529年版地圖的複製。由於受到1522年麥哲倫環球航行及1523～1524年西班牙占領南美洲瓜地馬拉、洪都拉斯、尼加拉瓜、薩爾瓦多等地的影響，里貝羅的地圖非常精確地描繪了中美洲和南美洲的海岸，加上戈米斯（Estêvão Gomes）1524年在北美洲東海岸的探險航行，本地圖顯示了整個美洲的東海岸，而且沿岸註記了密密麻麻的地名，一如歐、非、亞洲的海岸。而各大陸的內陸地區則大量描繪各種動物與植物，取代已往地圖上的人類與城堡，宛如一幅世界動物園與植物園的特色地圖。

至於美洲的西海岸，除了顯示從瓜地馬拉到厄瓜多爾的區域之外，仍是一片空白，但已根據麥哲倫的航程，估算太平洋的寬度，留出大片的海域，並在南北回歸線之間畫了一個大大的羅盤玫瑰（Compass Rose），外圍還加上了十二星座圖。當然里貝羅沒忘了畫出1520年繞經南美洲麥哲倫海峽航向亞洲的麥哲倫船隊。地圖的最西邊露出的小塊陸地上插了一枝西班牙旗幟，標明CHINA，或許是最早出現此一名稱的西洋地圖。

地圖的左下角還畫了航海測量儀器象限儀（quadrant），與地圖右下角的星盤（astrolabe）相呼應，以彰顯製圖者曾於1523年時被任命為皇家宇宙學家和「創造地圖、星盤和其他儀器的藝術大師」。

「皇家認證版地圖」的中線左側特別畫了一條托爾西利亞條約中訂出的「教皇子午線」，並在子午線下方的左右兩側分別畫了西班牙與葡萄牙的旗幟，宣示各自的殖民領域權。子午線以東的歐亞非大陸基本上都相對準確，但印度次大陸比實際小了些，中南半島與中國等東亞地區的形狀也與實際有落差，看不到完整的印尼群島與菲律賓群島。至於北回歸線上的臺灣，根據同在北回歸線上的汕頭港（Santow）相對位置來看，東方海面上找不到符合臺灣大小的島嶼，就像日本群島一樣，竟然隱沒在茫茫的太平洋中。

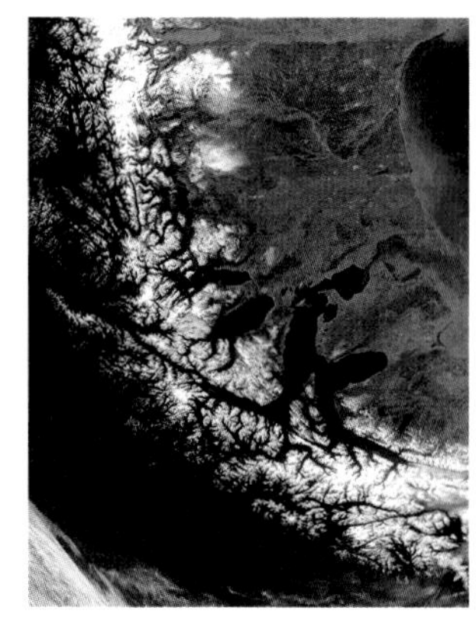
麥哲倫海峽衛星航照（NASA）

塞維亞的西印度皇家交易所

延伸閱讀 ▲西印度皇家交易所創建於1503年，一直運作到1790年，負責處理海外貿易的法律糾紛、移民許可、西班牙人在海外死亡的遺產與遺囑認證、收取所有殖民稅和關稅、批准所有的勘探和貿易航行、製作地圖和海圖、保管貿易路線和新發現的祕密檔案、核發船長執照等等。

理論上，沒有西印度皇家交易所的批准，西班牙人不可以在任何地方航行。然而，走私活動經常發生在西班牙帝國的廣大地區。所有貴金屬進入西班牙，徵收40%的關稅，每艘船都被要求僱用一名交易所人員來保管所有貨物和所有交易的詳細日誌。交易所還創辦航海學校，亞美利哥．維斯普奇等著名探險家都曾在此培訓新領航員。

延伸閱讀 ▼星盤（astrolabe）是一個精心設計的傾角羅盤（inclinometer），被天文學家和航海家用來測量天體在天空中的傾斜位置，以識別恆星或行星，確定當地的緯度與時間（反之亦然），也可以用來做三角測量。但在波濤洶湧的大海中，船舶的起伏甲板不太可靠，所以又發明了「水手星盤」來解決這個問題。

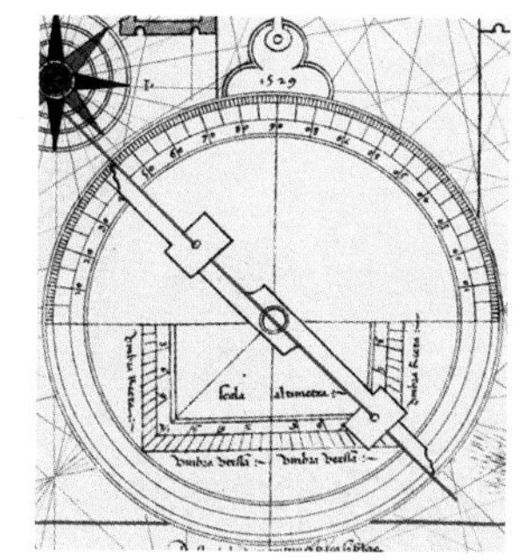

水手星盤

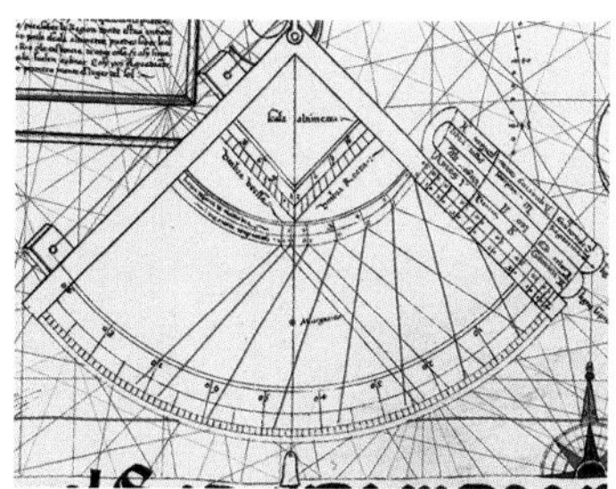

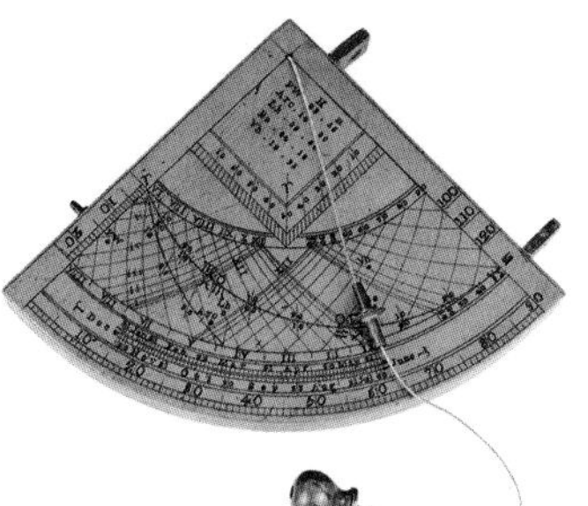

象限儀

延伸閱讀 ◀象限儀（quadrant）是由木材或黃銅製成的四分之一圓形面板，其中一個側邊上有兩個銅製的瞄準孔（target aperture sight），用來瞄準天上的恆星或行星，象限儀頂部的圓弧中心垂吊一條鉛錘線，可以標示讀取面板上刻劃的緯度與時間，也可用來計算建物或山頭的高度。

在7448座島嶼中尋尋覓覓

《亞洲與美洲新地圖》（*India Extrema XXIIII Nova Tabula & Novae Insulae XXVI Nova Tabula*）

塞巴斯蒂安．明斯特（Sebastian Münster），繪於1544～1545年，出自《世界誌》（*Cosmographia*）。

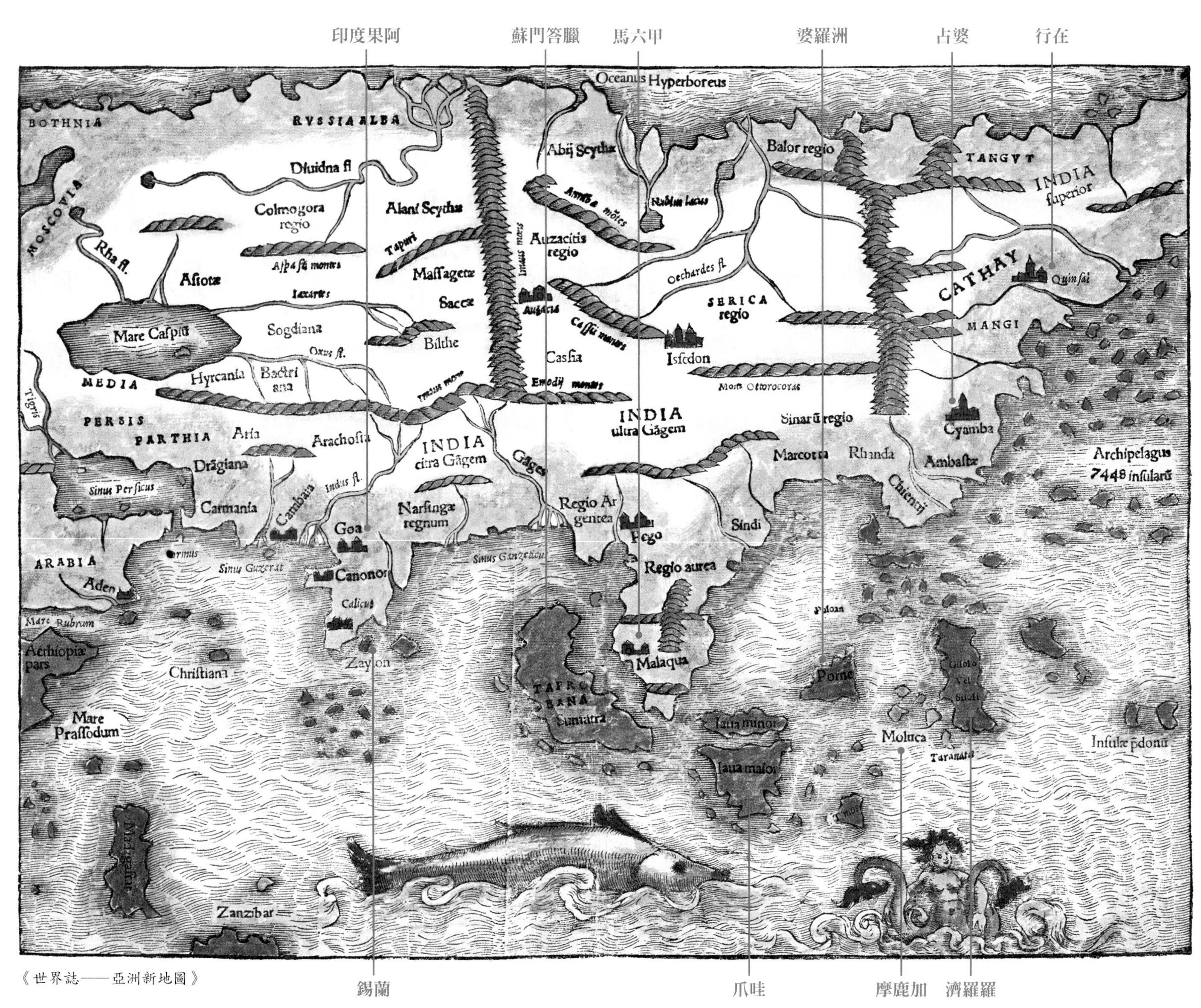

《世界誌——亞洲新地圖》

曾經擔任方濟各會（Franciscans）牧師、瑞士巴塞爾（Basel）大學校長的塞巴斯蒂安．明斯特（Sebastian Münster），雖然從未出海遠航，但涉獵範圍廣泛：希伯來文、神學、數學、地理學、天文學等等。眼見西班牙、葡萄牙、英國、法國等國陸續建立海外殖民地，國力強盛，反思德國卻遲遲未有進展，促使他想要強化德國人的世界觀，於是他先後前往法國、瑞士、義大利等地，收集更多關於當時世界的資料，並與一百二十多位學者和藝術家達成協議，收集來自世界各地的旅行記錄，以最佳的科學技術製作一般人都可理解的地理書籍與地圖。1536年，他先發行了歐洲地圖。1540年，出版了拉丁文版的托勒密《地理學指南》（*Geographia*），包含明斯特自己設計的48幅插圖。

塞巴斯蒂安．明斯特

德文版《世界誌》書名頁

打好基礎後，明斯特在1544年出版了他重要的著作《世界誌》（*Cosmographia*），共六冊，超過1200頁，包含62幅地圖和74幅城市景觀，是十六世紀最成功和最受歡迎的作品之一，在100年內發行了拉丁文、法文、義大利文、英文、捷克文共5種語文24個版本。序中提及他集結了一百二十多位學者與藝術家，花了大約二十年的時間編繪這套書，想要「描述整個世界的所有內容」，包括歷史、地理、天文、科學、民族學和民間傳說。在第一冊中，明斯特介紹了與地理學相關的物理、數學、天文等基本原理，例如使用指南針和三角測量法，其他五本書則是描述各國的地理、歷史和文化，本篇介紹兩幅與臺灣有關的亞洲與美洲地圖出自第五冊。

《世界誌》是第一本包含歐、亞、美、非四大洲各洲單幅地圖的著作，其中歐洲與非洲地圖不涉及臺灣，不作介紹。至於臺灣所在的亞洲在《世界誌》中的名稱為「大印度」（India Extrema），仍延續過去以印度為亞洲代表的思維模式，即使地圖中的印度已被縮得比過於誇大的蘇門答臘島（Sumatra-Taprobana）還小，仍以恆河邊印度（India citra Ganges）、恆河外印度（India ultra Ganges）與上印度（India Superior）等地名來標示大部分的東亞地區，甚至遠及東北亞。

蘇門答臘島下方有條大魚，正游向大小爪哇島（Java major & Java minor）與香料群島（Moluca）下方的美人魚怪。順著香料群島往上，除了婆羅洲（Porne）與濟羅羅島（Gilolo）之外，散布在中國南海與東海上的眾多無名小島，即為《馬可波羅遊記》中所說的7448個島嶼組成的群島，而就海岸邊兩座城市占婆（Cyamba越南中部古國）與行在（Quinsai中國杭州）的相對位置來看，兩者之間的蠻子國（Mangi）東邊海上的眾多小島中，應該有個就是臺灣，奇怪的是遍尋不著當時已廣為人知的東亞大島日本，原來是被誤移到美洲地圖上了。

本圖中的日本（Zipangri）連同7448個島嶼組成的群島如此鄰近北美洲，難怪會被畫進美洲地圖中。這幅美洲地圖的拉丁文原名是「新島嶼」（Novae Insulae），應是針對新發現的中美洲加勒比海群島及太平洋島嶼而言，實際上這是第一幅描繪完整的北美洲和南美洲相連的地圖，是繼歐亞非三大洲之後的新大陸，因此也有人以標註在南美洲上的《新世界》（*Die New Welt*）稱呼本地圖。

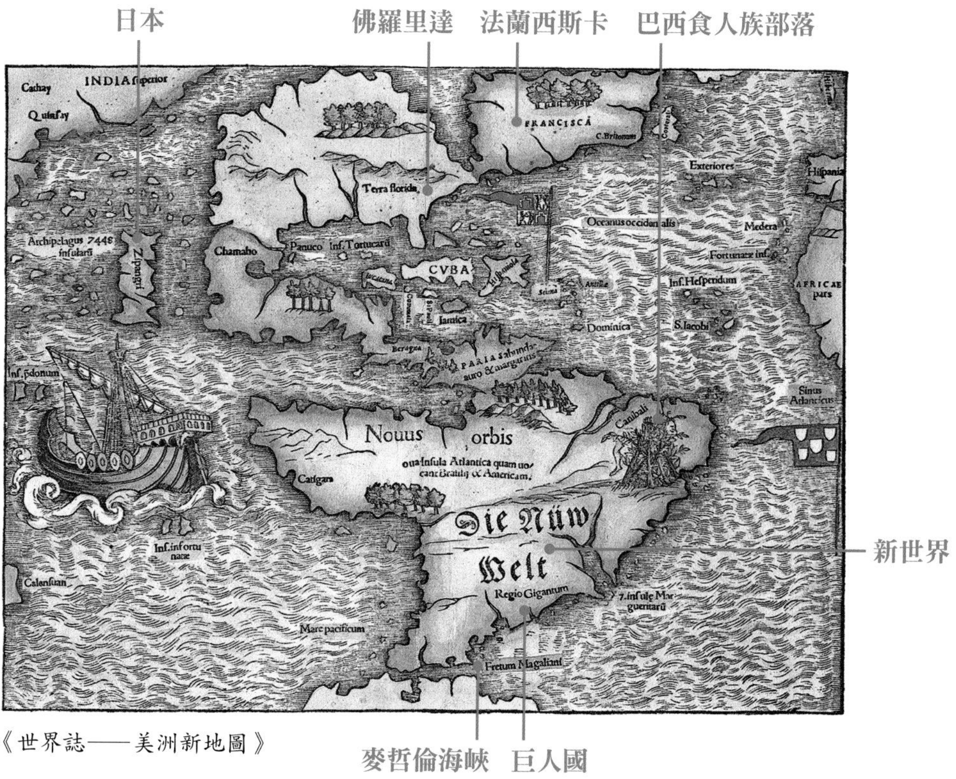

《世界誌——美洲新地圖》

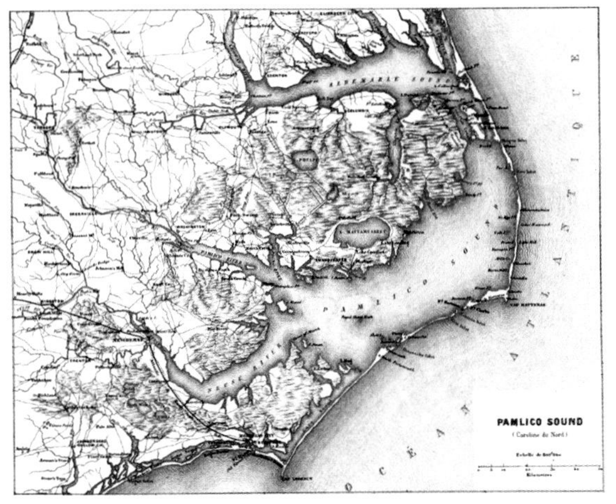

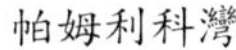
帕姆利科灣

《世界誌》中的海上與陸上怪獸。

《世界誌》中的奇民異族。

日本南方有一艘大船正航向亞洲，應是從南美洲南端的麥哲倫海峽（Fretum Magaliani）繞過來的，因為當時巴拿馬海峽尚未開通，而英法等國試圖尋找通往亞洲的西北航道始終未有所獲，包括奉法國國王法蘭西斯一世（Francis I）之託，前往北美洲尋找新航道的義大利探險家韋拉扎諾（Giovanni da Verrazzano），1524年發現了北美東岸的紐約港和納拉甘西特灣（Narragansett Bay），這時他誤認美國東海岸由沙洲與島礁圍成寬24～48公里、長130公里的最大潟湖帕姆利科灣（Pamlico Sound）為太平洋，並預想可以開通一條連接大西洋與太平洋的神話海峽。

韋拉扎諾將海峽北方的陸地命名為法蘭西斯卡（Francisca），視為法國殖民的勢力範圍，和海峽南方的西班牙領地佛羅里達（Terra Florida）區隔開來。韋拉扎諾立刻寫信給弗朗索瓦一世，表示他已找到太平洋通道。此一明顯的錯誤在之後相當長的一段時間被描繪在北美洲地圖上，使歐洲人對北美洲的認知產生了極大的訛誤。

至於南美洲，除了山脈和森林之外，唯一明顯的插畫就是巴西的食人族部落（Canibali），樹屋外懸掛的頭顱與人腿令人怵目驚心。連同南方巴塔哥尼亞（Patagonia）地區標註的「巨人國」（Regio Gigantum），都顯示《世界誌》所想呈現的民族學和民間傳說內涵，一如書中其他兩幅奇人異獸的插畫，吸引眾多好奇的眼光。

實際上，繪製本圖之前的1500年葡萄牙占領了巴西；1521年西班牙征服了墨西哥的阿茲特克（Aztec）帝國；1533年皮薩羅（Francisco Pizarro）滅掉了秘魯的印加（Inca）帝國；1538年希梅內茲

明初《抗倭圖卷》局部

巴塔哥尼亞的巨人國

延伸閱讀 ◀最早記錄巨人國的是麥哲倫探險隊的編年史作家安東尼奧·皮納菲塔（Antonio Pigafetta），他記錄1520年探險隊環球航行途中，到達南美洲的巴塔哥尼亞海岸，與當地人相遇，他們的身高可達正常人的兩倍以上，這些故事盤據在歐洲人的腦海中長達250年。

（Gonzalo Jiménez）侵占哥倫比亞。美洲這塊新大陸的「被發現」迎來的不是喜悅，而是殺戮。東亞海面上的臺灣島遲遲未被發現，未嘗不是一種幸運。

當然，東亞地區也不平靜。始於元朝的倭寇到了明朝嘉靖年間（1522～1566）更加猖狂，由於明朝實施嚴格的海禁政策，導致走私行商不成的南方百姓與商人鋌而走險，與日本海盜合流，淪為倭寇。嘉靖元年，給事中夏言奏倭禍起於市舶，遂革福建、浙江二市舶司，惟存廣東市舶司。化外之地的澎湖與臺灣進而獲得海盜與倭寇的青睞，被當成補給與遁匿的巢穴。

印加帝國馬丘比丘遺蹟（Photo by icelight from Boston, MA, US - Wikipedia CC-BY-SA-2.0）

延伸閱讀 ▲印加帝國是前哥倫布時期美洲最大的帝國，十一世紀時建立於南美洲的安地斯山脈上。1529年國王因感染西班牙人帶來的天花去世，兩位繼承人選為了爭奪王位，爆發血腥內戰。1533年，西班牙人皮薩羅誘殺贏得內戰的阿塔瓦爾帕（Atahualpa）之後，聯合數十萬名原住民盟軍擊敗印加軍隊，印加帝國滅亡，淪為西班牙的殖民地。

顛倒乾坤何處覓臺灣？

《瓦拉爾地圖集 —— 爪哇、東印度與部分亞洲》
（*The Vallard Atlas - La Java, East Indies, part of Asia*）

法國迪耶普地圖學校（École de cartographie de Dieppe），繪於1547年，
出自美國加州杭汀頓圖書館（Huntington Library）。

自從1511年葡萄牙人占領並控制馬六甲（Malacca）海峽，當成向東印度群島擴張的基地之後，東南亞的形貌逐漸浮現在歐洲人描繪的地圖上。本圖中央馬來半島的金色尾端處即為馬六甲海峽，耶穌會傳教士方濟各．沙勿略（San Francisco Javier，延伸閱讀p.105）曾於本圖繪製期間的1545、1546和1549年在馬六甲停留數月。

馬六甲海峽西岸的蘇門答臘島（Samadra）南端（本地圖採用穆斯林製圖師習慣的南上北下方位，在歐洲的地圖繪製史上相當罕見）對岸繪有一大片陸地，標註la Jave，指的應該是爪哇島，但由於和其他迪耶普地圖學校繪製的地圖一樣，將其繪成一大片陸地，因此曾有學者認為是澳洲，但未獲學界的認同。

十六世紀時，濱臨英吉利海峽的法國港口迪耶普曾設立法國最先進的地圖學校，1540～1560年代繪製了一系列世界地圖，大多由皇室或富人委託繪製，包括法國亨利二世和英格蘭亨利八世。迪耶普地圖多有華麗的邊框，圖上的文字多為法文或葡萄牙文，因此有人認為迪耶普地圖取材自葡萄牙文資料，儘管葡萄牙官方訂有保密條款，但就像1502年的《坎迪諾世界地圖》（參見p.74）從葡萄牙被偷帶到義大利一樣，葡萄牙人受賄賣圖是有前例可循的。

大多數的迪耶普世界地圖還有一個共同特徵，就是圖中都有羅盤玫瑰和航行方位線（rhumb line恒向線），表明具有波特蘭海圖的功用，然而它們常被視為藝術品。迪耶普地圖雖可利用星盤或象限儀觀測的結果來標示緯度，畫出紅色的赤道與南北回歸線，但在1569年麥卡托（Mercator）發明正軸等角圓柱投影法（延伸閱讀p.105）之前，東西向的經度只能以航程距離來代替。

迪耶普（Photo by Ennepetaler86 CC BY-SA 3.0）

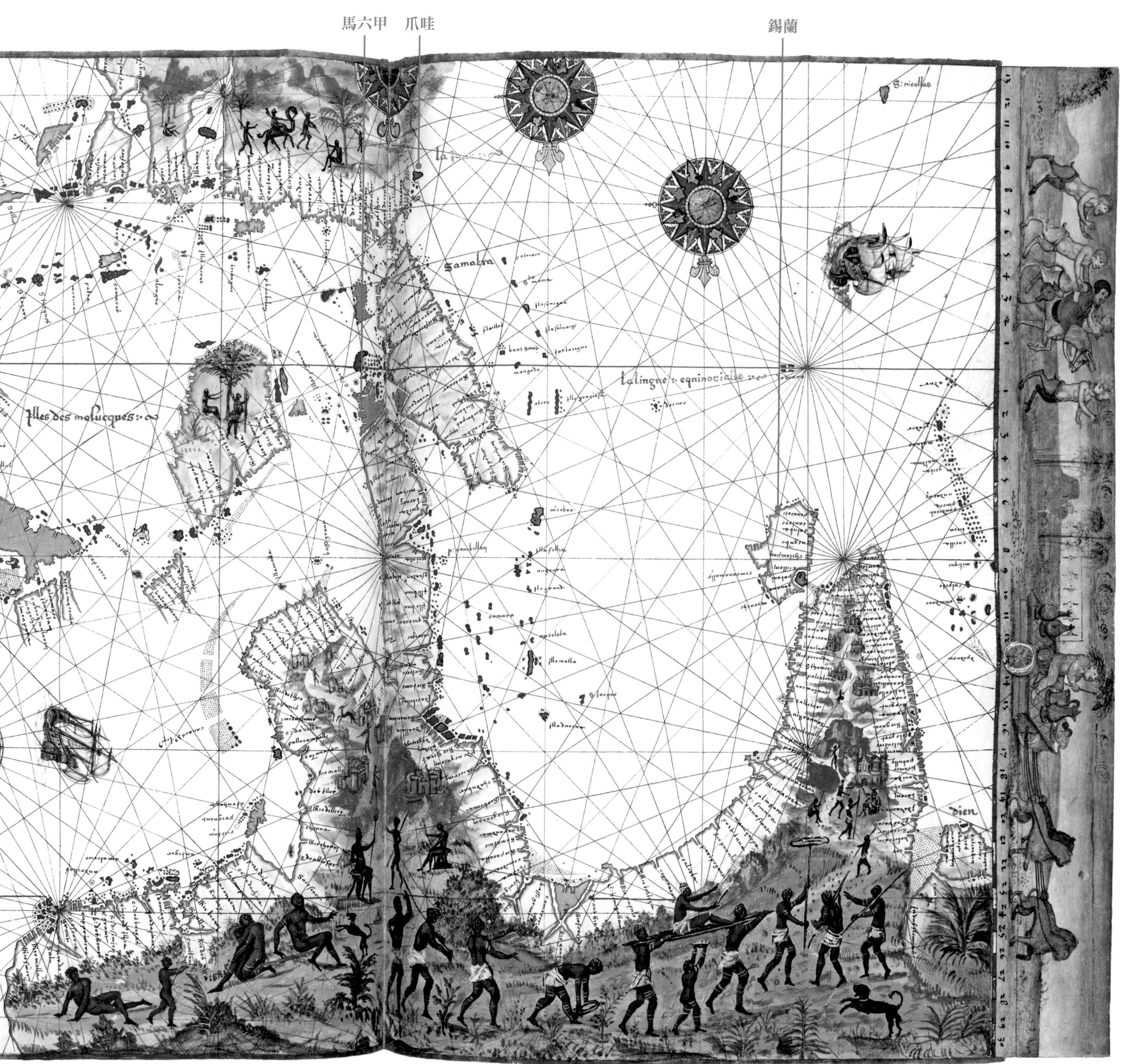
馬六甲
爪哇
錫蘭
Samatra

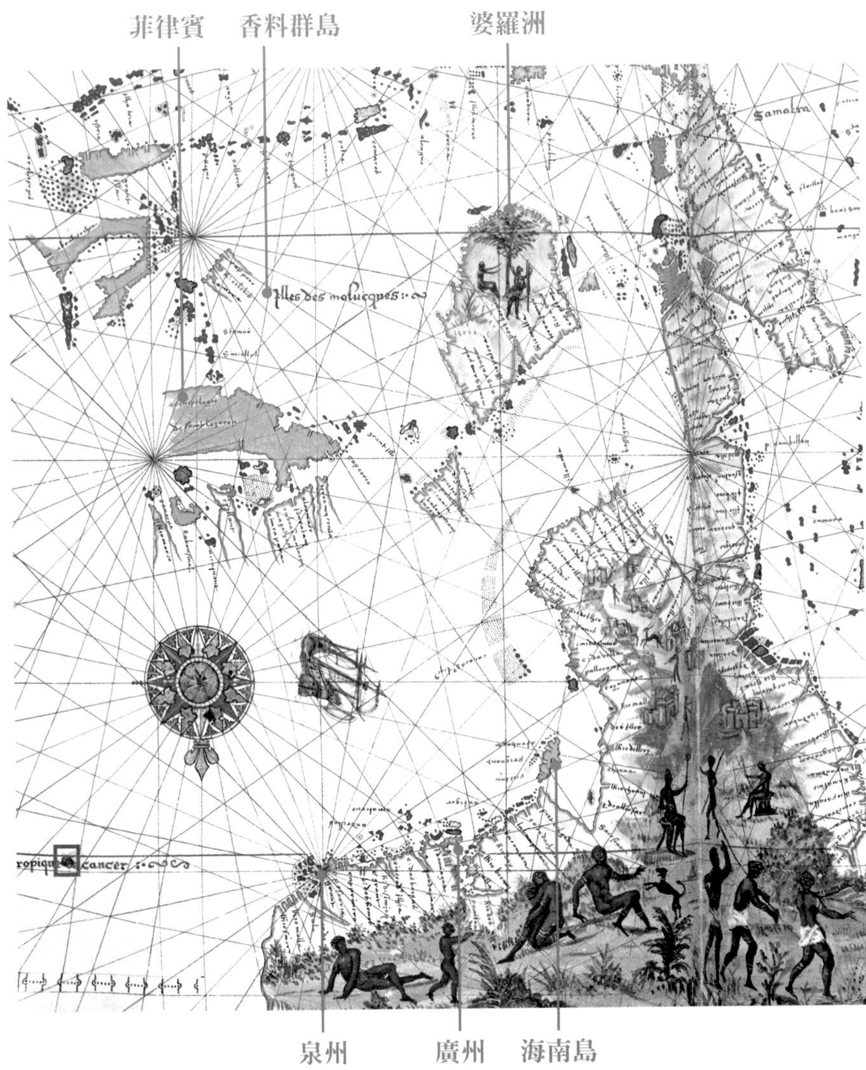

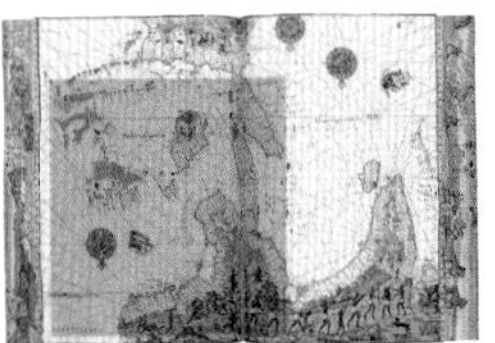

這本《瓦拉爾地圖集》共68頁，包含15幅37×48公分的海圖及相關的海事資料。法國航海家和製圖師瓦拉爾（Nicholas Vallard）是第一位擁有者，後人便以他的名字來命名。雖然《瓦拉爾地圖集》由法國迪耶普地圖學校繪製，但具有明顯的葡萄牙風格。就像《米勒地圖集》（參見p.86）一樣有神話般的插圖、十六世紀殖民場景及當地人的日常生活，有可能是由葡萄牙製圖師或葡萄牙插畫家在迪耶普繪製。

另一個表明《瓦拉爾地圖集》受葡萄牙製圖影響的特徵是，標註的地名全都與航海緊密相關，幾乎沒有內陸地區的地名，即使相對靠近海岸的城市如倫敦或巴黎等大都市也沒有標示出來。然而，這種忠實複製海圖的頑固傾向具有意想不到的好處，即確保大陸內部的廣闊空間畫滿了使這本地圖集成為藝術傑作的插畫。也因為如此，它的欣賞價值往往超越了它的歷史文獻價值。

這幅《爪哇、東印度與部分亞洲》西起阿拉伯海，東至南中國海，涵蓋印度次大陸、中南半島、印尼群島、菲律賓群島及中國南部，各陸地沿岸註記了滿滿的地名，內陸則畫了城堡、國王與原住民。南方的印度洋上有一艘正揚帆航向印度的大船，應該是從大西洋繞經好望角過來的，航抵印度口岸裝卸貨物和補給後，將繼續航向香料群島。

船隻穿過馬六甲海峽，往東航行，便看見一座大島，就相對位置而言，應是婆羅洲（Borneo），島上除了兩位原住民之外，還特別畫了一棵樹，象徵茂密的森林。東邊的海面上標註Illes des Molucques即為盛產香料的摩鹿加群島，上方不完整的金色大島為菲律賓。這時大船已離開菲律賓，正航向中國南方港口。紅色北回歸線附近的福建泉州港與廣東廣州港，從宋朝到本地圖繪製的明朝嘉靖年間都是中國的第一、第二大港，是海上絲路的出發港口，貿易商業非常興盛。

然而嘉靖中葉，朝政腐敗，邊防鬆弛，富商與倭寇勾結走私。浙閩提督朱紈派兵於福建詔安捕獲與倭寇、佛郎機（即西班牙）勾結的豪紳、奸商等九十六人，又於漳州擊敗倭寇及佛郎機人。朱紈上奏曰：「去外國盜易，去中國盜難。去中國瀕海之盜猶易，去中國衣冠之盜尤難。」因此得罪了「閩浙大姓」，在朝閩浙官吏競相攻訐朱紈，朱紈憤而自盡。此後守備盡撤，海防益弛，倭寇剽掠無阻，荼毒東南者十餘年。海上聞警，民則驚走一空，終嘉靖之世，遂無寧歲。與福建隔海相望的臺灣，在此動盪時局中，能否置身事外呢？

廣東西南部的雷州半島南方有座金色島嶼，是中國沿岸的第二大島——海南島。至於第一大島臺灣在哪裡？沿著北回歸線往東搜尋，僅見葡萄牙文Trópique de Câncer（北回歸線）字間有一咖啡色島狀物，就地理位置來看，雖然距離中國東南海岸稍遠了一些，但應該就是幾年後被葡萄牙水手讚美為福爾摩沙的臺灣，不過與實際大小形貌相去甚遠，只能視為繪者的無心筆誤。

耶穌會傳教士沙勿略

▲1540年，教宗保祿三世（Paulus III）批准成立耶穌會，沙勿略受命成為耶穌會的首批傳教士。1541年沙勿略沿著葡萄牙人開闢的東方航海路線前往印度，1542年抵達印度果阿（Goa），在印度德干半島東南沿海的漁村給成千上萬人施洗。1545年抵達馬六甲，隔年前往摩鹿加群島傳教，1547年又回到馬六甲。1549年在日本朋友彌次郎的引介下，攜同兩位耶穌會士抵達彌次郎的家鄉九州鹿兒島，成為第一位踏上日本國土的天主教傳教士。

▼西元六世紀時，印度僧人拘那羅陀兩度來到泉州翻譯《金剛經》。中唐以後，陸上絲路遭到阻斷，泉州港成為海上絲路的起點之一，出現「市井十州人」的盛況。五代後期，泉州擴大城市範圍，增闢道路和建置貨棧，以適應海外貿易發展的需要。兩宋時期，泉州港被譽為世界最大貿易港，與埃及亞歷山卓港齊名，與七十餘個國家和地區往來。南宋中期，泉州超越臨安府，成為世界最大城市。到了元代，泉州與海外貿易往來的國家已近百個。但元代中葉之後，泉州連年戰亂，加上明代海禁，限制泉州港只通琉球，對外貿易大幅萎縮。到了清代，受到戰爭、海禁和遷界的影響，泉州的社會經濟遭到嚴重破壞，淪為地方性港口。

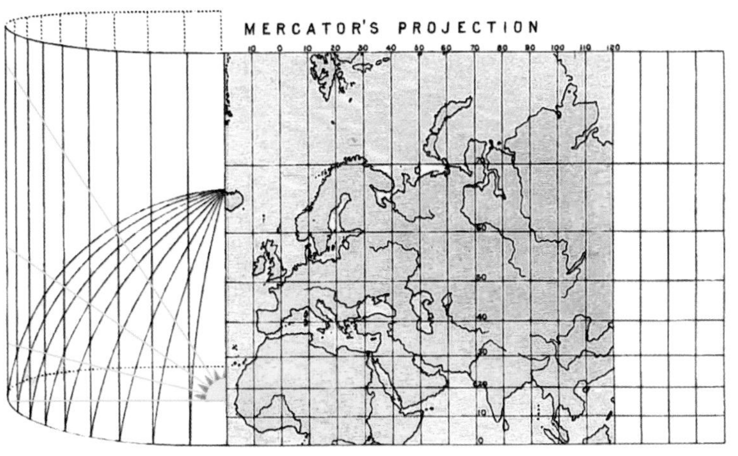

麥卡托正軸等角圓柱投影法

▲以地球中心光源將陸地影像投射在圓柱上的麥卡托投影法所繪製的地圖，經緯線均垂直相交。這種投影可以保持陸地投影後的角度和輪廓不變（即等角），由於可顯示任兩點間的正確方位，航海用的海圖、航路圖大多以此方式繪製。但緯度越高，投影面積放大的比例也越高，極點的面積放大比例甚至達到無窮大。

十五世紀畫家根據《馬可波羅遊記》描繪的古代泉州（刺桐）。

太陽神特別眷顧東方島嶼？

《五瓣型世界地圖》（*World in five gores*）

法蘭西斯可．基索菲（Francesco Ghisolfi），繪於1550～1560年，
出自杭汀頓圖書館（Huntington Library）。

熱那亞製圖家基索菲（Francesco Ghisolfi）在1550～1560年間繪製了一本賞心悅目的波特蘭（portolan）海圖集，每幅地圖都飾有金色的刺葉薊（Acanthus）圖案邊框，再以陸地的金色海岸與天藍色的海水，形塑出一幅幅浪漫的地圖。其中一幅將全球分成五個紡錘狀區塊，最為繽紛多彩，除了金色邊框外，上下再各描繪兩排圖畫，包括黃道十二宮（Astrological sign）、古典四元素（Classical 4 elements）和羅馬神話人物。

刺葉薊（延伸閱讀p. 109）

黃道十二宮從地圖左上角的白羊座（三月的春分）開始，依序是金牛座、雙子座、巨蟹座、獅子座、室女座，接著順時針方向到地圖右下角的天秤座（九月的秋分）、天蠍座、人馬座、摩羯座、寶瓶座，最後以雙魚座（二月的雨水）結束。地圖以6月和12月的歐洲為中央區，西側的美洲赤道與黃道交會於三月的春分點，東側的亞洲赤道與黃道交會於九月的秋分點。

這種將太陽在天球黃道上運行的「時間」與地圖呈現的「空間」結合的製圖方式，常見於歐洲的古代地圖。早期歐洲的製圖家也常被稱為Cosmography（宇宙學家），源自於地圖（尤其是海圖）的繪製常需要利用天體的方位、高度、角度來定位，因此對於天體運行需有相當的研究，有些製圖家也繪製由北半球和南半球所觀測的天體星圖。

威特（Frederick de Wit）1670年所繪的星圖。

至於地圖四個角落的火（ignis）、水（aqua）、風（aer）、土（terra）古典四元素（延伸閱讀p. 109），主要是呼應古希臘哲學家主張萬物由這四種永恆存在的元素所組成。而穿插在紡錘區塊間的羅馬神話人物有太陽神索爾（Sol）、戰神瑪爾斯（Mars）、眾神之王朱比特（Iupiter）、農業之神薩圖爾努斯（Saturnus）、月亮女神露娜（Luna）、眾神信使墨丘利（Mercurius）與愛神維納斯（Venus），除了裝飾空白處之外，也表達世界在眾神監管與保護之下。

上述以星座及神話圖像來裝飾邊框、四個角落或區塊空白處的製圖風格，大量出現在十六世紀之後的古地圖中，讓地圖繪製除了實用的導航功能之外，也

亞馬遜河

尼羅河

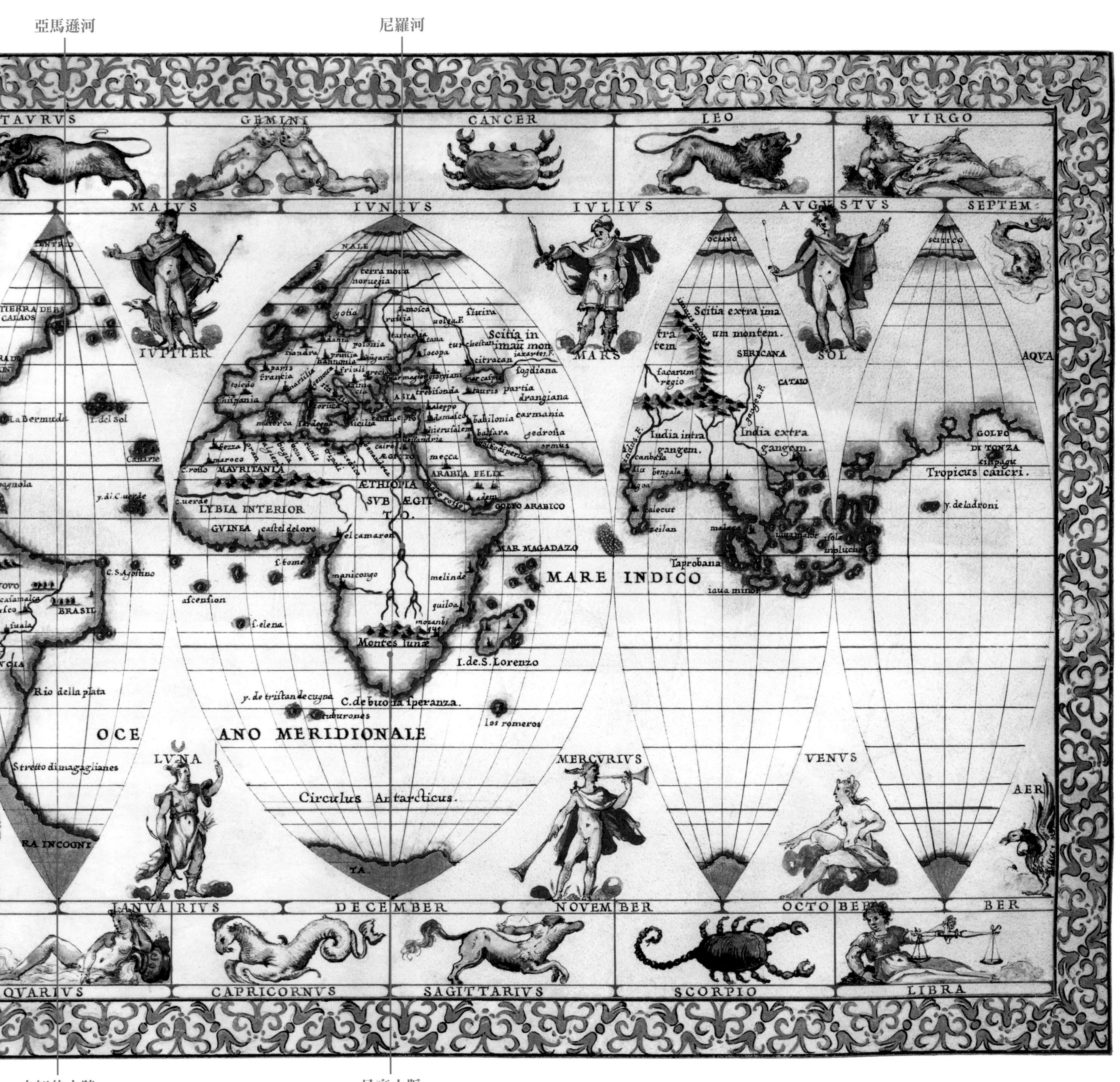

未知的大陸

月亮山脈

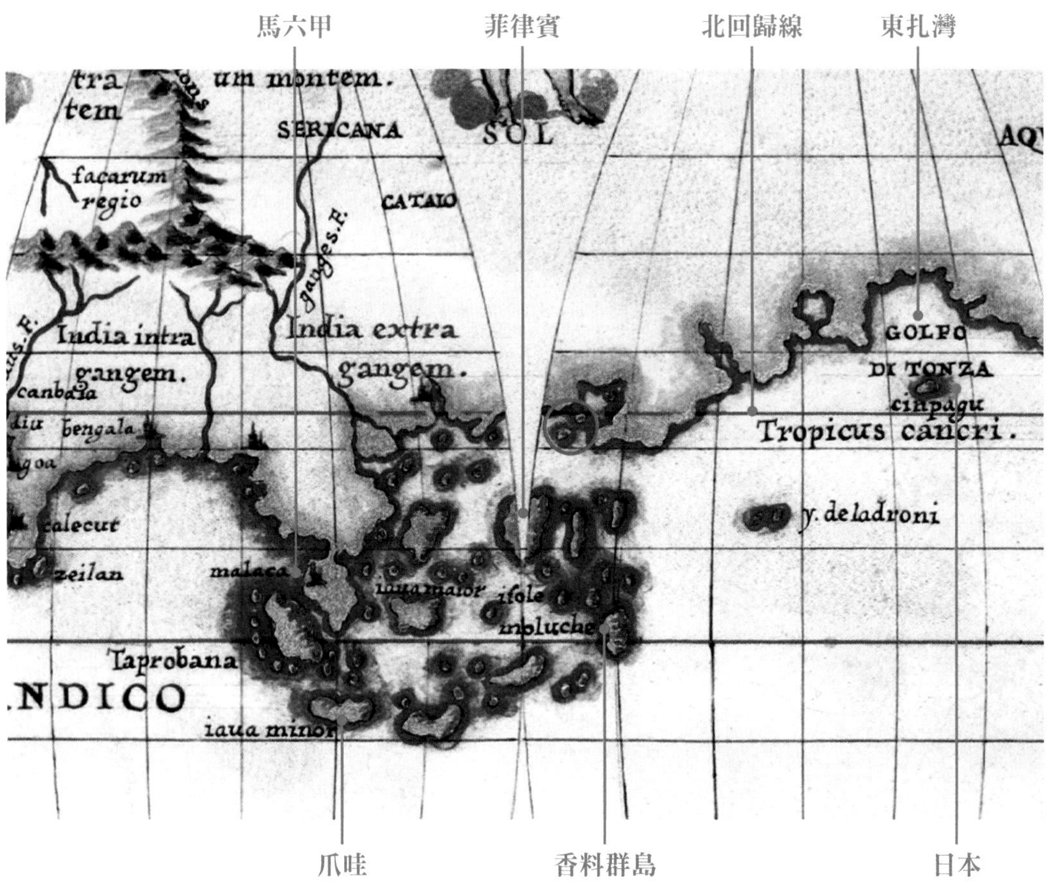

更加具有欣賞的美學功能。

本地圖中央最大的紡錘區塊為歐洲製圖者最熟悉的歐洲和非洲，陸地輪廓較為正確，非洲大陸上更明顯繪出世界第一長河尼羅河以及源頭的月亮山脈（Montes Lunae）。左方的兩個紡錘區塊為新發現的美洲大陸，已有大致輪廓，並且描繪出世界第二長河亞馬遜河，而南美洲南端下方的金色大陸標註拉丁文Terra Incognita（未知的大陸），若依相對地理位置來看，較有可能是南極洲，但目前尚無證據顯示在十九世紀之前有人類發現南極洲。早期的歐洲製圖者原本將這塊「未知的大陸」畫在非洲南部，自從達伽馬繞過非洲南端的好望角，並未發現「未知的大陸」之後，有些製圖者便將它改畫到新發現的南美洲南端。之所以如此鍥而不捨，全都是因為西元一世紀時，托勒密主張地球是有對稱性的。從那時起，人們就相信在遙遠的南方有一片「未知的大陸」存在，以平衡北方歐洲、亞洲和非洲北部等北方大陸。

右方的兩個紡錘區塊則為逐漸褪去神祕面紗的亞洲大陸，但是中南半島以東的遠東地區，依舊是大片空白，既無山川形貌，也幾乎沒有註記什麼地名，唯有香料群島周邊的南中國海區域較精采熱鬧。

至於香料群島上方的北回歸線穿越中國南方海岸邊的一座無名小島，照理說應該就是臺灣，但與中國海岸的相對位置不太正確，而且右上方的日本島（Cinpagu）也被大幅右移到北太平洋中央的東扎灣（Golfo di Tonza），靠近北美洲。當時尚未發現白令海峽（Bering Strait），東北亞的陸地似乎與北美洲相連，即使羅馬神話中的太陽神現身東方，仍然無法為歐洲人撥開東亞的迷霧。

本地圖繪製期間的1553年，海盜首領王直「糾島倭及漳、泉海盜，巨艦百艘，蔽海而來，浙東西、江南北、濱海數千里同時告警。」是嘉靖年間最大規模的倭寇來犯，史書稱為「壬子之變」。此後兩年間，以王直等人為首的倭寇集團，對浙江、南直隸、廣東、福建和山東等沿海地區甚至內地肆行劫掠，官軍連連慘敗，整個東南沿海地區處於水深火熱之中，幾乎動搖了明朝的半壁江山。而早在洪武年間便遭廢除巡檢司的澎湖，1554年時淪為漳州海寇陳老的根據地，不時侵擾閩粵沿海。

尼羅河

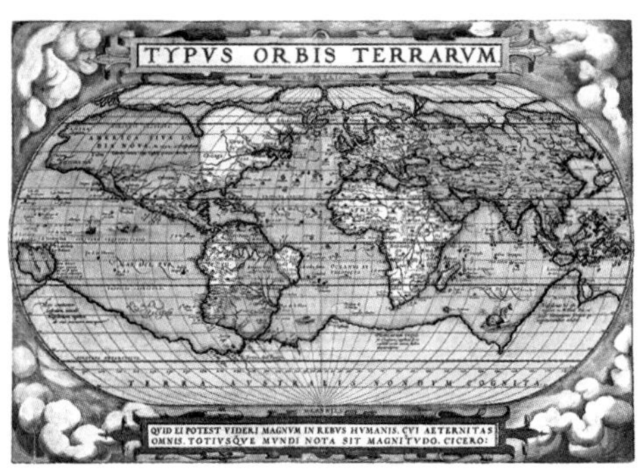

1570年《寰宇概觀》中的「未知的南方大陸」

科林斯式柱頭上的刺葉薊紋飾（Siren-Com CC-BY-3.0）

延伸閱讀 ◀在希臘神話中，艾肯瑟（Acantha）是位仙女，阿波羅（太陽神）想一親芳澤，卻被她拒絕並抓傷了他的臉。阿波羅為了報復，把她變成一株帶刺的刺葉薊，喜歡陽光，古羅馬雕塑中常用這植物作為裝飾。

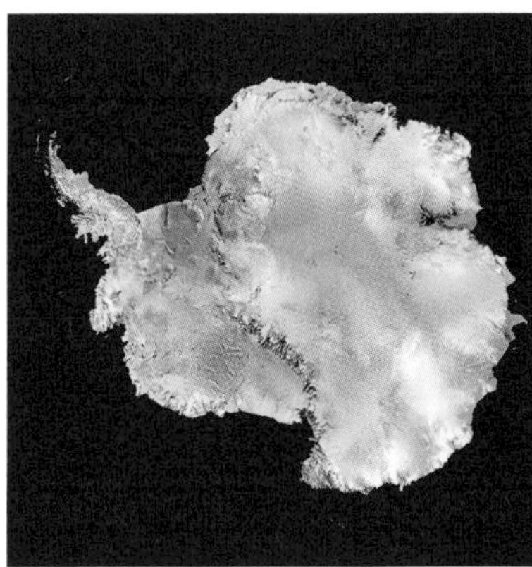

南極洲衛星空拍圖（NASA）

延伸閱讀 ◀南極洲是世界第五大洲，面積約1400萬平方公里，是大洋洲的兩倍。除了南極半島最北端的部分區域之外，全洲約98%的地方都被平均厚1.9公里的冰層覆蓋著，年平均氣溫-25℃，最低可達-89.2℃。南極洲沒有永久居民，但每年居住在這裡的科研人員有一千至五千人，截至2016年，南極洲已建有135座常設科學考察站。儘管很久之前就有「未知的南方大陸」（Terra Australis）的傳說與推測，但直至1820年，才被俄羅斯探險家貝林斯豪森（Fabian Gottlieb von Bellingshausen）發現。南極洲現在由南極條約體系的成員國共同管理，禁止在南極洲進行軍事活動、核爆試驗及處理放射物。

恩培多克勒

延伸閱讀 ◀早期的古希臘哲學家多以單一元素作為萬物的本質，直到大約西元前450年，恩培多克勒（Empedocles）才首次建立四元素並存的哲學體系，他在《論自然》中主張萬物由四種永恆存在的物質元素土、氣、水、火組成，由另外兩種抽象元素愛和恨使它們連結或分離。

延伸閱讀 ▶白令海峽位於太平洋最北部，介於亞洲的堪察加（Chukchi）半島與北美洲的阿拉斯加（Alaska）半島之間，寬約35～86公里，深約30～50公尺。南邊是白令海，北邊是北冰洋。在最近一次的冰河時期，海平面下降，人類和其他動物可以徒步經過白令海峽，由亞洲遷移到北美洲。很多學者相信，這條「白令陸橋」就是人類首次進入美洲的通道。1741年，丹麥探險家白令（Vitus Bering）率先發現白令海。

白令海峽（NASA）

第一次的美麗錯誤

《球體投影航海圖》（*Planisfério nautico*）

羅伯・歐蒙（Lopo Homem），繪於1554年，出自伽利略博物館（Museo Galileo）。

西元1519年時的里斯本是大航海時代最輝煌的城市，而二十出頭的羅伯・歐蒙（Lopo Homem）已是里斯本最傑出的海圖繪製專家，他曾奉葡萄牙國王曼努埃爾一世（Manuel I）之命，繪製《米勒地圖集》（*Miller Atlas*）當成禮物，送給法國國王法蘭西斯一世，足見其功力非凡。

兩年後的1521年，為西班牙效命的麥哲倫船隊完成環球航行，在太平洋海域的摩鹿加（Maluku）群島接觸到葡萄牙的勢力範圍，然而1494年簽訂的托爾德西里亞斯（Tordesillas）條約，沒料到地球是圓的，僅在大西洋上畫定兩國的勢力範圍界線。

因此1524年，羅伯以技術顧問的身分，參加葡萄牙與西班牙官方的談判。幾經折衝，兩國於1529年又簽訂了薩拉戈薩（Saragossa）條約，以通過摩鹿加群島東方的子午線為界，如此一來，兩國就這樣各自瓜分了半個地球。

1554年，年過半百的羅伯根據最新的航海記錄，繪製了這幅世界全圖，由八張羊皮紙拼成，149 × 230公分，是現存十六世紀古地圖中少數畫出薩拉戈薩條約分界線的地圖。該線畫在摩鹿加群島以東1,763公里（952海里）處。根據該條約，葡萄牙控制了該線以西的所有陸地和海洋，包括迄今為止「發現」的所有亞洲及其鄰近島嶼，而西班牙則擁有太平洋的大部分。依照托爾德西里亞斯條約與薩拉戈薩條約劃定的兩條分界線，葡萄牙獲得的領域大約是地球周長的191°，而西班牙的領域大約是169°。

雖然條約中沒有提到菲律賓，但西班牙暗中放棄了對它的任何要求，因為它位於該線以西。然而，1565年時，西班牙國王菲利普二世在馬尼拉建立了最初的西班牙貿易站，正如先前所預料的，因為菲律賓群島上沒有香料，葡萄牙人似乎睜一隻眼、閉一隻眼，並未表示反對。本圖中的菲律賓群島也只畫了一半，並未畫出馬尼拉所在的呂宋島。

身為葡萄牙皇家製圖師，羅伯雖曾在1519年奉命繪製隱藏政治目的《米勒地圖集》，無視於當時已有的諸多地理新發現，故意將東亞地區描繪得諱莫如

十六世紀時的里斯本

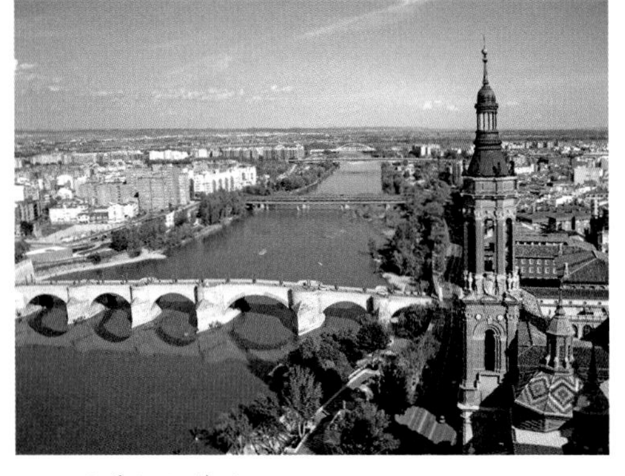
西班牙薩拉戈薩城（Photo by Владимир Шеляпин CC0-1.0）

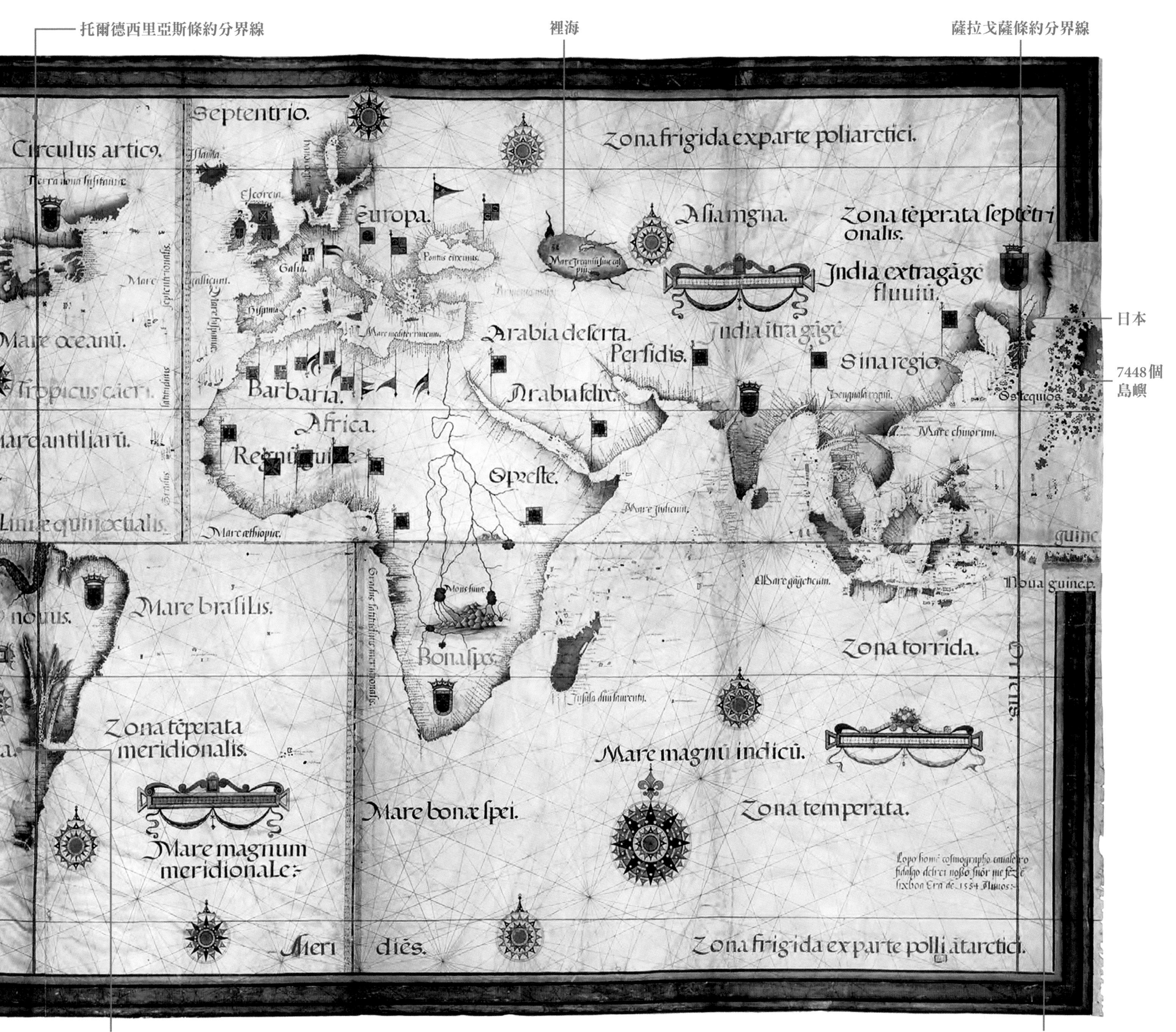
托爾德西里亞斯條約分界線
裡海
薩拉戈薩條約分界線
日本
7448個
島嶼
阿根廷
新幾內亞
Septentrio.
Circulus artic9.
Zona frigida exparte poliarctici.
Europa.
Asia mgna.
Zona tẽperata septẽtri
onalis.
India extragãgẽ
fluuiũ.
Mare oceanũ.
Arabia deserta.
India ĩtra gãgẽ
Persidis.
Sina regio.
Barbaria.
Africa.
Arabia felix.
Tropicus cācri.
mare antiliarũ.
Mare chinorum.
Zona torrida.
Mare brasilis.
Mare magnũ indicũ.
Zona tẽperata
meridionalis.
Mare bonæ spei.
Zona temperata.
Mare magnum
meridionale.
Meri dies.
Zona frigida ex parte polli ãtarctici.

深，嚇阻其他覬覦者（主要是西班牙）進入東亞來瓜分葡萄牙的既得利益。但25年之後繪製此圖時，羅伯回歸專業面，甚至寫信給葡萄牙國王，抱怨由皇家首席宇宙誌學者努涅斯（Pedro Nunes）制定的官方製圖新標準，利用日蝕與月蝕來確定經度，導致從里斯本到印度及摩鹿加群島的圖面距離比實際距離大得多。而且新標準已經不再遵守圖中所示方向與船上導航員測量的方向之間的協議，這對於航行安全絕對是一個嚴重的分歧，遠遠超過距離誤差。

葡萄牙皇家首席宇宙誌學者努涅斯

由此可知羅伯是位重視實地觀測勝於學術理論的製圖家，因此對於未知的地區或競爭對手西班牙未提供足夠的新發現資料者，寧願空白也不妄加想像補全，例如托爾德西里亞斯條約劃歸西班牙的南美洲西南部，以及尚未完全探勘的婆羅洲、爪哇島與菲律賓群島等。較令人不解的是，本圖右側靠近邊框處，日本被畫成半島形狀，似乎與朝鮮半島相混淆，而其東側海面竟然又畫了類似明斯特《亞洲與美洲新地圖》（參見p. 98）中的7448個島嶼，包括另一個大島日本，顯然也是採信《馬可波羅遊記》的說法。

半島狀的日本往南延伸出一排弧形列島，標註Os lequios，意指「屬於琉球海域」，由北而南依次為：Ilhas Bravas（布拉瓦島）、J. de Santa Maria（聖馬利亞島）、J. do Fogo（火山島）、Lequios（琉球）、Ilhas dos Lequios（琉球群島）、I. dos reis Magos（宮古島），最南端則是I. Fremosa（紅圈標示處），緊鄰北回歸線之上。曹永和先生推斷Fremosa應該是Fermosa或Formosa（美麗之島）的誤寫，認為這是臺灣島名首次出現於歐洲地圖上。

其實早在1513年，葡萄牙船隻便開始出現在中國沿岸，1553年時藉口晾晒貢品，獲准登陸澳門，進而取得澳門居住權。從此之後，葡萄牙船隻陸續從澳門經過臺灣海峽前往日本，途中必定會看到並記錄下臺灣這座美麗的島嶼，羅伯參考了這些航海紀錄而標誌在地圖上。不久後，承襲父業的迪歐戈．歐蒙（Diogo Homem）因謀殺罪而流亡英國，1558年奉英國女王瑪麗一世（Mary I）之命編繪的《瑪麗女王地圖集》（*The Queen Mary Atlas*）中，將父親筆誤的Fremosa改正為Fermosa。

與Formosa島同一緯度的福建海灣右側標註了一段文字：Lailo omde se fez aveniaga（料羅，在此進行交易），指的就是金門島東南部面向臺灣海峽的料羅灣。至於葡萄牙人在本圖繪製前一年獲准登陸晾晒貢品的澳門，則位於北回歸線與中國南部海岸相交的珠江口。

臺灣第一次掛名「福爾摩沙」登上國際舞臺，雖然未施脂粉，名稱與方位也略有誤差，但無損葡萄牙水手們的讚美之意。四處曲折的海灣展現了不甘平凡的美麗身影，也隱約透露出當時寬大的河口曾讓航經臺灣的船員們印象深刻，進而演變成雙島甚至三島的福爾摩沙，讓美麗的錯誤在古地圖上轉述了近百年。

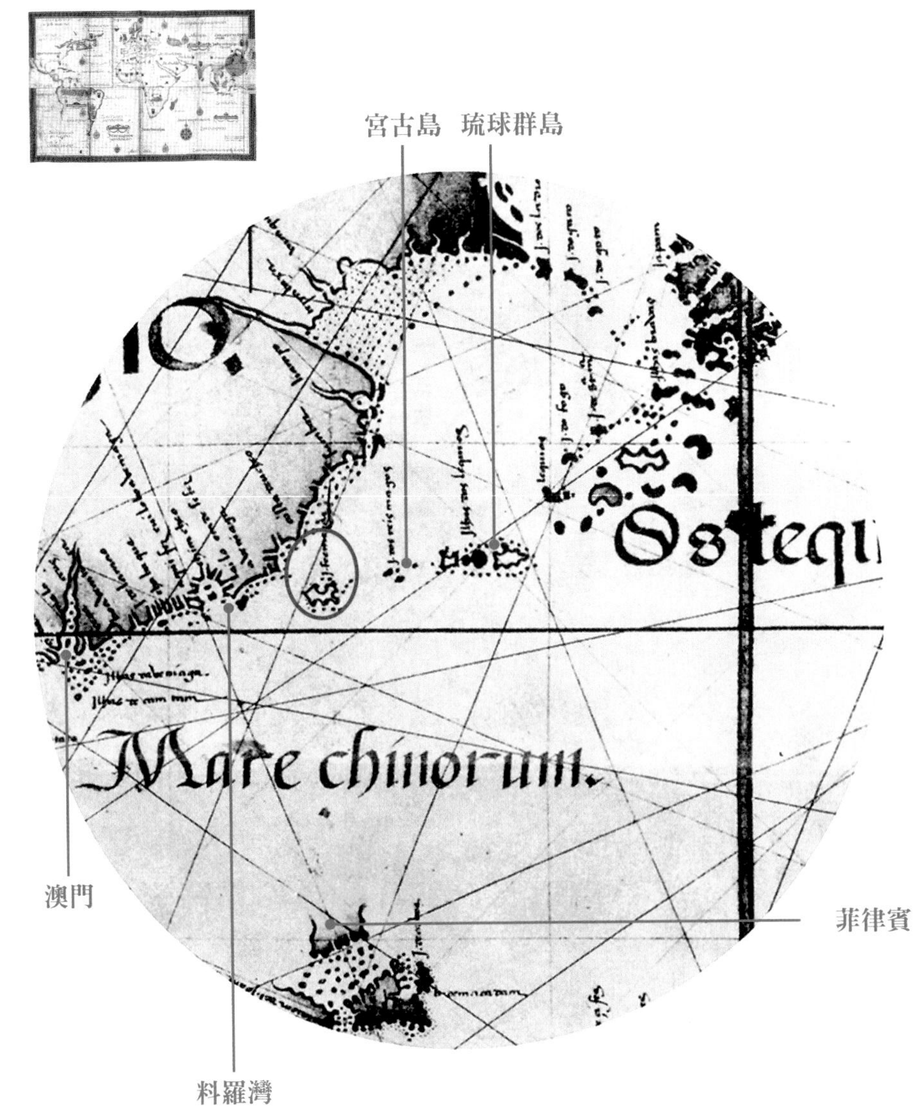

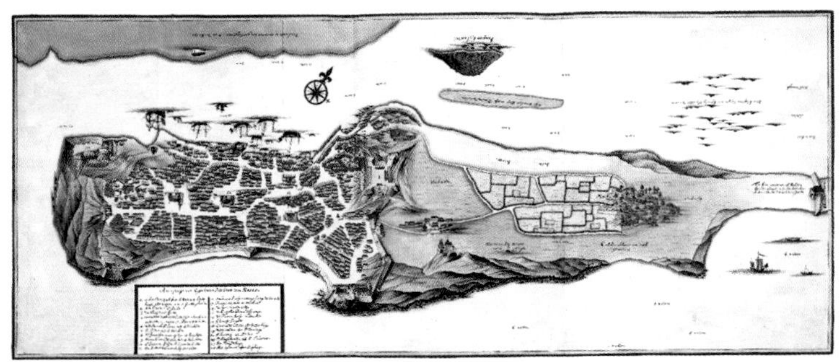

澳門古地圖

▲1553年，葡萄牙人以「借地晾晒水浸貨物」為藉口，賄賂明朝官員，獲准在澳門半島暫時居住。後來葡萄牙人除了向廣東市舶司繳納船税外，為鞏固其在澳門的地位，每年賄賂廣東海道副使五百兩白銀。1571年，在廣州交易會上，葡萄牙人按慣例賄賂海道副使500兩白銀時，因有廣東布政使在場，海道副使只好説那是付給朝廷的「地租銀」，交由布政使上繳國庫，葡萄牙因而名正言順地租借了澳門。1623年，葡萄牙政府派任了首任澳門總督。在其後的幾百年內，澳門一直是世界各國與中國交流的根據地。

1593～1600年，葡萄牙商船航抵日本長崎。

▲1550年葡萄牙船隻就曾航抵日本平戶，到了1557年葡萄牙獲得澳門的使用權後，便以澳門為據點，進行中日葡三國貿易。這時日本商人正苦於明朝的海禁政策，無法直接與中國通商，因此很樂意與葡萄牙商船進行貿易。1561年葡萄牙船員在平戶港遭到殺害，於是葡萄牙人另覓長崎作為貿易據點。1570年日本藩主開放長崎為對外貿易港。

▼1543年三名葡萄牙人隨中國船漂流至種子島，因而引入了火繩槍。事實上早在270年前火藥由中國傳入後，日本人便開始使用原始的火藥槍。但葡萄牙火繩槍較輕且有火繩式槍機，較易瞄準。織田信長的軍隊廣泛使用火繩槍，因而贏得長篠之戰。十六世紀末時，火繩槍在日本的軍隊中已經非常普遍。火繩槍在豐臣秀吉與德川家康統一日本的過程中都發揮了重要作用。

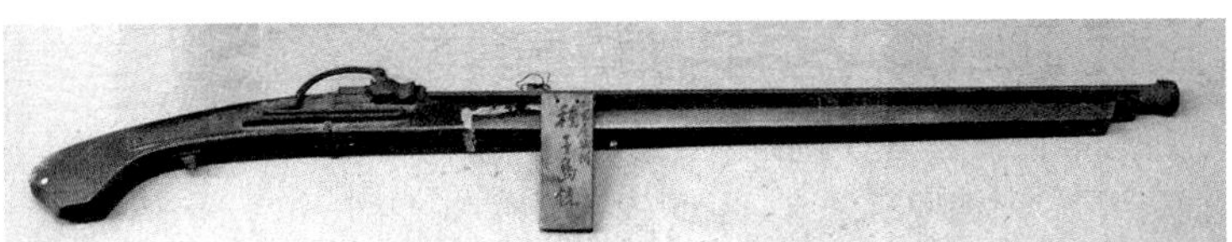

種子島火繩槍

▶十六世紀中葉，馬尼拉原本只是一個在帕西河（Pasig River）岸邊、信奉伊斯蘭教的小漁村。1565年，西班牙人抵達馬尼拉。1576年明朝海上武裝勢力領袖林鳳曾率船62艘，水陸軍各二千人，從澎湖南航到達菲律賓。當時菲律賓民眾與華僑苦於西班牙殖民者的虐政，因此歡迎林鳳前往。林鳳進攻馬尼拉兩次失敗，退屯北邊的邦阿西楠（Pangasinan），被西班牙軍圍攻，苦戰四月，突圍而去。1595年，西班牙人公告馬尼拉成為菲律賓的首都。

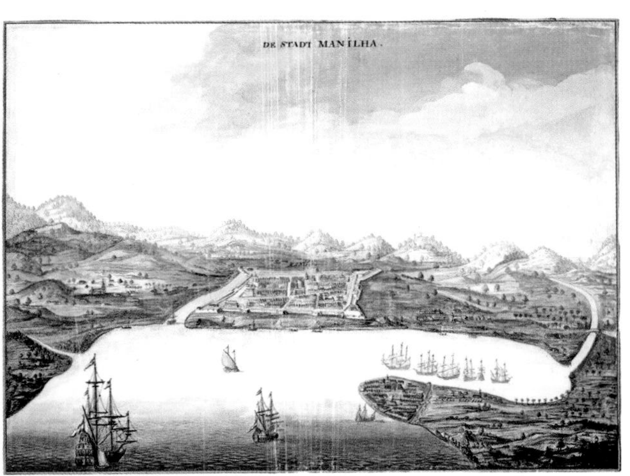

馬尼拉古地圖

福爾摩沙之名首度出現在地圖上

《瑪麗女王地圖集——亞洲》(*The Queen Mary Atlas - Asia*)

迪歐戈．歐蒙(Diogo Homem),繪於1558年,出自大英圖書館(British Library)。

西元1544年,二十三歲的迪歐戈．歐蒙(Diogo Homem)跟隨父親羅伯．歐蒙(Lopo Homem)學習地圖繪製多年,盡得真傳,正準備像父親當年二十出頭便獲葡萄牙皇家委任繪製《米勒地圖集》一樣一展長才時,卻因在葡萄牙屬地摩洛哥犯下謀殺案而被驅逐出境,不得不離開葡萄牙,前往英格蘭。

迪歐戈流亡異邦,謀生不易,幸有地圖繪製技能,契合當時英格蘭發展海權的實際需求,經過數年經營,加上葡萄牙製圖世家的聲譽,終於在英格蘭建立自己的專業聲望。

1550年代,英格蘭在很大程度上依賴外國的地圖製作者,包括義大利、法國和葡萄牙的製圖家,都曾在英格蘭都鐸(Tudor)王朝的贊助下為英格蘭工作過。而來自葡萄牙製圖世家且定居倫敦的迪歐戈,對英格蘭皇室而言更是理想的委託對象。

1553年,瑪麗公主登基成為英格蘭女王。瑪麗一世加冕時已37歲,因此希望盡快找到合適的夫婿以生下儲君,以免王位落入信奉新教的同父異母妹妹伊莉莎白(延伸閱讀p. 117)手中。當時神聖羅馬帝國皇帝查理五世向她建議與他的獨生子菲利普二世(Filipe II)結婚。1554年,兩人首次見面,兩天後便舉行婚禮,但菲利普二世婚後幾乎不曾在英格蘭住過。

1555年,菲利普二世前往尼德蘭就任國王,瑪麗一世非常清楚她丈夫對地圖的熱情,計畫送他一本漂亮的地圖集,讓他記住他們的共同統治權,於是委託迪奧戈繪製新的地圖集作為禮物。

菲利普二世統治時期的西班牙國力達到顛峰,稱霸歐洲,他對地圖有著貪婪的胃口,不但利用地圖來統治他的廣大殖民帝國,甚至在他馬德里市郊的埃斯科里亞爾(Escorial)的宮殿都用地圖裝飾。

但迪奧戈還來不及完成瑪麗一世委託的地圖集,瑪麗一世便於1558年病逝,結束了她短暫而不受歡迎的統治,伊莉莎白一世登上英格蘭王位。這本地圖集因而呈獻給伊莉莎

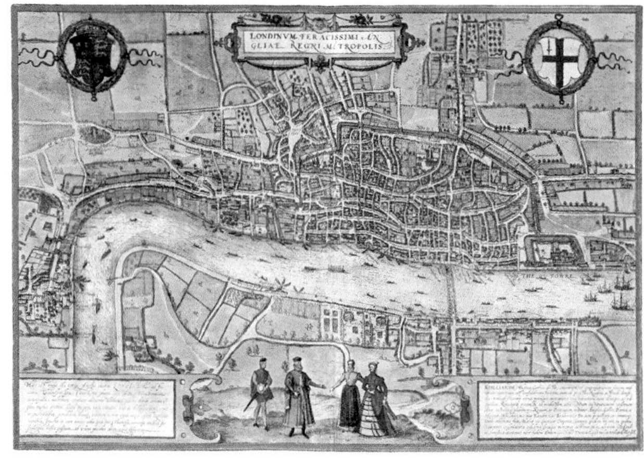

1550年代的倫敦

菲利普二世的埃斯科里亞爾宮殿

AS IA
INDIA SECVDA
Bengala
Sinus gãgetic'
Mare leucorum
Marechinorum
Oceanus Indic' oriẽtis
Borneo
Malucos
EQV INOTIALIS
Magnũ mare oriẽtale
Iaua maior
E R I D I E S

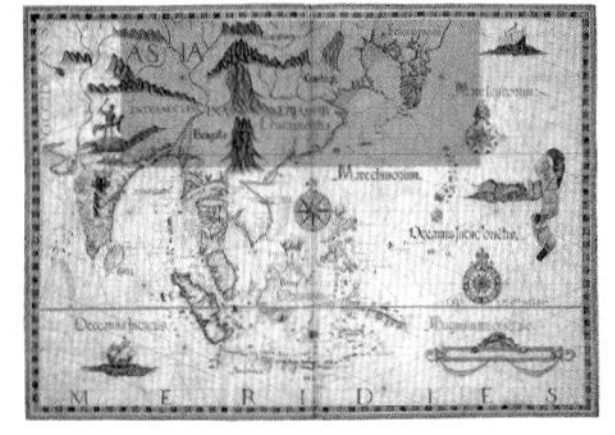

白一世，而非當初指定的菲利普二世。雖然菲利普二世曾在伊莉莎白一世登基後向她求婚，卻慘遭拒絕，連本地圖集裡面英西兩國聯合皇家徽章中的西班牙徽章也遭到刻意刮除。

英西兩國聯合皇家徽章中的西班牙徽章被刮除。

這本地圖集顯示迪奧戈對於替葡萄牙的敵國工作沒有任何疑慮：地圖集中的地圖都顯示出強烈的親西班牙偏見。所有地圖均以最精緻的波特蘭海圖風格進行繪製和裝飾，精緻的羅盤玫瑰放射出縱橫交錯的方位線，輻射至各海岸標記的許多港口，內陸則很少標記地名，改以豐富的想像力描繪當地的統治者、旗幟、紋章、動物及山河場景，平靜的海面則因海怪和船隻而變得活躍起來。由於這些精緻的圖像與裝飾，因而名列有史以來最美麗的地圖集。

其中的「亞洲地圖」與四年前羅伯．歐蒙所繪《球體投影航海圖》中的亞洲輪廓大同小異，可知迪奧戈仍與葡萄牙的父親及家人保持聯繫。但迪奧戈受英格蘭女王委託製圖，不可能完全照抄父親的葡萄牙觀點，例如西葡兩國瓜分全球勢力範圍的薩拉戈薩條約分界線，當然不被英格蘭承認。雖然海面上沒了薩拉戈薩條約分界線，卻多了兩艘大帆船分別航向日本與馳離印尼群島，地圖東方（Oriens）標記旁還畫了一頭深藍色海怪。至於亞洲內陸上，河流之間散布著許多造型奇特、色彩鮮艷的山脈，而印度北方Narfmg王國寶座上的國王則是本圖中唯一的人物。

另外，迪奧戈也修正了父親的地圖，將日本東方的大群島嶼往下移至菲律賓東方，將父親筆誤的Fremosa更正為Fermosa，讓臺灣的「福爾摩沙」之名正式在西方古地圖中登場，雖然橫躺的島型不變，但更靠近北回歸線，而且塗上了鮮豔的橘色。

本圖問世的前一年，葡萄牙已用謊言加賄賂的方式強租下澳門，而競爭對手西班牙則到1565年時才逐步占領菲律賓群島。雖然臺灣與菲律賓的呂宋島比鄰，但西班牙人卻選擇往南方的民答那峨島、摩鹿加群島擴張。等到豐臣秀吉派遣使者前往臺灣招降納貢時，西班牙人才體會到臺灣的戰略價值，於是西屬馬尼拉當局立刻派艦隊前往臺灣偵查，卻遇上惡劣天候，無功而返。不久後豐臣秀吉去世，馬尼拉當局見威脅消除，便不急著占領臺灣。直到1624年荷蘭在臺灣大員建立據點時，西班牙人再度察覺事態嚴重，為了對抗荷蘭人，也決定在臺灣建立據點。

瑪麗一世

延伸閱讀 ◀瑪麗一世是英格蘭亨利八世與凱瑟琳王后的女兒，儘管亨利十分疼愛瑪麗，但仍然因無男性後嗣而甚感失望，最後亨利不惜與羅馬天主教教廷決裂，另立英國聖公會，兩度再婚，分別生下伊莉莎白一世與愛德華六世（Edward VI）。瑪麗一直受到父親和繼母冷酷無情的對待，這些淒慘的遭遇，造成瑪麗日後凶殘無情且陰狠毒辣的個性。1553年，愛德華六世死於結核病，年僅15歲，沒有任何子女。瑪麗一世繼承王位，恢復羅馬天主教（舊教），取代她父親亨利八世提倡的新教，過程中，她下令燒死約300名宗教異端人士，得名「血腥瑪麗」。

1500年代後期的澳門

延伸閱讀 ▲1500年代後期的澳門，街上有不少葡萄牙人坐轎子、騎馬或散步，身後跟著替他們撐傘遮陽的僕人，港區則有數艘西方商船進出，裝卸貨物。

伊莉莎白一世

延伸閱讀 ◀伊莉莎白一世是都鐸王朝的最後一位君主，終生未婚，因此有「童貞女王」之稱。由於姐姐瑪麗一世在位時迫害新教，使得英格蘭處於宗教分裂的動亂狀態，伊莉莎白一世上任後便恢復新教，實施宗教和解，不但保持了英格蘭的統一，更提供了寶貴的穩定，經過近半個世紀的統治後，使英格蘭成為歐洲最富強的國家之一。1584年，英格蘭於北美洲建立維吉尼亞（Virginia，以童貞女王伊莉莎白一世命名）殖民地；1588年，英格蘭擊敗了西班牙的無敵艦隊，成為英國史上最偉大的軍事勝利之一。英格蘭文化也在此期間達到頂峰，出現了許多著名的人物，包括劇作家莎士比亞。她的統治期在英國歷史上稱為「伊莉莎白時代」，亦稱為「黃金時代」。

臺灣素顏登上世界舞臺

《寰宇概觀 —— 韃靼或大汗王國地圖》

（*Theatrum Orbis Terrarum - Tartariae sive Magni Chami Regni typus Terrarvm*）

亞伯拉罕・奧特利烏斯（Abraham Ortelius），繪於1570年，出自美國國會圖書館（Library of Congress）。

奧特利烏斯

西元1547年的安特衛普是歐洲最富有的城市，剛滿二十歲的奧特利烏斯（Abraham Ortelius）決定加入由畫家、木刻家、製版商組成的聖路加行會（Guild of St. Luke，延伸閱讀p. 120）。他原本是位印刷商人，曾到歐洲各地洽商，包括每年參加法蘭克福圖書和印刷品展覽會。1560年與比利時地圖學家麥卡托（Gerardus Mercator）一起旅行時，接受其建議，開始致力於彙編《寰宇概觀》（*Theatrum Orbis Terrarum*）地圖集。

歷經10年的努力，《寰宇概觀》於1570年出版，彙集了53幅製圖大師的地圖，每幅地圖背後均附有詳細註釋，被視為史上第一部真正具有現代意義的地圖集。之後，拉丁文、荷蘭文、法文、德文和西班牙文譯本相繼出版，所收錄的地圖數量也不斷增多。

以前的地圖集多為單一製圖師或少數幾位製圖師根據委託者的需求繪製，《寰宇概觀》則是根據全球區域的完整架構，以地圖百科全書的編輯模式，彙集數十位製圖大師的地圖，按照四大洲、區域、國家、州省等的邏輯排列，再將原圖合併成一幅或分成多幅，重新以銅版鐫刻成適合跨頁（約35×50公分）印刷呈現、體例一致（標題、字體等）的地圖，但因為原圖地名龐雜和投影繪圖方式各異，所以地名與方位坐標並未標準化。

第一版《寰宇概觀》的作者名錄中列出了33位製圖師，參考書目中還列出了奧特利烏斯當時所知的87位製圖師。這份名單在後續的版本中都有所增加，1601年版所列的製圖師名單已達183位。這是首次將整個西歐的世界知識匯集在一本書中，也是一項具有里程碑意義的創新，對當代歐洲人的世界觀產生重大影響，被稱為十六世紀製圖的總結。《寰宇概觀》的出版通常被認為是荷蘭製圖黃金時代（1570～1670）的正式開始。

延伸閱讀 ▼十五世紀末，芝溫（Zwin）河口淤塞之後，布魯日（Brugge）的外國貿易公司逐漸轉移到安特衛普。1531年，世上最早的證券交易所設立於安特衛普，吸引來自歐洲各地的銀行家，為貿易商和製造商提供資金。到了十六世紀上半葉，安特衛普成了歐洲最富有的城市，非常國際化，許多來自威尼斯、西班牙和葡萄牙等國的商人都住在這裡。1504年時，葡萄牙人已將安特衛普當成其主要航運基地之一，從亞洲引進香料等貨品，同時也有來自歐洲各國的布料、葡萄酒、鹽和小麥，每天有數百艘船隻進出。十六世紀初時，安特衛普占世界貿易量的40%。

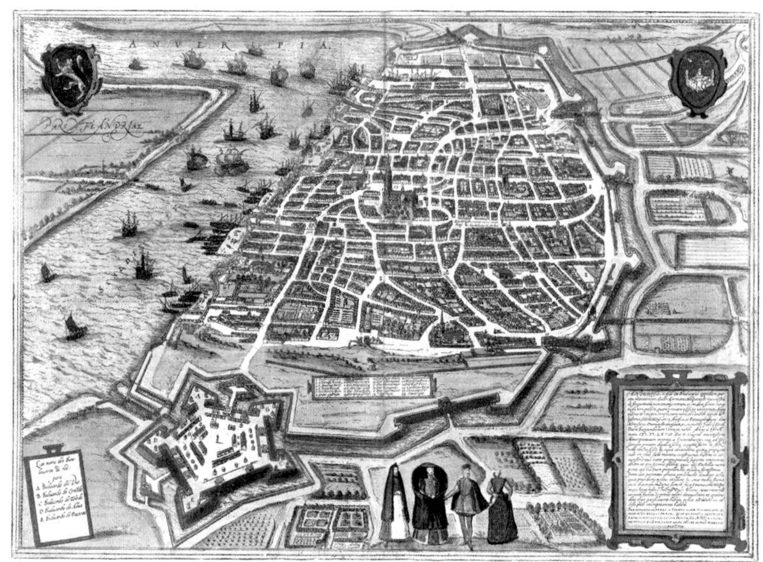
1572年的安特衛普

黑海

裡海

興都庫什山

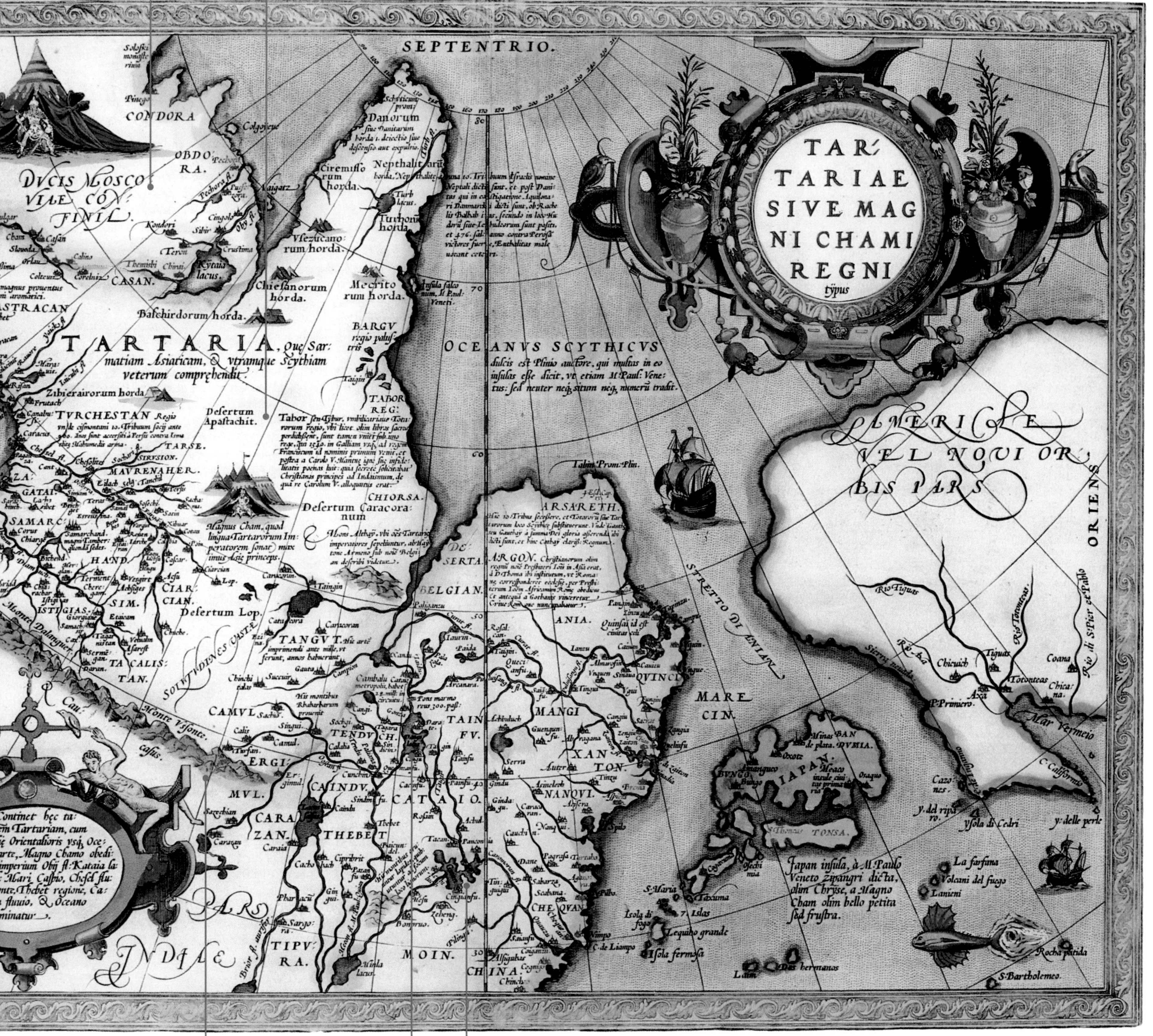
莫斯科公國
韃靼汗國
SEPTENTRIO.
TARTARIAE SIVE MAGNI CHAMI REGNI typus
TARTARIA
OCEANVS SCYTHICVS
AMERICAE VEL NOVI ORBIS PARS
ORIENS
STRETTO DI ANIAN
MARE CIN
IAPAN
CATAIO.
CHINA
喜馬拉雅山脈
巢湖
鄱陽湖

安特衛普的聖路加行會

延伸閱讀 ◀中世紀歐洲城市興起之初，手工業者或商人為了對抗封建勢力的侵犯、限制競爭、解決業主困難和保護同行利益，由同業或相關行業聯合組成行會。行會通過市政當局阻撓外來商人和手工業者的活動，嚴格規定生產或業務範圍、各行業製造的藝品與產品規格、原料的產地和用量、各作坊人手的多寡。

聖路加行會名稱源於天主教信仰中畫家的主保聖人路加，根據考證，路加曾為聖母馬利亞繪製肖像。聖路加行會為尚無經濟自主能力的會員提供某種程度的擔保，通過限制同業競爭來保障當地畫家、木刻家及製版商的基本收入，並且資助建立可以招收學徒的個人工作室，其間學徒無署名權，參與製作的作品自動歸入工作室主持者名下。此外行會提供急難救助，為過世的行會成員家庭善後，處理安葬時的宗教事務。

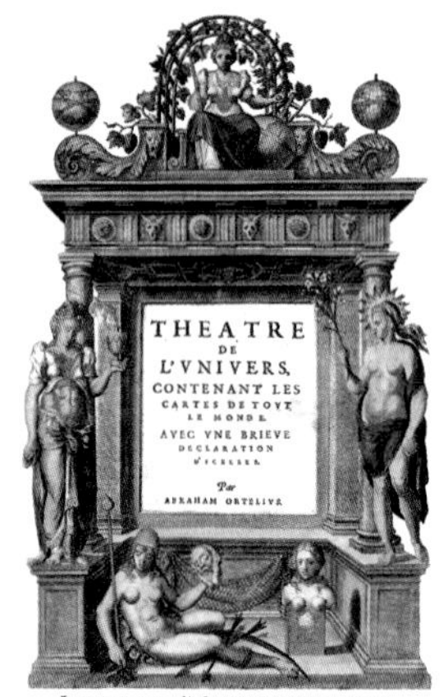

《寰宇概觀》1587年版的書名頁以四位女神代表四大洲

《寰宇概觀》中的地圖採用華麗的風格主義裝飾鏡板，搭配優美的花體字型、精細的插畫與鮮艷的色彩，被認為是有史以來最美麗的地圖之一。當時這種地圖除了傳播新知識外，也是一種商品，會被買來作為擺飾，因此精美的描繪是吸引人購買的條件之一，《寰宇概觀》地圖集可說是當代最先進的地理知識與藝術的完美結合。嚴格來講，書中雖然納入了地理大發現以來的最新知識，但部分仍呈現歐洲人固有的世界觀，例如世界地圖下方有一大片用來平衡北半球大陸的「未知的南方大陸」。不過由於奧特利烏斯對地理分類與事實的敏銳判斷，這本地圖集仍被視為十六世紀後期歐洲最準確的地圖集之一。

這幅《韃靼或大汗王國地圖》是第一幅描繪亞太地區大陸與北太平洋之間關係的印刷地圖，西從歐亞交界的黑海與裡海開始，向東跨過北太平洋與古稱亞泥俺海峽（Strait of Anián）的白令海峽，到達北美洲的一角，半島狀的加利福尼亞（California）首次出現在世界地圖上。

地圖左上角莫斯科公國大公（DVCIS MOSCOVIAE CONFINIA）坐在大帳篷前，遙望著東南方坐在小帳篷前的韃靼王，似乎在得意地述說莫斯科公國1480年時推翻欽察汗國的歷史。

韃靼汗國西南方一長排的伊毛姆山脈（Imaus mons，泛指帕米爾高原、興都庫什山脈，延伸到喜馬拉雅山脈），隔開了西南方的波斯與印度。而東南方的黃土地上，則將中國不同朝代的西方稱呼並列，包括魏晉時代的「契丹」（CATAIO）、元朝對南宋的蔑稱「蠻子」（MANGI）與明朝的「CHINA」，以為是不同的國家，直到十六世紀末期才逐漸統稱為CHINA。

至於東方海面上的日本列島已大致區分為本州、四國和九州幾個大島，以及往西南延伸的琉球

群島，最南端的美麗之島福爾摩沙位於亮黃色的大琉球下方，被畫成小小的灰藍色島嶼，一點也不美麗，只因大琉球搶先一步受明朝冊封為中山王而納入明朝的藩屬國，受到更多關注。不過福爾摩沙島上的先住民們依舊樂天知命，在這片天高皇帝遠的化外之地自由生活，素顏登上世界舞臺（《寰宇概觀》書名中的Theatrum可譯為劇場）又有何妨？

但根據1741年的《重修福建臺灣府志》記載：「嘉靖四十二年（1563），流寇林道乾擾亂邊海，都督俞大猷征之，追及澎湖；道乾遁入臺。大猷偵知港道紆迴，不敢進逼；留偏師駐澎，時哨鹿耳門外。道乾以臺非久居所，遂恣殺土番，取膏血造舟，從安平鎮、二鯤身隙間遁去占城（越南中部，今尚有道乾遺種）。」另外《明史・雞籠山》也記載：「嘉靖末，倭寇擾閩，大將戚繼光敗之。倭遁居於此……而雞籠遭倭焚掠，國遂殘破。初悉居海濱，既遭倭難，稍稍避居山後。」看來皇帝雖遠，但流寇兇殘，臺灣原住民仍難免池魚之殃。

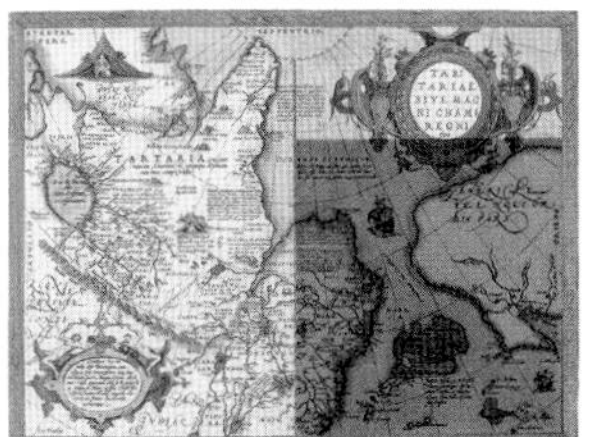

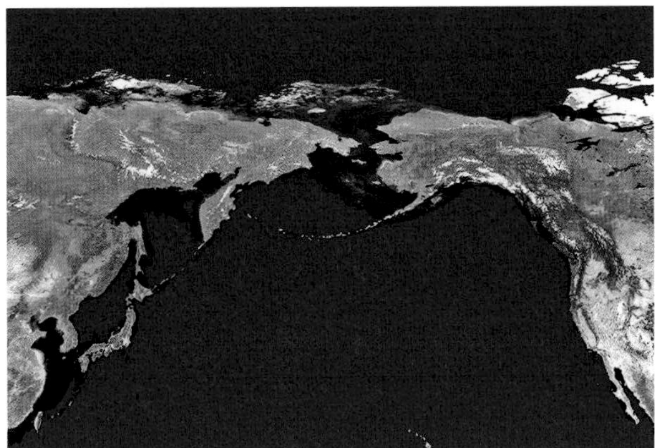

北太平洋的衛星空拍圖（NASA）

琉球第一尚氏王朝宮殿（Photo by 663highland CC BY-2.5）

遙聞美人魚歌聲的島嶼傳說

《寰宇概觀——東印度與附近諸島地圖》

（*Theatrum Orbis Terrarum - Indiae orientalis, insvlarvmqve adiacientivm typvs*）

亞伯拉罕．奧特利烏斯（Abraham Ortelius），繪於1570年，出自美國國會圖書館（Library of Congress）。

這幅《東印度與附近諸島地圖》和上一幅《韃靼或大汗王國地圖》一樣，都出自奧特利烏斯的《寰宇概觀》地圖集，但卻是由不同製圖家所繪製，所以可明顯看出日本列島的形狀有很大的差異。

地圖右上方露出加利福尼亞的一角，從日本望過去，就和中國一樣近。但想要從美洲橫渡太平洋，前往盛產香料和黃金的東方，似乎沒那麼容易，圖中一艘航向東亞的大帆船不但被強風吹斷纜繩、颳落貨桶，還遭到兩隻巨大海怪的圍攻，處境岌岌可危。

太平洋似乎與當初命名者麥哲倫設想的不太一樣，當他的船隊11月28日穿過麥哲倫海峽進入太平洋，到翌年3月6日航抵馬里亞納（Mariana）群島期間，航線正好避開太平洋熱帶氣旋的區域與活躍期，比起之前他們橫渡大西洋沿著南美洲東岸進入「狂暴50度」（延伸閱讀p. 125）時遭遇狂風巨浪的航程，的確平靜許多。至於大海怪只是遭遇驚濤駭浪時幻想出來的產物，無需當真。

即使幸運逃過風浪與海怪的劫難，繼續前往香料群島的航程中，還有兩位正在梳妝打扮的美人魚，等著媚惑遠離家鄉的船員。其實美人魚已經夠美，無需再打扮，因為船員離家太久了，茫茫大海上航行數月，看到體態婀娜、膚色與人類相近的儒艮從船邊游過時，難免會想像為美人魚（延伸閱讀p. 125）。

上述兩幅場景均取材自西班牙製圖師古鐵雷斯（Diego Gutierrez，延伸閱讀p. 124）1562年的美洲地圖。至於地形圖則是基於麥卡托的1569年世界地圖，以及馬可波羅和麥哲倫的環球航行中倖存者皮卡菲蒂（Antonio Pigafetti）的描述。

麥卡托

北馬里亞納群島（photo by P. Miller）

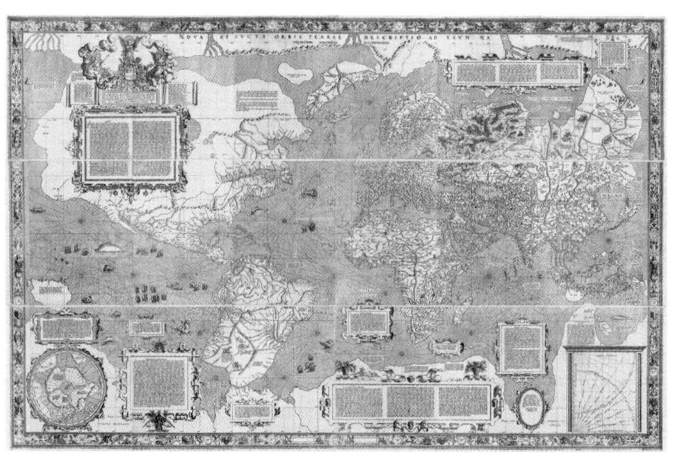

麥卡托1569年所製作的世界地圖

加爾旦旦（雲南一帶）
美洲
馬里亞納群島
未知的南方大陸
SEPTENTRIO.
MERIDIES
ORIENS
CARDANDAN.
MANGI que et CIN et CHINA.
IAPAN.
OCEANVS
ORIENTALIS
Tropicus Cancri
AMERICAE, Siue Indię Occidentalis pars.
Borneo ins.
Mindanao.
Celebes
IAVA MAIOR
NOVA GVINEA quam Andreas Corsalus Terram Piccinaculi appellare videtur. An insula sit, an pars continentis Australis incertum est.
BEACH, pars continentis Australis.
Circulus æquinoctialis.
Insulæ Moluccæ celebres ob maximam aromatum copiam, quam per totum terrarū orbem transferunt, 5. sunt, iuxta Gilolo nempe; Tarenate, Tidore, Motir, Machiā et Bachiā.
Cum Priuilegio.

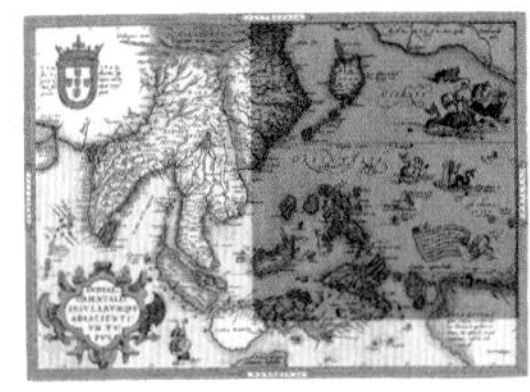

美人魚下方有一面隨風飄揚的旗幟，上面的拉丁文說明摩鹿加群島盛產香料，輸往全世界。而地圖右下角那一大塊黃色土地上則寫著：「新幾內亞：安德烈亞斯．科爾薩勒斯（Andreas Corsalus）將這片土地命名為Piccinaculi，尚不知這是一座島嶼還是未知的南方大陸的一部分。」其實「未知的南方大陸」澳大利亞就在新幾內亞下方，七千年前兩地相連，後來由於海平面上升，海水分隔兩地，形成了今日的托列斯海峽（Torres Strait）。

新幾內亞的左邊就是風靡歐洲各國的香料群島，綠色主島濟羅羅島（Gilolo）的上方是菲律賓群島，但沒畫出最北方的呂宋島。再往上過了北回歸線，卻先看到小琉球（Lequio minor），接著是宮古島（Reix magos）、福爾摩沙、大琉球（Lequio maior）。

古鐵雷斯1562年的美洲地圖

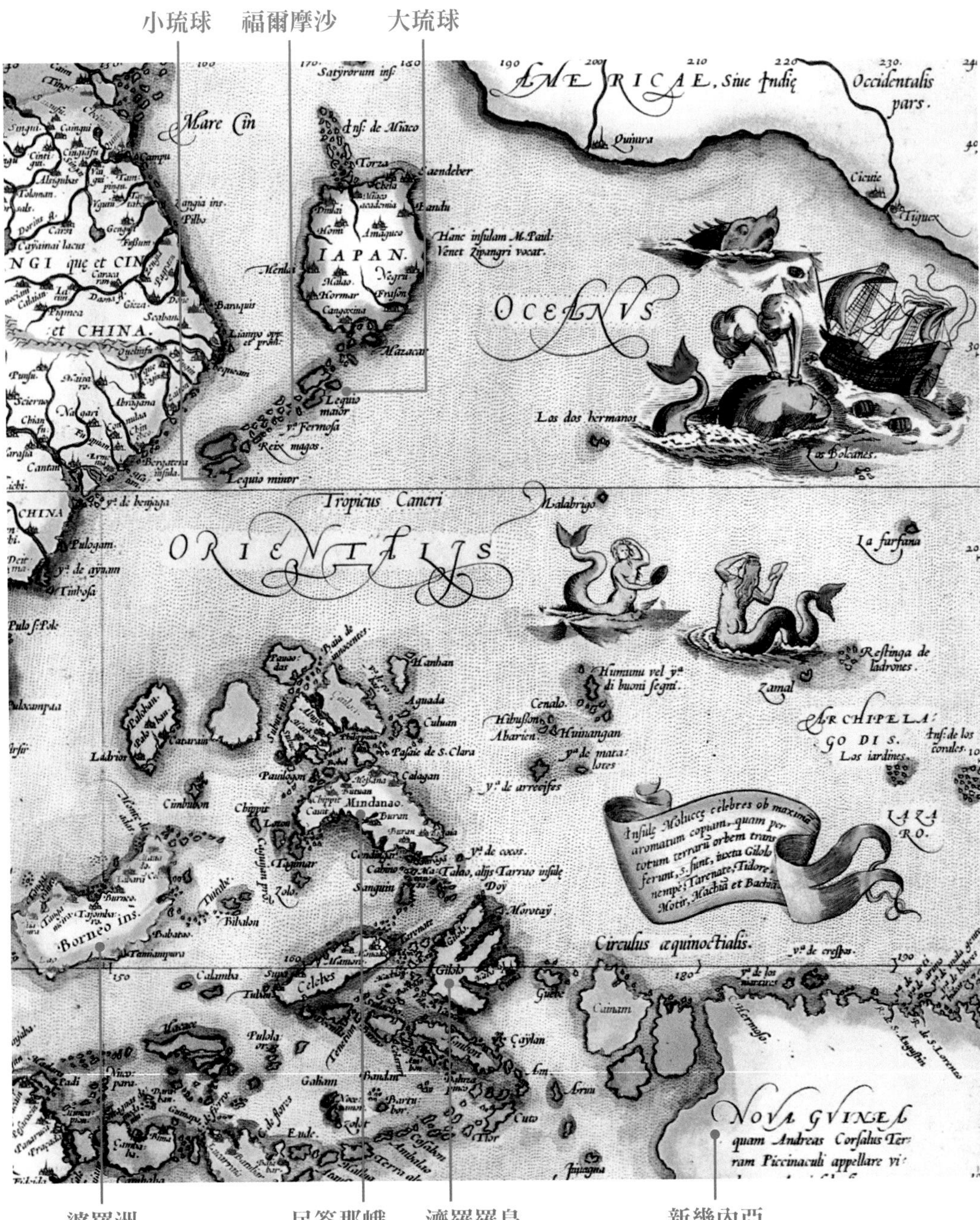

島名排列順序之所以和前面幾幅地圖不同，是因為各國航海家與旅行家記錄的資料不一，根據葡萄牙史料文獻記載的福爾摩沙是西北東南走向，長約100公里。而臺灣卻是東北西南走向，長約400公里。推測葡萄牙人當時記載的福爾摩沙，極可能是沖繩島。文獻資料還顯示當時葡萄牙人絕大部分指稱臺灣本島為Lequeo pequeno（小琉球），因此本圖中靠近北回歸線的橘色雙島小琉球才是臺灣。

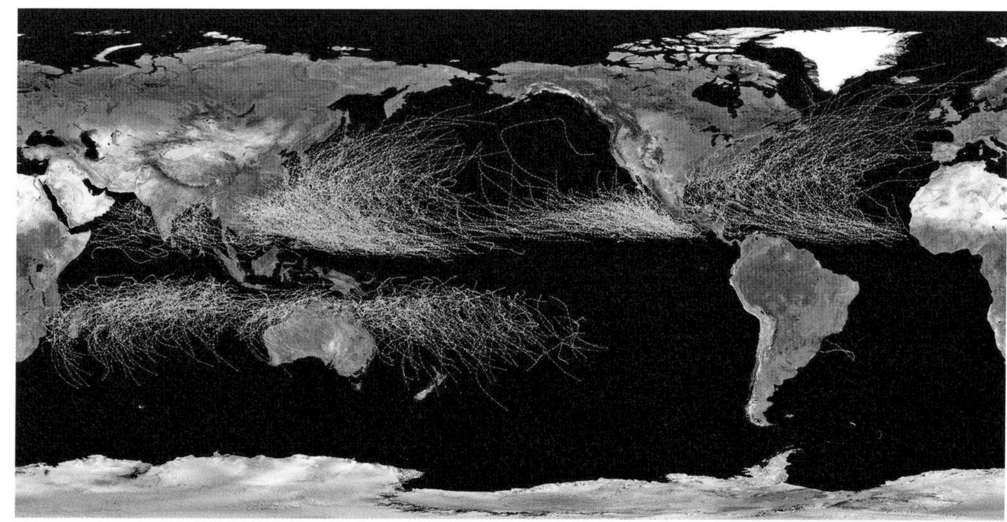

1985年至2005年期間生成的所有熱帶氣旋路徑圖（Nilfanion & NASA）

◀太平洋的名稱源自拉丁文「Mare Pacificum」，意為「平靜的海洋」，由完成環球航行壯舉的麥哲倫命名。當時麥哲倫的船隊在南美洲南端大西洋海域經歷38天的驚濤駭浪，穿越麥哲倫海峽後，進入平靜的海域，接下來一百多天的航行一直沒有遇到狂風大浪，於是將西班牙探險家巴爾博亞（Vasco Núñez de Balboa）1513年在巴拿馬地峽首次看見太平洋時命名的「南海」（Mar del Sur）改為「太平洋」。

其實每年5～11月期間，赤道以北及國際換日線以西的太平洋水域所產生的熱帶氣旋常會發展成颱風。6～11月期間，赤道以北及國際換日線以東的太平洋水域所產生的熱帶氣旋常會發展成颶風。11月～翌年4月期間，赤道以南及160°E以東至120°W以西的太平洋水域也常會產生南太平洋熱帶氣旋。麥哲倫的環球航行船隊都沒遇上。

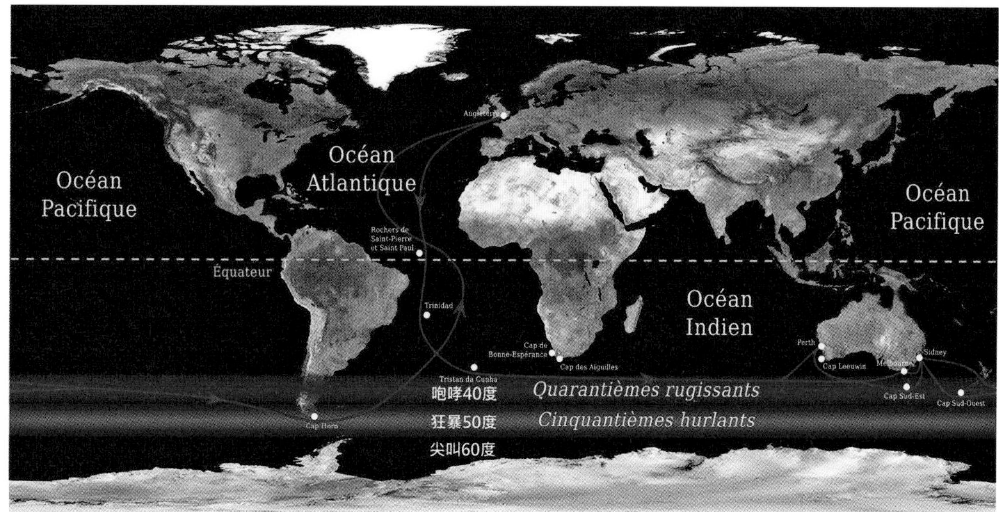

利用南緯40-50度強風的航路圖（Wagner51 CC BY-SA 3.0）

◀南北緯30至60度的中緯度地區由於副熱帶高壓把空氣吹向南北兩極，加上地球自轉產生的科里奧利力（Coriolis Force），使得北半球出現西南風而南半球則出現西北風，稱為西風帶（westerlies），溫帶氣旋經常在此區出現。其中南緯40度到50度間的海域俗稱咆哮40度（Roaring Forties），西風盛行，熟練的航海者常利用此區的強風來鼓滿風帆，加快航速。南緯50度到60度之間海域的俗稱狂暴50度（Furious Fifties），在此區航行的船隻會遇到比咆哮40度更強的風暴與大浪，導致船隻強烈搖晃。南緯60度到70度間的海域俗稱尖叫60度（Screaming Sixties），因為沒有阻擋西風和洋流的陸地，此區的風浪比咆哮40度、狂暴50度更劇烈。

▶美人魚的傳説源於希臘神話中人首鳥身的賽蓮（Siren），她經常飛降在海中礁石或船上，用天籟般的歌喉使得過往的水手傾聽失神，導致船隻觸礁沉沒。後來賽蓮因為與文藝女神繆斯（Muses）比賽音樂落敗而被拔去雙翅，只好在海岸邊徘徊，有時會變成美人魚，經常在天色昏暗不明時出現在岸邊或礁石上，用冷豔淒美的外表及哀怨動人的歌聲迷惑過往的船員。

希臘英雄奧德修斯（Odysseus）贏得特洛伊戰爭後，率領同伴返國途中，為了避免受賽蓮的歌聲迷惑，曾命令手下均以白蠟封住雙耳，自己則緊緊綁在桅杆上，以聆聽賽蓮的歌聲。最後終於化險為夷，安全返國。

奧德修斯與賽蓮女妖

臺灣一分為三的地理誤解

《多拉度世界地圖集 —— 從錫蘭到日本的亞洲地圖》

（*Atlas universal de Fernão Vaz Dourado - Carta da Ásia*，*de Ceilão ao Japão*）

費爾南・瓦茲・多拉度（Fernão Vaz Dourado），繪於1570年，出自杭汀頓圖書館（Huntington Library）。

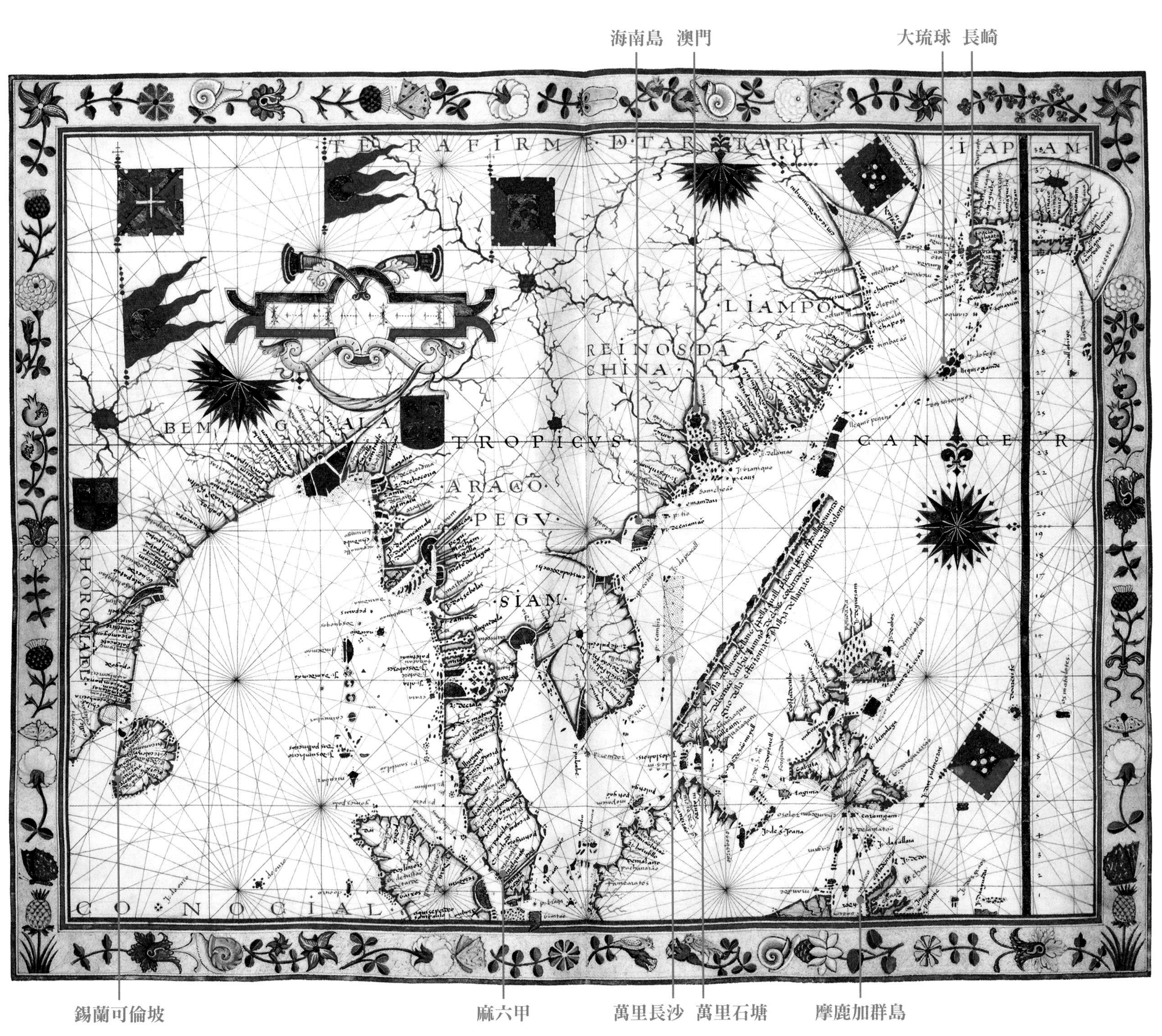

西元1520年左右，葡萄牙製圖家費爾南·瓦茲·多拉度誕生在葡屬印度的首都果阿（Goa，延伸閱讀p.129），當地已被葡萄牙殖民了十年，享有與祖國首都里斯本同樣的地位特權。葡萄牙殖民當局鼓勵葡萄牙人與當地婦女通婚，在果阿定居，因此當地擁有相當多的歐亞混血人口。有關多拉度的生平資料不多，據說父親是葡萄牙駐果阿的高級官員，母親為果阿當地婦女。

由於果阿是歐亞海上貿易的重要據點，來往於歐洲及亞洲之間貿易或探險的船隻大多會在此靠岸補給與休息，果阿殖民當局便藉此積極蒐集第一手的航海資訊，多拉度在果阿投入地圖繪製領域比祖國的製圖師多了這項優勢。

多拉度一共製作了六本航海地圖集，每本地圖集包括20幅地圖，繪製於1568年至1580年之間，屬於葡萄牙航海地圖製作的巔峰期，製圖師捨棄了托勒密關於確定方位的理論，對陸地的描繪更加精確。

雖然多拉度的生平罕為人知，但其地圖集具有非凡的品質和美感，因而被認為是當時最好的製圖師之一，作品很快就被採用在北歐的印刷地圖中，例如林斯霍滕（Jan Huyghen van Linschoten）的《東西印度的航行記錄》（*Discours of Voyages into ye Easte & West Indies*，延伸閱讀p.129）或奧特利烏斯的《寰宇概觀》地圖集，都採用多拉度的很多地圖作為新版本的基礎。

《多拉度世界地圖集》應用文藝復興時期精細繪畫的技術，彩繪在白色羊皮紙上，畫面細緻入微，豐富的配色透過局部鍍金而更加突顯，將這本地圖集營造成獨特、精緻與價值不凡的作品。

多拉度的六本世界地圖集裡的地圖大同小異，本篇介紹1570、1571、1575及1580年版本中的《從錫蘭到日本的亞洲地圖》，可以看出圖中地理資訊隨著逐年探險新發現而持續更新。

1570年版的地圖邊框由美麗的花果與蟲鳥環繞而成，包括牡丹、石榴、鳳梨、蝴蝶、蝸牛、小鳥等，繽紛而多彩，比起其他版本以兩條平行色線圍成邊框要華麗得多，宛如一幅刺繡作品。

地圖從左側的印度東岸及錫蘭島開始，一直描繪到東北角的日本以及東南角的摩鹿加群島，圖中雖未特別用文字標示出葡萄牙和西班牙劃分殖民勢力範圍的托爾德西里亞斯條約（Treaty of Tordesillas）分界線，但仍以一條貫穿日本的緯度標尺線代替。標尺線左側上方的日本九州長崎（延伸閱讀p.129）與下方的香料群島各插了一面葡萄牙旗幟，宣示葡萄牙的商貿專有權。這條標尺分界線在後續版本的地圖中逐漸往東移，因為航海家們發現太平洋比原先估算的要寬闊許多，而日本也並非位於北太平洋的中央，離北美洲大陸還有一大段距離。

日本左邊的亞洲大陸上，中亞地區雖然也插了一面葡萄牙旗幟，卻不具任何實質意義，因為那兒沒有葡萄牙的立足之地，數面

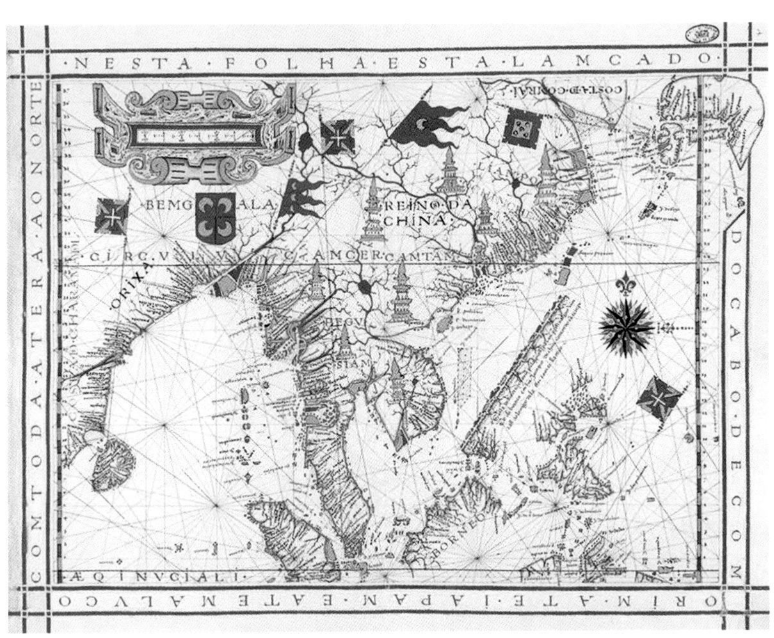

1571年版（葡萄牙國家檔案館）

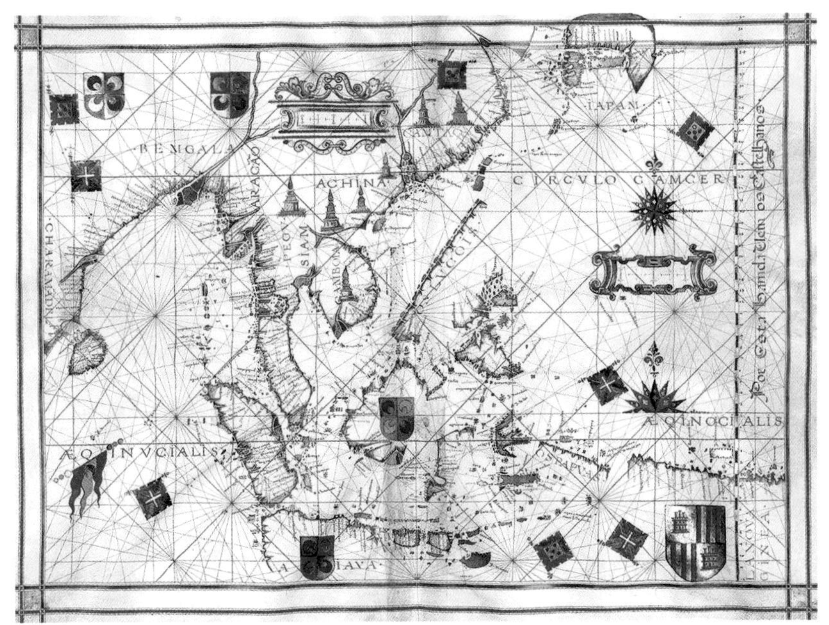

1580年版（葡萄牙國家圖書館）

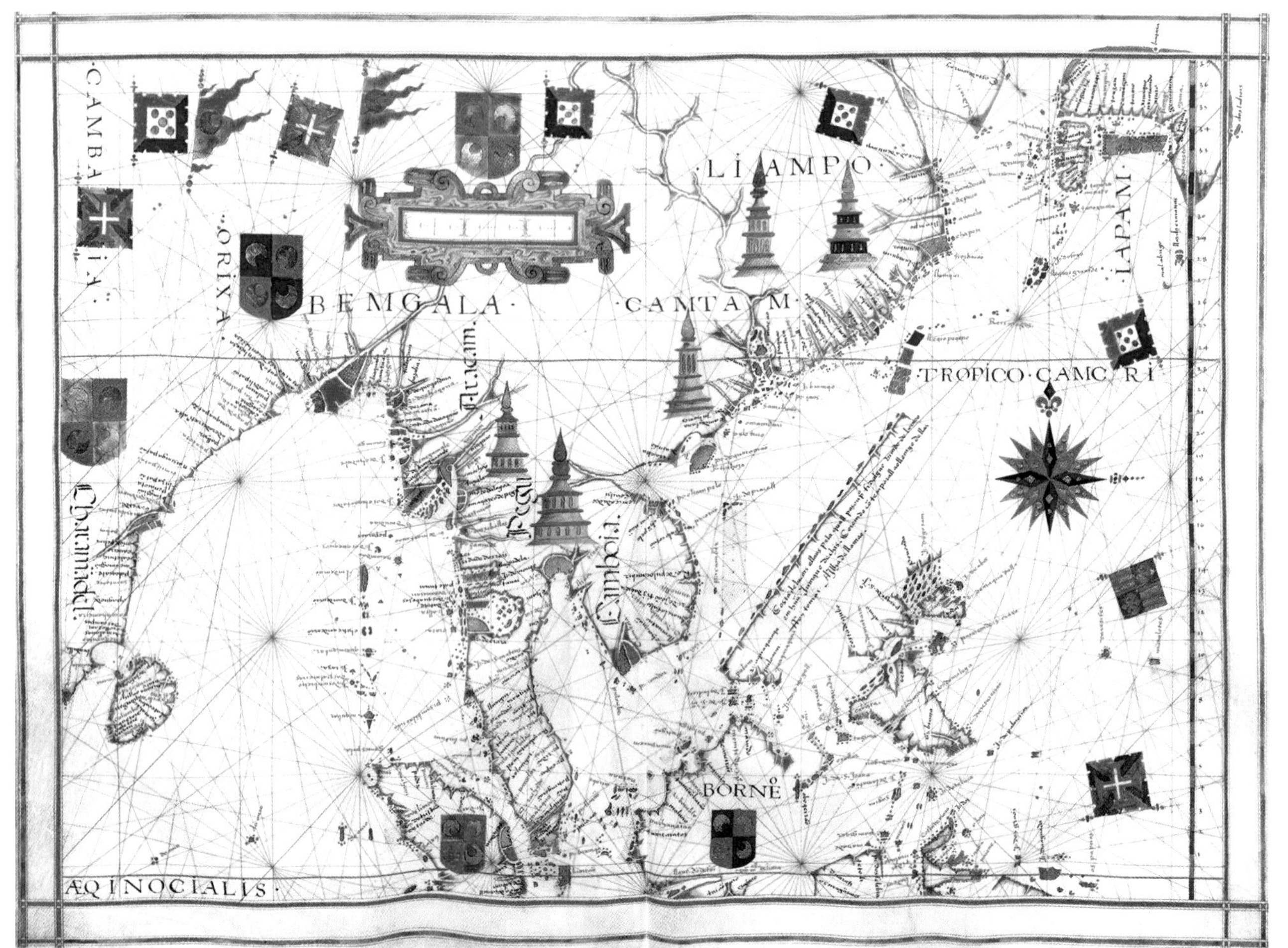

1575年版（大英博物館）

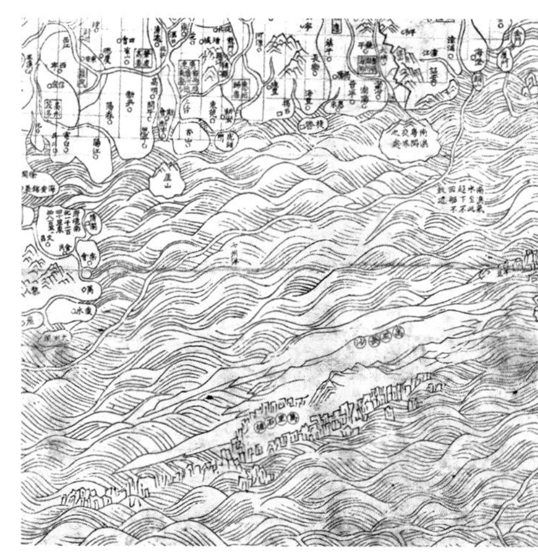

《坤輿全圖》中的萬里石塘與萬里長沙

新月形圖案的伊斯蘭旗幟與徽章說明了一切。此外，1571、1575及1580年的版本中，除了旗幟徽章隨著殖民勢力的更替而略有變動外，東亞大陸上比1570年版本的地圖多出了數座佛塔，說明當時佛教在東亞地區的盛行，而佛寺林立也透露出一項訊息：隨著商船或殖民艦隊到亞洲來傳教的耶穌會士將面臨極大的挑戰。

中南半島東方海面上有中國古稱「萬里長沙、萬里石塘」的南海諸島，萬里長沙的左上方就是金色的海南島（古稱瓊州）；而萬里石塘的左上方就是藍紅金三島組成的小琉球（Lequeo pequeno）臺灣，這時的小琉球比起右上方由六個小島組成的大琉球（Lequeo grande）要大得多了。雖然名稱仍屈居「小」琉球，但面積與形貌已經掙回了實質的地位與關注。

至於本圖中的臺灣為何和上一幅《寰宇概觀——東印度與附近諸島地圖》中的小琉球一樣，被分為雙島甚至三島呢？有學者認為四五百年前的臺灣山林未被開發破壞，大甲溪、濁水溪等大河的出海口不像今日有大量的泥沙沖積，出海口非常寬闊，外海船隻經過時，難免會誤認為是島與島之間的海峽。

圖中紅色的北回歸線橫貫臺灣中間的紅色小島，往西沿伸穿越廣東的珠江河口，葡萄牙人1553年建立的貿易據點澳門（Macao）就位於河口，這是Macao一詞首次出現在地圖上。從麻六甲海峽過來的商船，沿著萬里長沙或萬里石塘北上，直抵澳門，並未在泰國灣東岸及越南東京灣（Gulf of Tonkin）西岸停泊，因此這兩處灣岸幾乎未註記港口地名。

船隻到了澳門，卸貨裝貨、補給修整後，繼續出發前往日本等地，沿途必然經過亮麗顯眼的藍紅金三色島臺灣，以及中國東南海岸密密麻麻的港口，包括地名與中國名稱一樣大的寧波（Liampó），它是當時中日勘合貿易的唯一港口。

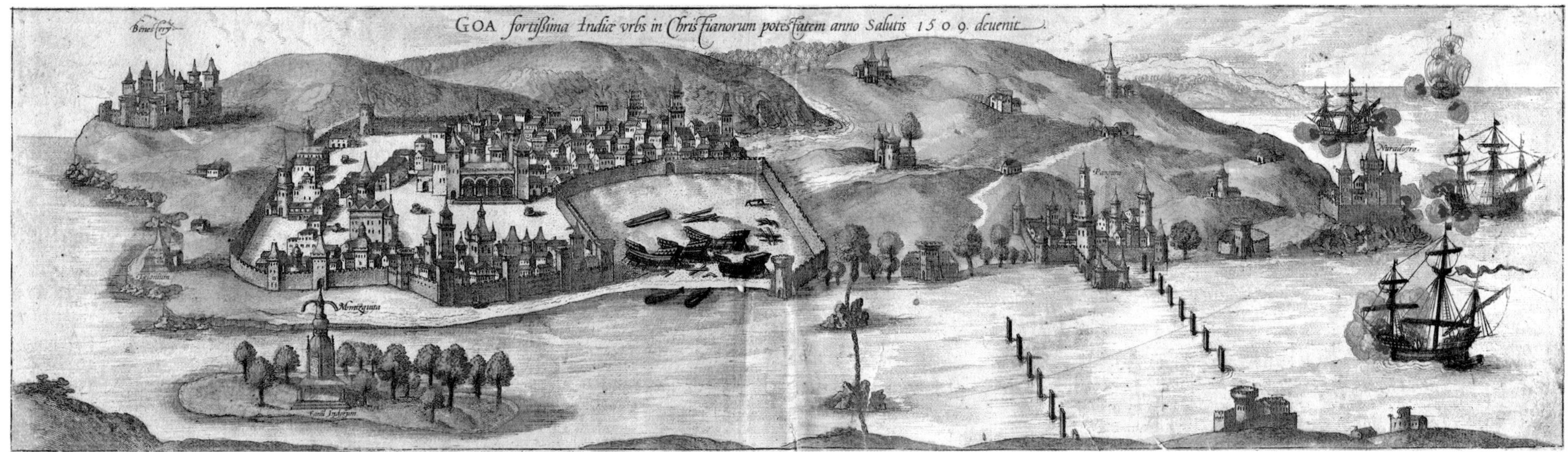

1509年的果阿

▲果阿位於印度西岸，面向阿拉伯海。1498年葡萄牙探險家達伽馬（Vasco da Gama）的船隊率先繞過非洲南端，航抵印度，是史上第一位從歐洲航海到果阿的人。十五世紀之前，印度至歐洲的傳統陸上香料貿易長期被鄂圖曼帝國壟斷。葡萄牙一直努力想在印度建立一處據點，以壟斷印度至歐洲的海上香料貿易。1510年，葡萄牙的艦隊司令阿爾布克爾克（Afonso de Albuquerque）擊敗果阿當地土王，占領了果阿，將果阿建設成一處殖民地與海軍基地，直到1961年12月12日，印度收復果阿。

林斯霍滕

◀林斯霍滕是荷蘭商人和歷史學家，1583年至1588年期間擔任葡萄牙駐印度果阿大主教的秘書，卻偷偷複製被葡萄牙官方保密了一百多年的航海圖，並記錄不同國家之間的貿易條件，以及它們之間的海上航線。1596年，他在歐洲出版了《航程》（*Itinerario*，英文版書名為《東西印度的航行記錄》）一書，書中展示印度及東印度群島航行的詳細地圖，更關鍵的是，還提供了航海數據如海流、深海、島嶼和沙洲，這對於航行安全至關重要。從此，十六世紀以來葡萄牙人在東印度群島貿易所享有的壟斷，逐漸被荷蘭東印度公司和英國東印度公司打破。

長崎港

◀1570年信奉天主教的日本領主大村純忠將長崎浦開放給葡萄牙人作為貿易港，翌年在長崎興建長崎六町，成為附近天主教信徒和來自各地移民的聚居地。1580年，大村純忠將長崎奉獻給耶穌會。然而1587年豐臣秀吉平定九州之後，驅逐天主教傳教士。初期當局對天主教的管制並不嚴格，甚至還有新教堂興建。但在1597年，當局下令處死長崎的26名天主教信徒。1612年之後，德川家康更發布禁教令，長崎的教堂全部被毀。

首次與中國長城一起出現在西方古地圖中的臺灣

《中國或中華地區新圖》(*Chinae, olim Sinarum regionis, nova descriptio*)

巴爾布達(Luis Jorge de Barbuda),繪於1584年,出自《寰宇概觀》(*Theatrum Orbis Terrarum*)。

中世紀以前,神祕的中國通常被歐洲及伊斯蘭製圖師描繪在世界地圖的邊陲地帶,或是只出現在東半球及亞洲地圖上,從未出現單獨以中國為名的地圖;直到1584年,葡萄牙製圖師巴爾布達(Luis Jorge de Barbuda, 1564～1613)繪製的《中國或中華地區新圖》中才首次單幅呈現中國地圖。回溯歷史便會發現葡萄牙耶穌會士直到1577年才被允許在中國土地上公開傳教,就在這張地圖出版前七年。本地圖出版後隨即被收錄在荷蘭製圖師奧特利烏斯(Abraham Ortelius)的修訂版《寰宇概觀》(*Theatrum Orbis Terrarum*)地圖集中,是當時最準確的中國地圖,此後數十年一直是西方人繪製中國地圖的範本。

地圖左上角孟加拉灣(Bay of Bengal)上的紅色裝飾框內標註了三行文字:「1584年起享有西班牙皇家、皇室和布拉班特(Brabant)公國特權十年。」說明了本地圖的著作版權。1582年受聘於西班牙國王繪製航海圖及世界地圖的巴爾布達,綜合了歷代探險家、商人、使者、傳教士等在東亞及中國所見所聞的口述與文字資料,並根據明代羅洪先於1541年完成的《廣輿圖》,繪製出這幅中國分省地圖。

這幅地圖上為西方,下為東方。圖右側的中國北方有兩排綿延的山脈,山脈之間則是一道人工加自然屏障形成的長城,兩者間標註了兩行文字:「中國國王在山脈稜線上建造了一座綿延四百英里長的城牆,阻擋韃靼人的入侵。」這是最早繪出中國長城的西方地圖。

長城以北的山脈外畫了幾頂韃靼族的帳篷及沙漠中的馬鹿,呈現塞外的風情。其中分布在南西伯利亞、蒙古西北部和中國北疆的阿爾泰馬鹿(Altai wapiti),外型特徵均如實呈現。

阿爾泰馬鹿

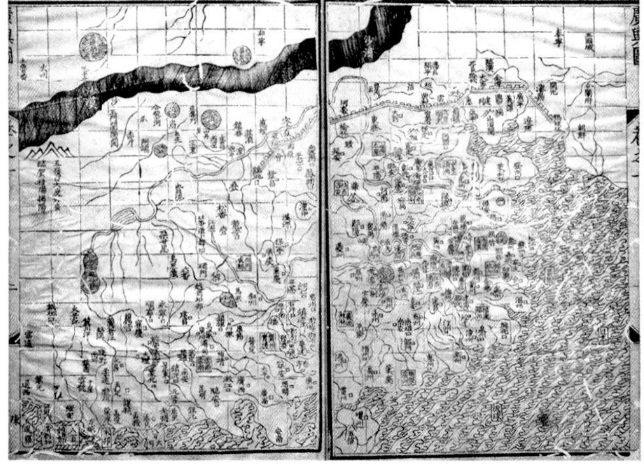

羅洪先《廣輿圖》

中國長城(Photo by Jakub Ha un CC-BY-SA-3.0)

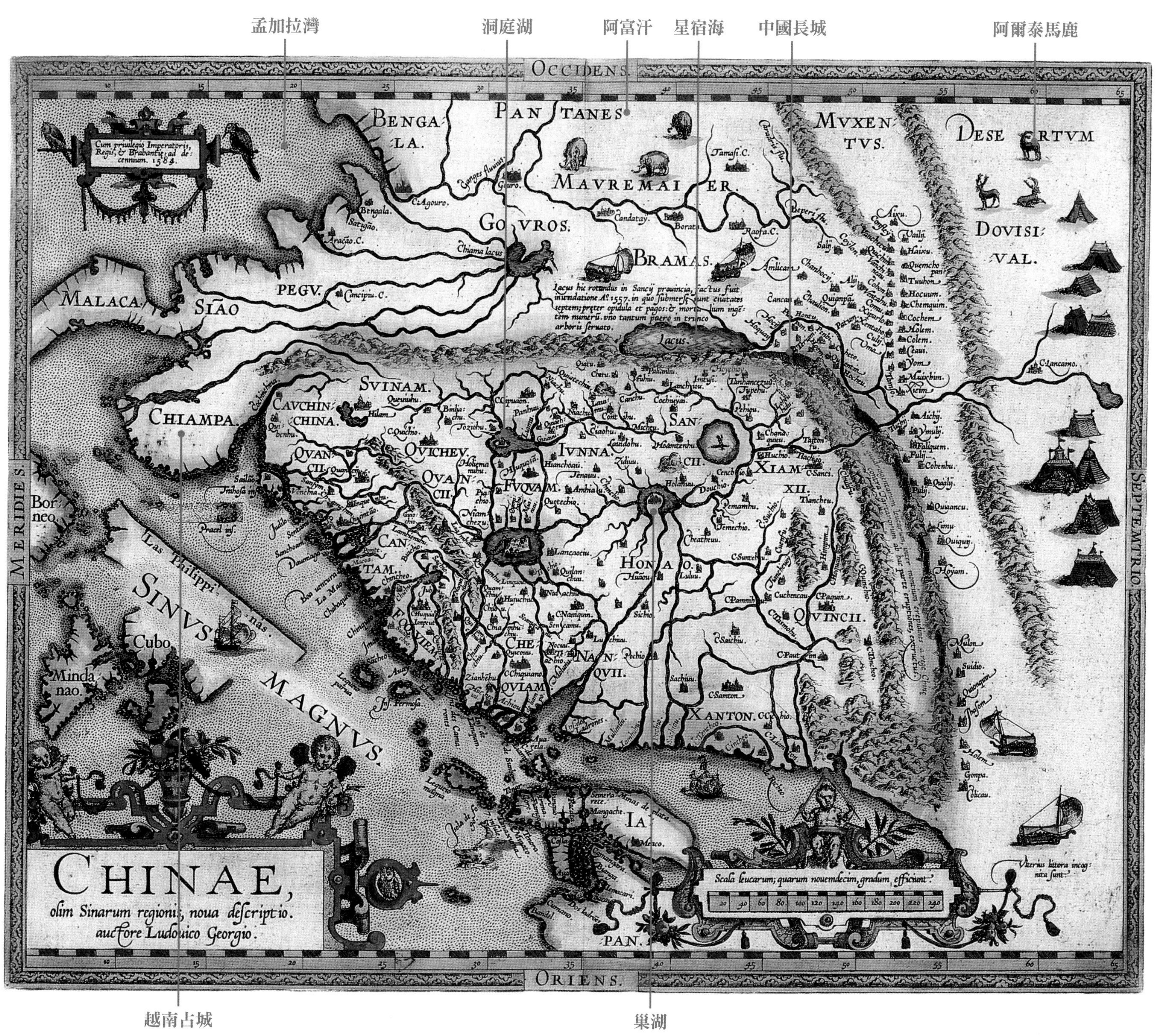

右下角的兩艘陸上風帆（land sailing，延伸閱讀p.133）在風大的沙漠或戈壁平原上揚帆而行，與左上方的另外兩艘遙相呼應，除了點綴畫面之外，也反映了此項交通工具讓西方人覺得新鮮有趣，此後便多次出現在與中國有關的西方古地圖中。

沿著長城內緣山脈往左上方延伸至左側的占城（Chiampa），中國幾乎被綿延不絕的山脈環繞。地圖最上方的Pantanes就是今日的阿富汗，幾頭亞洲象漫步其間。

雖然本圖中某些中國省份及城市的位置有誤，不過，對中國複

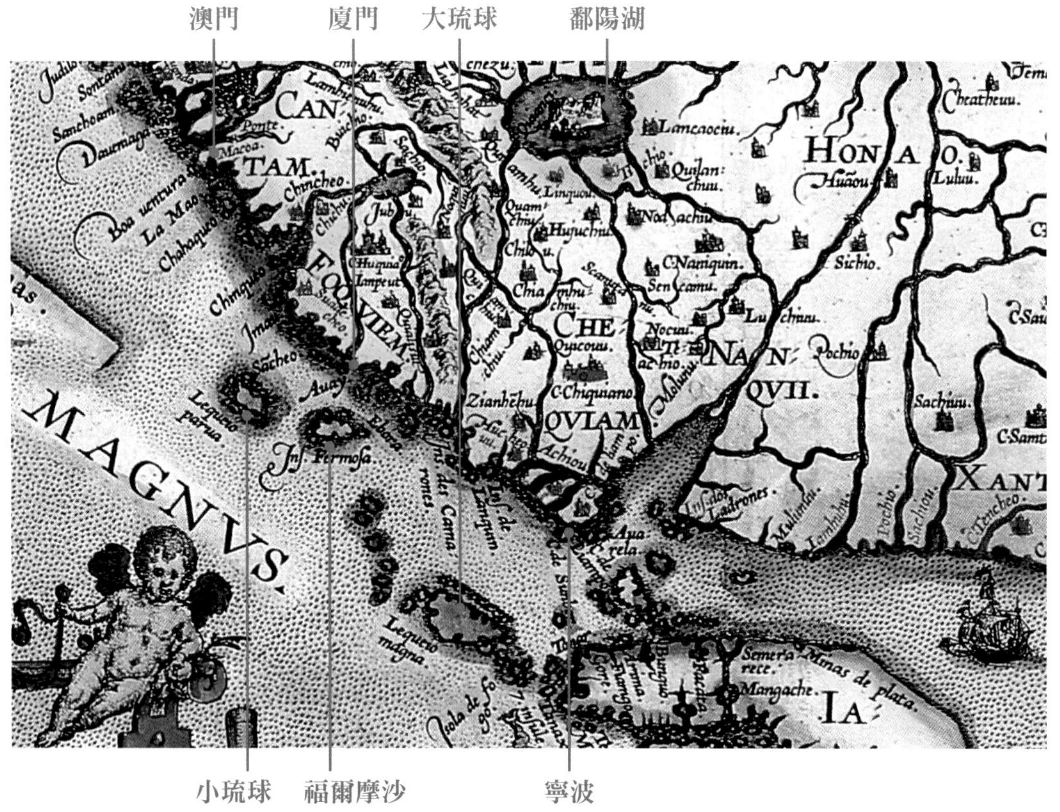

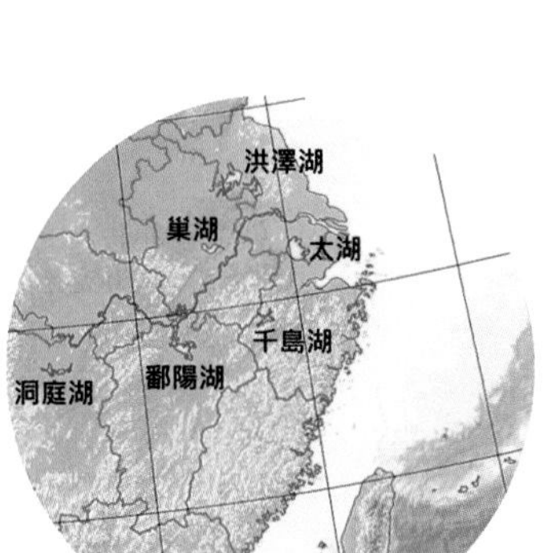

巢湖、洞庭湖與鄱陽湖

（Uwe Dedering CC-BY-SA-3.0）

雜的水系倒是描繪得相當仔細，例如環狀山脈中段的Lacus就是黃河的源頭星宿海，黃河流到右側長城附近時還彎出了ㄇ字形的河套地區；星宿海東方的圓形湖泊中畫了一人坐在浮木上，根據地圖背面的文字說明，這個位於山西省的圓形湖泊是1557年的洪水造成的，當時有七個村鎮全被淹沒，造成大量死亡，只有一個男孩爬到樹上而倖免於難。圓形湖泊旁邊的弧形湖泊應該就是安徽省的巢湖，而地圖正中央FVQVAM（湖廣）的上下二湖則是長江水系的洞庭湖與鄱陽湖。

相較於內陸，此地圖對中國海岸線，尤其是寧波以南海岸線的描繪更為準確，應與當時的西方航海者經常接觸中國東南沿海一帶有關。反觀較不熟悉的北方海岸（雖然畫了一艘船點綴空曠的海面）幾乎呈一直線，山東半島和朝鮮半島竟然杳無蹤跡。

地圖上東南沿海的重要港口城市如澳門（Macoa）、廈門（Auay）、寧波（Liampo）等都清楚標出，臺灣也被標示於福建沿海，其中Ins. Fermosa（福爾摩沙島）與Lequeio parva（小琉球）都是當時人們對臺灣的稱呼，如今兩島並列在一起，可能是製圖者無法辨別各種繪圖參考資料中兩種島名是否各有所指，另一種可能是臺灣島被昔日寬大的濁水溪河口一分為二，而遭誤認為兩個島嶼。不管哪一種，兩個島嶼加起來都沒有東北方的大琉球（Lequeio magna）大。雖然實際上臺灣島遠大於古稱大琉球的沖繩島，但由於臺灣一直被視為蠻荒之島，從未接受實際測量，不像1372年起便向明朝進貢及接受冊封的琉球國那樣受到較大的關注。

陳第《東番記》中說：「永樂初，鄭內監航海諭諸夷，東番獨遠竄，不聽約，於是家貽一銅鈴，使頸之，蓋狗之也。」雖然迄今仍未發現鄭和曾來過臺灣的明確史料，但從該文中可明顯看出漢族帝國的狂妄心態，另一方面也透露出了「遠竄不聽約」的臺灣原住民不巴結權貴的傲氣，即使陳第後面加了一句「至今猶傳為寶」，也只代表純樸的臺灣原住民珍惜遠客致贈罕見銅器的好意，完全不知其中包藏褊狹的歧視意涵。

長久以來，臺灣受到的「關注」通常都帶有負面意涵，不是征討，就是賊窟。例如《明實錄》記載：萬曆二年（1574），「福建海賊林鳳自澎湖逃往東番魍港（雲林北港或嘉義布袋），總兵胡宗仁、參將呼良朋追擊之，傳諭番人夾攻，賊船煨燼，鳳等逃散。」當然偶有溫馨的一面，華亞特（Camille Imbault-Huart）的《臺灣島之歷史與地理》（*L'ile Formose, Histoire et Description*）書中提到，1580年，馬尼拉總督派耶穌會教士Alonzo Sanchhez往澳門；回程時取道日本，卻遇颱風而船破，遂在臺灣登陸，整修船隻，停留數月才離開。

1581年，荷蘭各省在阿姆斯特丹簽署獨立宣言

▲1581年，在本地圖繪製前三年，荷蘭各省簽署宣言，罷免西班牙國王菲利普二世，脫離西班牙的統治，實際上相當於荷蘭的獨立宣言，並在七年後於1588年建立尼德蘭聯省共和國（亦稱為荷蘭共和國），是史上第一個資產階級建立的共和國，從此與西班牙展開海上競爭。

▼梁元帝蕭繹（552～554）在擔任儲君時所編的《金樓子》一書中，記載高昌人發明了一種風力車，能夠同時載運三十人，是最早描述在大型車輛上使用桅杆和帆的文獻。《世説新語》中則記載，大約610年時，隋煬帝（604～617）也曾命人製造了一部風力車。
除了本地圖出現風力車，1585年，奧斯定會（Order of Saint Augustine）西班牙傳教士胡安．岡薩雷斯（Juan González de Mendoza）撰寫的《大中華帝國史》，也記載中國有許多載人和貨的風帆車輛。1595年的麥卡托（Gerardus Mercator）地圖集所描繪的中國車輛也有相同的風帆。而法蘭德斯科學家斯蒂文（Simon Stevin）宣稱根據當時埃及尼羅河帆船所發明的「陸上遊艇」（land yacht）則出現於1600年，提供給莫里斯（Maurice）親王用來招待他的客人。

1600年法蘭德斯的陸上遊艇，與中國梁朝的陸上風帆有異曲同工之妙。

廈門（Photo by BreakdownDiode CC-BY-SA-3.0）

◀廈門島原稱嘉禾嶼。唐宣宗大中年間，稱為「嘉禾里」。清道光《廈門志》引《鷺江志》云：「昔島上多白鷺棲息，又有鷺嶼、鷺島之稱。」1276年元兵南下，宋幼帝趙昺曾逃避於此。元末設嘉禾千戶所。明洪武二十年（1387）在嘉禾里西南端築「廈門城」，意寓國家大廈之門，「廈門」之名自此列入史冊。

最早的中文版彩繪世界全圖中臺灣不缺席

《坤輿萬國全圖》

利瑪竇（Matteo Ricci），繪於1584年，1602年與太僕寺少卿李之藻合作完成彩色版，出自日本東北大學圖書館。

明神宗

耶穌會義大利傳教士利瑪竇在印度和交趾傳教四年後，1582年抵達澳門，先在澳門努力學習漢語，1584年獲准入居廣東肇慶，有系統地學習中國傳統文化，也傳入現代數學、幾何、世界地圖、西洋樂等西方文明。期間，利瑪竇受肇慶知府王絆委託，繪製了中國第一幅完整經緯線的墨色世界地圖。

1601年，利瑪竇好不容易抵達京師獻圖，這幅有悖於中國傳統觀念的地圖竟然深受明神宗喜愛。1602年，利瑪竇與太僕寺少卿李之藻合作刊行彩色版《坤輿萬國全圖》，是中國最早的彩繪世界地圖，以當時的西方世界地圖為藍本，但改變了歐洲居於地圖中央的格局，將亞洲東部居於地圖的中央，此舉開創了中國繪製世界地圖的先例。此後，《坤輿萬國全圖》又流傳到了韓國、日本等國，促進了整個亞洲的地理學、天文學的發展。

目前已發現的《坤輿萬國全圖》原刻本有六幅，藏於梵蒂岡、美國、日本和法國等地，中國國內唯一現存的是根據刻本摹繪的版本，藏於南京博物院。本篇介紹的《坤輿萬國全圖》以日本東北大學圖書館所藏的李之藻版為主，南京博物院版為輔。

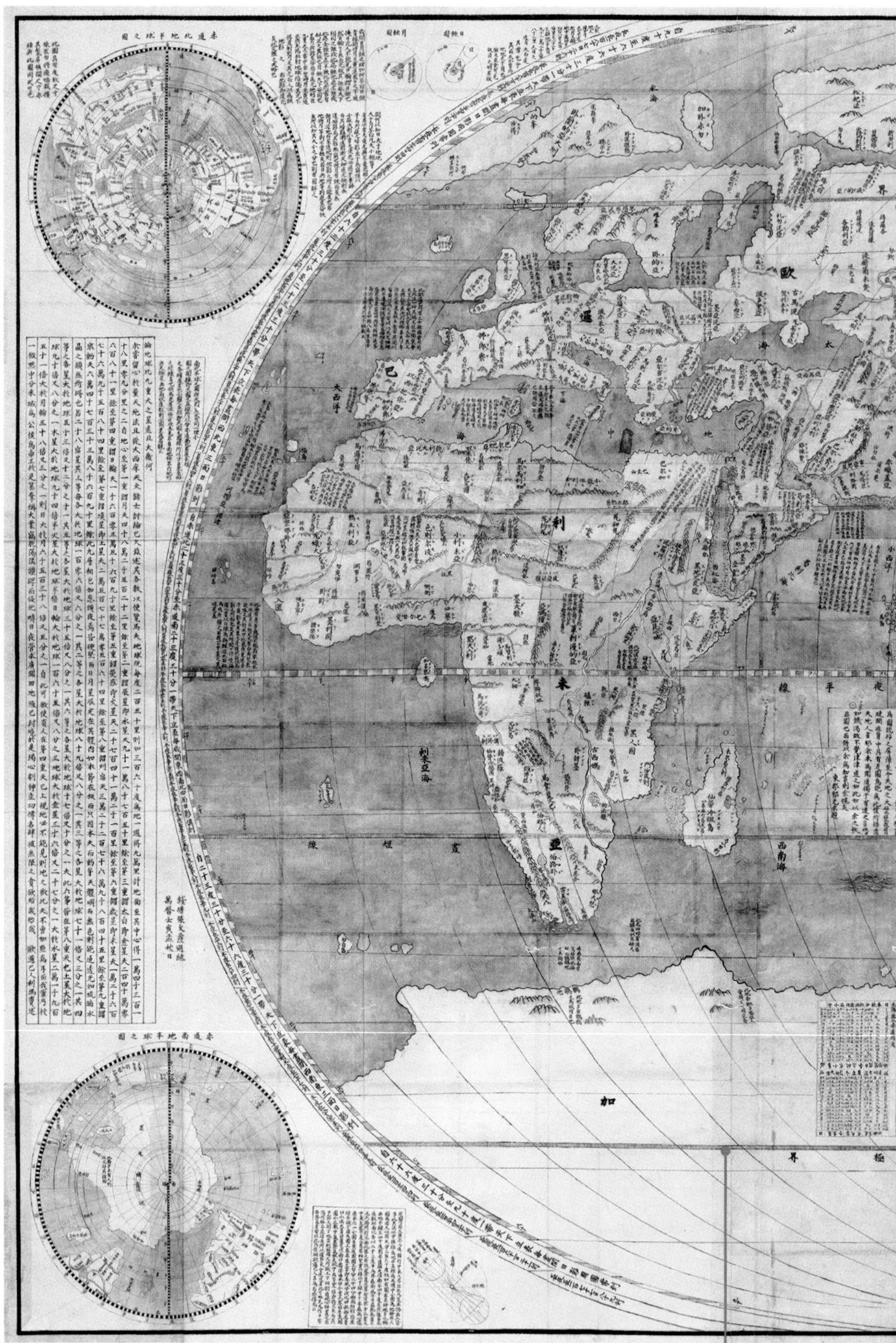

李之藻版《坤輿萬國全圖》長376 cm，寬169 cm，右上角地圖名稱下方洋洋灑灑寫了1500字，說明本地圖繪製的科學背景：「地與海本是圓形而合為一球……其詳則備于圖云，利瑪竇撰。」地圖最左側再補上一篇〈論地球比九重天之星遠且大幾何〉，可見利瑪

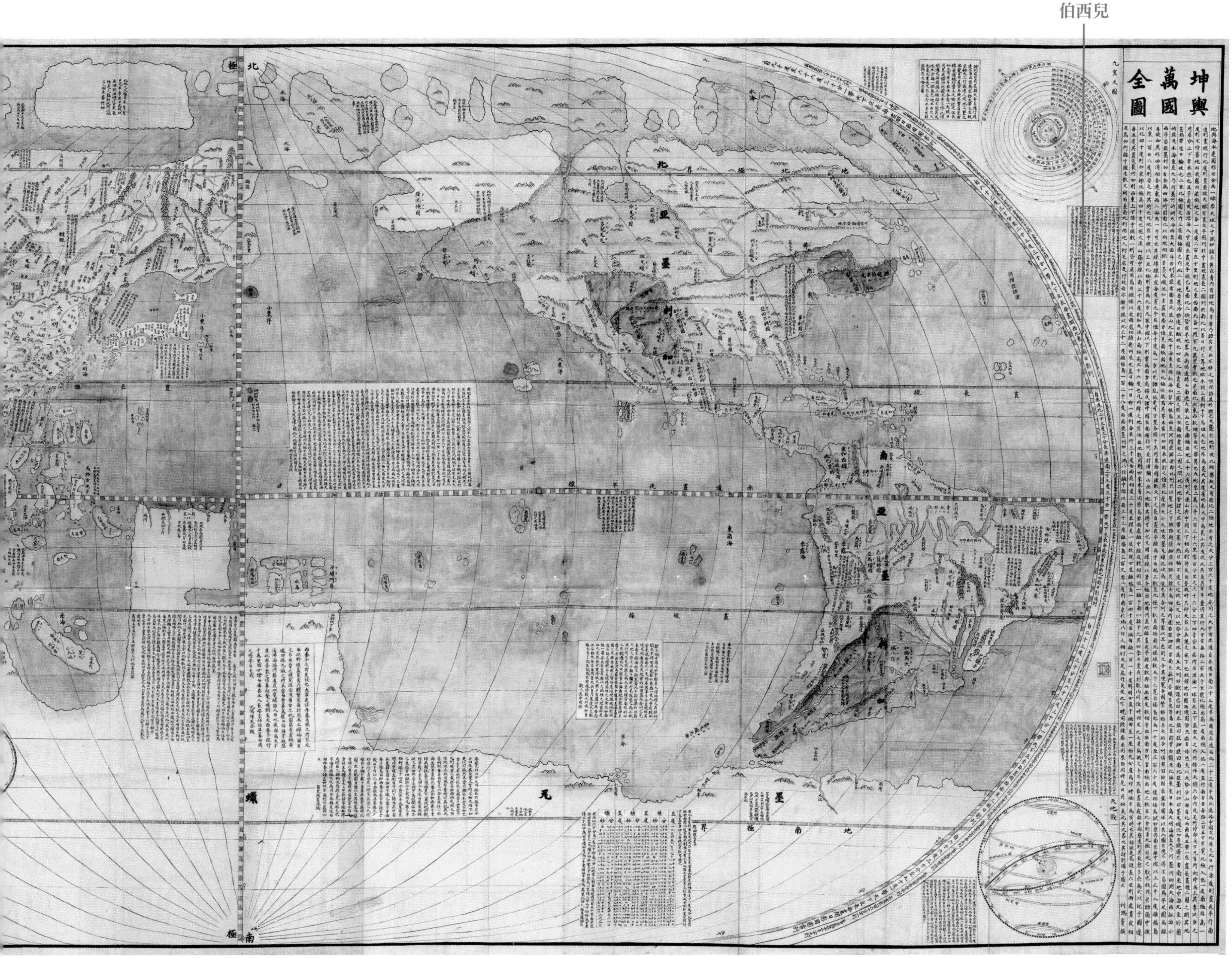

竇多麼熱切於讓中國人了解宇宙何其大，「而我輩乃於一微點中，分采域，為公侯，為帝王。」從科學與神學的角度，說明繪製本地圖的寓意深遠。

光用文字說明還不夠，地圖的四個角落另附有小圖解說天文與地理方面的科學知識，從左上角的《赤道北地半球圖》和《日月食圖》開始，順時針依序是：右上角的《九重天圖》說明宇宙的結構，右下角的《天地儀圖》說明「天包地外，地處天中」的概念，左下角的《赤道南地半球圖》和《中氣圖》說明節氣線的畫法。此

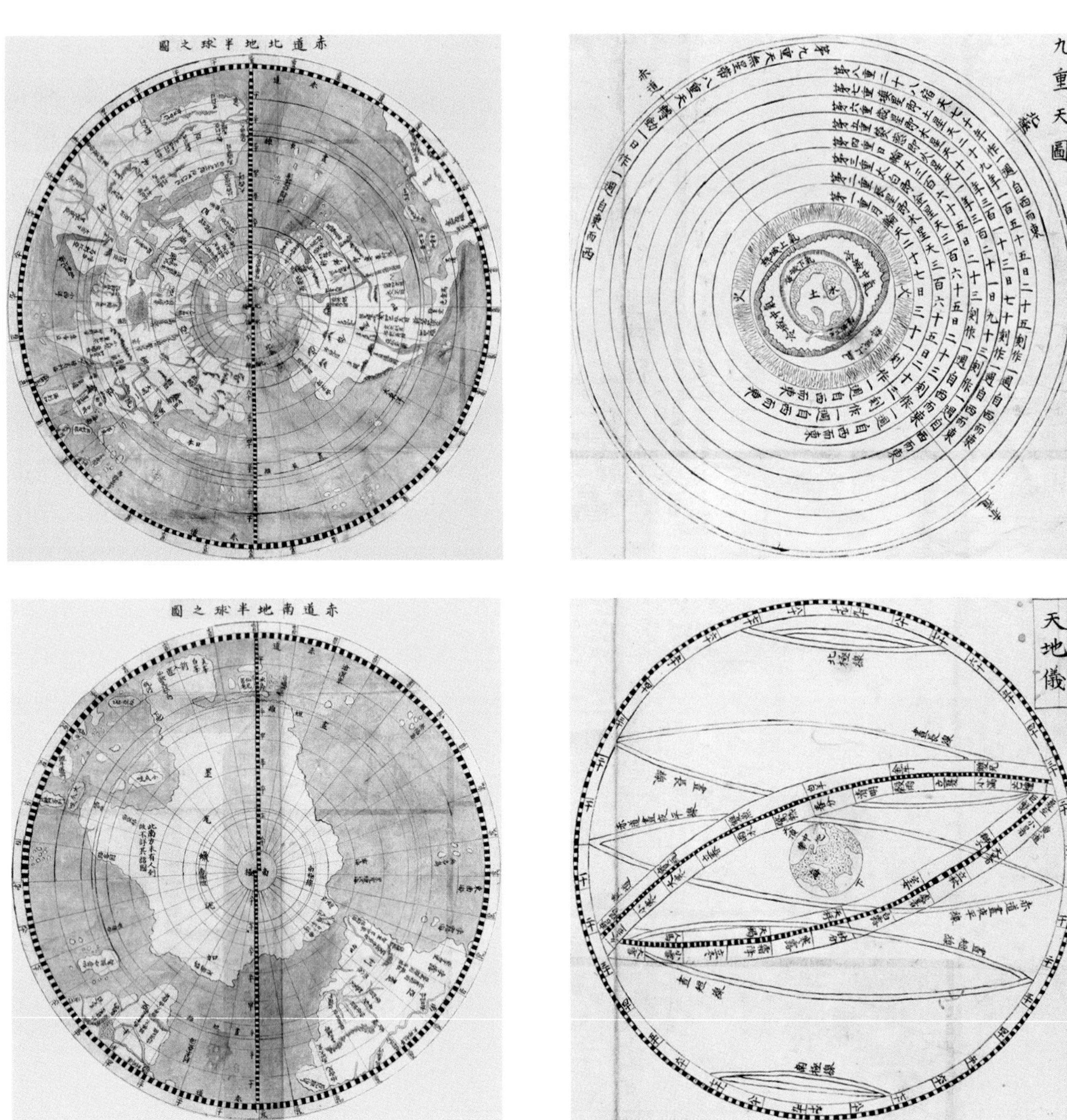

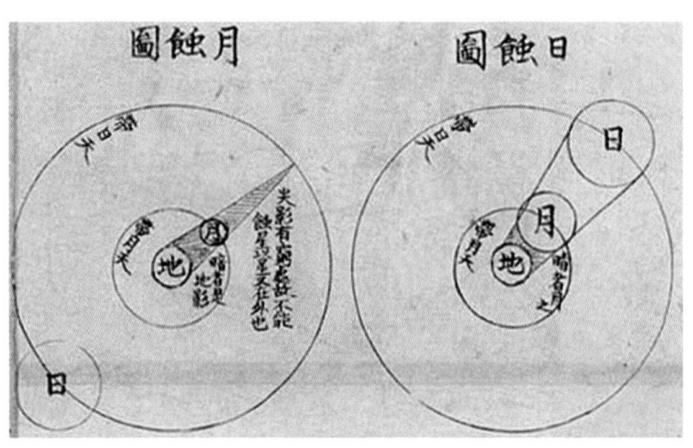

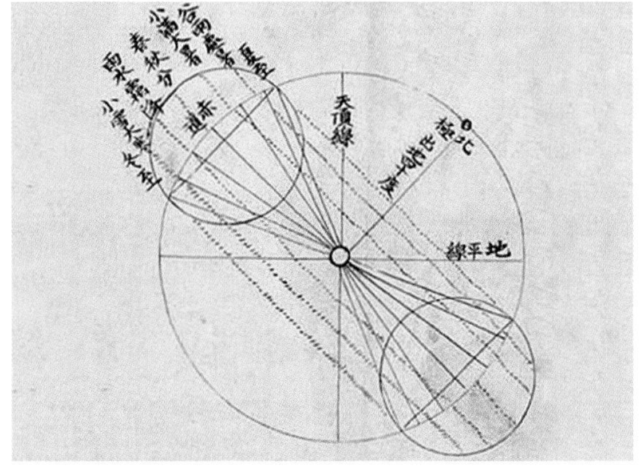

外，還在地圖空白處詳列經緯度的劃分法、看北極法、太陽出入赤道緯度等數據，雖然這些知識在今天已經是常識，但在明代可謂耳目一新，開拓了當時中國人的眼界。

《坤輿萬國全圖》的橢圓形地圖採用球面投影法，五大洲的名稱以紅邊黑字標註，國名和地名都用墨筆書寫，以字體大小作為區別，日本學者在重要地名旁加註片假名日文。各國疆界以顏色區隔，繽紛多彩。

曾任南京工部員外郎的李之藻熟習中國地圖，在《坤輿萬國全圖》中增補了大量關於中國的地理信息，比其他國家豐富許多，對於中國省份、重要城市都有詳細標註，還描繪了中國主要的山脈、河川、沙漠，包括長城。

除了地名，《坤輿萬國全圖》中還加註許多文字介紹世界各地的風土人情、自然資源、宗教信仰等。例如，介紹南美洲的伯西兒（即葡萄牙於1500年開始殖民的巴西）時說：「此國人不作房屋，開地為穴以居，好人肉但，食男不食女，以鳥毛織衣。」等等，豐富又有趣。

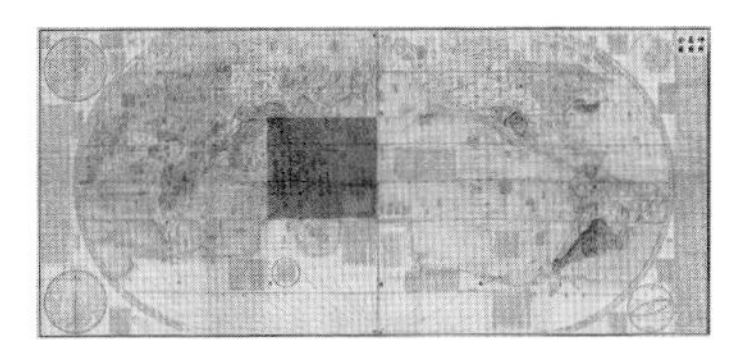

赤道以南的大片白色土地上除了幾座小山脈，幾乎空無一物，大地上以洲級的紅邊黑字標註為墨瓦蠟泥加（Magallanica），意為「麥哲倫洲」，以紀念首次環球航行的麥哲倫，其實這塊大陸就是一千多年前托勒密推論出的「未知的南方大陸」。繪製《坤輿萬國全圖》時尚未正式發現南極洲和澳大利亞，利瑪竇將兩者連成了一整塊大陸。

南方大陸最北邊的四方形半島，大約就是今日的澳大利亞，從其西北方一路往上依序為巴布亞新幾內亞、馬路古（摩鹿加群島）、茗答閙（民答那峨）、呂宋，再往上就進入了大明海，而位於福建對岸且跨越北回歸線的「大琉球」應該就是臺灣，因為方位及大小比例都與實際相符，然而利瑪竇和日文加註者卻都在這兒陷入了迷思，因為自古以來，「大琉球」都被用來稱呼受明朝冊封的沖繩島（實際方位與大小接近本圖中的「小琉球」），雖然「大琉球」比當時被稱為「小琉球」的臺灣島小許多。由於名稱與事實相違背，在難以合理解釋的情況下，利瑪竇在「大琉球」的西南方加畫了一個略小一些的無名小島，隱約代表之前被稱為福爾摩沙的臺灣，想不到《坤輿萬國全圖》傳到日本後，日本學者加註日文地名時，自作主張在此無名小島上寫下「東寧」二字，那是《坤輿萬國全圖》問世八十年後的1662～1683年，鄭成功在臺灣所建立的政權名稱。

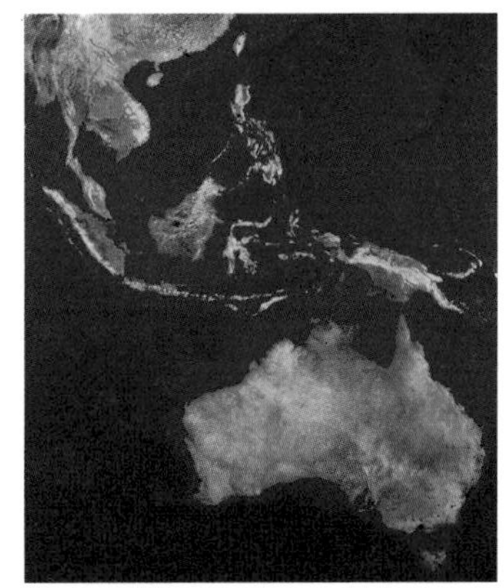

澳大利亞與東南亞（NASA）

南京博物院版《坤輿萬國全圖》的地形、地貌、文字說明均與原版《坤輿萬國全圖》相同，最大的不同是在各大洋中，繪有十六世紀不同類型的帆船9艘，以及鯨、鯊、海獅等海生動物15頭，南方大陸上還繪有陸上動物大象、獅子、鴕鳥、恐龍等8頭，圖文結合的形式讓地圖變得更加生動。

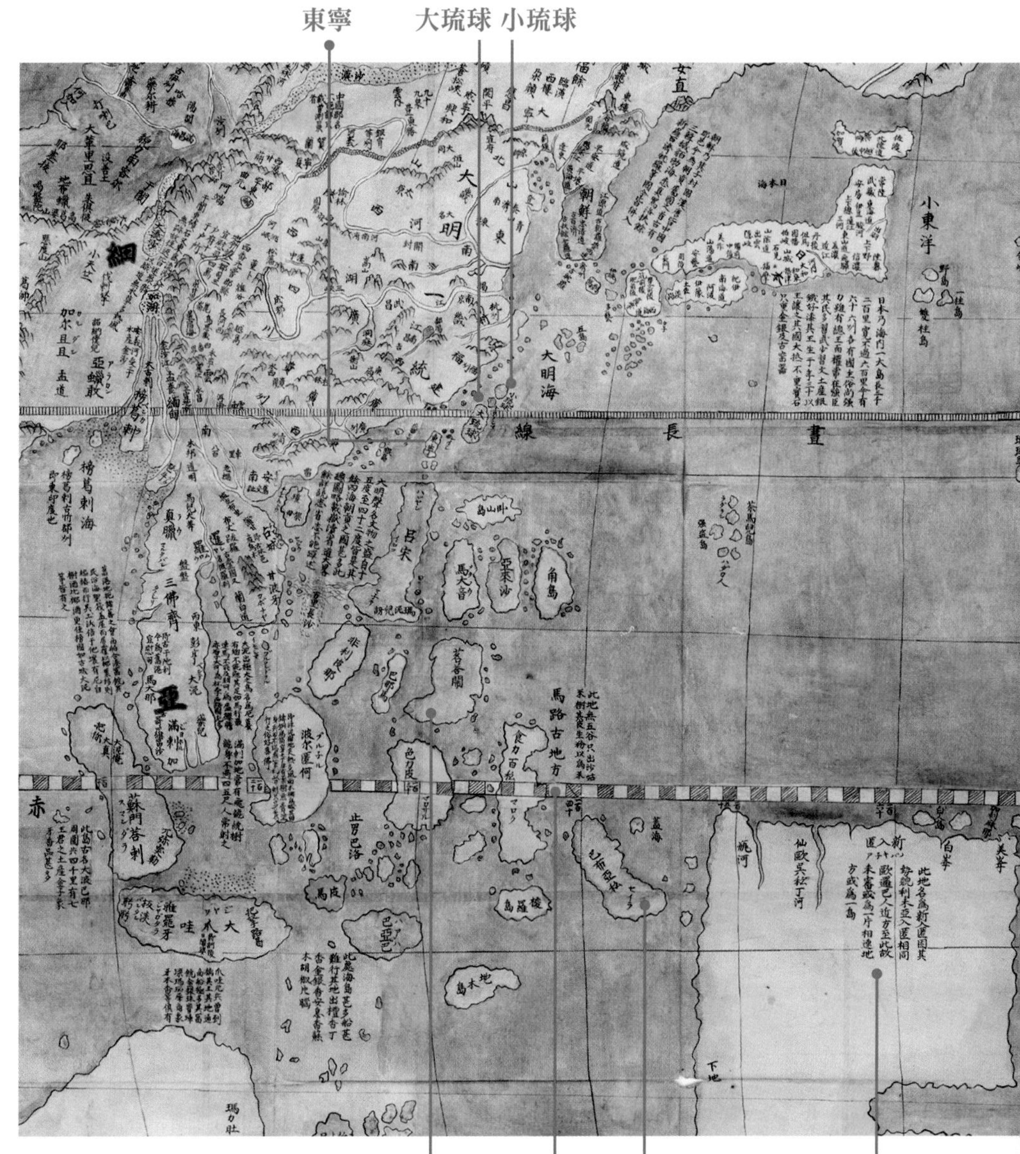

南京博物院版《坤輿萬國全圖》中的船隻與動物

東南亞海圖中金碧輝煌的雙島

《東南亞與西太平洋航海圖》（*Carta da Ásia do Sueste e do Pacífico Ocidental*）

瓊．馬丁內斯（Joan Martines），繪於1587年，出自西班牙國家圖書館（Biblioteca Nacional de España）。

西元1587年，馬丁內斯（Joan Martines）為西班牙國王菲利普二世（Felipe II）精心製作了一本手繪地圖集，結合傳統的馬略卡島（Majorca）製圖學派，與新的低地國製圖學派。前者較注重裝飾，但地理資訊不精確；後者則根據天文、數學和地理新概念，以不同的形式繪製地圖，比傳統的波特蘭海圖包含更多資訊。

這本地圖集共有19幅，包括2幅世界地圖和17幅地區地圖和航海圖，其中一幅《東南亞與西太平洋航海圖》是本篇介紹的重點。儘管馬丁內斯大大減少了圖中的古地名（以Taprobana指稱蘇門答臘，以行在Quinzai指稱杭州，是極少數的顯著例外），但仍透露出其主要繪圖靈感是來自麥卡托（Gerard Mercator）1569年的世界地圖。而所選區域的劃分及構成的相對位置，則與1558年迪歐戈．歐蒙（Diogo Homem）的亞洲地圖（參見p. 114）極為相似。

本圖的中心點鄰近菲律賓群島，這兒是當時西班牙王國在亞洲執行擴張主義（無論是軍事、貿易或傳教）的橋頭堡，身為西班牙皇家製圖師的馬丁內斯，當然知道如何在圖中突顯此一重點，因此除了在西太平洋上畫了一個繁複華麗的32方位羅盤玫瑰與6艘大帆船，而且以金粉裝飾了菲律賓群島靠近地圖中央的兩個島。就相對位置來看，這兩個位於菲律賓群島最北方的金色島嶼應該是呂宋島（Luzon），原比最下方的民答那峨島（Mindana）還大，是首都馬尼拉的所在地，卻未標註島名，且大幅縮小，而繪製此圖時，西班牙已占領呂宋島近20年，無法想像竟會有如此偏差。

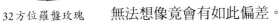

32方位羅盤玫瑰

本地圖中的臺灣就位於菲律賓群島的正北方，一樣被分成雙島，北島也塗上了金色，南島則是碧綠色，這金碧輝煌的雙島標註為小琉球（Lequio minor），雖然合起來面積還是略小於東北方的大琉球（Lequio maior）群島，但已經比較接近實際大小，而且顏色也比暗淡的大琉球要亮麗許多，似乎也預示了臺灣將逐漸嶄露頭角。至於大小琉球間標註的福爾摩沙島（Isla fermosa）位於宮古島（Reyx magos）之北，離北回歸線更遠，一樣是受莫衷一是的古地名所惑而犯下的美麗錯誤。

延伸閱讀 ▼1521年，麥哲倫率領西班牙探險隊首次環球航行時抵達此地，不幸遭土著砍死。1542年，西班牙人以王子菲利普（Felipe）之名，將此群島命名為「Las Filipinas」，成為「菲律賓」名稱的由來。1565年，西班牙人占領宿霧島（Cebu）。1571年，占領呂宋島，建馬尼拉城。1594年，西班牙人公告馬尼拉成為菲律賓群島的首都。

西班牙聖奧古斯丁分會1581年建於馬尼拉的馬拉特教堂（Malate Church）

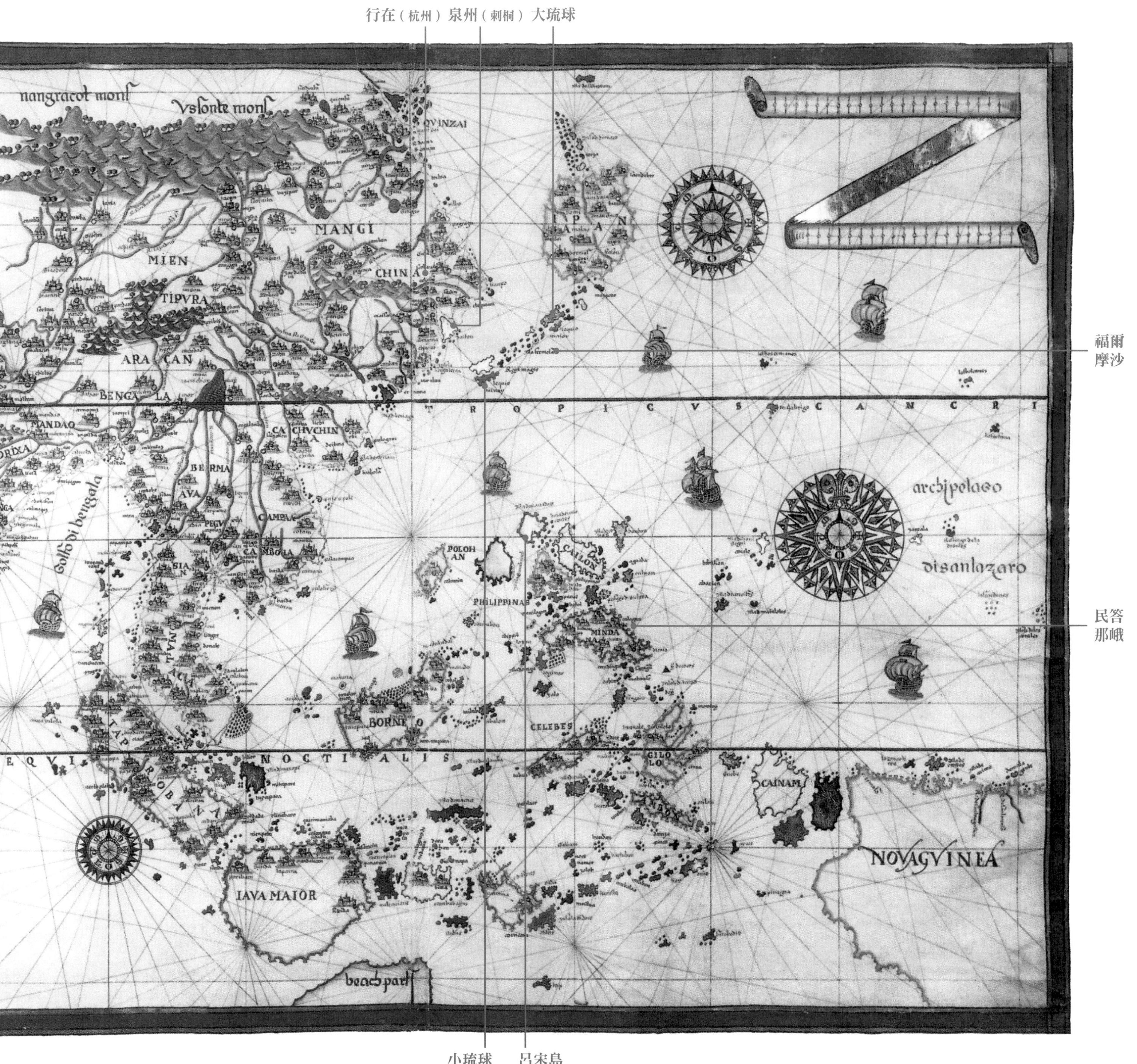
行在（杭州）
泉州（剌桐）
大琉球
福爾摩沙
民答那峨
小琉球
呂宋島
nangracot monſ
vsonte monſ
QVINZAI
MANGI
CHINA
MIEN
TIPVRA
ARACAN
BENGALA
MANDAO
ORIXA
CACHUCHINA
BERMA
AVA
PEGV
CAMPAA
CAMBOIA
SIAN
Golfo di bengala
IAPAN
TROPICVS CANCRI
POLOHAN
PHILIPPINAS
CAILON
MINDA
archipelago
disanlazaro
BORNEO
CELIBES
GILOLO
CAINAM
EQVINOCTIALIS
TAPROBANA
IAVA MAIOR
NOVAGVINEA
beachpart

太平洋西岸的蕞爾島群

《太平洋地圖》（*Descriptio Maris Pacifici*）

亞伯拉罕．奧特利烏斯（Abraham Ortelius），繪於1589年，
出自《寰宇概觀》（*Theatrum Orbis Terrarum*）。

麥哲倫

地理學家奧特利烏斯（Abraham Ortelius）根據弗朗斯．霍根伯格（Frans Hogenberg）1589年所繪的美國地圖等資料繪製了這幅太平洋地圖，收錄在1590年版的《寰宇概觀》地圖集中，是第一幅以太平洋為主題的印刷地圖。右上角的地圖名稱框中註明太平洋「俗稱南海」（quod vulgo Mar del Sur），得名於1513年西班牙探險家巴爾博亞（Vasco Nuñezde Balboa）在巴拿馬地峽看見太平洋時的命名。1521年，麥哲倫首次完成橫渡太平洋的壯舉，重新命名為太平洋（Mar Pacifico），同時也證實了美洲與亞洲之間存在著一片遼闊的水域，這個水域比大西洋寬闊得多。哥倫布首次橫渡大西洋只用了一個月零幾天的時間，而麥哲倫在天氣晴和、一路順風的情況下，橫渡太平洋卻用了一百多天。

本地圖中濱臨太平洋的北美洲與南美洲海岸密密麻麻寫滿了地名，顯示歐洲人已經對這兩大洲的西岸地區進行了相當程度的探索。地圖下方的大片粉紅色空曠陸地上標示「尚未探測的南方大陸或稱為麥哲倫洲」（Terra Australis, Sive Magellanica, Nondum Detecta），僅在南美洲南端對岸標註火地（Tierra del Fuego）等少數地名，其實那兒只是南美洲南端的火地群島，並非南方大陸，離南極洲還有一段距離。至於地圖左側綠色的新幾內亞（Nova Guinea）南邊也緊鄰著南方大陸，兩者的距離約等於新幾內亞與澳大利

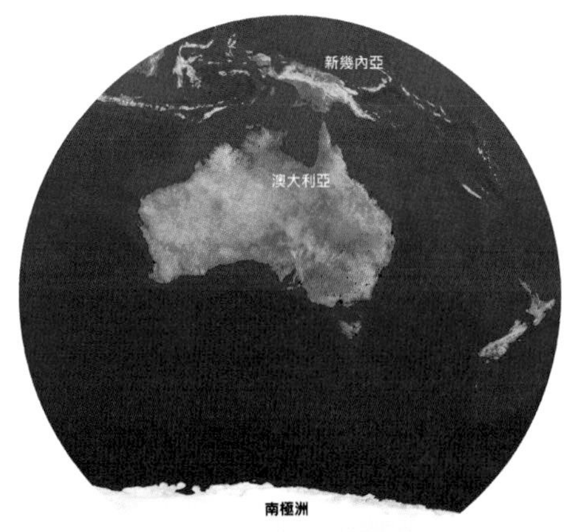

阿卡普爾科

新幾內亞

火地島

亞（Australia，名稱源自Terra Australis Incognita未知的南方大陸）的距離，可見當時的人們仍將澳洲與南極洲連成一大片，統稱為南方大陸，直到1606年歐洲人首次登陸澳洲，十八世紀初，澳洲的北岸和西岸才被繪於地圖上。1770年，英國庫克（James Cook）船長發現澳洲東部，並繞行澳洲。澳洲才算正式與南極洲劃清界線。而南極洲則直到1820年才首次被俄羅斯探險家發現。

視線從南方大陸往北移，麥哲倫船隊僅存的維多利亞號（Victoria）以雄偉之姿出現在本地圖的南回歸線上，由勝利女神維多利亞在船首前導，正航向馬里亞納群島（Mariana Islands）中的關島（Guam）。1521年3月維多利亞號在關島靠岸，熱心的島上原住民查莫羅人（Chamorro）送來了糧食、水果和蔬菜並上船參觀，對船上的任何東西都非常好奇，便自行搬走一些物品，並取走繫在船尾的一艘救生小艇。麥哲倫發現後大為光火，便帶領士兵開槍打死了幾位島民，放火燒毀了幾十間茅屋和幾十條小船，並將這幾座島稱為「盜賊群島」（Restiga de Ladrones）。實際上，這是歐洲人和查莫羅人之間存在文化上對產權的誤解。

麥哲倫船隊離開盜賊群島，繼續西行，來到菲律賓的霍蒙洪島（Homonhon），船上一位12年前麥哲倫從馬六甲帶到歐洲的馬來籍奴隸，聽到島上有人講馬來方言，判斷他們來到了馬來附近，證明橫越太平洋向西可以抵達遠東地區，地球是圓的！麥哲倫首次橫渡太平洋，在航海史上掀起了一場革命，證明世界各地的海洋是一個相通的完整水域，因此開拓了後世航海事業的眼界。

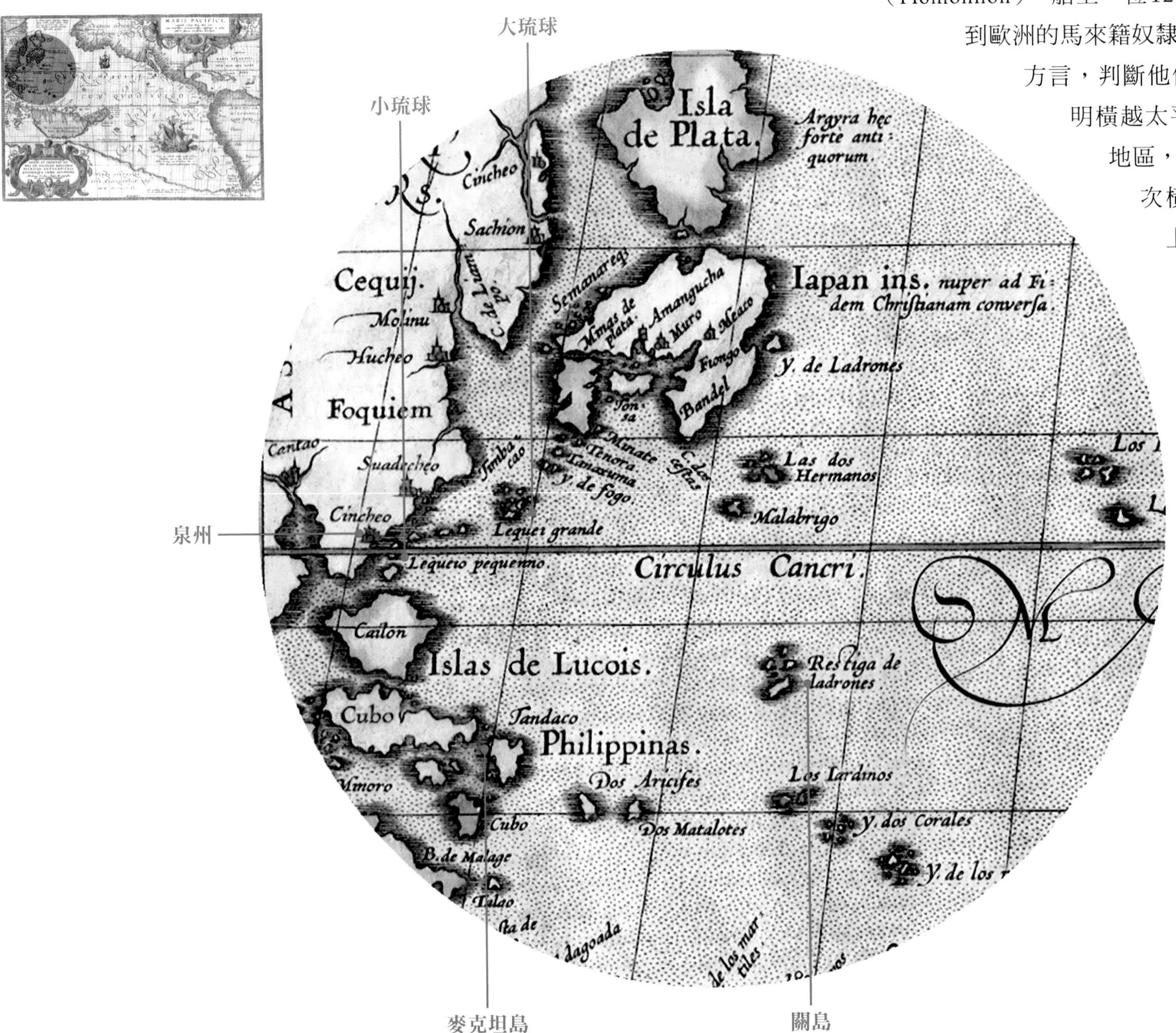

麥哲倫跟隨當地人來到菲律賓中部的宿霧島（Cebu），並讓該島和附近島上的居民接受了天主教洗禮。為了擴大影響力，麥哲倫插手附近小島首領之間的內訌，卻不幸於1521年4月在麥克坦島（Mactan）的部落戰鬥中慘遭擊斃。

麥克坦島酋長雕像
（Photo by Alpapito CC BY-SA 3.0）

麥哲倫殉職後，艾爾卡諾（Juan Sebastián Elcano）繼任為維多利亞號船長，前往摩鹿加群島，以廉價的物品換取了大批香料，繼續西行。歷盡千辛萬苦，終於在1522年9月返回塞維亞。從此之後，更多關於太平洋的信息陸續傳回西班牙，到1566年時，西班牙已經從中美洲殖民地墨西哥的阿卡普爾科（Acapulco）到馬尼拉建立了一條循環貿易路線。

視線繼續往北移，來到北回歸線貫穿的小琉球（Lequio pequeno），這個仍然被一分為二的蕞爾小島與中國大陸東南海岸的泉州（Cincheo）隔海相望，顯然就是臺灣，而其東北方的大琉球（Lequio grande）則明顯縮小了許多，雖然依舊名不符實，但已不再違背地圖測量的結果。

阿卡普爾科

▶麥哲倫環球航行船隊中的維多利亞號（Victoria）是第一艘成功環繞世界的船隻，當時探險隊有五艘船，每艘船都配備了火槍大炮，每個人都帶著尖刀短劍，船上滿載著各種商品。維多利亞號85噸重，船員42人，其他四艘是旗艦特立尼達號（Trinidad，110噸，船員55人）、聖安東尼奧號（San Antonio，120噸，船員60人）、康塞普西翁號（Concepcion，90噸，船員45人）和聖地亞哥號（Santiago，75噸，船員32人）。航行期間，聖地亞哥號被暴風雨吹毀，聖安東尼奧號放棄探險，獨自先行折返歐洲；康塞普西翁號因蟲蛀遭到遺棄燒毀，特立尼達號在往東回程中遭暴風雨而沉沒，最終只有維多利亞號上的18名船員完成環球航行任務返回塞維亞。

維多利亞號

▼關島（Guam）為馬里亞納群島最大及最南端的島嶼，查莫羅人（Chamorro）自四千年前便居住在島上，麥哲倫於1521年3月6日登上關島，是第一位造訪關島的歐洲人。但直到1565年，西班牙探險家德萊加斯皮（Miguel López de Legazpi）才主張對關島的主權。1565年至1815年間，關島是墨西哥的阿卡普爾科（Acapulco）至馬尼拉航線的重要中繼站。

關島（US Navy）

香料貿易航線邊緣的福爾摩沙

《摩鹿加香料群島》（*Insulae Moluccae*）

彼得勒斯．普朗修斯（Petrus Plancius），繪於1592年，
出自新南威爾斯州立圖書館（State Library of New South Wales）。

西元1585年，尼德蘭七省共和國的布魯塞爾（Brussels）被西班牙軍隊占領，36歲的荷蘭歸正會（Reformed Church，基督新教）牧師普朗修斯（Petrus Plancius），由於擔心遭到羅馬天主教體系的西班牙宗教裁判所（Spanish Inquisition）的迫害，逃到了阿姆斯特丹（延伸閱讀p. 146），因緣際會而開始對航海和製圖產生高度興趣。

彼得勒斯．普朗修斯

普朗修斯年輕時曾在德國和英國學習神學，24歲便成為牧師，在教會服事十餘年後，被迫逃離神職，在阿姆斯特丹投入製圖行業。在那裡，他有幸能夠遍覽從葡萄牙帶來的最新海圖，進而發明一種確定經度的新方法，還出版期刊和導航指南，介紹用於導航地圖的麥卡托投影法，並曾據此繪製了一百多幅地圖，被公認為印度航線的製圖專家，後來成為荷蘭東印度公司的創始人之一。

1592年發表的這幅《摩鹿加香料群島》是普朗修斯最著名的代表作之一。十六世紀時，葡萄牙主導了東南亞的香料貿易。荷蘭人想要進入該地區，需要正確而實用的地圖，普朗修斯的這幅地圖成為荷蘭商人的貿易關鍵。

普朗修斯根據從葡萄牙人那兒獲得的地圖，使用麥卡托的投影法創建了這幅地圖。由於麥卡托投影法的複雜數學原因，較難獲得航海家的青睞。於是普朗修斯透過裝飾這幅地圖，突顯等待大膽航海家的財

西班牙軍隊攻打法蘭德斯的村鎮

延伸閱讀 ◀1555年，神聖羅馬帝國皇帝查理五世將尼德蘭（即現在的荷蘭包括比利時）賜給兒子西班牙國王菲利普二世，由於菲利普二世堅持推行重稅和集權政策，遭到尼德蘭人民的反抗。西班牙為了加強對尼德蘭的控制，在布魯塞爾實施恐怖統治。1572年尼德蘭革命反抗軍首領「沉默者」威廉（Willem de Zwijger）被推選為尼德蘭執政，占領了布魯塞爾附近的所有地區。1581年，荷蘭、比利時等七個低地行省聯合起來，宣布成立「尼德蘭七省共和國」。1584年，威廉遭到暗殺，西班牙人重新控制法蘭德斯（Flanders）和布拉班特（Brabant），迫使尼德蘭七省共和國遷都海牙（Hague）。

麻六甲

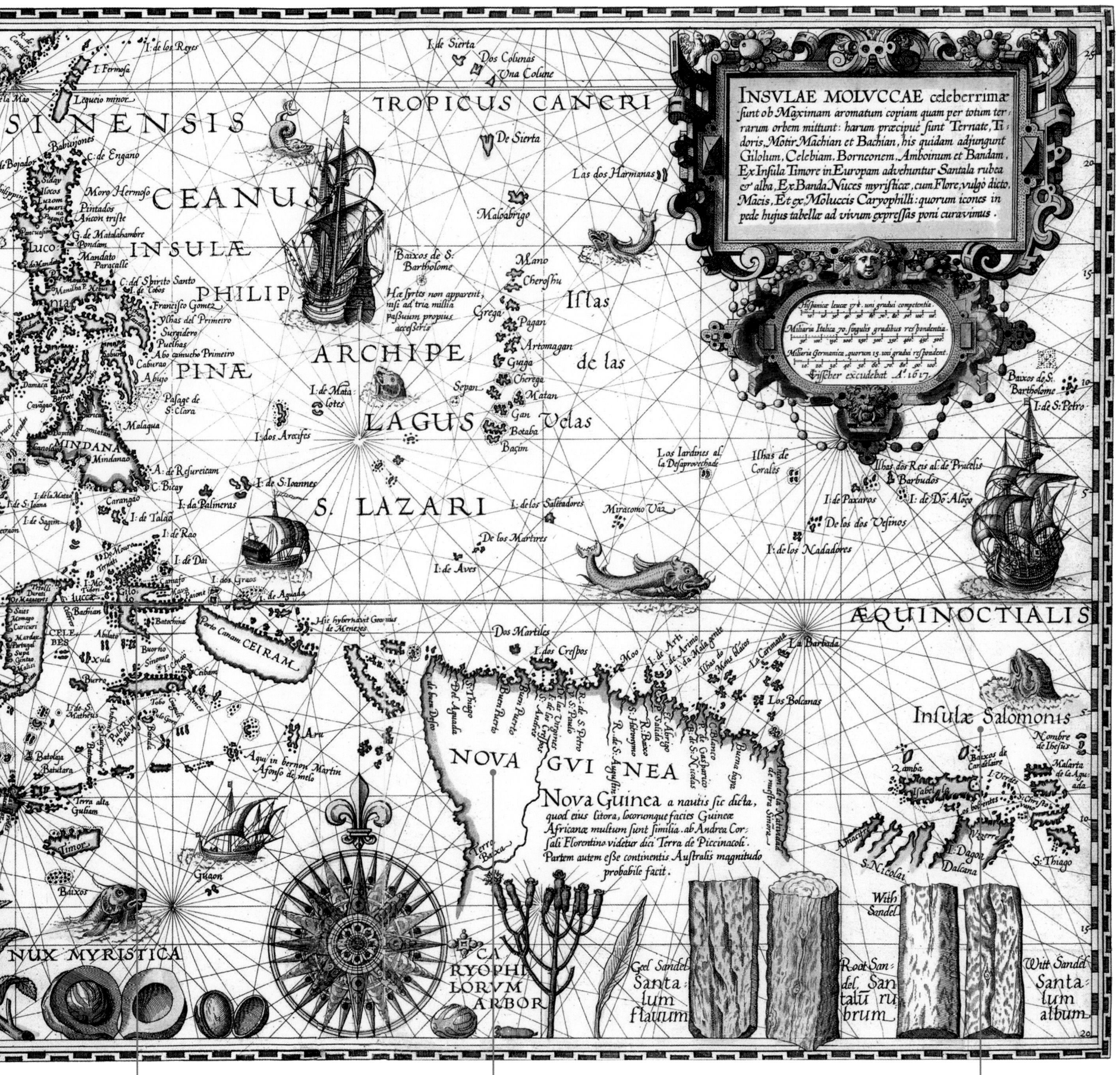

濟羅羅島

新幾內亞及澳大利亞

所羅門群島

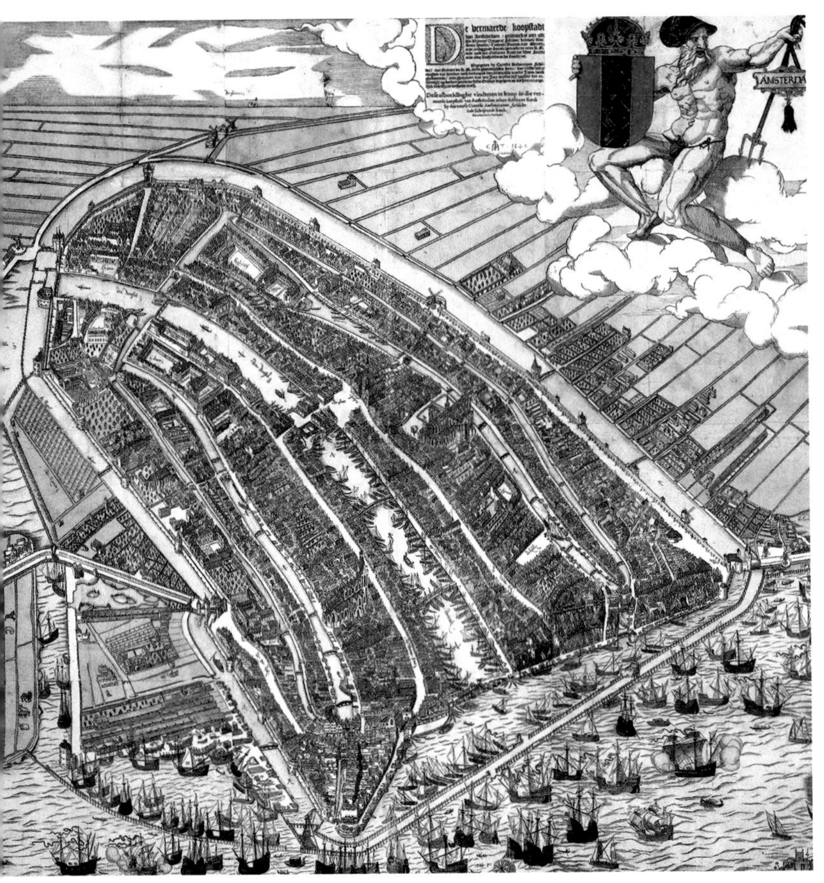

1544年的阿姆斯特丹

十六世紀荷蘭異教徒遭西班牙宗教裁判所處以火刑。

延伸閱讀 ◀十六世紀，新興資本在尼德蘭孕育出了一大批新教徒，由於執政者推行較為寬鬆的宗教政策，使得伊比利亞半島的猶太人、法國新教徒、法蘭德斯的富商和印刷工人，以及低地國家的經濟與宗教難民，在阿姆斯特丹找到了安全的棲身之所。法蘭德斯印刷工的湧入以及對各種思想的包容，使得阿姆斯特丹成為了歐洲的自由出版中心。

延伸閱讀 ◀1478年，西班牙卡斯提亞伊莎貝拉（Isabella）女王要求教宗思道四世（Sixtus IV）准許成立異端裁判所，以維護天主教的正統性，直到十九世紀初才取消。根據統計，從1483年至1820年，共有12萬5千人被裁定成異端，被火刑處死的約1200至2000人。

荷蘭東印度公司的浮雕

富，來說服他們使用這幅地圖。從許多方面來說，這是一幅有說服力的地圖，為那些膽小者提供了誘人的肉豆蔻、檀香和丁香。

香料在十四世紀和十五世紀是歐洲列強經濟的重要項目，使得栽種香料的土地變得極具價值。葡萄牙人、荷蘭人和英國人為了爭奪香料產地的領土展開激烈的戰鬥，直到十七世紀後期。

歐洲中世紀的大部分食品都是利用醃漬、烘乾或煙薰來保存的，直接拿來烹煮時，味道顯然無法令人愉快，因此東方生產的香料被引進歐洲貴族的廚房，令饕客們大為讚賞，香料商人遂成為歐洲城市中最有權勢的人。在某些情況下，香料甚至可以當成一種致敬的禮品。由於香料已成為一種備受追捧的進口商品，因此被課以重稅。

普朗修斯的這幅海圖並非在帝國贊助下製作的，它不但描繪了羅盤方位線、淺灘和礁石區域，也將導航工具與類似商業廣告結合，用於執行1594年在阿姆斯特丹成立的遠程公司（Compagnie van Verre）的商業計劃，這家公司是荷蘭東印度公司的前身。有趣的是，儘管強調科學依據，地圖的空白處仍然裝飾著海怪，來豐富畫面，增加閱讀的趣味性。

正如角色多變的普朗修斯是一個有趣的人物，摩鹿加香料群島也是一個迷人的地方。本地圖出版後不久，1595年，大批荷蘭艦隊前往東印度群島，試圖奪取葡萄牙人1513年在香料群島建立的要塞和貿易基地。歷經與葡萄牙人、英國人和土著的戰鬥之後，終於擊敗了葡萄牙的殖民霸權，並透過控制生產關鍵香料的地區，開始壟斷肉桂、丁香、生薑、肉豆蔻和胡椒等香料的貿易。

地圖中央被赤道橫貫的爪子狀濟羅羅島（Gilolo）

延伸閱讀 ▲荷蘭東印度公司的正式名稱為聯合東印度公司（Vereenigde Oostindische Compagnie，簡稱VOC），成立於1602年，1799年解散，是全球第一家跨國公司、股份有限公司，以公司簡稱VOC做為標幟，上方加上派出船隻或設備的城市名稱縮寫，例如阿姆斯特丹的縮寫A，或米德爾堡（Middelburg）的M。VOC在兩百年間，總共向海外派出1,772艘船，約有100萬人次搭乘4789航次的船班前往亞洲地區。平均每個海外據點有25,000名員工、12,000名船員。

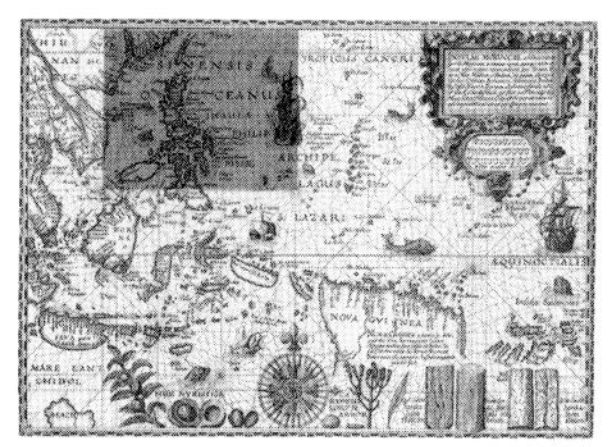

是摩鹿加群島的主島，順著該島往北，便可抵達菲律賓的民答那峨島（Mindana），繼續北上則是菲律賓的最大島呂宋島（Luco）。萬里長沙與紅色的海南島（I. Ainan）位於菲律賓群島西側，中間的航道上密集畫了兩隻海怪，似在提醒航海者此處屬於危險海域。

回溯明神宗萬曆二年（1574），海盜林鳳被明朝總兵胡守仁追擊，逃竄至澎湖，再到臺灣魍港，接著揚帆南奔，改往菲律賓，入侵西班牙統治下的呂宋島，攻占馬尼拉。後來被明朝與西班牙聯軍所敗，逃回魍港，再被胡守仁擊潰於淡水海上。如果當初明朝軍隊未與西班牙聯手，將改寫菲律賓的歷史。

航經呂宋島之後，便進入北回歸線附近的中國海域。而位於北回歸線上的小琉球（Lequcio Minor）與緊鄰的福爾摩沙島（I. Fermosa）即為今日的臺灣，雖然仍被一分為三，而且同時擁有兩個名稱，但對照周邊的琉球群島（I. de Los Reyes）與海南島，臺灣島的大小顯然已較先前獲得了公平的對待與重視。

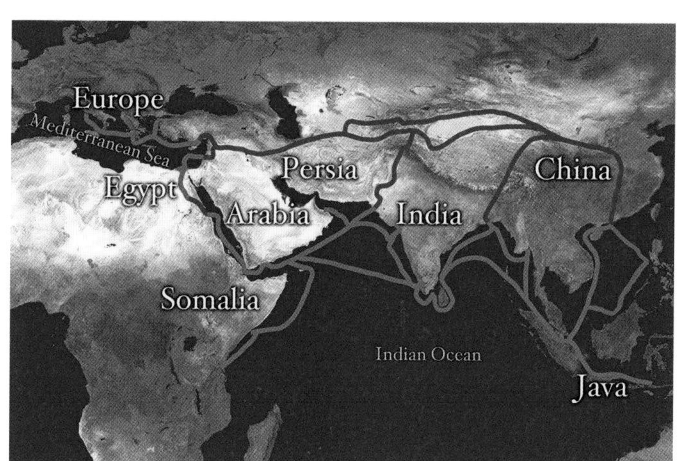

香料貿易路線（derive from Splette）

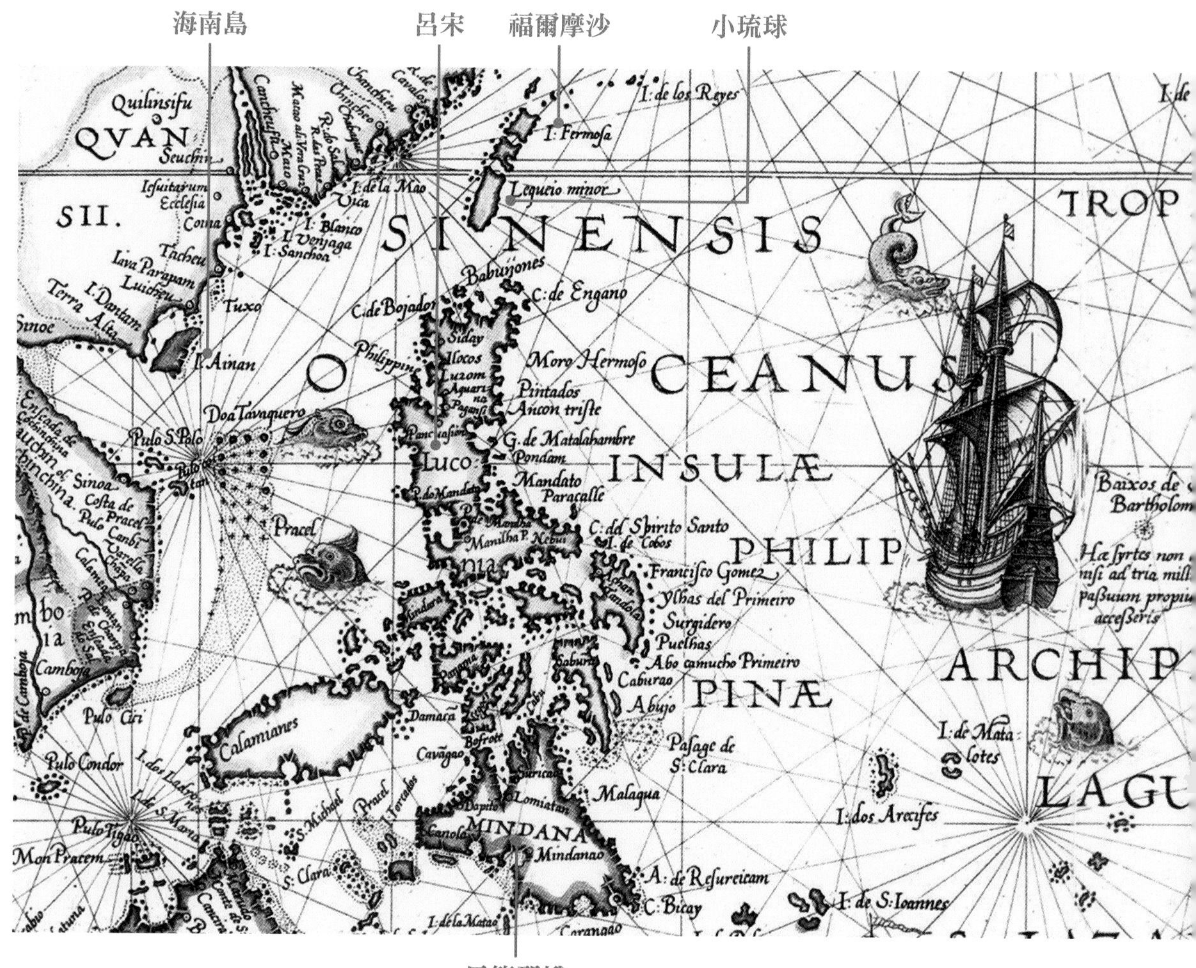

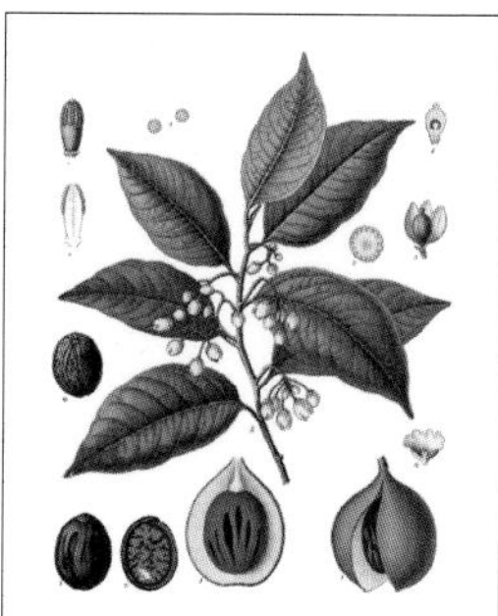

肉豆蔻

延伸閱讀 ◀肉豆蔻（Nutmeg）原產於印尼摩鹿加群島，廣東、臺灣、雲南也有栽培，用於食品、菜餚的調味，果仁可製作香精油，含有肉豆蔻醚（myristicin），具有興奮及迷幻作用，服用過量，會產生幻覺甚至昏迷現象。最初由阿拉伯和印度醫生用於處方，歐洲醫生也遵循使用來治療肺病、癱瘓和與妊娠有關的疾病。中世紀的歐洲人把肉豆蔻視為珍寶，1284年的英國，500公克肉豆蔻花的價值與3頭羊差不多，只有富人才買得起這種名貴的香料，肉豆蔻成了地位的象徵。

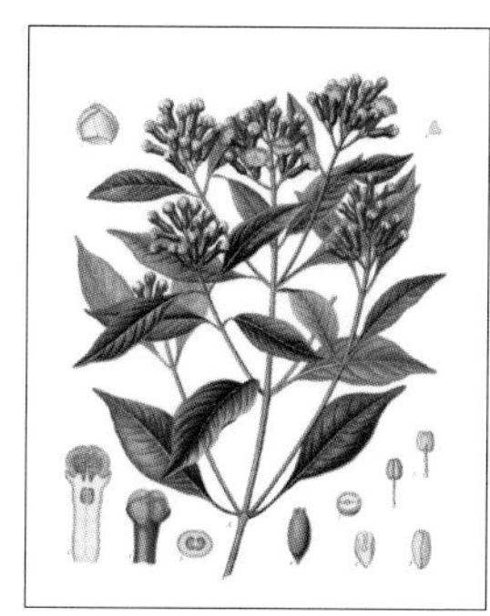

丁香

延伸閱讀 ◀丁香（clove）原產於印尼，約占世界總產量的80%。花蕾可做香料，乾燥後用於烹飪、香菸添加劑、焚香添加劑、製茶等。也可以作為藥用，具有防腐及殺菌功能，還可幫助消化。精油局部被應用於治療燒傷、牙科止痛劑、解酒劑。唐代稱為雞舌香，從印尼進口，用於烹調和入酒。宋代臣子向皇帝啟奏時，必須口含雞舌香除口臭。

中華帝國管轄不到的海盜巢穴

《中華帝國》（*China regnum*）

科爾內利斯・德・約德（Cornelis de Jode），繪於1593年，出自《世界之鏡》（*Speculum Orbis Terrae*）。

這幅地圖是十七世紀最稀有的中國地圖之一，因為它收錄在《世界之鏡》（*Speculum Orbis Terrae*）地圖集中，而該地圖集只印了一版。

《世界之鏡》地圖集書名

1591年，科爾內利斯（Cornelis de Jode）繼承父親傑拉德（Gerard de Jode）未完成的《世界之鏡》地圖集工作，於1593年出版，雖然科爾內利斯接手後在《世界之鏡》地圖集中添加了十張新地圖（包含本圖），但由於當代學者認為《世界之鏡》地圖集中的許多地圖都是葡萄牙和西班牙製圖師的複製品，明顯抄襲奧特利烏斯（Ortelius）的《寰宇概觀》（*Theatrum Orbis Terrarum*）地圖集，因此《世界之鏡》地圖集只印了一版。

七年後科爾內利斯去世，年僅32歲，《世界之鏡》地圖集的版權被出版商胡安（Joan Baptista Vrients）買斷。胡安同時也擁有《寰宇概觀》地圖集的出版權，此次買斷《世界之鏡》地圖集的版權，純粹是不想讓《寰宇概觀》地圖集的再版發行受到《世界之鏡》地圖集的干擾，所以《世界之鏡》地圖集被打入冷宮，從未再版。其實胡安犯了一個大錯，他沒有仔細審視《世界之鏡》地圖集，裡面還有一些《寰宇概觀》地圖集中沒收錄到的遺珠，例如本圖。

這幅地圖是歐洲人以中國為主題名稱的第三幅地圖（前兩幅是1518年《米勒地圖集》中的《中國海》與1584年《寰宇概觀》地圖集中的《中國或中華地區新圖》）。本地圖以1584年的《中國或中華地區新圖》為基礎，但改成北上南下的方位重新繪製，涵蓋範圍也向北延伸到北冰洋（Arctic Ocean）。

地圖的四個角落各配了一幅插圖，展示中國與周邊國家的風土民情，由左上角順時針依序是鸕鷀捕魚、船屋生活、陸上風帆與三頭人。前兩個場景至今仍見於中國，雲南麗江和廣西桂林一帶還有漁民利用鸕鷀捕魚，而廣東、廣西、福建、海南和浙江一帶目前也有不少漁民以船為家（延伸閱讀p. 151）。至於「陸上風帆」請參見p. 133的介紹；左下角的「三頭人」插圖則近似《山海經・海外南經》中所描述的三首國，方位也剛好鄰近印度，或許與古印度的創造之神梵天有關（延伸閱讀p. 151）。

視線移回地圖中央鮮艷的紅色長城，這座人類文明最巨大的單一建築，將綿延的山脈串聯起來，護衛著中華帝國。長條型的黃

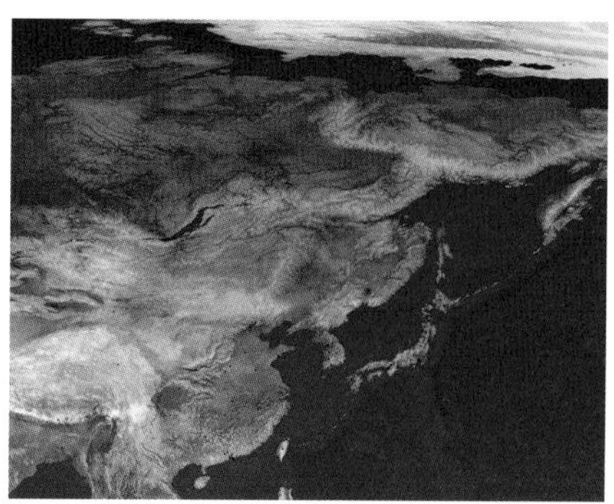

東北亞與北冰洋（NASA）

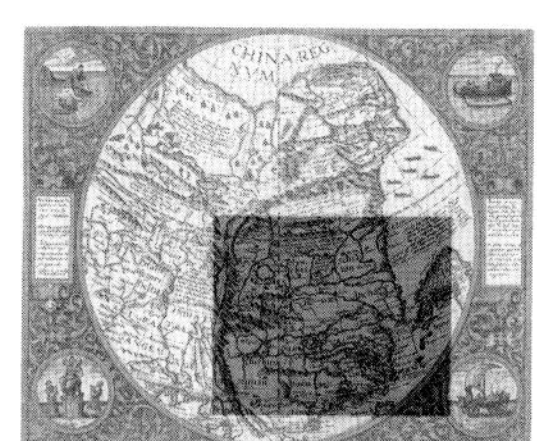

《山海經》中的三首國

長城東端起點（Photo by fuzheado CC-BY 2.0）

河源頭星宿海就依偎在山脈西側，而洞庭湖與鄱陽湖等湖泊的方位與形狀也大致參照1584年的《中國或中華地區新圖》繪製，較大的不同點是首次畫出了日本對岸的朝鮮半島，雖然與長城東端起點的渤海灣方位仍有大幅落差，但這是第一幅畫出朝鮮半島的歐洲地圖。

就在本地圖出版的前兩年，野心極大的豐臣秀吉在統一日本之後，妄圖征服全世界，便致函朝鮮國王，表示將於次年春天假道朝鮮進攻明朝，要求給予協助。在久未獲答覆後，豐臣秀吉於1592年突然派兵入侵，統十餘萬軍，於釜山登陸，陷王京（今漢城）。朝鮮王奔義州，遣使向明朝求援。明朝幾經考慮後派兵援朝，與日軍互有勝負。1593年中韓聯軍協同作戰，相繼收復平壤、開城等地，日軍退守釜山，雙方議和。或許是因為此一戰事打得激烈，才讓朝鮮半島有機會在歐洲地圖上露臉。

豐臣秀吉侵韓不成，心有未甘，於是在本圖繪製完成的當年，又派使者原田孫七郎帶著招諭文書前往高山國（臺灣），要求向日本納貢，「若不來朝，可令諸將征伐之。」然而當時的臺灣散居著各族「土番」，並無共同的首領，招諭文書不知該交給誰，因此原田孫七郎無功而返。

視線往下移，地圖右下方露出呂宋島（Luconia In.）的一角，也比1584年的《中國或中華地區新圖》的模糊呈現更加具體。呂宋島的上方依序是小琉球、北回歸線橫貫的無名島與上方的福爾摩沙島，三島合起來就是今日的臺灣，主島小琉球雖不在北回歸線上，但面積已比大琉球的主島大許多，也是本地圖比1584年的《中國或中華地區新圖》更進步之處。

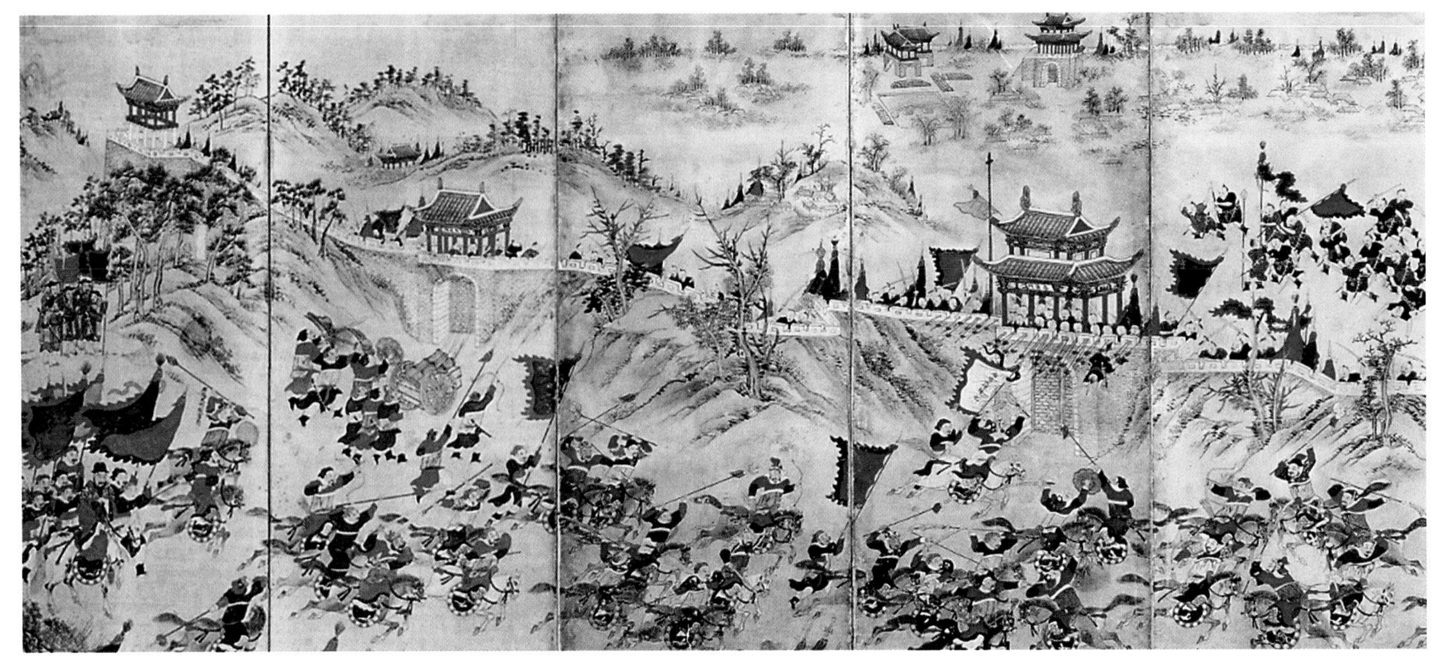

中韓聯軍收復平壤之役

鸕鶿捕魚

延伸閱讀 ▼梵天（Brahmā）為印度教的創造之神，也常被認為是智慧之神，是人類的祖先，與毗濕奴（Viṣṇu）、濕婆（Śiva）並稱三主神，但印度教徒大多供奉濕婆和毗濕奴，供奉梵天的寺廟極為少見。後來被佛教吸納為護法神之一，在東南亞，尤其泰國，廣獲信仰，華人稱為四面佛，據說可保佑富貴吉祥，在東南亞有非常多信眾。

梵天（Photo by Calvinkrishy CC-BY-SA 3.0）

延伸閱讀 ◀鸕鶿捕魚是一種傳統的捕魚方法，一千三百年前的《隋書》中便有相關記載，這種捕魚法也曾被其他國家使用，但是，現在只有中國人和日本人仍然使用這種古老的捕魚方法。中國雲南和廣西一帶漁民會訓練鸕鶿鑽入水中捕魚，為了防止鸕鶿將魚類吞入腹中，會先在牠脖子上繫一根草繩。鸕鶿鑽入水中捕到魚兒後會躍出水面，這時漁民便將鸕鶿拉上船，抓住牠的腳倒提起來，卡在鸕鶿脖子裡的魚就吐出來了。

延伸閱讀 ▼廣東、廣西、福建、海南和浙江一帶以船為家的漁民，被稱為「艇戶」，唐朝時便已有記載，主要從事沿海港灣的漁業和水上運輸，祖祖輩輩浮家泛宅，與水為伴，長期與風浪搏鬥，被人稱為中國古代最偉大的航海家，但往往居無定所，官府也不把流動漁民入冊，是沒戶籍的。

中國東南沿海以船為家的艇戶

神話環繞東西半球的福爾摩沙傳奇

《普朗修斯的世界地圖》

（*Orbis Terrarum Typus De Integro Multis In Locis Emendatus auctore Petro Plancio*）

彼得勒斯．普朗修斯（Petrus Plancius），繪於1594年。

前面（p.144）已介紹過普朗修斯1592年所繪的第一幅結合導航地圖與商業廣告的《摩鹿加香料群島》及其有趣的生平，而這幅《普朗修斯的世界地圖》一樣也開風氣之先，是第一幅以各地景觀及風土人物插圖裝飾邊框的地圖，此種風潮後來持續了一個多世紀。

幫忙普朗修斯繪製精美插圖的是荷蘭大師揚．范．多特肯（Jan van Doetecum），他受到布里（Theodore de Bry）為1588年出版的《維吉尼亞州新發現土地的簡報和真實報導》（*A Briefe and True Report of the New Found Land of Virginia*）繪製精美插圖的啟發，在本地圖的四個角落分別繪製了歐亞美非各洲的代表女神與當地的風土景觀。歐洲和亞洲女神分據左上和右上的位置，穿戴華麗的冠服，手拿權杖與香爐，代表優越的文化和統治地位。而美洲和非洲女神則分置於左下和右下的位置，半裸著身子，手持弓箭，象徵居於未開化的劣勢。

《維吉尼亞州新發現土地的簡報和真實報導》插圖

左上角的歐洲女神除了身後有金色花邊的帷幔，右側地上還擺了地球儀、十字架、醫學蛇杖、書籍、渾儀、魯特琴、頭盔和火繩槍（延伸閱讀p.155），展示豐富的文明成果（其實書籍、渾儀、魯特琴等物源自亞洲），但其左側平原上兩軍交戰與遠方海上兩船互相砲擊的場景，也透露出文明背後的貪婪與邪惡。而右上角的亞洲女神則是手拿香爐和香料枝葉坐在金色犀牛背上，地上除了一盒珠寶之外空無一物，顯示繪圖者對神祕的東方文明還欠缺了解，或是純以歐洲觀點將亞洲定位為香料與珠寶的生產者，連前方原野上的戰爭也是為了爭奪香料貿易的

延伸閱讀

▼渾儀又稱天球儀，是古代測定天體位置的一種儀器。根據李約瑟的研究，渾儀的發明最早可以追溯至西元前四世紀的戰國天文學家石申和甘德，他們已經配置了原始的單環渾儀，用來測量各個星宿的緯度和經度，比古希臘的渾儀發明者埃拉托斯特尼（Eratosthenes，276～194 B.C.）還早。

渾儀由代表各天體坐標系的有刻度金屬圈及瞄準器所構成，這些圓形的骨架代表天體的赤道、黃道、子午圈等，主要用作展示圍繞地球的天體軌跡。文藝復興時期的肖像畫中常將畫中人的一隻手放在渾儀上，代表他們擁有高度的智慧和知識。葡萄牙國旗上也畫有渾儀，曼努埃爾一世（Manuel I）將渾儀做為該國的象徵。

渾儀

葡萄牙國旗上也有渾儀

新幾內亞及澳大利亞

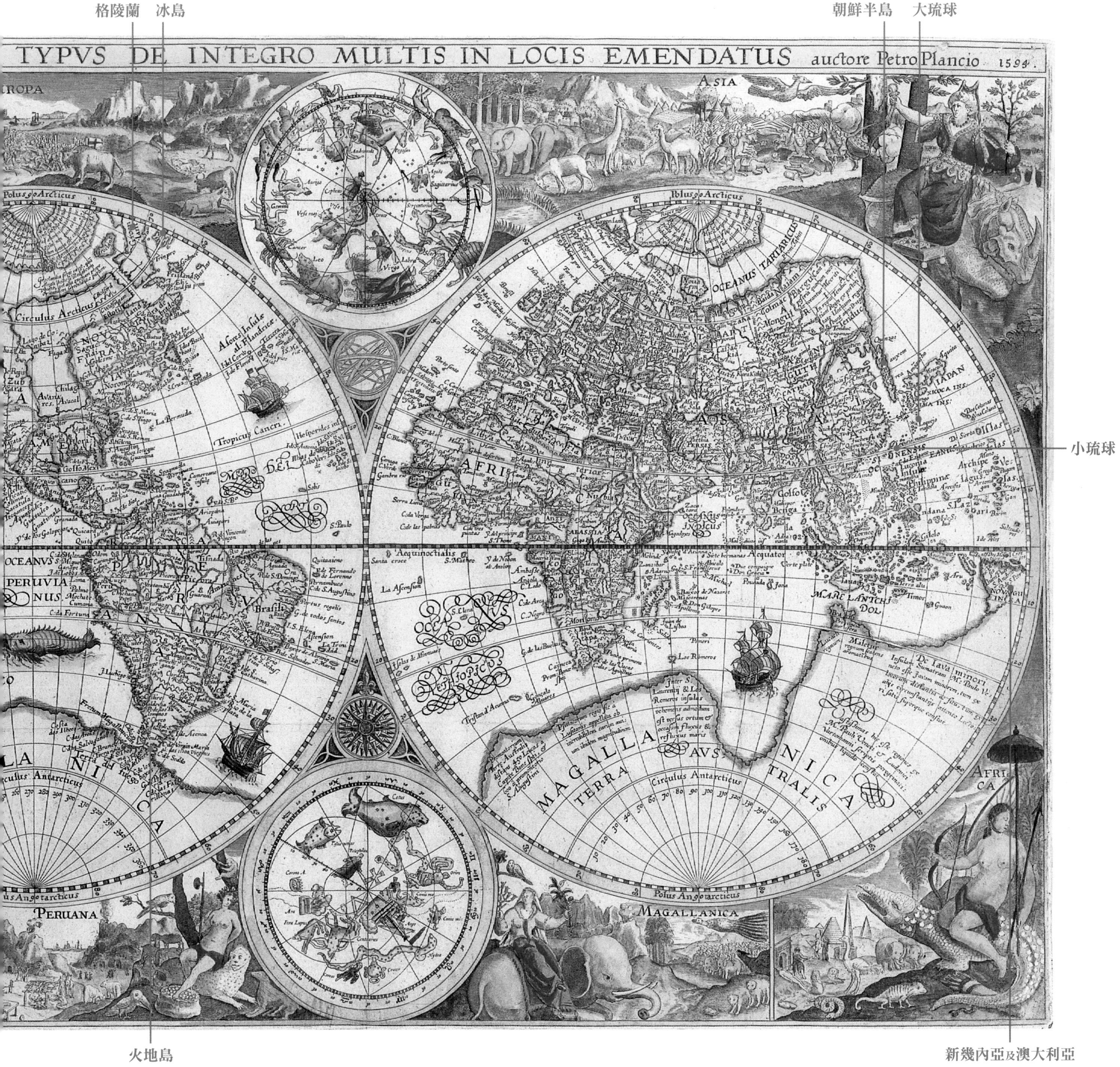

格陵蘭 冰島

朝鮮半島 大琉球

TYPVS DE INTEGRO MULTIS IN LOCIS EMENDATUS auctore Petro Plancio 1594.

小琉球

火地島

新幾內亞及澳大利亞

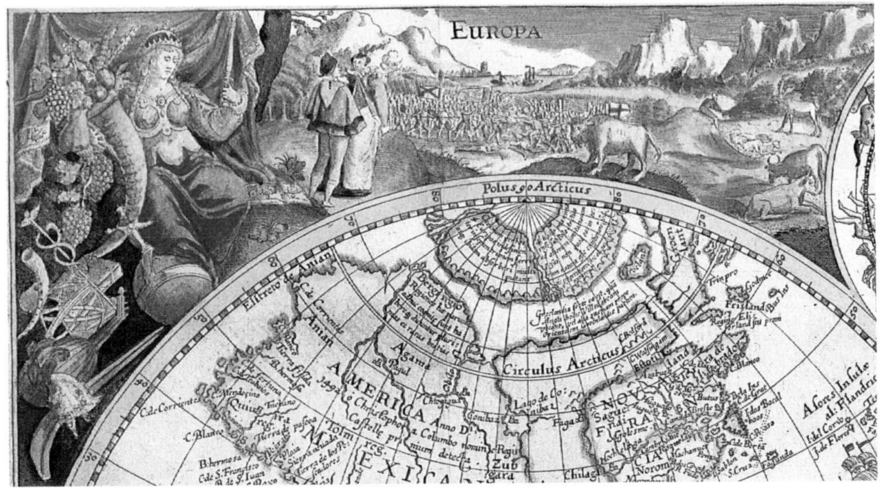

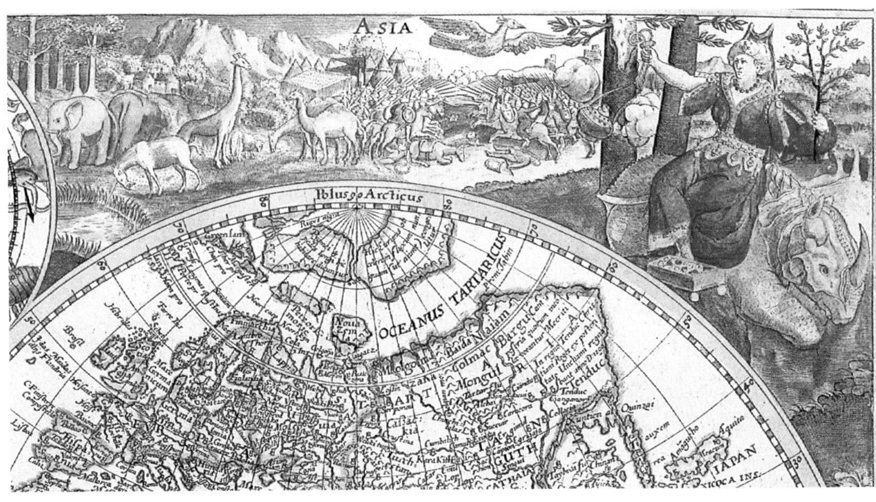

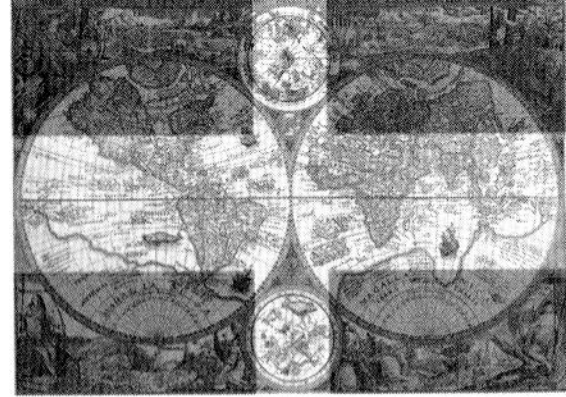

壟斷利益，和一旁悠閒漫步的長頸鹿、駱駝、大象（竟然還有一頭獨角獸）形成強烈對比。

至於右下角坐在鱷魚背上的非洲女神不但裸裎以對，而且別過臉去，不忍看地圖中的非洲家園，畢竟從十五世紀開始，非洲便遭到歐洲列強的殖民掠奪，子民被當成奴隸販賣，這樣的剝奪感讓她的赤裸只剩下羞愧與悲憤，由前方的金字塔、方尖碑、鴕鳥與變色龍默默表明非洲的特色。

緊鄰非洲的麥哲倫洲（Magallanica）是自二世紀希臘天文學家托勒密（Claudius Ptolemy）以來對未知南方大陸（Terra Australis Incognita）的新稱呼，因為麥哲倫船隊環球航行穿越麥哲倫海峽時，誤將南美洲南端的火地島（Tierra del Fuego）當成南方大陸的海岸，製圖家甚至將新幾內亞與南方大陸連成一塊，顯示歐洲人對這片南方大陸依舊茫然未知，只能憑少量資訊加上大量想像，描繪穿著歐式服裝坐在大象背上的女神，手持香料枝葉，天上還畫了一隻新幾內亞的特有鳥類天堂鳥。

左下角的墨西哥洲（Mexicana）與秘魯洲（Peruana）分別代表北美洲與南美洲，半裸女神坐在犰狳與花豹上，雖然手持武器，一樣別過臉去，不忍看地圖中的家園，原因和非洲女神相同，而前方的食人場景更是令人怵目驚心，似乎也呼應著遠方海上歐洲殖民艦隊即將上岸展開的大屠殺。

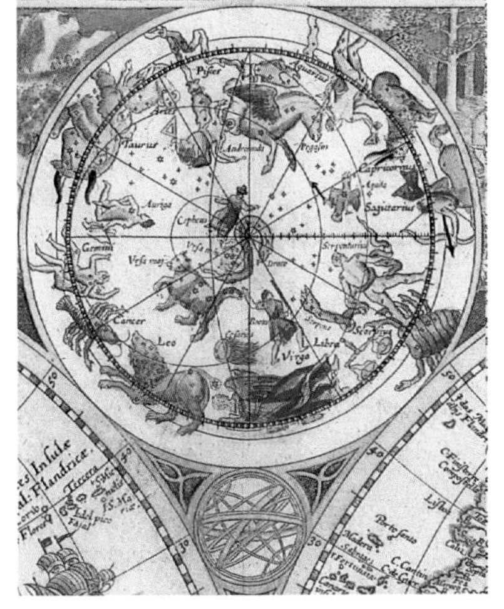

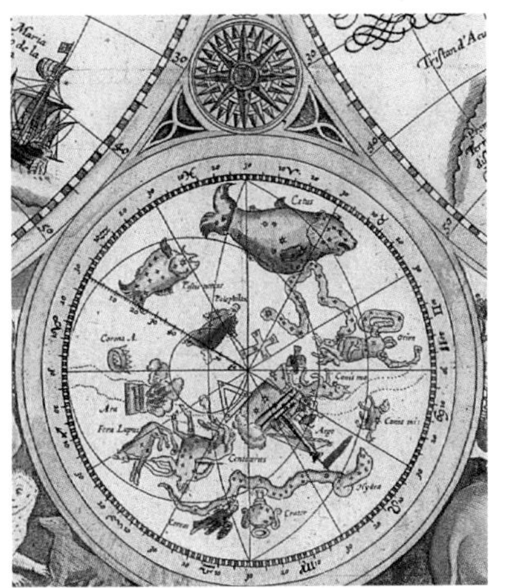

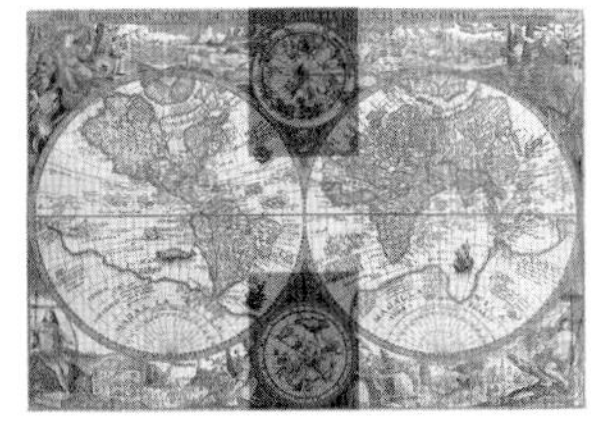

普朗修斯對天文頗有研究，因此在東西兩半球之間還加畫了南北星圖與兩個小型的天球儀及方位羅盤。1589年，他就曾在一個天球上首次描繪南十字座、南三角座及麥哲倫雲，並創製了麒麟座、鹿豹座、天鴿座等星座。1960年發現的小行星10648便以他的名字命名，以紀念他在天體和陸地製圖方面的貢獻。

視線移回地圖，吸引目光的除了三艘大帆船之外，莫過於比帆船還大的大怪魚，就徜徉在南美洲西岸的太平洋上，似乎不太符合當初麥哲倫對這片平靜大洋的命名原意。雖然前面提到了本圖中出現火地島、未知的南方大陸、新幾內亞等地理錯誤，但本地圖也有令人讚賞的進步，例如參考了葡萄牙製圖師泰克薛拉（Luís Teixiera）繪製的《日本島簡介》（*Iaponiae Insulae Descriptio*），使日本的輪廓更趨正確，也使朝鮮半島更明顯。至於日本群島西南方的臺灣，仍然被分為三島，均塗以綠色，中島被北回歸線貫穿，南島則被中國海（Sinensis Oceanus）的標示包圍，所以只在北島右側標註島名小琉球，雖然少了習稱的福爾摩沙，但島嶼面積明顯比東北方的大琉球大了許多。

第一幅單幅日本地圖《日本島簡介》

火繩槍

延伸閱讀 ◀火繩槍是以火繩點火裝置引燃底火藥再點燃推進藥的射擊槍枝，1521年，西班牙便以配備火繩槍的部隊征服阿茲特克（Aztecs）。1517年，明海道副使汪鋐祕密派員在葡萄牙船上工作，偷學造船和製造火銃的方法。1522年，明朝水軍便以仿造的火炮大敗侵犯茜草灣的葡萄牙武裝商船，繳獲了火繩槍，再加以研發改造。1543年火繩槍傳入日本，並對日本的統一產生重要影響。

延伸閱讀 ▶魯特琴（Lute）源自中東及非洲東北部的傳統弦樂器烏德琴（Oud），僅有五組琴弦，用羽毛製成的撥子彈奏。直到十五世紀末，歐洲的魯特琴改用手指彈奏，一直到巴洛克時期，都深受歐洲人喜愛。

卡拉瓦喬繪於1596年的《魯特琴手》

繼哥倫布之後兩次成功環球航行時的臺灣身影

《環球探險指南》（*Vera totius expeditionis nauticae*）

約道庫斯．洪第烏斯（Jodocus Hondius），繪於1595年，出自美國國會圖書館。

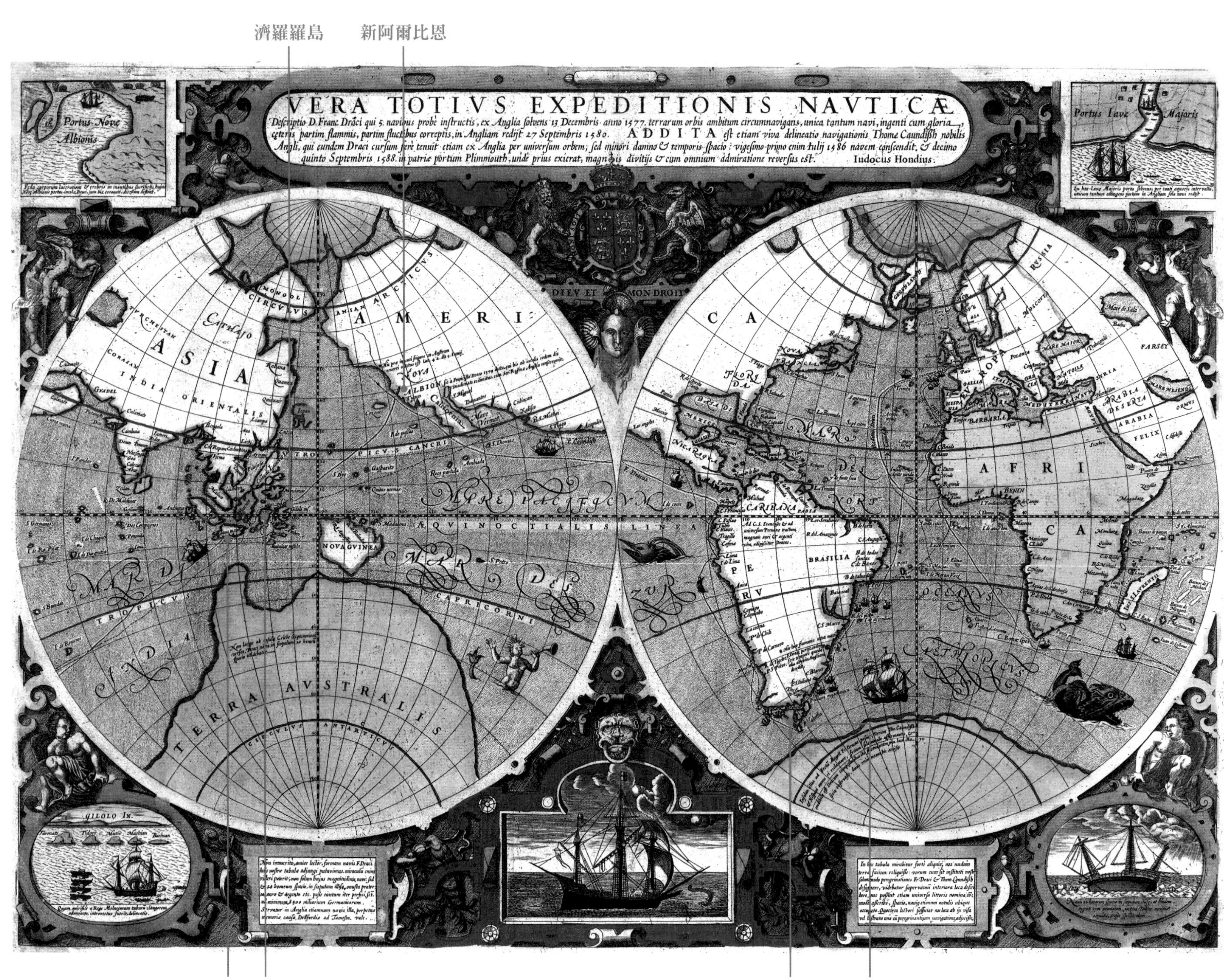

洪第烏斯（Jodocus Hondius）跟繪製《摩鹿加香料群島》（見p. 144）的普朗修斯（Petrus Plancius）一樣，因為擔心遭到西班牙宗教裁判所的迫害，1584年逃離比利時，前往倫敦。1593年，再搬到阿姆斯特丹，終老於此。他在倫敦和阿姆斯特丹都開有商鋪，經營地圖繪製出版、地球儀和樂器製造，成為荷蘭製圖黃金時代的著名代表之一，促使阿姆斯特丹成為十七世紀歐洲製圖中心。

洪第烏斯

本圖雖然是洪第烏斯由倫敦搬到阿姆斯特丹之後所繪製，但主題卻是描繪英國兩位探險家德瑞克（Francis Drake）與卡文迪什（Thomas Cavendish）成功環球航行的航線與過程，由於兩次都截獲西班牙載滿財貨的馬尼拉大帆船（Galeón de Manila，延伸閱讀p. 158），兩位船長都因此榮獲英國女王封為爵士，對於曾被西班牙逼迫而離鄉背井的洪第烏斯而言，實在值得仔細描繪下來以示慶賀。另一方面，對於積極開發亞洲市場的荷蘭人而言，這兩次成功環球航行的航線圖也深具參考價值。

德瑞克於1577～1580年間完成環球航行返回英國時，曾獻給伊莉莎白一世一幅該次航行的大地圖手稿，一直懸掛在白廳宮（Palace of Whitehall），卻在1698年的宮殿火災中被焚毀。洪第烏斯1584～1593年旅居倫敦期間，應該曾看過德瑞克的該幅航行大地圖。

德瑞克在該次環球航行期間有兩項重要發現。第一，他發現麥哲倫海峽並未像之前認為的那樣分隔南美洲與未知的南方大陸（Terra Australis），實際上麥哲倫海峽只是南美洲南端眾多島嶼間的航行通道之一，南端的火地島（德瑞克命名為Elizabetha）以南還有一片海域通往太平洋，後人便以他的名字命名為德瑞克海峽（Drake Passage），但德瑞克本人最後並沒有航經巨浪滔天的德瑞克海峽，而是選擇行經較平靜的麥哲倫海峽。

德瑞克的第二個重要發現是加州北部的土地，他以大不列顛島的古名將其命名為新阿爾比恩（Nova Albion），聲稱歸屬伊莉莎白女王，並在北美西海岸建立了一個定居點。比起之前對美洲西北部的整體測繪，本圖已有很大的改善，直到1700年之後才會出現更準確的地圖。

▶法蘭西斯．德瑞克（Francis Drake）是繼麥哲倫之後第二位完成環球航海的探險家，出身私掠船長，一生充滿傳奇，在英國人眼中他是名留千古的英雄，但西班牙人卻認為他是惡名昭彰的海盜。1577年他率領5艘船和164名船員由英國普利茅斯出發，循著麥哲倫的航線環球探險，雖然沿途損失了4艘船及數十名船員，但擄獲了西班牙商船，劫取大量金銀財貨。1580年，唯一剩下的一艘船及59名船員回到英國普利茅斯。1581年，榮獲女王伊莉莎白一世賜予皇家爵士頭銜。

德瑞克爵士紀念銀幣

德瑞克的武裝船攻擊西班牙船艦

◀十六至十九世紀間，有些國家會頒發私掠許可證，授權私掠船（武裝民船）在某些海域攻擊或劫掠某些國家的船隻，和海盜有所區別。如果私掠船長破壞了該契約，就會被要求賠償損失或取消許可證。嚴格來說，只有在戰時才允許私掠行為。私掠船通常被利用來破壞敵國的海上貿易線，造成敵國重大經濟損失。私掠船攻擊敵船所獲得的貨物通常會在指定地點拍賣，收入按照一定比例歸船長、船員和授權國（皇室）所有。必要的時候，私掠船還會被徵調為軍艦參加戰鬥。例如1588年，英國著名的私掠船長法蘭西斯．德瑞克（Francis Drake）就作為副指揮，參加擊敗西班牙無敵艦隊的英西大海戰。

▶1586年，卡文迪什（Thomas Cavendish）效法德瑞克爵士，率領三艘船和123名船員從英國普利茅斯出發，展開環球航行，航程中擄獲了西班牙600噸的馬尼拉大帆船（Galeón de Manila）聖安娜號（Santa Ana）上的白銀、絲綢等珍寶，獲利豐富。1588年駛回英格蘭普利茅斯時僅剩一艘船及48名船員，英國女王伊莉莎白一世也封他為爵士。1591年，他進行第二次環球航行時，不幸在海上遇難，享年31歲。

卡文迪什

馬尼拉墨西哥廣場上的馬尼拉—阿卡普爾科郵船紀念碑

延伸閱讀 ◀馬尼拉大帆船通常運載大量中國商品，因此又有「中國船」（Nao de China）之稱。自1565年至1815年期間，航行於菲律賓馬尼拉與墨西哥阿卡普爾科（Acapulco）之間。該船隊每年定期航行一次或兩次，橫渡太平洋，將大量的中國商品經菲律賓中轉，運往美洲及西歐。同時也將大量的美洲白銀經菲律賓中轉，輸入到中國。船隊一直到墨西哥獨立戰爭後才解散，歷時達250年。

本地圖中的兩條環球航線分別以小圓圈及短直線來標示德瑞克航線與卡文迪什航線，由於德瑞克是第一位環球航行的英國人，加上曾經參與擊敗西班牙無敵艦隊的英西海戰，威名遠勝於卡文迪什，所以本圖主角是德瑞克，卡文迪什是配角，因此地圖四個角落及底邊中央的小幅插圖，都是描繪德瑞克船隊航行過程中遭遇的事件，由左上角順時針看起，依序是在加州附近發現新阿爾比恩港（Portus Nova Albionis），在大爪哇港（Portus lavae Majoris，今日的芝拉扎 Chilachap）登陸，在印尼西里伯斯（Celebes，今日的蘇拉威西島 Sulawesi）附近觸礁，德瑞克的旗艦金鹿號（Golden Hind），金鹿號被拖到香料群島的主島濟羅羅島（Gilolo In.）維修，德瑞克在此地成功地與蘇丹交換大量的丁香。

當初兩支探險船隊都是從英國的普利茅斯出發，圖中的5艘船往南橫渡大西洋到達南美洲南端的麥哲倫海峽時，東方海面上那艘巨大的三桅帆船就是德瑞克船隊的旗艦金鹿號，再往東看去，非洲南端海域有條比金鹿號還大的魚怪正張著大口，等在待探險船隊回程的航線上。

進入太平洋後，探險船隊的船隻因天災人禍而陸續減少，最後僅剩一艘船，沿著南美洲西岸航行，躲過東西半球交界的大魚怪，

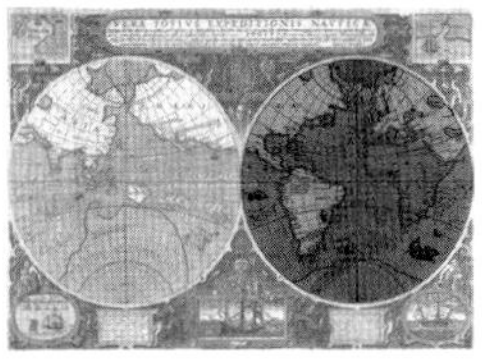

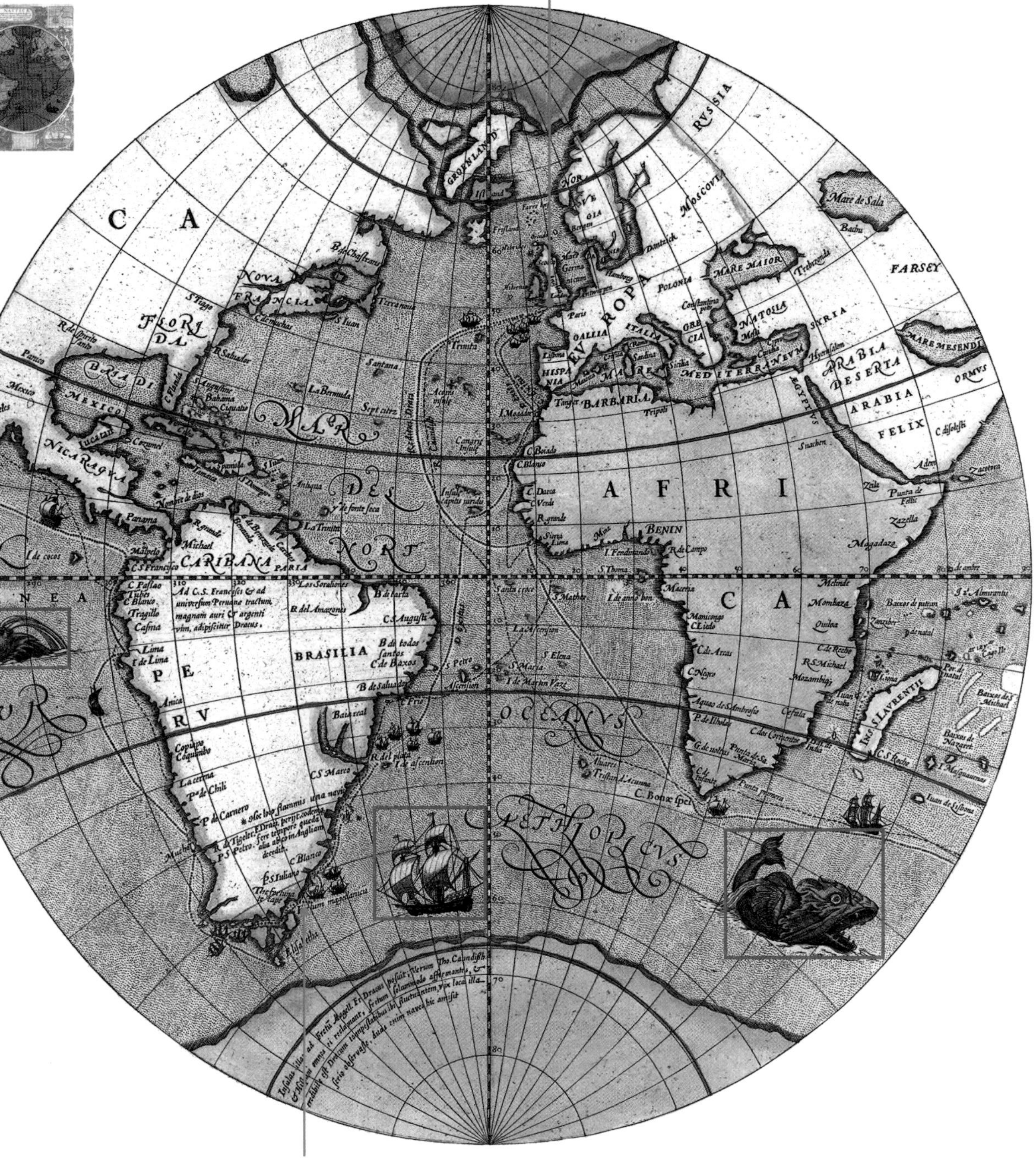

普利茅斯

麥哲倫海峽

魯本斯1636年畫作中的特里頓

再轉向西航。而東半球東南方的太平洋上還有海神波塞頓的兒子特里頓（Triton）正用力吹著海螺，聲如咆哮，可掀起滔天巨浪，而其所在的海域正巧就是「咆哮西風帶」。

探險船駛進東南亞群島，地圖上的此區樣貌並無多大改變，略誇大的呂宋島依舊緊鄰著北回歸線，而北回歸線上的雙島雖未標示島名，但明顯就是臺灣，相較於未被畫出的大琉球，顯然過去飽受忽視的福爾摩沙已獲得較多的關注。至於臺灣北邊海面上的Zaiton是指又名「刺桐」的泉州，而更北邊則是缺了一角的日本，是本地圖中唯一海岸不完整的陸地，留下些許想像空間。

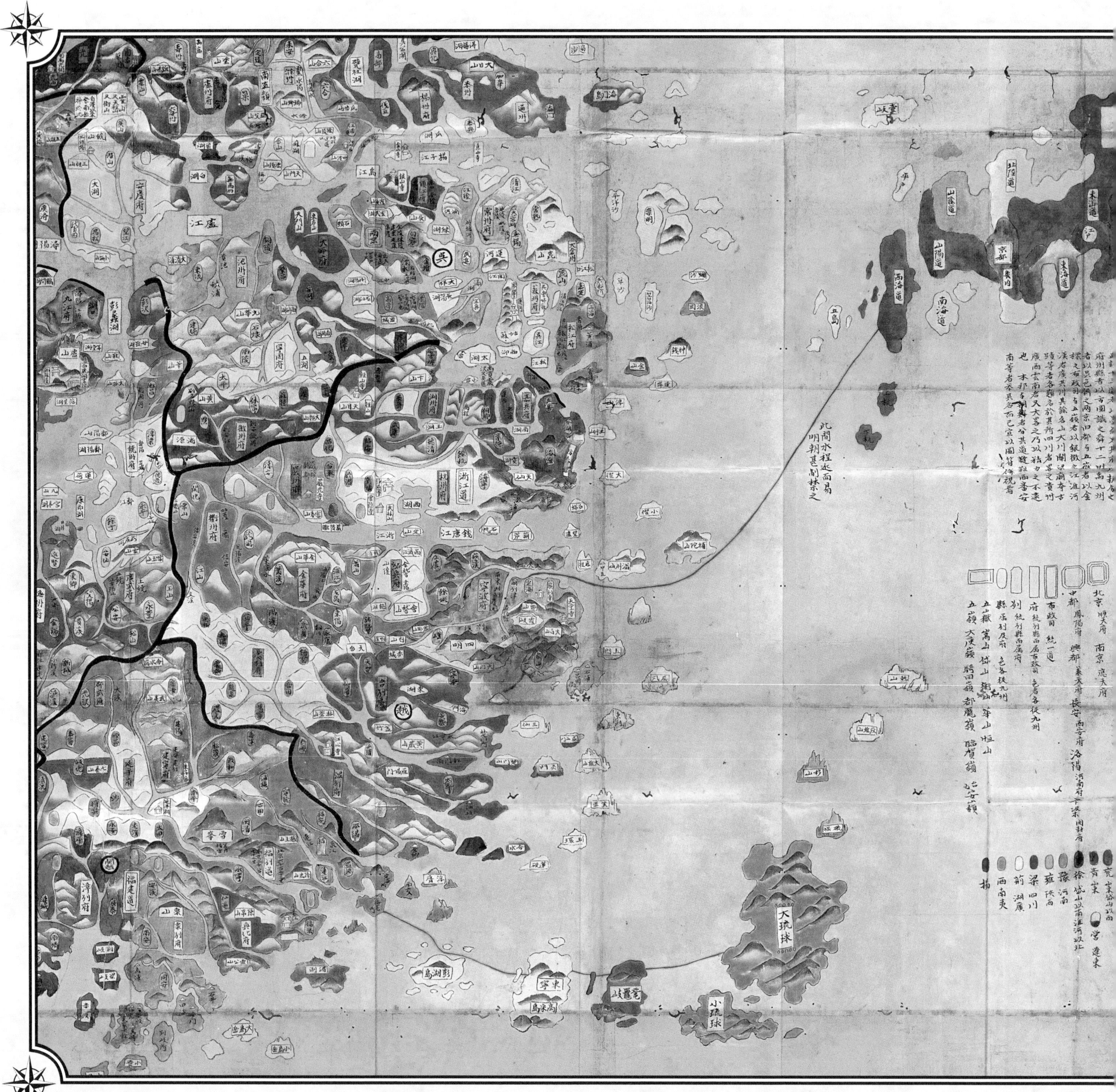

此間水程近而易
明朝甚嚴禁之
北京 順天府 南京 應天府
中都 鳳陽府 興都 承天府 長安 西安府 洛陽 河南府 汴梁 開封府
布政司 統一道
府 統州縣而屬布政司 色者各從九州
州 統州縣而屬府
縣 屬州及府 色各從九州
五嶽 嵩山 岱山 衡山 華山 恒山
五嶺 大庾嶺 騎田嶺 都龐嶺 臨賀嶺 始安嶺
兗
青
徐
豫 河南
雍 陝西
梁 四川
荊 湖廣
西南夷
揚
大琉球
小琉球
彭湖島
東寧
福建道
浙江道
南海道
山陽道
東海道
五島

第 3 章

荷蘭黃金時代與宗教改革運動

十 七 世 紀

東西文化激盪下的海島風俗

《中國》（*China*）

約道庫斯・洪第烏斯（Jodocus Hondius），繪於1606年。出自《麥卡托－洪第烏斯地圖集》（*Mercator-Hondius Atlas*）。

西元1604年，洪第烏斯（Jodocus Hondius）在荷蘭萊頓（Leiden）的拍賣會上幸運購得1595年出版的《麥卡托地圖集》的銅刻版，雖然它很出色，卻無法與奧特利烏斯（Abraham Ortelius）陸續更新再版的《寰宇概觀》（*Theatrum Orbis Terrarum*）地圖集競爭，因此洪第烏斯在1606年版的《麥卡托－洪第烏斯地圖集》（*Mercator-Hondius Atlas Sive Cosmographicae*）中添加了36幅新地圖，包括本幅中國地圖。

1619年版《麥卡托－洪第烏斯地圖集》書名頁

這幅中國地圖基本上參考了《寰宇概觀》中巴爾布達（Luis Jorge de Barbuda）的《中國或中華地區新圖》（*Chinae, olim Sinarum regionis, nova description*，參見p.130）與泰克薛拉（Luís Teixiera）的《日本島簡介》（*Iaponiae Insulae Descriptio*，參見p.155）。這種擷取競爭對手之長，重新組合配圖，補己之短的手法，逐漸打響洪第烏斯的名號，在當時的地圖出版界占了一席之地，後來他的兒子和女婿繼承家業，持續與奧特利烏斯家族競爭。

黃色的中國疆域位於本地圖中央，基本地理資訊大多沿用自《中國或中華地區新圖》，只是將座標逆時針轉了90度，長城、山脈、河流、湖泊等幾乎原位保留，但增添了一些城市。較大的不同是東北方海岸畫出了《中國或中華地區新圖》中沒有的渤海灣及朝鮮半島（被中韓界河隔開而成了島嶼，直到1631年，洪第烏斯的兒子才更正為半島），當然這兒的朝鮮半島與日本群島的方位及形狀主要參考自《日本島簡介》，然而清楚畫出渤海灣、菲律賓呂宋島，以及更接近現況的東南海岸線形狀，也算是本地圖超越前兩幅參考圖的傑出之處。

此外，地圖右上角還繪出了北美洲的一角，雖然過於靠近亞洲，但至少顯示了北太平洋的兩大洲相對位置，而原來奔跑在《中國或中華地區新圖》西伯利亞的阿爾泰馬鹿與野馬，此刻卻跑到了北美洲，下方的拉丁文也註明該地區居住著韃靼人，彷彿暗示亞洲的西伯利亞與北美洲的阿拉斯加曾經是相連的，人類和動物可能在12,500年前橫跨白令陸橋（Bering Land Bridge）來到美洲。

延伸閱讀 ▼更新世晚期的末次冰期約始於11萬年前，全球降溫導致冰川擴張和海平面降低。當海平面下降超過50公尺時，原本平均水深40～50公尺的白令海峽變成了亞洲與北美洲間的白令陸橋，連接現今的美國阿拉斯加西岸和俄羅斯西伯利亞東岸，持續到1.1萬年前的全新世，這時冰川融化，海平面上升，陸橋被海水淹沒，再次成為海峽。

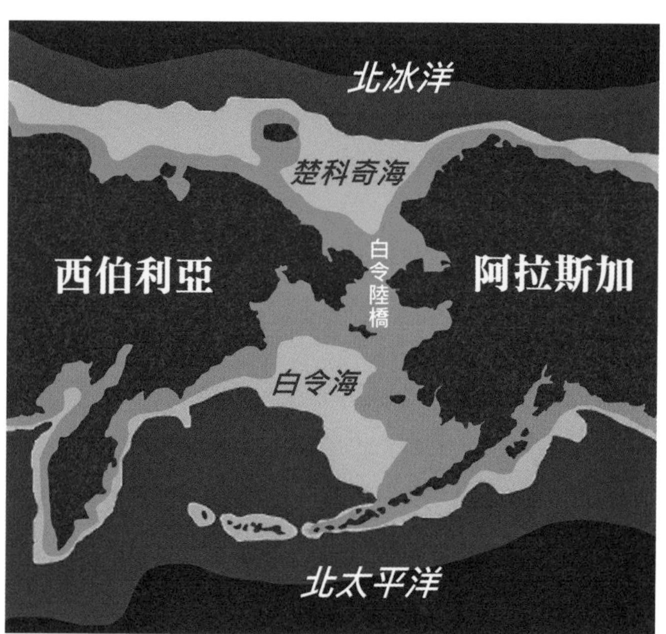

白令陸橋

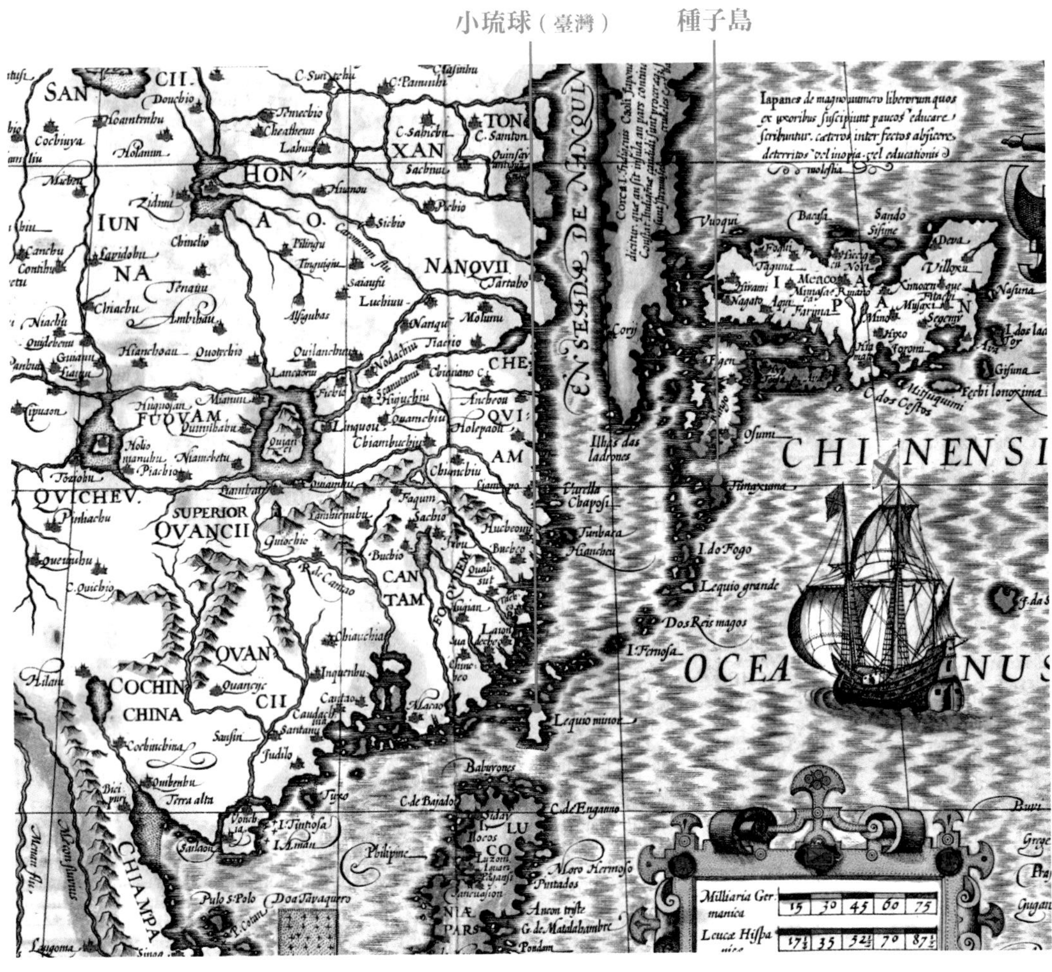

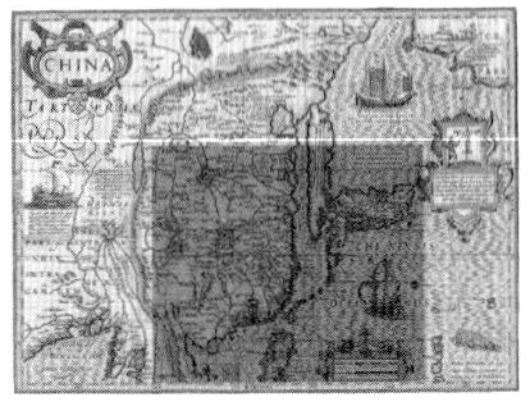

地圖右上方有艘戎克船，根據文字說明，是來自日本的帆船，帆以蘆葦編成，錨是木製的。而日本島下方的中國海（Chinensis Oceanus）上，另一艘荷蘭商船則正航向中國。海洋以精緻而美麗的紋路描繪，試圖呈現波浪的運動，呼應右下角張嘴追趕荷蘭商船的恐怖巨型海怪。

日本島右方海面上的花邊裝飾鏡框中，出現了一幅令人怵目驚心的插畫，展現製圖者的沙文主義，鏡框下方的拉丁文說明：「這是殘忍的日本人行刑的方式，十字架由四根木頭組成，用繩子將受刑者手腳綁在十字架上，豎立起來後，再以長矛刺殺受刑者。」鏡框上方還另外高高豎立了一個空十字架。

由於葡萄牙在日本傳播天主教發展迅速，1587年，豐臣秀吉下令將天主教傳教士驅逐出境，經過十年的搜捕、鎮壓，1597年將堅不屈服的26名天主教徒綁於十字架上，在長崎公開處死，這是日本首批天主教殉道者，而這一系列衝突最終導致日本鎖國近兩百年。

就在同一年，豐臣秀吉因為朝鮮王子未陪同明朝特使前來日本，參加豐臣秀吉封為日本王的典禮並謝罪，怒而推翻1593年的中日韓休戰和約，出兵發動第二次侵韓戰爭。直到1598年豐臣秀吉病死，日軍在朝鮮半島南端的露梁海戰中大敗，這場始於1592年，經歷七次戰役，中日韓戰死數十萬，糜餉數百萬的戰爭才告平息。

順著日本南方的紅色九州島往南延伸，第一個標示島名的是種子島（Tunaxuma），這座島因為1543年一艘走私船遭遇颱風漂流至島上，無意間傳入葡萄牙

豐臣秀吉

人的火繩槍，影響了日本歷史而聲名大噪。

葡萄牙登陸種子島450週年紀念幣

由種子島繼續往南，依序是火山島（I. do Fogo）、大琉球（Lequio grande）、福爾摩沙（I. Fermosa）、三王島（Dos Roys Magos）、小琉球（Lequio minor），其中最南端的小琉球就地理位置與大小形狀來看，最接近今日的臺灣島，而介於大琉球與三王島之間的福爾摩沙，只能視為神祕莫測的東方讓歐洲製圖家屢屢犯下美麗的錯誤。

至於明朝的製圖家又是如何看待臺灣這座邊陲島嶼呢？萬曆30年（1602）時，浯嶼（金門）偏將軍沈有容率兵攻打盤據澎湖的倭寇，並追擊至東番（臺灣），倭寇被殺戮殆盡，「東番夷酋扶老攜幼，競以壺漿生鹿來犒王師。」此役有連江人陳第隨行，撰著《東番記》描述臺灣地形、港口、貿易與風俗，可惜只停留約20天，浮光掠影，難窺全貌，提供製圖參考的價值有限。

兩年後的1604年，荷蘭東印度公司攻打澳門的葡萄牙據點失敗後，接受中國商人的建議，利用明朝遊兵撤汛期間入據澎湖，派人至福建請求互市。明朝無意與荷蘭進行貿易，指派都司沈有容帶領兵船五十艘前往澎湖，諭令荷蘭人退出澎湖。荷蘭人見互市無望，兵力相差懸殊，遂轉往臺灣尋找據點。

延伸閱讀 ▶1543年，一艘預定從澳門開往浙江舟山島的走私貿易船遭遇颱風，漂流到了日本九州南側的種子島。該船船主是軍火走私商人、倭寇頭目王直，幾個葡萄牙人也在船上。種子島島主以4000兩黃金買了兩把火繩槍，讓人仿製，是日本歷史上開始製作火繩槍的場所，故被通稱為「種子島銃」，這是西洋火器首次傳入日本。火繩槍對日本的統一與侵略朝鮮產生重要影響。

日本二十六聖人殉教

延伸閱讀 ▲十六世紀末葉，日本相繼發生信奉天主教的吉利支丹（源自葡萄牙語cristão，即Christian受洗禮的）大名（大領主）燒燬本地寺廟和神社並迫害僧侶的事件。接著又爆發葡萄牙商人將日本人當作奴隸販賣到海外的事情。豐臣秀吉遂於1587年下令禁止天主教，然而日本的耶穌會與方濟各會不理會禁教令，繼續傳教，而陸續遭到逮捕。1597年，豐臣秀吉下令在長崎公開處決26名堅不屈服的天主教徒，以長槍刺穿兩腋，殉教的5位西班牙籍傳教士、1位葡萄牙籍修士、20位日本籍信徒（含3名未成年者）後來被追封為聖人。

種子島（Photo by Bokanmania CC BY-SA 4.0）

同是天涯淪落人，相逢南洋初相識

《塞爾登中國地圖 —— 明代東西洋航海圖》（*Selden Map of China*）

繪者不詳，約繪於1606～1624年，
出自牛津大學博德利圖書館（Bodleian Library）。

西元2008年，美國喬治亞南方大學（Georgia Southern University）歷史系副教授巴徹勒（Robert Batchelor），在英國牛津大學博德利圖書館（Bodleian Library）做大英帝國歷史研究時，意外在一份古代文獻目錄裡見到一條疑似中國地圖的條目，於是請圖書館館長赫利威爾（David Helliwell）幫忙調閱出來。赫利威爾想到老朋友漢學家卜正民（Timothy Brook）對此應該也極有興趣，因此通知了當時擔任不列顛哥倫比亞大學聖約翰學院（University of British Columbia, Saint John's College）院長的卜正民前來一起研究。

當時有關這幅地圖的唯一的資料是，它是英國學者塞爾登（John Selden）死後捐贈母校牛津大學的大批文物之一，1659年進入圖書館典藏後，一直在圖書館地下室躺了近四百年。

1665年，東方學者海德（Thomas Hyde）接任博德利圖書館館長，館中有許多待解謎的中國圖書。1687年6月，海德邀請當時在英國訪問的中國耶穌會士沈福宗（延伸閱讀p. 168），到牛津來幫忙鑑識及分類中國圖書，包括在《塞爾登中國地圖》上重要中文地名及解說旁標註拉丁文。

博德利圖書館（Photo by DAVID ILIFF. License：CC-BY-SA 3.0）

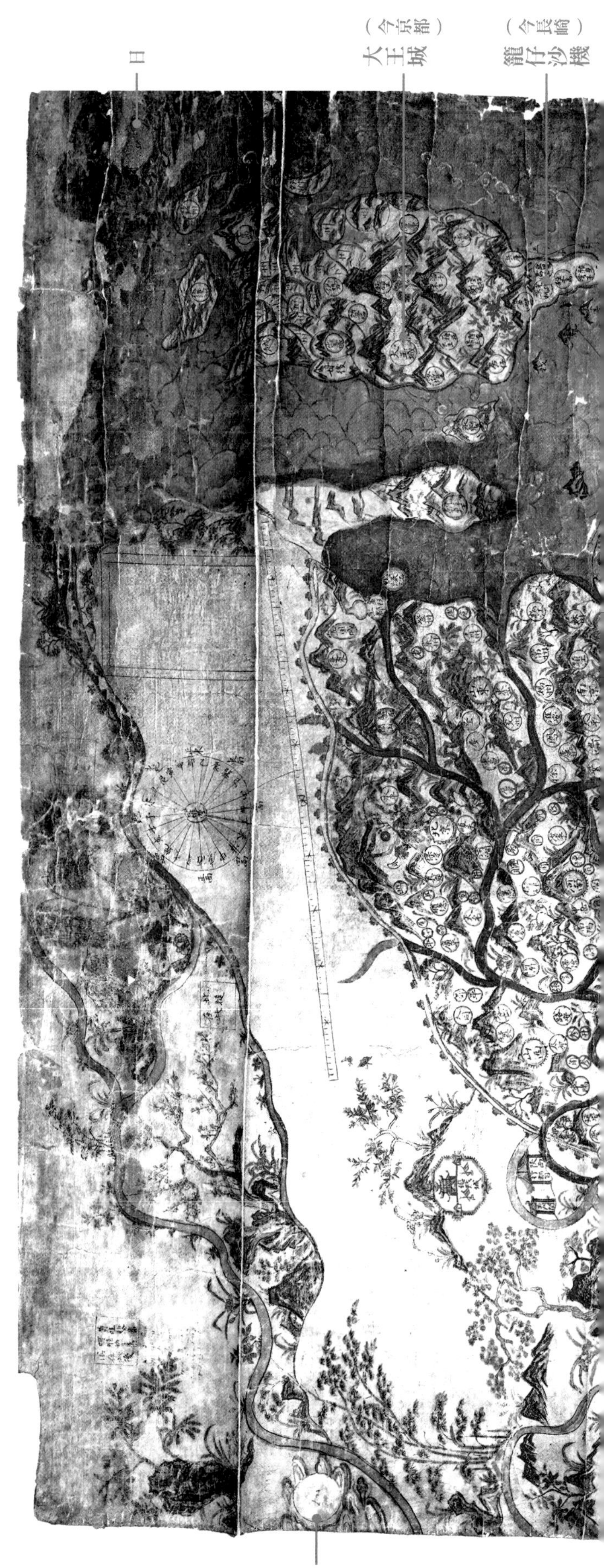

臺灣
呂宋王城
（今馬尼拉）
池汶
（今帝汶）
咬嵧吧（今雅加達）
星宿海
古里國
（今印度卡利卡特）
麻六甲

延伸閱讀 ▶塞爾登是一位國際海洋法學者、議員，大約和莎士比亞同時期。十七世紀初，海洋法的創立者格勞秀斯（Hugo Grotius）為荷蘭東印度公司出版了一本《海洋自由論》（*Mare Liberum*），主張任何國家的船隻都能自由航行於為了進行貿易而選擇的任何海域，因為當時荷蘭正想進入南中國海一帶，卻受到葡萄牙的阻撓。至於塞爾登則為英王查理一世出版了《海洋閉鎖論》（*Mare Clausum*），主張國家可以將海洋納入管轄範圍，因此英國的主權涵蓋整個北海，直抵丹麥海岸，但現實政治讓英國無法實行塞爾登的主張。今日的國際海洋法事實上兼顧了雙方的精神，既承認移動自由，也承認合理的管轄權。

塞爾登熱中於廣泛涉獵及蒐集東方相關資料，只要聽說有來自東方的文史資料，都會設法蒐集，慢慢形成了一間頗具規模的私人圖書館。1653年他預立遺囑，說明死後將這些收藏捐贈給母校牛津大學博德利圖書館。牛津大學之所以成為十九世紀研究亞洲的最重要的大學，塞爾登的捐贈功不可沒。當時的捐贈清單中提及了這幅中國地圖，這是塞爾登唯一一次提到這幅《塞爾登中國地圖》。

塞爾登

沈福宗

延伸閱讀 ◀康熙年間，江寧人沈福宗結識當時在江南傳教的比利時耶穌會士柏應理（Philippe Couplet），從其學習拉丁文。1681年，柏應理奉召向羅馬教廷陳述康熙皇帝對「儀禮問題」的立場，他帶著時年25歲的沈福宗自澳門啟航，1682年在葡萄牙靠岸。羅馬教皇英諾森十一世（Pope Innocent XI）得知有中國人在歐後，表示想與之會見，於是沈福宗前往羅馬，並將一批中國文獻贈予教皇，這批書籍被藏入梵蒂岡圖書館。1684年，沈福宗和柏應理應邀訪問法國，參見法王路易十四，沈福宗將《大學》、《中庸》和《論語》的拉丁文翻譯版贈給了路易十四。1685年沈福宗應邀出訪英國，與英王詹姆斯二世會面。沈福宗在牛津遇見了博德利圖書館館長海德（Thomas Hyde），獲邀協助圖書館進行中國書籍分類，並簡述其內容。沈福宗在英國停留兩年。1692年，沈福宗與柏應理搭乘商船啟程返華，至非洲西海岸時，沈福宗突然染病，在葡屬東非（今莫桑比克）附近去世，得年36歲。

這幅地圖範圍涵蓋中國全境（卻未標出中國國名）和南部海域，中心點在中國南部邊境，包括了很大的海域：北到日本，南到爪哇島，西到印度洋，東到香料群島，所以也算是一幅海圖。圖中標註了105個地名，非漢字地名多使用閩南話音譯。

本圖原無標題，博德利圖書館館長赫利威爾將其命名為Selden Map of China，中國海外交通史研究會顧問陳佳榮則稱其為《明代東西洋航海圖》。全圖長約160公分，寬約96.5公分，屬於壁掛式彩繪地圖，可能是掛在當時的東印度公司或航商的辦公室，由於是掛在牆上，因此有很強的藝術觀賞功能，飽含當時的中國繪畫藝術特色。地圖上有山有水，有樹木花草蝴蝶，完全是手工繪製。

塞爾登地圖問世時，被稱為「中國海」的南海海域風起雲湧，東西方經濟文化在此交流激盪，無數商船滿載著珍貴的香料、易碎的瓷器和高級的絲綢，從廣州到長崎、馬尼拉、巴達維亞，再到印度果阿、里斯本、阿姆斯特丹、安特衛普或倫敦。當時歐洲正建構一個全球貿易網，將南中國海納入貿易體系內。

那個時期除了海上爭奪，同時也促使了國際法、海洋法的發展，這是歐洲人關心的，但中國政府還是秉持著朝貢思想，規定凡是外國想與中國貿易，都必須通過朝貢的制度。中國官方基本上對歐洲商人保持懷疑的態度，他們害怕的不是經濟交換，而是害怕這些商人拉幫結派，對中國官方的統治造成威脅。雖然中國官方不樂於與外國來往，但中國商人卻很樂於與

唐代閻立本《職貢圖》

外國人建立貿易關係，每年約有十萬名中國人在國外經商，對那個時代的國際貿易影響力不容小覷。

《塞爾登中國地圖》上標註了許多航海路線，海面上的大小島嶼也描繪得巨細靡遺，其目的是提醒航行船隻注意，避免觸礁的危險。圖上只有海港和航海線的內容，並未標明哪些海域屬於哪個國家，甚至連中國或明朝的名稱都未標出。因此這是商人的地圖，不是國家的地圖。十六世紀西班牙和葡萄牙瓜分全球航權勢力範圍的條約，這時已被陸續崛起的荷蘭、英國等海上新強權推翻，而新的國際海洋法也還沒有建立，要到十八世紀才有。

延伸閱讀 ►1619年，荷屬東印度公司占領了印尼的雅加達，更名為巴達維亞（Batavia，荷蘭的羅馬名），做為荷屬東印度的首都。當時以「東方的女王」聞名，荷屬東印度公司平均每年派出二十五艘船前往亞洲，或從亞洲回到歐洲，都要在巴達維亞停靠裝卸貨物。
巴達維亞的都市建設除了大部分空間拿來用作倉庫和碼頭外，荷蘭人還複製了祖國自治市完善的市政制度，例如市政府、醫院、法院、教堂與救濟院。另外，由於十分仰賴當地華商促進多邊貿易，因此也提供了類似的中國機構，例如富麗堂皇的中國商館及設備完善的中醫院等，城牆外面則有中國的寺廟及大片的中國墓地。而前往巴達維亞的中國商船可獲特殊的優惠待遇，不須繳納進出口稅，僅須支付「優先費」，便可優先取得所需的貨物。

延伸閱讀 ▲中國的朝貢思想始於西元前三世紀，一直延續到十九世紀末期，中國中原王朝以天朝自居，透過冊封，建立宗主國與藩屬國的關係，藩屬國每年都向中國稱臣納貢，稱為朝貢，中國則回贈相當的賞賜。大約在唐朝時期，朝貢關係漸漸轉化為朝貢貿易，遵循「禮尚往來」，藩屬國將本國物品以朝貢名義運送到中國，以此換取自己所需的天朝貨物。

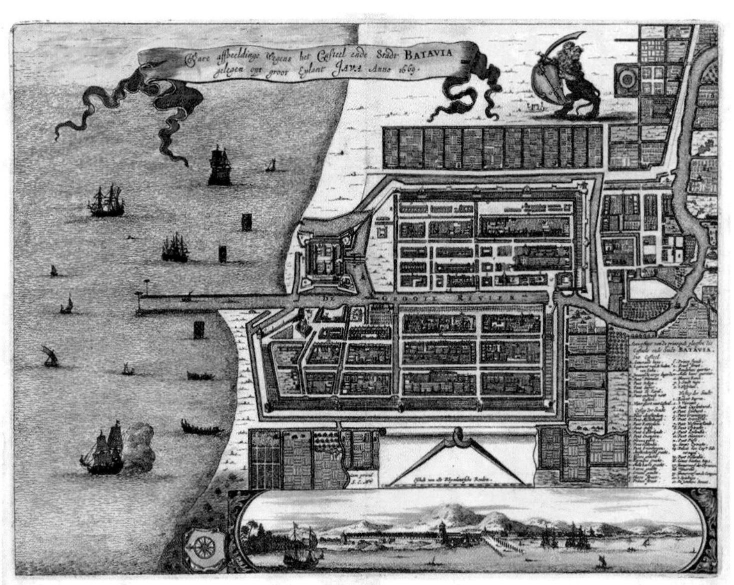

1669年的巴達維亞地圖

英國東印度公司位於倫敦的總部

延伸閱讀 ▲英國東印度公司成立於1600年，是由一群商人所組成，獲得英國皇家授予該公司對東印度的貿易專利特許權。1608年，公司的船到達印度半島西岸的蘇拉特（Surat），並在那裡建立了一個貿易點。英國東印度公司除了與印度貿易，還想和中國發展貿易，但因為明朝不允許外國船進入中國港口，所以東印度公司的船就到爪哇、菲律賓或日本，找那兒的中國商人做貿易，把買到的中國瓷器、絲綢這類昂貴的東西賣到歐洲。

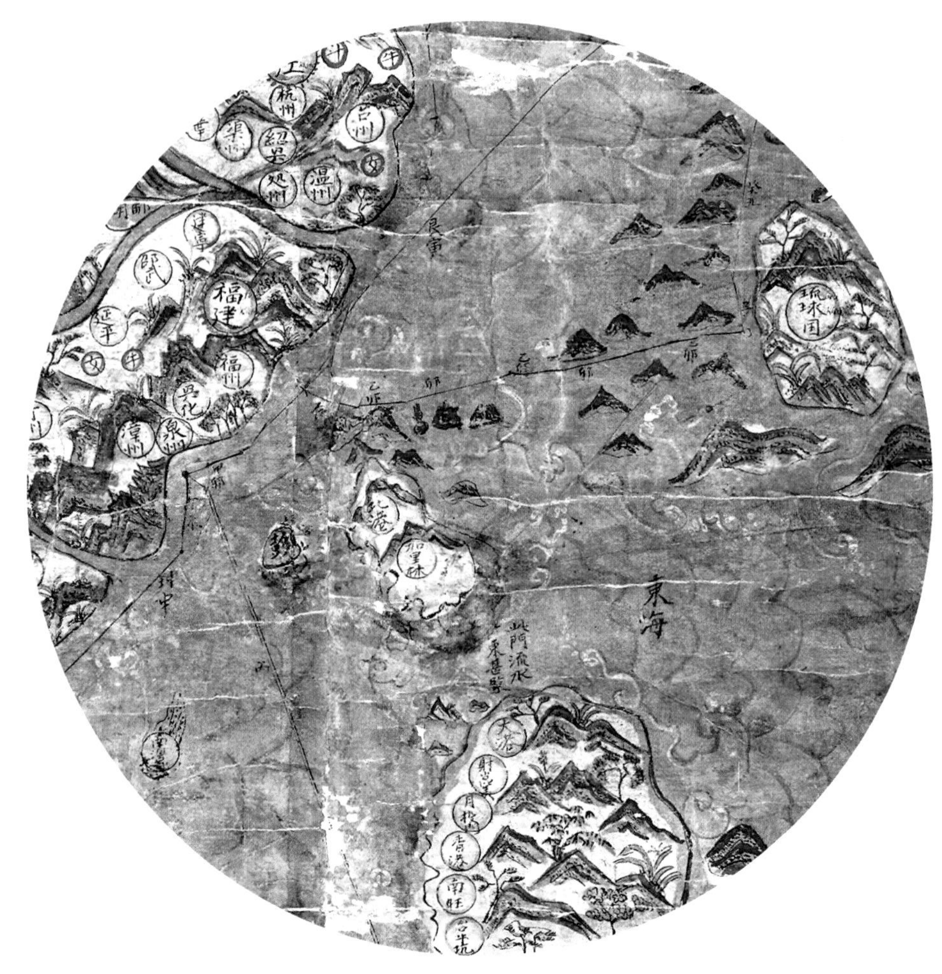

在中國地圖史上，這是一幅頗為獨特的地圖，絕非中國傳統地圖所可比擬，顯然是受歐洲傳教士傳入的最新地圖的影響，例如1602年的利瑪竇《坤輿萬國全圖》。要繪製本地圖，必須對當時東、西方地圖有一定程度的認識，同時又要對海外交通航路和各國地理有相當的瞭解，因此，可能是由中國學者、船工或華僑等幾方面人才的配合。推測這幅地圖是一位中國商人委託繪製的，後來落到英國東印度公司的商人手裡，這名商人返回英國後，把地圖賣給了收集東方文獻的塞爾登。

本圖在中國疆里部分，包含明朝的兩京十三省：北京、南京與十三布政使司，外加遼東、河州（今甘肅）及臺灣等。除了列出府名、部分直屬州名、古九州名之外，也標註了重要山岳、江湖名稱，另外地圖上方中央還特別標繪出二十四個方位名稱的羅經，在中國地圖史上應屬首例，算是本地圖的特色之一。

本地圖的海域部分，主要記載明朝福建海商在海外的活動範圍、航海路線和主要港埠等資訊，總共標記了中國商船經常使用的6條東洋航路和12條西洋航路。本圖海外交通航線絕大多數均由閩南出發，反映了明末泉州與漳州月港的重要地位。諸航道的海道針經準確地用線條標示出來，線旁註明羅盤針經航向的二十四方位名。

圖中的臺灣島上僅標示北港（北臺灣，源自凱達格蘭族對「北方」的稱呼，曾一度做為臺灣全島的代稱）及加里林（可能是今臺南佳里）兩個地名，未反映1624年荷蘭人入據臺南的情況，因此推論本圖繪於1624年之前。至於臺灣周邊除了西邊的澎湖島之

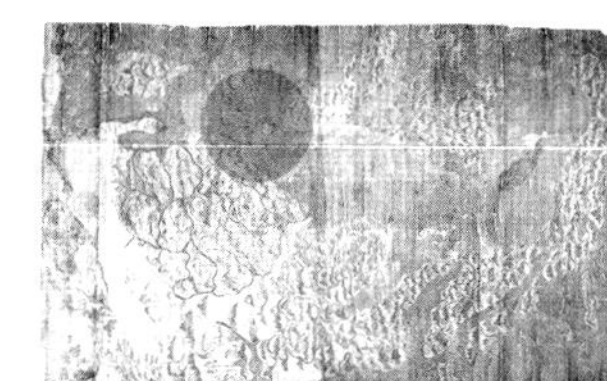

外，北部外海也繪有數座島嶼，應該是今日的基隆嶼、北方小島或宮古群島。

從圖上標註的航道可以發現，明代中國前往日本的航海貿易路線有兩條，一條沿著泉州、福州近岸北上，走艮寅方向到日本的五島。另一條則經由臺灣北端的雞籠，走乙卯或卯的方向到琉球國，再北上到日本的兵庫。至於漳泉出發前往南洋的航線，則是經澎湖西側直下菲律賓呂宋島的西岸，並未航經臺灣南端與呂宋島間的巴士海峽，可能是因為此處海面常有颱風，標有「此門流水東甚緊」警語，說明這兒的海流速度較急，不利於航行。

1609年時，日本幕府將軍德川家康派遣有馬晴信率軍抵達臺灣探勘地形，並囑咐占領臺灣港口，以建立對明貿易的據點。探勘過程中，雖與西班牙及葡萄牙在臺勢力產生衝突，但仍俘擄了數名臺灣原住民返回日本。

1616年，幕府再度派遣村山等安率船十三艘、兵眾三四千進攻臺灣，船隊至琉球時，被颶風飄散，僅一舟抵臺，登岸深入後遭番圍襲，眼見不敵，均切腹自殺，幕府的侵臺計畫，悲慘收場。

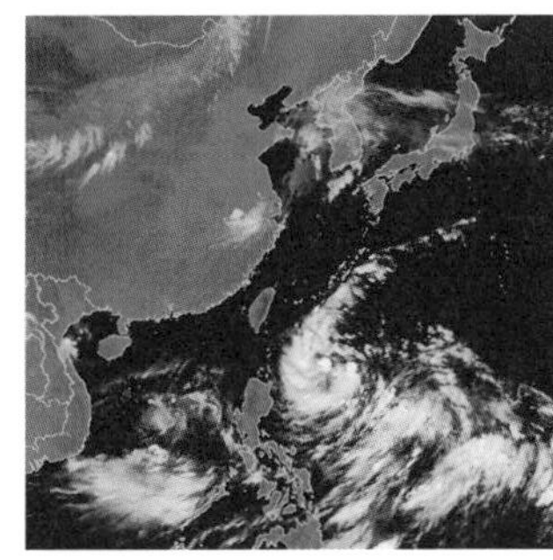
巴士海峽多颱風

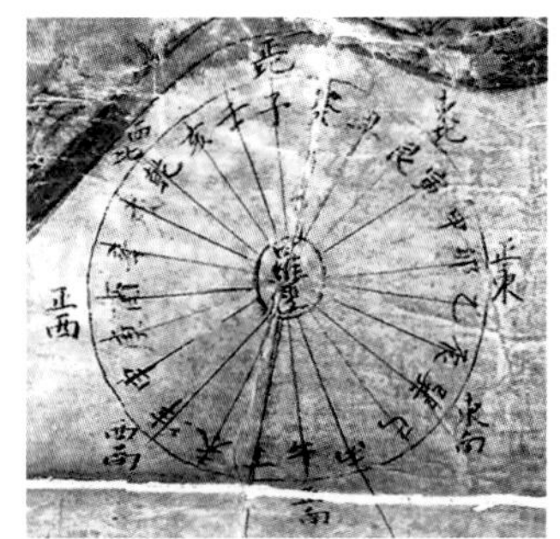
羅經二十四個方位

本圖廣大海域中的臺灣島不但小於受封朝貢的琉球國，相較於呂宋島西北海岸密集的地名，臺灣島上的兩個地名也顯得冷清許多。雖然臺灣緊鄰十七世紀初繁忙的東亞貿易路線旁，但除了日本幕府之外，似乎仍未獲得太多的關注或青睞。

延伸閱讀 ◀「羅經」又稱為羅盤，是現代指南針的前身，原作為指向導航之用，後來結合五行八卦理論，運用於堪輿風水。羅盤分二十四個方位，每個方位占十五度，稱為二十四山，由八卦中的四卦（乾、坤、巽、艮）加上十天干中的八天干（甲、乙、丙、丁、庚、辛、壬、癸）與十二地支（子、丑、寅、卯、辰、巳、午、未、申、酉、戌、亥）組合而成。以「卯」代表東方，以「午」代表南方，以「酉」代表西方，以「子」代表北方，以「巽」代表正東南，以「坤」代表正西南，以「乾」代表正西北，以「艮」代表正東北。

延伸閱讀 ▼月港位於福建漳州九龍江出海口。明朝末年，政府允許民間出海貿易，但嚴禁外國商船進港。規定所有出洋的商船，必須從月港出發，並在月港到廈門的九龍江水道上，接受明政府層層關卡的盤查，是當時明朝官方唯一認可進行對外貿易的港口。實際上，月港為一內河港口，港道不深，大船裝滿貨物後需用幾條小舟拖曳才能航行，船隻從月港到廈門，需經一宿的時間。當年明朝政府為了方便管理而選定此地，並在月港設立海澄縣，月港因此迅速繁榮起來，成為「閩南一大都會」。而福建的大規模海外移民也是從這時開始，移民目的地包括臺灣、琉球、日本和東南亞。當年有位福建商人在呂宋經商時，將菸草帶回，於月港附近種植，菸草因而傳入中國。

漳州月港

三分天下，臺灣立足何處？

《三聯畫世界地圖》

（*Geographica restituta per globi trientes*）

法蘭西斯卡斯・維哈爾（Franciscus Verhaer），繪於1618年，出自波士頓公共圖書館（Boston Public Library）。

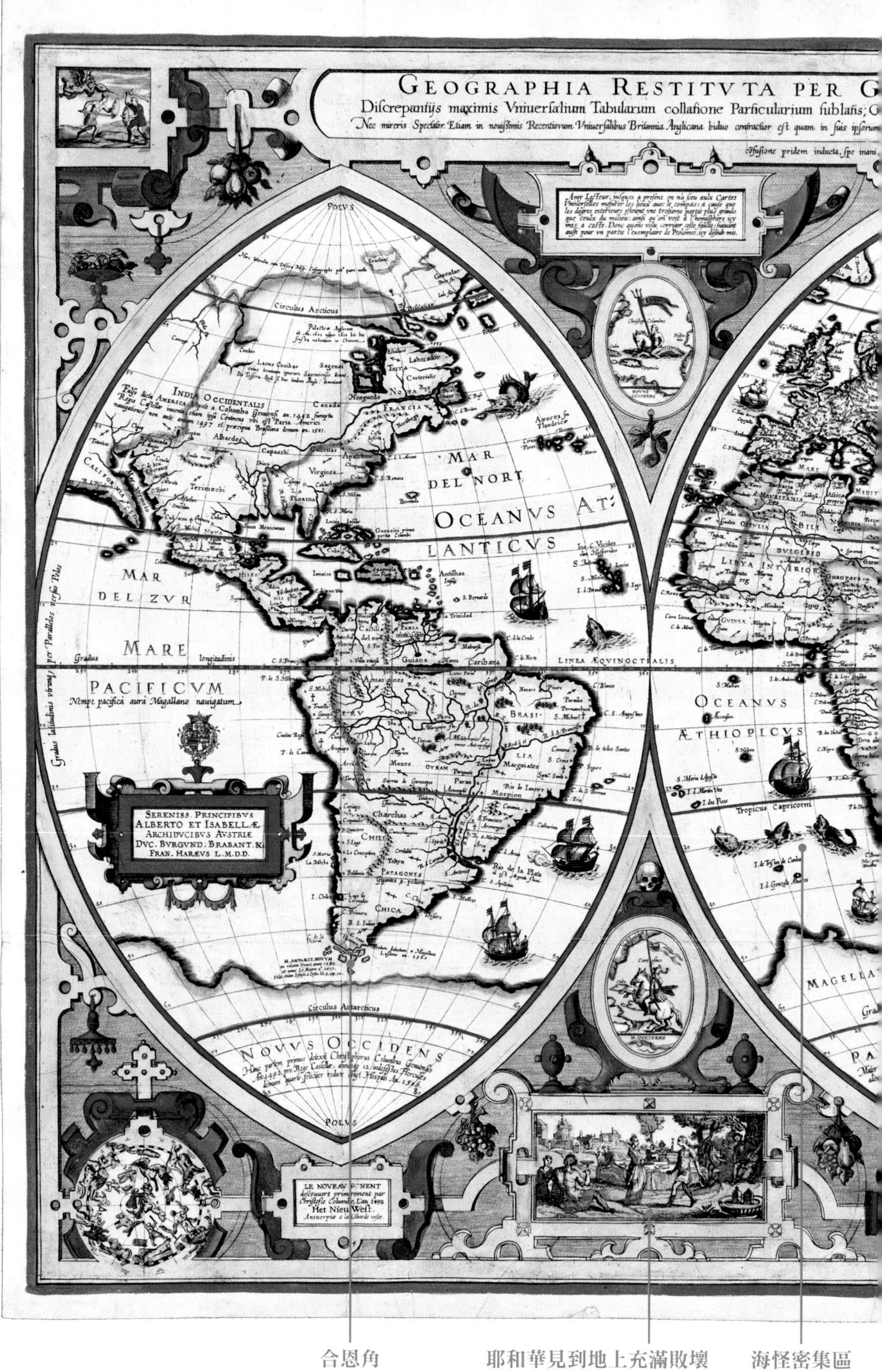

尼德蘭神父維哈爾（Franciscus Verhaer）是最早製作專題地圖和地球儀的製圖師之一，曾在比利時魯汶（Leuven）大學學習神學，1604年至1609年，在荷蘭烏得勒支（Utrecht）擔任羅馬天主教神父。1609年之後，定居西屬尼德蘭（Spanish Netherlands），擔任安特衛普女修道院的院長，是西屬尼德蘭少數製圖師之一，他們在十七世紀之交許多製圖人員大批離開後，保留住了製作地圖的工藝。

在十七世紀早期的荷蘭製圖黃金年代，用三聯畫（triptych，延伸閱讀p. 175）來展示已知世界的地圖非常罕見。這種形式通常用於祭壇畫中，對天主教信徒來說並不陌生。而將世界分為三部分則讓人想起中世紀繪製的天主教傳統世界地圖，例如海因里希・邦廷（Heinrich Bünting）的《三葉草世界地圖》（*The World in a Cloverleaf*），三片葉子分別代表當時已知的大陸：歐洲、非洲和亞洲。

根據維哈爾的神父背景，這幅《三聯畫世界地圖》顯然融合了祭壇畫的天主教傳統，中央瓣地圖是以聖地耶路撒冷為中心的中亞往東延伸至印度，往西延伸至歐洲與非洲。此瓣地圖正下方的裝飾框內，以拉丁文說明地圖中各地區標示的宗教符號：天主教的

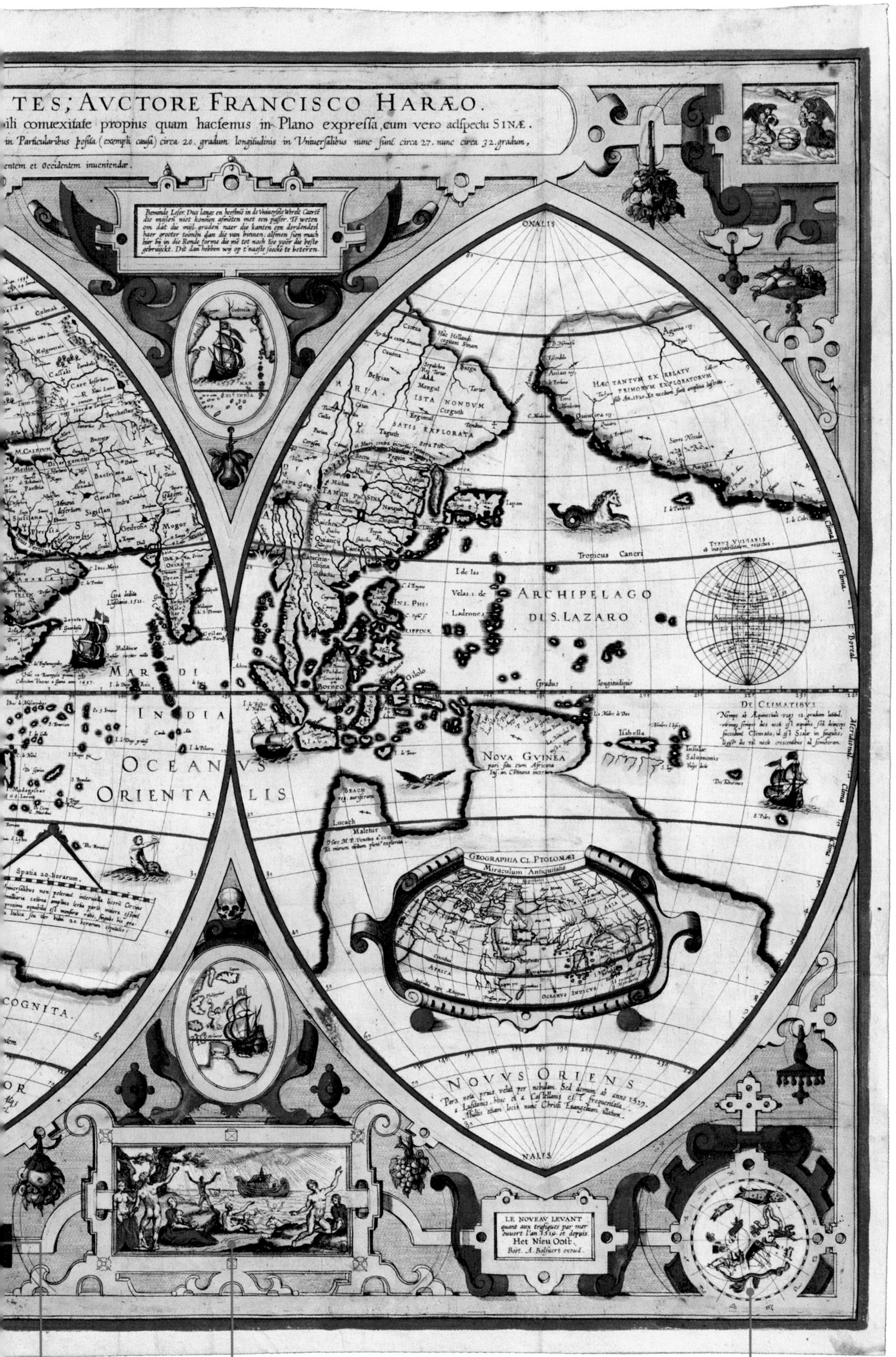

宗教符號　洪水與挪亞方舟　星座圖

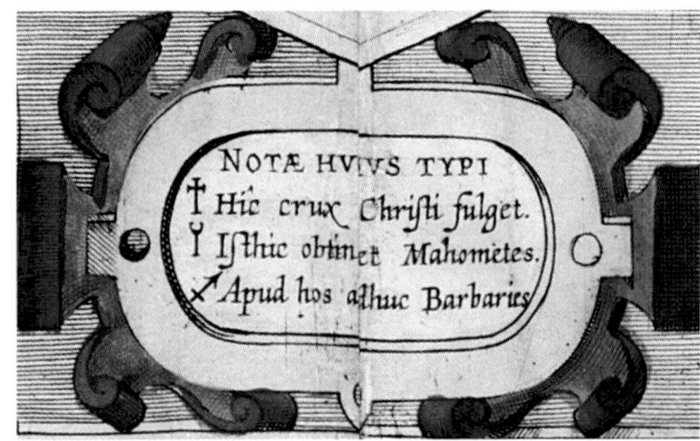

宗教符號

十字架、伊斯蘭教的新月形、野蠻人的斜箭頭。

綜觀十七世紀初的世界局勢，天主教隨著歐洲的貿易與殖民船隊，逐漸傳布到世界各地，先是非洲，再到美洲與亞洲，而伊斯蘭教也透過中亞商人在十四世紀初傳進東南亞，並在隨後的兩個世紀傳播到蘇門答臘及印尼東部。鄂圖曼（Ottoman，延伸閱讀p. 175）帝國更在十五到十六世紀達到極盛，使得伊斯蘭教的勢力遍及亞歐非三大洲，與天主教勢力相抗衡。然而本幅地圖左右兩瓣的美洲及東亞地區，包括中央瓣的非洲，除了少數沿海口岸被殖民者占據而傳入天主教或伊斯蘭教之外，廣大的內陸地區還是畫滿了所謂野蠻人的斜箭頭，即使當時的中國文化發達程度比起歐洲有過之而無不及，依然被列入野蠻地區。

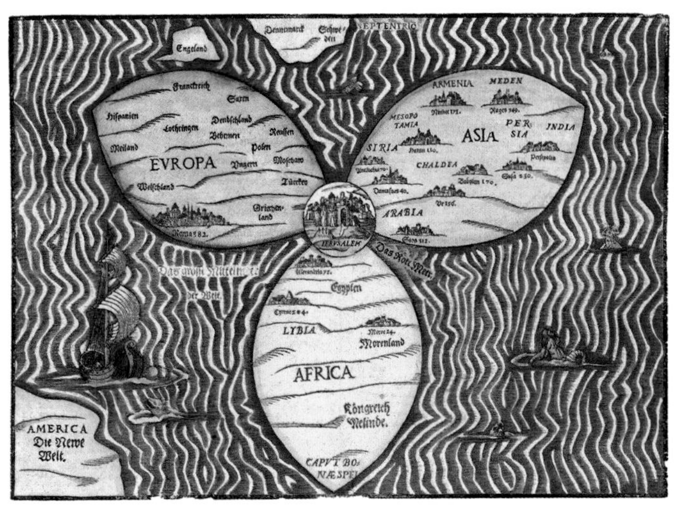

邦廷的《三葉草世界地圖》

中央瓣地圖下方的左右兩側方框中分別描繪了聖經《創世紀》中「耶和華見到地上充滿敗壞」、「於是降下洪水並囑咐挪亞備妥方舟」的故事畫面，再次突顯製圖者的宗教背景。而各瓣地圖夾角間的四幅橢圓形小插畫，由左上順時針排列，依序是騎著海馬發現加勒比海群島的哥倫布、航向印度果阿的大帆船、航向新幾內亞與菲律賓的大帆船、騎馬占領墨西哥的科爾特斯（Ferdinandus Cortesius），顯示了地理大發現時期的重要探險成果。

這個由三瓣形式組成的地圖，減少了各個地理區域的投影扭曲量。赤道橫貫三瓣地圖的中央，各瓣地圖的海面上都繪有數艘大帆船與各種大海怪，美非亞洲下方仍有大片的「未知的南方大陸」。1616年，荷蘭航海家史旺騰（Willem Schouten）首次發現南美洲最南端，命名為合恩角（Cape Horn），並與萊梅雷（Jacob Le Maire）首次航行繞過合恩角，此事註記在左瓣地圖南方大陸北岸的德瑞克海峽上。

右瓣地圖的「南方大陸」面積最大，空曠的地面畫有二世紀的托勒密世界地圖，既豐富了空白的南方大陸，又回溯了地圖學的歷史源流。南方大陸的北端，似乎與新幾內亞相連，但製圖者也不太確定，所以在相連處加兩行字模糊處理。新幾內亞北方標示的聖拉撒路群島（Archipelago di S. Lazaro），其實是麥哲倫船隊發現菲律賓群島時的命名。左側一直排的島嶼即為今日帛琉群島（Palau Islands）與北馬里亞納群島（Northern Mariana Islands）串成的島鏈。島鏈北端觸及北回歸線，右上方海中有一匹馬頭魚尾的海怪，左上方為日本群島，順著群島往西南延伸至北回歸線，一個淡紅色的島嶼緊鄰在北回歸線的下方，就地理位置而言，應該就是臺灣，其下方標示的Armacao，其實是澳門市民為了分配銷往日本生絲份額而組織的機構名稱，被當成了澳門地名，而其左側海岸上的圓圈標記，即為

《創世紀》中挪亞方舟與洪水的故事

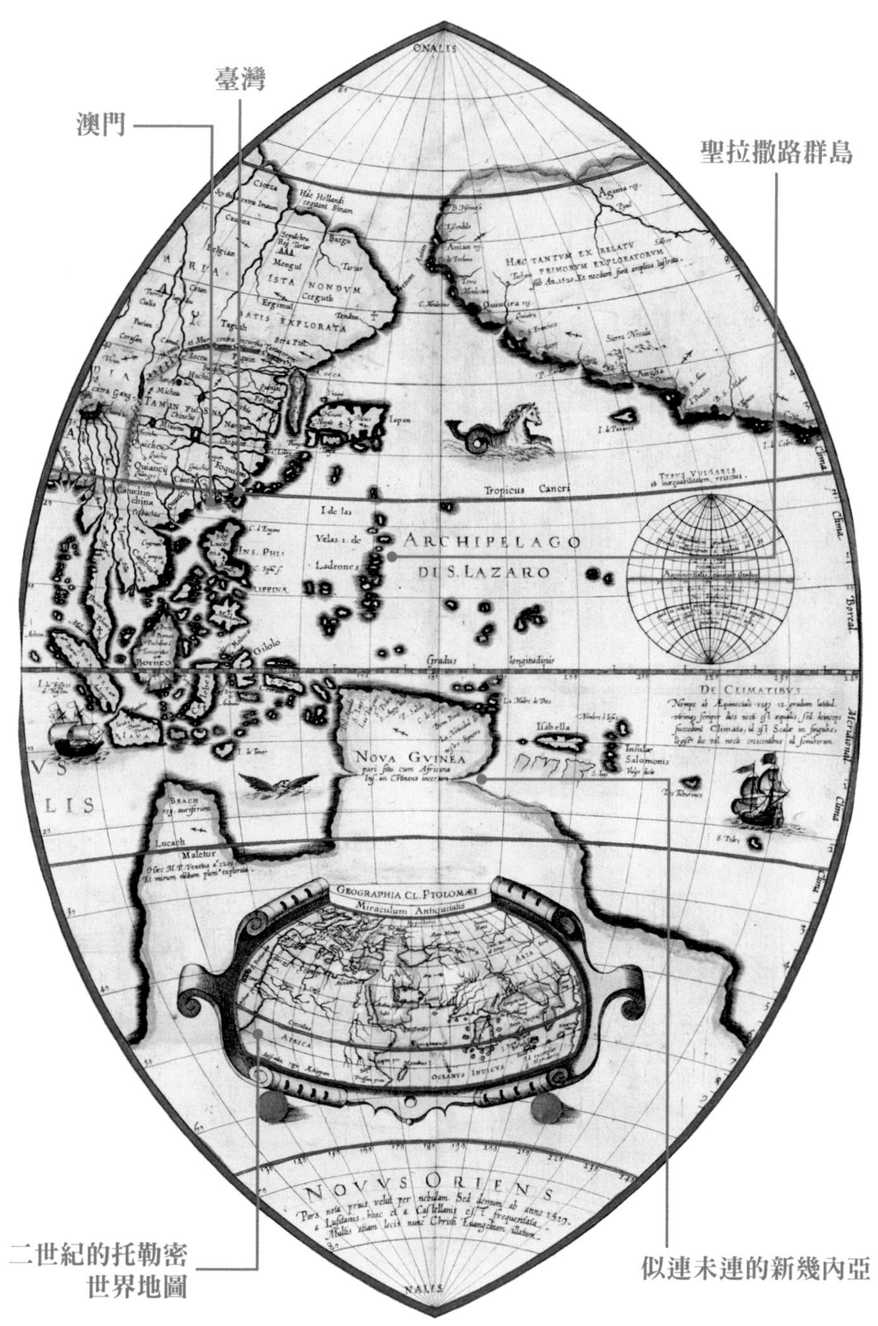

澳門所在地，西邊緊鄰的十字架代表當時中國唯一允許天主教傳教士落腳的地方。

荷蘭雖未能如願奪取葡萄牙占領的澳門，但獲得日本幕府將軍德川家康允准，在平戶設立商館。1613年時，荷蘭平戶商館館長布魯瓦（Hendrick Brouwer）觀察當時形勢，便建議荷蘭東印度公司總督占領臺灣，作為中日貿易的轉運基地。

《三王朝拜》三聯祭壇畫

延伸閱讀 ▲三聯畫是畫作的一種類型，分為三個部分，一般中央那幅最大，也有三幅大小相同的。三聯畫在基督教藝術早期就已經出現，是中世紀祭壇畫（通常為木板油畫）的常見形式，這種形式的作品易於閉合保管、拆卸組裝及運輸。

延伸閱讀 ▼鄂圖曼（Ottoman）帝國為鄂圖曼人建立的帝國，創立者為奧斯曼一世（Osman I）。鄂圖曼人初居中亞，後遷至小亞細亞，日漸興盛，極盛時勢力達亞歐非三大洲。消滅東羅馬帝國後，定都於君士坦丁堡。

鄂圖曼帝國位處東西文明交匯處，掌握東西文明的陸上交通線達六個世紀之久。第一次世界大戰時敗於協約國之手，鄂圖曼帝國因而分裂。之後凱末爾（Mustafa Kemal）領導土耳其國民運動，放棄了大鄂圖曼土耳其帝國的疆域，建立了主權獨立但面積較小、僅控制色雷斯（Thrace）及小亞細亞的土耳其共和國，鄂圖曼帝國至此滅亡。

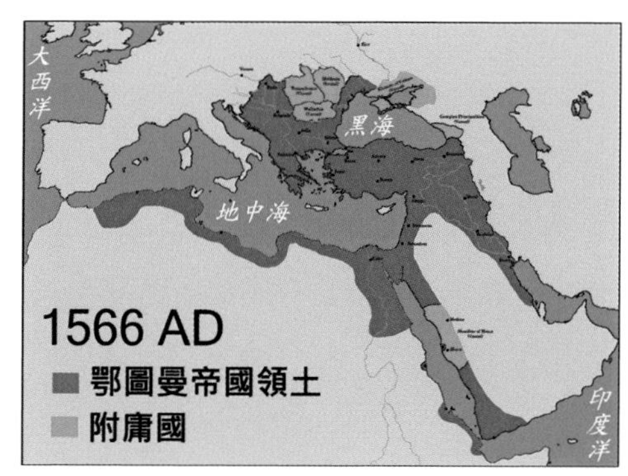

1566年鄂圖曼帝國疆域圖（Chamboz CC BY-SA 4.0）

太平洋波濤洶湧，遠航船隻哪裡靠岸？

《南方海洋 —— 太平洋》（*Mar del Sur. Mar Pacifico*）

黑塞爾．格里茨（Hessel Gerritsz），繪於1622年，出自法國國家圖書館（Bibliothèque nationale de France）。

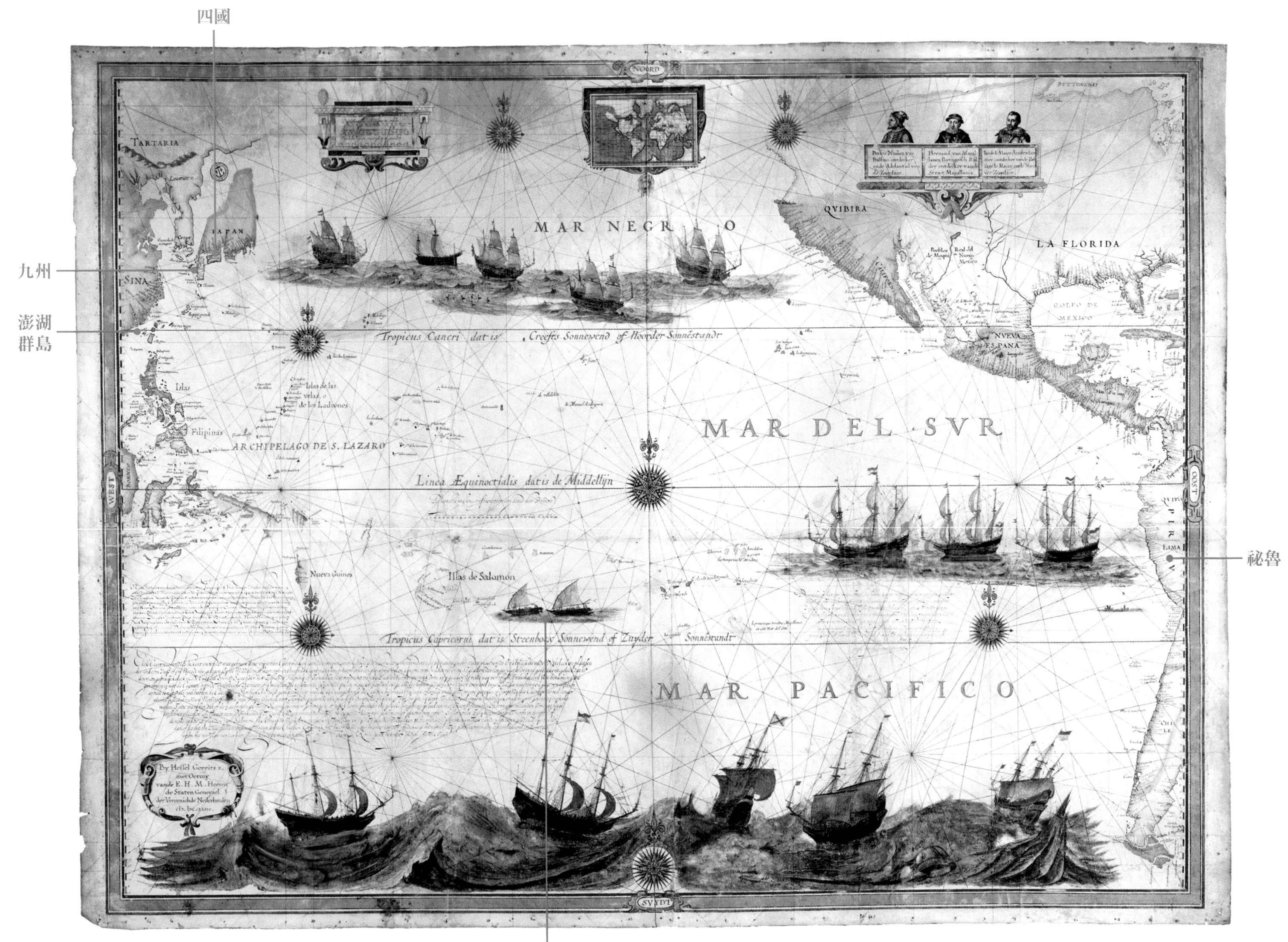

西元1607年，格里茨（Hessel Gerritsz）在威廉・布勞（Willem Blaeu）的地圖工作室擔任學徒，後來隨同工作室一起搬到了阿姆斯特丹。1610年，格里茨自己開了一間地圖印刷工坊，他製作的許多版畫和地圖都被布勞、揚松紐斯（Johannes Janssonius）和其他人收錄在地圖集中。

他製作地圖的名氣迅速傳揚，到1617年時，獲得荷蘭東印度公司（VOC）首席科學家普朗修斯（Petrus Plancius）的推薦，被任命為VOC的首席製圖師，是當時製圖師最具權威的職位。普朗修斯雖然與格里茨的老師布勞不和，但對其傑出的徒弟卻頗為賞識。格里茨擔任此職直到1632年去世，之後該職位才由他的老師布勞接任。

格里茨任職VOC首席製圖師期間，根據VOC的規定，結束任務返回公司的VOC商人和船長，必須將所有航海日誌與圖表提交給格里茨，由他將這些豐富的新資料整合繪製出最新的航海圖，提供給所有出任務的VOC船長使用。

本篇介紹的這幅應該是繼1589年奧特利烏斯（Abraham Ortelius）之後（參見P.140），最早以太平洋為主題，且完整繪出整片太平洋的地圖之一。原本占去地圖下方大片畫面的「未知的南方大陸」，在本圖中已改為大片海洋，南美洲南端的麥哲倫海峽與火地島也已明顯畫出，而波濤洶湧的南太平洋上繪有五艘船正與風浪搏鬥，符合南緯50度到70度間海域（參見p.125）的描繪，卻與船隻上方以金色字體標示的「太平洋」（Mar Pacifico）形成強烈對比。

當初麥哲倫航進太平洋時是沿著南美洲西岸北上（本地圖上也繪有該條航線），沿途風平浪靜，正如本地圖的秘魯西岸近海繪有三艘荷蘭大船平穩向西航行，旁邊還有兩艘小船送行，所以麥哲倫才將1513年巴爾博亞（Vasco Nuñezde Balboa）命名的「南方海洋」（Mar del Sur）改為太平洋。

這三艘航向亞洲的荷蘭大船前方，靠近南回歸線的海面上，另有兩艘南太平洋玻里尼西亞（Polynesia）島民常用的單桅蟹爪形帆船（Proa），船雖不大，卻是南島民族（延伸閱讀p.179）飄洋過海的利器，靠的就是船側的懸臂浮架與可靈活操控的桅帆，當然還有冒險犯難的精神與傑出的航海技術。他們正航向所羅門群島（Illas de Salomon）或是更遠的新幾內亞（Nueva Guinea），雖然該處標示為新幾內亞，但

玻里尼西亞的單桅蟹爪形帆船

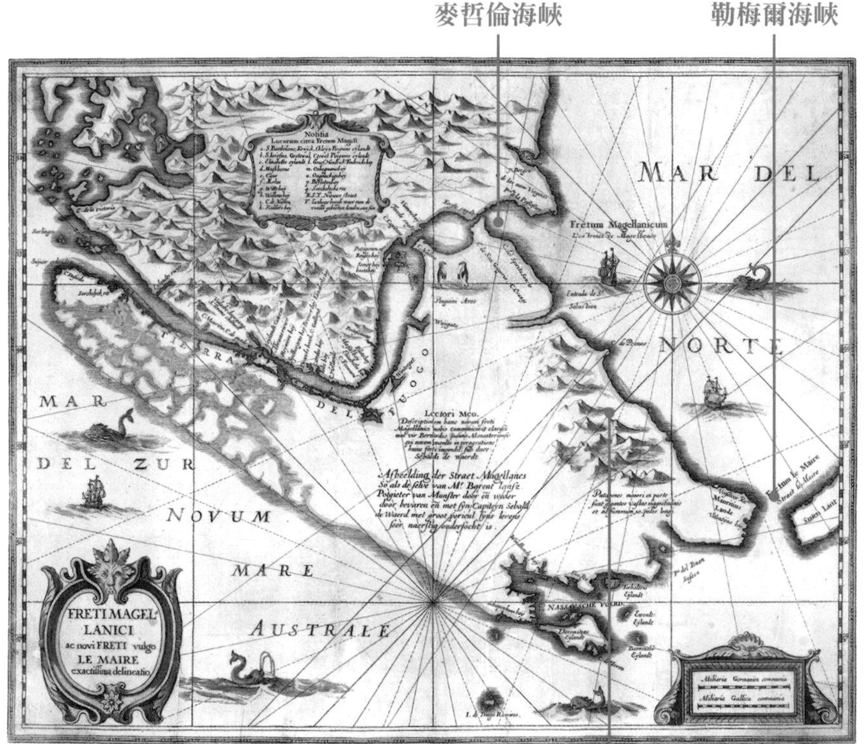

1635年《麥哲倫海峽地圖》

復活節島石像（Photo by Makemake at German Wikipedia CC BY-SA 3.0）

延伸閱讀 ▲玻里尼西亞（Polynesia，poly意為眾多，nesi意為島）位於太平洋中南部，由一千多個島嶼所組成，島嶼零星分布，人煙稀疏。數百年前，善於航海的玻里尼西亞人經過遠洋航行，到達這些島嶼定居，成為玻里尼西亞各島嶼的最初居民，如紐西蘭的毛利人等。玻里尼西亞有三個端點，分別是夏威夷群島、紐西蘭及復活節島，南北相距約7600公里，東西最寬處達9000公里。

左下方添加了一大段說明：「佩德羅・德・基羅斯（Pedro Fernandes de Queirós）的船隻在新幾內亞附近，航行至南緯10度以西，穿過許多島嶼、沙洲，40天的航程中水深2～4噚（3.7～7.3公尺），假設新幾內亞沒有向南延伸超過南緯10度的話，那麼從南緯9到14度的土地將成為一塊獨立的土地，與新幾內亞不同。」早在1618年，格里茨繪製的印尼群島地圖中，便首次出現這座不完整的島嶼，是VOC的航海家威廉・揚松（Willem Janszoon）於1606年發現的，後來不出格里茨所料，證實為澳大利亞的西北海岸。

從金色字體標示的「南方海洋」往北，過了北回歸線的海面上，則以較小的紅色字體標示「黑海」（Mar Negro），代表本處海域如萬籟俱寂的深夜般「極為平靜」，四艘懸掛荷蘭國旗的船隻正航向美洲，另一艘則前往亞洲，平靜的海面上還畫了一條噴水的鯨魚和七隻水鳥。

地圖右上角有三幅半身肖像，由左到右依序是發現太平洋的三位探險家：巴爾博亞、麥哲倫和勒梅爾（Jacob Le Maire）。勒梅爾在1615年和1616年環繞地球航行時，通過火地島與艾斯塔多島（Isla de los Estados）之間的勒梅爾海峽（Le Maire Strait）到達火地群島最南端的合恩角（Cape Horn），進入太平洋。

合恩角（NASA）

地圖左上角的陸地上標示韃靼利亞（Tartaria），南下越過山脈，便進入朝鮮半島與中國，東邊的日本群島方位與形狀較以前正確，但仍不夠細長。南部的四國與九州兩個島被繪成與綠色本州大島不同的顏色，宛如不同的國家，其實當時的德川幕府已統一全日本。

順著九州南端的琉球群島往西南延伸，可以依序見到大琉球（Ilequejo grande）、宮古島（Dos reis magos）與被分為北中南三島的臺灣：北島標示為福爾摩沙（Formoso），中島無名橫跨在北回歸線上，南島則被誤標為日文的高島（Tacosima）。令人驚喜的是，臺灣海峽上明顯繪出了澎湖群島（Pehoe），可說是最早出現澎湖群島的西洋古地圖之一。1622年繪製本地圖時，荷蘭東印度公司第二度占

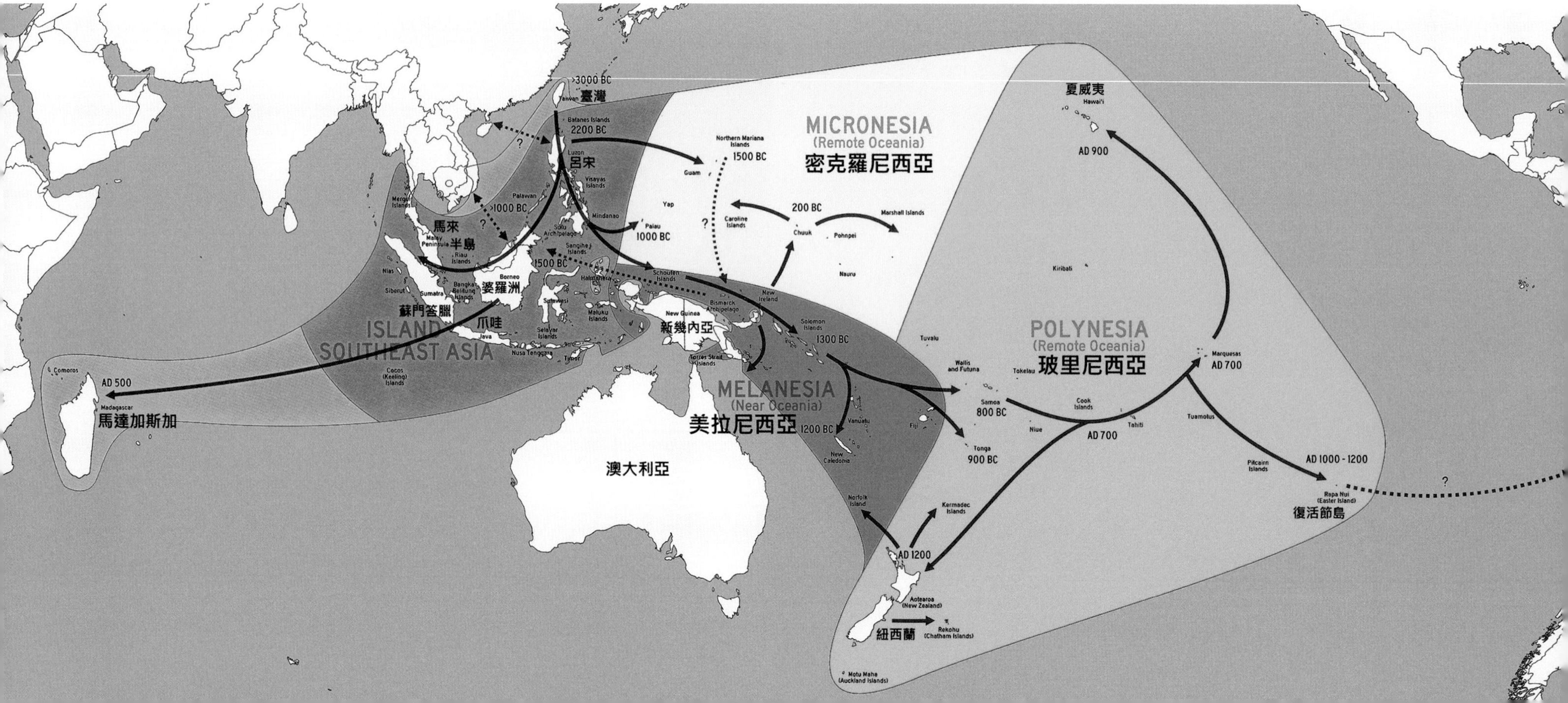

領澎湖，逼迫島民建城，虐死民工一千三百餘名，甚至將一千五百位民工分批運往巴達維亞，賣為奴隸，途中死亡大半。

1624年明朝出兵趕走澎湖島上的荷蘭人，荷蘭人逃往臺灣，在臺南建立熱蘭遮城（Zeelandia），展開了臺灣史上的荷蘭統治時期。澎湖在本地圖中的現身，似乎預告臺灣即將投入一場悲喜交集的歷史大戲。

在此之前，日本幕府推行朱印船制度來掌控貿易通路，又限制在日華人的活動範圍，致使華人海商集團在日本不再有利可圖。根據《臺灣府志》記載，明熹宗天啟元年（1621，本地圖繪製前一年），日本華僑領袖顏思齊招引三千餘漳泉貧苦人民渡臺，以魍港為據點從事開發，為華人開拓臺灣之始。

熱蘭遮城1625年簡圖（荷蘭檔案館）

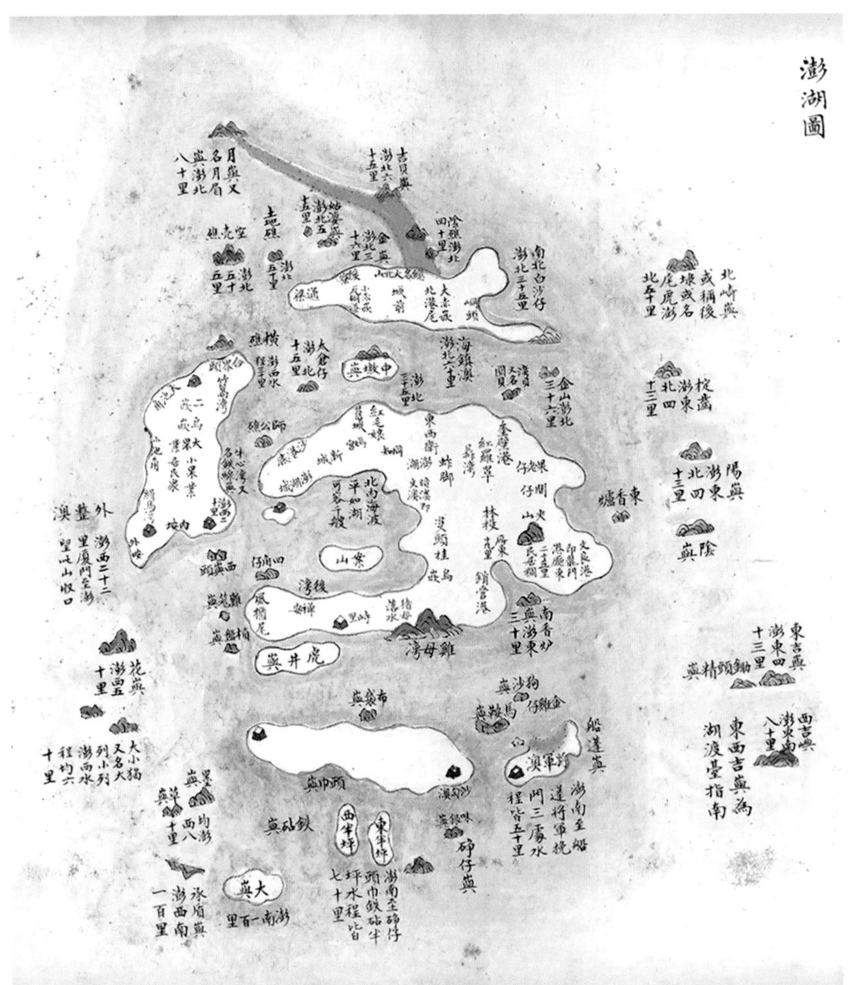

澎湖古地圖

◀澳洲國立大學人類語言學博士馬爾克（Jeffrey C.Marck）、考古學博士施得樂（Richard Shutler Jr.）、劍橋大學考古與語言學博士貝爾伍德（Peter Bellwood）從1975年開始分別發表論文，認為南島民族大約於8000年前，由亞洲大陸移居至臺灣，在臺灣形成南島語系，並發展出卓越的航海能力。大約5000年前，開始從臺灣南下擴散到菲律賓群島、婆羅洲、印尼。然後往東擴散至密克羅尼西亞、美拉尼西亞與玻里尼西亞地區；往西擴散到馬來半島、蘇門答臘。大約西元800年時擴散到紐西蘭，毛利族算是南島民族最晚的移民。
除了從人類語言學推論臺灣是南島語最有可能的發源地之外，遺傳人類學者也以粒線體DNA的研究，提供更多證據。植物學研究也發現西太平洋島弧上的太平洋構樹（*Broussonetia papyrifera*）與南臺灣構樹皆有相同的葉綠體基因，由於太平洋構樹沒有雄雌異株，無法自然產出種子，需由人類以其根部進行無性生殖來傳播。而太平洋構樹是南島民族在祭典上使用樹皮布的重要資源，因此會隨著南島民族遷徙而傳播，間接證實了臺灣是南島民族發源地的推論。

▲1171年南宋泉州知府汪大猷，為了保護在澎湖的漢人不被毗舍邪國人（有學者認為是臺灣或菲律賓原住民）劫掠，乃在澎湖造屋二百間派兵長期駐守。1281年，元朝曾置澎湖寨巡檢司。但到了明朝，因實施海禁，1384年時廢澎湖寨巡檢司。
十六世紀時葡萄牙人來到東方，發現澎湖海域魚產豐富，島上住著許多漁民，因此稱呼澎湖為漁翁島（Pescadores）。1604年，荷蘭東印度公司司令官韋麻郎（Wijbrant Van Waerwijck）抵達澎湖，派員前往福建請求貿易。福建當局立即派都司沈有容率兵船五十艘前往澎湖，諭令荷蘭人撤退，島上因而立有「沈有容諭退紅毛番碑」。
1622年，荷蘭東印度公司的武裝艦隊企圖奪取葡萄牙人占領的澳門失敗後，轉而占領澎湖，強迫當地的居民建設碉堡，造成1300人死亡。
1624年，明朝出動兵船二百艘、兵力一萬人前往澎湖，與荷軍苦戰七個月，炸毀紅毛城，荷蘭殘兵敗將倉皇逃往臺灣南部，建立熱蘭遮城，開啟了近四十年的荷蘭統治時期。

荷蘭人占領了中華帝國的邊陲島嶼

《亞洲地圖與中華帝國地圖》（*Asia & The Kingdome of China*）

約翰．斯皮德（John Speed），繪於1626年，出自《世界知名地區全覽》（*A Prospect of the Most Famous Parts of the World*）。

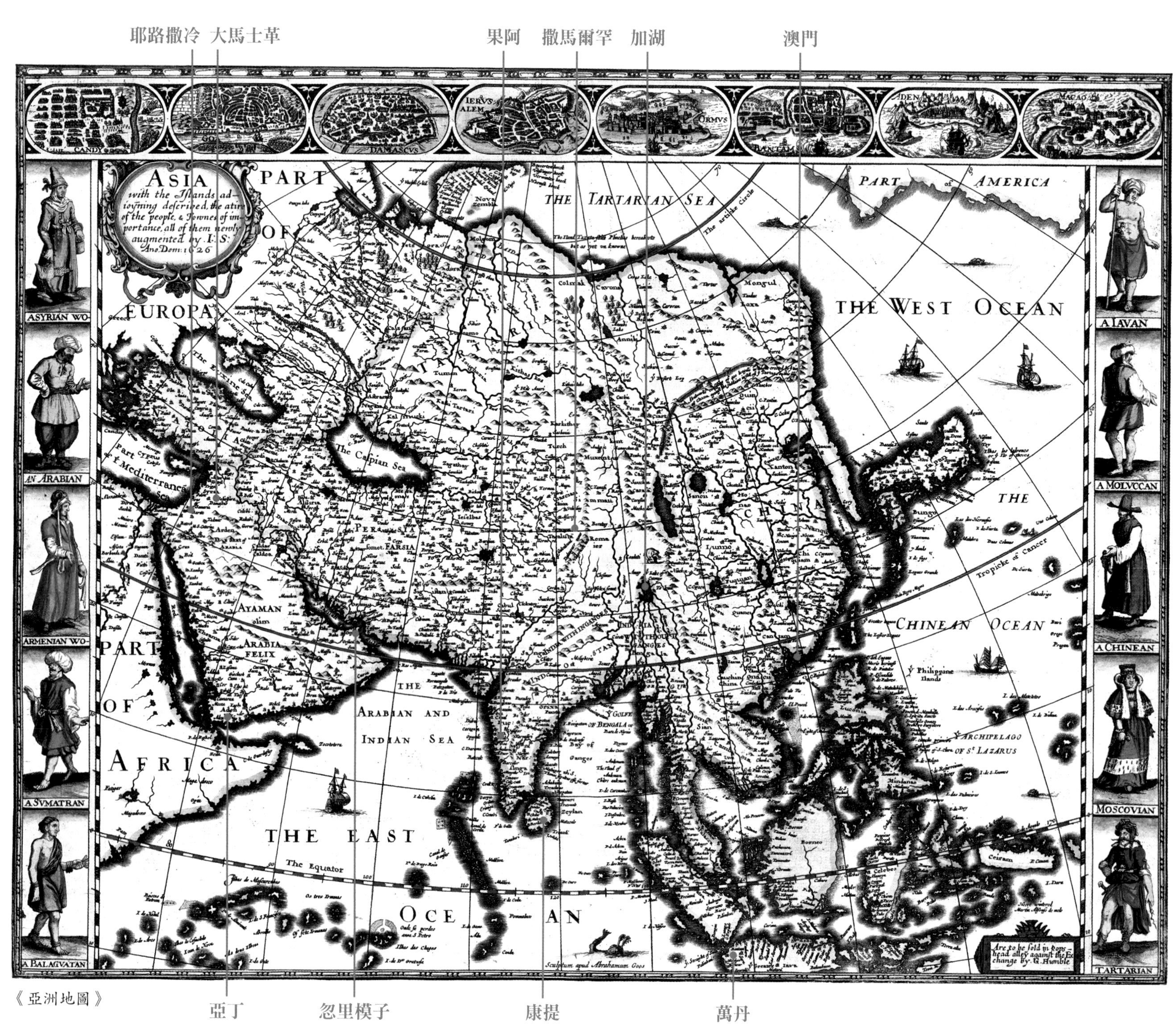

《亞洲地圖》

西元1626年，英國人編繪的第一本世界地圖集《世界知名地區全覽》（*A Prospect of the Most Famous Parts of the World*）出版。這本地圖集以描繪各地穿著特色服裝的人物及主要城鎮的全景作為邊框而聞名，此一特色可能與繪製者約翰・斯皮德（John Speed）的出身有關。

《世界知名地區全覽》書名頁

斯皮德是裁縫師的兒子，繼承父業後曾加入裁縫師行會（Tailor Guild），因學識淵博而廣受注目，獲得格雷維爾（Fulke Greville）爵士的贊助，讓他能夠專注於研究。1595年，發表了他最早繪製的地圖——聖地迦南。1598年，他將地圖呈獻給伊莉莎白女王，1610年獲得特權，以確保在每本出售的《聖經》中插入斯皮德的迦南地圖，而不斷再版的《聖經》一直是出版量最高的圖書，因此這是一項利潤豐厚的安排。

斯皮德

斯皮德在描繪地圖時，常使用「戲劇性的隱喻」和「史學技巧」來工作，有些人稱呼他為「新教宣傳者」、「英國的麥卡托」或「忠實的年代學家」。也有一些人使用他的地圖來評論或解釋莎士比亞的戲劇，然而斯皮德一點也不喜歡莎士比亞。

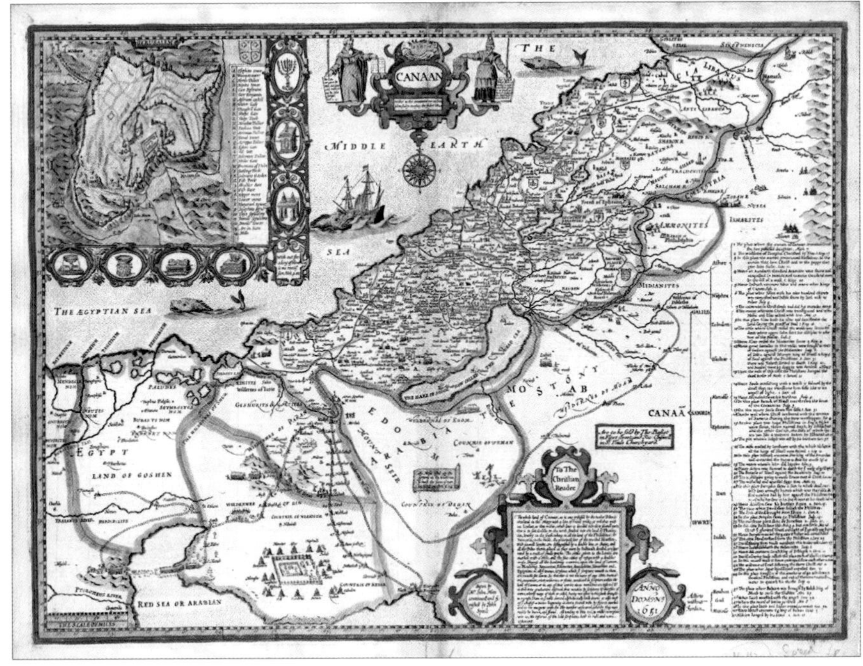

斯皮德的《迦南地圖》1651年版

斯皮德去世後，他的地圖隨著大英帝國傳布到美國、東印度群島、俄羅斯等地，成為世界地圖的參考基礎，直到十八世紀中葉，他的地圖仍被重印很多次。即使在今天，他美麗的印刷地圖依然懸掛在世界各地的起居室牆壁上，並在古地圖拍賣會中以數十萬英鎊的價格售出，吸引全球的地圖收藏家。

在他去世前兩年出版的《世界知名地區全覽》，每本售價40先令（當時中間階層的平均月收入為120先令），這意謂著它的流通僅限於富有的客戶和圖書館。地圖集內含21幅精美地圖，本篇介紹其中兩幅：《亞洲地圖》與《中華帝國地圖》。

《亞洲地圖》上方邊框展示了亞洲八座代表城市的鳥瞰圖：康提（Candy為十七世紀斯里蘭卡的首都）、果阿（Goa為葡萄牙在印度的殖民地）、大馬士革（Damascus）、耶路撒冷（Jerusalem）、忽里模子（Ormus為波斯灣的大港）、萬丹（Bantam為爪哇的大港）、亞丁（Aden為紅海口的大港）和葡萄牙占領的澳門（Macao）。

兩側邊框介紹了十位穿著傳統服裝的亞洲民族：（左）亞速女子、阿拉伯人、亞美尼亞女子、蘇門答臘人、俾路支人（？Balagvatan）、（右）爪哇人、摩鹿加人、中國人、莫斯科人、韃靼人。

中亞的歷史名城撒馬爾罕（Samarqand）位居地圖中央，右下方的加湖（Ciamay，或稱為Lake of Kia，譯自1602年的《坤輿萬國全圖》）被畫成印緬五河的源頭，此湖實際上並不存在。湖的北岸畫了一頭大象，是本地圖唯一的陸上動物。

地圖中的紅色北回歸線攔腰而過，將誤畫為三個小島的金黃色臺灣串在這條紅鏈上，宛如細長形的金飾，由南至北，分別標註為

今日亞丁（Photo by Brian Harrington Spier CC BY-SA 2.0）

福爾摩沙（Formosa）、大琉球（Greater Lequeo）、小琉球（Lesser Lequeo），包辦了與臺灣糾纏多年的三個古地名。而受中國冊封的古沖繩則被標為Lequeo Grande，以便和Greater Lequeo作出區別。

至於另一幅《中華帝國地圖》，特寫鏡頭拉近到中日韓三國，但與上一幅《亞洲地圖》有不同的投影畫法，除了經緯線由弧線改為直線之外，朝鮮也從半島變成了島嶼，顯然是參考了不同的地圖資料。

本圖上方邊框由左至右展示了：中國人行駛風帆車、澳門港全

《中華帝國地圖》

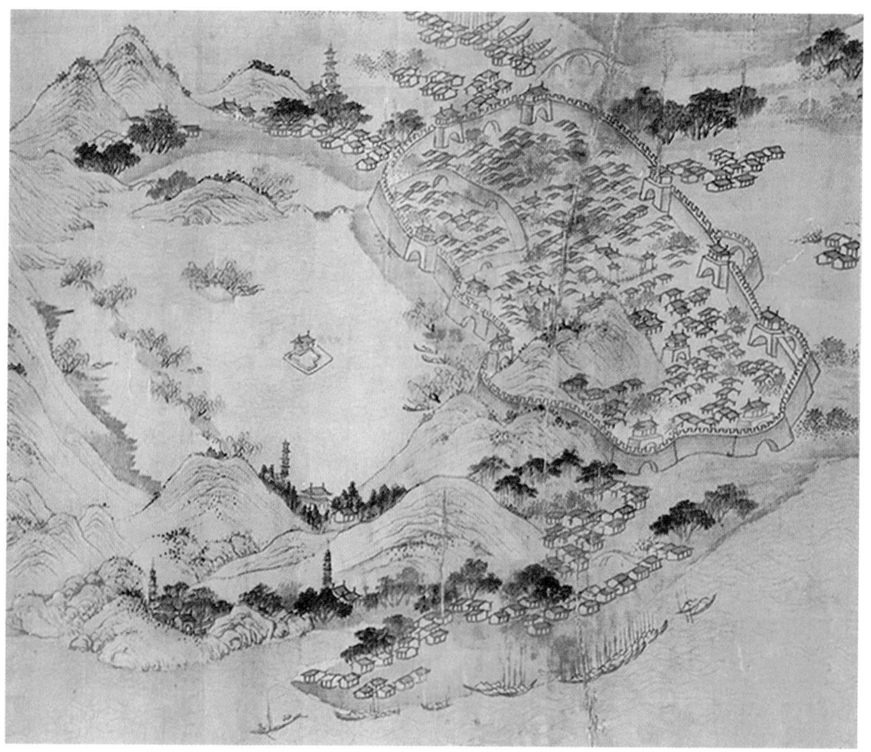

杭州府

景、行在（杭州）全景、日本人迫害天主教徒（請參閱p.165）。兩側邊框內的八幅畫像依序為：（左）中國女人、日本士兵、中國人、勃固（緬甸南部）人、（右）中國人、中國人、日本士兵、勃固女人。其中的日本士兵都肩扛1543年由葡萄牙人傳入的火繩槍（請參閱p.155）。至於中國人，仍然被畫成西方臉孔，表明繪圖者未親眼見過中國人。

地圖右上角露出北美洲的一角，左側海面標示1728年發現白令海峽之前的想像名稱亞泥俺海峽（Strait of Anián）。地圖左上角圖名框的下方以花式英文字體Parts of Tartaria占滿空白地面，既免去繁瑣的地名標示，又展現優雅的裝飾效果。順著右邊長形的星宿海（Lake Cincui hay）北上，山脈和長城隔絕了羅布泊沙漠（Desert Lop）上長角、會飛的尖嘴怪物，繪圖者再次以歐洲人的眼光來描繪中國人所謂的關外異族，而旁邊註記的文字則警告，生活在那裡的幽靈會用「奇妙的幻象和唾液」來誘惑人類。

本圖是最早的英文版中國地圖，臺灣仍然被分成三個小島，但與上幅地圖不同，只有北島和中島分別標註福爾摩沙（Formosa）與小琉球（Lesser Lequeo），最大的南島反而未標名稱，不合常理，想必是製圖者刻意避免與習稱大琉球（Lequeo Grande）的沖繩島混淆，而不得不讓臺灣南島成了無名島。

就在這兩幅地圖繪製完成當年，日本朱印船船長濱田彌兵衛率領朱印船到臺灣南部的熱蘭遮城貿易。早在荷蘭人占領臺灣之前，漢人與日本人就在臺灣從事走私貿易。1625年起，荷蘭統治當局開始向來臺灣貿易的日本商人課徵一成的貨物稅，但因為日本人比荷蘭人更早來臺從事貿易活動，而且荷蘭貨物輸入日本享有免稅優惠，因此日本人拒絕向荷蘭人納稅，雙方經常發生糾紛。這次濱田彌兵衛也拒絕納稅而遭荷蘭統治當局沒收貨物，濱田彌兵衛懷恨返回日本後，向江戶幕府控訴臺灣荷蘭統治當局的惡行，獲得幕府提供武力支援保護。

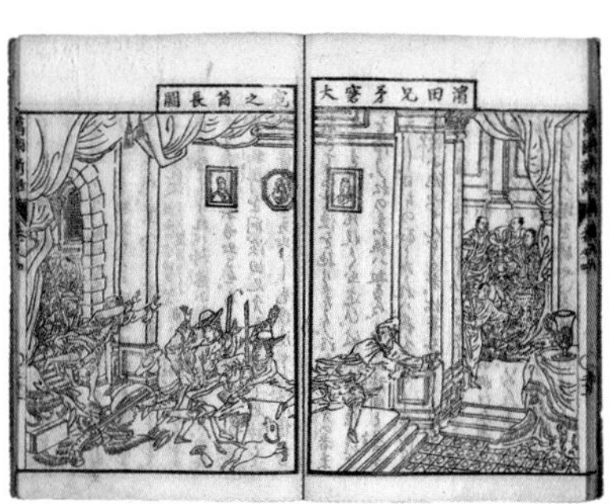

濱田彌兵衛事件（日本國會圖書館）

1628年春天，濱田彌兵衛再度率船來臺，荷蘭駐臺灣總督獲密報日本船上載有兵器，因此在日船一進港便派員登船安檢，果然搜出大量武器及火藥，全數扣留，並軟禁濱田彌兵衛。濱田提出發還武器及火藥、放行船隻赴中國福建取貨、准其回日本等要求，均遭總督拒絕。濱田因此採取行動，率領十多名日本人闖入總督住處，綁架總督及其兒子。後經雙方協商，以總督之子為人質，隨同濱田返回日本。濱田返抵日本後，幕府便封閉荷蘭人在平戶的商館，禁止貿易。巴達維亞的荷蘭總督感到事態嚴重，遂在1629年將臺灣總督撤職，1631年引渡至日本服刑後，荷蘭人在日本的貿易才獲得恢復，而臺灣也成為免稅貿易區。

延伸閱讀 ▶羅布泊古稱鹽澤，面積最大時達3100平方公里，曾是中國第二大內陸湖，僅次於青海湖。羅布泊西北岸有樓蘭故城，扼絲路的要衝。後來由於孔雀河改道，羅布泊水域萎縮。西元422年以後，樓蘭城民眾迫於嚴重乾旱，遺棄樓蘭城。1962年羅布泊完全乾涸，成為一處戈壁。

羅布泊的樓蘭遺址（羅布泊 CC BY 3.0）

西班牙與荷蘭的福爾摩沙爭奪戰

《全球導航地圖集》（*Taboas geraes de toda a navegacao*）

若昂・特謝拉・阿貝納茲（Joao Teixeira Albernaz），
繪於1630年，出自美國國會圖書館。

阿貝納茲（Joao Teixeira Albernaz）是十七世紀最多產的葡萄牙製圖師，曾繪製19冊地圖集，共215幅地圖，記錄葡萄牙在海洋和陸地勘探的進展。他的家族是著名的製圖世家，包括他的父親、叔叔、兄弟和子孫，家族事業從十六世紀中葉延續至十八世紀末葉。

1602年，他獲得了皇家首席宇宙學家拉萬納（João Baptista Lavanha）的核可，取得製作航海圖、星盤、羅針和十字儀（cross staff）的執照。三年後的1605年，他被任命為皇家「幾內亞－印度公司」（Armazéns da Casa de Guiné e India）的製圖師，一直在那裡工作到生命結束。

1630年，阿貝納茲繪製《全球導航地圖集》（*Taboas geraes de toda a navegacao*），當時仍處於伊比利聯盟（Iberian Union）時期。自從1580年葡萄牙國王恩里克一世（Enrique I）駕崩，無嗣繼位，葡萄牙國王曼努埃爾一世（Manuel I）的外孫西班牙國王菲利普二世（Felipe II）宣稱擁有繼位權，派兵兼併葡萄牙後，葡萄牙連同其殖民地便成為西班牙王國的一

位於里斯本里貝拉宮（Ribeira Palace）的幾內亞－印度公司碼頭

延伸閱讀 ◀幾內亞－印度公司（Armazéns da Casa de Guiné e India）的前身是1482年成立於里斯本的幾內亞公司，負責監督和執行皇家專屬的香料貿易業務，協調航行、維護貨棧、穩定價格等。
1498年葡萄牙的著名探險家達伽馬（Vasco da Gama）率先繞航非洲南端後抵達印度，開啟了印度新航線。1499年便將幾內亞公司改組為幾內亞－印度公司，後來因為東方貿易業務比重加大，公司的名稱逐漸被簡稱為印度公司。

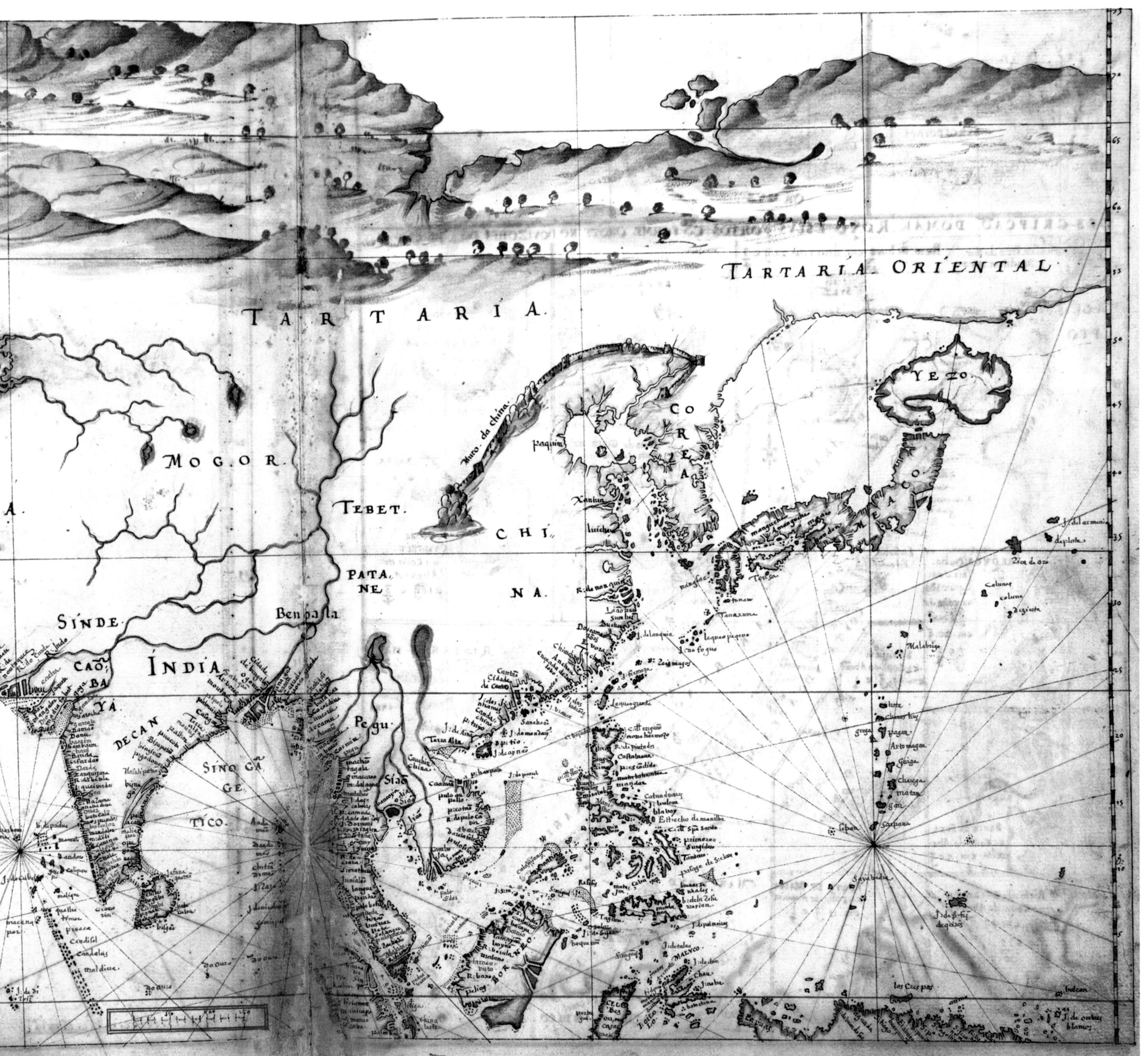
TARTARIA
TARTARIA ORIENTAL
MOGOR
TEBET
CHI NA
CO RE A
YEZO
MEACO
Muro da china
paquim
PATANE
Bengala
SINDE
INDIA
CAO BA YA
DECAN
Pegu
Siao
SINO GA GE TICO

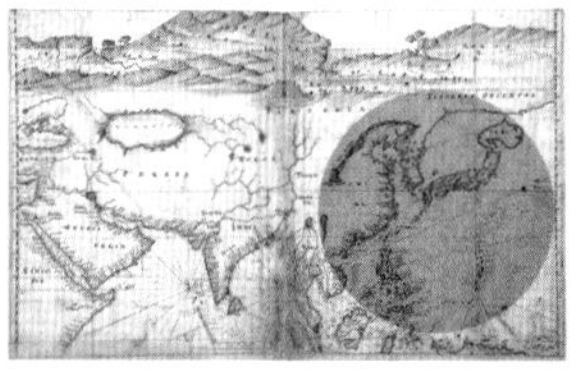

部分，號稱伊比利聯盟，直到1640年葡萄牙發動革命獨立後才解體。

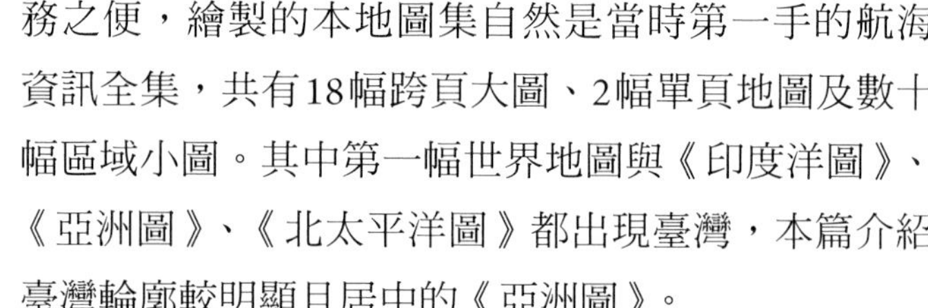

拜聯盟之賜，昔日畫線瓜分全球殖民勢力範圍的兩大海上強權，彙整由全球各殖民地返航里斯本或塞維利亞時的各航線航海日誌與相關資訊，讓皇家製圖機構擁有最豐富而即時的航海資訊。阿貝納茲藉職務之便，繪製的本地圖集自然是當時第一手的航海資訊全集，共有18幅跨頁大圖、2幅單頁地圖及數十幅區域小圖。其中第一幅世界地圖與《印度洋圖》、《亞洲圖》、《北太平洋圖》都出現臺灣，本篇介紹臺灣輪廓較明顯且居中的《亞洲圖》。

顯然這是一幅航海圖，因為密密麻麻標註了陸地沿海城鎮的地名，而內陸地區除了國名與大江大湖之外，則一片空白，唯一的例外是繪出了全球最大人工建築物——中國的萬里長城。不同於之前其他地圖中將長城的東端北移至吉林省以北入海，本圖中的長城東端在遼東半島由北往南彎入渤海灣，屬於明朝時期所建的長城，而非遼朝與金朝時期所建的長城較偏北。

長城以北為韃靼利亞（Tartaria）的廣大地區，更北則是綿延的丘陵與山脈，直達北極海，彷彿舞臺的立體背景。渤海灣東方的朝鮮半島已清楚標示高麗亞（Corea），形狀也比以往地圖更接近實際。日本的本州島上標示Meaco是京「都」的日文發音，其北方的北海道（古稱蝦夷Yezo）當時仍未完全歸屬日本。

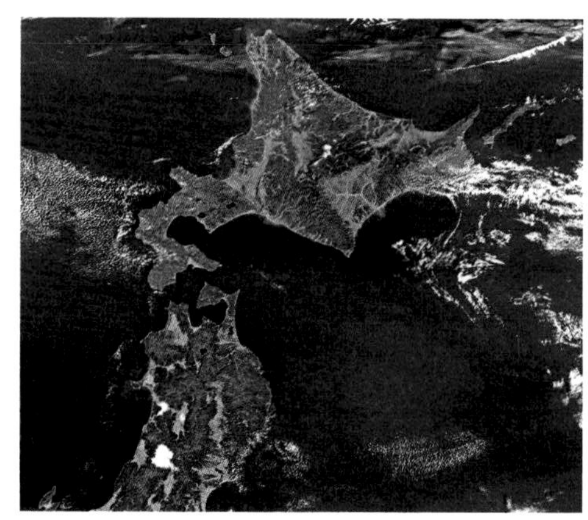

北海道衛星空拍圖（NASA）

至於日本群島以南的臺灣，仍被畫成三島：北島福爾摩沙，中島無名，南島大琉球（Lequio grande）；而自明朝以來就因受封而被稱為大琉球的沖繩島，在本圖中則被標示為小琉球（Lequio pequeno），也算是「名符其實」了。

本圖繪製前不久的1624年，臺灣已被荷蘭人入侵，在臺南的大員設立貿易據點，開啟了臺灣荷蘭統治時期，影響當時以馬尼拉為貿易據點的西班牙與中國之間的貿易，因此西班牙人便決定也在臺灣建立據點以對抗荷蘭人。1626年，西班牙艦隊從馬尼拉灣出發，沿著臺灣東海岸來到雞籠，炮轟島上的原住民聚落後，建立聖薩爾瓦多城（Fort San Salvador）作為統治中心，開啟了臺灣西班牙統治時期。

1628年，西班牙士兵進攻淡水的圭柔社，建城作為據點，命名為聖多明哥城（Fort San Domingo），引發臺灣南部荷蘭殖民者的戒心。1629年，荷蘭軍隊北上攻打淡水地區，但戰敗而返。1642年，荷蘭人趁西班牙調回雞籠駐軍攻打民答那峨時，再次北上攻打西班牙統治的雞籠地區，西班牙守軍不敵投降。而淡水的聖多明哥城亦於當年棄守，不戰而下，結束了臺灣西班牙統治時期。

聖薩爾瓦多城模型（臺灣歷史博物館）

聖多明哥城（今淡水紅毛城）

延伸閱讀 ▶大員位於當時尚未淤積的臺江內海，乃一小島，可能是由大武壠族大灣社或臺窩灣社之名轉化而來，也稱為「一鯤鯓」。明朝萬曆三十年（1602～1603），陳第隨沈有容追捕倭寇至臺灣安平外海，歸後作《東番記》，文中提到閩南語音大員是「赤崁外一小島，為入番社的門戶，島上多漢人，乃販海商賈。」原僅指臺南赤崁附近，後來被用來泛稱為「臺灣」全島。十七世紀時荷蘭人曾在此建熱蘭遮城（Zeelandia，今安平古堡）。1662年鄭成功趕走荷蘭人，設「東都明京」於赤崁，由於「大員」河洛語音同「埋完」，鄭氏以為不祥，乃以故鄉「安平」命名。

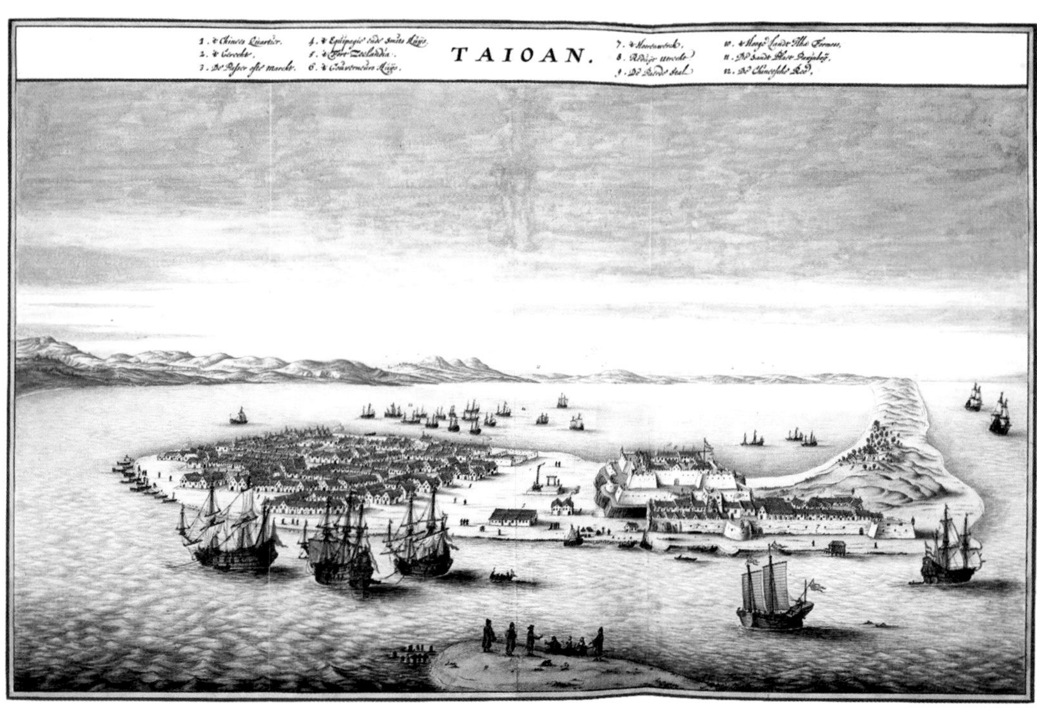

一鯤鯓島上的大員與熱蘭遮城

荷蘭東印度公司鼎盛時期的臺灣身影

《新世界地理和水文地圖＆亞洲新圖》

（*Nova Totius Terrarum Orbis Geographica Ac Hydrographica Tabula & Asia noviter delineata*）

威廉・揚松・布勞（Willem Janszoon Blaeu），繪於1635年，
出自《寰宇劇場——新地圖集》（*Theatrum Orbis Terrarum, Sive Atlas Novus*）。

威廉・布勞

威廉・揚松・布勞（Willem Janszoon Blaeu）出生於富有的鯡魚貿易商家庭，年輕時便被送往阿姆斯特丹擔任家族企業的學徒，準備承接父業，但他的興趣卻逐漸轉往數學和天文學。1594年至1596年間，曾跟隨丹麥天文學家第谷（Tycho Brahe）從事研究工作，訓練了精確的觀測技術，並取得觀測儀器和地球儀製造商的資格。1600年時，他甚至發現了第二顆變星，稱為天津增九（P Cygni，又稱為天鵝座P）。

布勞返回荷蘭不久，阿姆斯特丹便成為歐洲最富有的貿易城市之一，是荷蘭東印度公司的基地，也是銀行和鑽石貿易的中心，布勞在此開設商店，銷售觀測儀器、地球儀、出版地圖與笛卡爾（Descartes）和格勞秀斯（Hugo Grotius）等學者的作品。數年後，荷蘭黃金時代最偉大的畫家維梅爾（Johannes Vermeer）所繪《軍人與微笑的女郎》（*Officer and Laughing Girl*）、《地理學家》（*The Geographer*）

格勞秀斯

延伸閱讀 ◀格勞秀斯（Hugo Grotius）出生於荷蘭，為國際法及海洋法的鼻祖，其《海洋自由論》（*Mare Liberum*）主張公海可以自由航行，為當時新興的海權國家如荷蘭、英國提供了相關法律的基礎，以突破當時西班牙和葡萄牙對海洋貿易的壟斷。

延伸閱讀 ▼第谷（Tycho Brahe）是望遠鏡發明之前最偉大的星象觀測者，建立當時最大、最精確的觀測儀器。1572年，第谷觀測到仙后座的超新星爆炸，他相信該爆炸是星球的誕生，而不是死亡。1601年，第谷過世前將畢生苦心觀測所獲得的行星觀測紀錄提供給他的助理——德國的數學家克卜勒（Johannes Kepler），讓他發明行星運動定律，該定律首次精確地描述行星軌道，並且建立了近代的太陽系模型。

第谷建立的巨大觀測儀——牆儀

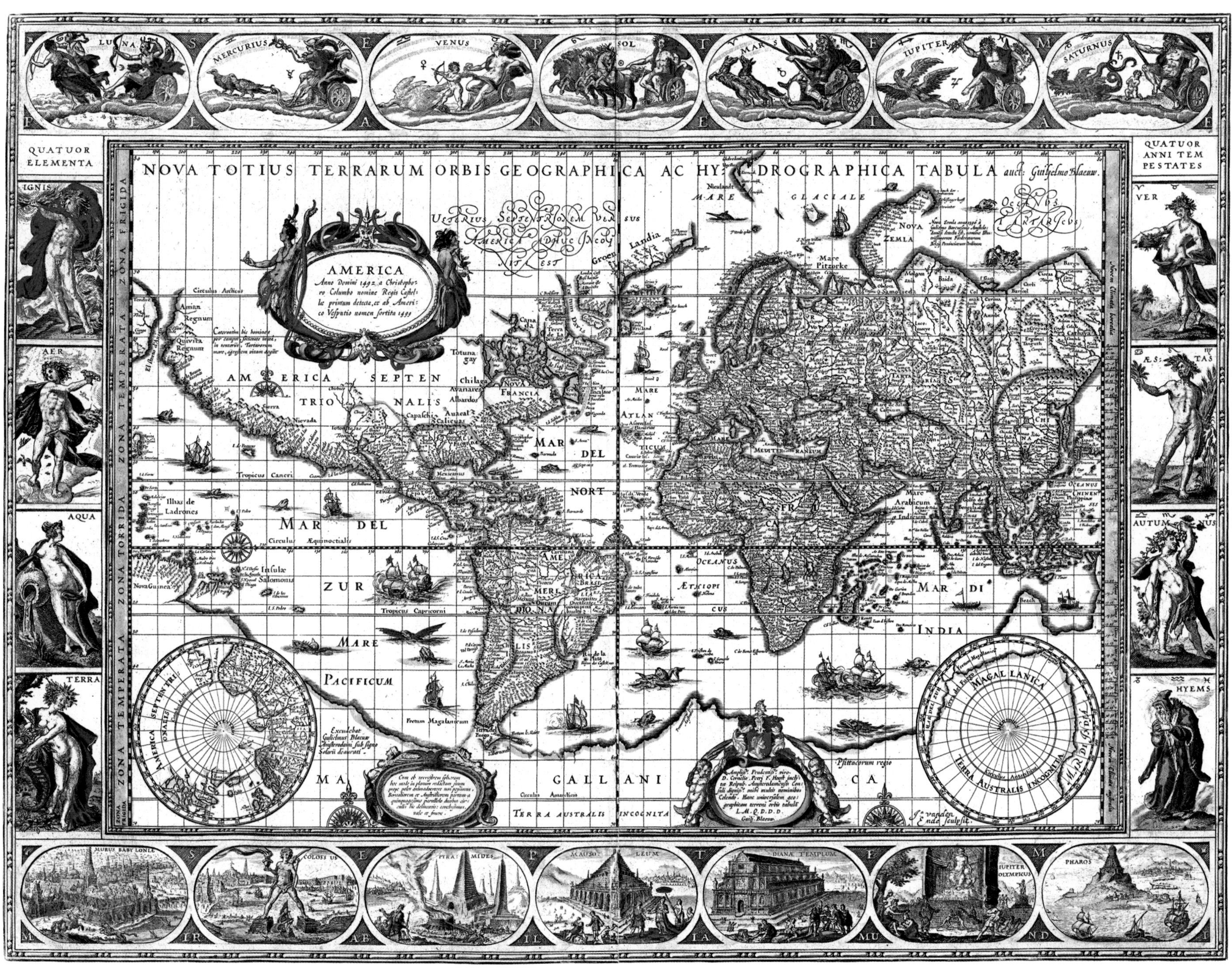

《新世界地理和水文地圖》

與《天文學家》(*The Astronomer*,延伸閱讀p. 190)等畫作中都出現布勞的地圖與天球儀,可見布勞的作品在當時受歡迎的程度。

1630年,布勞彙集了向洪第烏斯(Jodocus Hondius)的兒子購買的三、四十片麥卡托地圖刻版(洪第烏斯於1604年購自麥卡托的孫子),加上自己的作品,發行了一本總數60幅的地圖冊,標題為《大西洋附錄》(*Atlantis Appendix*)。1633年,他被任命為荷蘭東印度公司的地圖製作人,任職期間(1633～1638)有特權獲得最新的地理資訊。

《軍人與微笑的女郎》中的布勞地圖

◀▲維梅爾繪於1655～1660年的《軍人與微笑的女郎》，牆上掛的地圖為布勞1621年繪製的《荷蘭地圖》（*Hollandia comitatvs*）。

《天文學家》中的布勞天球儀

◀▼維梅爾繪於1668年的《天文學家》（*The Astronomer*），桌上的天球儀是布勞1621年製作的。

《地理學家》中的布勞地圖

▲▶維梅爾繪於1668年的《地理學家》（*The Geographer*），牆上出現布勞1621年繪製的《歐洲全海圖》（*Pascaarte van alle de Zecusten van Europa*）左側。至於櫃子上的地球儀，應該是與《天文學家》畫中的天球儀一起購買的布勞地球儀，印度洋面向觀畫者，當時是荷蘭東印度公司的鼎盛時期。

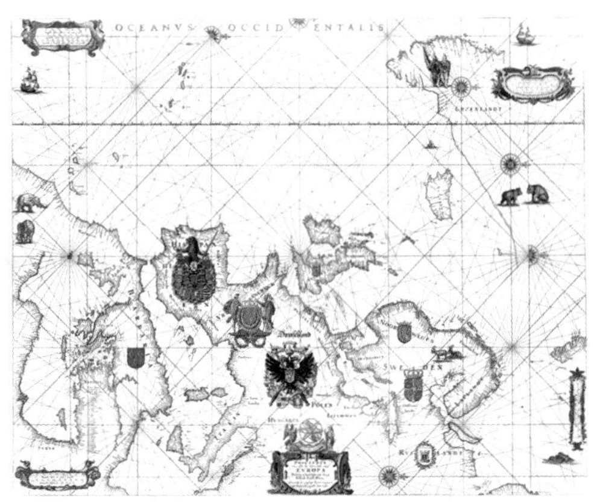

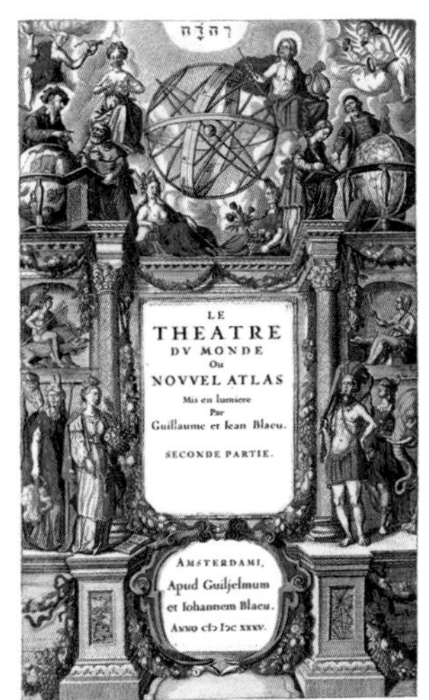

《寰宇劇場——新地圖集》法文版書名頁

1634年，阿姆斯特丹的報紙發布一則新聞（也有可能是一種廣告宣傳手法）：「威廉・布勞即將出版大型的國際版世界地圖集！」果然1635年初，德文版《寰宇劇場——新地圖集》（*Theatrum Orbis Terrarum, Sive Atlas Novus*）便率先上市，接著陸續推出荷蘭文版、法文版和拉丁文版，各包含207～208幅地圖，被評價為荷蘭製圖黃金時代最傑出和最著名的世界地圖。本篇介紹其中兩幅：《新世界地理和水文地圖》與《亞洲新圖》。

《新世界地理和水文地圖》的矩形外框和經緯線垂直相交的規則網格，反映出布勞使用了1569年首次推出的麥卡托圓柱投影法，特徵就是兩極地區的大小和形狀被誇大。但在空曠而逐漸失焦的兩極地區，布勞巧妙地以豐富精采的上下邊框讓觀賞者重新聚焦：上邊框由左至右是代表月亮、水星、金星、太陽、火星、木星和土星的羅馬眾神，各橢圓畫框之間的字母拼在一起就是Septem Planetae（七顆行星，雖然1632年時伽利略發表《關於托勒密和哥白尼的兩大宇宙體系的對話》，提倡日心說，但當時大多數人還是認為太陽也繞著地球轉。本地圖出版當年，伽利略便被羅馬宗教裁判所以妖言惑眾的罪名判決入獄）。下邊框由左至右為巴比倫空中花園、羅得島太陽神巨銅像（Colossus of Rhodes）、埃及金字塔、土耳其的哈利卡那索斯陵墓（Mausoleum at Halicarnassus）、土耳其的月亮女神廟（Temple of Diana）、奧林匹亞的丘比特巨像（Statue of Jupiter at Olympia）、亞歷山卓港燈塔（Pharos of Alexandria），各橢圓畫框之間的字母拼在一起就是Septem Mirabilia Mundi（世界七大奇蹟）。雖然未包括中國萬里長城，但地形圖中唯一畫出的就是這座全球最大的建築物。

伽利略在羅馬宗教裁判所受審

世界七大奇蹟目前唯一僅存的吉薩大金字塔（Photo by Kenny OMG CC BY-SA 4.0）

地圖上方的七大行星呼應下方的七大奇蹟，左側則以火、空氣、水和土地四要素（quatuor elementa），呼應右側的春夏秋冬四季（quatuor anni tempestates），將地圖圍在中間，形成地圖集名稱中的劇場（Theatrum）舞臺，上演世界大戲。

這幅《新世界地理和水文地圖》中除了山脈、河流與密密麻麻的地名外，海面上也畫了19頭魚怪與13艘船隻，布滿在各海域中，有些船隻甚至互相炮擊，熱鬧非凡。加上5個方位羅盤及眾多島礁與沙洲，顯示兼具了海圖的功能。

地圖右側擁擠的南中國海域中，黃色的北回歸線貫穿綠白紅三色的臺灣島，連同其他四條平行的赤道、北極圈、南極圈與南回歸線，將地球分為五大氣候區：南寒帶（Zona Frigida）、南溫帶（Zona Tem-

沖繩

加爾各答

三寶顏　摩鹿加

《亞洲新圖》

perata）、熱帶（Zona Torrida）、北溫帶（Zona Temperata）、北寒帶（Zona Frigida），標示在地圖左側的綠色條框中。臺灣橫跨溫熱帶，島旁僅標註小琉球（Lequio pequeno），難以看清全貌，因此將目光轉移到下一幅《亞洲新圖》。

本圖雖然也是矩形外框，但經緯線呈弧線相交，屬於方位投影法（azimuthal projection），讓投影結果不會產生顯著的變形。至於邊框則以亞洲九座重要城市取代上一幅地圖的世界七大奇蹟，基本上與1626年約翰．斯皮德（John Speed）《亞洲地圖》（參見p. 180）

加爾各答

中的上邊框類似，只是增加了一個加爾各答（Calecuth）。其他八座城市：康提、果阿、大馬士革、耶路撒冷、忽里模子、萬丹、亞丁和澳門都是當時亞洲主要的貿易中心。對於花了約兩個世紀才能跳過中亞地區的壟斷，直接採購到亞洲香料、瓷器、絲綢和其他奢侈品的歐洲人而言，這些港口據點展示了豐富的貿易機會，顯然比亞洲各國首都還重要。

雖然布勞參考了斯皮德地圖中的邊框內容，但並非一成不變，例如左右邊框的各地民族圖繪，斯皮德每格只介紹單一人物，或男或女；而布勞則在每格中介紹成對的男女，豐富有趣得多。本圖左右邊框由上而下依序介紹（左）敘利亞人、阿拉伯人、亞美尼亞人、巴拉加特人、蘇門答臘人、（右）爪哇人、摩鹿加和班達人、中國人、俄國人、韃靼人。

地圖西起東非海岸，一頭非洲雄獅遙望著中南半島北方的一頭亞洲象，加上中國西北長城關外的駱駝，是地圖中僅有的三頭陸上動物。至於海上則有日本北方的鯨魚及印度南方的人魚崔萊頓（Triton），加上5艘來貿易或殖民的歐洲大帆船，讓亞洲海域也顯得不太平靜。1635年西班牙人占領民答那峨島的三寶顏（Zamboanga），逼近葡萄牙人占領的摩鹿加香料群島，擴張西班牙在菲律賓殖民的勢力範圍。

荷蘭人也不落人後，1602年創建了荷蘭東印度公司，先避開葡萄牙和西班牙已建立據點的印度、馬六甲、澳門、菲律賓等地，1619年荷蘭東印度公司在爪哇的巴達維亞建立貿易中心，1624年在臺灣大員設立據點。而西班牙人為了突破荷蘭人對馬尼拉的貿易封鎖，1626年出兵占領雞籠；1628～1634年，陸續占領淡水與蛤仔難（宜蘭）。期間各殖民勢力間不乏互相角力爭奪，劍拔弩張，本圖中菲律賓東方海面的兩艘大船正在互相炮擊，煙硝瀰漫。臺灣島就在不遠處，逐漸成為列強覬覦的對象。

如同斯皮德1626年的《亞洲地圖》，臺灣一樣被分為三島，由南至北依舊標註為福爾摩沙（I. Formosa）、小琉球（葡萄牙文Lequeo pequeno）、小琉球（英文Lequio minor）。這時荷蘭東印度公司已在臺灣大員地區統治十餘年，1629年時，還曾北上攻打西班牙占領的淡水地區，照理說對臺灣島應該有更進一步的認知，如今這種十年換湯不換藥的地圖出版，難免讓人質疑這位任職荷蘭東印度公司，號稱「荷蘭製圖黃金時代最傑出製圖家」的布勞難道徒有虛名？

就在同一年，一幅《東印度與鄰近諸島圖》（*India quae Orientalis dicitur, et insulae adiacentes*）問世，證明布勞名不虛傳，而頻遭誤解的福爾摩沙容顏，也將在下一篇清新登場。

崔萊頓與海洋女神（魯本斯繪於1636年）

延伸閱讀 ▲崔萊頓（Triton）是希臘神話中的海洋信使，海王波塞頓的兒子，具有人魚形象，使用海螺當作號角以掀起海浪。

三島歸一，還我本來面目

《東印度與鄰近諸島圖》

（*India quae Orientalis dicitur, et insulae adiacentes*）

威廉・揚松・布勞（Willem Janszoon Blaeu），繪於1635年。

自1633年擔任荷蘭東印度公司地圖製作人的布勞，有特權獲得各探險、貿易航線蒐集回公司的最新地理資訊。但1635年他出版的《寰宇劇場——新地圖集》中可能來不及或其他因素而未將新資訊彙整進去，難免令人遺憾。尤其是荷蘭東印度公司從1624年起便統治臺灣南部大員地區，十餘年間應該對這座島嶼進行過相當程度的探測，想不到在1635年的地圖集中仍沿用十餘年前的舊資料，依舊將臺灣分為三島。

令人欣慰的是，同年布勞又在《寰宇劇場——新地圖集》中另外繪製了一幅《東印度與鄰近諸島圖》，臺灣島已由三島合併成單一大島，標上單一島名福爾摩沙（I. Formosa），形狀也大致與現在的臺灣相去不遠。

本地圖主要描繪當時國際貿易的熱門地區，由印度—日本—摩鹿加三地構成的大三角區域。圖中畫了三艘大帆船正一起航向蘇門答臘與爪哇島間的巽他海峽（Sunda Strait，延伸閱讀p. 197），正如1595年由郝德曼（Cornelis de Houtman）領導的第一次荷蘭探險隊繞過南非的好望角後，避開葡萄牙占據的印度、馬六甲海峽，由印度洋直航巽他海峽，並在海峽附近的萬丹（Banten）建立據點，也為後來荷蘭東印度公司前進東方打下基礎。

地圖左下角的裝飾框內，說明本圖是布勞獻給勞倫斯・里爾（Laurens Reael）的，里爾在1615～1619年時曾擔任荷屬東印度群島的總督，返國後，1625～1627年擔任海軍上將。布勞繪製本圖時，里爾仍是一名參與海軍事務的阿姆斯特丹政治家。裝飾框左側的北歐女武神（Valkyrie）與右側轉頭回望爪哇島的老將軍都代表向里爾致敬，腳邊的擊鼓小天使讓人回憶起里爾總督曾出兵攻打馬尼拉的

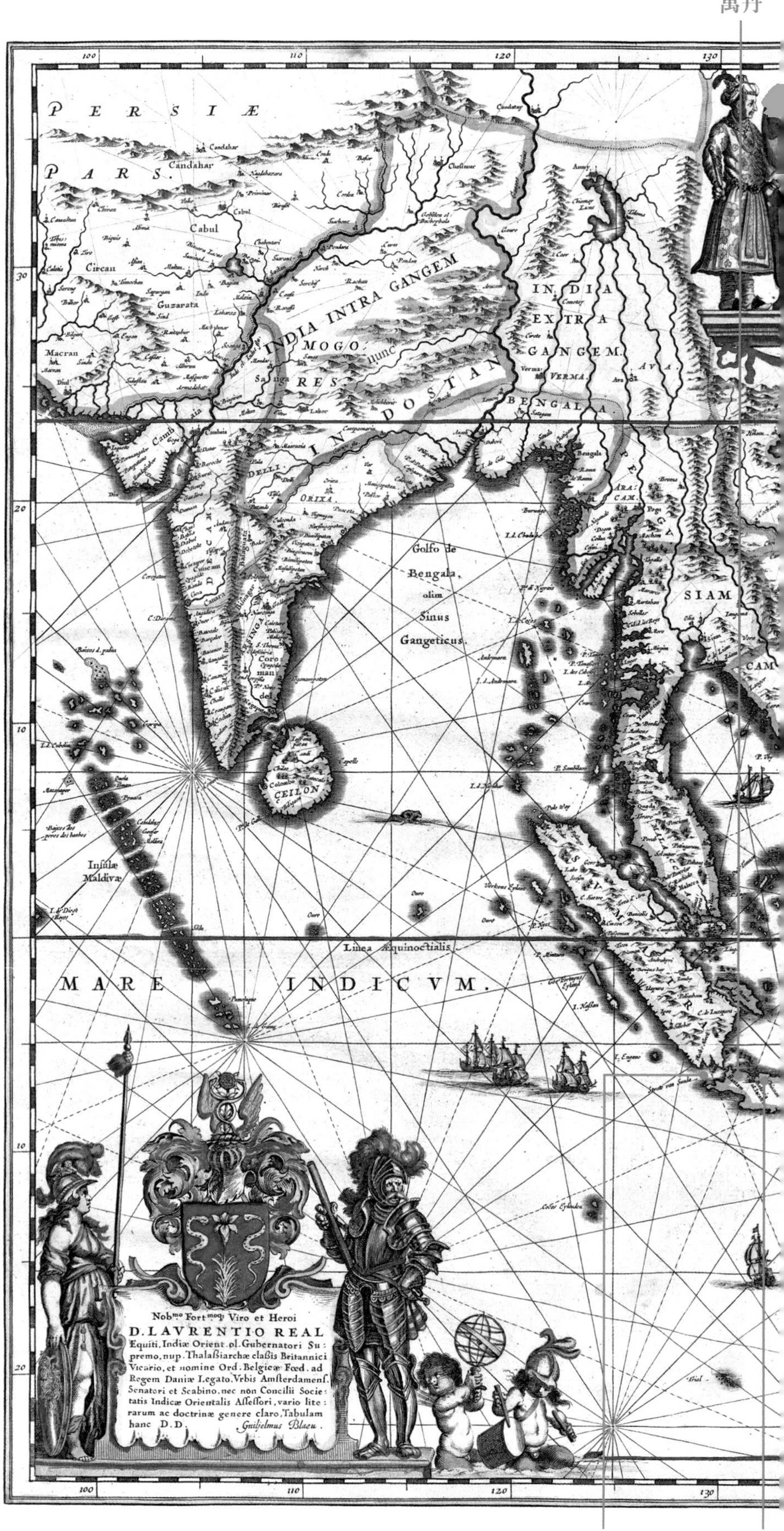

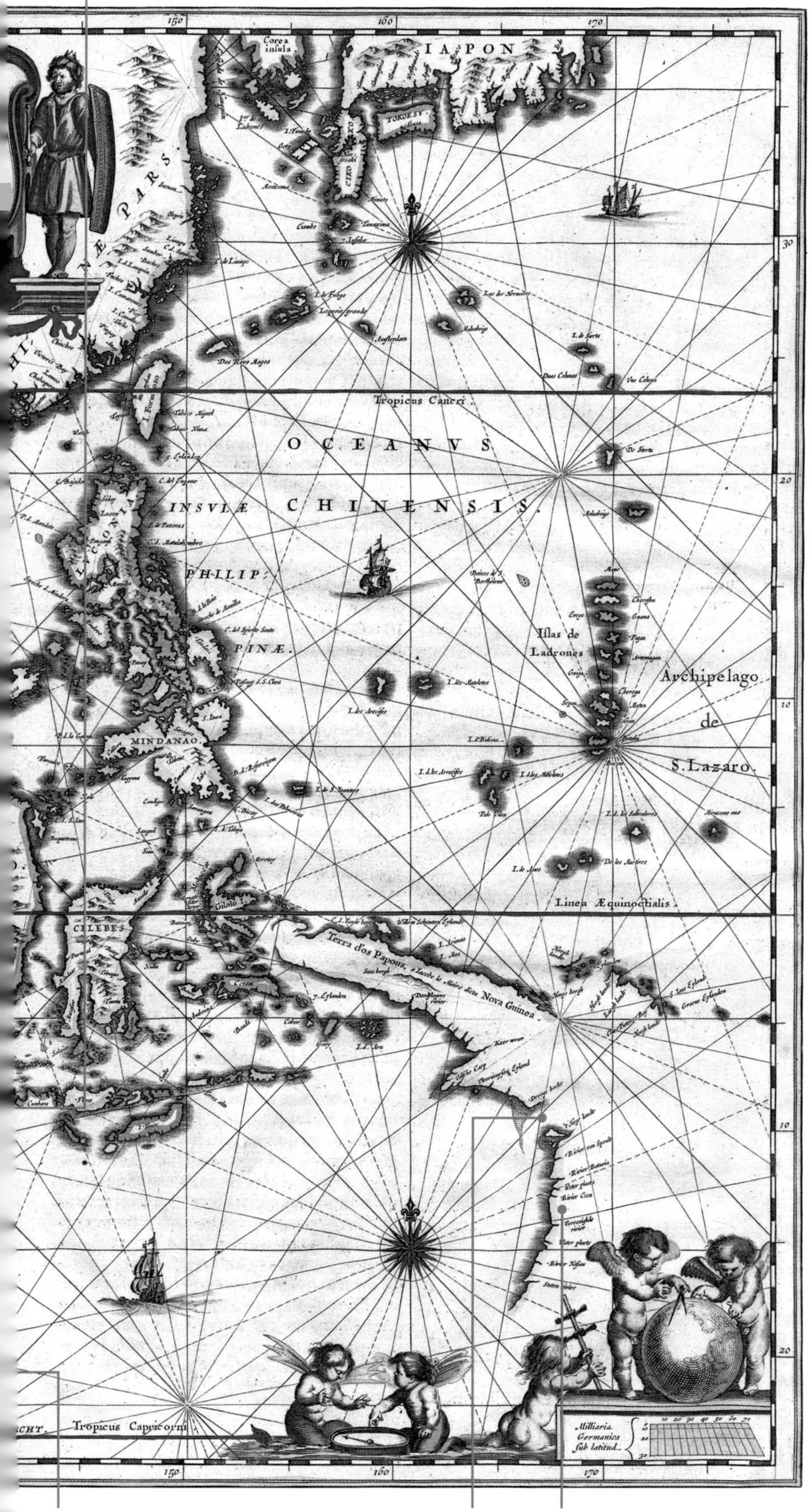

峇里海峽

維特之地

托雷斯海峽　約克角半島

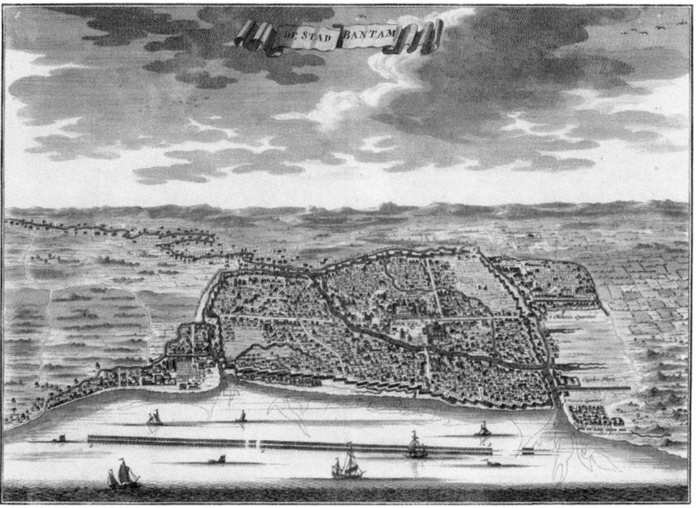

萬丹

西班牙據點、摩鹿加的英國據點以及爪哇的馬打蘭蘇丹國（Sultanate of Mataram）。

爪哇島南方海面上畫有兩艘帆船在空闊的海域探險，過去地圖中一直出現的「未知的南方大陸」已不見蹤影，僅出現一小塊不完整的綠色海岸，標註維特之地（G.F. de Wits land）。此地的發現純屬意外，話說維特（Gerrit Fredericsz De Wit）1627年1月6日，指揮荷蘭東印度公司商船菲亞嫩號（Vianen），隨同即將離任的總督船隊剛離開巴達維亞不久，一艘滿載珍貴貨物的商船從中國航抵巴達維亞，因此菲亞嫩號被緊急召回來裝載貨物後，再度離港以趕上主艦隊。但是裝載過程太倉促，出港後發現船身傾斜，不得不返回港口，增加5000塊銅錠來平衡船身。當菲亞嫩號於1月20日再次離開巴達維亞時，季風已經開始，強風讓大船無法沿著既定航線穿過巽他海峽，船長維特只好轉向爪哇島東端，嘗試通過巴蘭彭海峽（Strait of Balamboan，今日的峇里海峽 Bali Strait），但仍遭遇強風，將菲亞嫩號吹向南方，以至於在澳大利亞西北海岸的巴羅島（Barrow Island）附近擱淺。船員

峇里海峽（Photo by Codobai CC BY 3.0）

們被迫卸載部分的辣椒和銅錠，才得以重新啟航。船長維特將此處海岸描繪在海圖上，日後便被稱為「維特之地」。

由「維特之地」往東看，地圖右下角還有一段黃色海岸，那就是今日澳大利亞的約克角半島（Cape York Peninsula），其北端與新幾內亞分離，因為1606年時西班牙航海家托雷斯（Luís Vaz de Torres）已經發現兩地之間相隔著托雷斯海峽，但西班牙政府一直封鎖這項消息，因此，一個多世紀以來，地圖製作者都將新幾內亞和澳大利亞連接在一起。1623年，荷蘭探險家卡茲登茲（Jan Carstensz）沿著新幾內亞東南海岸線向南轉，進入了約克半島西面的卡奔塔利亞灣（Gulf of Carpentaria）。布勞憑藉荷蘭東印度公司地圖製作人的身分，取得了第一手資料，將它描繪在本圖中，是當時西方最早描繪出澳大利亞的地圖之一。

約克半島與卡奔塔利亞灣（NormanEinstein CC BY-SA 3.0）

除了澳大利亞的新發現，臺灣島以近似今日樣貌的單一大島姿態出現，也是本地圖的一大亮點。島名福爾摩沙（I. Formosa）直接標註在島上，另外還加了一個地名「魍港」（Wangkan），即今日嘉義縣布袋鎮。臺南地區海岸標有大員（Tayoan），雖也繪出澎湖群島與屏東近海的琉球嶼，卻未標註地名，反而標出了臺東近海的綠島（Tabaco Miguel）與蘭嶼（Tabaco Xima），連宜蘭近海的龜山島都畫了出來。這四個小島應該是首次出現在西方繪製的大型地圖上。

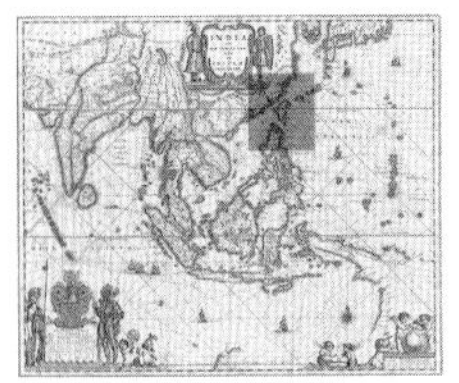

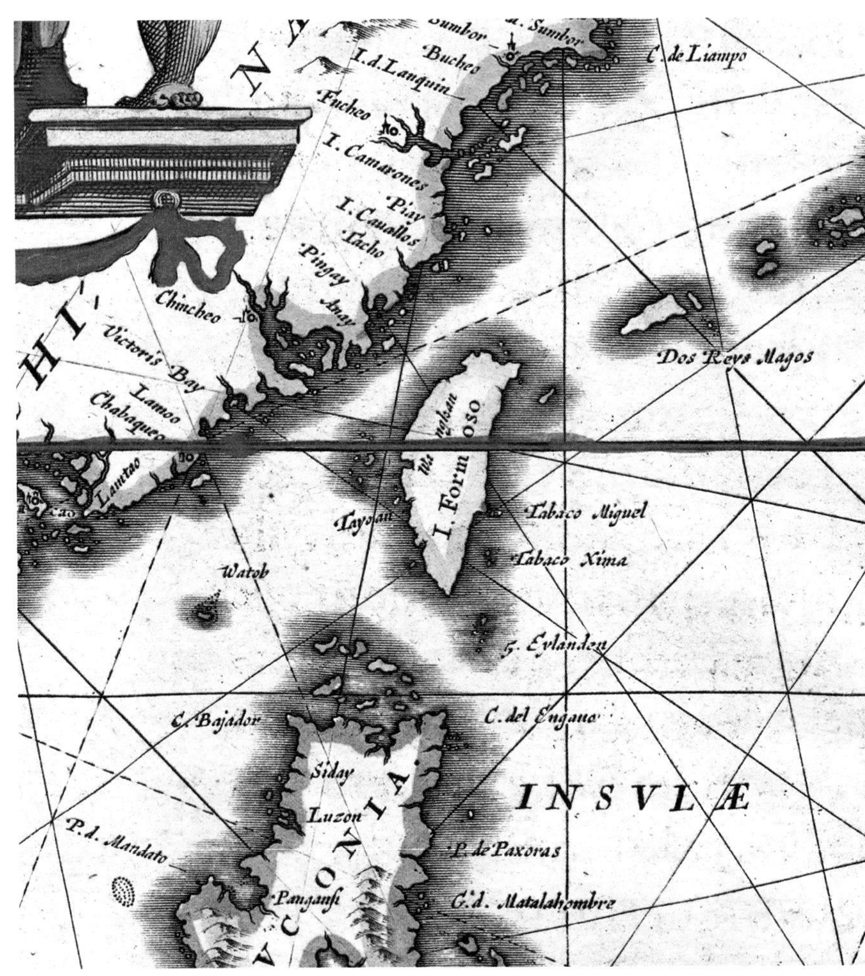

1635年時，占領臺灣的荷蘭當局出兵攻打琉球嶼，報復1622年荷蘭東印度公司貨船金獅子號因遇逆風停泊琉球嶼時船員遭小琉球社族人殺害的舊仇。此役共殺死小琉球社族人三百多名，俘虜七百多人，全都押到大員，男充為奴隸，女配予新港社人為妻，小琉球社從此消失。

本圖繪製完成兩年後的1637年，荷蘭人獲報瑯嶠（恆春）山中河床上發現砂金，卑南（臺東）地區的土著也擁有黃金，於是派員

龜山島（Photo by 阿爾特斯 CC BY-SA 3.0）

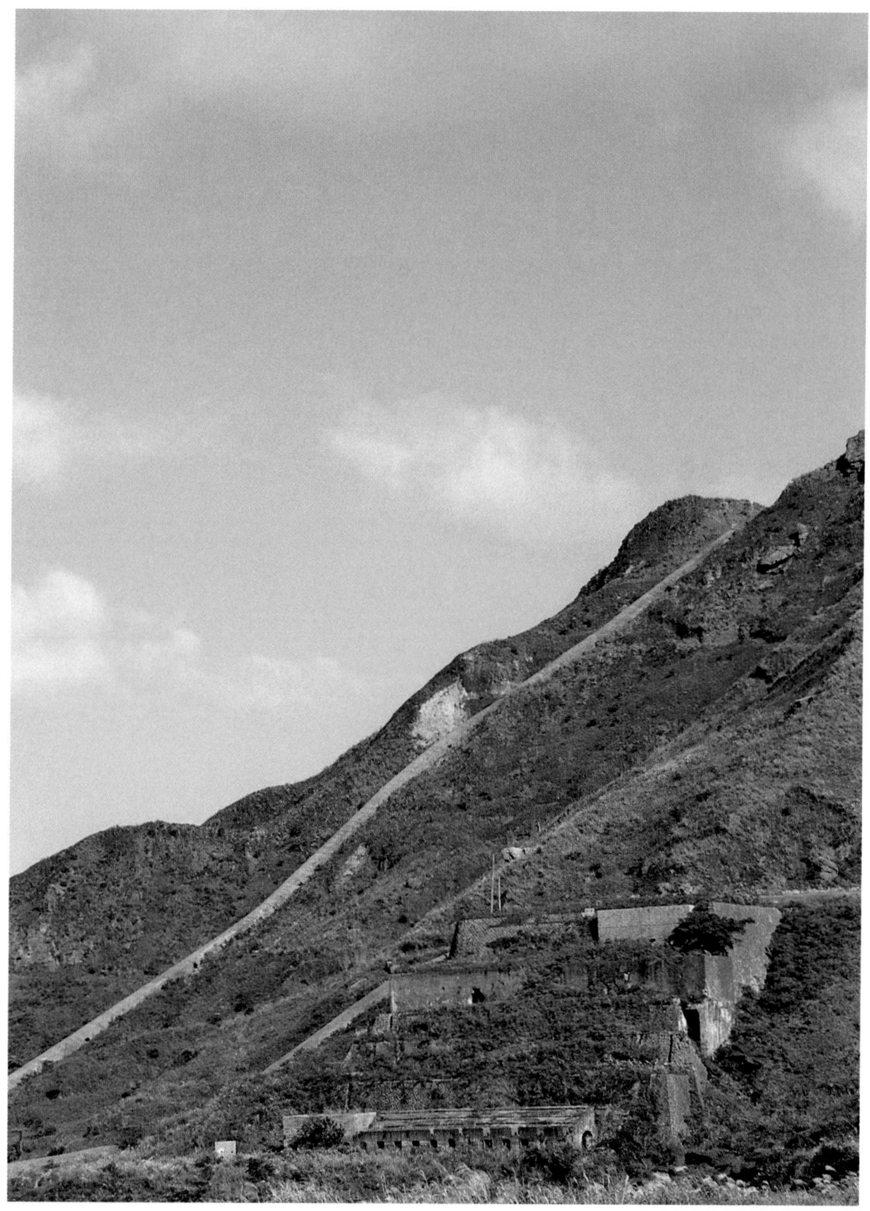

九份金礦山（Photo by Taiwankengo CC BY-SA 3.0）

前往勘查，得知卑南土著的黃金來自北臺灣的噶瑪蘭族。隔年荷蘭臺灣總督便組織尋金部隊，從陸路及海路多次前往臺灣東部與東北部探勘金礦，直到1645年，耗費大量人力與物力，雖征服了部分東臺灣原住民部落，但始終未發現金礦。兩百年後，基隆與宜蘭之間的九份金礦終於被日本人發現。

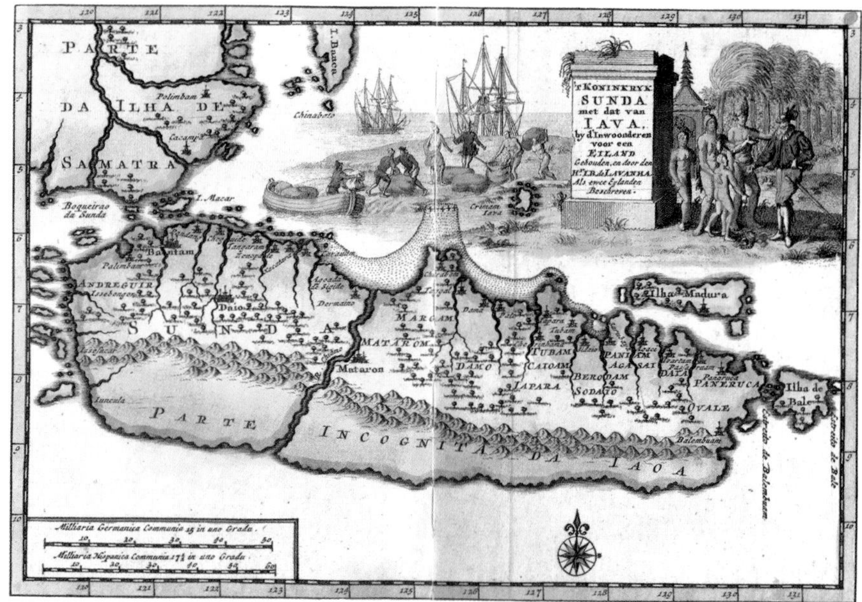

巽他王國（669～1579年）地圖

延伸閱讀 ▲巽他海峽連接爪哇海與印度洋，數個世紀以來都是重要的航道，明代鄭和曾率領遠洋船隊穿過此水道。十七世紀時，荷蘭東印度公司也利用它來通往香料群島。

延伸閱讀 ▼魍港也稱北港，據說位於今日嘉義縣布袋鎮，北港溪下游一帶。「魍」字通常用來形容鬼影般飄忽不定，因為明朝時東南海域海盜橫行，行蹤飄忽，卻常泊本港補給，因而被稱為「魍港」，海盜顏思齊、鄭芝龍拓臺十寨之第六寨便設於魍港大坵田。十六世紀中葉，魍港已經是海商、海盜及漁民活躍的地點，是來往臺灣、澎湖、浙閩地區的重要港口，也是國際祕密通商交易之最佳據點。在荷蘭占領時期，前往中國的船隻從大員啟航，先沿海岸線往北航行到接近魍港，才轉向澎湖繼續航向中國，以避免漂往南方，所以魍港在東北風季節時是往澎湖必經的航道。明朝時期曾一度以「魍港」代稱臺灣。其後因港口淤塞，海舶遂稀。

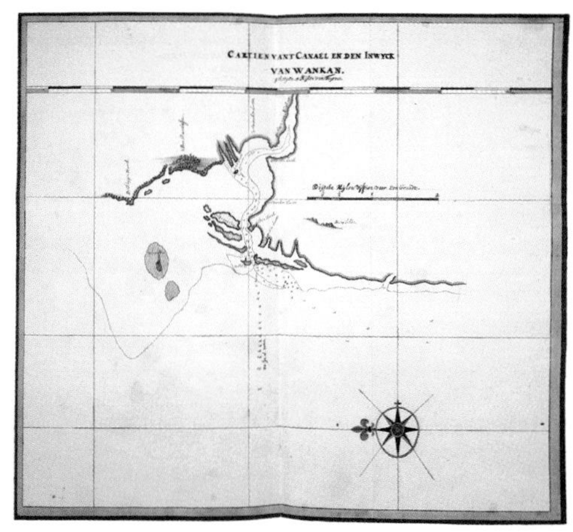

《魍港水道與入口圖》

日本出版的第一份世界地圖如何稱呼臺灣？

《萬國總圖》

繪於1645年，出自英屬哥倫比亞大學（University of British Columbia）圖書館。

日本發行的第一份世界地圖出現在1645年的長崎，是雙面的木刻版畫。正面「萬國總圖」四字下方描繪東方朝上的直立式長條形世界地圖，背面則是40個國家地區的男女畫像。

在欣賞地圖之前，先來回顧大航海時期的日本。1401年時室町幕府將軍足利義滿受明朝皇帝冊封為「日本國王」，展開朝貢貿易。1404年之後，明朝向日本頒發貿易許可證「勘合符」以阻絕冒名入貢的商船。勘合貿易實行之後，騷擾多年的倭寇被幕府約束而趨於平靜。

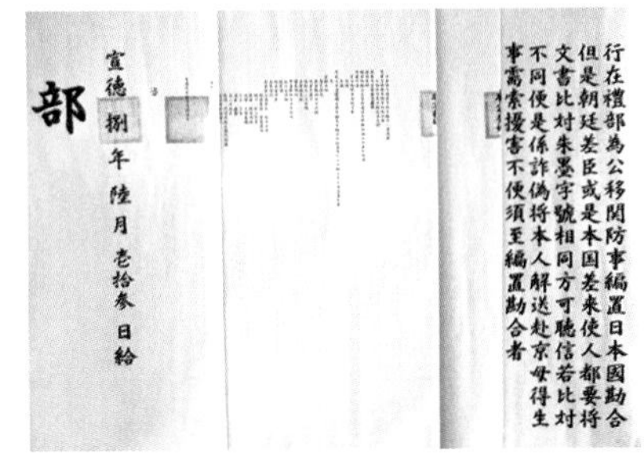
行在禮部為公移關防事編置日本國勘合
但是朝廷差臣或是本国差來使人都要將
文書比対朱墨字號相同方可聽信若比対
不同便是係詐偽將本人解送赴京毋得生
事需索擾害不便須至編置勘合者
宣德捌年陸月壹拾參日給
部

1433年明朝頒發的勘合文書

1467年，日本進入戰國時代，1523年發生寧波之亂，日本兩個貿易使節團來華貿易，抵達寧波後，因為勘合符效力之辯而引發衝突廝殺，殃及寧波一帶的居民，進而造成明朝官兵傷亡。這一事件導致明朝政府廢除福建、浙江市舶司，僅留廣東市舶司一處。

琉球進貢明朝船圖

1549年之後，中日勘合貿易中斷，倭寇之亂復發，走私貿易又開始盛行。明朝政府再度實施海禁。此時由於琉球國是明朝的朝貢國，日本仍可透過琉球進行仲介貿易，因此十五世紀琉日貿易開始興盛；到了1567年，福建巡撫請開海禁獲准，但僅開放漳州的月港一處口岸（仍禁止外國船停泊），而且只允許泉州和漳州的商人出海從事貿易。

葡萄牙人則在1557年取得澳門作為貿易據點，1571年開設澳門－長崎的貿易航線，壟斷中日之間的絲綢貿易。有些日本商人則南下到臺灣與中國商人會合，在此進行生絲、布匹、鹿皮等產品的交易，使得臺灣成為中日商人的貿易轉運站。

由於明朝政府從1430年開始推行「一條鞭法」，規定租稅皆用金花銀折納，銀的需求量大增，造成銀的流通供給不足，而當時日本的白銀開採量達全球三分之一，於是葡萄牙人便以日本白銀購買中國絲綢，再轉賣給日本，獲取中間的轉口貿易利益。

到了1571年西班牙在馬尼拉建立貿易基地之後，西班牙人由南美洲秘魯運來的白銀超越日本白銀（延伸閱讀p. 200），取代了葡萄牙人的居間貿易角色。這兩個硬拉著教宗幫忙瓜分全球殖民權的海上強國，一路由大西洋競爭到太平洋，為了爭奪高利潤的亞洲轉口

金花銀

延伸閱讀 ◀金花銀原意為成色十足而鑄有花紋的銀兩，後來成為明代中後期折收稅糧所用銀兩的專有名詞，又稱為「折糧銀」、「折色銀」或「京庫折銀」。明初徵收賦稅主要是實物，全都運送到明初首都南京。明成祖永樂帝遷都北京後，北京官員如果要支領俸米，必需拿著俸帖到南京領取，這樣很不方便。所以官員們領到俸米後，往往就地賤賣，換取銀兩帶回北京。而各地運送稅糧赴京也費時費力。明宣宗宣德年間開始改以稅糧折銀，減少運送稅糧的負擔，也推動了商品經濟的繁榮。

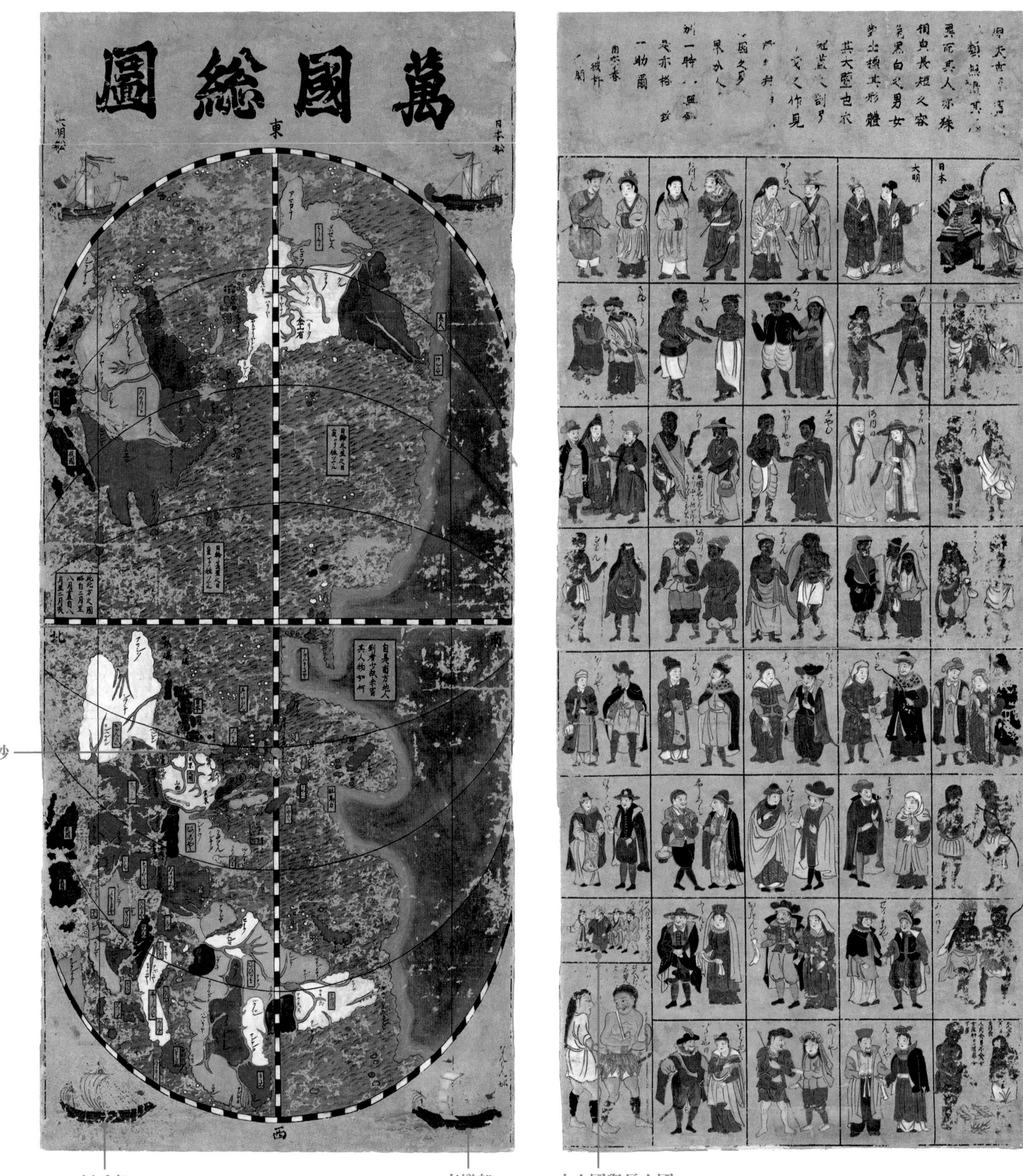
萬國總圖
東
西
北
南
高砂
紅毛船
南蠻船
小人國與長人國
高砂島
日本
大明

延伸閱讀▶自從哥倫布發現美洲之後，西班牙人便開始在南美洲建立殖民地。1545年在秘魯的波托西（Potosí現隸屬玻利維亞）發現蘊藏量為當時世界第一的銀礦，同時發展出新改良的汞齊化法，大幅提升提煉白銀的技術。1563年又在秘魯的萬卡維利卡（Huancavelica）發現汞礦，從此美洲貴金屬的產量突飛猛進。1565年，西班牙人開闢了一條貿易路線，以大型船隻裝載大量的白銀由墨西哥的阿卡普爾科（Acapulco）到馬尼拉，與來自中國的貨物進行交易，包括香料、瓷器、絲綢和象牙，再將這些高價奢侈品轉運至墨西哥和歐洲。這種高利潤的貿易一直延續到1815年，期間大約向亞洲運送了波托西白銀總產量的三分之一。波托西銀礦支撐了亞洲－美洲－歐洲的貿易體系。

波托西（Photo by Martin St-Amant CC BY 3.0）

貿易市場，即使被日本人蔑稱為「南蠻」（在東南亞地區建立殖民地或貿易據點的葡萄牙、西班牙人）也甘之如飴。

由於隨著西葡兩國商船前來日本的耶穌會士，在眾諸侯（大名）割據一方的戰國時代傳播天主教，符合各地大名想藉西方新式武器及貿易收益來壯大勢力的需要，因此雙方各取所需，一拍即合，九州、京都、江戶一帶信奉天主教者眾。

然而隨著豐臣秀吉逐漸統一全日本，已不再需要拉攏傳教士，也擔心眾多的天主教徒會形成另一股不受控制的勢力。而且天主教與日本神道教與佛教教義衝突，經常傳出拆毀神社、寺廟之事，引發糾紛。加上葡萄牙商人將日本人當作奴隸賣至海外的事件爆發後，豐臣秀吉於1587年下令驅除傳教士。後來德川幕府為了斷絕傳教士進入日本，不惜於1624、1639年與西班牙及葡萄牙斷交，「南蠻貿易」終止。

1600年4月19日，受僱於荷蘭東印度公司前身公司的英國籍船長亞當斯（William Adams）指揮的荷蘭商船意外漂流來到日本九州，被當地的葡萄牙人誣指為海盜而遭囚禁。德川家康希望更多地了解該船攜帶的槍械，因此特別召見，亞當斯向德川家康解釋，因為荷蘭和英國信奉基督新教，與葡萄牙、西班牙等舊教國家間有宿怨而遭誣指為海盜。亞當斯贏得了德川家康的信任，獲得釋放，並前往江戶擔任幕府的外交及貿易顧問，該船的荷蘭船員則留在日本，貢獻出他們對地圖、航海、造船、社會救濟制度等方面的寶貴知識，並協助幕府製造了數艘南蠻式船隻，兩次穿越太平洋，建立起日本與荷蘭東印度公司之間的獨家貿易關係，持續將近250年。亞當斯後來娶了日本妻

繪於1600年的《南蠻屏風》（日本川村紀念博物館藏）

子，更成為第一位英國出身的日本武士，採用日文姓名三浦按針（按針意指航海士），獲頒一塊領地，1620年在平戶病歿。

平戶市三浦按針銅像

1607年12月13艘艦隊組成的荷蘭VOC代表團離開阿姆斯特丹前往日本。1609年由普伊克（Nicholas Puyck）指揮的兩艘船攜帶絲綢、胡椒和鉛，被兩名日本船員直接帶到平戶港，獲得了官方的交易特權，即使1636年日本嚴格執行「鎖國令」，在接下來的兩個世紀裡幾乎完全中斷與西方世界的貿易和交流，但仍與荷蘭保持關係，西方知識則通過荷蘭的書籍持續傳入日本。

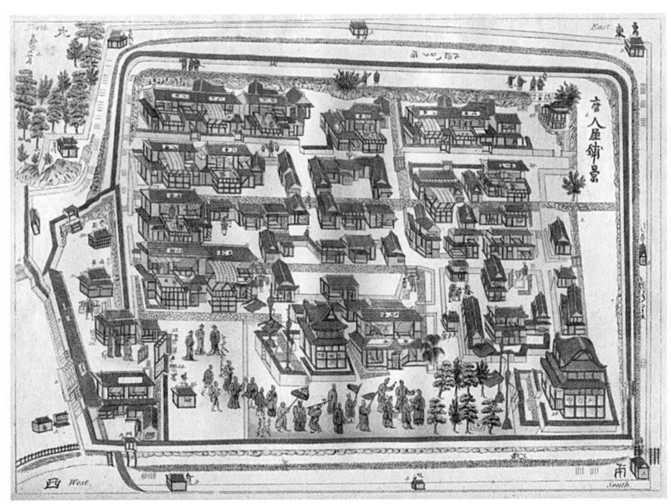

唐人屋敷

延伸閱讀 ▲1635年起，江戶幕府開始限制中國商船只能進入長崎港進行貿易，當時雖然限制葡萄牙人只能居住於出島，但中國人只要不是天主教徒，就不會限制住所，因此最初中國人是居住於長崎市區內。由於當時中國正值明朝實施海禁，而接續的清朝為了防止中國沿海居民與在臺灣的鄭成功往來而下達了遷界令，因此當時來到長崎的中國人並不多。一直到1683年遷界令廢止後，開始有大量中國商船來到長崎，1688年，長崎的中國商船曾高達194艘。幕府於是在長崎市區北側山丘上開始興建「唐人屋敷」，占地6,800坪，包括20多座長屋，可讓約2,000人至3,000人居住，四周以圍欄及城壕圍住，在大門設置番所管制人員出入，僅有專責的翻譯人員「唐通事」及藝妓可以自由出入，整個區域後來又陸續擴大至9,400坪。

延伸閱讀 ▼江戶幕府德川家康基本上沿襲豐臣秀吉的政策，任何船隻需持有幕府發行的朱印狀才可合法從事海外貿易。據官方統計，從1604年至1635年的32年間，共有356船次的日本商船得到了海外貿易許可證渡航海外，平均每年有11船次，而不在官方統計內的走私船更是不計其數。目的地主要有高砂（臺灣）、呂宋、柬埔寨、東京（河內）、交趾及暹羅等東南亞地區。其中以熱蘭遮城為據點的荷蘭屬福爾摩沙（今臺灣）是日本商人與福建商人進行貿易的重要據點，貿易的貨物包括臺灣的鹿皮（德川家康1615年擊敗豐臣秀吉，統一全日本之前的戰國時代，鹿皮是重要的軍需品）、米、砂糖、中國的生絲與瓷器、巴達維亞的胡椒與香料等。荷蘭東印度公司亞洲約有35個據點，根據1649年的統計，日本據點的獲利為38.8%排名第一，第二名即是獲利25.6%的臺灣。

臺灣原住民捕鹿圖

平戶荷蘭商館（Photo by Hkusano CC BY-SA 4.0）

▲平戶島過去是日本遣唐使前往中國的出發據點，也一度成為倭寇的根據地。1628年鄭芝龍歸順明朝後，平戶島和其他的東亞海洋貿易據點，形成主要的商業航道。平戶島的跨國貿易促成了日本早期的現代化，直到日本鎖國，將所有貿易限制在長崎港，平戶島因此而沒落。在平戶島上崛起的傳奇華人包括海盜王直、李旦、鄭芝龍等。鄭芝龍在平戶島居住時期娶田川氏，1624年於平戶島千里濱生下鄭成功。

本幅地圖是日本德川時代最重要和最具代表性的日本地圖之一，被認為是根據葡萄牙商人帶來的更早期西方地圖，以及從中國傳入的1602年利瑪竇《坤輿萬國全圖》所製作的，而不是根據後來荷蘭人引進的更新、更準確的布勞（Willem Blaeu）世界地圖。

一款同類型地圖的流行版本出版於1671年：右側是一幅東方朝上的橢圓形世界地圖，四個角落順時針依序畫有大明船、日本船、南蠻船、紅毛（荷蘭）船。地圖左側則描繪了40個國家地區的男女畫像，分別穿著各地的傳統服裝，不僅包括當時重要的國家地區，甚至還包括想像中的小人國與長人國。

1645年版原圖中的黃綠色臺灣島位於福州對岸，被稱為高砂（たかさご），明顯比弧形經線上方的墨綠色琉球（リゥキゥ）大，比右上方的紅色呂宋島（ろそん）小。至於高砂島民的畫像，僅在腰間圍上一小塊短布，顯然未能完整呈現臺灣各族原住民繽紛多彩的服飾。

高砂

1671年版《萬國總圖》

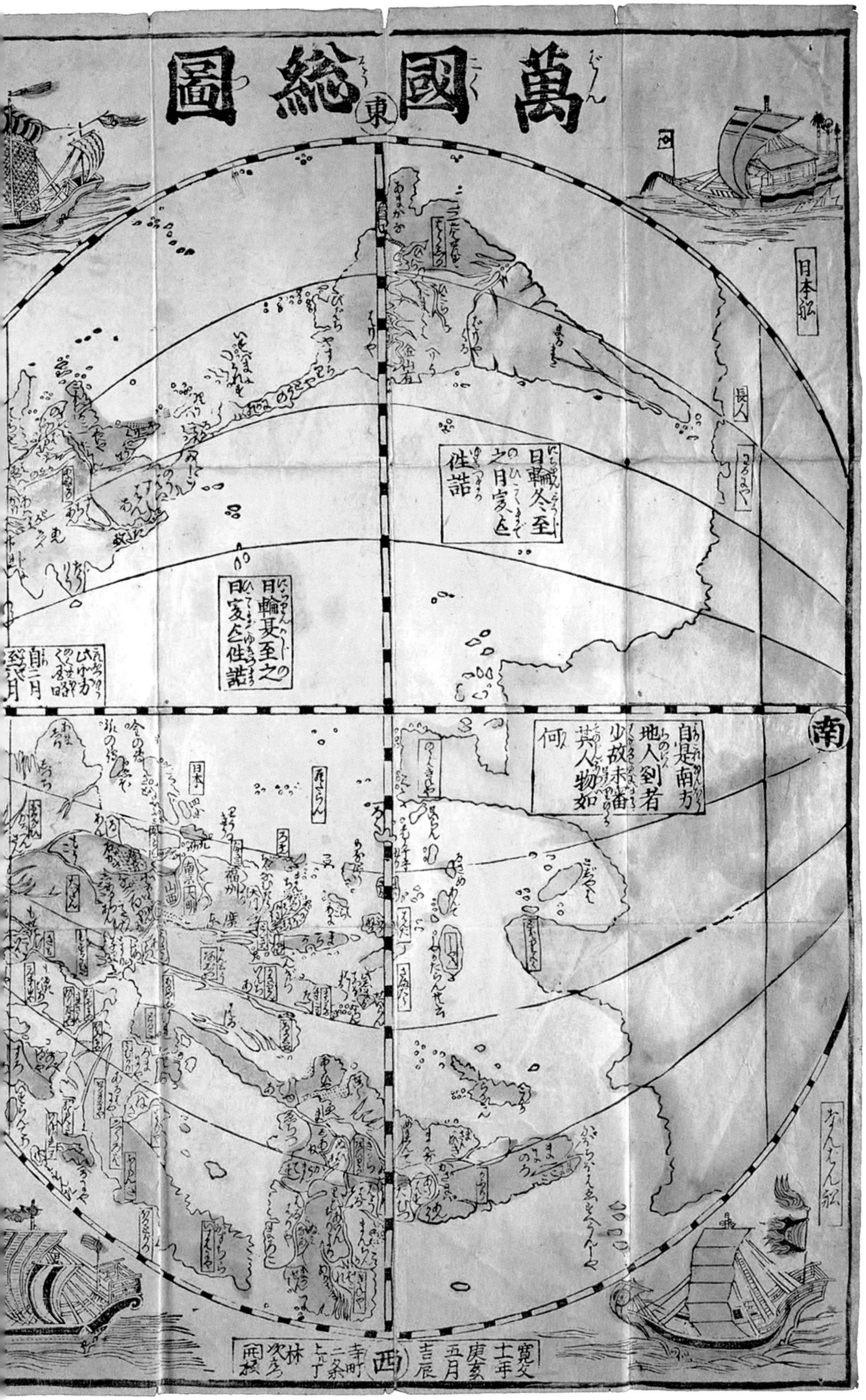

高砂（臺灣）島民

日本從安土桃山時代開始，便以高山國、高砂國稱呼臺灣，而室町時代中期爆發的應仁之亂，使日本進入戰國時代，縫製盔甲的鹿皮需求激增，當時就有日本商人來臺購買鹿皮，每年交易數量約2萬張。到了1593年和1609年，豐臣秀吉與德川家康都曾派遣使者前往臺灣，諭令高山國納貢，主要就是覬覦臺灣盛產的鹿皮與蔗糖。荷蘭人占據臺灣後，鹿皮輸日數量大增，1638年時高達15萬張，導致臺灣梅花鹿數量銳減，於是開始限制狩獵期、禁用陷阱、獸網捕鹿，1645年起更規定每隔兩年須停獵一年，狩獵者須向各地荷蘭牧師繳稅以取得狩獵執照，牧師則利用這些稅金來興辦傳教事業。

日本應仁之亂

冊封中山國王的船隊行經臺灣時可曾停留？

《明清廣輿圖》

日人摹繪於1664年之後。

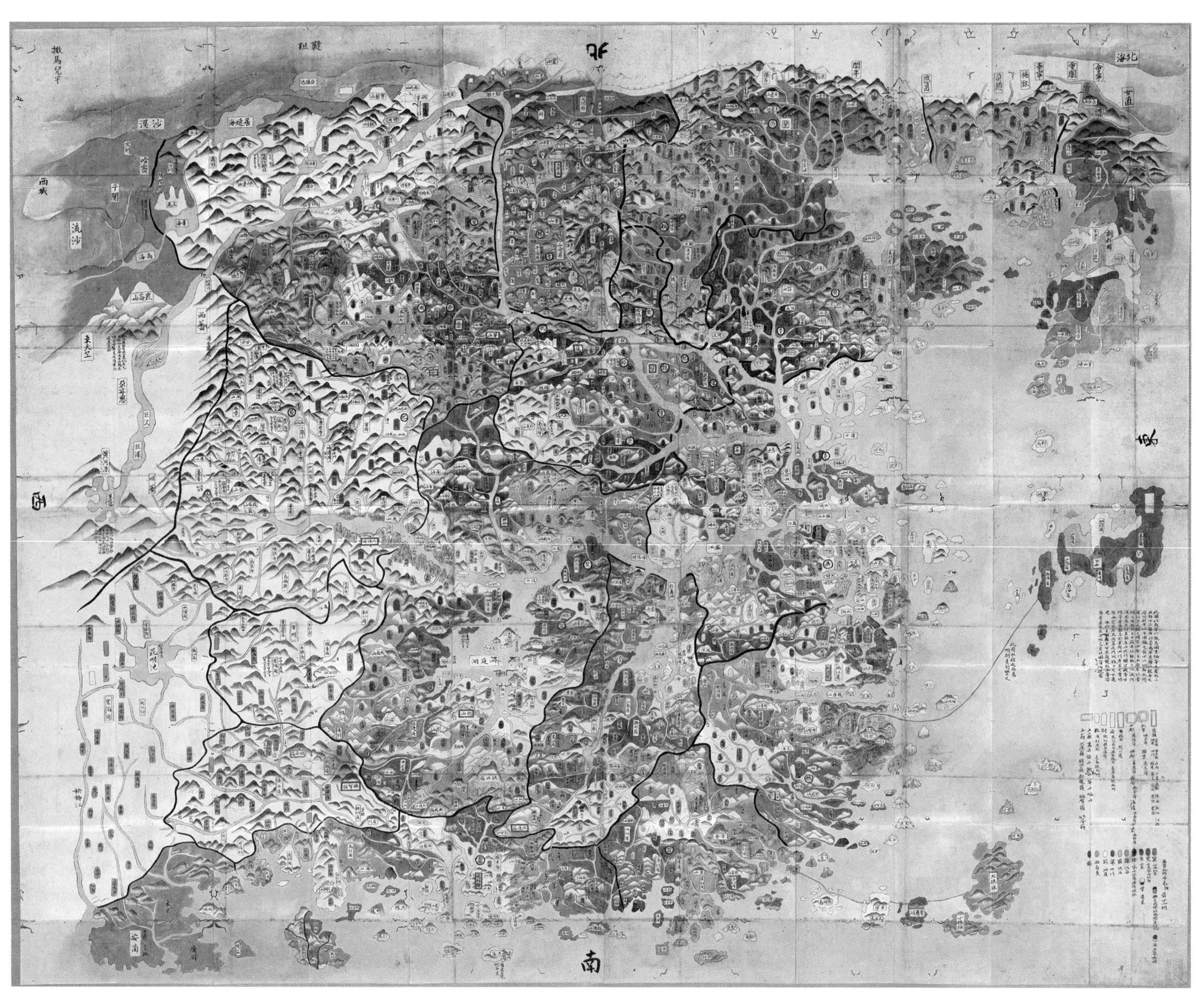

這幅色彩繽紛的地圖未標圖名、作者與製作時間，僅有一小段「圖例」提供線索：「此圖以禹貢一統志圖書編等考焉，而二直隸十三道者，以墨為界，其府以釋分之，府州縣者以方圓識之，舜十二州、禹九州者，以異色辨之，兩京舊都與五嶽者，以金標之，布政司與五嶺者，以銀徵之，江淮河漢者，廣其川，其餘名山大川關梁廟宇古蹟等者，各題名於其所，四川者略之，貴州廣西雲南者，又大略之，乃以精力之不逮也。本邦與朝鮮者分其道，韃靼西番安南等者，舉其名而已，宜以圖符併視焉。」

其中「本邦與朝鮮者分其道」一句，透露出本圖的摹繪者是日本人。而「二直隸」則是指明朝的南直隸（南京應天府）與北直隸（北京順天府），到清朝時只有一個直隸，因此本圖描繪的是明朝地圖。然而圖中的臺灣古名「東寧」是1664年鄭經繼位後所改，當時是清康熙三年，明朝已經滅亡，所以推估本圖應該是摹繪於明清改朝換代之間。

時間往前回溯至1652年，由於荷蘭人占領臺灣後橫徵暴斂，漢人開墾領袖郭懷一起而反抗，率眾攻下赤崁，但旋即被荷軍擊潰，郭懷一與義軍約四千人陣亡，受牽連的漢人也有上千人。而在對岸的鄭成功，1655年受南明最後一位皇帝永曆帝冊封為「延平王」，1659年率領十萬大軍攻打清軍占領的南京，不幸慘敗，只好退守廈門與金門。但金廈二島糧草不足，難以提供數萬大軍給養，無法長期困守。

當時曾任荷蘭通事的何斌因與占領臺灣的荷蘭人發生債務糾紛，便藉機前往廈門，向鄭成功鼓吹攻取臺灣，並獻上一幅臺灣地圖，促成了1661年4月鄭成功率領將士25,000人、戰船數百艘航抵臺南鹿耳門。

經過幾番激戰與談判之後，1662年2月9日，荷蘭駐大員長官揆一向鄭成功投降，退出占領了38年的臺灣。

正當鄭成功將大員改為「東都」，設置承天府，準備在臺勵精圖治，重整反清復明大業時，1662年6月1日，驚聞南明永曆帝在昆明被弒，明朝正式滅亡。不料未滿一個月，鄭成功便以39歲英年病故，距離荷蘭退出臺灣不到半年。

嫡長子鄭經繼位後，清荷聯軍進攻金門、廈門，

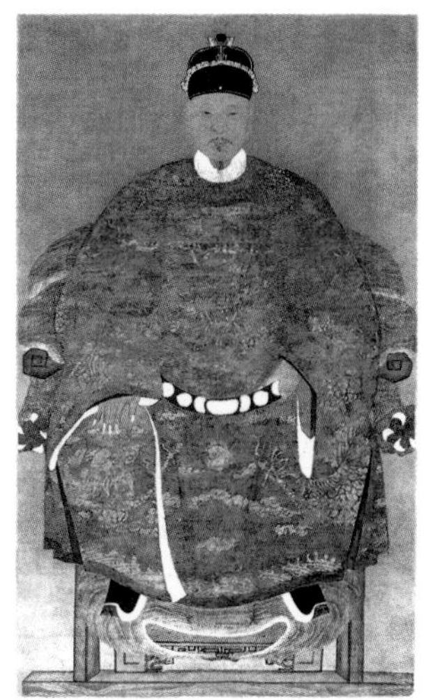

鄭成功畫像

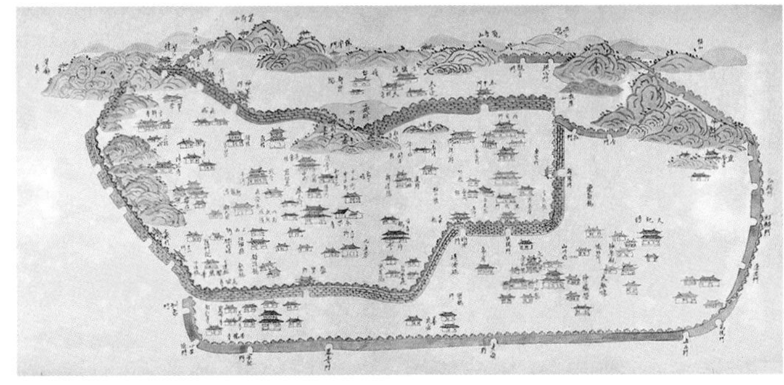

明朝南京應天府

《1662年歐洲和世界各地最值得紀念的幾件大事——福爾摩沙熱蘭遮城之戰》

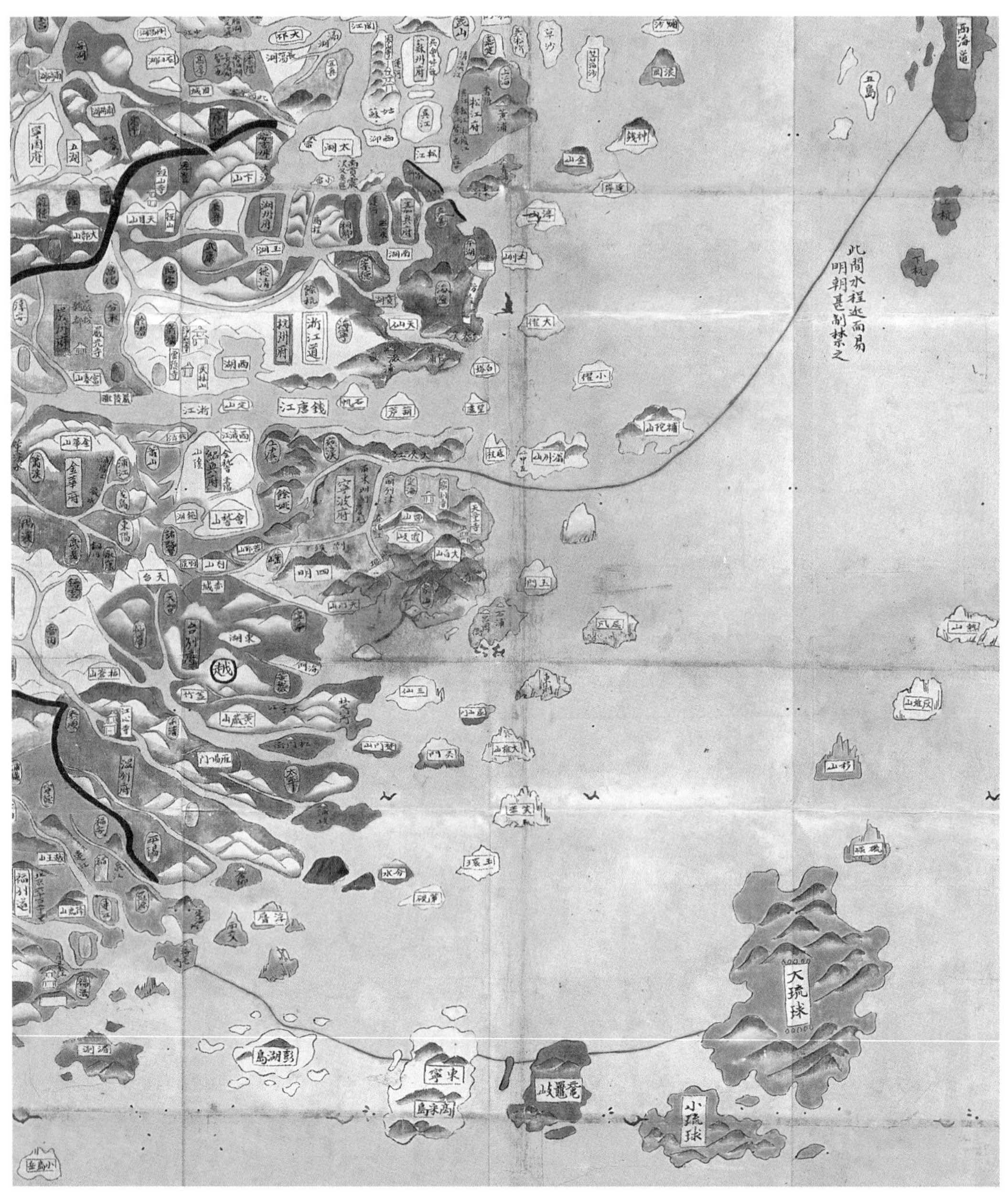

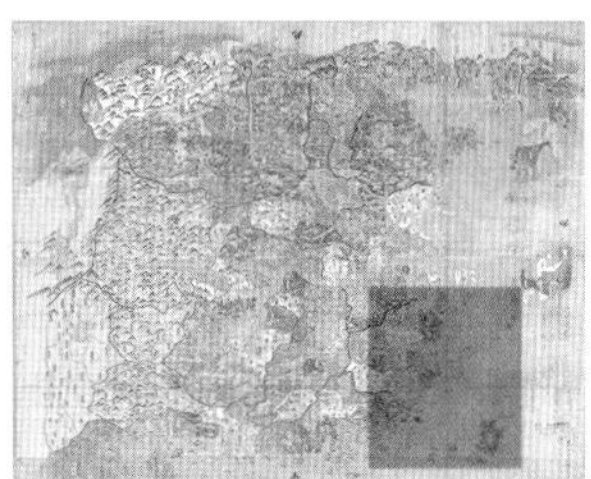

鄭軍1664年棄守金廈，退往臺灣，將「東都」改稱為「東寧」，東寧王國是臺灣史上漢人建立的第一個王朝。

本圖中的東寧（臺灣）位於明代以來中國冊封使奉命駛往琉球的航線上，出發的港口是洪武二十一年（1388）設立於閩江口的「梅花所」，途經澎湖、東寧、黿鼊嶼，航抵大琉球。

而《隋書．流求國傳》記載隋煬帝大業六年（610年），「帝遣武賁郎將陳稜、朝請大夫張鎮州率兵自義安浮海擊之。至高華嶼，又東行二日至鼊嶼，又一日便至流求。」這條征討流求航線的出發港口則是較南方的義安（廣東潮州），由此航向東北方的琉球群島途中，理當會先經過臺灣海峽中的澎湖群島，甚至靠岸停泊補給，因此有些學者考證「高華嶼」指的是澎湖的花嶼或是臺灣東北方的花瓶嶼，但若參照北宋張士遜《閩中異事》的記載：「泉州東至大海一百三十里，自海岸乘舟無狂風巨浪，二日至高華嶼，嶼上之民作鮝臘（ㄒㄧㄤˇ ㄌㄚˋ，醃製或風乾的魚肉食品）鮬鮓（ㄒㄧㄣˊ ㄓㄚˋ，小魚為鮬，大魚為鮓。）者千計。又二日至黿鼊嶼，黿鼊形如玳瑁，又一日至流求國。」從地理位置來看，由泉州港與本圖中的福州「梅花所」航往東北方的琉球時，都不可能先南航至澎湖再轉北航。而臺灣東北角花瓶嶼的面積與地形，也不可能有千位住民作鮝臘鮬鮓。

因此如果上述二文獻所載無誤，有些學者推測符合方位、航程等條件的「高華嶼」為琉球群島最西端的「與那國島」，距離臺灣宜蘭蘇澳港僅111公里，是距離臺灣本島最近的外國島嶼。而本圖中標示於「東寧」下方的「高采島」有可能是製圖者將「高華嶼」誤寫併入臺灣島，或是將十六至十七世紀期間日

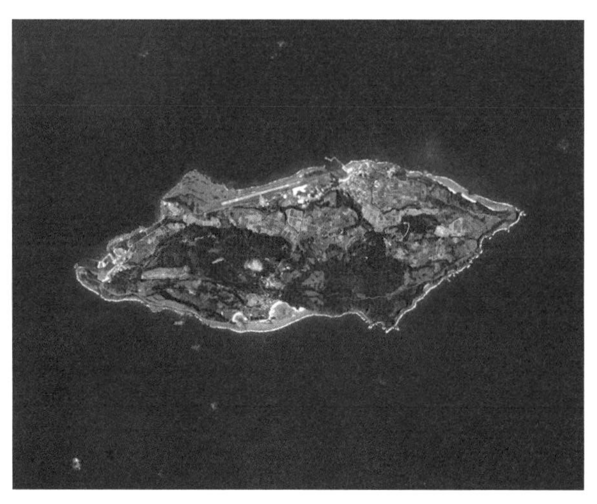

與那國島（NASA衛星空照）

本人稱呼臺灣的「高砂島」或「高山島」誤寫為「高采島」。

至於「鼊嶼」或「黿鼊嶼」（本圖誤寫為黿鼊，其中鼊屬龜科，黿屬鱉科，鼊屬鱷科），臺灣學者梁嘉杉考證認為是指琉球群島中的久米島，該島某些海蝕臺的地貌呈龜殼狀。久米島即中國古籍所載「古米山」、「姑米山」，發音近「龜」的日文片假名發音kame，而從久米島至琉球國本島的航程正如文獻所述需要一日。

從明永樂二年（1404年）直到清光緒五年（1879年）琉球被日本吞併為止，在這四百多年期間，中國政府先後派遣了24批使者出使琉球國冊封新王。雖然本圖中的冊封航線穿過臺灣東寧，彷彿曾在此靠岸停留，但根據歷來多人撰寫的《使琉球錄》，及清乾隆年間（1756年）的《封舟出洋順風針路圖》（參見p.28）與1785年日本林子平的《琉球三省並三十六島之圖》，冊封航線只是以臺灣東北方的雞籠山、花瓶嶼、彭佳山、釣魚臺等為去程航線針路的重要地標，根本未在臺灣靠岸。而回程航線則偏北，更遠離臺灣。

本圖中的臺灣除了被冊封航線錯誤連結，面積也遭嚴重縮小，只比澎湖及久米小島（黿鼊嶼）略大，甚至比不上大琉球下方的「小琉球」，這個曾被當成臺灣古名的「小琉球」很可能就是沖繩本島西南方的慶良間群島。而實際面積不到臺灣5%的大琉球沖繩島竟然畫成臺灣的三倍大，可見用封建的眼光看待事物，會造成多離譜的扭曲。

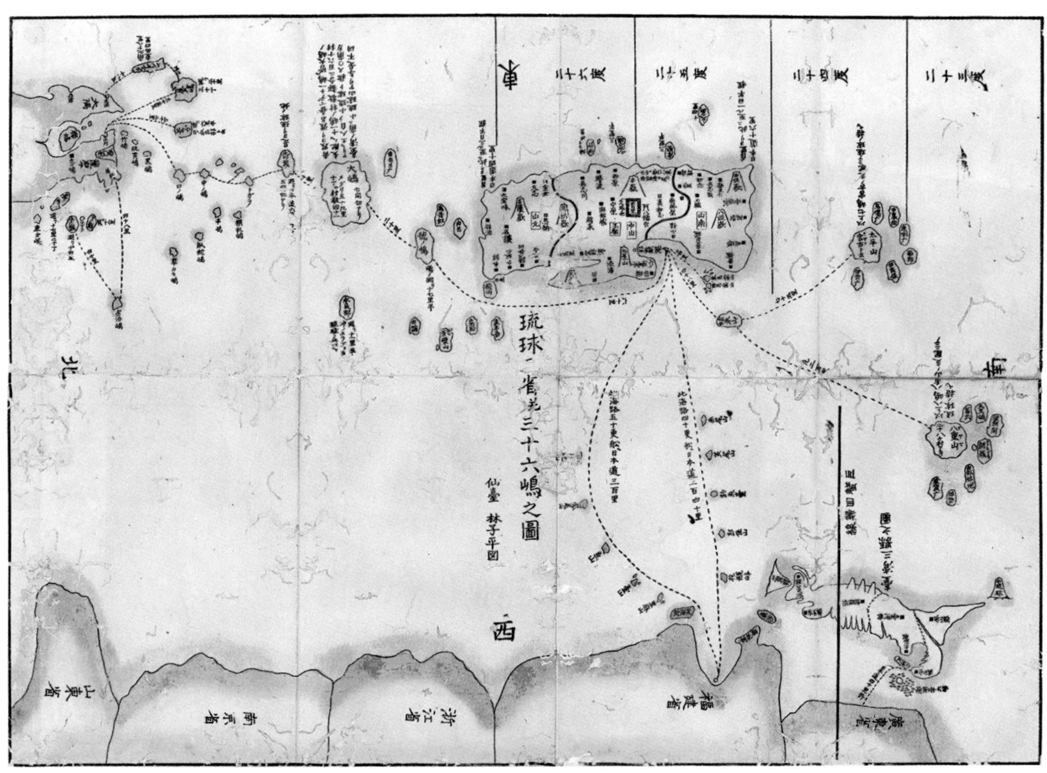

《琉球三省並三十六島之圖》

久米島的海蝕平臺呈龜殼狀（Photo by Snap55 CC BY 3.0）

慶良間群島（Photo by Hashi photo CC BY 3.0）

明末清初，臺灣歸屬何處？

《大明全圖》

繪於明末清初，日本人抄繪於1684年之後，出自日本京都大學圖書館。

本圖未題名，日本京都大學圖書館館藏編目則題為《大明全圖》，因為圖中的中國行政建制，基本上都是明朝的兩京與十三布政使司，唯一不同的是將南直隸改為江南省，而這是清世祖順治二年（1645年）才改的，至於清康熙年間（1664、1667、1668）陸續將湖廣省分為湖北、湖南二省，江南省分為江蘇、安徽二省，陝西省分為陝西、甘肅二省，都未在本圖中呈現，因此原圖可能繪於1644年清兵入關到康熙帝即位初年（1664）的明室南渡時期。而臺灣則是在1662年明鄭王朝時改稱東寧，1684年清治時期改為臺灣府，圖中的臺灣島上標註「東寧即臺灣」，很可能是1684年之後抄繪的日本人自己加上的。

由於本圖是日人抄繪而成的，所以圖中有多處標註「至日本多少里」及幾處日文地名，也在地圖東側露出日本一角（過於偏西，彷彿刻意露出），並塗上醒目的鮮紅色，包括由對馬島往南延伸到琉球北邊的一直列小島（最南的那座無名島可能就是奄美群島中的與論島）都塗成鮮紅色，但不包括當時受明朝冊封的琉球（塗成與南明初年首都應天府同色）。

除了鮮紅色的日本列島引人注目之外，本地圖上方以灰藍色漸層，渲染出天空的意象，天空之下就是大明的江山。山巒連綿重疊，煙嵐層層湧現，加上江

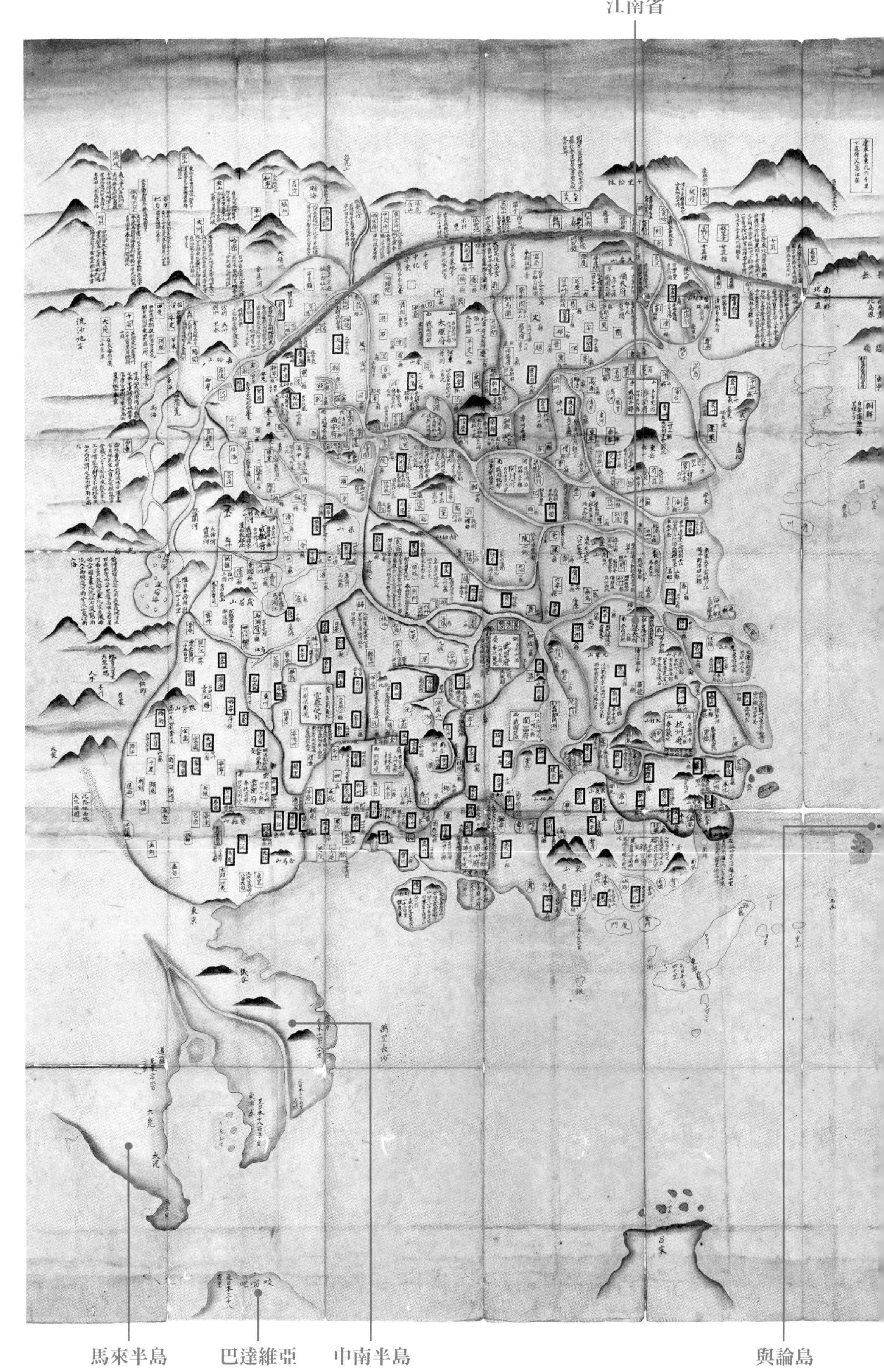

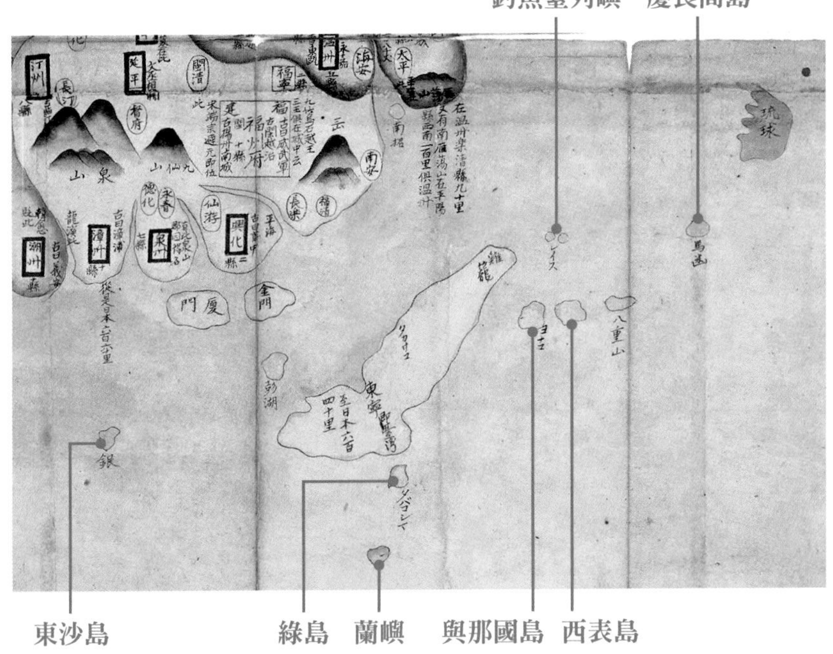

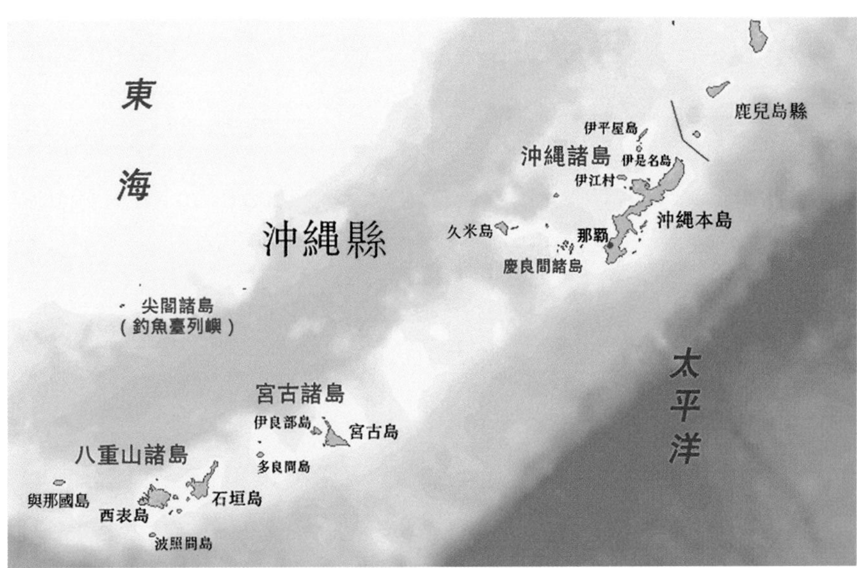

沖繩縣地圖（Tonym88 CC BY-SA3.0）

河湖泊蜿蜒流淌，給地圖增添了山水畫的藝術氣息。

另一個醒目的特色是，這位明末清初時期的中國製圖者已經較準確地描繪出中南半島的方位、大小與形狀，甚至畫出了馬來半島的麻六甲、印尼的咬嚁吧（Kelapa，椰子的馬來語音譯，當時的荷蘭殖民者將該地稱為巴達維亞）及菲律賓的呂宋島，雖然後三者的誤差不小，但在當時的中國製圖者中已算難能可貴了。

而臺灣就位於呂宋島北方，島形北窄南寬，與實際差異頗大。北端雞籠東北方的兩個小島標註レイス（Reix Magos宮古島），但此一方位應該是釣魚臺列嶼，誤置的宮古島應右移至八重山（石垣島）的東方，馬齒山（慶良間島）的西南方。前述諸島與緊鄰臺灣東北海岸的ヨナコ（與那國島）及未標島名的西表島，都和1684年之後隸屬福建省的臺灣一樣塗成黃綠色，與琉球不同顏色，顯示當時這些島嶼都在明朝與清朝的管轄範圍。

同樣黃綠色的島嶼除了金門、廈門、澎湖之外，還有臺灣東南海岸邊的タバコシマ（Tabako-shima，今日的蘭嶼）和未標註島名的綠島（位置應與蘭嶼互調），以及漳州南方海面上的銀島（Prata，銀的葡萄牙文，今日稱為東沙島）。至於臺灣本島上的タカサコ（高砂國）乃是日本江戶時代的幕府對臺灣的稱呼，而明鄭時期的島名東寧則標註在臺江內海的港灣旁，左側註明「至日本六百四十里」，指的是安平港到日本長崎的航程距離，因為當時幕府鎖國，只開放長崎港對外貿易。

本圖繪製期間的1656年，因為臺灣荷蘭當局刁難中國商船，掌控中國東南沿海海域的鄭成功遂通令各船抵制臺灣荷蘭當局，不得與臺通商，導致臺灣物價昂貴。1657年，臺灣的荷蘭總督派遣通事何斌前往廈門請求恢復通商，願提供鄭軍五千兩餉銀、十萬箭枝、千擔硫磺。據說何斌因曾私吞荷蘭人的貨款，唯恐東窗事發，遂偷偷攜帶一張臺灣地圖前往，獻給鄭成功，並提供鹿耳門水道的大船進港航線等資料，間接促成了鄭成功的攻臺計劃。

東沙環礁（NASA）

天使拉開序幕，準備吹響臺灣的號角

《荷蘭東印度公司特使團赴大清帝國圖》

（*Reys-Kaerte Vande Ambassade Der Nederlantse Oost Indise Compagnie door China aen den Grooten Tartersen CHAM.*）

約翰．紐霍夫（Johan Nieuhof），繪於1665年，出自海牙荷蘭皇家圖書館（Koninklijke Bibliotheek）。

西元1640年，二十出頭的約翰．紐霍夫（Johan Nieuhof）以荷蘭西印度公司（Geoctroyeerde Westindische Compagnie）後勤官的身分前往荷屬巴西，九年後回到荷蘭，跳槽至荷蘭東印度公司（VOC），前往印尼的巴達維亞（現今雅加達）。1654年，他被任命為赴華特使團的成員，去覲見當時的清朝順治皇帝。

約翰．紐霍夫

荷蘭東印度公司為了突破葡萄牙在澳門壟斷對華貿易，在1655至1685年間派出六次特使團前往北京，企圖說服清朝皇帝允許荷蘭東印度公司在中國南部海岸通商，可是始終無法如願。

特使團為了順利前往北京覲見皇帝，經過長達數月的艱苦談判和賄賂調解，1656年3月17日才獲准從廣州（延伸閱讀p. 213）啟程，沿著河流和運河前往北京，展開長達2400公里的旅行，7月18日到達北京的皇宮。他們僱請耶穌會學者湯若望（延伸閱讀p. 213）做翻譯，湯若望向他們警告覲見皇帝潛在的危險和必須的禮儀。9月24日，使團得到了順治皇帝的接見。他們依照湯若望的吩咐向皇帝行傳統的磕頭儀式，結果皇帝允許荷蘭使節團每八年可以來朝貢一次，每次不能超過一百人，而特使團最關注的通商權利並沒有得到討論或准許。當年的10月16日特使團被要求離開北京城，他們的回程花了三個月，這趟中國之旅總共花了20個月。

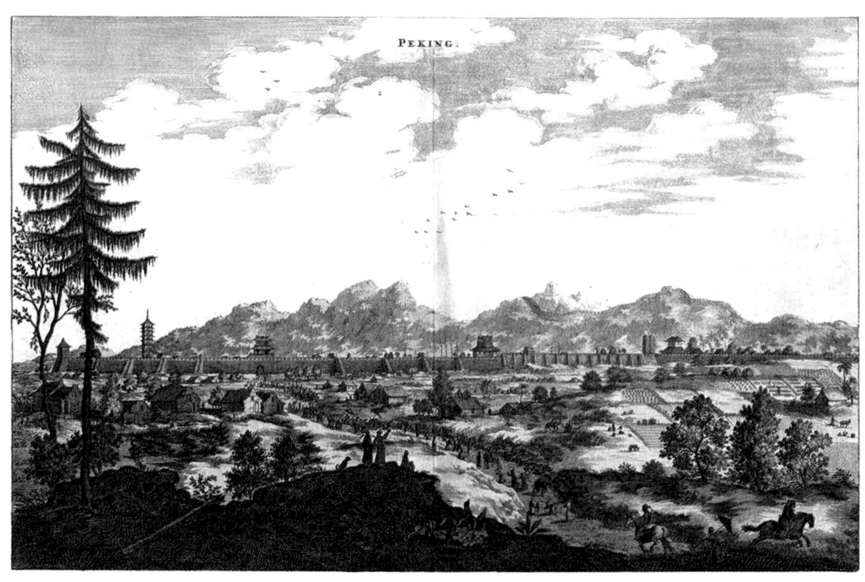

紐霍夫書中的北京城

紐霍夫在特使團中的主要任務是安排沿途的住宿，並負責描繪沿途的所見所聞，他總共繪了150多幅。1658年回到荷蘭後，他把他的筆記和畫稿交付給他的兄弟亨德里克（Hendrik）保管。1665年亨德里克將這些筆記和畫稿整理編輯出版，書名簡稱《荷使初訪中國記》，陸續被譯成法文、德文、拉丁文和英文，是當時最暢銷的書之一。

在這之前出版的有關中國的書籍，多少具有想像的「奇聞風格」，將事實和虛構糅合在一起，把中國的風土民情描繪成宛如幻境般。而紐霍夫的這本書中所記錄與描繪的，都是根據他自己的實地觀察，沒有添加任何怪誕的東西，算是第一本如實記錄與描繪中國的文獻。他的旅行紀錄成為十七世紀歐洲最重要的中國資料來

《荷使初訪中國記》書名頁，坐在地球儀前的就是順治皇帝。

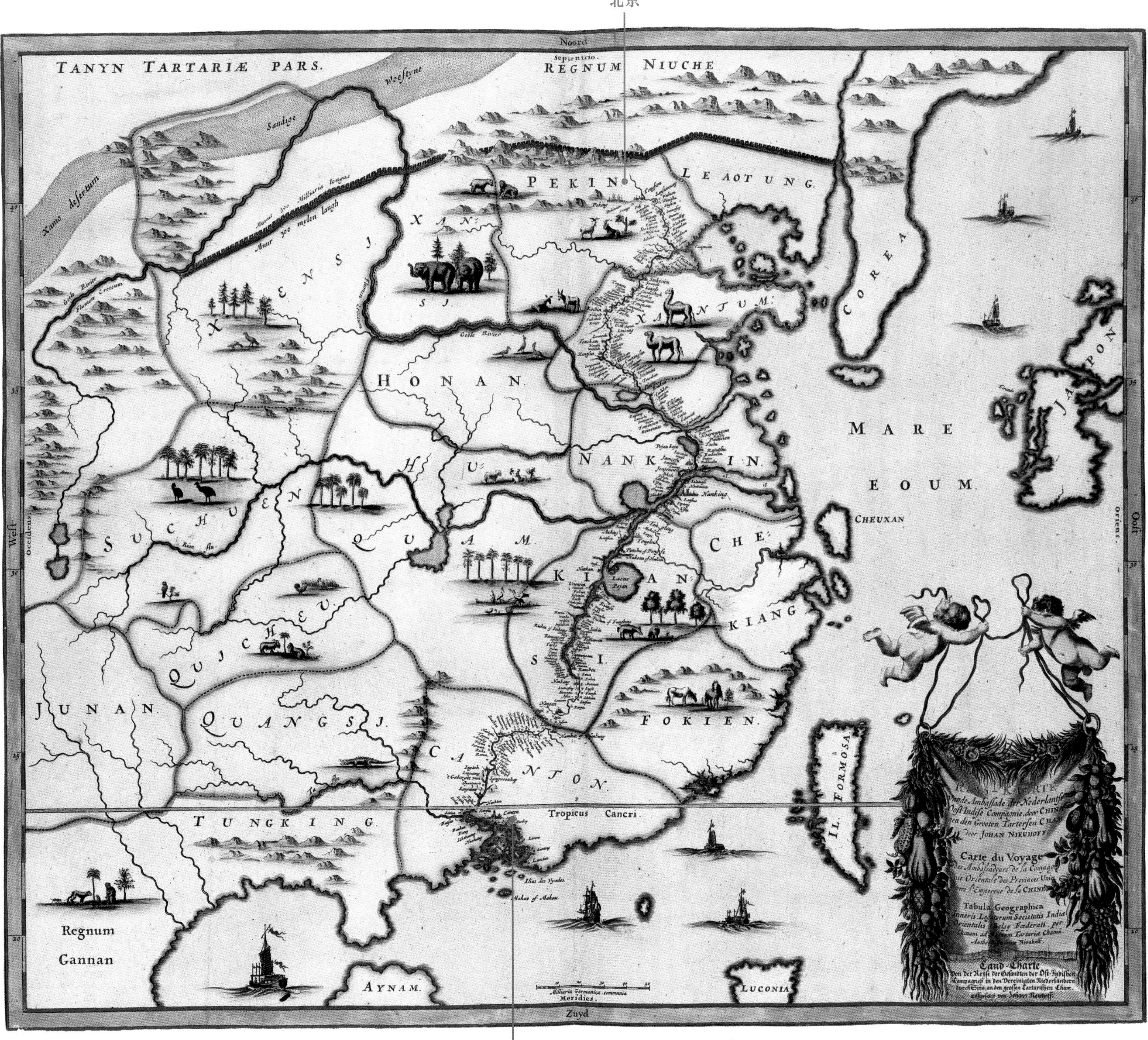
北京
廣州
Noord
Septentrio.
Zuyd
Meridies.
West
Occidens
Oost
Oriens
TANYN TARTARIÆ PARS.
REGNUM NIUCHE
Woestyne
Sandige
Xamo desertum
Murus 300 Milliaria longus
Muur 300 mylen langh
PEKIN
LEAOTUNG.
COREA
XAN SI.
XENSI
XANTUM.
HONAN.
Geele Rivier
NANKIN.
Nanking
HU QUAM.
SUCHUEN
CHE KIANG
KIANSI.
Lacus Poyan
QUICHEU.
FOKIEN.
JUNAN.
QUANGSI.
CANTON.
Canton
Tropicus Cancri
TUNGKING.
MARE EOUM.
CHEUXAN
JAPON
IL. FORMOSA
Regnum Gannan
AYNAM.
LUCONIA
Ilhas des Ladroens
Milliaria Germanica communia
Carte du Voyage
Tabula Geographica
Land-Charte

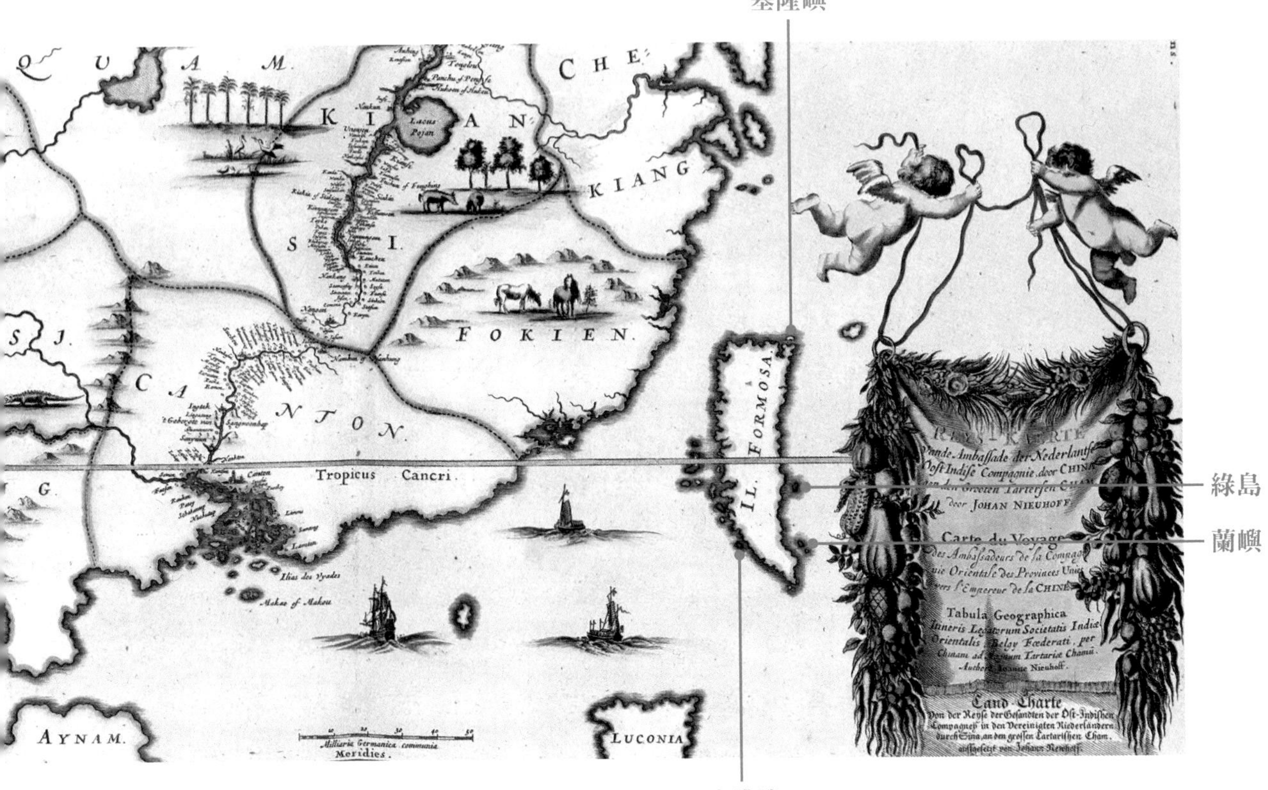

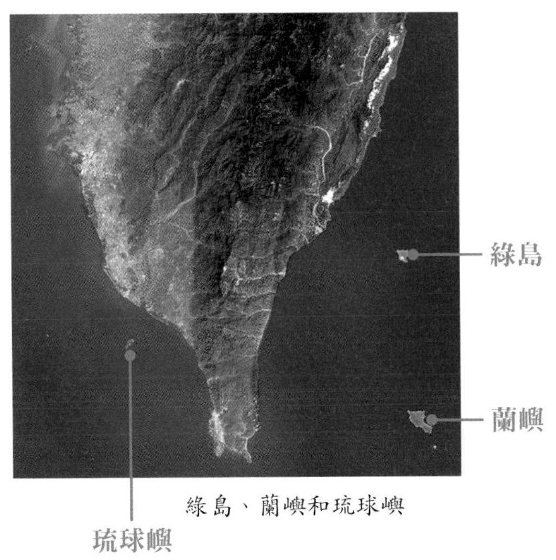

綠島、蘭嶼和琉球嶼

源。書中的圖像啟發了當時歐洲的中國風商業設計，也對後來的遊記類書籍產生了很大的影響。

紐霍夫的特使團從廣州搭船沿著河流和運河前往北京，本幅地圖在沿途河流兩岸標記了密密麻麻的地名，顯示特使團並未匆忙趕路，而以旅遊考察的方式慢慢北上，花了四個月的時間才抵達北京。至於河岸以外的地區，中國官方基於安全等因素，禁止特使團擅入，所以紐霍夫只能根據其他地圖資料，標記各省名稱及省界。為了避免單調，便在過於空曠的地面加畫山林和動物的小插圖，但顯然部分引用資料有誤，例如山西省的大象、山東省的駱駝等等。

至於東南方海面上的臺灣，當時仍有荷蘭人盤據，島名標記為Il. Formosa，除了北回歸線上澎湖群島及臺南七鯤鯓之外，還畫出了東北角的基隆嶼、臺東外海的綠島和蘭嶼、高雄外海的琉球嶼等離島，顯然是根據據臺荷蘭人的測繪資料。此外，在福建、廣東、呂宋與臺灣之間的海面上，繪出了一艘三桅歐洲帆船、兩艘單桅的中國帆船，顯示此一區域的貿易熱絡。

右下角的粉紅色布幕上，寫明本圖是紐霍夫《荷使初訪中國記》書中，特使團覲見中國皇帝的航行圖，布幕邊裝飾著異國情調的水果花環，由兩個小天使拉著往上升起（類似的景象也出現在次頁「廣州平面圖」的右上角），而布幕左邊的臺灣島外型宛如一支號角，吹響新世代的序曲。就在不久前的1662年，鄭成功驅逐了據臺38年的荷蘭人，建立了臺灣歷史上第一個漢人政權。

1663年，心有不甘的荷蘭人，聯合清朝靖南王耿繼茂攻下金門與廈門，明鄭退守澎湖與臺灣。1664～1665年，臺灣海峽暫時恢復平靜，鄭經在臺勵精圖治，努力開墾。

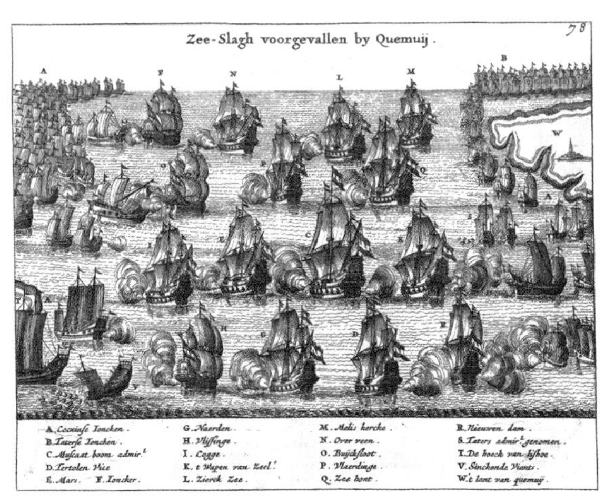

1663年清荷聯軍攻打金門

湯若望

延伸閱讀 ▲湯若望（Johann Adam Schall von Bell）生於神聖羅馬帝國科隆（今德國科隆），擔任羅馬天主教耶穌會傳教士，1618年從葡萄牙的里斯本啟航，1619年抵達澳門。1622年協同其他耶穌會士指揮炮手擊退了入侵澳門的英荷聯軍，徐光啟等人上奏明神宗力邀傳教士進京。入京後，撰寫了測算日食和月食的《交食說》與介紹伽利略望遠鏡的《遠鏡說》等書。1630年供職於欽天監曆局，協助徐光啟編修《崇禎曆書》。清軍入關後，被任命為清朝第一任欽天監監正，1655年受封為通政使，晉一品。順治皇帝死後，小皇帝康熙登基，輔政大臣鰲拜反對西洋學說，1664年發生「曆獄」，湯若望被判死刑，幸獲孝莊太皇太后特旨釋放，1666年病故。湯若望來華傳教47年，沒有再回過家鄉。

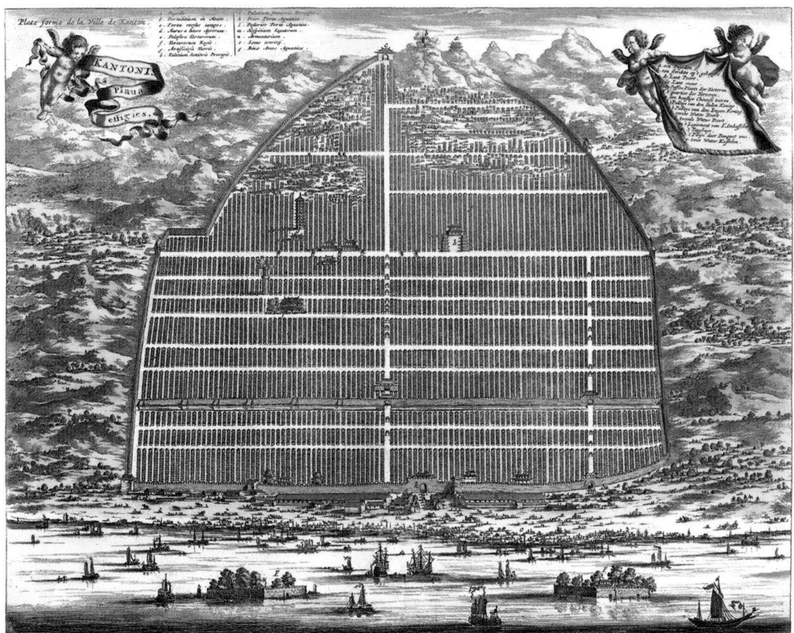

紐霍夫書中的「廣州平面圖」

延伸閱讀 ◀明朝正德、嘉靖年間（1521～1522），葡萄牙艦隊入侵廣州，發生屯門海戰及茜草灣之戰。明朝擊敗葡人後，下令封鎖廣州。葡萄牙人卻轉而藉故占據珠江口的澳門，基本壟斷了廣州的對外貿易。1567年，由於沿海倭寇逐漸平定，明朝開放海禁，廣州海外貿易不斷發展。1646年，清軍占領中原後，南明紹武帝在廣州建都，這是歷史上廣州第三次建都；同年，清兵攻入城內，紹武帝自縊而亡。1648年，清廣東提督李成棟反正回歸南明永曆帝。1650年，清軍圍攻廣州城達10個月，動用荷蘭炮手及樓車攻城，終於在11月24日攻破廣州城。

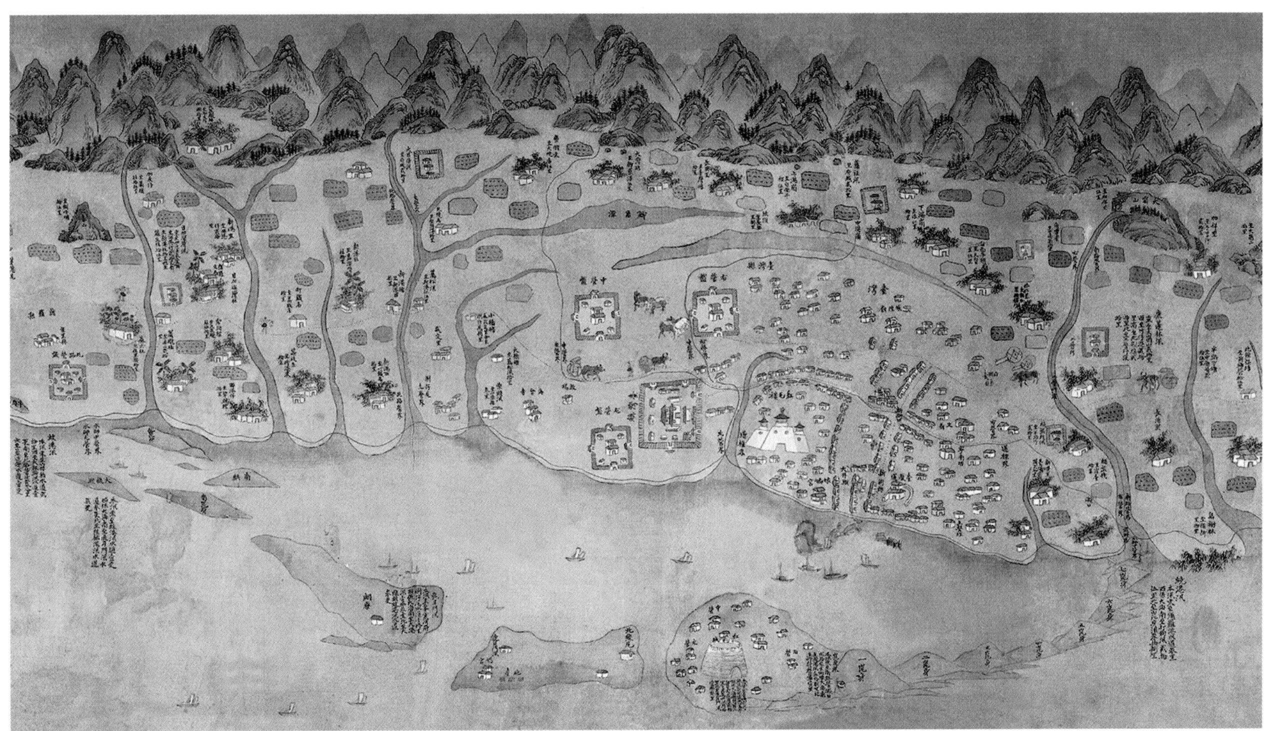

《康熙臺灣輿圖》中的臺南七鯤鯓

延伸閱讀 ▲臺灣西南沿海有豐富的沙洲與潟湖地形，自古以來便出現許多以「鯤鯓」為名的地名。鯤是指鯨魚，鯓則是鯨魚隆起的背部，鯤鯓是比喻沙洲在海上遠觀有如鯨魚的背部。

臺灣終於設府，納入清朝版圖

《大清廣輿圖》

蔡方炳繪於1686年，日本長久保赤水摹繪於1783年，出自日本國會圖書館。

西元1663年，鄭經繼位為東寧國王後，試圖透過貿易來提升國力，從日本大量輸入銀、銅、鉛、盔甲，以支援戰爭的需要，而輸往日本的貨物則以鹿皮、蔗糖及中國走私過來的物產為主，雙方的貿易量在1665至1672年間達到高峰，日本商人獲准住在基隆以利商貿往來。

與荷蘭東印度公司同樣處於敵對狀態的英國東印度公司，也獲鄭經邀請前來臺灣貿易，雙方於1672年簽訂通商條約，東寧王朝便藉此獲得火藥和兵器，英國人甚至幫助鄭軍訓練炮兵，還曾出借英國炮兵支援鄭軍作戰。1673年，吳三桂、耿精忠、尚可喜因不滿清朝削藩，遂聯合抗清，隔年再約鄭軍渡海助陣。鄭軍曾攻下閩南，但因抗清聯軍內鬨甚至降清，鄭軍只好退返東寧。

1681年，鄭經去世，大將馮錫範藉口世子鄭克壓非鄭經親生，發動政變，擁立鄭經次子即自己的女婿鄭克塽為延平王。1683年，清鄭雙方爆發澎湖海戰，清水師提督施琅（延伸閱讀p. 217）大敗劉國軒等人。劉國軒逃回臺灣後，力主和談，掌握大權的馮錫範最終選擇率眾薙髮降清。1683年8月13日，施琅進入臺灣受降，南明東寧王國自此覆亡，結束在臺灣22年的統治。

明鄭投降後，清廷為了是否把臺灣併入版圖爭論了十個月，不少大臣認為臺灣孤懸海上，治理及防守需不少花費，主張棄守。施琅則上奏〈恭陳臺灣棄留疏〉，剖析臺灣戰略地位重要，終於說服康熙皇帝於1684年5月將臺灣併入版圖，劃為福建省的一部分，置「一府三縣」：臺灣府設於臺灣縣（約今臺南市），臺灣縣以南設鳳山縣（約今高雄市、屏東縣），以北設諸羅縣（約今嘉義縣以北）。

這幅《大清廣輿圖》右下角的「凡例」中說明，本圖是根據蔡方炳（字九霞）於康熙年間（1686）刊行的《增訂廣輿記》繪製而成，詳細標示了大清省州府縣、山川湖海、邊關海港、蕃屬之國，及歷史沿革、諸侯分封、名人事跡、陵墓古蹟之所在，精準細膩。

「凡例」左上方的「臺灣府」剛設府不久，與澎湖一起隸屬於

印度莫臥兒（Mughal）皇帝檢閱英國東印度公司的部隊

延伸閱讀

◀1670年，英王查理二世授予英國東印度公司（British East India Company）鑄造錢幣、建立軍隊、宣戰、占領、結盟、簽訂和平條約和占領地區的訴訟審判權利，成為英國海外的代理人。1680年代，英國東印度公司就建立了一支自己的武裝力量。

《福建通志》臺灣府三縣圖（金炫辰描繪上色）

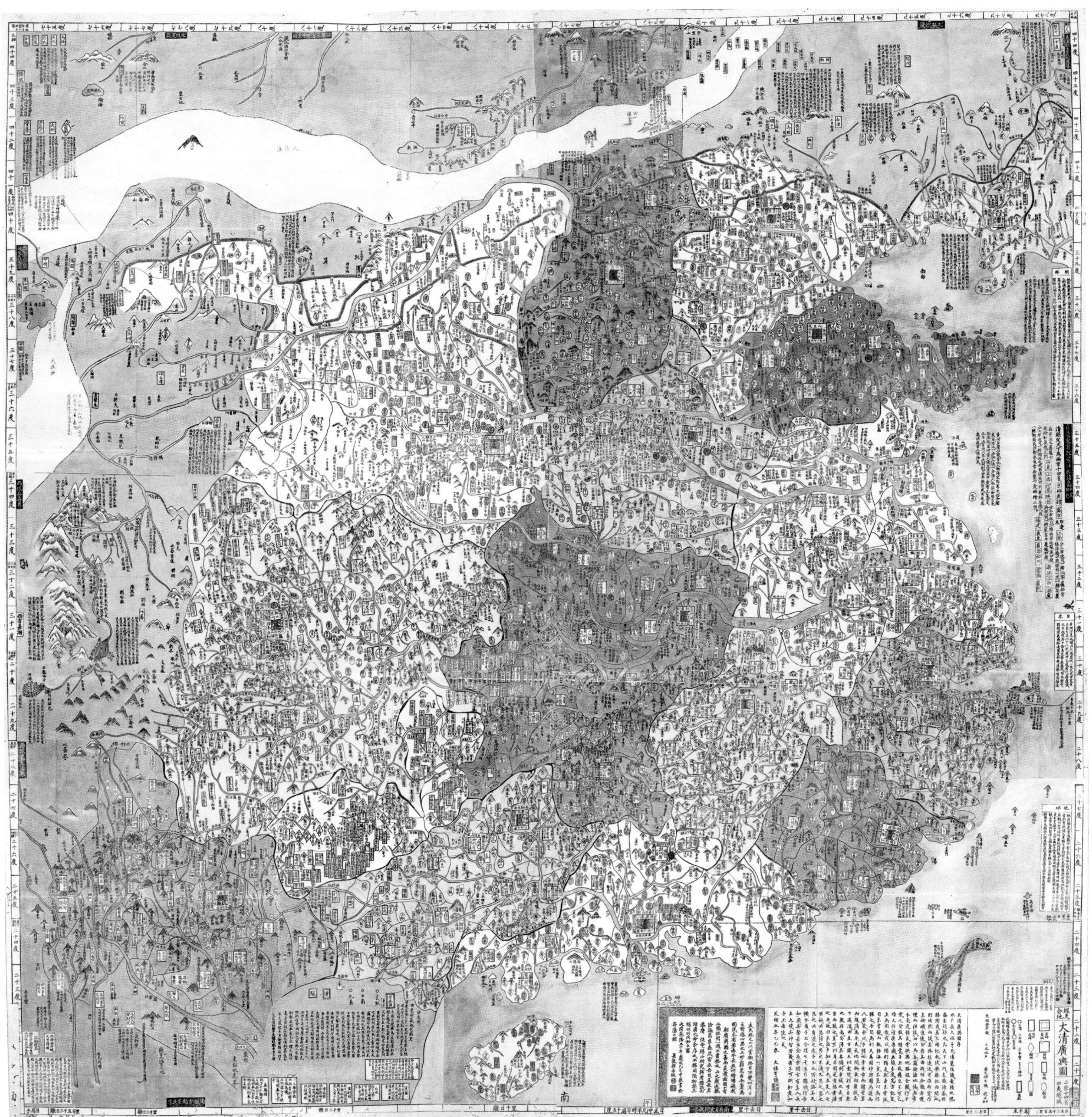

同為粉紅色的福建省。本該橫跨紅色「北回歸線」(古稱「夏至日長線」)的臺灣島被南移至菲律賓呂宋島的位置，是明顯的錯誤；至於緊鄰北回歸線的澎湖三十島（實際有九十島）與右上方同樣粉紅色的高華嶼（推測為與那國島）位置較正確。而不隸屬清朝版圖的琉球、日本與朝鮮，則僅以文字框說明，未具體畫出。

臺灣本島只繪出中央山脈的西半陸地，東半部是一片大海。標註的地名除了代表中央山脈的「咬狗溪大腳山界」，還有北端的雞籠城、小雞籠（三芝）與大幅偏北的大武郡（彰化社頭），繼續往南則是當時設立的一府三縣：諸羅縣、臺灣府、臺灣縣與鳳山縣，其中臺灣府城所在的臺灣縣（今臺南）為了避免與臺灣府混淆，特別標為大冤（大員），近海處更標記鄭成功登岸復臺的鹿耳門，呼應臺灣府旁加註的說明：「國姓爺取此島，更名東寧國，康熙年中內附。」

另外沿著中央山脈標註了一長串文字：「去廈門南千里，中古紅毛人篡此地，搆城而居，以為日本通路旅館。」說明當時臺灣扮演荷蘭人前往日本貿易的中繼站。

大冤下方標註的「番語塔加沙古」乃是平埔族部落打狗社（Ta-akao）的名稱訛轉為日語タカサゴ（Takasago高砂），打狗社活躍於臺灣西南岸一帶，擁有相當大的勢力，日人稱其為「高砂」，後來轉變為「臺灣」全島的名稱。

繼續南下，來到屏東近海的小琉球與臺灣島南端的沙馬磯（鵝鑾鼻）。繞過中央山脈尾端，東側還標註了一座「傀儡山」，其實就是古稱嘉禮山的大武山，坐落於屏東縣瑪家鄉、泰武鄉與臺東縣金峰鄉交界處，標高3,092公尺，為中央山脈南段最高峰。清初《臺灣府志》、《鳳山縣志》和地圖，都根據閩南語讀音把嘉禮山寫作「傀儡山」。

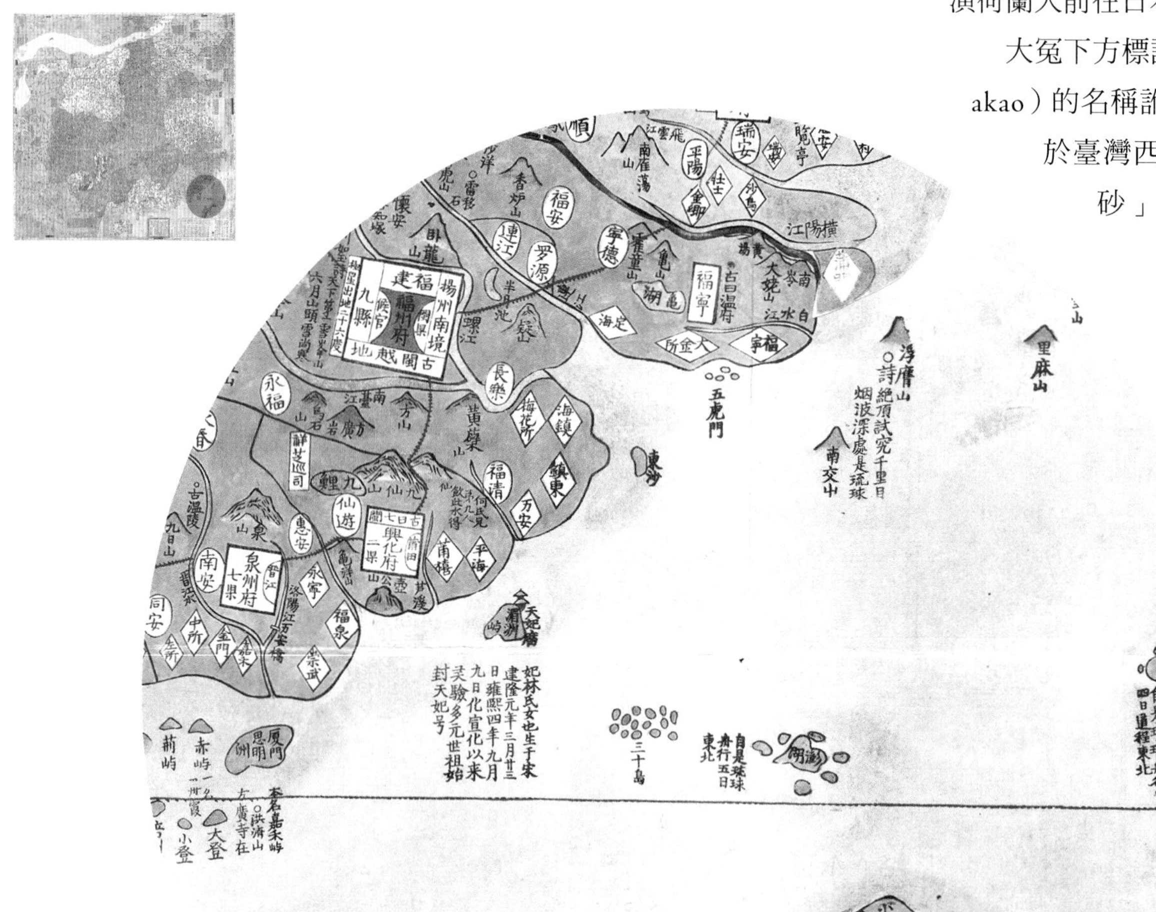

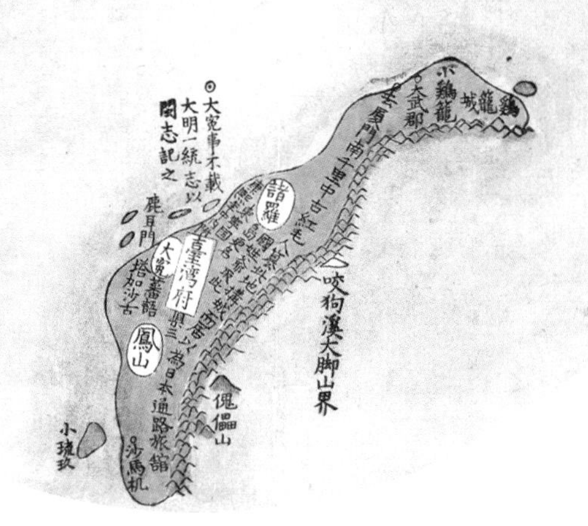

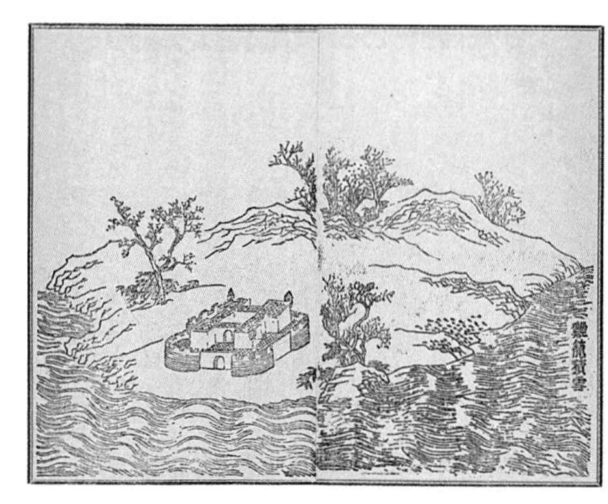

《臺灣府志》中臺灣八景之一的雞籠積雪

萬軍井前施琅坐聽軍情

延伸閱讀 ▲施琅原是鄭芝龍的頭號猛將，1646年隨鄭芝龍降清不久，隔年便轉投鄭成功的抗清陣營，成為鄭成功的得力助手。後來恃寵而驕，擅自殺害一名鄭成功的親隨，觸怒了鄭成功，下令誅殺施琅全家，只有施琅一人逃回中土。為了報滅族大恨，施琅再次降清，擔任清朝總兵、水師提督，積極征討鄭軍。《澎湖志略》記載，康熙二十二年（1683）六月施琅攻占澎湖之後，師苦無水，於是施琅禱於天妃，古井因而湧出甘泉，可供數萬官兵飲用，汲之不竭，後世稱為「萬軍井」。

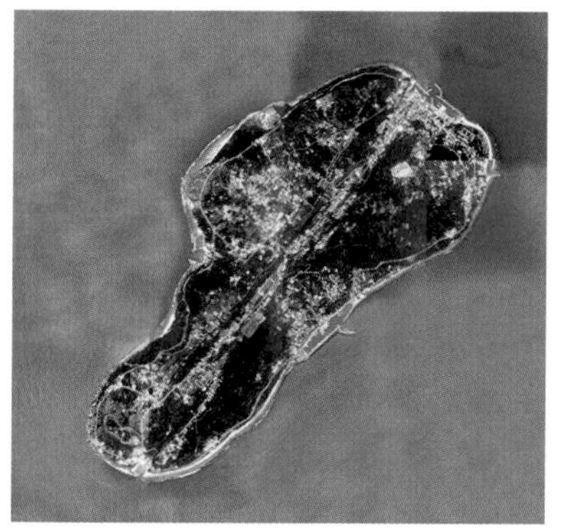

小琉球衛星空拍圖

延伸閱讀 ◀1624年，荷蘭籍船隻金獅號（Gouden Leeuw）在小琉球擱淺，水手被島上住民殺害。為了展開報復，荷蘭東印度公司的福爾摩沙區總督在1633年到1636年間派兵征討、屠殺島上住民，導致小琉球島上的原住民族群被完全消滅。

延伸閱讀 ▶沙馬磯頭為中央山脈盡處臺地的最南端，是通往後山海路的轉折點。《臺灣府志》記載：「到瑯嶠，沙馬磯頭而山始盡。深山之中，人跡罕至。其間人形獸面，鳥喙鳥嘴，鹿豕猴獐，涵淹卵育。」《續修臺灣府志》的〈臺灣府輿圖〉將沙馬磯頭標記於恆春半島西南岬的貓鼻頭上。然而《恆春縣志》卻記載：「鵝鑾舊名沙馬崎，……峭石矗立，兀然海際，渡海三十里，侶出海面者為七星石，下多暗礁，舟行甚患之，故於鵝鑾築樓燃燈，以為標識。」不管沙馬磯頭是今日的貓鼻頭或鵝鑾鼻，都是當時船隻往來呂宋到中國之間最醒目的地標。

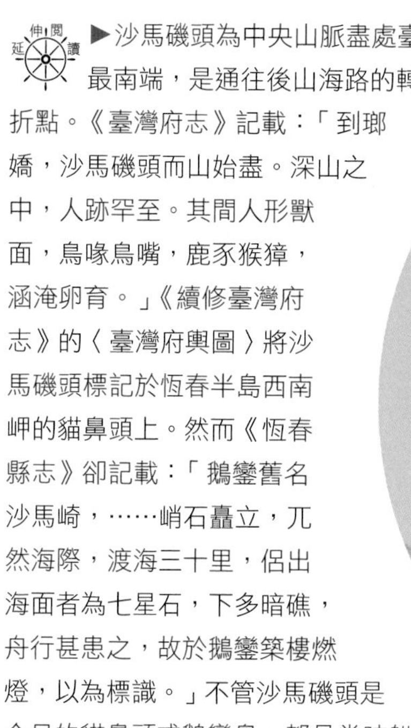

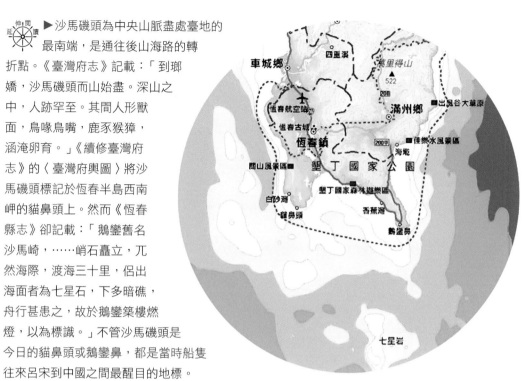

貓鼻頭與鵝鑾鼻

延伸閱讀 ▼大武山坐落於屏東縣瑪家鄉、泰武鄉與臺東縣金峰鄉交界處，標高3,092公尺，為中央山脈南段最高峰，是排灣族及魯凱族的聖山，與玉山、雪山、南湖大山、秀姑巒山合稱「五岳」，氣勢磅礴，雄霸一方。

大武山（Photo by Huang Chung Yu CC BY-SA 4.0）

海陸前進印度洋，臺灣欲拒還迎為哪樁

《東印度，包括非洲東岸及亞洲海岸，從好望角到日本北方》

（*Oost Indien Wassende-Graade Paskaart, vertoonende nevens het Oostelyckste van Africa, meede de zeekusten van Asia, van C. de Bona Esperance tot Eso, boven Japan.*）

約翰・凡・科倫（Johannes Van Keulen），繪於1690年，
出自澳洲國家圖書館（National Library of Australia）。

本地圖描繪當時世界貿易的熱門地區——印度洋周邊與東亞地區，從非洲好望角到日本北方。上沿中央有一群人只繪出下半身，因為原本單獨發行的地圖，為了收錄於後來發行的海圖集《領航火炬》（*Zee Fakkel*）中，而硬生生裁掉一部分，以符合海圖集的版面規格。根據畫中的長筒靴、駝獸四肢、抱嬰婦人等圖像判斷，應是描繪從西方沿著中亞的絲路前往東方的商旅團體。

左側非洲大陸上則描繪兩位穿著聖袍的神職人員正在祝福或叮嚀騎著駱駝的將領，他率領了一群手執長矛的軍隊準備出征，顯示當時歐洲在非洲大陸上的傳教與殖民拓展。從非洲東岸、阿拉伯半島、印度一直到東南亞的沿岸，都標記了密密麻麻的地名，並描繪沿岸及海中沙洲與礁石的分布位置，例如印度半島西南方的馬爾地夫（Maldives）珊瑚島礁群。此圖明顯是提供航行用的海圖，所以內陸的大片空白地區便

延伸閱讀 ▼馬爾地夫珊瑚島礁群包含26個環礁、約1200座珊瑚礁島，南北長820公里，東西寬120公里，被譽為「上帝拋撒在人間的項鍊」。由於位於印度洋主要的航線位置上，具有非常重要的戰略地位，航海大發現時期，葡萄牙人率先登島，後續的荷蘭人和法國人偶爾也來干預當地的政治。
馬爾地夫有80％的陸地海拔高度不到一公尺。由於地球溫室效應導致海平面上升，已有許多島嶼逐漸遭到侵蝕和淹沒，聯合國環境小組警告馬爾地夫將於2100年起不適宜居住。

絲路（NASA+Splette）

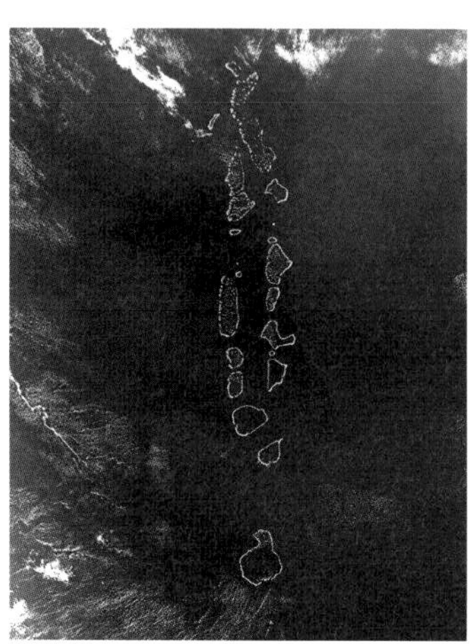
馬爾地夫珊瑚島礁群（NASA 2017）

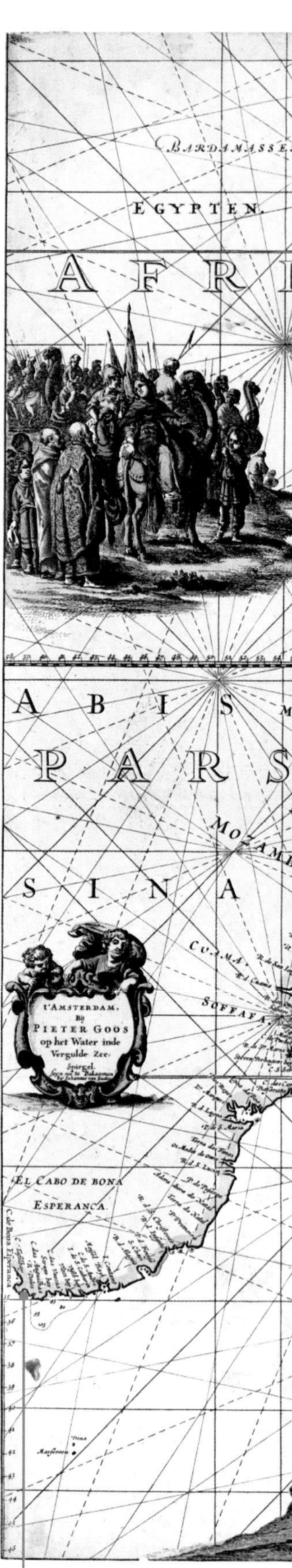

好望角

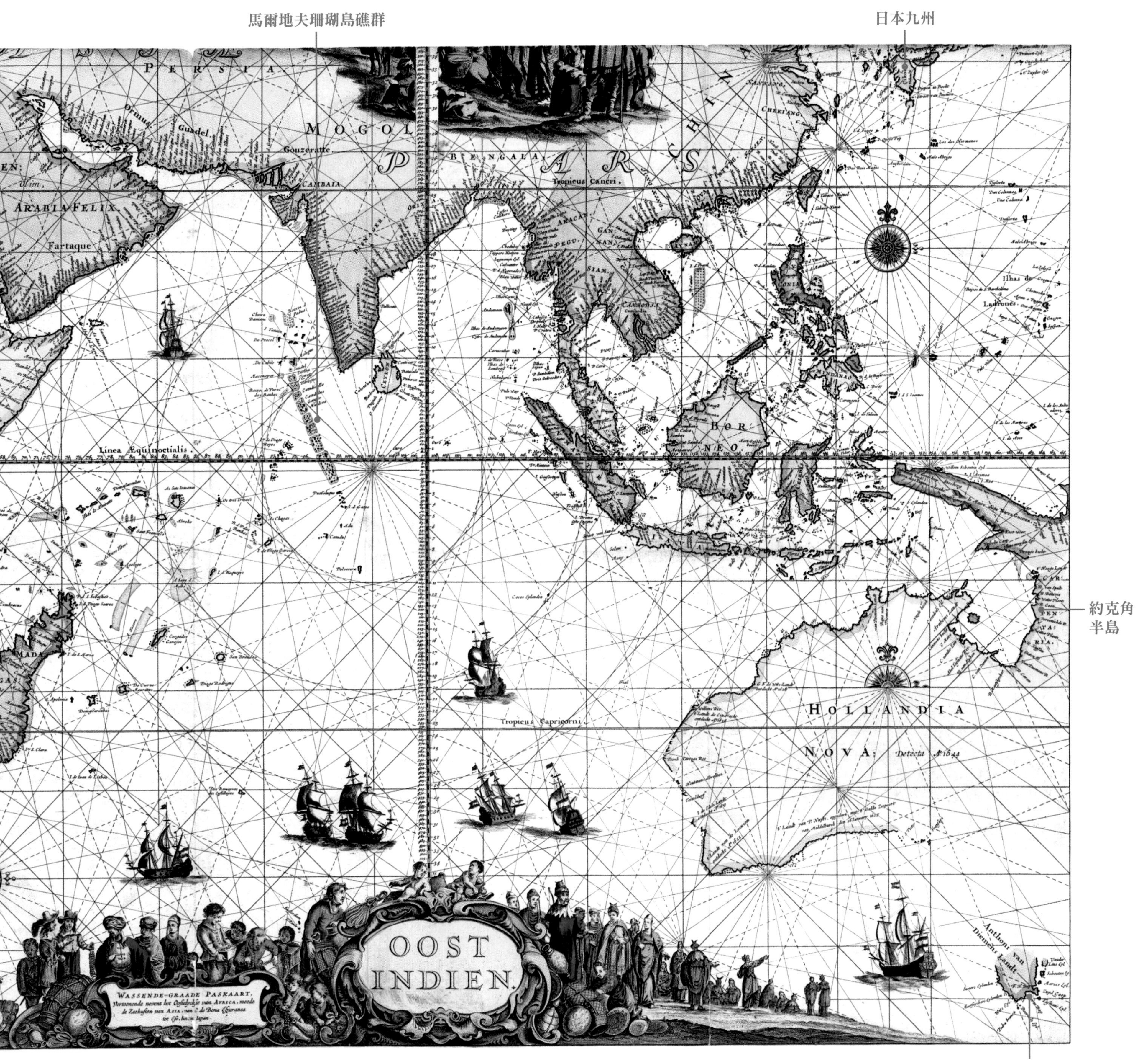

東印度，包括非洲東岸及亞洲海岸，從好望角到日本北方

以豐富的插畫來填補。

荷蘭製圖家約翰．凡．科倫在馬爾地夫東方的海面上赤道附近設定本圖的中心點，該圓心放射出32條等角航線（航行中總是和經線保持某一固定夾角的弧線），外圍的同心圓弧上又繪製了幾個小型羅盤玫瑰，一個在馬達加斯加島的南方海面，另一個則在臺灣與菲律賓的東方海面，這些羅盤也均勻放射出32條等角航線，航海者便依靠這些縱橫交錯的網來進行導航，是波特蘭型海圖（portolan chart）的特徵。

印度洋海面上總共畫了八艘多桅帆船，顯示此區的貿易熱絡，除了一艘由赤道以北的印度半島航向東非之外，其餘七艘掛了荷蘭旗幟的大帆船均航行於赤道南方，由風帆鼓起的方向，可知這些載滿香料、瓷器、絲綢等東方貨物的船隊，正藉著赤道至南緯30度之間的東南信風（trade winds），由印尼或古稱新荷蘭（Hollandia Nova）的澳大利亞揚帆航向南非好望角。

地圖下沿的想像陸地上則描繪穿著東西方不同服裝的商貿人員，正熱絡交易著堆放在圖名框四周的各種貨物。標示緯度的經線（東經107度線）由圖名框往上延伸，穿越標示經度的赤道與南北回歸線，北緯23.5度的北回歸線則往右延伸穿越福爾摩沙島（I. Formosa），島的形狀大致正確，不但繪出臺灣海峽中的澎湖群島，連大員附近的臺江內海也明顯繪出，甚至標示了東海岸的綠島（Tabaco Miguel）和蘭嶼（Tabaco Xima）。

綠島燈塔（Photo by Ying-lung LU CC BY 3.0）

蘭嶼（Photo by Ken Marshall CC BY 2.0）

這兩座臺灣東岸小島的名稱最早出現在地圖上，可能是1652年法國製圖師尼古拉斯．桑森（Sanson Nicolas）根據十七世紀初期日本人以タバコ シマ（Tabako-shima 菸草島）稱呼蘭嶼，而在《中華王國地圖》（*Royaume de la Chine*）上將蘭嶼標記為Tabaco Xima，至於鄰近的綠島名稱，則可能是源自占領菲律賓的西班牙人從呂宋島出發前往日本時，順著黑潮航經臺灣東岸的蘭嶼和綠島，以羅馬天主教天使長米迦勒（Arcángel Miguel）之名，比照蘭嶼的Tabaco，將綠島命名為Tabaco Miguel。

1652年《中華王國地圖》

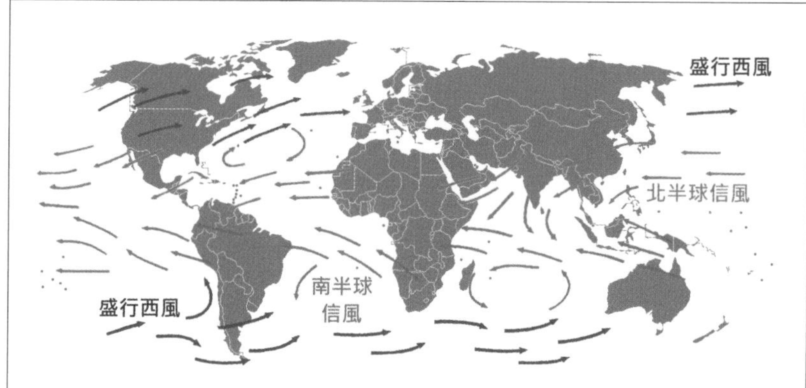

信風與盛行西風(By KVDP)

延伸閱讀 ◀由於赤道地區陽光強烈，產生旺盛的上升氣流，形成低壓帶。氣流到了高空後開始往南北極擴散，到了南北緯30度時便開始沉降，形成亞熱帶高壓。由於氣體會從高壓流向低壓，在高壓帶沉降的氣流便在低空流回赤道區，因此在北半球形成北風，在南半球形成南風，但受到地球逆時針自轉產生地表直線運動慣性偏移的科氏力（Coriolis force）影響，氣流會吹向西邊，造成北半球吹東北風、南半球吹東南風，稱為信風（trade winds），古代海上貿易帆船常順此風航行，因此又被稱為貿易風。

延伸閱讀 ▶1606年，荷蘭航海家威廉．揚松（Willem Janszoon）率先在澳洲北部卡奔塔利亞灣（Gulf of Carpentaria）航行，並在約克角（Cape York）半島西岸登陸，是第一位登陸澳洲的歐洲人，因此澳洲也被稱為新荷蘭（Hollandia Nova）。由於許多荷蘭船隻在西澳大利亞海岸遭遇海難，因此更新探測資料非常重要，科倫的這幅是最早詳細描繪澳大利亞西海岸的地圖，包括1642年荷蘭探險家亞伯．塔斯曼（Abel Tasman）發現澳大利亞下方的塔斯馬尼亞島（Tasmania），當時以荷屬東印度總督Antonio van Diemen之名來命名。

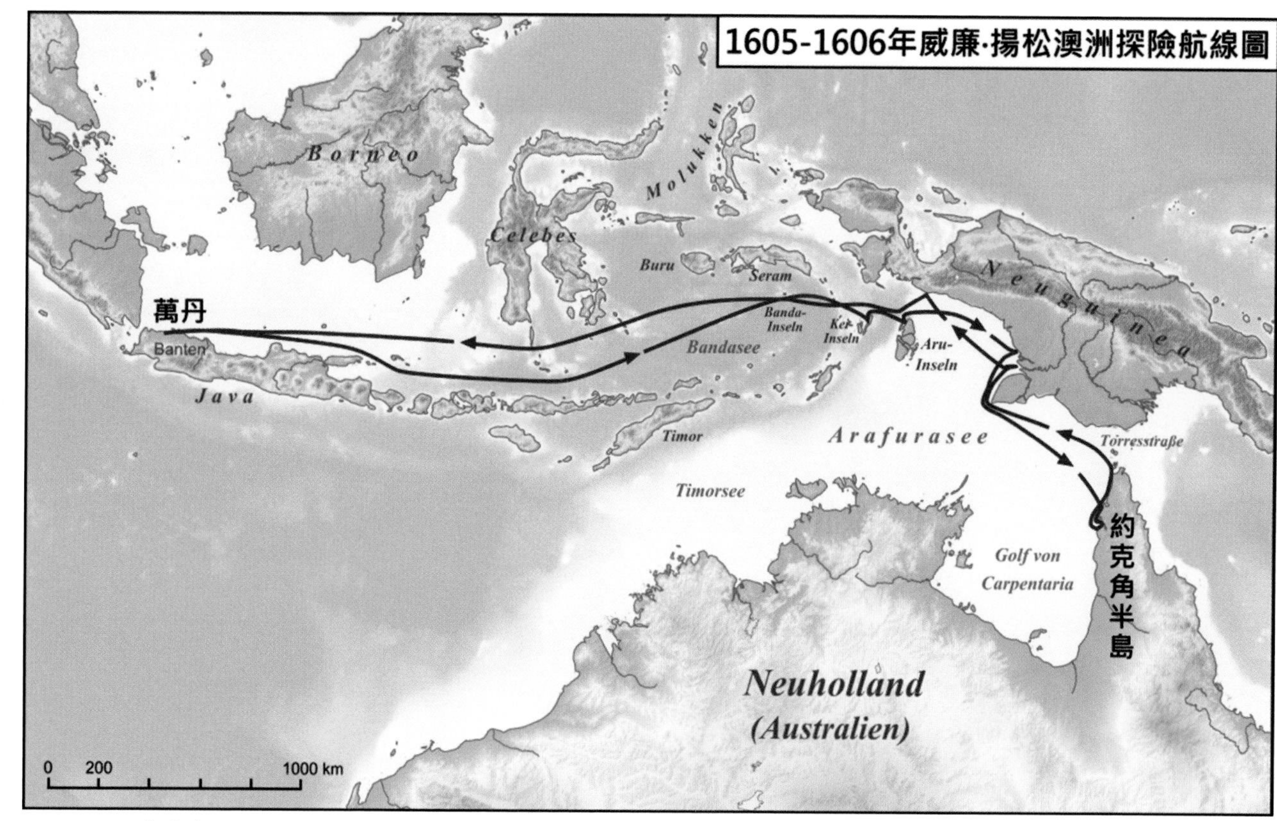

1605～1606年威廉．揚松澳洲探險航線圖(Lencer CC BY-SA 3.0）

延伸閱讀 ▶黑潮又稱為日本暖流，是太平洋洋流的一環，為全球第二大洋流，僅次於墨西哥灣暖流。從菲律賓開始，流經臺灣東部海域，沿著日本往東北流，與親潮（又稱為千島群島洋流，自北極海向南經由白令海流往西北太平洋，在日本東部海域與黑潮會合）相遇後匯入北太平洋洋流。黑潮將熱帶的溫暖海水帶往寒冷的北極海域。由於黑潮內所含的雜質和營養鹽較少，陽光穿透海水表面後，較少被反射回水面，因此顏色比其他海水深，而被稱為黑潮。黑潮的流速很快，就像高速公路般，可提供洄游性魚類一條快速捷徑，故黑潮流域中可捕捉到為數可觀的洄游性魚類，及其他被吸引過來覓食的大型魚類。

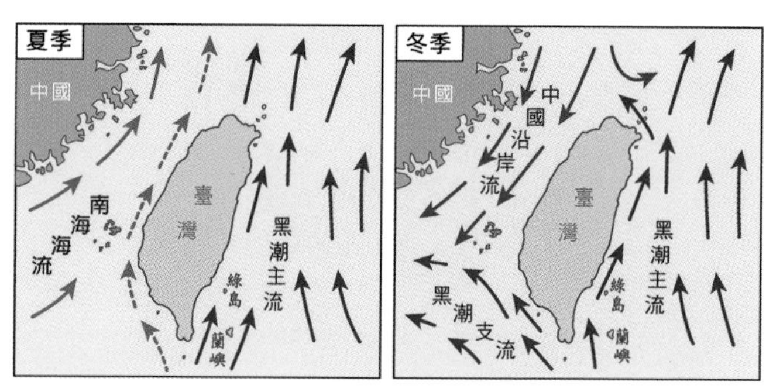

黑潮

中國味十足的臺海地圖

《中國廣東與福建省地圖》（*Quantung, e Fokien Provincie della China*）

文森佐・科羅內利（Vincenzo Coronelli），繪於1691年，出自《威尼托大地圖集》（*Isolario dell'Atlante Veneto*）。

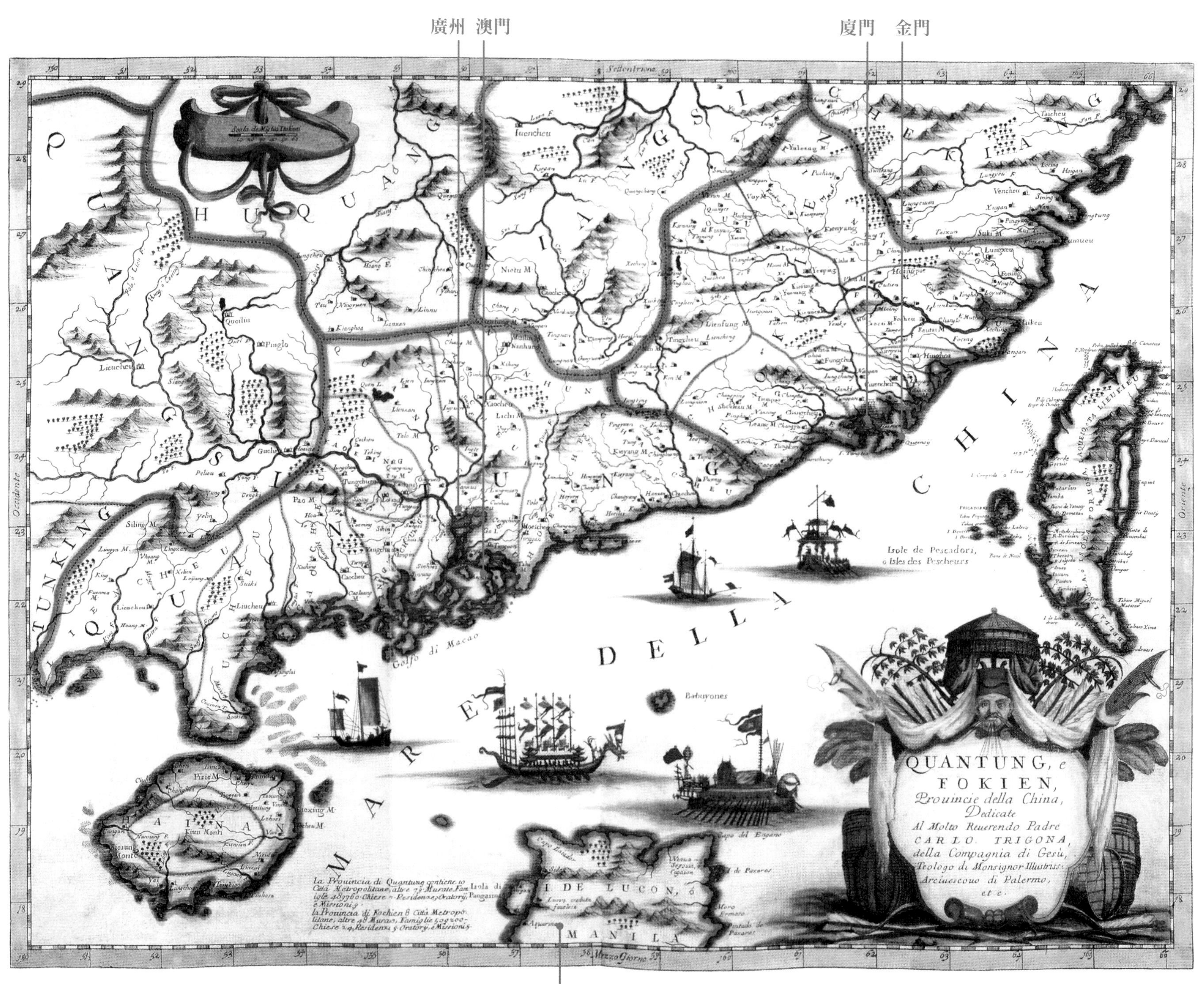

文森佐·科羅內利是一位多才多藝的義大利方濟各會修士，不但攻讀神學取得博士學位，而且在天文學和歐幾里得數學的研究上表現出色，身兼宇宙學家、製圖師、出版商和百科全書作者，尤其以製作地圖集和地球儀聞名。

陳列在法國國家圖書館中的巨型科羅內利地球儀（Photo by Myrabella CC BY-SA 3.0）

1681年，法王路易十四聘請科羅內利前往巴黎，為國王建造天球儀與地球儀，目前展示在巴黎的法國國家圖書館中。科羅內利地球儀直徑384公分，重約2噸，上面特別描繪了法國在北美洲探險的最新信息。

雖然科羅內利除了在巴黎住了2年，其餘時光大多在威尼斯度過，未曾出海遠航，但憑著豐富的學識及參閱各國出版的地圖集與最新的航海資訊，終其一生共繪製了數百幅地圖，本幅《中國廣東與福建省地圖》是其中最具特色的地圖之一。

康熙23年（1684），清朝正式開放長期以來實施的海禁，准許百姓對外貿易，並在粵東廣州府、福建漳州府（廈門港）、浙江寧波府、江蘇雲臺山（連雲港）分別設立海關，作為管理對外貿易和徵收關稅的機構，此後中國的對外貿易急劇膨脹且快速發展，大量的茶葉、絲綢、棉布、瓷器和漆器經由這四個口岸銷往海外。

本圖以當時兩大口岸的廣東珠江口及福建廈門灣為中心，描繪海南島與臺灣之間的中國東南沿海地區，包括葡萄牙租借的澳門，以及為了讓位給圖名裝飾框而往西偏移的呂宋島北部。

南中國海的海面上特別描繪了五艘不同型式的中國船隻，其中兩艘較小的單帆與雙帆戎克船常見於中國近海。另外三艘裝飾較華麗有棚卻無帆的大船，顯然不適於航海。其中龍型船身上數排彩旗飛揚、船首有人搖旗吶喊的應是內河競渡的龍舟，參考自約翰·紐霍夫1665年《荷蘭東印度公司特使團赴大清帝國圖》（參見p. 210）書中所附的中國龍舟版畫；而靠近澎湖及呂宋島的兩艘雙層亭閣船隻則應是皇室或富貴人家的畫舫，雖然不能用來海上貿易，卻能十足展現中國特色，與當時康熙盛世的榮景。

澳門舊景

延伸閱讀 ▼戎克船（Junk）是三帆以下的中小型帆船，可能是由閩南語「艅」或「艚」字轉音而來。明清時，由於臺灣西部平原很多河流東西向入海，不利南北陸路運輸，因此除了臺閩間的海上船運外，臺灣西部沿海港口間船運也很發達，利用的船隻多為戎克船。

左下方的海南島方位、大小、形狀大致正確，畢竟是位於歐洲船隻通過馬六甲海峽前往廣州、澳門的航線上，而且早在漢朝便設立珠崖、儋耳二郡開發管理，不像臺灣在清朝設府之前，始終被視為蠻夷荒島、海盜巢穴。

晉顧愷之《洛神賦圖卷》中的畫舫

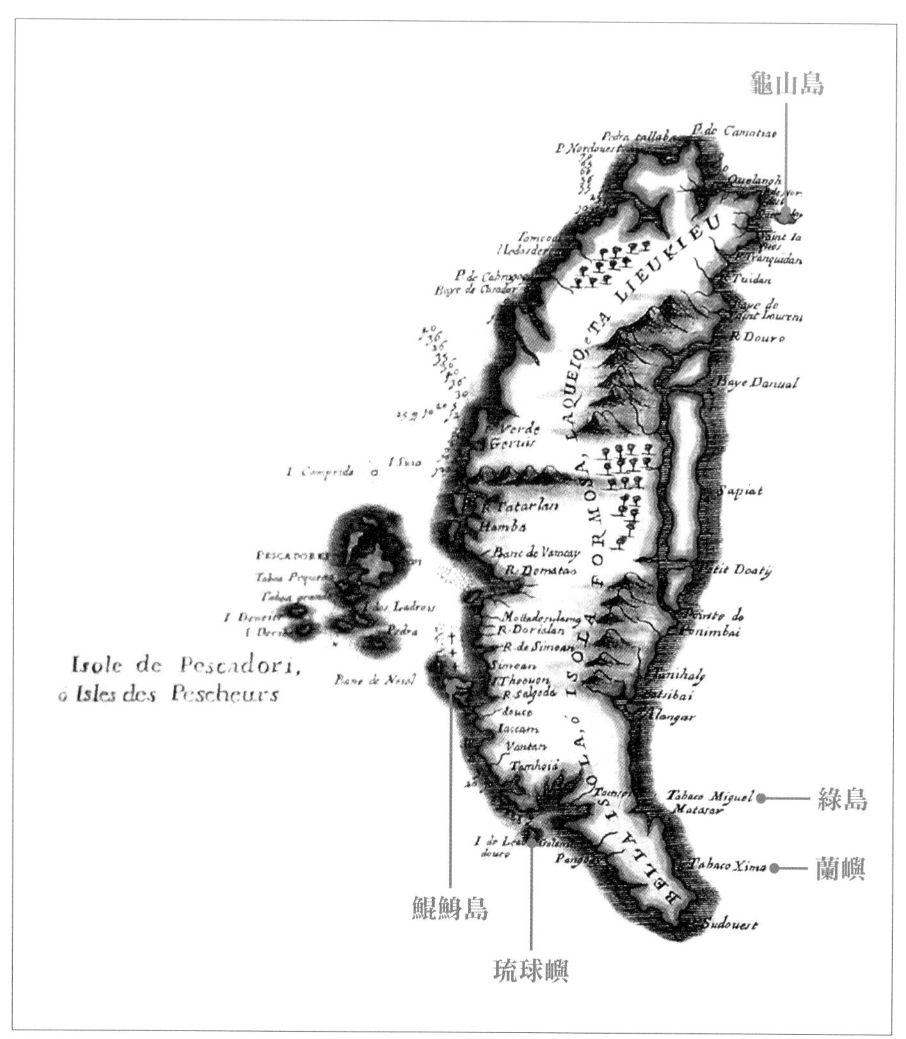

右下方的圖名裝飾框豎立於一堆裝貨木桶前方，地面擺放著弓箭，框的上方也插滿了羽箭，左右還有兩把大關刀。就如同畫舫不適合航海一樣，關刀在海戰中也派不上用場，而弓箭雖可用於近距離海戰，但當時歐洲貿易船艦大多已配備槍炮等火器，此圖描繪刀箭等中國傳統冷兵器，除了裝飾意味，似乎也暗示了東西方軍事武力的落差。

至於華蓋下方、刀箭環護的男子可能是中國皇帝，但若根據他所戴的幞帽、長髯，搭配旁邊的青龍偃月大刀，令人聯想起關羽，或許科羅內利就是根據明朝小說《三國演義》中的關羽像所描繪的。

圖名裝飾框的右上方就是臺灣島，島上畫出了部分中央山脈，山脈右側花東縱谷中的花蓮溪、秀姑巒溪與卑南溪，穿過海岸山脈出海，常讓早期的製圖者將海岸山脈畫成三座近岸島嶼。

中央山脈左側，標註了長長的島名：Bella Isola, ó Isola Formosa, Laqueio, e Ta Lieukieu，將歷來對臺灣的稱呼「美麗之島或福爾摩沙島、琉球及大琉球」，全部列在一起，任君選擇。島上還標註了許多河名和地名，顯然已非未開發的蠻荒之島。除了較詳細畫出澎湖群島外，還描繪了臺南（I.Theonan）近海的鯤鯓島、屏東琉

年畫中的關羽

球嶼、東海岸的蘭嶼（Tabaco Xima）、綠島（Tabaco Miguel），甚至宜蘭的龜山島也明顯畫出。

至於臺灣北部那條深入內地的十字形大河應是描繪今日的淡水河，1697年時郁永河自告奮勇來臺採硫礦，以補充福州火藥庫火災所焚毀的50餘萬斤火藥時，就曾從八里搭船渡過淡水河，前往北投採硫。他所著的《裨海記遊》中還曾提到1694年大地震時，造成臺北盆地陷落，形成方圓150公里深5公尺的「康熙臺北湖」。

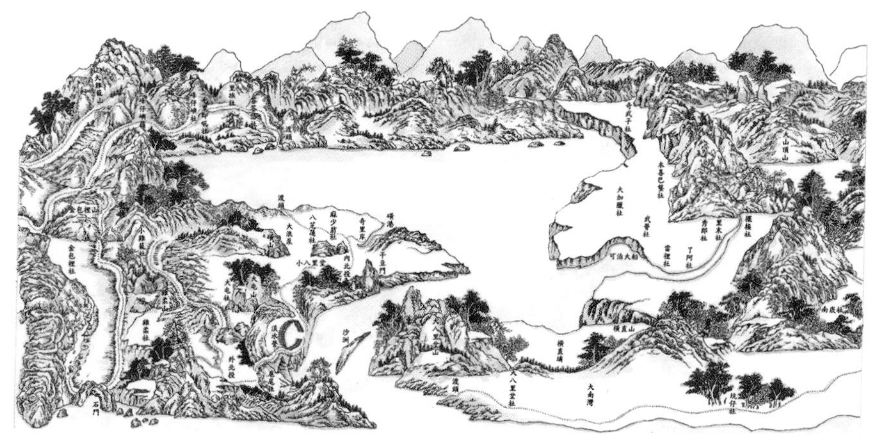

《雍正臺灣輿圖》中曾繪出「康熙臺北湖」。

花東縱谷中的村落、溪流與海岸山脈（Photo by Lord Koxinga CC BY-SA 3.0）

延伸閱讀 ▲花東縱谷由菲律賓海板塊與歐亞板塊擠壓形成，位於中央山脈和海岸山脈之間，南北長約180公里，東西寬2～7公里。縱谷中有花蓮溪、秀姑巒溪和卑南溪三大流域，形成數個沖積平原，不少臺地夾雜其中。

龜山島（Photo by 阿爾特斯 CC BY-SA 3.0）

延伸閱讀 ▲根據文獻記載，清朝同治年間，龜山島屬於福建林家所有，1876年時轉讓給壯圍陳家，但始終無人居住，偶有漁民到島上休息，後來陸續有人向陳家承租土地定居，逐漸發展成村落，以捕魚為生，也種植花生等作物。但因為生活條件不足與海上交通不便，而陸續搬回臺灣本島。

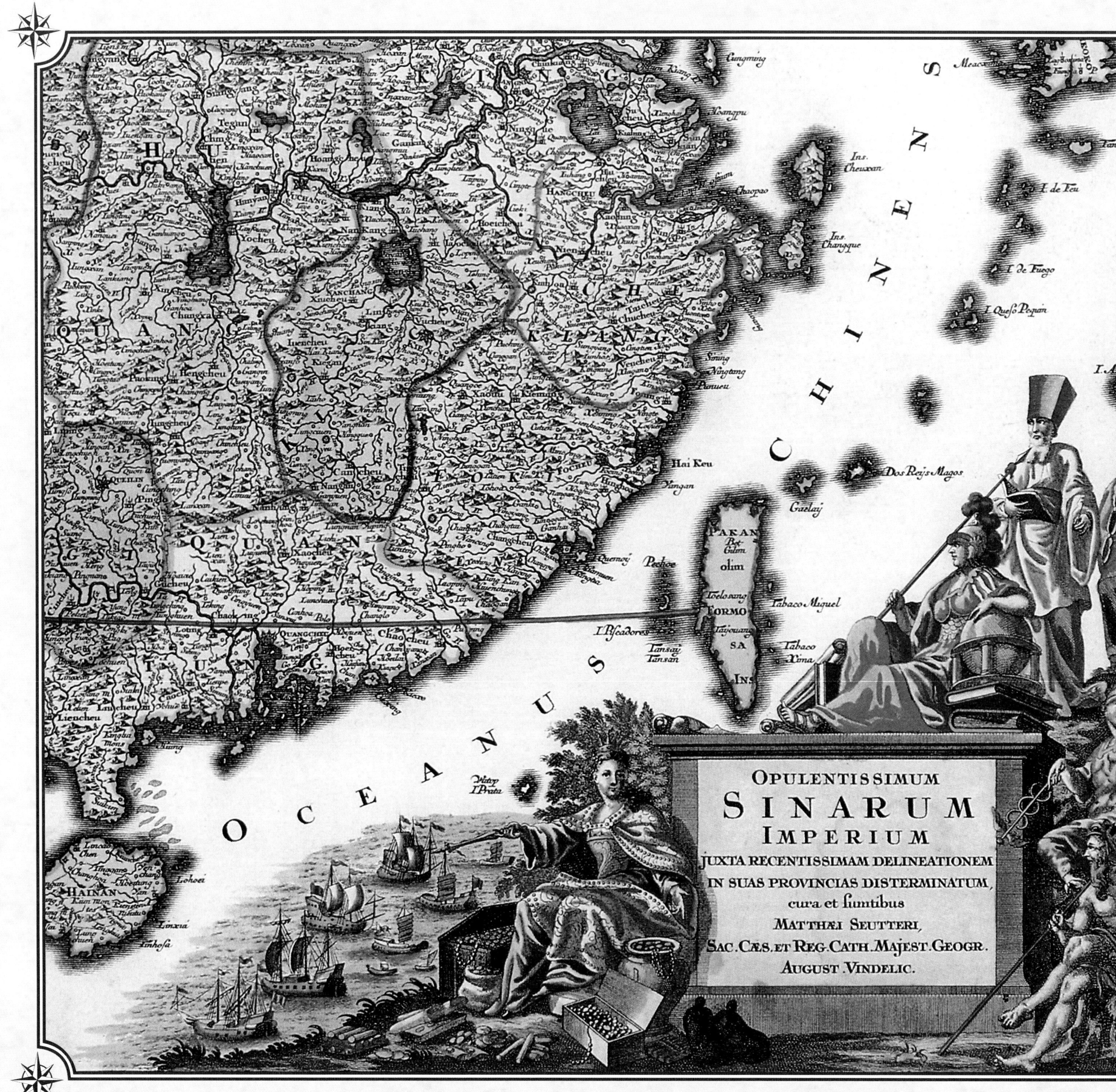
OPULENTISSIMUM
SINARUM
IMPERIUM
JUXTA RECENTISSIMAM DELINEATIONEM
IN SUAS PROVINCIAS DISTERMINATUM,
cura et ſumtibus
MATTHÆI SEUTTERI,
SAC. CÆS. ET REG. CATH. MAJEST. GEOGR.
AUGUST. VINDELIC.
OCEANUS CHINENSIS
Ins. Cheuxan
Ins. Changque
I. de Feu
I. de Fuego
Hai Keu
Dos Reys Magos
Tabaco Miguel
Tabaco Xima
FORMOSA
HAINAN
QUEILIN
HANGCHEU
NANCHANG
FOCHEU
Lienchеu
Chaopao

第 4 章

工業革命與啟蒙運動

十八世紀

歐洲航向亞洲時會不會在臺灣靠岸？

《歐洲前往異國主要航線圖》（*Navigationes Praecipuae Europaeorum Ad Exteras Nationes*）

海因里希．謝勒（Heinrich Scherer），
繪於1703年，出自《新地圖集》（*Atlas Novus*）。

耶穌會士海因里希．謝勒（Heinrich Scherer）曾在德國多瑙河畔的迪林根（Dillingen）大學教授希伯來文和數學，也擔任過義大利曼托瓦（Mantua）公國和德國巴伐利亞皇室王子們的導師等職務。著有超過2200頁的《新地圖集》（*Atlas Novus*），除了文字詳細介紹世界各地之外，還搭配了採用創新卵形投影法的120幅銅版地圖。

右邊的這幅地圖以赤道與160度經線交會的新幾內亞（Noua Guinea）東端為中心，世界地圖的中心由歐洲的地中海或大西洋移到了東亞太平洋。隨著航海大發現，歐洲大帆船載著殖民軍、貿易商和傳教士，一波波航向非洲、美洲，最後聚焦於亞洲，這兒有豐富的物產和眾多的人口。

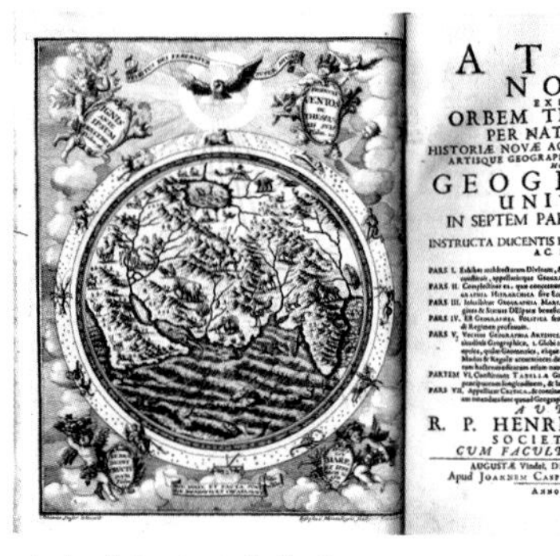

ATLAS
NOVUS
EXHIBENS
ORBEM TERRAQUEUM
PER NATURÆ OPERA,
HISTORIÆ NOVÆ AC VETERIS MONUMENTA,
ARTISQUE GEOGRAPHICÆ LEGES ET PRÆCEPTA.
HOC EST,
GEOGRAPHIA
UNIVERSA
IN SEPTEM PARTES CONTRACTA,
ET
INSTRUCTA DUCENTIS FERE CHARTIS GEOGRAPHICIS,
AC FIGURIS.

AUTHORE
R. P. HENRICO SCHERER,
SOCIETATIS JESU.
CUM FACULTATE SUPERIORUM.

AUGUSTÆ Vindel. DILINGÆ & FRANCOFURTI,
Apud JOANNEM CASPARUM BENCARD, Bibliopolam.
ANNO M. DCCX.

謝勒《新地圖集》書名頁

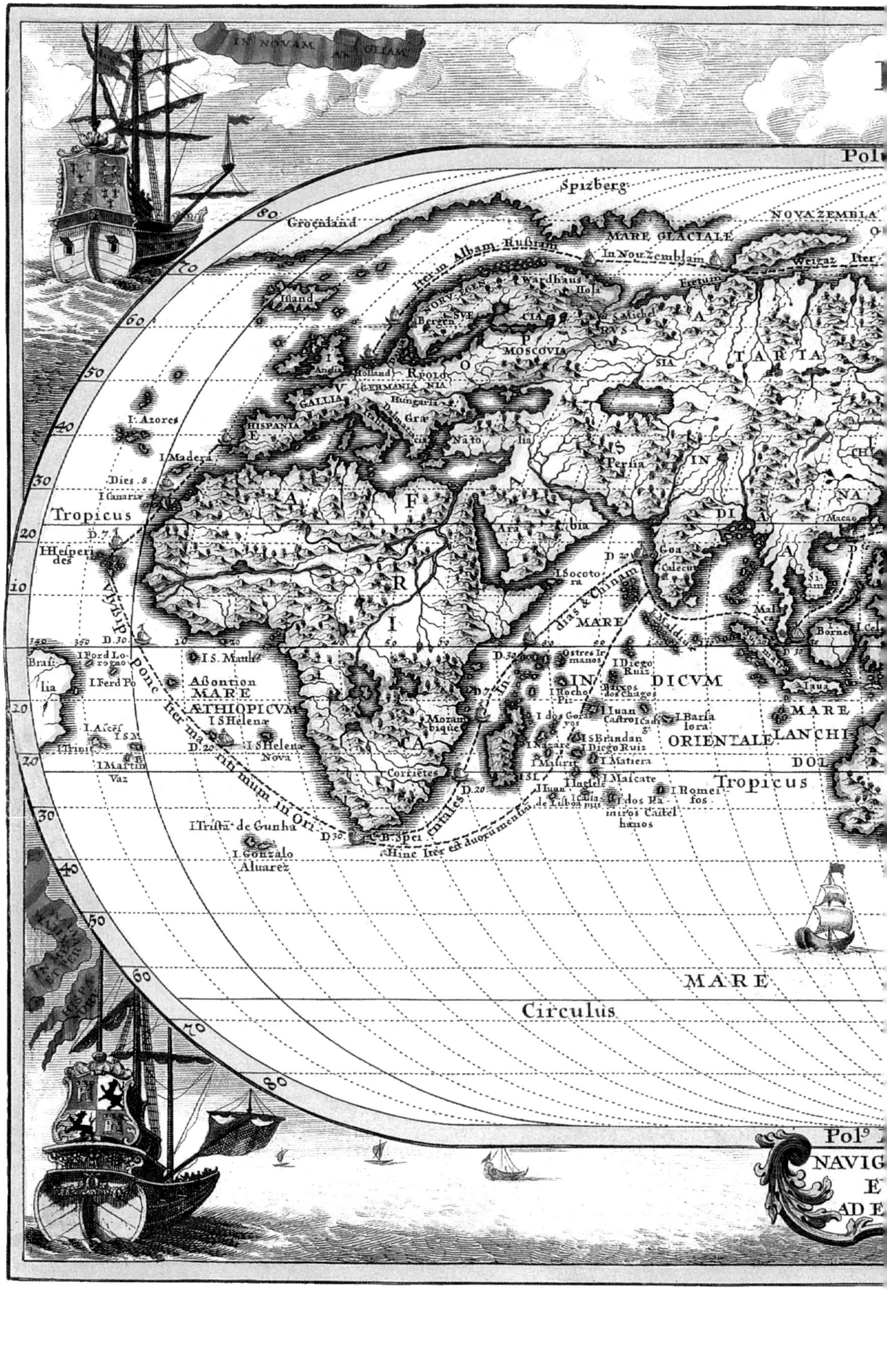

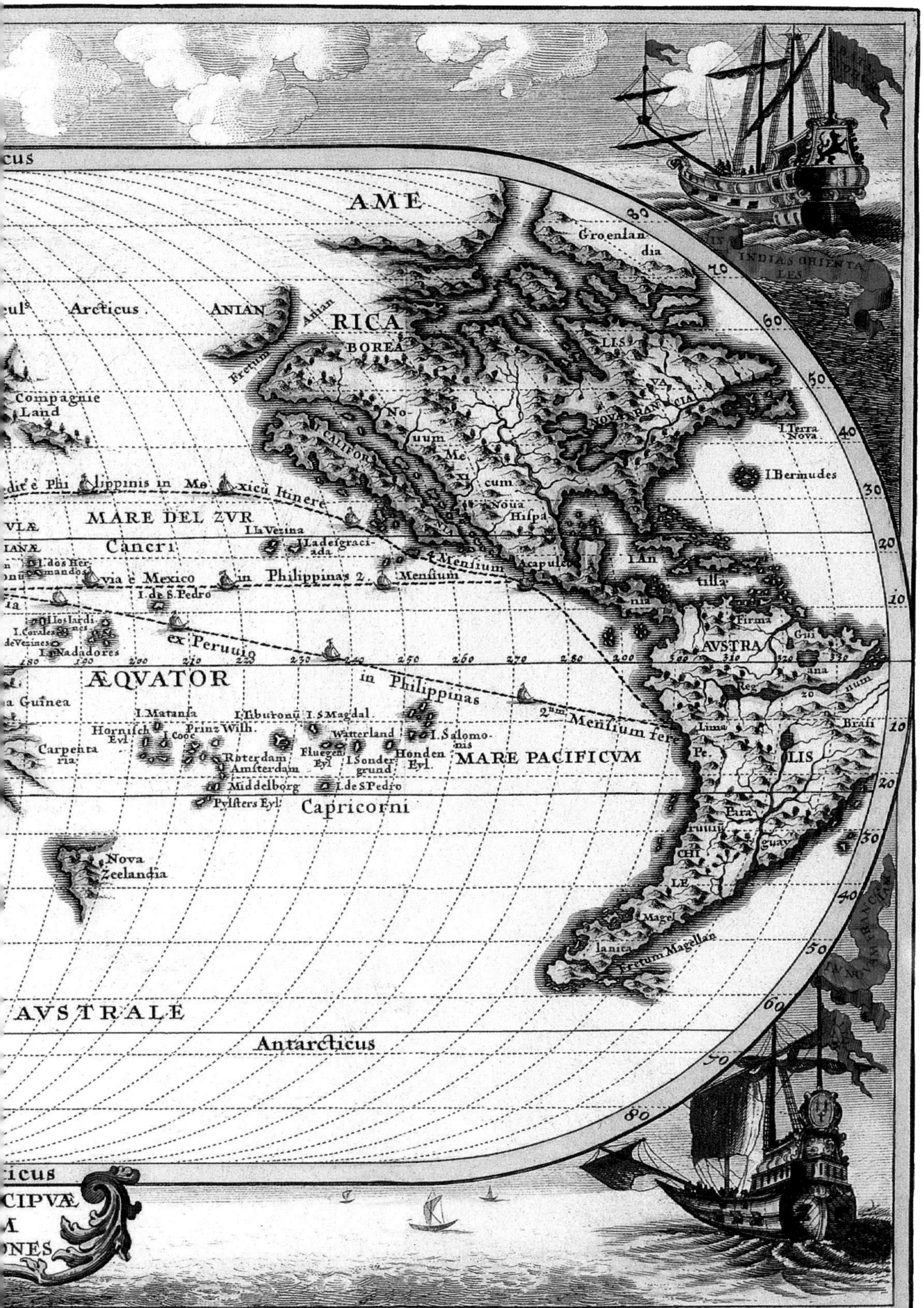

圖中以一艘艘帆船具象地展示了從歐洲前往亞洲、非洲及美洲的主要航線，包括通過東北航道（Northeast Passage，延伸閱讀p. 231）前往日本的航線。事實上，這條免去遠繞非洲好望角或經紅海前往印度洋與太平洋的東北航道，英格蘭、荷蘭、丹麥和挪威等北歐國家都曾進行探測，但因結冰期很長的北冰洋只有一至兩個月的通航期，加上酷寒、補給不易等因素，直到1878年才由瑞典探險家諾登舍爾德（Adolf Erik Nordenskiöld）完成了自西向東的航程。此圖中的東北航線只能視為「夢幻航線」。

地圖的四個角落各繪有一艘裝設徽章的大帆船，飄揚的紅帶上標示著航線。由左上順時針依序是：英格蘭航往新英格蘭（Novam Angliam，延伸閱讀p. 231），荷蘭航往東印度群島，法蘭西航往新法蘭西（Novam Franciam，延伸閱讀p. 231），西班牙航往墨西哥和秘魯。顯示當時四大海上強權環伺著全球舞臺，積極開疆闢土。

即使已邁入十八世紀，謝勒仍然將加利福尼亞描繪成一座島嶼，其北方的亞泥俺海峽（Fretum Anian）也要到1728年丹麥探險家發現白令海峽之後才會正名。而東北角的格陵蘭（Groenland）則被誤認為與挪威北方的斯匹茲卑爾根島（Spizberg）相連，宛如一座「北方大陸」。同樣的誤會也發生在日本北海

1690年斯匹茲卑爾根島附近捕鯨的場景

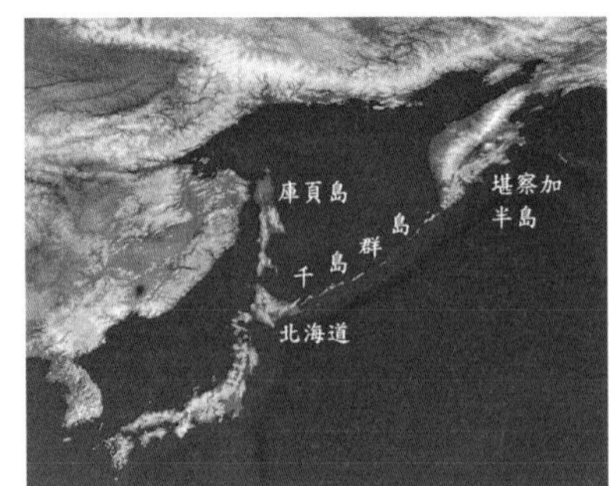

千島群島(NASA)

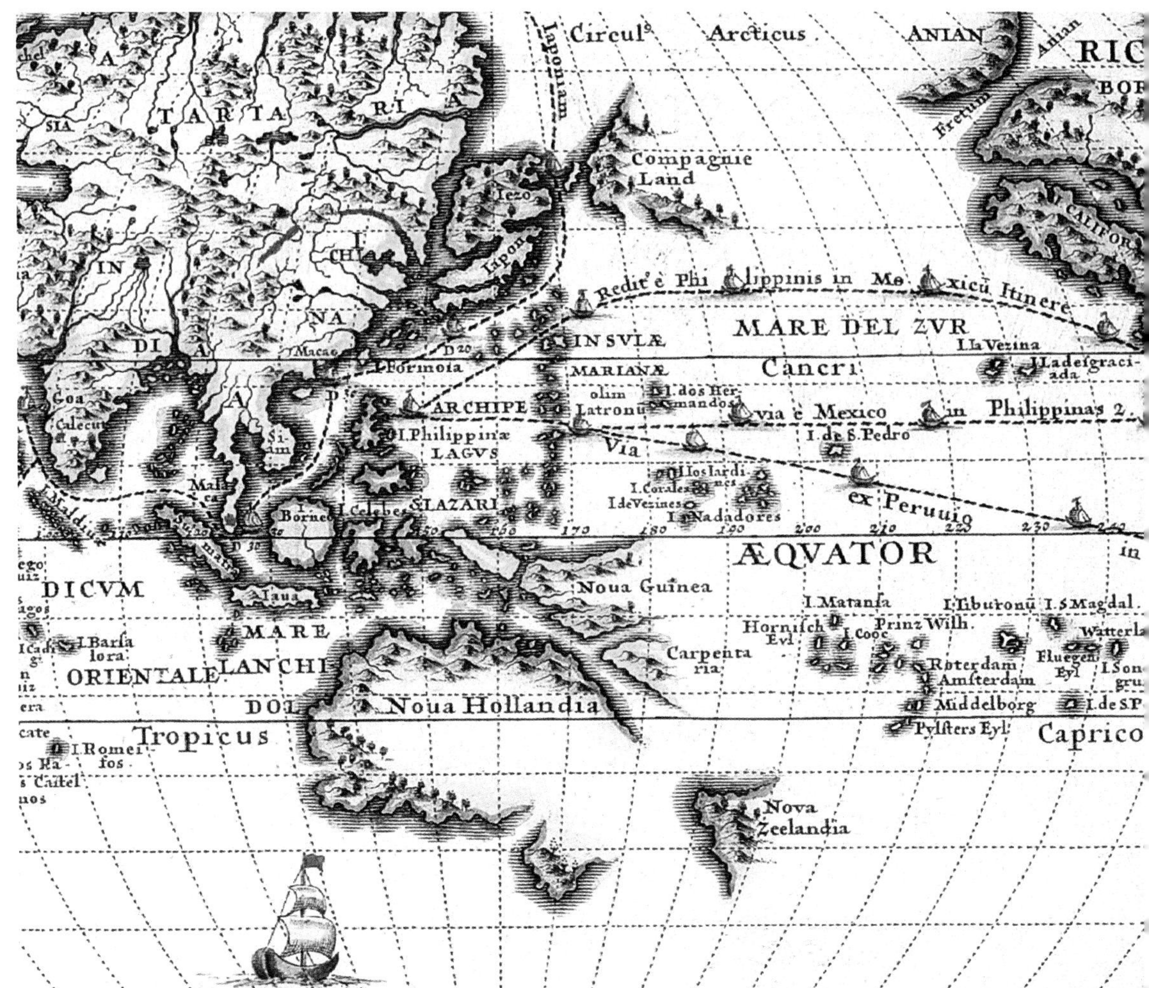

道(Yezo),其東方海面上細長的千島群島卻被誤畫為可能與堪察加半島相連的孔佩尼蘭(Compagnie Land)。

至於南太平洋的新幾內亞與澳大利亞,雖然仍未完整畫出,但已明確兩者並未相連,而且還另外畫出了1642年發現的紐西蘭(Nova Zeelandia)一角。寬闊的澳大利亞海(Mare Avstrale)上則畫了一艘帆船,顯示「未知的南方大陸」並不存在。

而南北回歸線間的太平洋眾多島嶼,自從1521年麥哲倫完成環球航行之後,西班牙等國船隊已在此海域往返多次,因此標示大致正確。另一條繞過好望角橫渡印度洋穿越麻六甲海峽,航向澳門及日本的傳統海上絲路,航經橫跨在北回歸線上的臺灣,雖然島形簡略,但已經像各航線上的其他重要島嶼一樣,標註了地名I. Formosa,代表必要時可前往停靠補給或貿易。

康熙42年(1703),清廷終於同意出洋商船可以使用雙桅(單桅船只適合近海,較難遠航),於是漳泉商人赴東南洋貿易者逐年增加,為了防範臺灣糧米被私販至菲律賓等東南洋地區,清廷特召閩浙總督入京會議。

然而就在本圖出版發行三年後的1706年,臺灣府發生嚴重旱災,康熙皇帝蠲免了臺灣、鳳山、諸羅三縣的糧米稅捐。同時也對眾臣表示:「今天下太平日久,曾經戰陣大臣已少,知海上用兵之法者益稀,日後臺灣不無可慮。」似乎預知了臺灣日後的動亂。

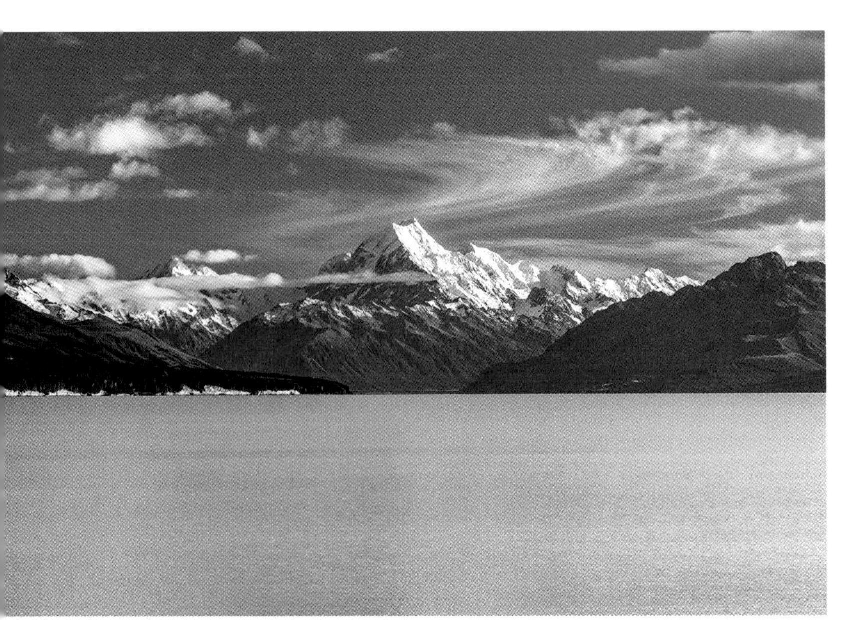
紐西蘭的庫克山(Photo by mhx from London CC BY-SA 2.0)

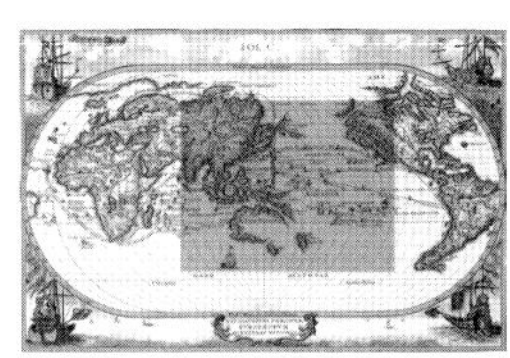

康熙帝

新英格蘭地區的最大城市波士頓（Photo by King of Hearts CC BY-SA 4.0）

延伸閱讀 ▲十七世紀初，英格蘭的清教徒為了逃避歐洲的宗教迫害，乘船橫渡大西洋，來到今日美國大陸東北角，毗鄰加拿大的區域，將其命名為新英格蘭，當時這片土地上已經有北美的原住民居住。

延伸閱讀 ▶東北航道是指沿俄羅斯海岸線往返太平洋與北冰洋之間的航線。十七世紀時，俄國人便開闢了一條往來阿爾漢格爾斯克（Arkhangelsk）和葉尼塞河（Yenisei River）河口的芒加塞亞航線（Mangazeya seaway）。同一時間，英格蘭、荷蘭、丹麥和挪威等北歐國家也對航線的西段進行探測，以尋找前往日本和中國的另一條航線。俄國為了阻絕英荷等國的滲透，1619年宣布封閉芒加塞亞航線。

利用東北航道（紅線～13,000km）和蘇伊士運河（綠線～21,000km）往返漢堡和東京的比較（RosarioVanTulpe based on NASA Worldwind-globe. From Wikimedia Commons）

1609年法蘭西殖民軍與北美洲易洛魁人之間的戰鬥

延伸閱讀 ◀新法蘭西是法國位於北美洲的殖民地。北起哈德遜灣，南至墨西哥灣，包含聖羅倫斯河及密西西比河流域。1524年，法國聘用的義大利航海家韋拉扎諾（Giovanni da Verrazzano）探索了北美洲東岸並將新土地命名為Francesca，以紀念法國國王法蘭西斯一世。

佛陀掌中的萬國怎能沒有臺灣？

《南瞻部洲萬國掌菓之圖》

京都僧侶鳳潭，繪於1710年，出自英屬哥倫比亞大學圖書館（University of British Columbia Library）。

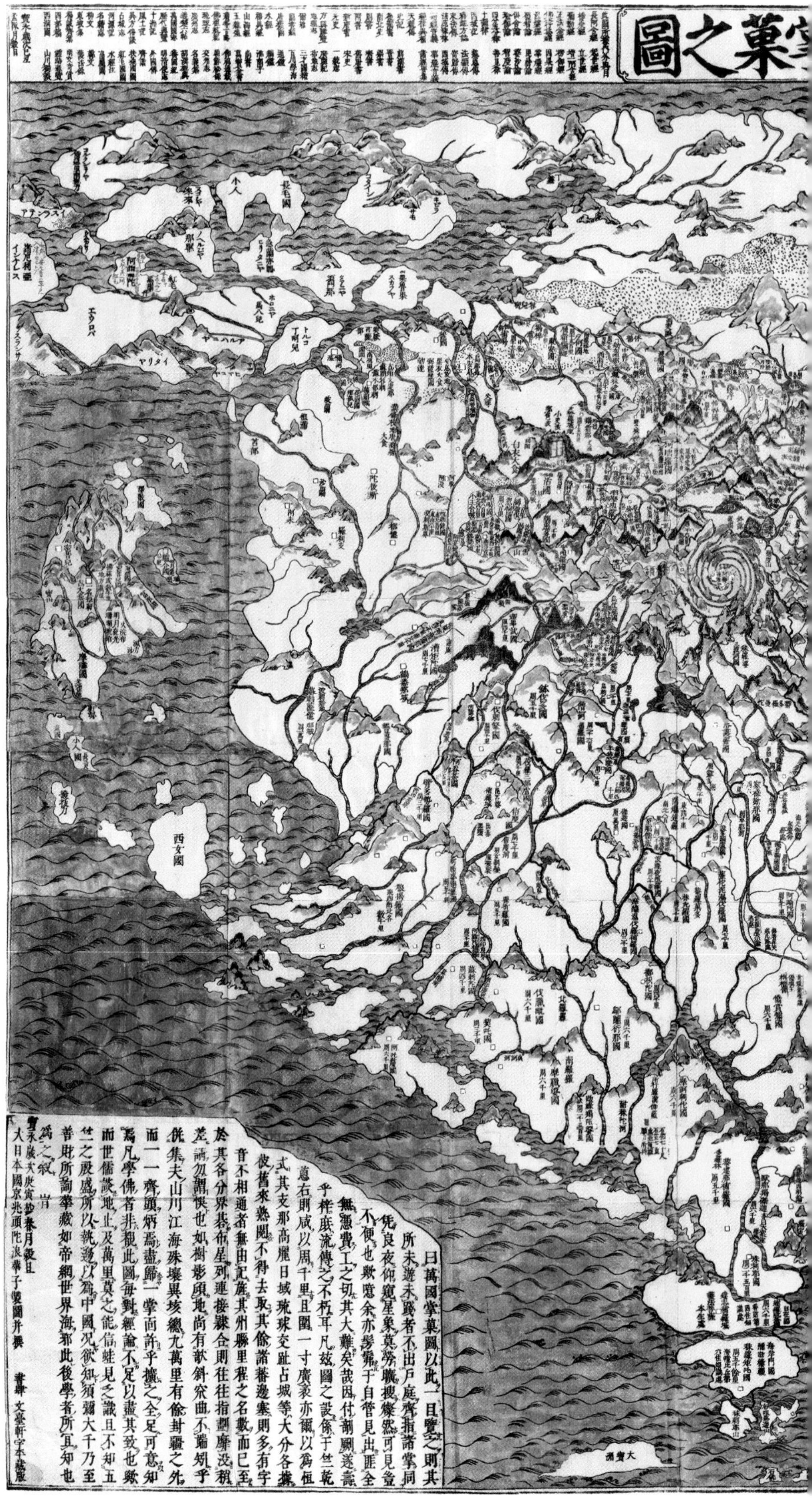

在佛教傳說中，南贍（或贍）部洲（Jambudvipah）為人類的起源地，原是指古代印度南方婆羅多（Bharata）等七國，慢慢演變成指稱整個印度，最後用來指稱人類所生存的世界，與東勝神洲、西牛賀洲、北俱盧洲合稱為佛教的四大部洲。

南瞻部洲又譯南閻浮提洲，位於須彌山南方。此地因為盛產大型喬木閻浮樹（jambu瞻部，延伸閱讀p. 235）而得名，傳說它生長在世界中心，根部產黃金。《阿含經》記載：「南面有洲，名閻浮提，其地縱廣七千由旬，北闊南狹。」

本地圖如《阿含經》所載，南瞻部洲「北闊南狹」，略呈倒三角形，其實與今日的印度次大陸類似，而南瞻部洲就是以天竺（古印度）為中心，其正中央旋渦狀的阿耨達池（Anavatapta，延伸閱讀

四大部洲（1921覲月比丘興慈）

p.235）向四方噴吐出四大水系，流遍南瞻部洲。

地圖左上角的「諳厄利亞」出自利瑪竇《坤輿萬國全圖》中對「英格蘭」的譯名。地圖右上角則是以路橋與東北亞相連的一大塊陸地，雖未標註地名，但參照當時的其他地圖，應該是描繪北美洲，其下方的彩繪群島就是本圖繪製者的故鄉日本，不難想像繪製者會把自己的祖國畫得又大又美，幾乎占據了一大半的北太平洋。

至於日本群島東方的扶桑，雖然有不少學者認為也是指日本，但法國漢學家德金（Joseph de Guignes）根據《梁書》記載的扶桑國貴族「對盧」與中美洲墨西哥瑪雅人的首領Dui-Lu發音相近，而且扶桑國重犯的子女男孩8歲為奴、女孩9歲為奴，也與瑪雅人的制度相同等等相關證據，因此推論扶桑即墨西哥，中國學者章太炎也贊同此論。

沿著扶桑國（墨西哥）南下，有位置大幅偏移的大漢國（俄羅斯千島群島以東五千餘里）及狗奴國（日本關西或北九州），而本應與中美洲墨西哥相連的南美洲，卻往西漂離，變成一座大島，上面標註了當時中國人對南美諸國的稱呼：金加西臘（哥倫比亞）、伯西兒（巴西）、孛露（秘魯）和傳聞中的長人國（巴塔哥尼亞Patagonia）。

視線拉回彩繪的日本群島。本地圖中同樣獲得彩繪待遇的只有中國，畢竟中日兩國自唐朝以來便關係密切，日本文化深受中國影響，圖中文字除了部分標註日文之外，絕大多數均為中文，甚至在中國重要地名旁標註相關的中國歷史典故，可見日本繪製者對於中

九世紀參與慶典的瑪雅貴族

國文化的嚮往。至於鄰國朝鮮雖然近在咫尺，卻未獲繪製者青睞，只以單色標繪。

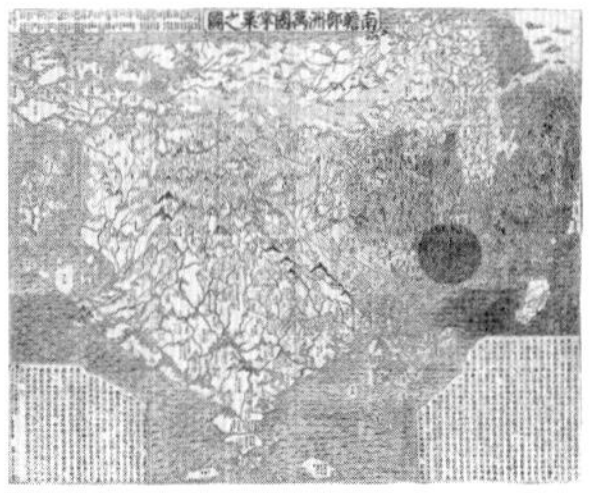

彩繪日本群島的最南端是藍紫色的大嶋（奄美大島）與黃色的高嶋（高島），再往南的琉球群島當時尚未歸屬日本，因此未加彩繪。就方位來看，原本應該在台州府外海的琉球，被南移到福州府的外海，把該處的臺灣島擠到了福州的近海。就面積來看，大小僅約臺灣十分之一的琉球不僅占據了臺灣的位置，也

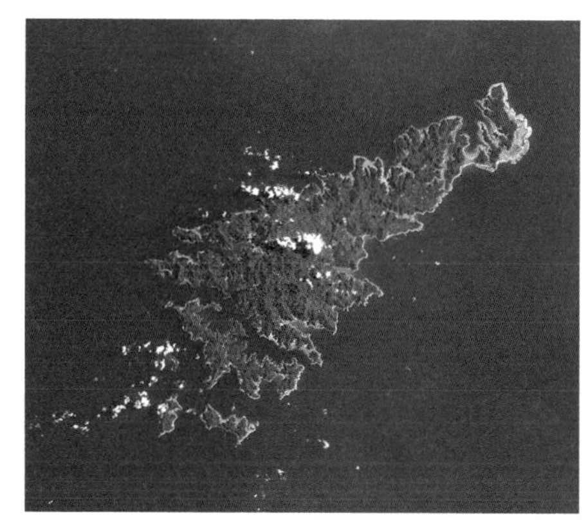

奄美大島（Image Science and Analysis Laboratory, NASA-Johnson Space Center）

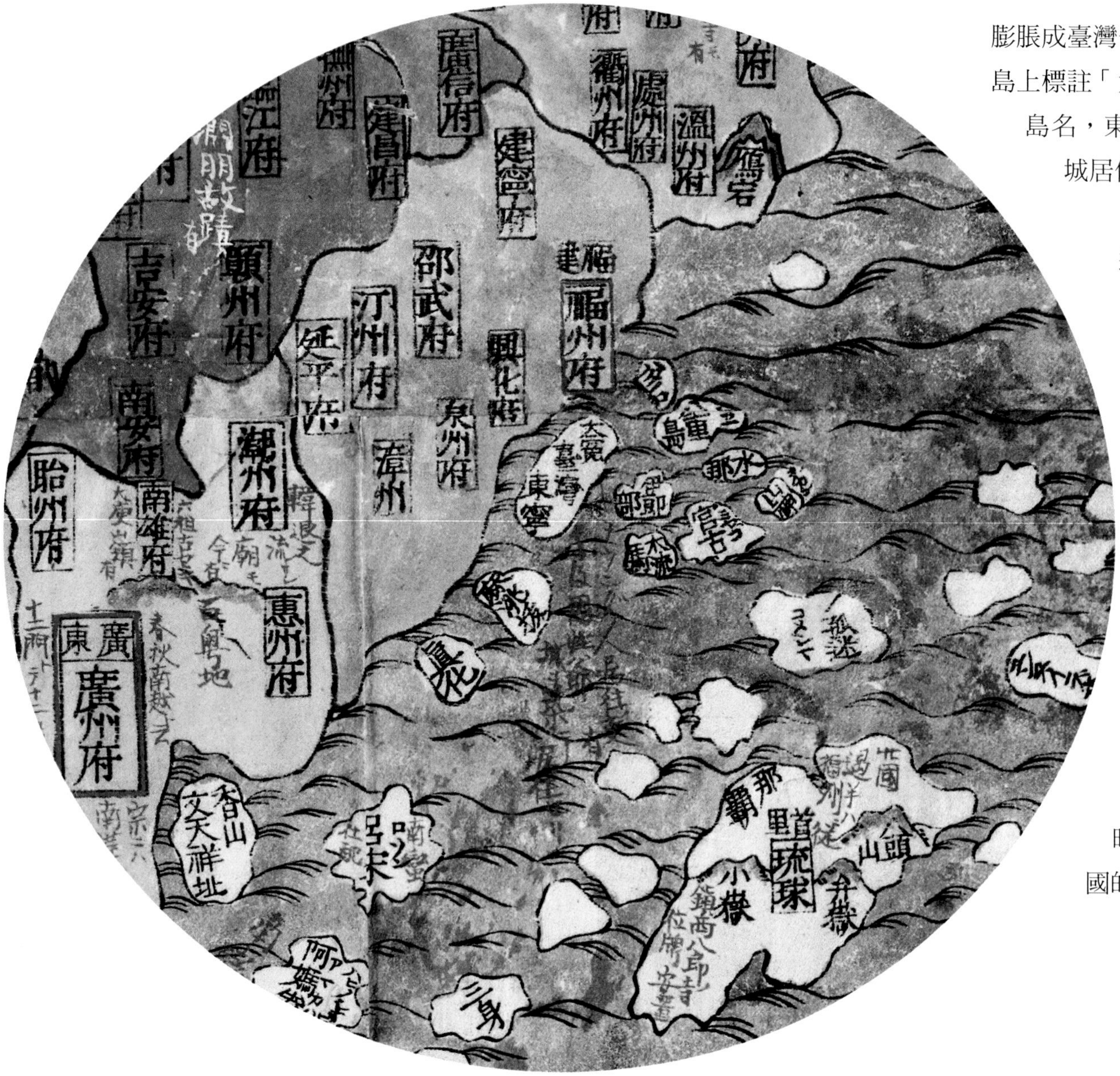

膨脹成臺灣一樣的大小，而臺灣則遭大幅縮小，僅在島上標註「大冤、臺灣、東寧」三個明末清初時期的島名，東南方海面則以紅字標示「國姓爺在此築城居住」。

繪製本地圖時，臺灣已納入清朝版圖近三十年，日本繪製者卻還懷念具有日本血統的鄭成功東寧王國。而就在當年，海盜鄭盡心占據北臺灣淡水，打著鄭氏遺族旗號，驚動清廷，命江浙閩廣四省水師追捕鄭盡心，1711年5月緝捕到案，發配至黑龍江。

相較於十七世紀後期的臺灣相關地圖，《南瞻部洲萬國掌菓之圖》顯然與大多數東方傳統地圖一樣，未能跟上西方世界地圖發展的腳步，只重視、堅持甚至誇大自己習以為常的地圖傳統。即使從十六世紀末開始，西方傳教士便陸續傳入許多與時俱進的世界地圖，依然無法撼動東方帝國的「天下觀」。

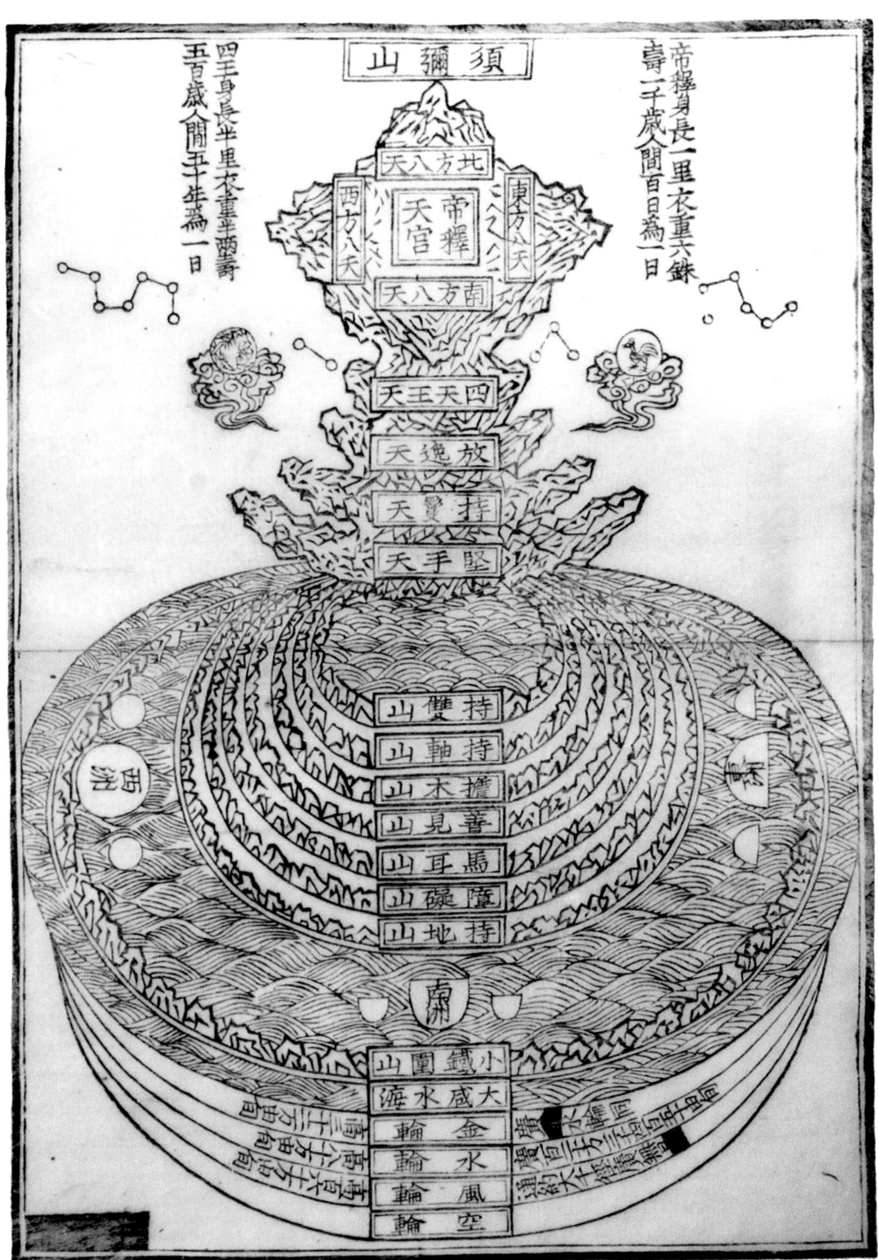

《楞嚴經疏解蒙鈔》中的須彌山

◀須彌山是佛教、耆那教、印度教宇宙論中最高的神山，高八萬四千逾繕那（古印度的長度單位，1逾繕那約等於16公里），是世界的中心，圍繞著須彌山有天、空、地三界。有人認為須彌山可能是指喜馬拉雅山或岡仁波齊山。

▼閻浮樹（學名：*Syzygium cumini*）為桃金孃科蒲桃屬，分布於南亞及東南亞，生長緩慢，樹高可達三十公尺，樹齡可超過100歲。相傳釋迦牟尼出家前在閻浮樹下沉思後，決定出家學道，因此成為佛教聖樹之一。

閻浮樹（Photo by mauroguanandi CC BY 2.0）

▶《大唐西域記》中說，阿耨達池在贍部洲的中心，周八百里，金沙彌漫，清波皎鏡。據《大毘婆沙論》與《俱舍論》所載，阿耨達池為閻浮提四大河的發源地，分別由四頭神獸口吐一河。文獻記載喜馬拉雅山佛母嶺，有一湖名瑪那薩羅華（Manasa Sarovar），即阿耨達池，也有人考證阿耨達池為西藏的瑪旁雍錯（Mapam Yumtso，即古梵文的瑪那薩羅華）。

古稱阿耨達池的瑪旁雍錯與遠方的岡仁波齊山（Photo by Jean-Marie Hullot CC BY-SA 4.0）

臺灣的奇風異俗可曾吸引探險家的目光？

《南海珍奇地圖》
（*Carte tres curieuse de la mer du sud*）

亨利．亞伯拉罕．夏特蘭（Henri Abraham Chatelain），繪於1719年，出自澳洲國立圖書館（National Library of Australia）。

本地圖由四幅拼成，顯示太平洋與大西洋的各種探險與貿易航線，是地圖學與繪畫藝術結合的最顯著範例。繪圖者夏特蘭原為巴黎胡格諾（Huguenot，延伸閱讀p. 238）教派牧師，為了逃避舊教政府的迫害，曾旅居倫敦、海牙，最後定居阿姆斯特丹。

一如荷蘭古地圖繪製的傳統，這幅地圖上有豐富的裝飾插畫，詳細描繪地理大發現時期的新世界樣貌，從殖民經濟基礎的水獺皮毛和鱈魚等物產，到著名景觀如尼加拉瀑布（Niagara Falls）、好望角、直布羅陀海峽及眾多的港口和城鎮，超過35個場景與地區。雖然將加州描繪成一個島嶼，但旁邊註記某些歐洲人認為它與大陸相連，是第一幅註明加州與大陸相連的世界地圖。

地圖上方的中央有九面獎章，描繪重要的探險家包括哥倫布（Christopher Columbus）、亞美利哥（Amerigo Vespucci）、麥哲倫（Ferdinand Magellan）、斯豪滕（Guillaume Schouten）、奧利維爾（Olivire du Nord d'Utrecht）、埃爾米特（Lacoues Hermite）、德瑞克（Francis Drake）、丹皮爾（William Dampier）、卡維列爾（René Robert Cavelier），他們的探險航程都標明在地圖上。雖然也畫出1497年葡萄牙探險家達伽馬發現的好望角新航線，卻未將他列名其中，可能是因為本圖著重於美洲新大陸的發現與探險。

地圖左側的中國大地上，除了北京與澳門，未標註任何地名。近海的臺灣位於北回歸線上，雖然也僅標註島名福爾摩沙──美麗之島（I.Formosa, ou Belle Isle），但周圍的主要離島卻都標示出來，包括澎湖（Pescadores）、大員島（Tayaon即清代的鹿耳門島）、綠島

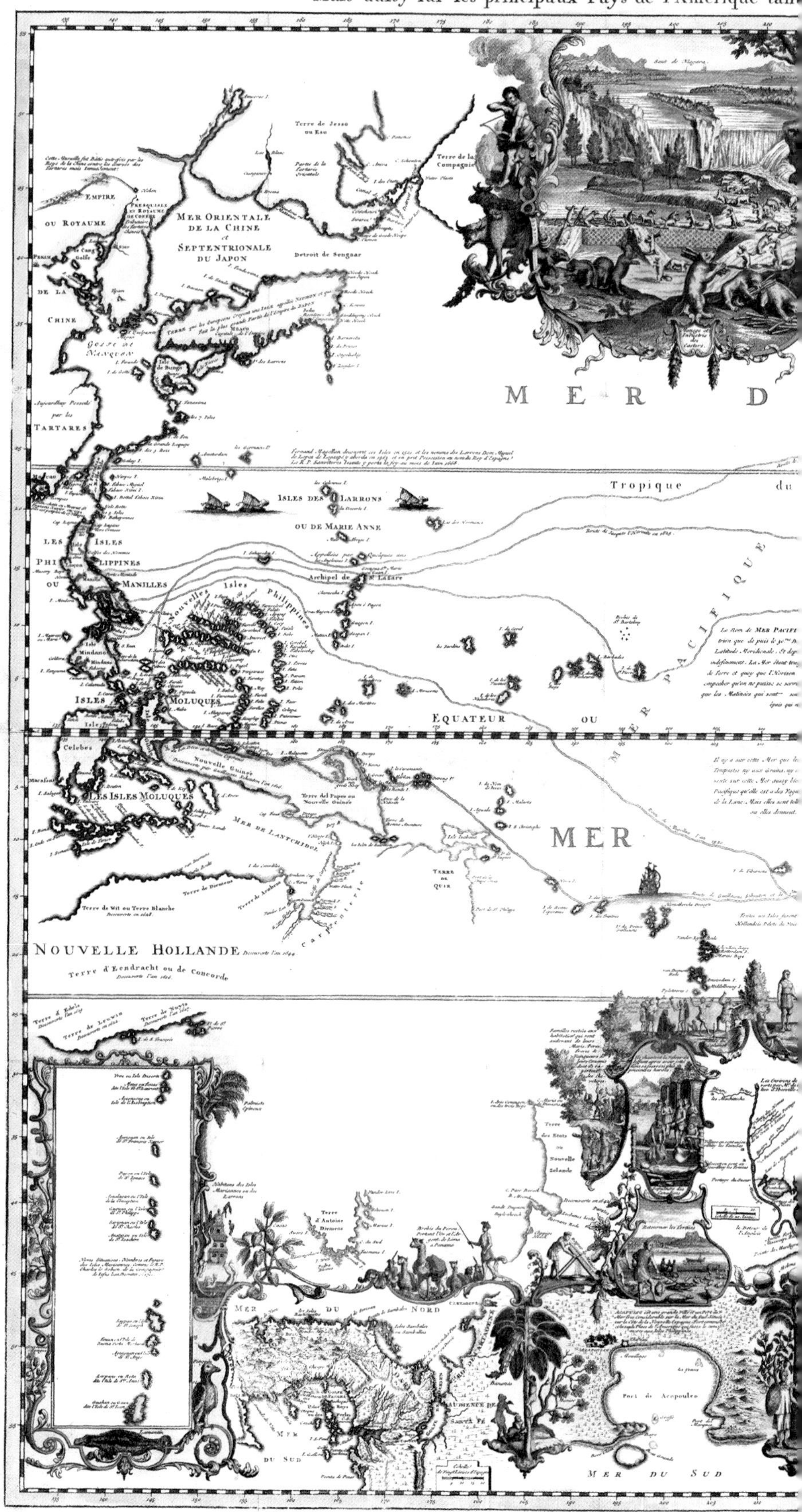

REMARQUES NOUVELLES ET TRES UTILES NON SEULEMENT SUR LES PORTS ET ILES DE CETTE MER,
eridionale, Avec les Noms & la Route des Voyageurs par qui la decouverte en a été faite. Le tout pour *l'intelligence Des Dissertations suivantes*

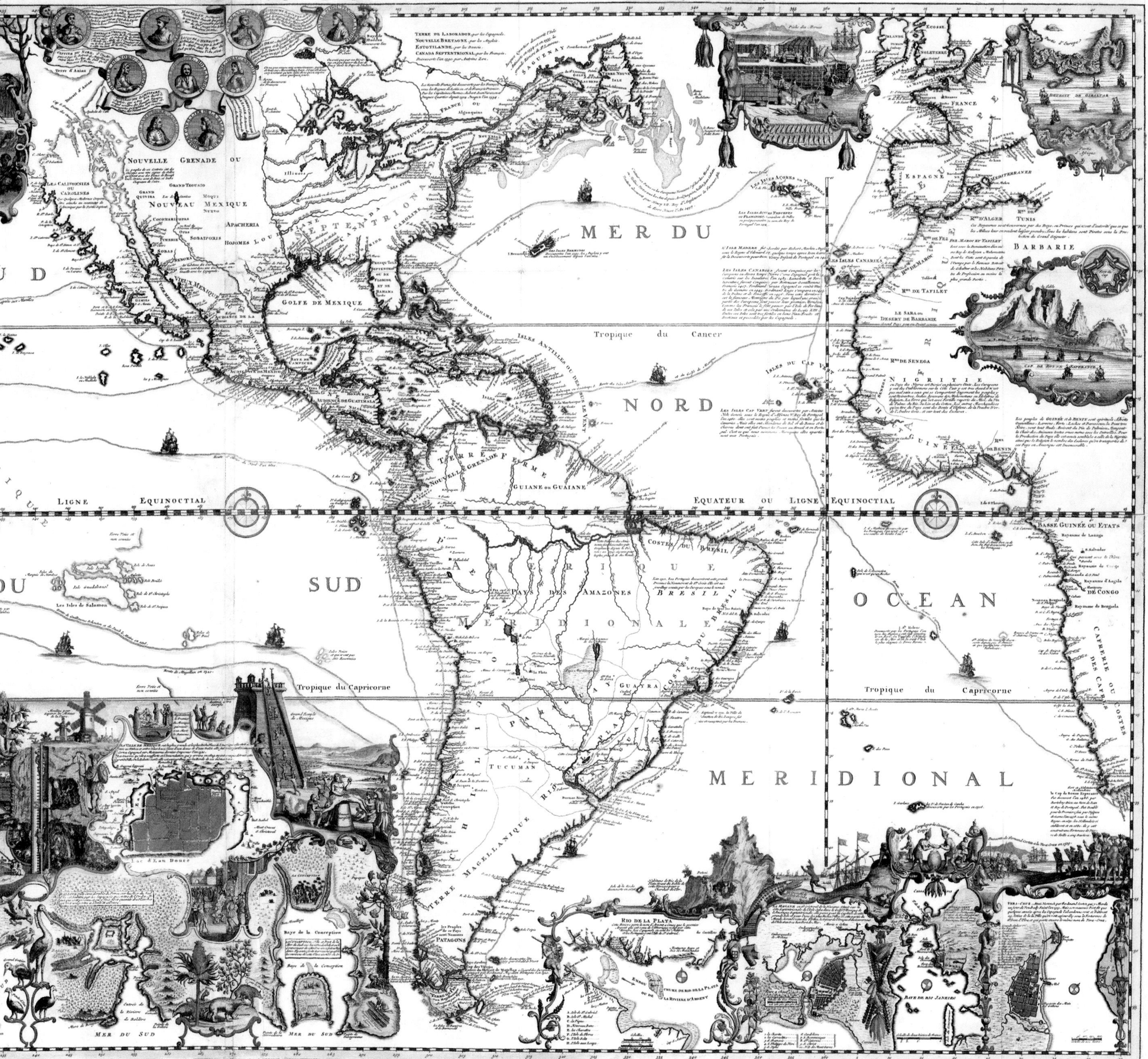

(Tabaco Miguel)、蘭嶼(Tabaco Xima)等。臺灣不但擺脫了長期名不符實的「小琉球」島名,島的大小也明顯比右上方的「大琉球」(Grande Lequejo)大許多。右方海面上畫有三艘戎克船,及歐洲人繞經麥哲倫海峽來到菲律賓與香料群島的四條航路。

康熙53年(1714),派遣耶穌會士雷孝思(Jean-Baptist Regis)、馮秉正(Jos. de Mailla)與德瑪諾(Romain Hinderer)來澎湖與臺灣測繪地圖,並丈量里數,共停留32日。可惜只測繪了西半部,未能穿越中央山脈,或航繞至臺灣東岸,完成全島測繪。原因包括:後山地形險惡、生番兇悍,官府統治勢力未及於此等等。

五年後,就在本地圖發行當年,歷時十餘年的《康熙皇輿全覽圖》終於成書,由耶穌會的傳教士偕同中國官員與學者,經大規模全面實測後,採用經緯圖法,梯形投影繪成。內地各省記註用漢文,滿、蒙地名用滿文,為第一次用新法測繪之中國地圖集,包含五年前跨海測繪的澎湖與臺灣地圖。可惜仍只把眼光局限在「四夷來朝」的中央王國,未能開展宏觀的全球視野,就連1684年就已設立臺灣府的全島地圖,仍只畫出西半部。

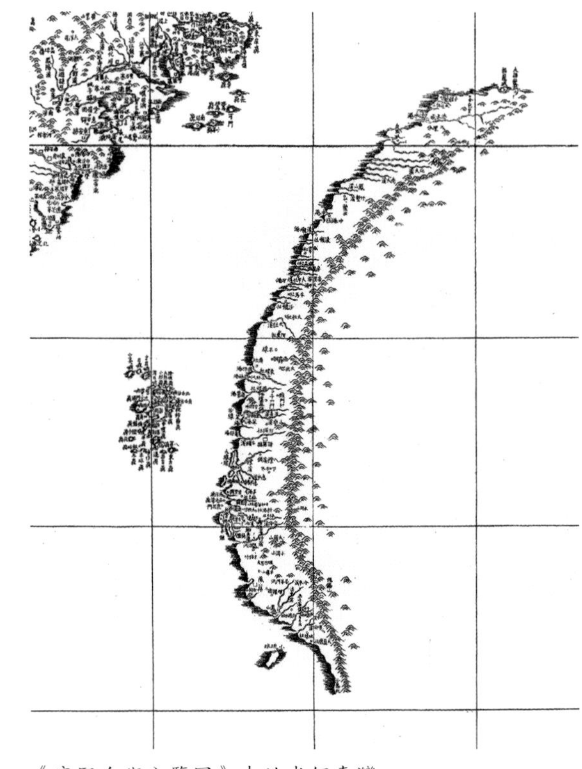
《康熙皇輿全覽圖》中的半個臺灣

延伸閱讀 ▶胡格諾派是十六至十七世紀法國基督教的新教派,信奉喀爾文主義,因與傳統舊教不容而受到宗教迫害,1572年發生聖巴托洛繆日(St. Bartholomew's Day)大屠殺。1685年,法王路易十四更頒布《楓丹白露敕令》(*Edict of Fontainebleau*),宣布新教為非法,因此20萬名胡格諾派教徒大舉外遷,定居於北美、英國、荷蘭、瑞士、普魯士等地。

聖巴托洛繆日大屠殺

▼畫面中央的尼加拉瀑布位於北美五大湖區，下方的一群水獺正在集木築巢，牠們的毛皮與左側邊框獵人正在射殺的美洲野牛，都是美洲原住民用來與歐洲人交易的主要項目。因為水獺有十層非常短而密的細軟絨毛，而美洲野牛除了高級皮革之外，牠的肉也比一般牛肉具有低脂肪、低膽固醇、高蛋白質的優點。

尼加拉瀑布

北美洲住民捕撈鱈魚

◀鱈魚原產於北歐至加拿大及美國東部的北大西洋水域。本圖為捕撈鱈魚的場面。早在十七世紀之前，北美洲的移民已將鱈魚晒乾後輸往西班牙、葡萄牙及英國等地出售。鱈魚的產銷促進了北美洲的發展。對於仰賴鱈魚為生的人，它是比黃金更珍貴的寶藏。戰爭為它而起，革命因它而興。在世界歷史的發展中，鱈魚占有不為人知的一席之地。

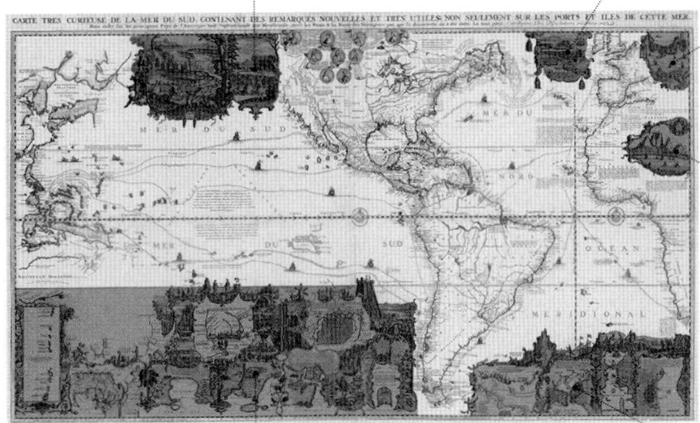

直布羅陀海峽

◀位於西班牙與摩洛哥之間的直布羅陀海峽，控制地中海船隻出入大西洋。因此葡萄牙曾於1415年占領北非直布羅陀海峽邊的休達（Ceuta），1668年再割讓給西班牙。1704年則被英軍占領。

好望角

◀南非西南端的好望角在1869年蘇伊士運河開通之前，是歐洲通往亞洲的海上必經之地。圖中明顯描繪出形狀特殊的桌山（La Table），山腳下的荷蘭城堡與來來往往的船隻。

地理大發現時期的美洲風土

▲右上方描繪墨西哥的托爾特克（Toltec）塔狀神廟，廟前是馬雅土著剖人心臟獻祭的殘忍畫面。左上方有兩位加拿大原住民正在舉行婚禮，下方繪有各個優良港灣的地圖，以及各地的珍禽異獸與奇花異果。

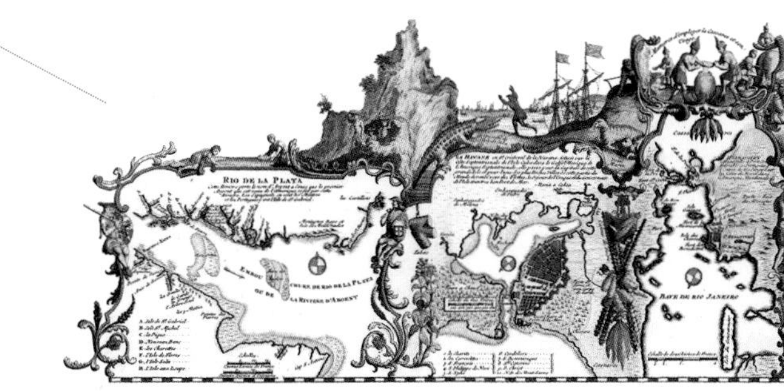

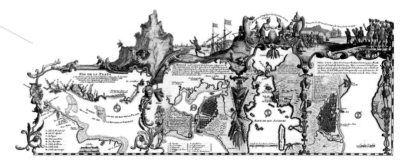

殖民者入侵中南美洲

▲右上方描繪1519年西班牙殖民者科爾蒂斯（Fernand Cortez）率船入侵墨西哥的阿茲特克（Aztec）古國。下方的地圖由右至左依序是墨西哥的維拉克魯斯（Veracruz）、巴西的里約熱內盧、古巴的哈瓦那。

宗教與貿易的潮流沖擊臺海兩岸

《富饒的中國，根據最近劃定的省分描繪》

（*Opulentissimum Sinarum Imperium Juxta Recentissimam Delineationem In Suas Provincias Disterminatarum*）

馬特烏斯·索爾特（Matthaus Seutter），約繪於1737年，出自香港科技大學圖書館。

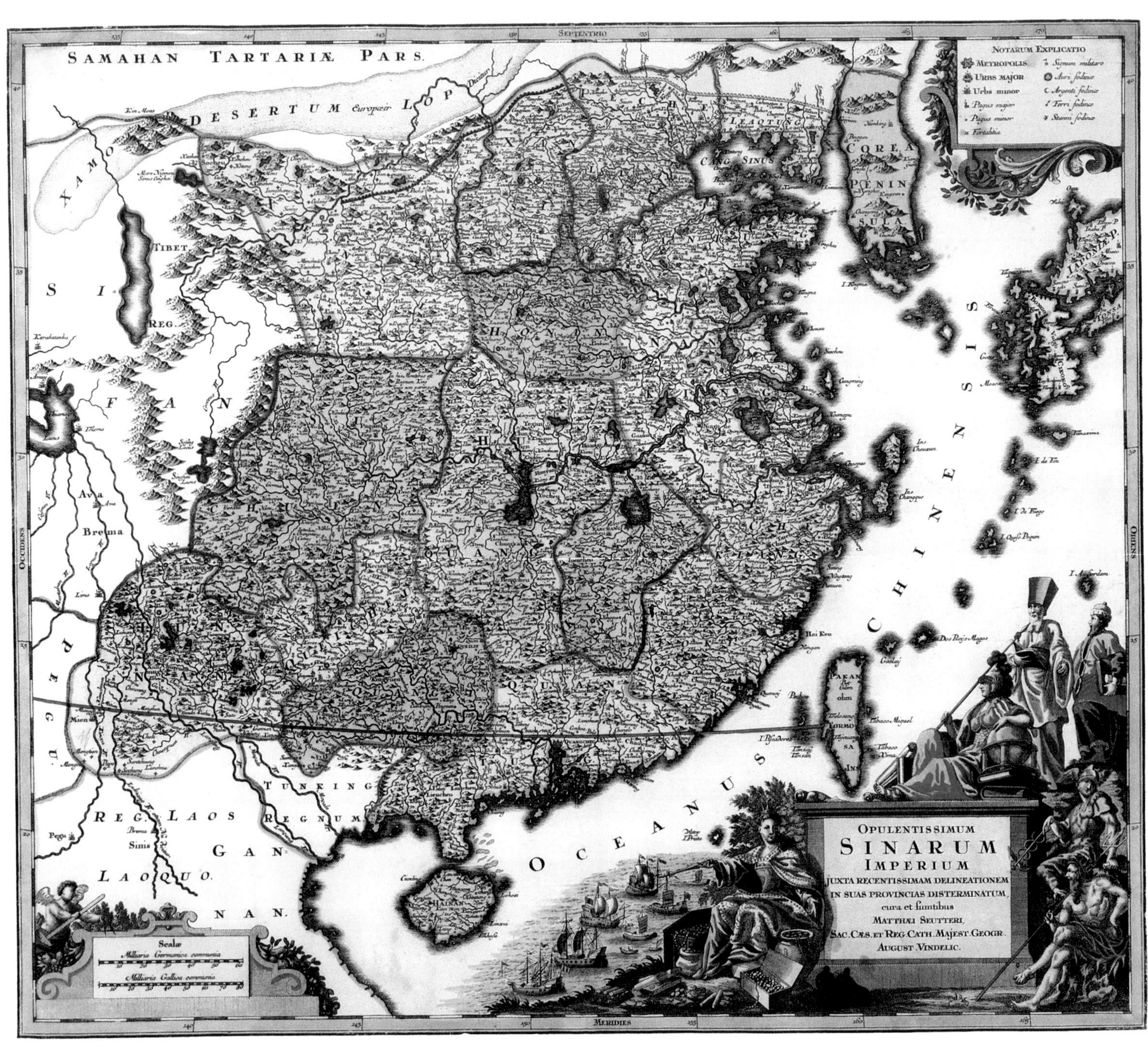

馬特烏斯·索爾特是奧格斯堡（Augsburg）一位金匠的兒子。1697年，索爾特在紐倫堡（Nuremberg）開始他的學徒生涯。1710年，他回到奧格斯堡成立了自己的工作室，出版了許多地圖、地圖集和地球儀，統計其所製作的地圖達500多幅。

本幅是其中較具代表性的地圖，因為是根據當時最新劃定的省份描繪富饒的中國，中國大地上詳細描繪了山脈、湖泊、河流和密密麻麻的城鎮地名，如此詳盡的資料很可能是協助測繪1718年《康熙皇輿全覽圖》的耶穌會傳教士傳回歐洲的，西藏及蒙古極西地方如該圖一樣為空白。

1684年《臺灣地理圖》中的馬芝遴社

不過圖中的臺灣仍維持之前歐洲製圖師所測繪的模樣，雖只簡單標註島名北港或福爾摩沙島（Pakan olim Formosa Ins.）與三處地名馬芝遴（Bet Gilun，彰化鹿港一帶）、諸羅山（Toelosang，嘉義）、大員（Tayouang，臺南），但具有完整島形，且繪出東岸的綠島與蘭嶼，而非《康熙皇輿全覽圖》中的不完整臺灣，中央山脈以東一片空白。或許基於上述原因，索爾特不願採用缺了半邊的康熙臺灣圖。

雖然當時的臺灣已劃入清朝版圖近半世紀，仍然未獲朝廷平等的對待。康熙擔心臺灣孤懸海外，軍民據島作亂，因此設置班兵制度，凡軍官、兵丁等一律從中國內地輪派，不得由臺灣當地徵召，三年一換，並不准官員攜眷來臺，留在大陸的眷屬宛如人質，直到雍正十年（1732）才放寬攜眷之禁令。

臺灣因土壤肥沃、四季如春，稻作一年能收成二至三次，而對岸的福州、興化、漳州、泉州、汀州五府人多田少，自從平定臺灣之後，生齒日繁，食米不敷，多須仰賴臺灣之米。但臺灣常遭颱風、豪雨、番寇侵襲，導致稻作受損，收成短少。雖然朝廷都下詔減免錢糧賦稅，但臺灣災民似乎並未因此受惠。

康熙六十年（1721）因知府王珍等貪婪殘暴，盤剝繁苛，民怨沸騰，朱一貴起事，幾占全臺。福建水師提督施世驃、總兵藍廷珍率軍萬人，乘船六百艘渡海，抵臺平亂。

直到乾隆二年（1737）時，因臺灣丁銀較內地多一倍有餘，而且臺灣九十六社於丁銀之外，每丁加徵「番餉」銀二兩，頗有民怨，乾隆才下令減至與內地同。隔年進一步免徵臺灣、鳳山等廳縣社餉銀，以安撫島民。

本地圖讓人注目的另一焦點是，位於臺灣右下方的圖名框四周精細描繪了東西方貿易與文化上的激盪。右上方是一位戴著王冠、左手臂夾著書冊的中國帝王，前面則是穿黃袍、戴中式冠帽的耶穌會傳教士，翻開書冊，彷彿教導中國帝王如何展望眼前的新世界。坐在最前面的是掌管戰爭與智慧的女神雅典娜（Athena），她的左手靠在地球儀與書籍上，右手所握的長矛尖端幾乎頂住傳教士的喉嚨，蘊含的象徵意義耐人尋味。

古希臘油壺上的荷米斯手拿雙蛇杖

右下角也是古希臘羅馬神話「奧林帕斯十二主神」中的商業之神荷米斯（Hermes）與海神波塞頓（Poseidon）。荷米斯頭戴翼帽，手拿象徵商業和國際貿易的商神權杖（又稱為雙蛇杖，經常與醫療之神的單蛇杖混淆而被誤用），該杖具有催眠的作用，若再參照荷米斯也是「狡猾的小偷與騙子之神」的背景，彷彿影射了商場上的信口雌黃、爾虞我詐。

至於手執三叉戟的海神波塞頓，明顯象徵海洋霸權在國際貿易上扮演舉足輕重的角色，而且波塞頓具有強烈的侵略性和極大的野心，憤怒時揮動三叉戟便會掀起滔天巨浪，也反映出航海冒險與侵略殖民的殘酷面。

坐在最前面的歐羅巴女神（Europa），左手指著身邊環繞的金銀珠寶與東方特產，右手握著權杖指向中國近海上的歐洲大船與中國戎克船，似在展示遠洋貿易所帶來的財富，她身上那件華麗的披風或許就是用中國絲綢縫製的。

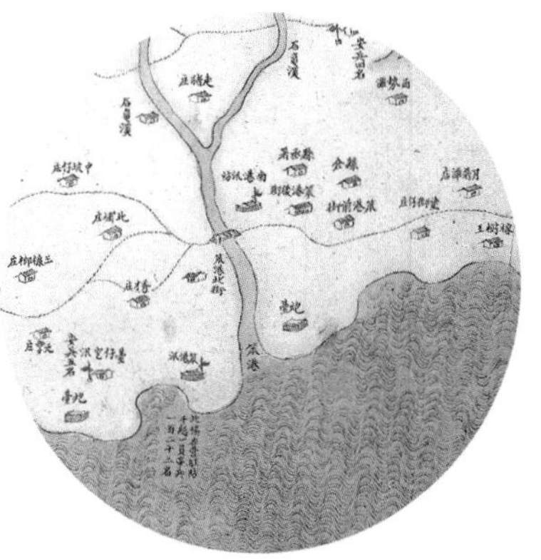

乾隆《臺灣輿圖》中的笨港

延伸閱讀 ◀1571年西班牙占據馬尼拉之後，臺灣附近海域貿易興盛，島上形成兩個重要的貿易據點，北部是雞籠與淡水，西南部則是北港（舊稱笨港）。明朝天啟元年（1621年）顏思齊、鄭芝龍率眾登陸笨港，並引三千移民入墾，為漢人大規模移墾臺灣之始，一度成為臺灣的代稱。後來北港溪河道日益淤淺，離海愈遠，至日治時期，喪失貿易功能。

臺灣增設彰化縣，地圖繪師沒跟上

《乾隆天下輿地圖》

繪於1743年，出自大英圖書館。

又是一幅「大中國主義」的世界地圖。即使在此圖問世的三百年前，鄭和已七下西洋，幾乎航遍半個地球；一百多年前，來華傳教的利瑪竇等耶穌會傳教士便繪製了《坤輿萬國全圖》等相對精準的世界地圖，也曾被多次翻印摹抄。然而這幅繪於乾隆年間的《乾隆天下輿地圖》卻仍無視於上述事實，硬是將「大中國」幾乎塞滿整個世界，而將各大洲、各大洋及眾多異邦擠到邊框角落，就算嚴重變形、偏移也在所不惜。

這種自我膨脹的天下圖，既可滿足中國百姓的民族優越感，又可奉承中國帝王「君臨天下」的虛榮心，因此在十九世紀後半葉中國被迫簽訂許多不平等條約之前，中國某些傳統製圖者仍對這種嚴重偏離事實的天下圖樂此不疲，可以由本圖下方海面上畫出多艘掛有「進貢」旗幟的船隻，看出中國人「自我感覺良好」的本事。

本圖詳細繪出了乾隆八年（1743）之前的中國十五行省及所屬府州縣，並在地圖的上、下緣各標註「極南」、「極北」。除了主體的中國疆域之外，也描繪當時所知的異邦，但因為空間遭到大中國嚴重壓縮，只好以縮小或位移的方式處理，無法正確標示位置的便在圖下方另闢一欄「曹氏舊圖各省邊鎮外國路程」（1644年，曹君義《天下九邊分野人迹路程全圖》）以文字說明。

全圖除了註記地名外，也配合文字說明各地（中國為主）的沿革、人物、事蹟、風土、物產、稅賦及駐軍，偶爾幾處有年代標示，其中註記最晚的

1890年代法國政治漫畫中，英德俄法日等列強利用不平等條約瓜分中國。

延伸閱讀 ▲自1840年鴉片戰爭以來，中國被迫簽訂了一系列不平等條約，中國的領土、領海、司法、關稅等主權遭到嚴重的破壞，資本主義國家藉此大規模地掠奪中國的原料及傾銷商品。

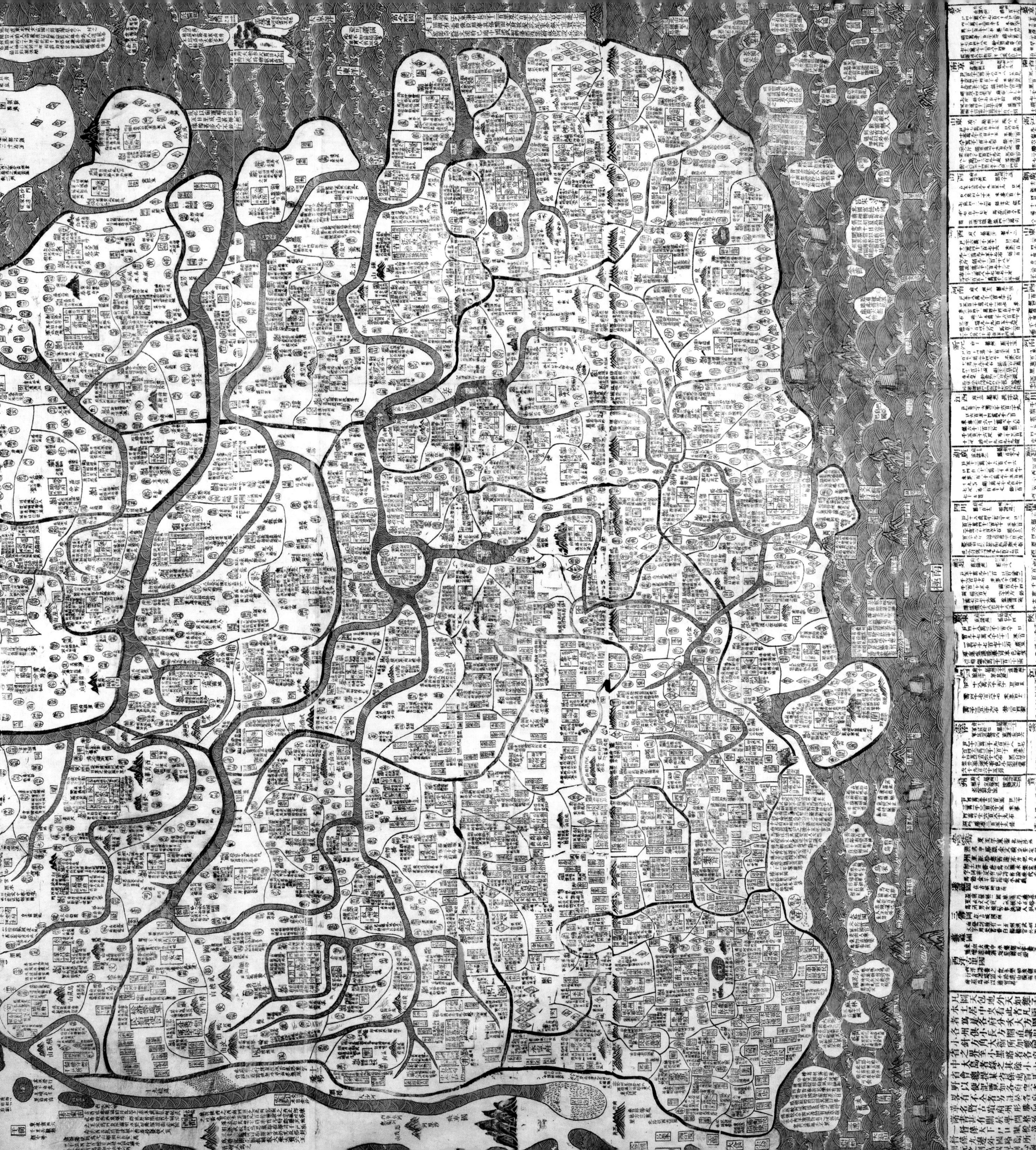

年代是乾隆八年，因此判斷本圖應該是在此前後繪製，但仍有一些明顯的錯誤，例如：未標註1723年增設的臺灣彰化縣，與1734年改置的福建省福寧府。

至於被擠壓到邊框角落的眾多異邦，地名與說明資料多引用自《山海經》、各朝《地理志》與《坤輿萬國全圖》等古籍文獻，地理學中摻雜著神話傳說，虛虛實實，畢竟本圖中的異族外邦只是點綴陪襯，無須太在意。

地圖北方的「冰海」中漂浮幾座島嶼，除了古籍中所載的夜叉國、鬼國、曷刺國等國之外，最匪夷所思的是居庸關外的「亞墨利加國」，這個本應在太平洋對岸的北美洲大國竟然被擠到中國關外的燕然山旁，和契丹一樣成為中國的近鄰。

地圖左側的狹長海洋則被標註「大西洋」與「小西洋」，與中國只隔著窄窄的西番、大食（阿拉伯）與天竺（印度），大片的印度洋消失無蹤，被小小的榜葛刺海（Bengal孟加拉灣）取代，連結南中國海，海面上繪有多艘由蘇門答剌、浡泥（汶萊）、大爪

延伸閱讀 ▼《文獻通考》記載，曷刺（突厥語意為駁馬）國靠近北海（貝加爾湖），地常積雪，以馬耕田，馬色皆駁，因此也稱為駁馬國。

鬼國位於曷刺國以西，《通典》上記載「其人夜遊晝隱，身剝鹿皮為衣。」而《山海經》中的鬼國之民則是「人面而一目」，或「人首而蛇身」。

夜叉國的位置大約在今西伯利亞的楚科奇（Chukchi）半島上，根據《通典》的記載，其人「皆豕牙翹出，噉人。」

《榜葛剌貢麒麟圖》

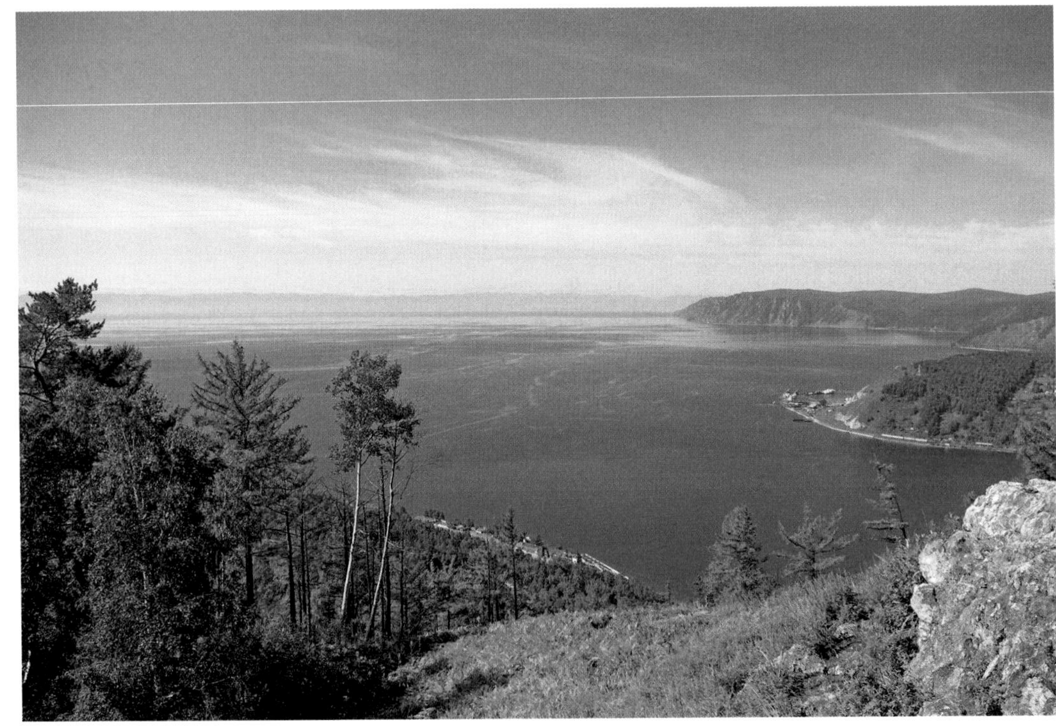

貝加爾湖（Photo by W0zny CC BY-SA 3.0）

哇等東南亞諸國駛向廣州府的數艘船隻，船頭掛著「進貢」的旗幟。其中竟然冒出一座東非島國麻林（Malindi肯亞的港都馬林迪），註記永樂十三年貢麒麟（長頸鹿，前一年榜葛刺已率先進貢了一頭）。既然北美洲都被擠到中國塞北，那麼非洲被擠到南中國海也就不足為奇了。

隨著進貢船繼續往東，還可發現更多的驚奇：中國沿岸第二大島的海南島（瓊州府）取代臺灣成為第一大島，琉球國（沖繩）則被遷移到臺灣府以南，但若根據島上的文字註記，顯然是誤把臺灣當琉球。

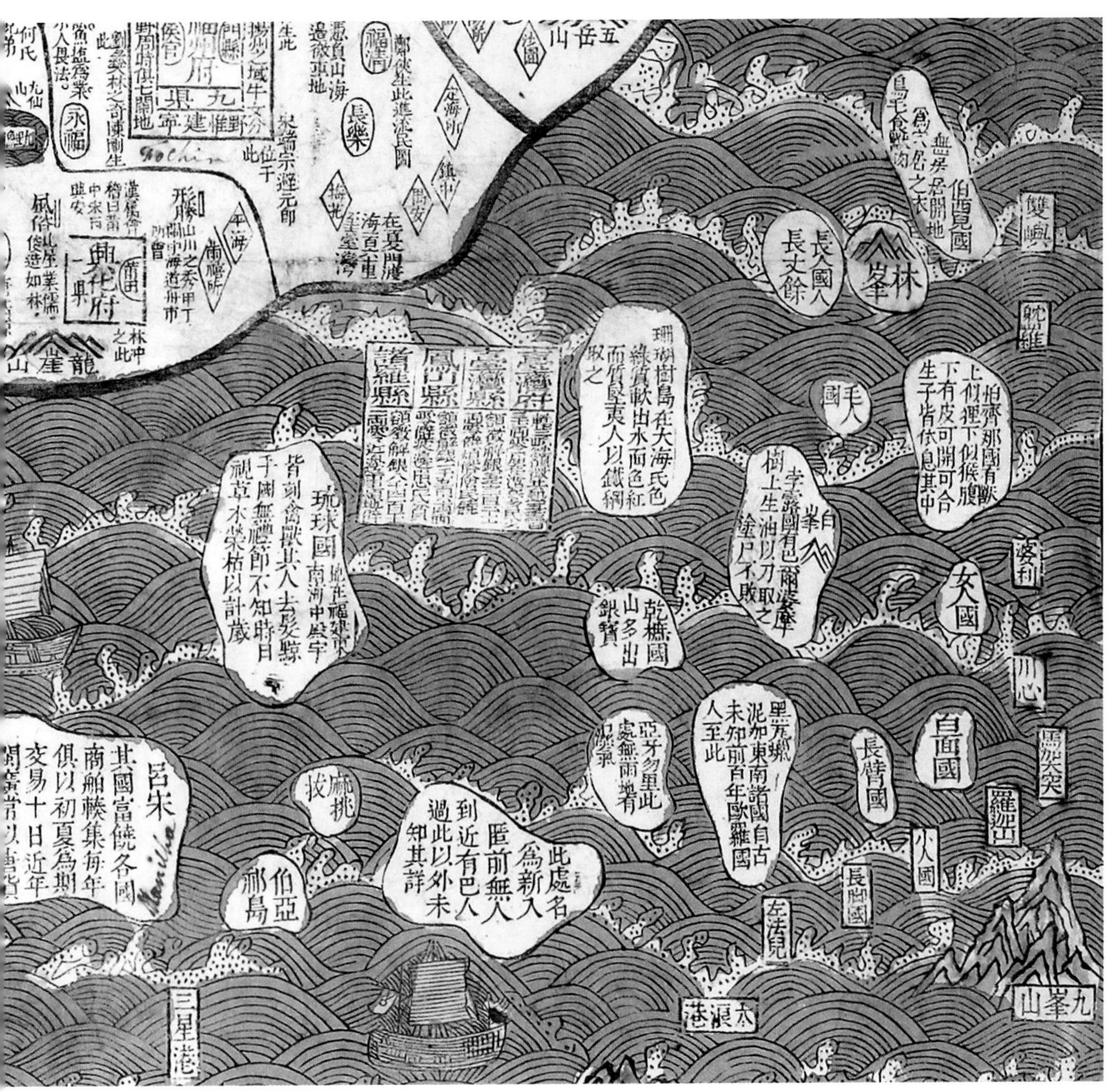

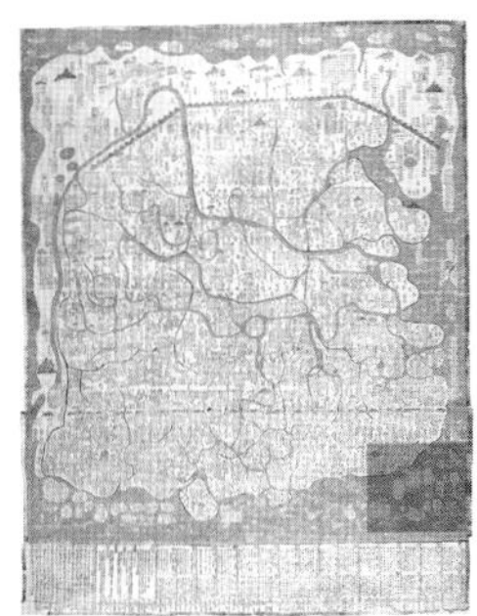

至於緊鄰臺灣府右側的珊瑚樹島上文字註記乃出自《坤輿萬國全圖》，指的是大洋洲馬紹爾群島的比基尼環礁（Pikinni Atoll）。而緊鄰珊瑚樹島右下方的孛露國（秘魯）與右上方的伯西兒國（巴西）原本都是南美洲國家，也不辭千里之遙，一起搬來和臺灣當鄰居。同樣引用自《坤輿萬國全圖》的黑（墨）瓦蠟泥加（Magellanica，麥哲倫洲即今日澳洲）也擠到了孛露國正下方，讓東南亞海域熱鬧非凡，體現「四海一家，咫尺天涯」的景象。

海上的臺灣一府三縣只以方格說明各縣「額徵解

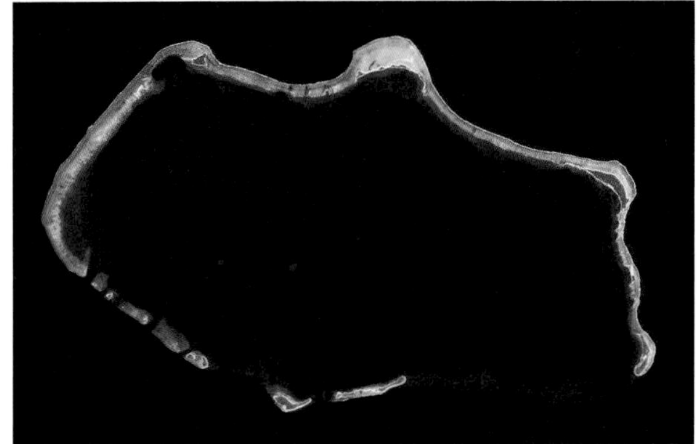

比基尼環礁（Photo by NASA）

銀」多少兩，並未繪出島的形狀及山川城鎮，似乎對上繳稅銀的重視遠勝於對地理風土的了解。

根據《大清實錄》記載，自康熙57年（1718）起，規定各省前往臺灣的船隻必須先到廈門集合盤查檢驗，廈門駐軍依船隻多寡，派數艘哨船護送，經由澎湖前往臺灣；從臺灣回來的船隻也須盤查檢驗，派船護送，經由澎湖返回廈門。一來避免海盜洗劫，二來杜絕非法走私，當然也確保了官府的稅收。

其實臺灣劃入版圖不久，康熙28年（1689）時就曾開設臺灣府鑄錢局，鑄造滿漢文「臺」字錢，但因臺字錢「不能行於內地，商旅得錢，必降價易銀歸，錢日賤，至三四千文只值一兩。」因此康熙31年時便停鑄臺字錢。

康熙通寶臺字錢

半浮半沉臺灣島，怪模怪樣海蛟龍

《大清分省輿圖》

繪於1754～1760年，出自美國國會圖書館。

西元1754～1760年印行的《大清分省輿圖》地圖集共有19圖，包括1幅總圖、18幅分省圖，簡要描繪十八世紀的清代中國，各圖均未標註圖名，也無計里方格。總圖只以簡略的線條勾勒出主要省份的疆域，卻未標註省名，而以大紅點標出省會及重要城市。

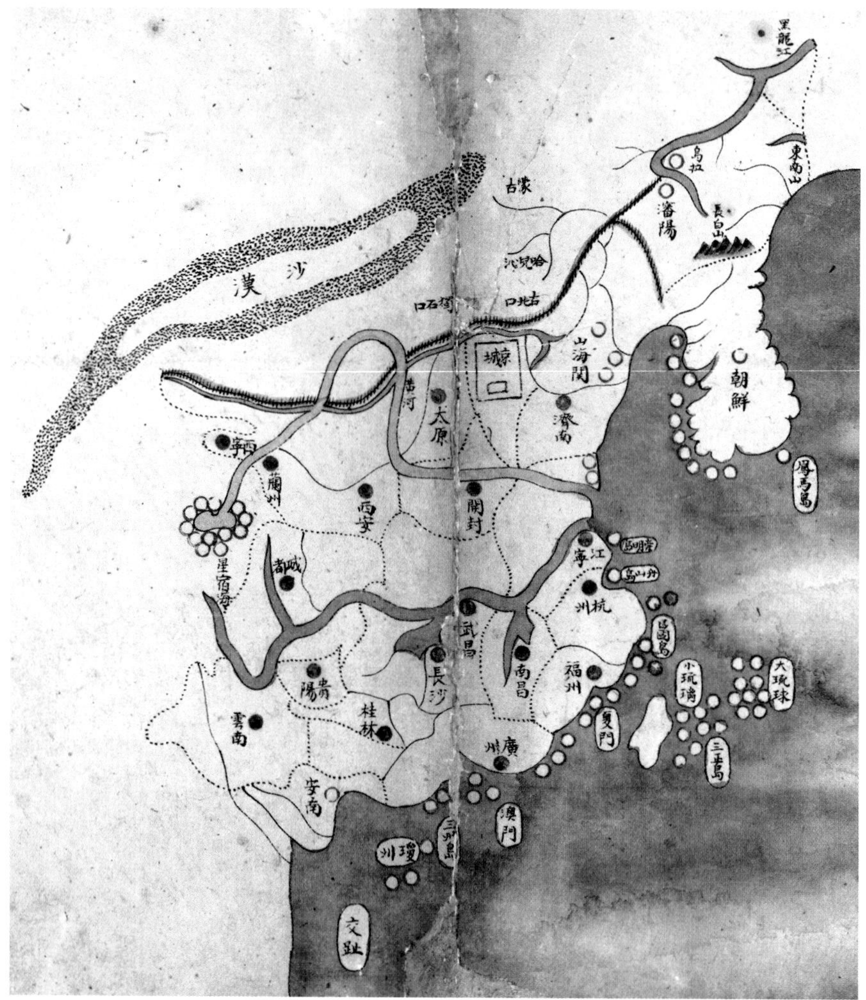

《大清分省輿圖——全國總圖》

地圖上畫出了長江、黃河和黑龍江三大水系，連黃河的源頭星宿海都以紅圈密集包圍來突顯，但含意不明。而朝鮮半島北方的長白山是地圖上唯一的山脈，半島西側也圍起一排紅圈，代表的是眾多島嶼。

順著朝鮮半島南下，中國東海上又有一大群島嶼，標註「大琉球、小琉璃、三正島」，左邊還有一座無法用小紅圈表示的大島，島上卻一片空白，未標註島名，從方位與大小來看，顯然就是臺灣島。至於「三正島」應是「大琉球」別稱「三王島」（三山王國）的誤寫，而「小琉璃」應是臺灣古名「小琉球」的誤寫。這種連續誤寫很可能是製圖者參考古今地圖文獻時，搞不清楚該用哪一個島名，乾脆全都標註出來，但又擔心古今重疊，所以略改其名。

當時已設立臺灣府近八十年，豈能再用古名「小琉球」？而且對照右側由小島組成的「大琉球」，島名的大小定義顯然不合邏輯。至於為何不直接標上臺灣島名？推想應是比照其餘各省只標註

長白山上的天池（Photo by Laika ac from USA CC BY-SA 2.0）

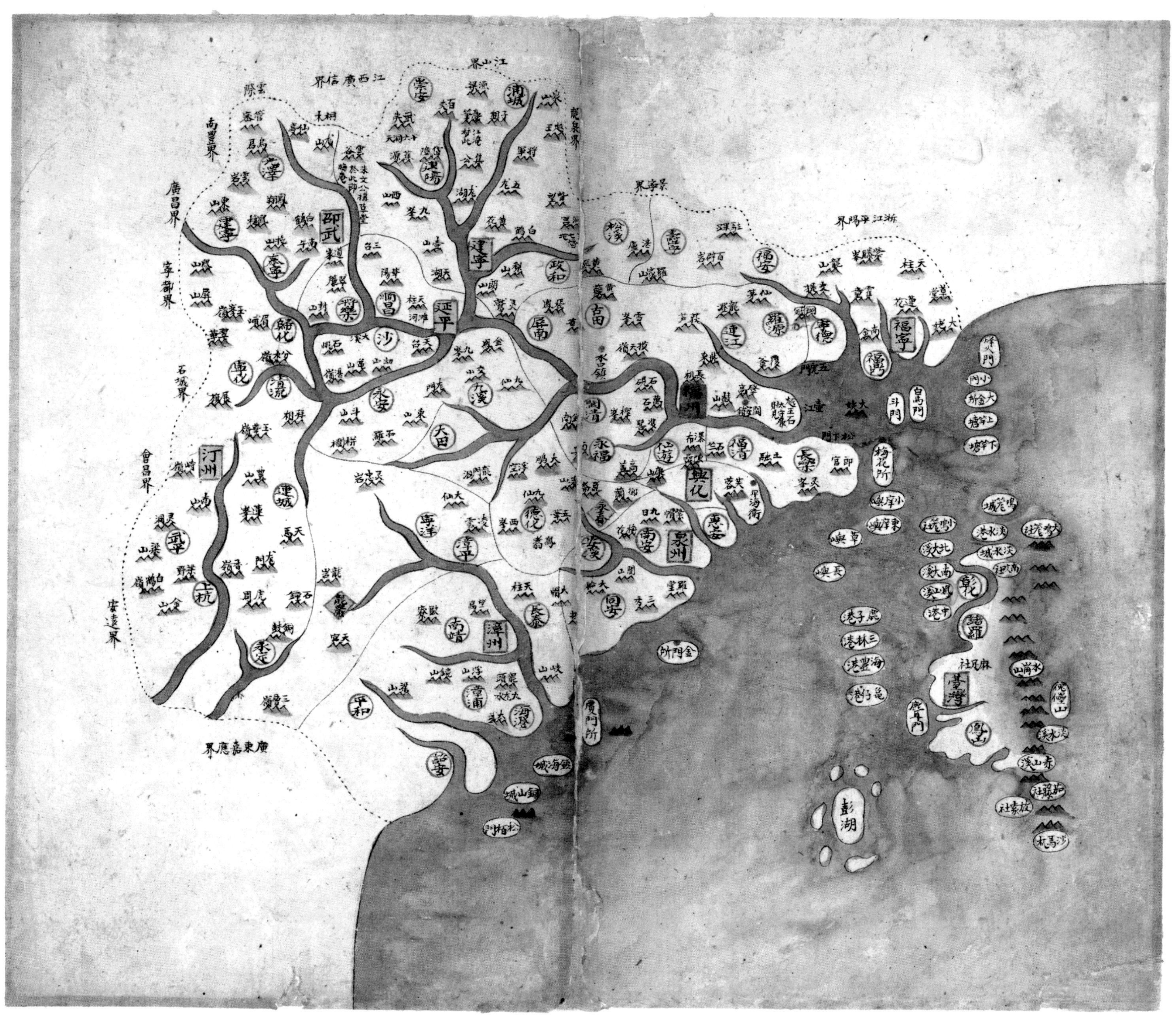

《大清分省輿圖——福建省圖》

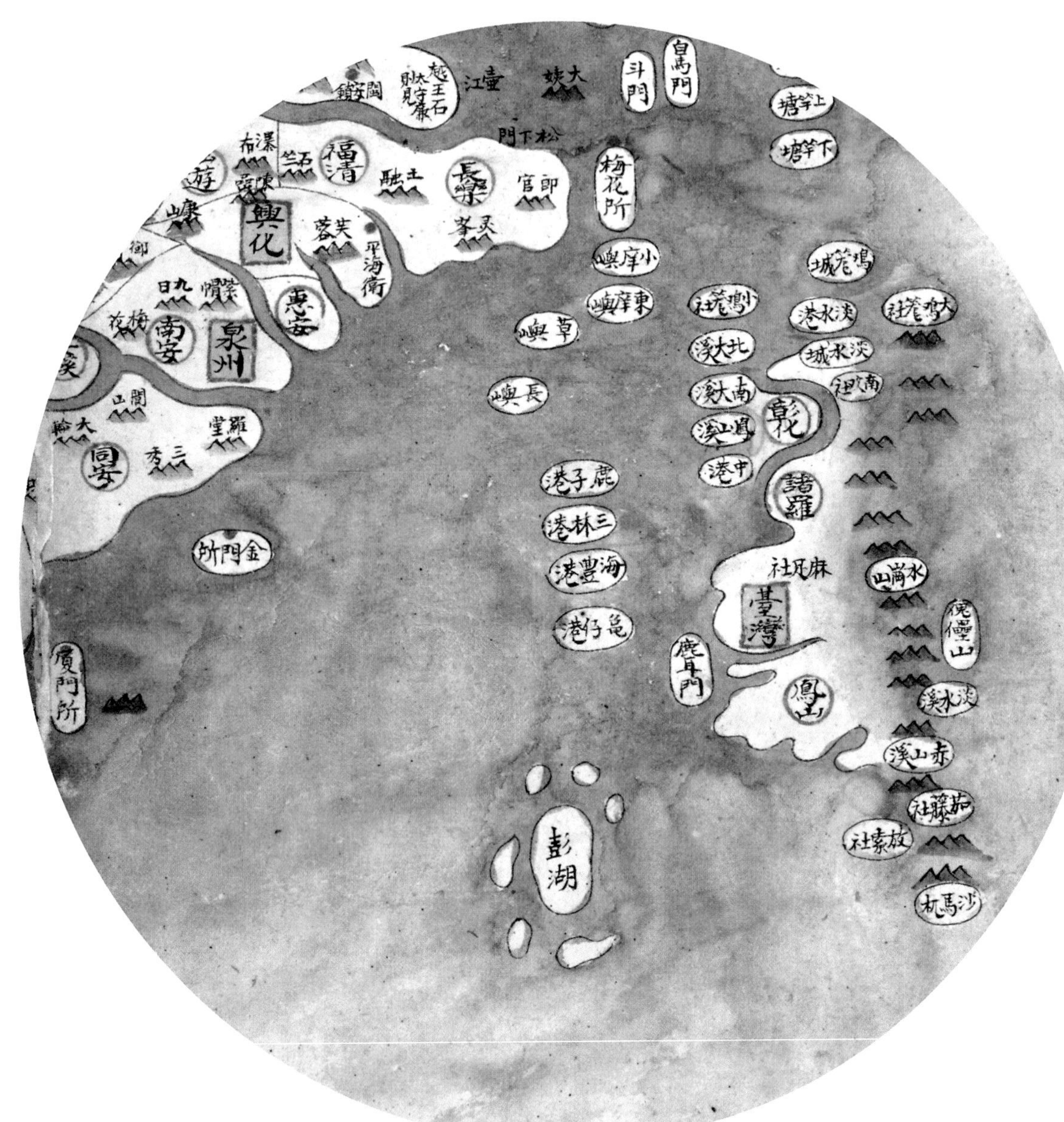

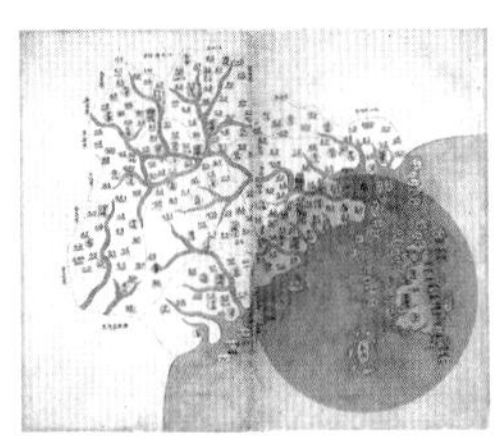

省會，而當時臺灣府隸屬福建省，省會福州府已標註在對岸。

翻到地圖冊中的《福建省輿圖》，總圖中島形完整的臺灣在這幅圖中卻變得怪模怪樣，半浮半沉於福建外海，長長的中央山脈宛如蛟龍的背脊與尾部，鳳山縣的海岸彷彿蛟龍的巨爪，正朝福建海岸前進。

臺灣本島上標註了許多地名，除了一府三縣（彰化、諸羅、鳳山）之外，還標出了城鎮（雞籠城、淡水城）、原住民聚落（大雞籠社、小雞籠社、南坎社、麻豆社、茄藤社、放索社）、港口（淡水港、鹿子港、三林港、海豐港、龜仔港、鹿耳門）、山脈（大崗山、傀儡山、沙馬磯）、溪流（北大溪、南大溪、鳳山溪、中港溪、淡水溪、赤山溪）。由於地名太多，無法全標註在島上，因此有一大半只好標註在臺灣海峽中，而將諸羅縣外海的澎湖廳往南擠到了鳳山縣外海。當時不隸屬臺灣府管轄的上竿塘、下竿塘（馬祖北竿與南竿）、金門所也出現在本圖中。

迥異於其他臺灣古地圖，本圖中的彰化縣宛如離岸島嶼，四周環繞著北大溪、南大溪、鳳山溪與中港溪，其實這四條溪都位於桃園到苗栗之間，早在1731年時已劃歸淡水廳，不在當時彰化縣的轄區內。而隸屬彰化縣管轄的鹿子港（今彰化鹿港）與三林港（今彰化芳苑鄉永興村）卻被擠到了諸羅縣的外海，跟雲林海豐港、臺南龜仔港排在一起。

馬祖北竿（Photo by Joe Lo from Changhwa, Taiwan CC BY-SA 2.0）

中央山脈北起自大雞籠社，往南延伸經高雄大崗山、傀儡山（屏東北大武山），到臺灣最南端的沙馬磯（鵝鑾鼻）。山脈附近有淡水溪（高屏溪）、赤山溪（屏東佳平溪）二溪穿流，以及平埔族的茄藤社與放索社（二社均在屏東林邊鄉）。

這些距離官府與營汛較遠的聚落與山區，常是偷渡來臺者的藏身之處。雖然在1684年設立臺灣府的同時便頒布渡臺禁令，但當時臺灣官府的統治範圍有限，勢力尚未穩固，所以無力緝捕偷渡來臺的流民與逃犯。加上中國東南沿海居民謀生不易，或思念單身派駐臺灣的親人，於是紛紛鋌而走險，偷渡來臺開拓新天地或與親人團圓。即使到了乾隆24年（1759），福建巡撫統計，當年十個月期間共查獲偷渡來臺25案，男女老幼共999人，這個數字僅是出發前被捕或出港遇風而追回者，至於未被查獲及行賄通過者，當十倍或數十倍於此。而這趟偷渡航程並不平穩，因狂風巨浪而葬身魚腹的也不少。

雖然本圖中的臺灣島形怪異，地名位置不太準確，但比起前面幾幅中國人所畫的臺灣地圖，本圖臺灣的豐富性仍值得嘉許。

高屏溪上游（Photo by Peellden CC BY 3.0）

延伸閱讀 ▼1721年朱一貴起義抗爭，事件平息後，有鑑於諸羅縣地方遼闊，鞭長莫及，因此雍正帝於1723年，割舊虎尾溪以北、大甲溪以南之地，增設彰化縣。賜名彰化，有「彰顯皇化」之意。其實早在1696年《康熙臺灣府志》中便記載臺灣水師駐防今日彰化的鹿仔港。

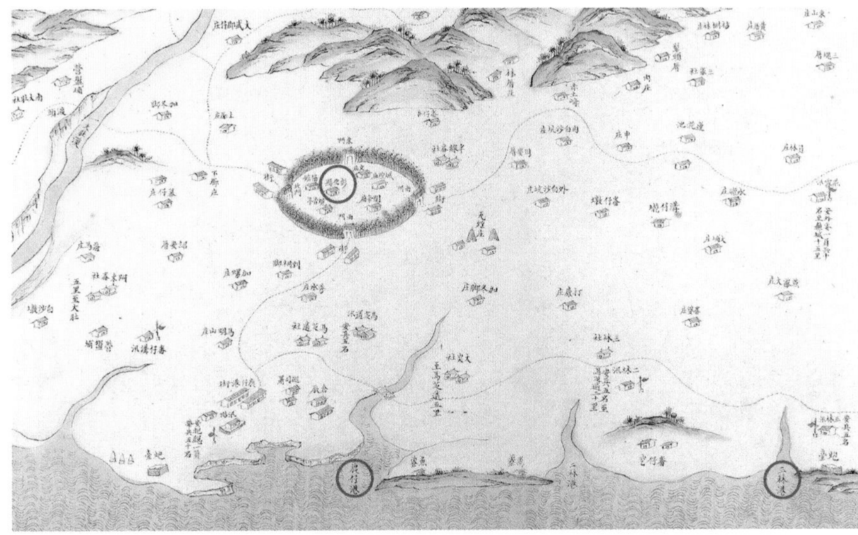

《乾隆臺灣輿圖——彰化縣》

延伸閱讀 ▼荷蘭人所繪的臺灣古地圖中，將今天的和平島稱為Kelang（雞籠），因為當時基隆地區屬於凱達格蘭族（Ketangalan）的生活範圍，人們將Ketangalan簡稱為Ke-lan，後來閩南人又以漢字音譯為與閩南語諧音的「雞籠」，稱此地為「雞籠社」。而今日的三芝地區也有一群凱達格蘭族居住，對應凱達格蘭族人口較多的基隆地區，因此將三芝稱為「小雞籠社」。

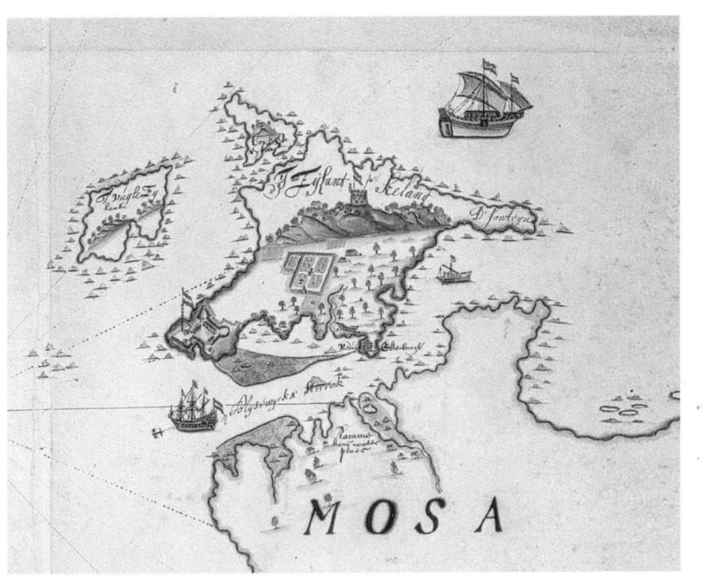

1650年荷蘭人繪製的基隆地圖

西疆平定準噶爾，東南海疆亂方興

《大清萬年一統天下全圖》

原圖由黃千人作於1767年（藏於中國國家圖書館），佚名增補摹繪於1811年（藏於美國國會圖書館）。1814～1816年，徐志導拓印成《大清萬年一統地理全圖》（藏於美國國會圖書館）。

本地圖的原作者黃千人是浙江餘姚人，乃精通天文、曆法、數學和地理的「中國思想啟蒙之父」黃宗羲的孫子。乾隆三十二年（1767）黃千人將祖父黃宗羲舊刻輿圖重新修訂為《大清萬年一統天下全圖》刊行。全圖縱106.5公分、橫108公分，單色刻印、手工上色，以呈現乾隆末年及嘉慶初年的府廳、州縣建置及山川地理為主，由於本圖乃民間學者私修，較難及時全面掌握官府的地理建置沿革檔案，因此仍有部分謬漏。但繪製本圖的前幾年（1759年），清軍剛剿滅自1688年開始的準噶爾入侵，並平定回部大小和卓之亂，西域全境底定，因此本圖標繪出的大清西北疆域遠達「大

新疆伊犁（《人民畫報》）

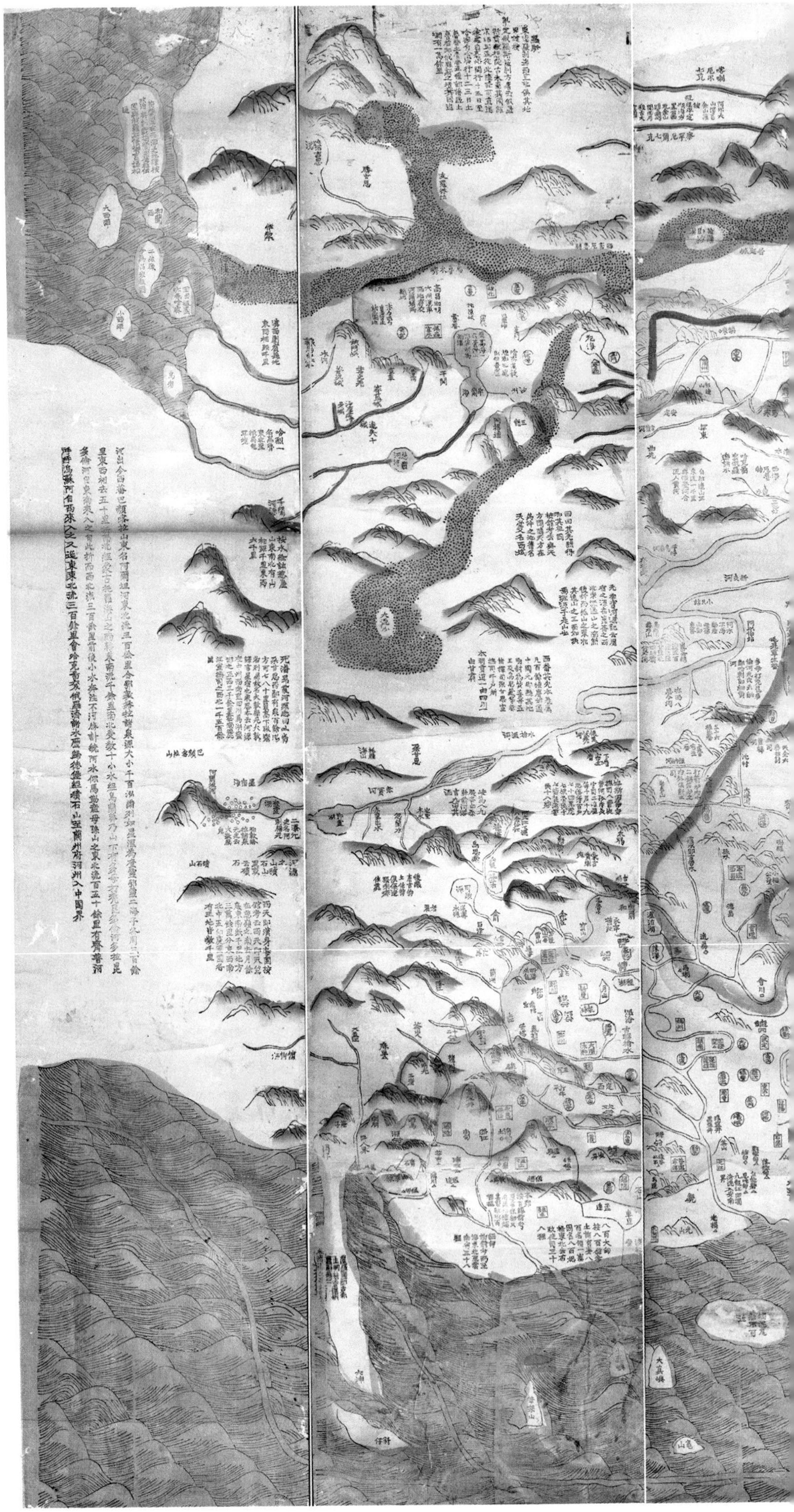

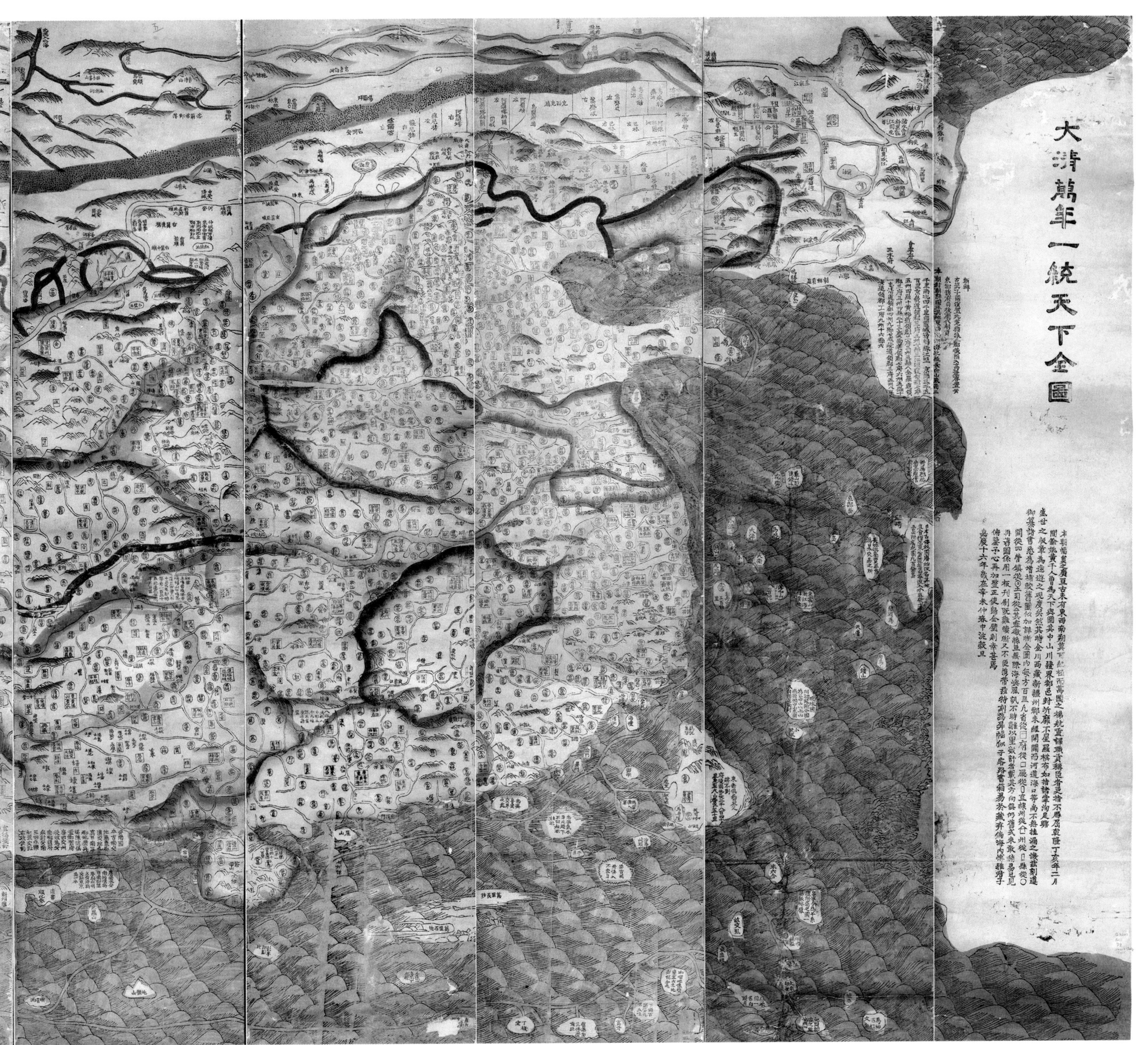
大清萬年一統天下全圖

黄千人《大清萬年一統天下全圖》原圖

西洋」邊的準噶爾根據地伊犁。至於周邊國家地區的描繪與簡介，仍難脫中國傳統「天下圖」的窠臼，聊備一格，僅供參考。

1811年，出現了佚名增補摹繪的彩圖版《大清萬年一統天下全圖》，在圖首「題記」中除了說明根據黃千人舊圖「悉為增補」之外，並加註：「特刻為屏幅，俾途寓書箱，便於攜帶，博雅君子懸壁縱觀天下之廣，可以全覽焉。」全圖由八幅拼成，每幅縱135公分，橫29.5公分，大約一把古箏大小，八幅拼合後總橫長236公分，比原圖大了一倍以上。

這幅大圖上方的戈壁沙漠從漠北的外蒙古的貝衣兒湖（Buir Lake今貝爾湖）南邊一路向西延伸，直達伊犁附近的大海邊，海面上有兩座島分別標註「大西洋」與「小西洋」，中亞、中東和大部分歐洲全都消失無蹤，只標示出西北邊的英吉黎（英格蘭，本圖中文字缺損）、荷蘭、和蘭西（法蘭西）與干絲臘（Castila卡斯蒂利亞，西班牙的別稱，十六世紀時占領呂宋島，故註記為今呂宋祖國）四個歐洲國家，而戈壁沙漠入海不遠處的小島則標註「回回祖國亦名哈密」，可見清朝當時對於剛納入版圖的新疆地區仍然相當陌生。

順著小西洋南下，越過一大片與巴顏喀拉山、黃河源星宿海相連的不知名大陸，來到另一片海域。搭船往東航行，航經馬來半島上的暹羅國及其南方顯然為蘇門答臘島間的馬六甲海峽，海峽南北兩岸卻誤標為同樣位於馬來半島中段最窄處的斜仔（Chaiya猜亞）與六坤（Nakhon洛坤），而且兩地的南北方位錯置。

進入中國南海之後，沿著海面上標繪出來的航道繼續往東，發現中南半島上的越南南部及東埔寨竟然與亞洲大陸分離，成為長條形島嶼，而原本為島嶼的瓊州（海南島）卻與中國大陸相連成為了半島。

戈壁沙漠（Photo by Zoharby CC BY-SA 3.0）

鹿耳門溪出海口附近（Photo by Guanting Chen CC BY-SA 4.0）

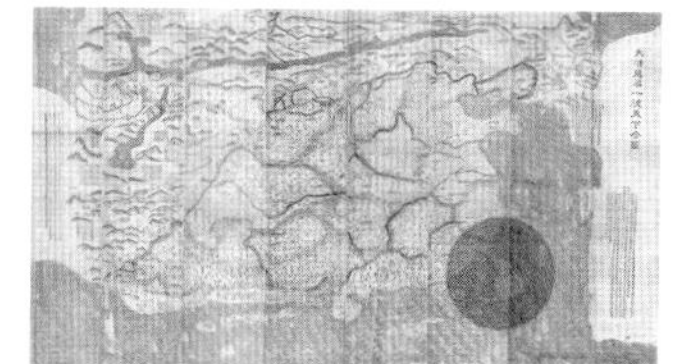

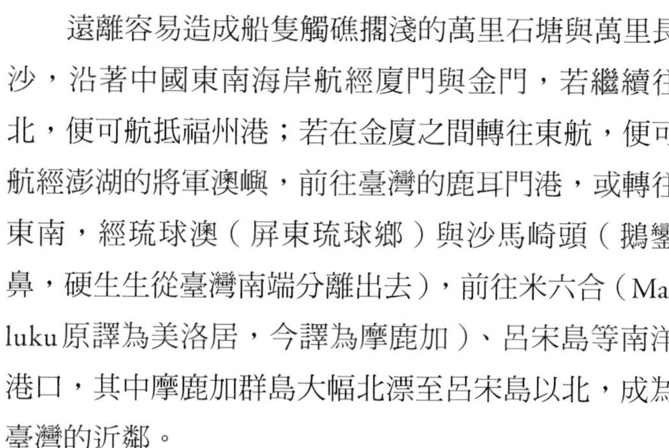

遠離容易造成船隻觸礁擱淺的萬里石塘與萬里長沙，沿著中國東南海岸航經廈門與金門，若繼續往北，便可航抵福州港；若在金廈之間轉往東航，便可航經澎湖的將軍澳嶼，前往臺灣的鹿耳門港，或轉往東南，經琉球澳（屏東琉球鄉）與沙馬崎頭（鵝鑾鼻，硬生生從臺灣南端分離出去），前往米六合（Maluku原譯為美洛居，今譯為摩鹿加）、呂宋島等南洋港口，其中摩鹿加群島大幅北漂至呂宋島以北，成為臺灣的近鄰。

本圖中的臺灣呈蒲瓜型，主要是因為描繪高聳的中央山脈阻斷了對臺灣東岸的探勘，僅註明「東去俱番界，人跡不到」，完全無視於一百多年前威廉·布勞便在《東印度與鄰近諸島圖》（參見p. 194）中清楚描繪出臺灣東岸，甚至畫出了東岸近海的龜山島、綠島與蘭嶼這三個小島。

蒲瓜頂端的臺灣北部，標註有雞訧（籠）、鼻頭（延伸閱讀p. 254），原本鄰海的淡水卻被標註在山凹之間。1732年，淡水廳從彰化縣獨立出來，管理大甲溪以北之地。1787年底，乾隆皇帝嘉獎諸羅縣城

義民官兵在林爽文事件中盡力守城，賜名為嘉義縣，本圖已將1767年黃千人舊圖中的諸羅改為嘉義，連同南方的臺灣縣、鳳山縣與1727年設立的澎湖廳，此時的臺灣設有一府四縣二廳。

清嘉慶間（1814～1816）徐志導拓印了一幅《大清萬年一統地理全圖》，也是由8塊印張拼合，尺寸略小（130 × 229公分），被稱為「刻藍印本」，與1811年版的《大清萬年一統天下全圖》年代相近，州縣建置與地名雷同，但「刻藍印本」的綠波海浪更具立體感，將藍色的臺灣島襯托出一種神祕的氛圍。

延伸閱讀 ▼鼻頭角為臺灣東北角海岸的岬角，因形狀如「鼻頭」而得名。位於東西向海岸及南北向海岸的交匯點，海岬的最尖端建有鼻頭角燈塔，與最東的三貂角和最北的富貴角，合稱「北臺灣三角」。

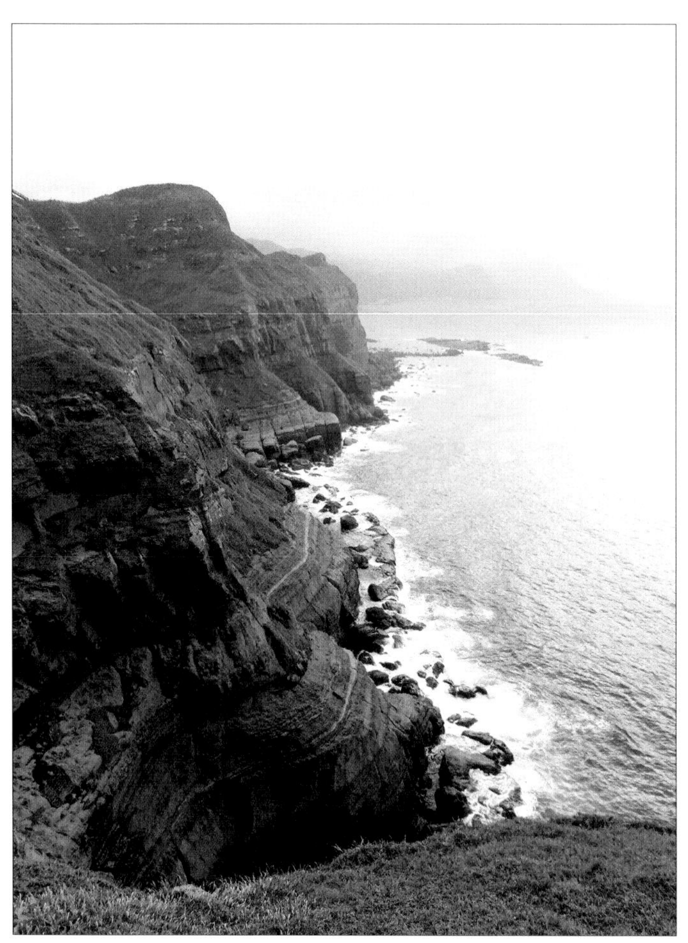

鼻頭角（Photo by Taiwankengo CC BY-SA 3.0）

徐志導《大清萬年一統地理全圖》

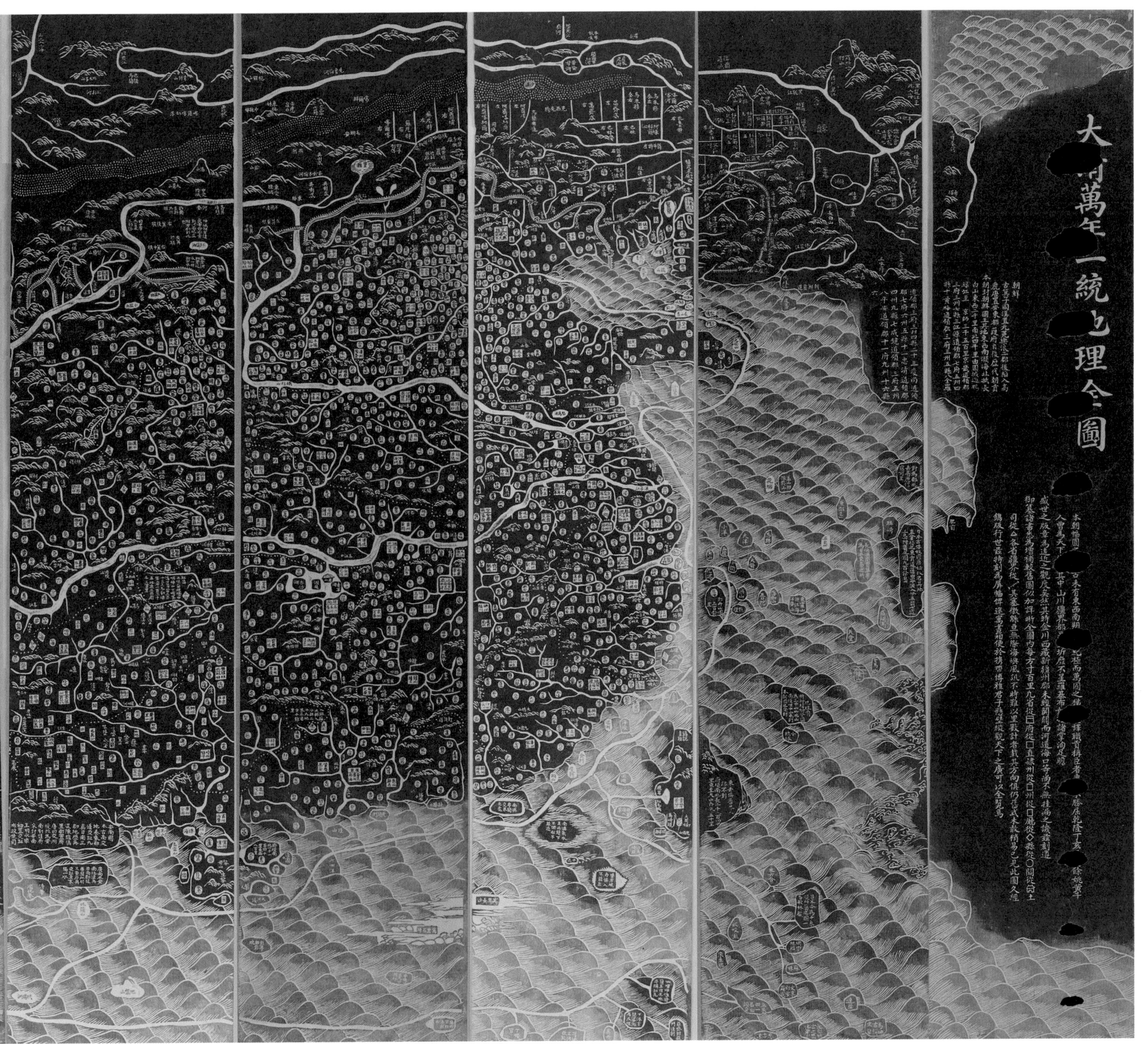

釣魚臺列嶼歸屬爭議中的臺灣

《三國通覽輿地路程全圖》與《琉球三省並三十六島之圖》

日本．林子平，繪於1785年，出自大英圖書館（British Library）《三國通覽圖説》。

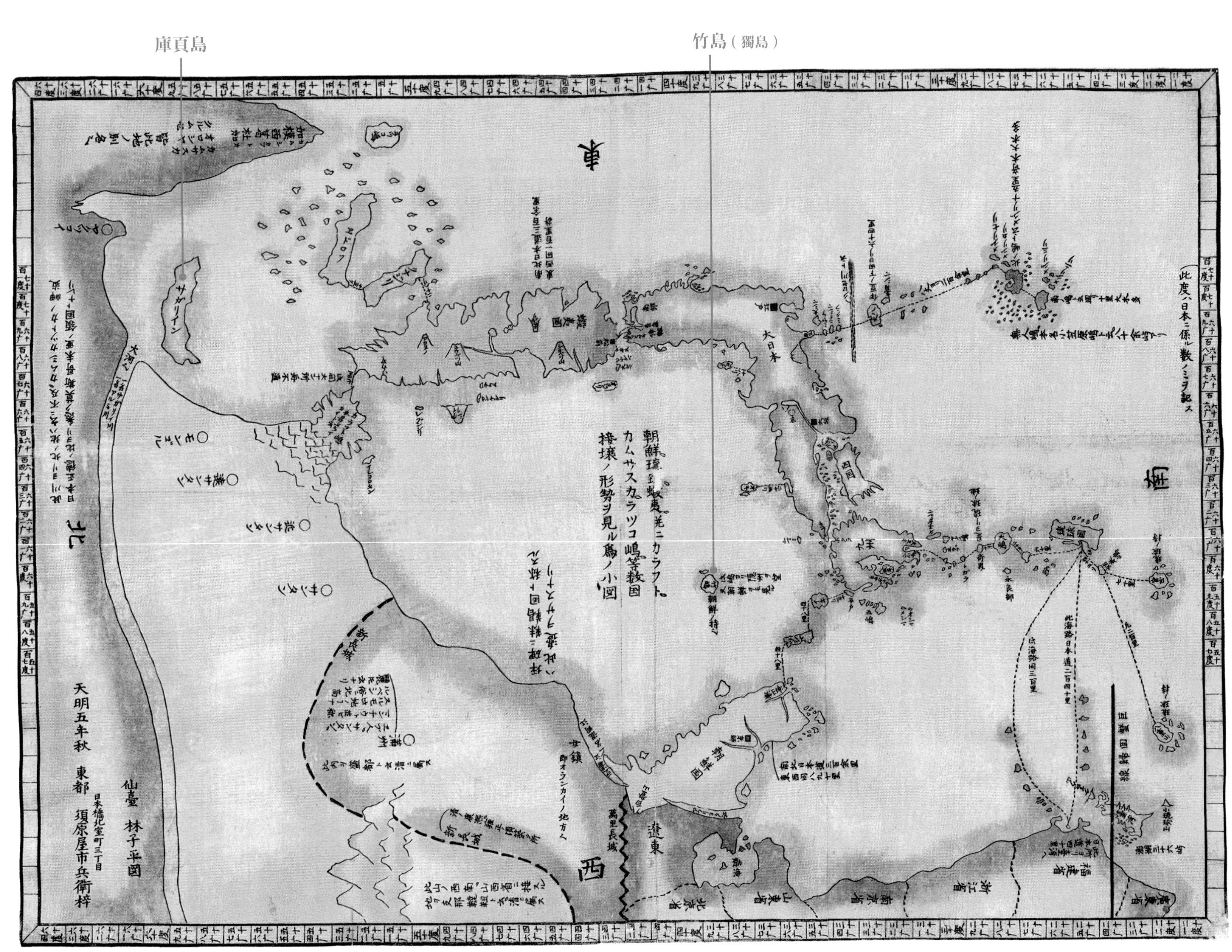

日本江戶時代的學者林子平於1785年時撰繪了一本《三國通覽圖說》，以圖文解說與日本相隣的朝鮮、琉球、蝦夷三國和周邊島嶼的地理風俗，全書附有5幅地圖，其中《三國通覽輿地路程全圖》與《琉球三省並三十六島之圖》二幅出現臺灣。

林子平畫像

林子平在「題初」中說：「右三國通覽圖說，非小子敢言經濟，亦非妄玩地理之學，只欲使攜武之人知三鄰之地理耳，之是雖似武藝之餘計，然竊以為卻可言武門之奧旨歟。」似乎是說給日本當時的軍事政權幕府將軍聽的，雖然用心良苦，卻被當時主導幕府寬政改革的大臣松平定信（延伸閱讀p. 259）認為是危險人物，將他的著作《海國兵談》與《三國通覽圖說》列為禁書並加以沒收。幕府認定《三國通覽圖說》是「地理相違之圖」，但是本書已從長崎傳到荷蘭，並翻譯成歐洲各語文版。

《三國通覽圖說》雖然被幕府查禁，但在日本卻頗受重視，出現多種摹寫本，在地理學界具有一定的份量。日本內閣文庫、宮內廳書陵部、東京大學、京都大學、早稻田大學等大學圖書館，及著名的文庫都有收藏。

《三國通覽輿地路程全圖》為本書的主圖，其餘四圖皆為主圖的局部放大圖。以左下角的作者林子平直式署名為準，《三國通覽輿地路程全圖》的東方朝上，南方朝右。描繪範圍從北方的紅色俄羅斯開始，左上角的堪察加（Kamchatka加模西葛杜加）半島伸入北太平洋中，指向千島群島中的獵虎島（ラッコ），它的西邊則是擇捉島（エトロフ）、國後島（クナシリ）與古稱蝦夷的北海道，都被塗成棕色，代表同屬蝦夷國管轄，勢力範圍甚至包括西邊黃色大陸的半島樺太（カラフト嶋），其實這個半島只是左上方綠色庫頁島（サガリインSakhalin Island）的南半部，作者林子平卻誤將兩者分離。

黃色大陸的南邊是綠色的滿州（明朝後金國與清朝滿洲地區），再往南則是黃色的朝鮮國與紅色的中國。而朝鮮國的東方就是林子平的祖國綠色的日本，當時並未統治其西方的黃色竹島（標明歸屬朝鮮）與南方的棕色琉球國，遑論離日本更遠的紅色釣魚臺列嶼（包括釣魚臺、黃尾嶼、赤尾嶼）。然而一百多年後的軍國主義將日本推向世界霸權後，即使最終在第二次世界大戰時慘敗，仍未收斂其貪婪野心，宣稱擁有竹島（韓國稱為獨島）與釣魚臺列嶼的主權，而與韓國、中國及臺灣發生多次激烈摩擦。

為了更詳細解說琉球國周邊的地圖資訊，作者林子平將主圖的此區域局部放大，繪製成《琉球三省並三十六島之圖》。本圖北起日本九州南部的薩摩藩，是江戶鎖國時代相對開放的地區，獲准與琉球國貿易，因此圖中繪出了薩摩藩與琉球國間的航線，再由琉球國那霸港連接中國的封舟貿易航線，也間接地連上中國到臺灣安平城的航線。

《三國通覽圖說》是明治維新之前日本唯一提及釣魚臺列嶼的著作，而近年來引起中日臺三方激烈論戰及摩擦的釣魚臺列嶼就位於圖中的封舟貿易航線上，這條航線從明朝開始形成，通常在夏至

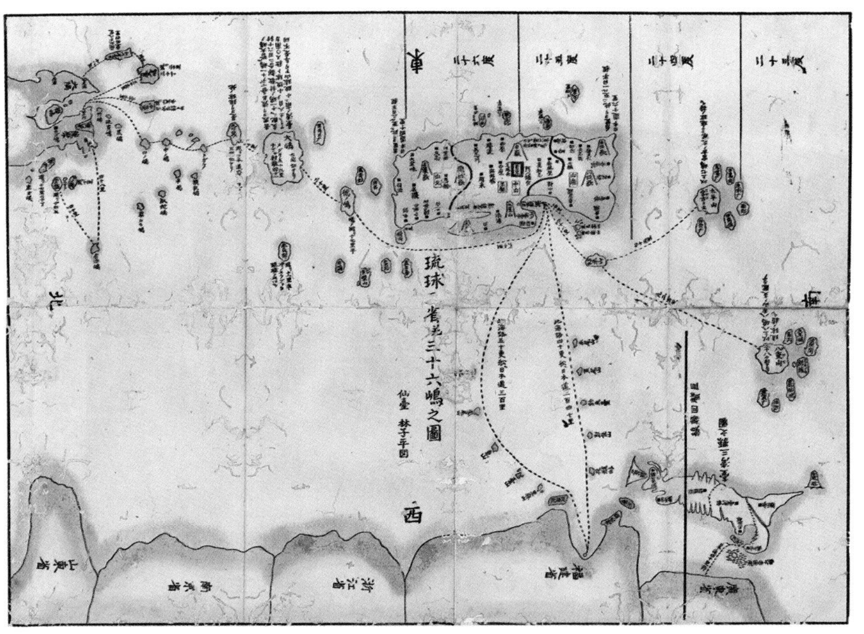

《琉球三省並三十六島之圖》

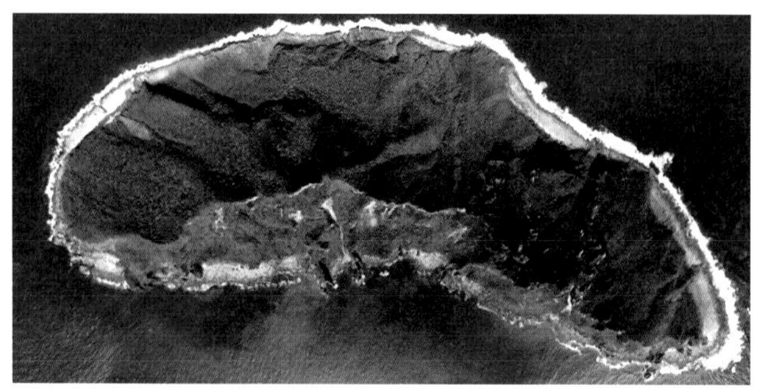

釣魚臺（National Land Image Information, Ministry of Land, Infrastructure, Transport and Tourism）

過後，封舟由福州出發，藉著西南風揚帆，經過花瓶嶼、彭佳山、釣魚臺、黃尾山、赤尾山，到達琉球那霸港；等到冬至過後，封舟再藉著西北風返航，經過南杞山、鳳尾山、魚山、臺山、里麻山、定海所，回到福州。這些島嶼皆塗上和中國相同的紅色，中國明清時期的大量文字史料也記載釣魚臺列嶼為中國版圖，這是1945年第二次世界大戰結束後，《波茨坦公告》規定日本必須將1895年《馬關條約》中割讓給日本的「臺灣、澎湖列島等」土地歸還中華民國時，戰敗國日本深刻了解的歷史事實。如今事過境遷，竟然遺忘歷史，貪婪再起，沒了愧疚，令人憤慨！

而本圖中的臺灣雖已納入清朝版圖約一百年，但卻被塗成與紅色中國不同的黃色，一樣令人不解。或許從圖中仍以明鄭時期的承天府赤崁城來稱呼清朝時改制的臺灣府，可以看出一些端倪。除此之外，早在雍正元年至九年（1723～1727）便已增設彰化縣、淡水廳與澎湖廳，成為「一府四縣二廳」，但本圖卻仍標註為「臺灣三縣之圖」，從行政區劃與臺灣島形狀來分析，本圖很可能是參考康熙35年（1696）的《臺灣府志總圖》繪製的，較大的差異是雞籠嶼被放大為雞籠山，澎湖三十六島南移到了安平城近海，並將鳳山縣連同小琉球往東折了九十度，島形宛如一條魚。

雖然圖中特別畫了一條「巨蟹回歸線」（二千多年前人們觀測到北回歸線時，北半球的夏至位於黃道十二宮的巨蟹宮，故有此稱，但由於地球傾斜軸的歲差運動，到1989年時已經移至金牛宮）穿越臺灣，但由於臺灣島的位置受到誇大的琉球國排擠，從福建對岸南移至廣東對岸，因此北回歸線也相對地從南臺灣移到了北臺灣。

就在本圖繪製完成當年，中國封舟仍在等待順風揚帆時，使用瓦特蒸汽機的第一座紡紗廠在英國開始運轉，正式啟動了第一次工業革命，加速拉開了東西方經濟發展的差距。

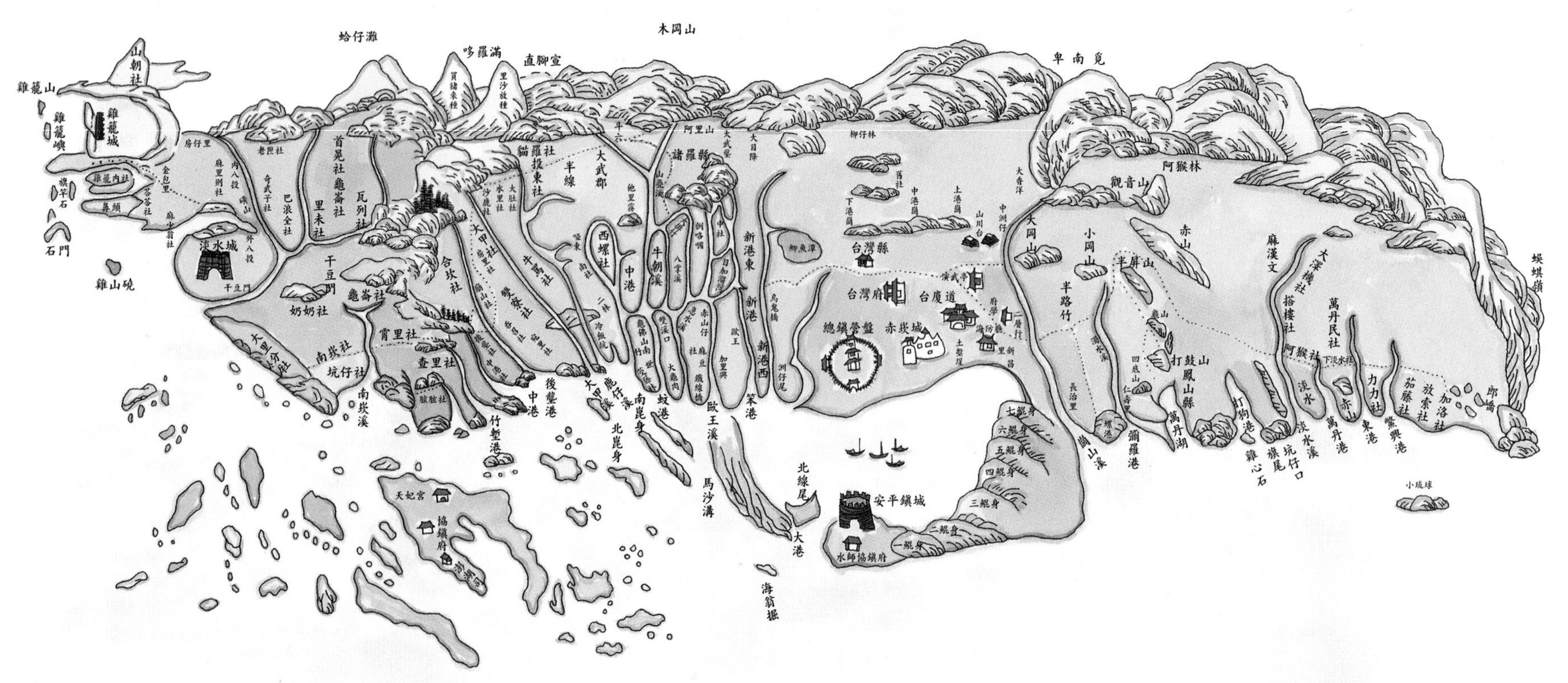

《臺灣府志總圖》（金炫辰描繪上色）

松平定信自畫像

延伸閱讀 ▲十八世紀中葉，日本商品經濟發展，但沉重的稅賦和商業高利貸導致農民難以負荷，棄地逃走，大片土地荒蕪，領主經濟陷入危機，官場也日益腐敗。1782年出現大饑荒，江戶、大阪民變四起。1787年，德川家齊成為德川幕府將軍，任用松平定信，主導1787～1793年間江戶幕府的寬政改革。

延伸閱讀 ▶鎖國是日本江戶幕府為了阻止外國傳教而施行的外交政策，從1633年頒布第一次鎖國令開始，直到1854年美國海軍艦隊司令官培里（Matthew Perry）率艦叩關為止，長達二百多年，僅允許在特定地點（長崎）與特定對象（中國和荷蘭）進行貿易。此外，也特別允許對馬藩與朝鮮、薩摩藩與琉球，以及松前藩與蝦夷進行貿易。

1860年代的薩摩藩武士

江戶幕府將軍出巡

延伸閱讀 ◀薩摩藩的正式名稱為鹿兒島藩，控制了今日鹿兒島全縣（含琉球國的奄美群島）與宮崎縣的西南部，位於日本四島的最西，與幕府的關係較疏離，因此藩內青年武士階層推動革新，與附近的長州藩青年武士一起在和西方列強的接觸中發展壯大。幕末時期，薩摩藩與長州藩等組成倒幕聯盟，主張廢除幕府，還政於天皇。在明治天皇掌握政權之後，日本內閣的大多數閣員均出身於薩摩藩與長州藩。薩摩藩的財富、權力和國際先進性對明治維新產生重大影響。

渡臺多險阻，臺灣成大冤

《唐土歷代州郡沿革地圖集—— 大清國道程圖》

長久保赤水，編繪於1789年，出自日本國會圖書館。

長久保赤水出生於日本水戶藩（今茨城縣中部及北部）農家，從17歲開始學習漢字和中國詩詞，此外熱愛旅行，更愛製作地圖。雖然他常自稱「儒學者」，但是並未像其他學者那樣努力成為擅長詩文之人，他內心深處真正的夢想是成為在政治與軍事領域中運籌帷幄的領袖人物。

長久保赤水自畫像

然而他一生際遇不太順遂，70歲時還為了支付晚年的開支，負責編撰《大日本史》中的地理志，長達十年。他死後110年，才被明治天皇追贈為「從四位」（じゅしい，相當於管理朝廷行政事務的左京大夫或右京大夫），以獎勵其貢獻。

長久保赤水製作的一些地圖曾被實施鎖國政策的幕府查禁，只能祕密發行，但這些挫折仍無法抑制他對知識的渴望，還是想要和幕府的武士分享世界的形勢。1783年摹繪蔡方炳的《大清廣輿圖》（參見p. 214）後欲罷不能，即使已近七十高齡，仍著手編繪《唐土歷代州郡沿革地圖集》，包含《禹貢九州圖》、《周職方氏圖》、《春秋列國圖》、《戰國七雄圖》、《秦三十六郡》、《西漢州郡圖》、《東漢郡國圖》、《三國鼎峙圖》、《兩晉南北朝州郡圖》、《唐十道圖》、《大明一統二京十三省圖》、《亞細亞小東洋圖》和《大清國道程圖》共13幅地圖，是日本第一部正式的中國歷史地圖集，也是世界第一部中國彩色歷史地圖集，得益於日本江戶時代的彩色繪畫「浮世繪」十分流行所發展出的多彩套印技術。由於編繪水準高，又適合當時需要，因此被一再重印或改版刊行，風行達百年之久。然而在中國幾乎沒有人知道日本有這樣一位學者，以古稀之年還孜孜不倦於向日本人傳播中華文化。

《唐土歷代州郡沿革地圖集》依朝代排序，《大清國道程圖》是地圖集中的最後一幅，與1783年摹繪的《大清廣輿圖》有明顯的區隔，重點不在行政區劃與詳細的城鎮地名，而是如圖名所示，圖中標示了中國各大驛站與港口間的里程，是研究中國早期郵驛發展及中日港口航運的珍貴史料。（延伸閱讀p. 263）

浮世繪《寬政三美人》

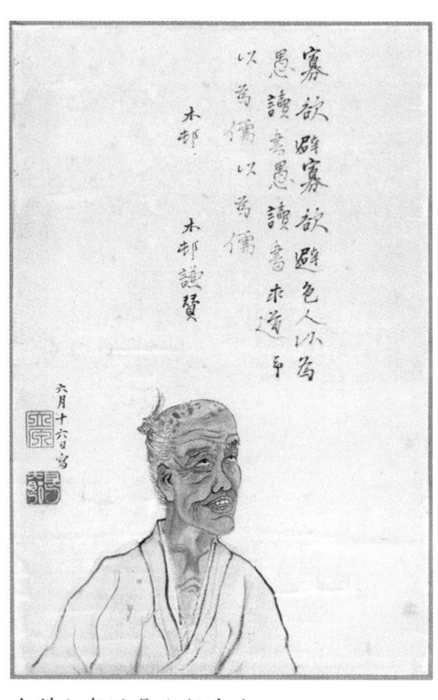

古稀之年的長久保赤水

古代驛站

大清國道程圖

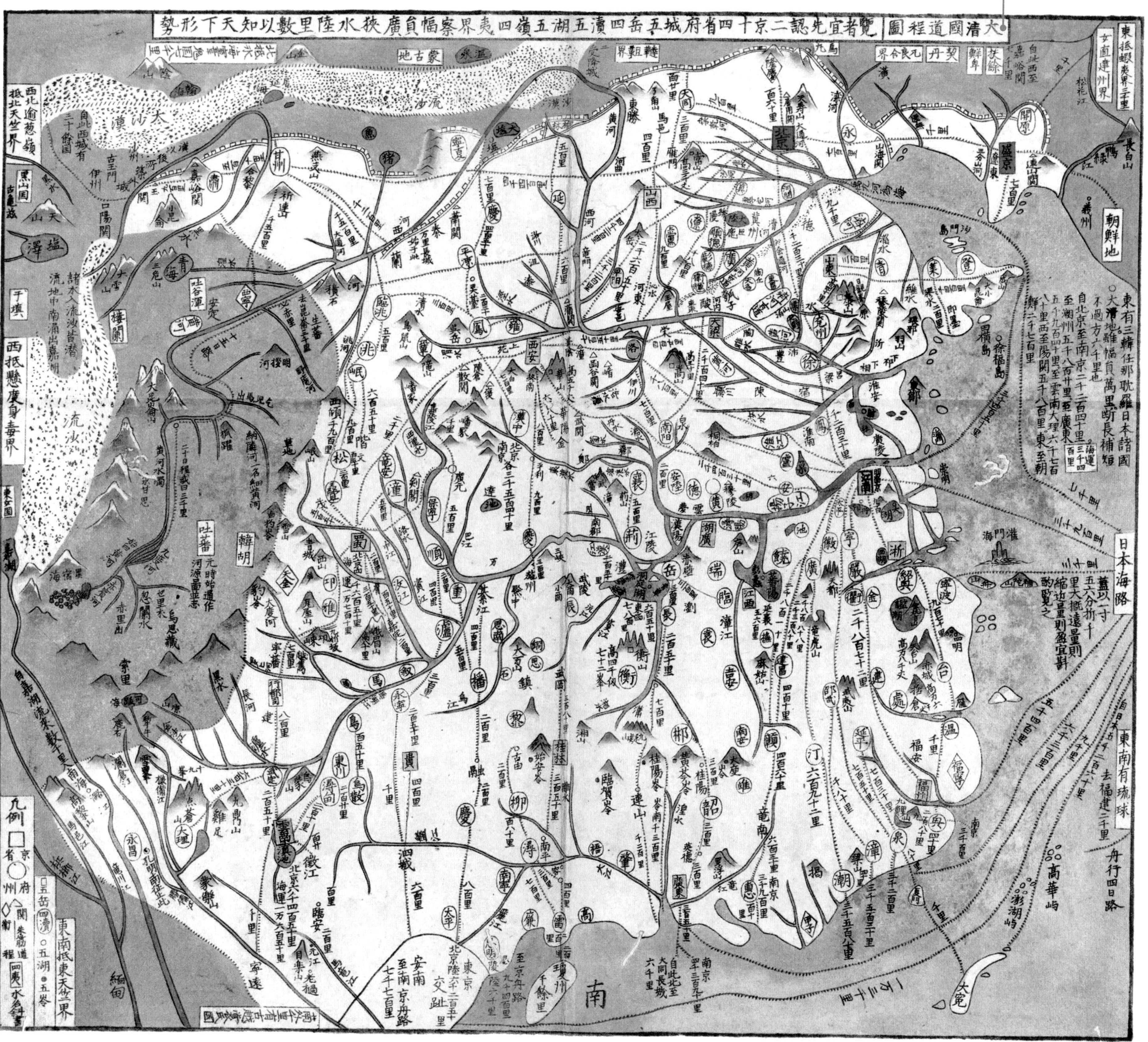
大清國道程圖
覽者宜先認二京十四省府城五岳四瀆五湖五嶺四夷界察幅員廣狹水陸里數以知天下形勢
朝鮮地
日本海路
東南有琉球
高華嶼
澎湖嶼
南

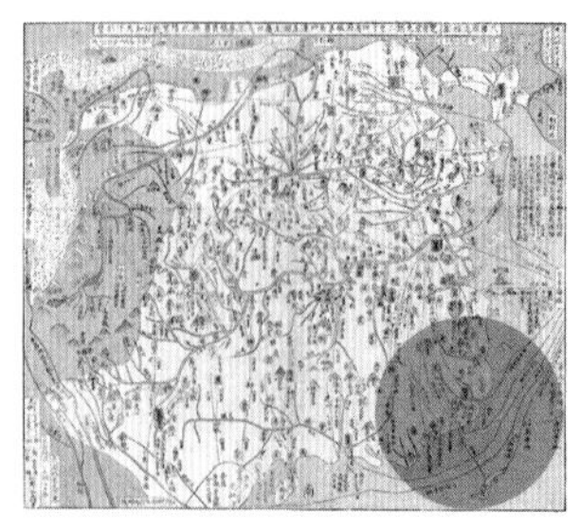

圖中的臺灣方位大致正確，但外型卻被簡化成象牙狀，面積幾乎只有海南島（瓊州）的一半，而且島名也標註為既不討喜又不常用的「大冤」。清朝明明已設立臺灣府一百多年，很多日本製圖者卻棄而不用，仍以東寧、大冤等名稱來稱呼臺灣，只能推測他們對具有一半日本血統的鄭成功所建的東寧王朝難以忘懷，另一方面也可能是對這座遠離大清國朝廷的偏遠島嶼不夠關心。

但即使被稱為「大冤」，本圖中的臺灣仍然是吸引目光的焦點，因為有數條航線朝它而來，其中一條航線在臺灣北端的雞籠靠岸；兩條航線經過臺灣海峽，分別前往廣東與交趾，途中也可能會在臺灣靠岸；另有一條航線前往泉州，轉經廈門，航抵臺灣安平港，可見臺灣在當時中日等國的轉口貿易上正扮演日益重要的角色。

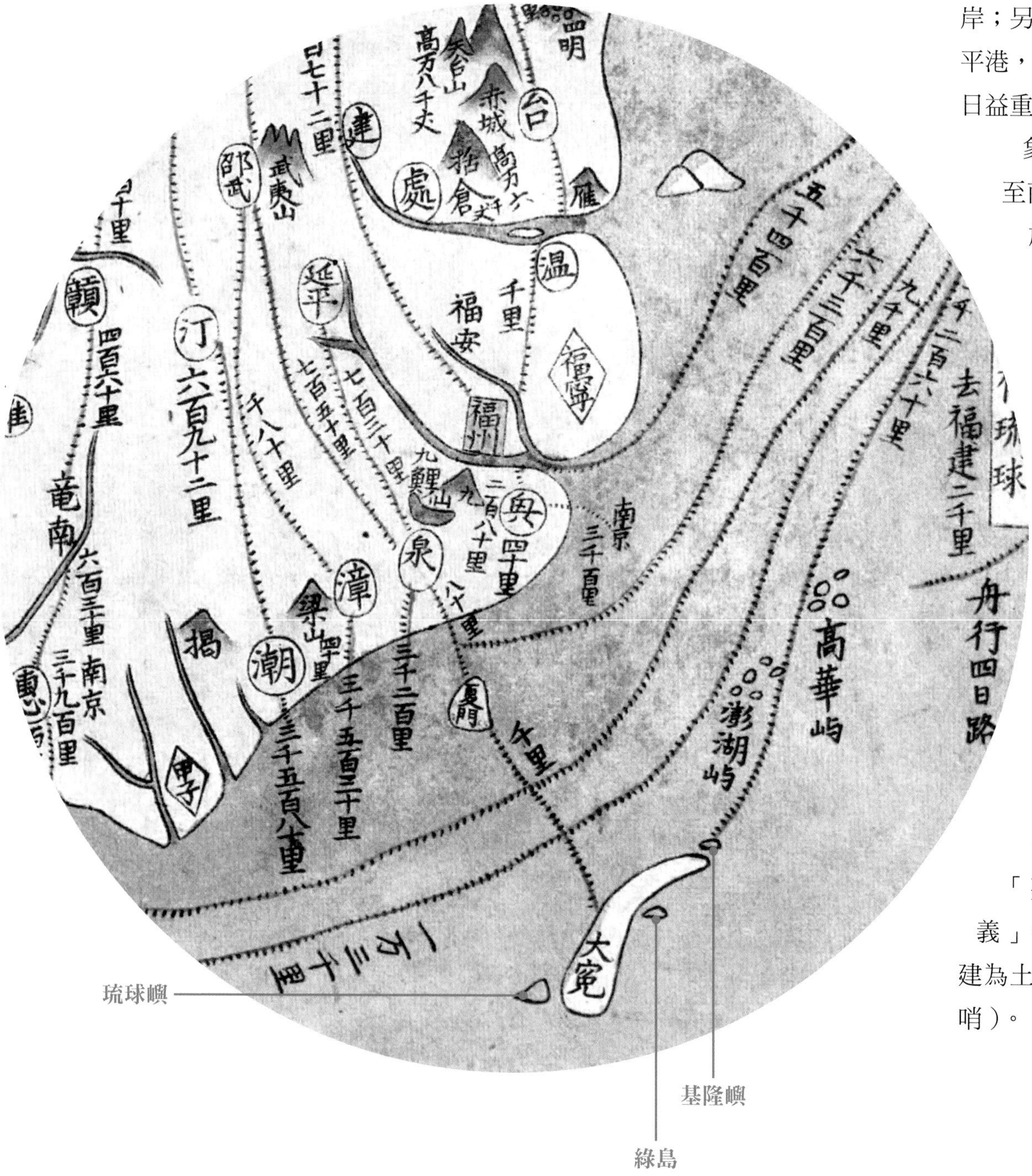

象牙狀的臺灣周邊伴隨著三個無名小島，由北至南應該是基隆嶼、綠島及琉球嶼。至於原本位於臺灣海峽中的澎湖群島，竟然被移到了臺灣北方，而其東北方的高華嶼，航線上標記舟行四日可達琉球國，因此有些學者考證高華嶼即今日的釣魚臺，有些學者則認為是與那國島。

當時的臺灣剛經歷過一場驚動清廷的大規模叛亂，1786年因臺灣府知府取締天地會（1783年由漳州傳入），逮捕天地會領袖林爽文的叔伯，林爽文遂率軍劫獄反抗，全臺響應，起義一個多月，除了臺灣府、諸羅縣及鹿港鎮之外，幾乎攻占全臺。清廷派陝甘總督大學士福康安率軍渡海平亂，借助閩粵間的矛盾，並結好原住民圍堵林爽文部眾，費時一年四個月才平定。1787年，乾隆皇帝為了「嘉」獎諸羅縣民「義」舉，將諸羅改名「嘉義」。從此之後，清廷下令將臺灣諸竹木城垣改建為土城，高一丈八尺，並建城樓、石卡（石砌崗哨）。

琉球嶼

基隆嶼

綠島

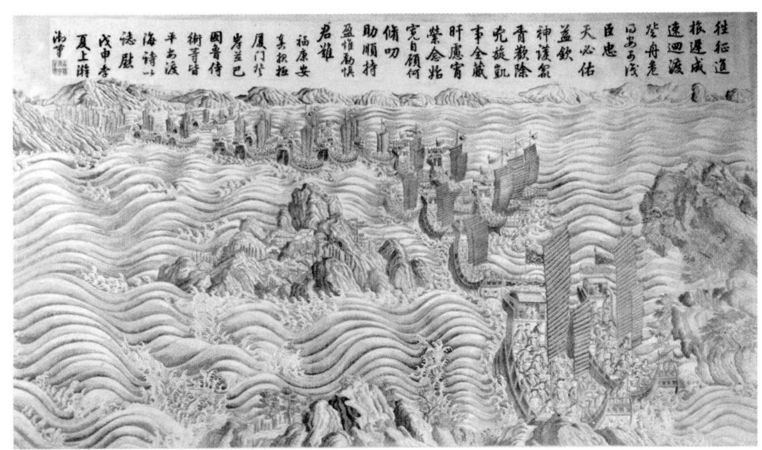

乾隆《平定臺灣得勝渡海凱旋圖》

◀▼福康安平定臺灣林爽文之亂，凱旋回京後，乾隆帝命宮廷畫師刻繪12幅銅版畫記功，圖上有乾隆御筆題字。這幅《平定臺灣得勝渡海凱旋圖》中數十艘艦隊乘風破浪，凱旋返抵廈門。

其實乾隆應該覺得這幅畫很眼熟，因為早在康熙派遣施琅渡海，平定臺灣明鄭政權後，便命宮廷畫師畫了一幅《欽定平定臺灣凱旋圖》，畫作氣勢磅礡，構圖嚴謹，比數十年後臨摹充數的銅版畫出色許多。圖左下角的「皇四子和碩雍親王之章」方印，說明本圖繪於雍正帝登基之前，而上方中央的「養心殿寶」御印說明本畫曾收藏於雍正帝寢宮的養心殿中。雍正傳位給乾隆之後，乾隆也在本畫中蓋了好幾個御印，包括「五福四得十全之寶」，把祖父康熙攻滅臺灣明鄭之功也攬成自己的「十全武功」之一。

康熙《欽定平定臺灣凱旋圖》

▼臺灣曾被稱為大員、台員、大灣、大冤、埋冤。根據連橫《臺灣通史．開闢篇》記載：臺灣原名「埋冤」(閩南語發音)，為漳、泉人所號。明代漳、泉人入臺者，每為天氣所虐，居者輒病死，不得歸，故以埋冤名之，志慘也。其後以「埋冤」為不祥，乃改今名。

其實渡海來臺的過程也不全都是風平浪靜，臺灣海峽中有一條狹長的海谷所構成的澎湖水道，俗稱黑水溝，有強勁海流快速流過，海象惡劣，常有船難。即使偷渡到了臺灣，《重修臺灣縣志》記載：比到岸，恐人知覺，遇有沙汕，輒趕騙離船，名曰「放生」。沙汕斷頭，距岸尚遠，行至深處，全身陷入泥淖中，名曰「種芋」。或潮流適漲，隨波漂溺，名曰「餌魚」。

嘉峪關魏晉墓壁畫中的驛使

◀中國是世界上最早建立傳遞信息系統的國家之一，最遠可追溯自三千多年前的商代甲骨文。根據《春秋》、《左傳》等書的記載，當時通信的方式有三種：一是「傳」，為車遞；二是「郵」，為步遞；三是「驛」，為馬遞。後因車遞費用太大，漸不使用，只剩步遞及馬遞，故改稱為「郵驛」。嘉峪關魏晉墓壁畫中的驛使手舉簡牘文書，驛馬四足騰空，速度飛快。驛站則是古代供傳遞軍事情報的官員途中食宿、換馬的場所。

俗稱「黑水溝」的澎湖水道

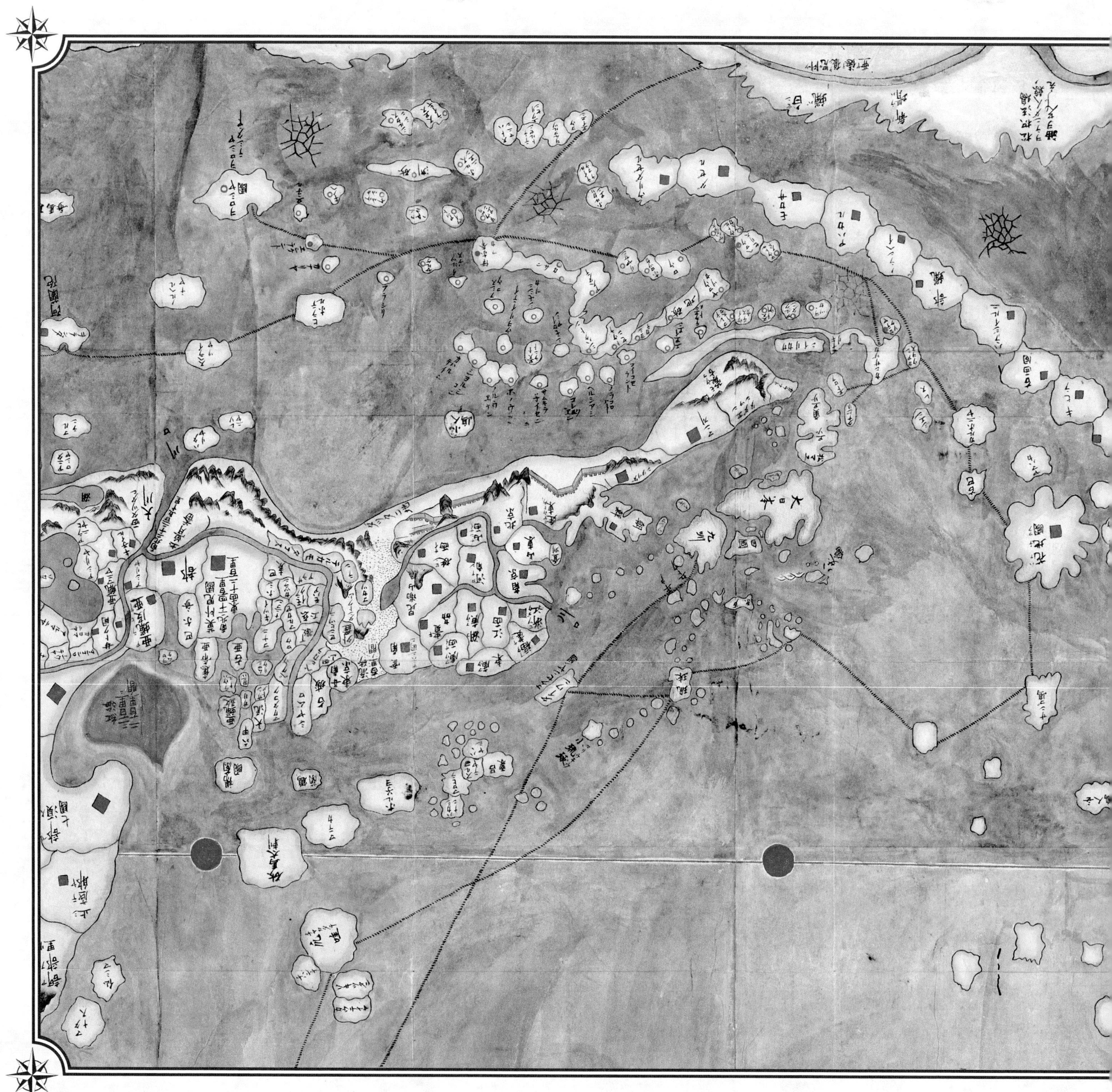

第 5 章

民族主義 VS 新帝國主義

十九世紀

山海天下廣，哪裡是臺灣？

《天下圖——中國十三省圖》（又稱《大明混一天下全圖》）

繪者不詳，約繪於1800年，
出自美國國會圖書館（Library of Congress）。

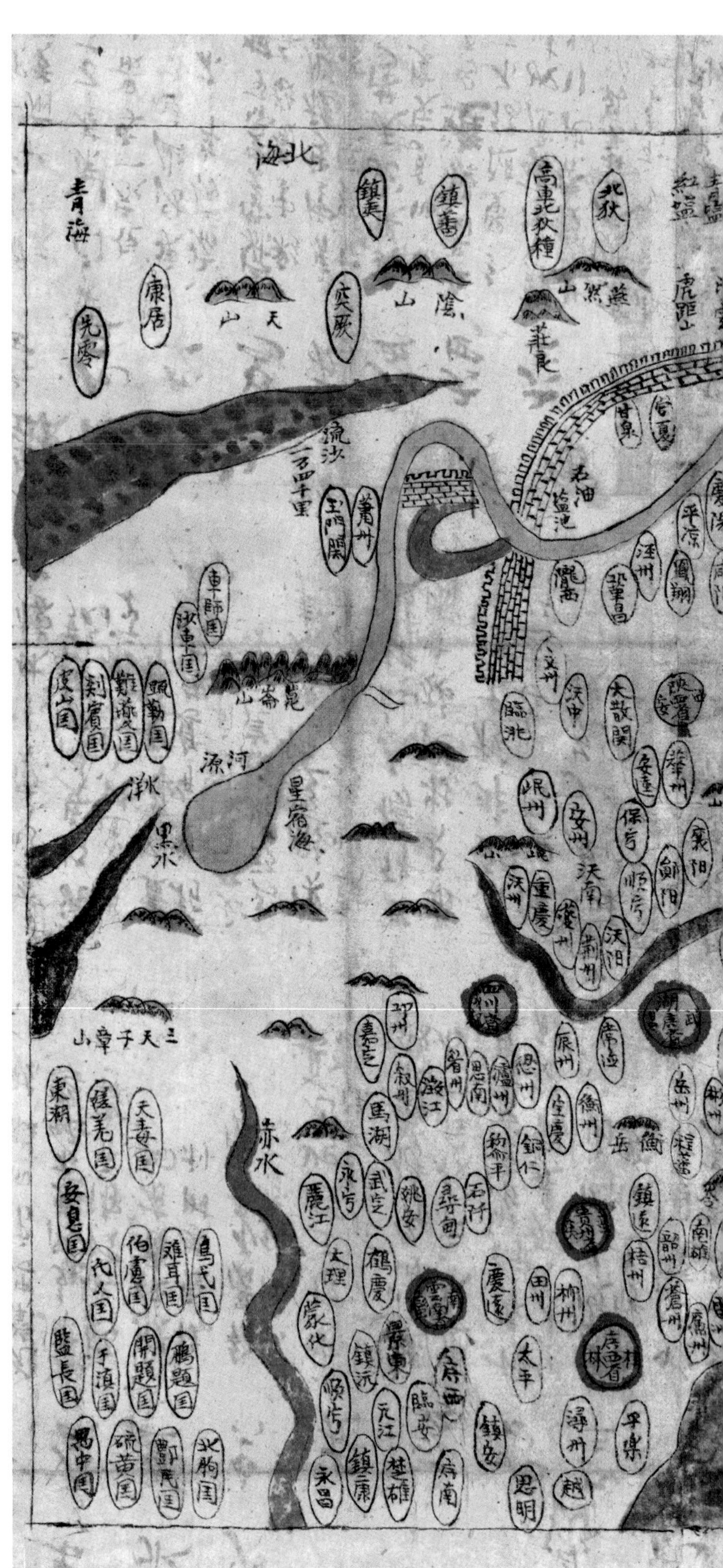

這張地圖出自朝鮮不知名作者之手，是由〈天下圖〉及〈中國十三省圖〉兩幅手繪地圖所組成。右邊的〈天下圖〉為十六到十九世紀朝鮮流行的世界地圖形式，反映出當時朝鮮人對天下的觀念。

〈天下圖〉呈現出古中國「天圓地方」的宇宙觀，圖的最外圍是一圈海水，東西兩極各有一島，東島扶桑日月出，西島盤松日月入。這圈外海包圍著環狀的陸地（《山海經》稱之為大荒），環狀陸地之內又有一圈內海，包圍著中央略呈方形的大陸。

這塊方形大陸稱為「海內」，以明朝疆域為主，醒目的中原以紅圈及寬廣的城牆來突顯，代表當時明朝首都北京。由於左邊另有一幅詳細的〈中國十三省圖〉，因此這幅〈天下圖〉的中國只重點描繪出長城、黃河、長江及五嶽，外加崑崙山八柱峰與天台山。其他的海內四夷則以土黃色塊標註名稱，或排列整齊集中書寫在邊陲地區，而「海外」島夷則是以紅色塊來標註名稱，包括日本、琉球等國，但除了集中書寫在邊陲地區的「海內」四夷及少數「海外」島夷的名稱在中國正史中有明確記載之外，絕大多數的「海外」與「大荒」上的國名及山名都是出自《山海經》，這本成書於周朝末年到漢朝之間的博物地理志充滿了神怪傳說，雖然匪夷所思的奇國異民難登正史的大雅之堂，卻為本地圖增添了些許趣味。

這種難登正史大雅之堂的〈天下圖〉之所以能在朝鮮半島風行三、四百年，即使進入十八、十九世紀，全球大部分地區都已被探險家發現記載於史冊，並繪製出越來越精確的世界地圖，根本找不到《山海經》中所載的眾多奇國異民，但朝鮮製圖家仍然滿懷熱情地持續繪製這種傳統型〈天下圖〉，樂此不疲。細究其原因，可回溯至中國商朝，遺老箕子不願成為周臣，

天部黃曉峯校刊
山海經
槐蔭草堂藏版

《山海經》清乾隆時期刻本

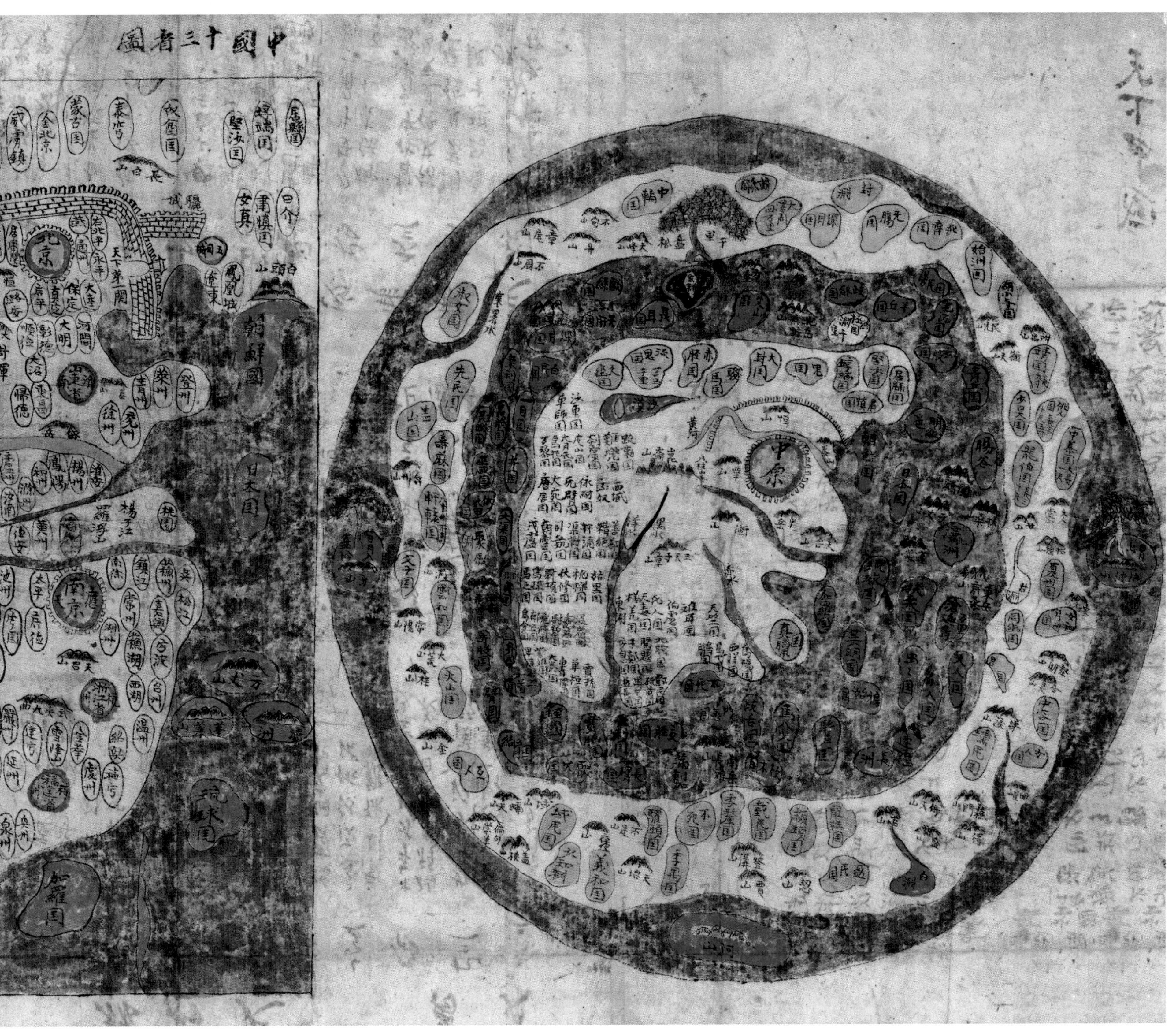
中國十三省圖
北京
南京
朝鮮國
日本国
中原
加羅国

1700年《天下圖》

18世紀《天下總圖》

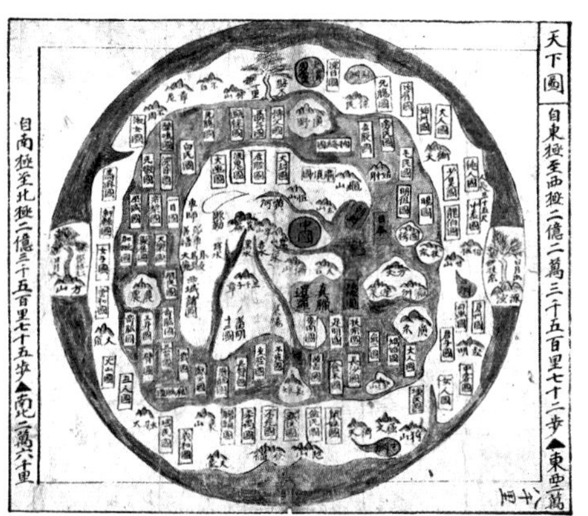

約1820年《天下圖》

1874年《天下圖》

前往朝鮮半島建立了「箕子朝鮮」，並得到周武王的冊封，統治近一千年，歷經41代君主，這段歷史為朝鮮留下了光彩的記憶。

而最早出現「朝鮮」一詞的古籍就是《山海經》，書中〈海內經〉的第一句：「東海之內，北海之隅，有國名曰朝鮮。」代表中原王朝將朝鮮擺在海內封國的第一位。雖然本圖中的朝鮮被塗成跟日本等「海外」島夷一樣的紅色，但卻屬於「海內」（朝鮮與中原本土只隔著鴨綠江與圖們江，實為半島而非海島），而且歷史淵源久遠，名列封國之首，讓仰慕中華文化的傳統朝鮮人深感光榮，因此對《山海經》一書情有獨鍾，常以書中記載的列國山海為架構繪製〈天下圖〉，彰顯朝鮮的歷史地位，風行三、四百年。

本圖中的南海上，從浙江天台山南方的長江口，到真臘國（柬埔寨）北方的東京灣之間，只繪出琉球國（沖繩）、加羅國、吳明國，未見臺灣蹤影，畢竟《山海經》成書的周朝末年到漢朝之間，臺灣還沒在歷史舞臺上登場露臉。

接下來將視線移往左邊的〈中國十三省圖〉。「兩京十三省」是明朝時的行政區劃，這時已離周朝約1500年，耶穌會傳教士陸續將西方實測的世界地圖傳入東方，朝鮮製圖者完成傳統象徵意義的〈天下圖〉之後，將描繪重點聚焦於較符合正史規範的「海內」，繪出了明朝長城、沙漠、黃河、長江、星宿海、洞庭湖、五嶽等大山、各省重要城鎮及周邊四夷。而南方的紅色赤水與西方的黑水與洋水應是指今日的紅海、地中海與黑海，雖然其方位因歐洲與非洲遭嚴重壓縮扭曲而大幅往東南方偏移，上面註記的國

圖們江左方為中國，右方為北韓朝（Photo by Baycrest-Wikipedia user CC-BY-SA-2.5）

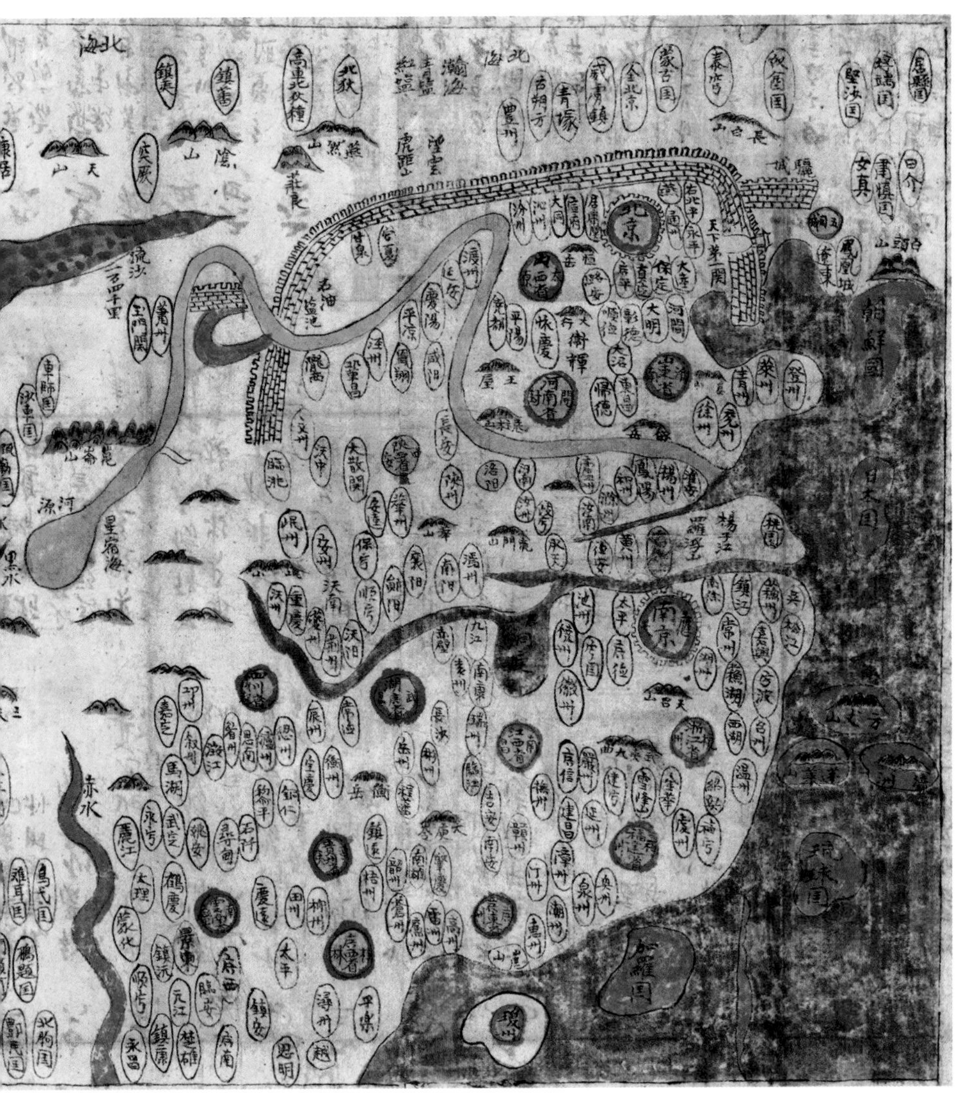

名也大多誤置，但畢竟呈現出了歐亞非三大洲。

至於東方海面上的海外島夷，朝鮮製圖者也捨棄了大人國、小人國等《山海經》中神話傳說氣息濃厚的島夷，只繪出朝鮮國、日本國、琉球國，與中國《史記》記載的「海中三神山」方丈、蓬萊、瀛洲。至於福建泉州對面的「加羅國」，就相對位置來看，最有可能是臺灣，但根據《南齊書》記載，建元元年（479），朝鮮半島南部的伽倻國遣使來獻時，曾被稱為「加羅國」。到了西元562年，該國便被新羅吞併。想不到消失了一千多年的朝鮮古國，竟然重新出現在臺灣附近。而「加羅國」與「琉球國」之間還有一長條狀的無名島，這種形狀的島嶼也曾出現在清朝琉球副使徐葆光《中山傳信錄》的〈針路圖〉中，即明朝時稱為雞籠山的臺灣，豎直起來的島型與眾不同，令人印象深刻。

雖然繪製本圖時，明朝已被清朝滅亡超過一百年，朝鮮製圖者依然難忘大明王朝。事實上，當時的臺灣正值清朝乾隆與嘉慶年間，漢族人口從1782年的91萬人，暴增到1811年的194萬人，來自中國大陸各地（福建、廣東兩省為主）的大量移民為了爭奪墾地、水源等原因，經常發生不同族群間的分類械鬥。1806年，由於海盜蔡牽侵擾各地，彰化縣令招募以漳州人為主的鄉勇保衛地方，卻在泉州人聚居的鹿港與當地轎夫發生言語衝突，漳州鄉勇持武器殺死數位泉州人，演變成大規模的漳泉械鬥，長達四、五個月，蔓延至臺灣中北部。至於海盜蔡牽則被澎湖副將王得祿大敗於鹿耳門外，遠遁海上，不敢再覬覦臺灣。

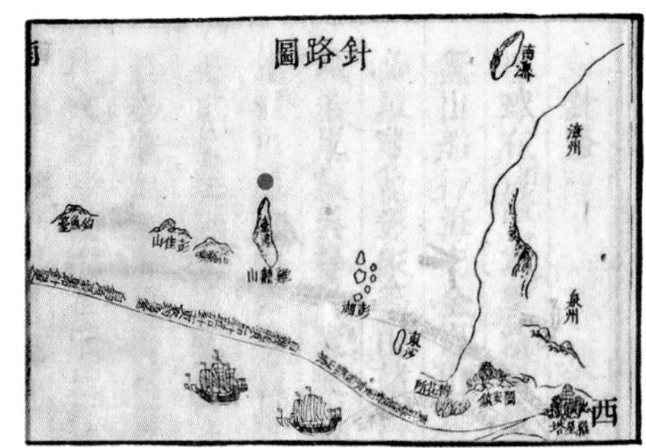

《中山傳信錄》〈針路圖〉中的臺灣

延伸閱讀 ▶臺灣分類械鬥包括原漢衝突、閩粵械鬥、漳泉械鬥等種類。主要原因為乾隆後期大量單身男性移民來臺，各族群在分配或爭奪墾地、灌溉水源、建屋蓋廟時發生衝突。由於當時清治官衙控制力薄弱，無法禁絕遏止。另一方面，地方官也可能故意漠視兩方爭鬥，造成兩敗俱傷以削減反清力量。而分類械鬥的輸贏，也間接影響了臺灣各族群的分布。

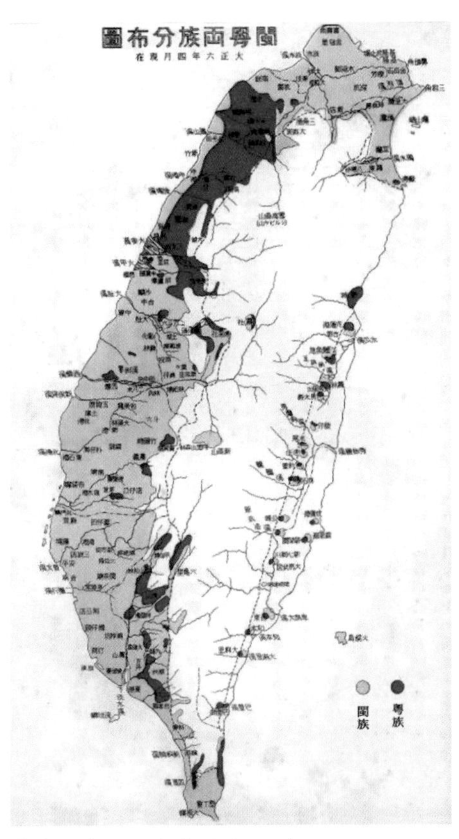

臺灣閩粵兩族分布圖（1927）

變形地圖中的臺灣一覽

《萬國之圖繪》與《萬國一覽圖》

古屋野意春，繪於1800～1809年，出自英屬哥倫比亞大學圖書館（University of British Columbia Library）。

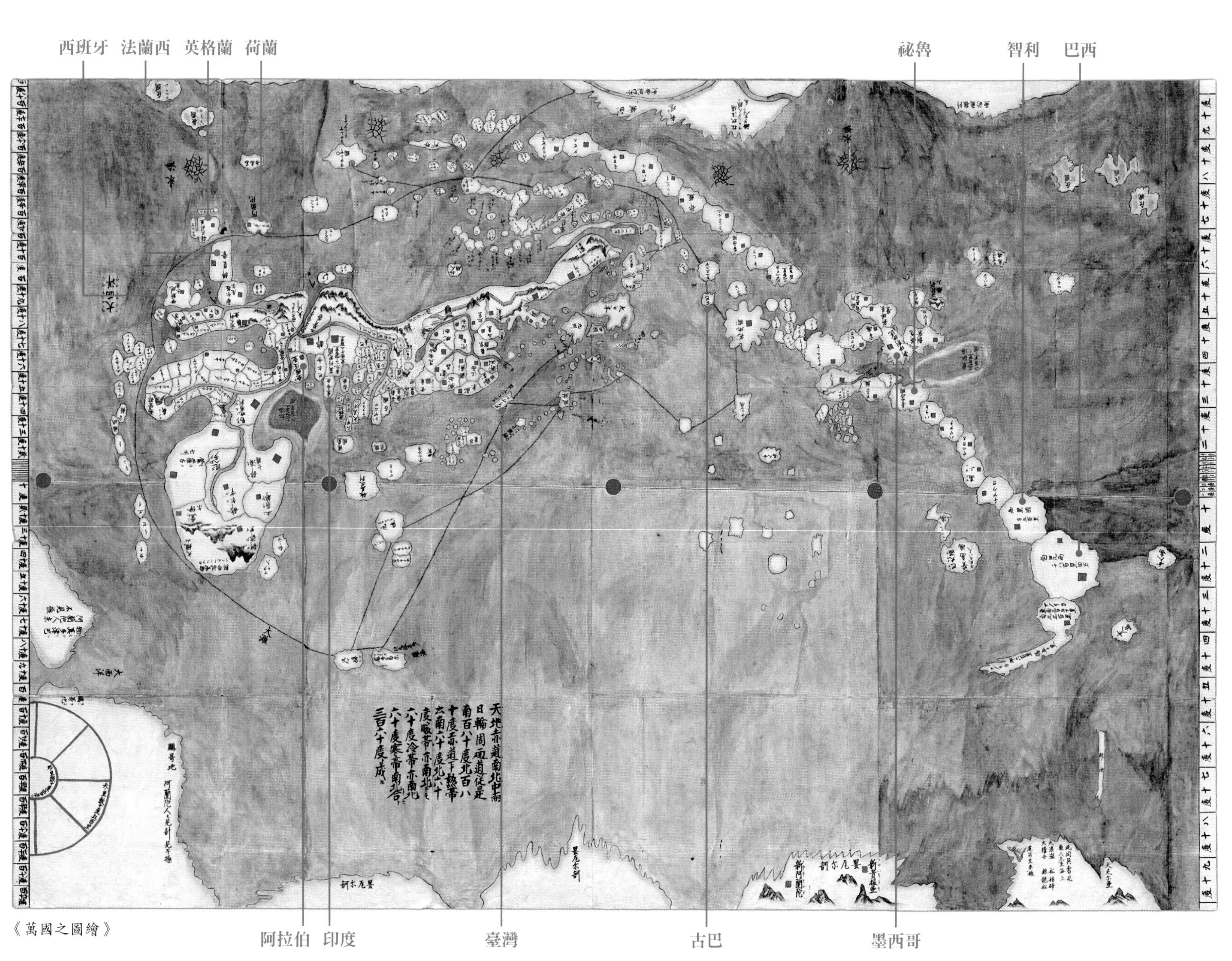

《萬國之圖繪》

日本江戶時代的新儒家學者古屋野意春，曾經是開業醫生，也辦過私塾，1800～1809年期間寫了兩卷《萬國一覽圖說》，另外還繪製了《萬國之圖繪》與《萬國一覽圖》兩幅地圖。根據自序，地圖乃是做為其私塾的教材之用。

乍見《萬國之圖繪》，多數人應該會眼睛一亮，因為從沒看過與此類似的世界地圖！雖然地圖左右兩側標記了緯度，並在左下方以文字及紅色半圓說明經緯度的劃分法，但各大洲的輪廓仍嚴重變形，尤其美洲大陸，被拉成長條形，各國頭尾相連，從南端的伯西兒（Brazil巴西，被誤植為伯兒西，其實美洲南端應該是知里國Chile智利）一路往上，經過孛露國（Peru秘魯）、中美洲的新伊惜把泥亞（Nueva España新西班牙，今墨西哥）、東紅海（加利福尼亞灣），延伸到北美洲的最北端，這一橫跨南北太平洋的條狀陸地，宛如爬向南方大陸的巨蠶或蜈蚣。

利瑪竇《坤與萬國全圖》中的東紅海——加利福尼亞灣（NASA）

本圖中的地名明顯參考自利瑪竇1602年的《坤輿萬國全圖》，但為了便於私塾學生的學習，大多數地名都譯成日文，部分不知如何翻譯的則保留中文，然而可能由於日本製圖者或刻版者對漢字不夠熟悉，出現不少別字，例如《坤輿萬國全圖》中的伯西兒（Brazil巴西）被誤植為伯兒西；利瑪竇將南方大陸命名為墨瓦蠟泥加（Magallanica麥哲倫洲）以紀念率先環球航行的麥哲倫（Magallanes），本圖中卻標註為不知所云的「墨瓦尔訶」，還有許多部首或筆畫錯誤的怪異漢字。

由南方大陸西側的鸚哥地往上，便可看到花瓶狀的非洲，瓶口正對著地中海與壓扁的歐洲，瓶頸右方的紅海則由亞蠟皮亞（Arabia阿拉伯）的西岸移到了南岸，讓帶領以色列人穿過紅海的摩西不知何去何從，因為紅海對岸並非迦南，而是莫臥兒（Mughal蒙兀兒）帝國統治的應帝亞（India印度）。

若繼續往東，就會來到馬來半島的大泥（今泰國北大年），繞過六甲（馬六甲）海峽，可到達中南半島的占城與安南（均在今越南），再越過百里流砂（應為古稱萬里長沙的西沙群島），便進入了中國，萬里長城清晰可見，然而其北方的廣大俄羅斯卻被嚴重壓縮成窄窄的ダッタン（韃靼）地，蒙古也被擠到北海道旁邊，吐魯番則被擠到阿拉伯附近，令人大開眼界。

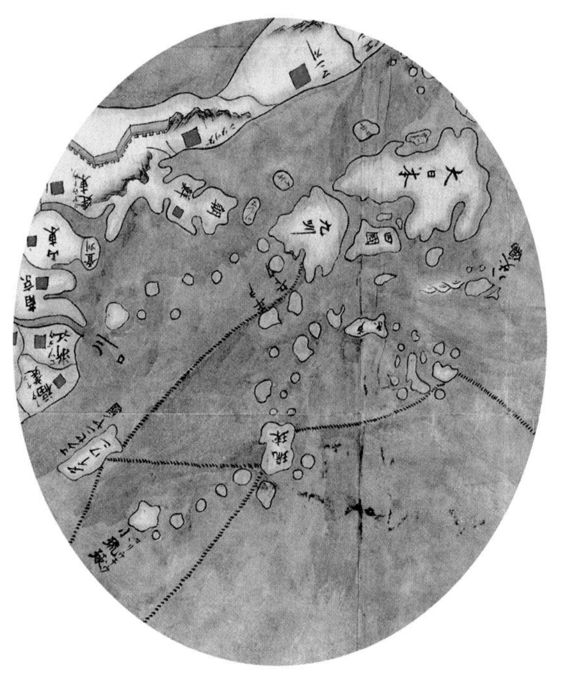

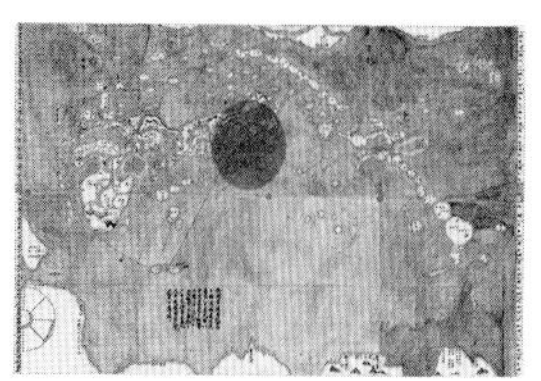

既然本地圖是畫給鎖國時期的日本學生認識世界，日本理所當然要取代長期以來位居中央的中國，成為世界地圖的新中心。但由於日本離赤道有點距離，只好定位在中央偏北處，面積也略放大些，以免「大日本」名實不符。

日本九州長崎的五島（五トウ）與平戶都曾是日本鎖國時代的對外貿易港口，本圖中的外貿航線環繞亞非歐美各大洲，而商船航向日本或由日本返航的第一站便是福建對岸的タイワン（Taiwan臺灣），旁邊還標註已滅亡百餘年的コクセンヤ（國姓爺）之國。臺灣的大小與方位大致符合，至少比東北方的琉球大，而臺灣東南方的小琉球，一樣是因製圖者被臺灣多變的地名所惑，無法取捨而並列畫出。

日本的外貿航線到達臺灣後分成兩條，一條航向東北方的第二站琉球，輾轉航經中美洲的花地國（待考證）與古巴，繞過北冰洋（繪有數處冰面裂痕）航向歐洲，其實這條東北航線要到1878年才由瑞典探險家諾登舍爾德（Adolf Erik Nordenskiöld）開通，日本私塾老師提早七十幾年向他的學生宣布此事。航線接著繞過非

開通東北航線的瑞典探險家諾登舍爾德

洲，經由爪哇島，分別連結上琉球航線與臺灣的第二條航線，形成環球航線。

《萬國之圖繪》既然參考了相對正確的《坤輿萬國全圖》，為何還會如此變形呢？可能有兩種原因：（一）日本製圖者僅參考《坤輿萬國全圖》的架構及地名，而以自己的「天下觀」重新描繪世界。（二）因故無法仔細描繪《坤輿萬國全圖》，只能先速寫草稿、抄錄地名後，再憑記憶謄繪成正稿，因而出現多處誤植、別字與變形。雖然《萬國之圖繪》描繪的世界變形，且有不少謬誤，但在日本鎖國時代，願意在私塾中讓學生認識世界，仍值得嘉勉。

數年後，古屋野意春獲得了更多的地圖資源，發現《萬國之圖繪》的諸多不足，為了避免誤人子弟，於是重繪了一幅《萬國一覽圖》來取代《萬國之圖繪》。

根據地圖左下方的圖序，古屋野意春認為十八世紀末出現的東西半球投影（double-hemisphere projection）地圖，對於初學者而言太難理解了，因此他建構了一個更簡單的世界觀，讓學生一目了然。對於古屋野意春而言，世界觀是有層次的，這幅《萬國一覽圖》是專門用於教學的特定知識組合。

繪製本圖的參考書目洋洋灑灑：從官方正史（日本紀、先秦史

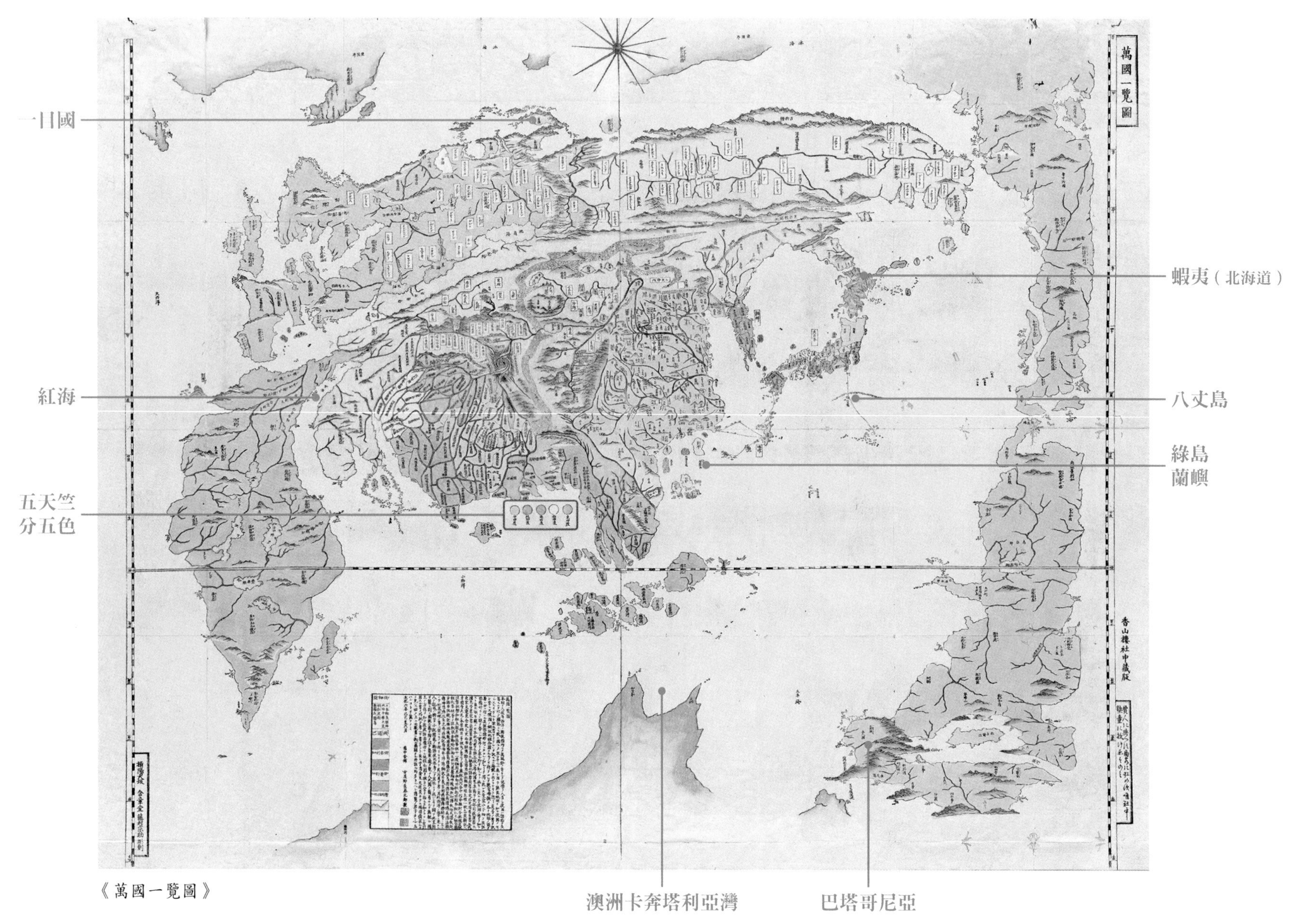

《萬國一覽圖》

記……大明一統志）到稗官野史，從廟堂經典（尚書、詩經……）到民間雜著（山海經、本草綱目……），從三藏經典（華嚴經、阿含經……）到佛史傳記（高僧傳、傳燈錄……），共約七十多本，除了《日本紀》之外，都是中國古籍，其中佛教圖書約35本，占了一半，足見本圖具有相當的佛教意涵。

本圖左右兩側一樣設有緯度尺標，但已將赤道往南移，以便讓前一幅《萬國之圖繪》中被嚴重壓縮的歐洲與俄羅斯等地，獲得足夠的空間來描繪。而原本被拉成長條形的南美洲與北美洲，也努力想要恢復原狀。至於廣袤的南方大陸墨瓦蠟泥加（麥哲倫洲），已慢慢聚攏出今日澳洲的雛形，連同回到阿拉伯半島西岸的紅海，以及擺脫花瓶外形的非洲，可以明顯看出古屋野意春企圖改頭換面的決心。

八丈島（Photo by hirohiro akabane CC BY-SA 2.0）

當然自己的祖國日本更要精確描繪，已接近今日的實際樣貌。上幅圖中的誇大環球航線也已刪除，只留下薩摩－琉球與伊豆－八丈島兩條航線，而琉球首里城的對外航線也只畫出與中國福州間的傳統封舟往返針路，以及往返八重山（石垣島）的航線。雖然與臺灣連結的航線消失無蹤，但已明確用中文標註臺灣，而且仔細畫出澎湖三十六嶼（清點無誤）與淡把姑島（Tabaco Miguel、Tabaco Xima綠島、蘭嶼）。

《萬國一覽圖》除了參考《坤輿萬國全圖》，很可能還參考了1710年日本僧人所繪的《南瞻部洲萬國掌菓之圖》（參見p.232），圖中的日本、中華與天竺（印度）三國均以亮黃主色引人注目，位居世界的中央區，地名也較詳細，甚至將印度分成東西南北中五區，標示不同的顏色，突顯本圖的佛教特色。

圖中除了東歐、西伯利亞與蝦夷（北海道）之外，其他地區的地名大多標註中文，與上述兩幅參考地圖的地名雷同。令人不解的是在一些偏遠地區還添加了《山海經》中的地名，例如北歐地區的一目國、女人國、小人國等，似乎想在地圖科學與地理新發現中保

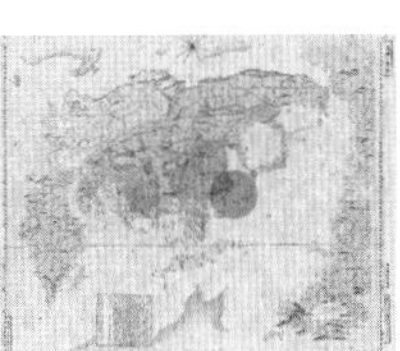

留一些神祕的幻想。

儘管《萬國一覽圖》在地理上已比《萬國之圖繪》更準確，但仍透露出製圖者為了符合佛教宇宙觀，相對輕忽了準確的地理表示。而臺灣這時雖已納入清朝版圖一百多年，但由於清廷從外地派駐臺灣的官兵，常因無法攜眷、三五年便輪調回內地等因素，導致過客心態而輕忽治理，因而民變、分類械鬥、海盜侵擾不斷。

蔡牽與朱濆兩大海盜曾數度侵擾臺灣各地，繼1806年蔡牽進攻鹿耳門之後，1807年朱濆又率船隊侵擾鹿港、淡水、蘇澳。這兩大海盜都被臺灣出生的水師軍官王得祿大敗，證明「保家衛國最好靠自己，遠來和尚未必會念經」。

王得祿

延伸閱讀 ◀王得祿出生於諸羅縣溝尾（今嘉義縣太保市），十五歲時入武學堂讀書。林爽文事件爆發時，年僅十七歲的王得祿主動率眾五百人，前往臺灣府城求援，隨後參與數十次戰鬥。林爽文事件平定後，王得祿被拔擢為千總，並獲賞花翎五品頂戴。1806～1809年殲滅朱濆、蔡牽等海盜勢力，並於第一次鴉片戰爭期間協防澎湖，官至浙江提督，加太子太保銜，死後追封伯爵，並加太子太師銜，是清治時期官位最高的臺籍官員。

佛教觀點的人間地圖，臺灣何時成為東方樂土？

《閻浮提圖附日宮圖》

道本山下存統，繪於1808年，出自橫濱市立大學圖書館。

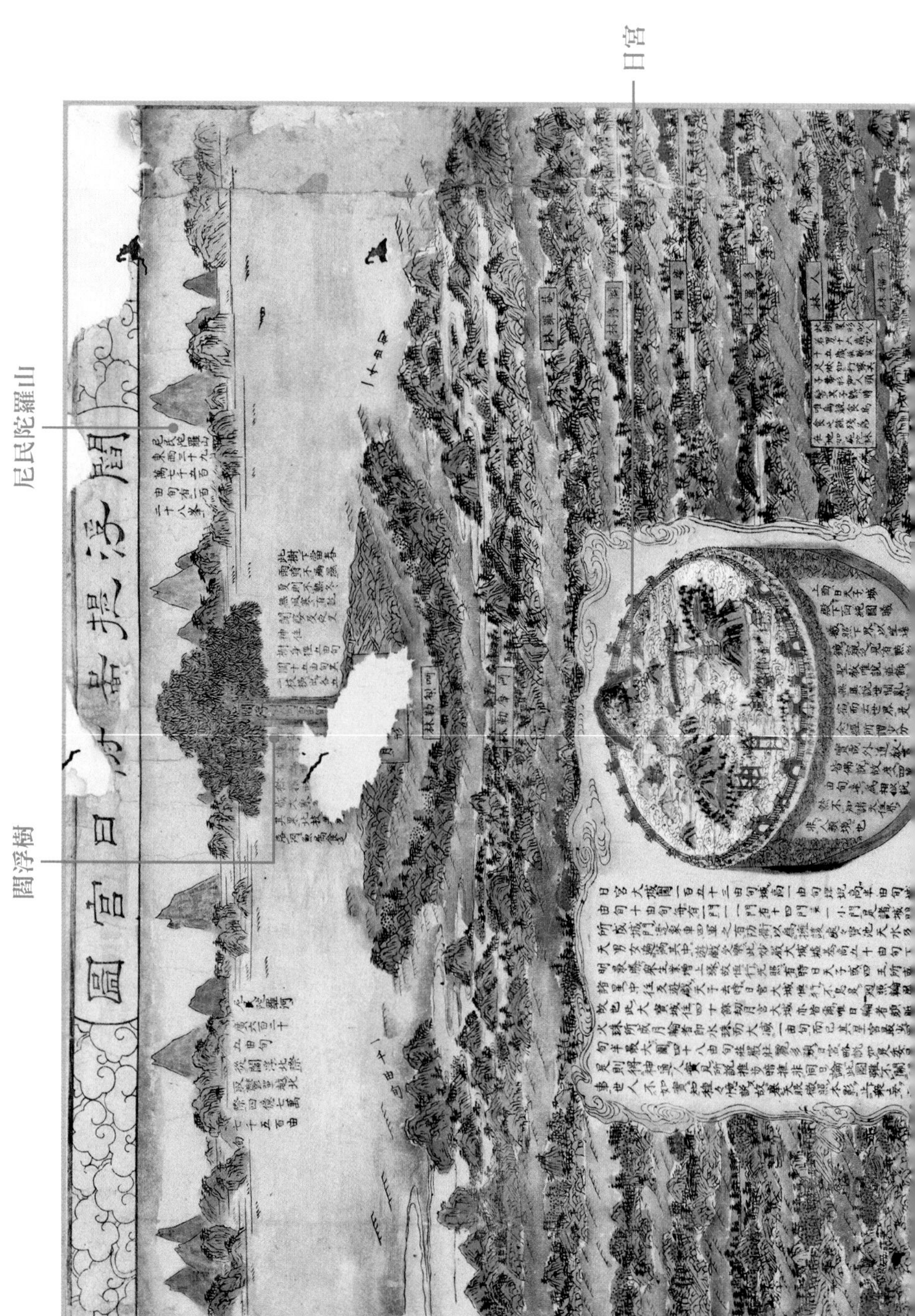

前述1710年《南瞻部洲萬國掌菓之圖》（參見p. 232）中的「南瞻部洲」，在本圖中又稱為閻浮提（Jambudvīpa也譯成閻浮洲）。相傳釋迦牟尼出家前在閻浮樹（jambu又譯為瞻部樹）下沉思後，決定出家學道，故被視為佛教的聖樹之一。因為瞻部洲在須彌山之南，所以又稱為南瞻部洲，為人類起源與居住的世界。

本圖最上方先描繪《起世因本經》第一卷第一章〈閻浮洲品〉的場景，說明宇宙與世界的結構、狀態及方位。最北邊的尼民陀羅山脈（Nemiṁdhara）有128峰，渡過625由旬（約等於1萬公里）寬的尼民陀羅河，可登上閻浮樹島，島上通天大樹高160公里，由此往南，越過層層的河流與樹林，可抵最南方的烏禪那迦海與烏禪伽羅山，據說世間所出之物，此山無不悉有。

層層河流與樹林上方的雲層上，繪有一座高聳城牆圍起的日宮，城內亭臺樓閣，雲霧縹緲，乃印度教太陽神或佛教日天子（據說是觀世音菩薩的化身之一）的居所。

元代緙絲《須彌山曼陀羅》

延伸閱讀 ◀這幅元代緙絲《須彌山曼陀羅》呈現印度眾神所居的須彌山位於宇宙中央，高聳入天，頂上有象徵佛教的蓮花，山腳附近有代表太陽的三足鳥和代表月亮的兔子圖像，因為日月均在此山迴泊。須彌山周圍環繞著七海與七陸，外圍的東西南北方則有佛教的四大洲，各洲上均繪有三座山脈。

烏禪伽羅山以南便是一幅當代世界地圖，雖未畫出美洲，但其他各洲的形狀、大小與方位，都比同樣表達佛教意涵、年代相近的《萬國一覽圖》（參見p.272）要精確許多。或許是因為本圖繪製者道本山下存統將佛教意象與製圖科學分開呈現，而不像《萬國一覽圖》那樣為了在地圖中呈現佛教意象，被迫犧牲製圖科學的精確性。

當然，本地圖在地名註記上仍保留了部分佛教用詞，例如北冰海右上方的文字說明「此國本天竺，王種也，子孫生長分成六國，二千八百年之昔，各成大國……此六大國及今歐邏巴及亞細亞……」；此外，非洲西南方海面上的文字則說明北回歸線與赤道「相距百四十五由旬……從赤道至閻浮南際……」；而北印度大雪山

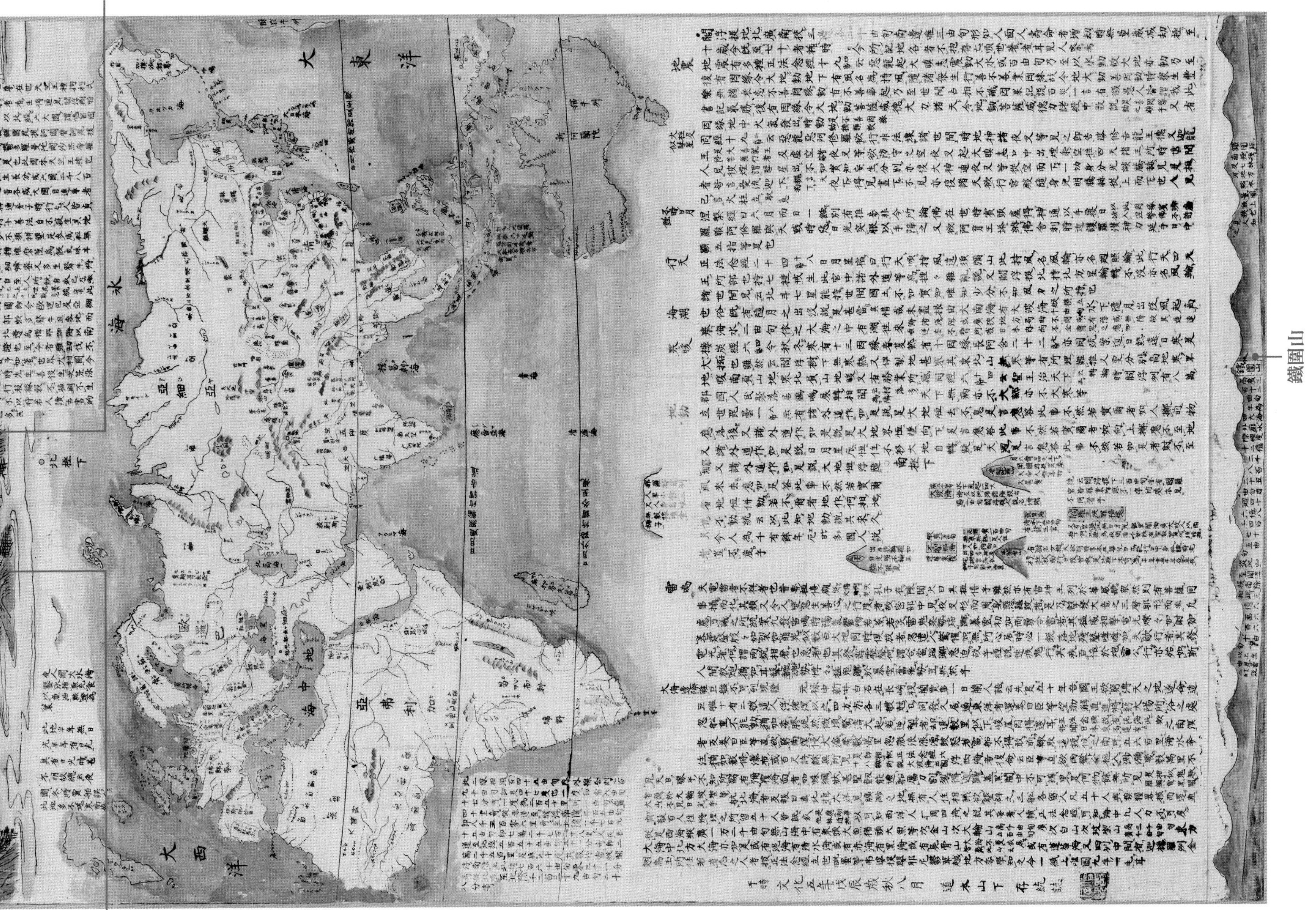

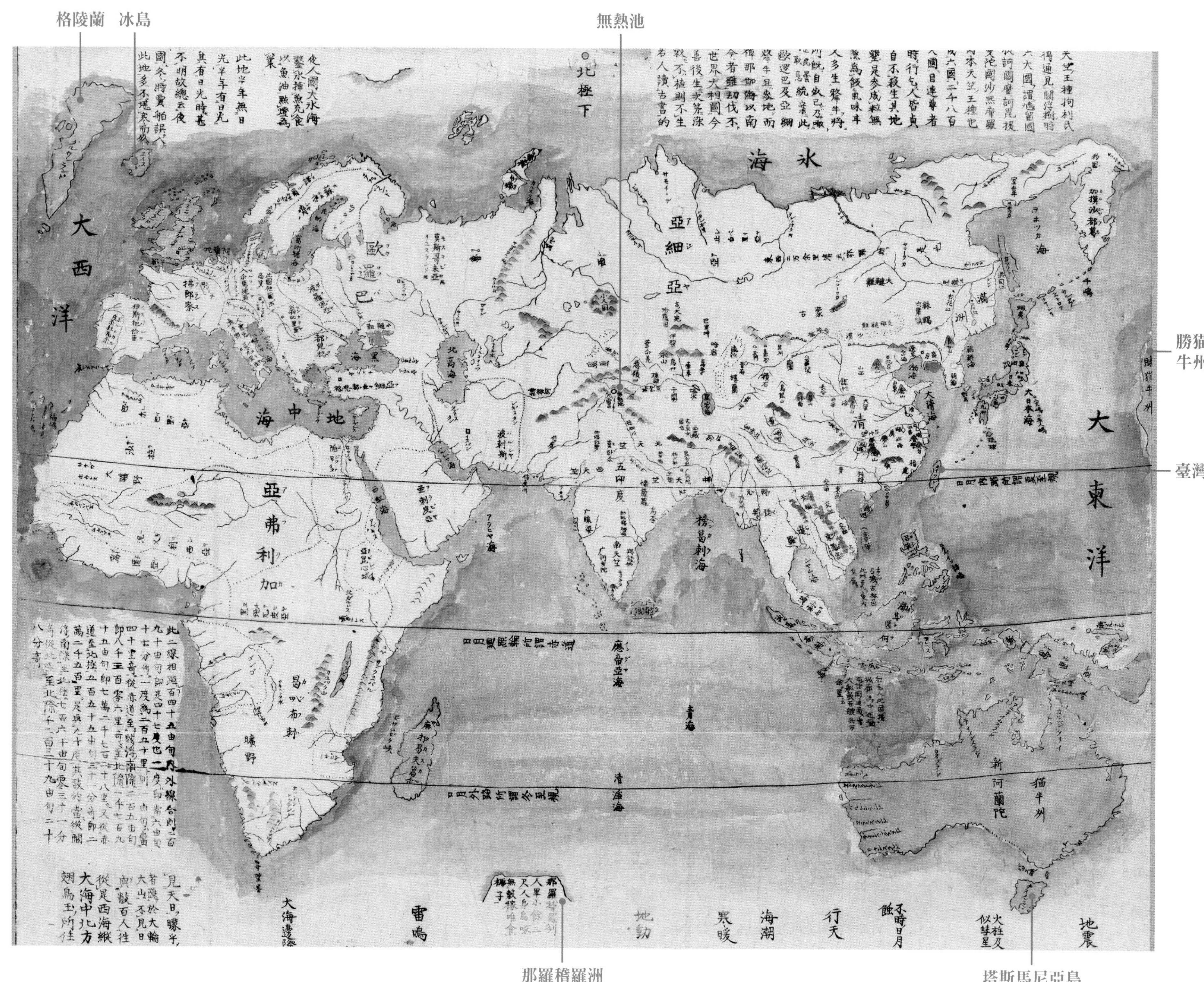

上標記的無熱池（Anavatapta又名清涼池）梵名阿耨達池，佛典認為它是閻浮提四大河（恆河、信度河、縛芻河、徙多河）的發源地，實際上四河的發源地不同，也找不到阿耨達池。

地圖下沿中央處有未畫完整的那羅稽羅洲，地名出自《大唐西域記》:「駿迦山國南浮海數千里，至那羅稽羅洲。洲人卑小，長餘三尺，人身鳥喙。既無穀稼，唯食椰子。」那羅稽羅洲以南至本圖底部的鐵圍山中間有大片海水，除了標示南極、牛王山、大波海、不梨那海、一足國、摩醯陀羅山、軍闍摩山、龍宮海、閻羅王決罪

恆河發源地根戈德里（Gangotri）冰川（Photo by Pranab basak CC BY-SA 4.0）

冰島薩杜雷里（Sudureyri）（Photo by Brad Weber CC BY-SA 3.0）

福處之外，均以大篇幅文字填滿，說明佛經中對於天象地候的解釋。

除了陸地相連的歐亞非大陸之外，本地圖中的島嶼都塗成淺棕色，從左上方的グルウンランド（格陵蘭）、アイスランド（冰島）和英倫三島，一直到右下方的新幾內亞，包括新阿蘭陀（澳洲）、ディメンランド（Van Diemen's Land即塔斯馬尼亞島Tasmania），甚至地圖右側露出一角的勝猫牛州（偏西的美洲）也塗成淺棕色。當然，北回歸線（日月內路所謂夏至規）貫穿的臺灣島也是淡棕色島嶼之一。

這時歷經殖民主義三百年的欺壓剝削之後，全世界的民族獨立運動開始興起，1804年，海地爆發獨立運動，成為拉丁美洲第一個獨立國家。此後，拉丁美洲各地區紛紛發起獨立運動。1810年，哥倫比亞、委內瑞拉、厄瓜多、巴拿馬宣布獨立；1816、1817年，阿根廷與智利相繼獨立；1821年，秘魯、墨西哥獨立。

或許是受到世界各地頻傳武裝革命的影響，1814年清廷頒令，嚴禁中國人為外國人服役，不得使用洋式建築，店號不准用洋字，中國人不得住夷館，洋行不得搭蓋洋式房屋，不得用洋字店號，不准內地民人私往洋人館舍等，防止洋人的思想文化影響同樣遭到滿族統治的廣大漢族。而這時的臺灣卻還陷溺於漢族海盜的頻頻侵擾，以及內地移民族群間的分類械鬥中。

延伸閱讀 ▶鐵圍山梵名斫迦羅山（Cakravāda），根據《大毘婆沙論》記載，世界中央為須彌山，周圍由尼民達羅（持地山）等七金山圍繞，諸山之間各有一海，圍繞尼民達羅山之第八海即鹹海，四大部洲位於此海中。鹹海周圍有鐵山圍繞，稱為鐵圍山。

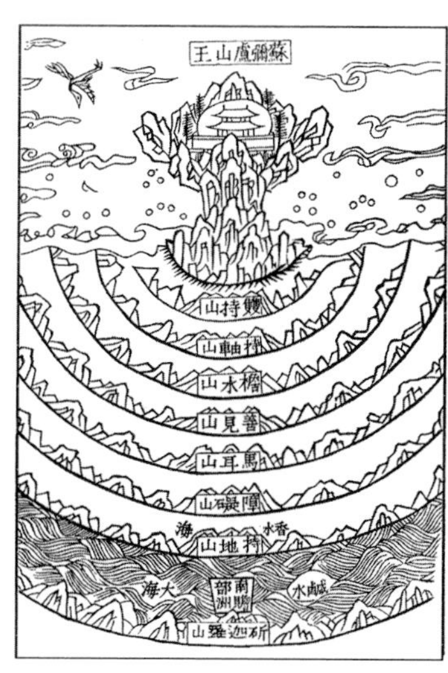

鐵圍山在《九山八海圖》的最外圍

美洲野牛（Photo by MONGO）

犛牛（Photo by Dennis Jarvis CC BY-SA 3.0）

延伸閱讀 ▲勝猫牛州即四大部洲之東勝身洲的筏羅遮末羅洲（Varacāmara）。遮末邏譯為猫牛，乃犛牛之俗稱，形似美洲野牛，因此勝猫牛州很可能就是指美洲。

明鄭已亡百餘年，念念不忘稱東寧

《清朝一統之圖》

陳松亭，繪於1835年，日本青苔園註記，出自柏克萊加州大學（University of California, Berkeley）。

本地圖雖然名為《清朝一統之圖》，實際上彩繪的地區涵蓋了印度、朝鮮、韃靼、蝦夷、日本、琉球等國，而且將中南半島上的數個國家擠壓碎成數個白色島嶼，漂浮在南海上，挪出的空間，則讓彩繪的五天竺擠進來跟中國當鄰居，反映出本圖想呈現佛教觀的意圖。

地圖上方的圖例與圖序說明《清朝一統之圖》描繪大清二京十八省，中間特別加註一行：「日本通舶地長崎至福建泉州四百八十里，至廣東廣州六百二十里」，顯示日本鎖國時代末期的中日指定貿易港口的資訊，圖序最後一行則註明「大清道光十五乙未歲（日本天保六年）吳門陳松亭圖寫之」。但目前仍未發現陳松亭所繪的原圖，存世的版本均加註了日文。由於日本青苔園註記日文的天保六年，與陳松亭圖寫的道光十五年同為1835年，因此推測日文版緊接在中文版之後，於同一年刊行。

1830 - 1835年時的廣州港

北海道最高峰旭岳（Photo by PD-Self）

1835年發行本地圖時，日本雖然早在1807年時已將蝦夷（北海道）全境劃為幕府直轄地，但本圖仍依照十五至十六世紀間的蝦夷開發史，只將北海道南端塗成與日本同樣的藍色；至於日本南方的琉球國，則要到1879年才被日本逐步侵占，置琉球為沖繩縣，因此繪製本圖時，琉球國塗成和日本不一樣的黃色。

琉球國東南方有一弧形島鏈，包括小人國、聶耳、長臂、交脛、長腳、穿胸國、羽民、長人國、無脊、三身等怪島，全都出自先秦古籍《山海經》，這本龐雜荒誕、褒貶不一的遠古地理探勘紀錄，竟然影響中日韓等漢字文化圈的地圖繪製近兩千年，經歷工業革命與啟蒙運動之後，直到十九世紀，依然一再出現於力求精確的地圖上，實在匪夷所思。

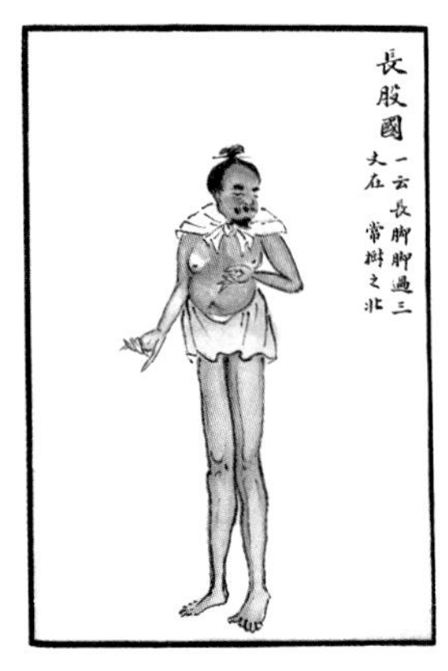

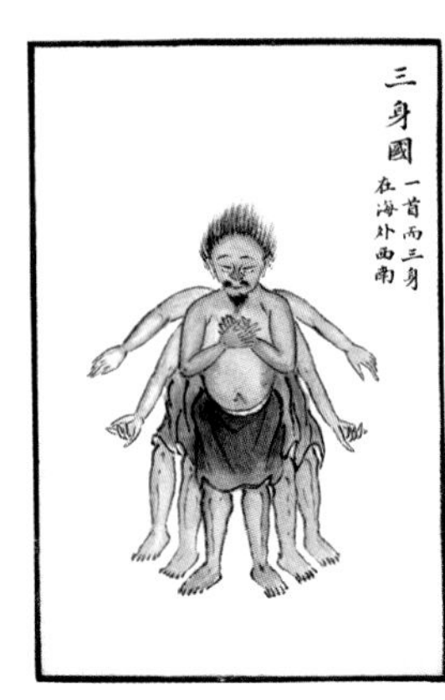

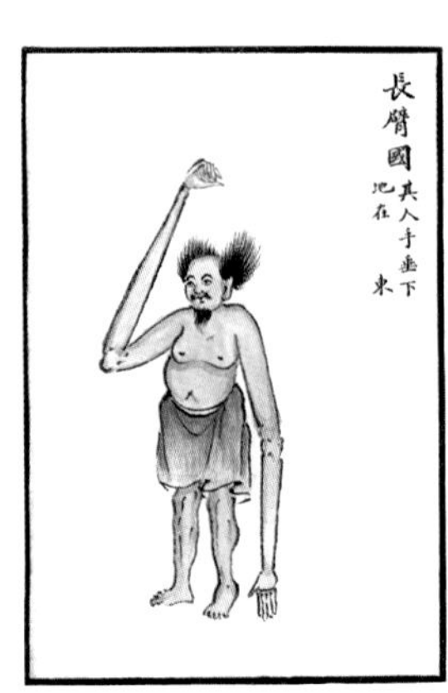

清朝一統之圖
北
南
東
西
日本
朝鮮國
五天竺略圖
北印度
西印度
東印度
中印度
南印度
浪華 青苔圖誌
長崎 仙胤 校
大清道光十五乙未歲以吳門陳松亭圖寫之
日本天保六年
蝦夷
小人國
臺灣
波斯
大食
火州
哈密
三身

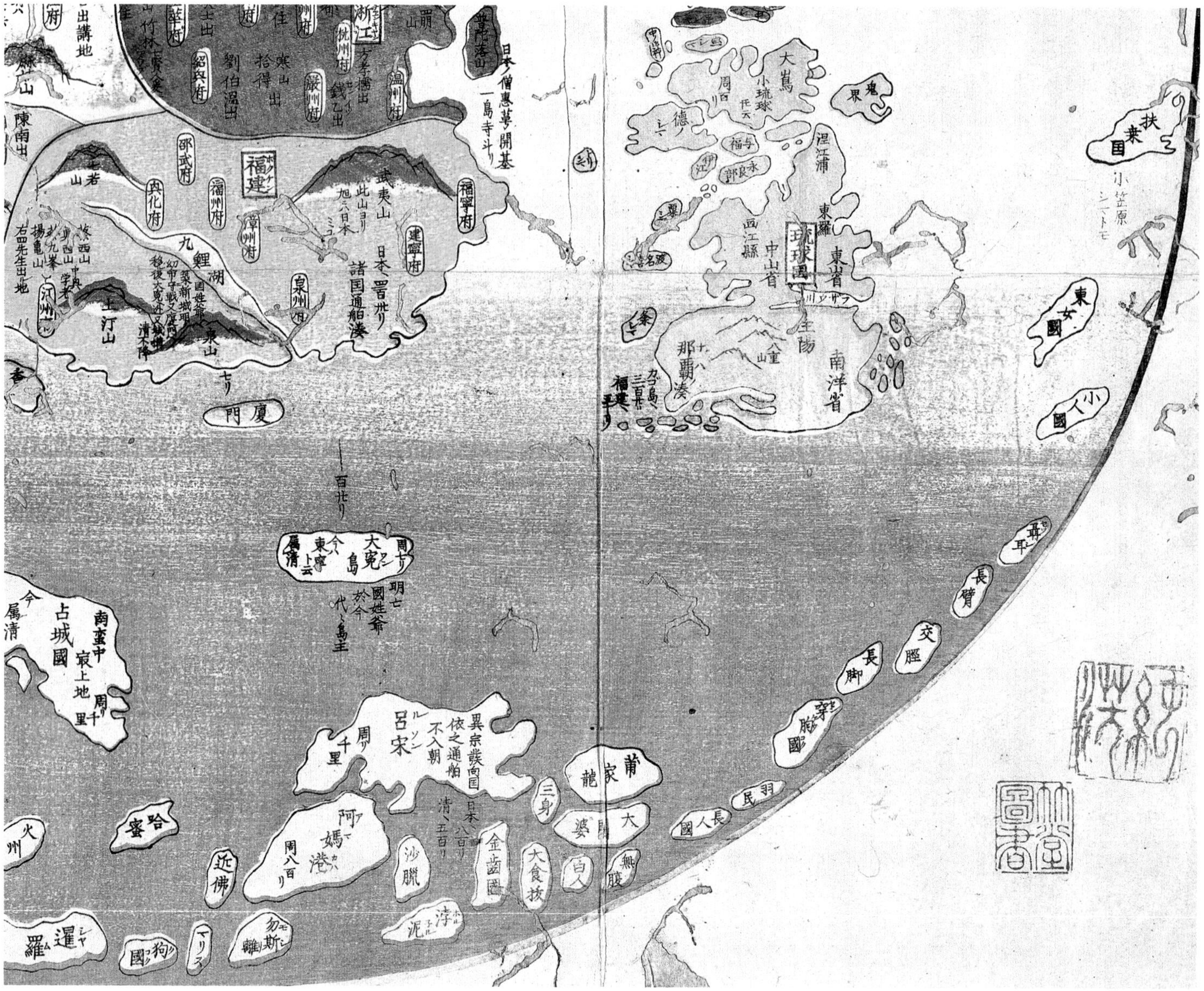

位於弧形島鏈西北方的臺灣，雖然1684年便已納入清帝國版圖，設一府三縣，隸屬福建省，距1835年已設府一百五十年，但似乎仍未獲重視，不但面積被大幅縮減，比極度誇大的朝貢國琉球小很多，而且一片蒼白，淪為蠻夷外邦。更令人不解的是，島上標註「大冤島，今東寧島，屬清」，下方海面又標註「明亡，國姓爺於今代之島主」，前後矛盾，透露出製圖者的歷史知識不足，主圖既繪道光十五年的《清朝一統之圖》，然而周邊鄰國的歷史紀錄，卻停留在明鄭時期甚至更早的十五至十六世紀，連先秦時代的神話傳說都納進圖中。有些地名則被乾坤大挪移，將新疆的哈密（出現兩個）與火州（吐魯番）、中亞的波斯和大食（阿拉伯）全移到了南中國海。

繪製本地圖的年代，清帝國開始經歷長期的邊界削弱和外國勢力的入侵，這幅地圖彷彿致力於呈現大清帝國疆域破裂前的統一形象。至於被無暇他顧的清朝棄置一旁的臺灣，依然天災人禍頻傳，知府及兵備道等高官調動頻繁。1825年時，清廷在艋舺開辦軍工廠，設軍工料館，兼辦樟腦業務，是繼鹿皮與米糖之後，清朝政府發現臺灣的另一重要經濟資源。但由於官府與民爭利，曾激起民變，也逼得島民與外國商人在雞籠港進行樟腦走私。

吐魯番火焰山（Photo by Colegota CC BY-SA 2.5 ES）

1833年時，侍郎姚元之曾上奏：「臺灣一鎮，設班兵一萬四千六百有奇。到臺即住宿倡家，日夜以聚賭為事。攬載違禁貨物，欺虐平民。官若查拿，輒鼓譟欲變，甚至械鬥殺人。不服地方官審理，不聽本管官鈐束，違禁犯法，無所不為。而水提、金門二標為尤甚。又有身列行伍，不事訓練，每操演時，本地別有習武匪徒，專為受雇替代。設有奸宄滋事，即依附為其凶黨，種種積弊，尤為可惡。命務須大加整頓，破除積習，妥立章程，以靖海疆。」可見清廷治臺無方，島民遭殃。

然而隔年，美國傳教士在廣州創辦的英文期刊《中國叢報》（*The Chinese Repository*）曾特別以長篇專文介紹臺灣，分析臺灣的發展潛力，評為可取的通商口岸。兩年後，英國駐華商務總監戴維斯（John Francis Davis，1844年出任第二任香港總督）所著的《中國人：中華帝國及其居民概述》（*The Chinese: A General Description of the Empire of China and Its Inhabitants*）中也強調臺灣足可成為促進歐美對華貿易的最具地利的據點，足見臺灣在當時國際貿易上的重要地位，可惜卻始終未獲清廷的青睞。

姚元之

第二任香港總督戴維斯

延伸閱讀 ▼臺灣盛產樟樹，從十七世紀初開始，樟腦便是鄭芝龍與日本的貿易項目之一。明鄭時期，中國沿海一帶義民紛紛渡海來臺，漳州熬製樟腦的技術遂隨同入臺。1825年，清廷以樟樹為建造戰船所需的材料、樟腦為無煙火藥的製造原料，嚴禁私人製造樟腦，專由「軍工廠」經營，歸類為「軍工料」。

楊梅樟樹伯公（Photo by Outlookxp CC BY-SA 3.0）

全球農產區
臺灣不缺席

《世界主要作物分布地圖》

（*Verbreitungsbezirke Der Wichtigsten Kulturgewachse*）

海因里希．伯格豪斯（Heinrich Berghaus），繪於1839年，
出自《自然科學地圖集》（*Physikalischer Atlas*）。

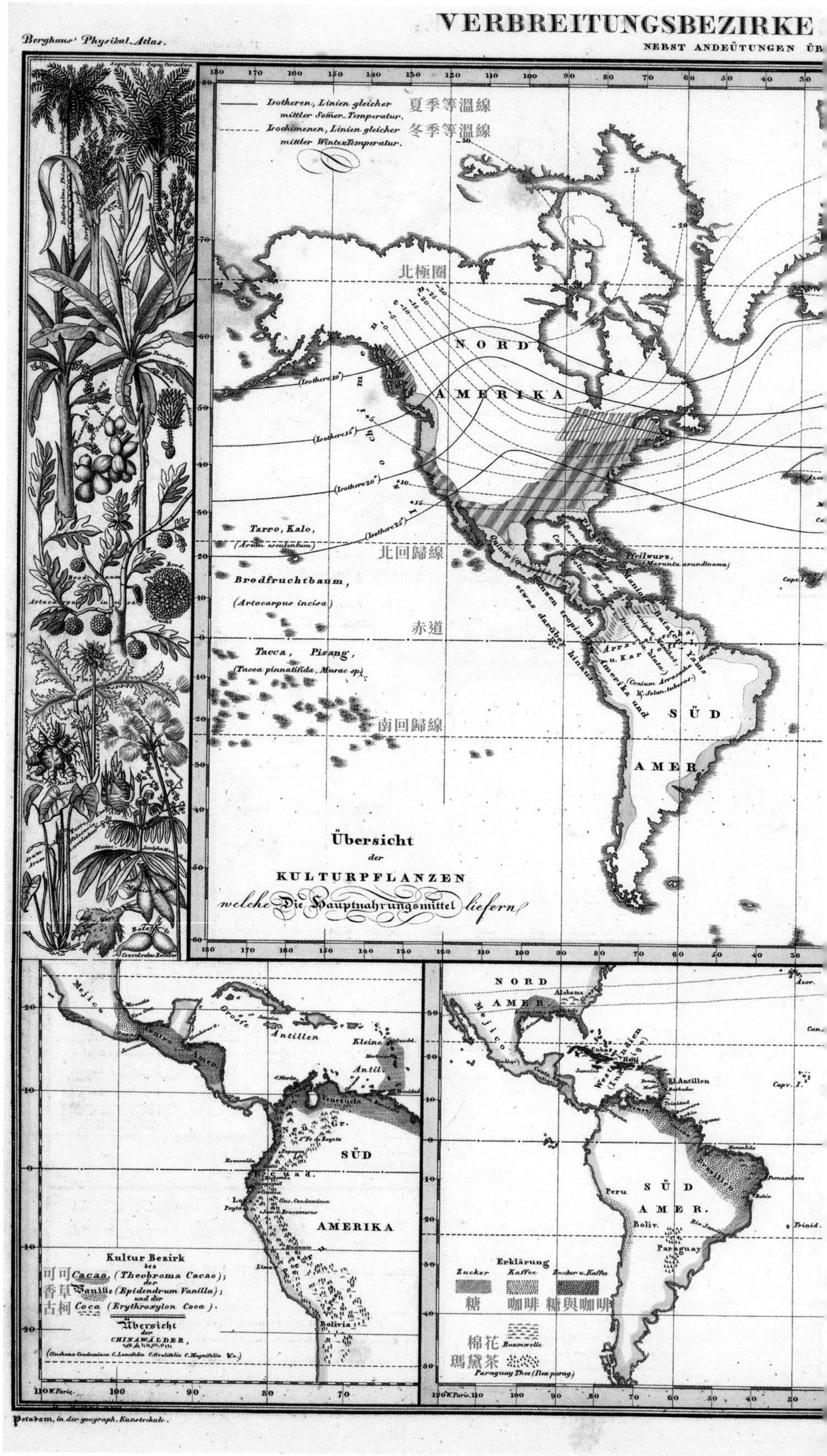

西元1838年，曾擔任測量師、柏林建築學院（Bauakademie）應用數學教授的海因里希．伯格豪斯成為荷蘭皇家學院（Royal Netherlands Institute）的駐外特派員，隔年出版了一本影響深遠的《自然科學地圖集》（*Physikalischer Atlas*），後來人們為了紀念他在地圖科學方面的貢獻，將北冰洋法蘭士約瑟夫地群島（Franz Josef Land）中的一座島嶼命名為伯格豪斯島（Berghaus Island）。

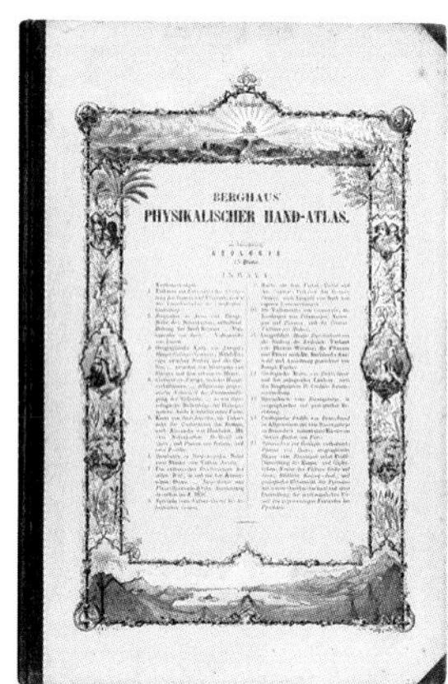

《自然科學地圖集》

《自然科學地圖集》共分八卷：氣象學、水文和水域學、地質學、地磁學、植物地理學、動物地理學、人文地理學、民族學。《世界主要作物分布地圖》是「植物地理學」中的一幅，詳細描繪當時世界主要作物的分布。地圖兩側以精細插畫介紹三十餘種植物，提升地圖的科學性，取代長久以來傳統製圖者以神話、星座等內容填補或裝飾地圖空白處或邊框。

主地圖四周均標註經緯度，並畫出經線（30°間隔）、赤道、南北回歸線、66°北極圈，另外還標示了數條夏季等溫線與冬季等溫線，因為這些都與作物的生長密切相關。右下方以不同色塊與色線圖案表示主要糧食作物在世界各地的分布區域，由最左邊的粉紅色塊開始，往右依序代表大麥（Gerste）、黑麥（Roggen）、小麥（Weizen）、稻米（Reis）、玉米（Mais）、大麥與黑麥、黑麥與小麥、小麥

與玉米、小麥與稻米、稻米與玉米、玉米與小麥、玉米與黑麥、小麥黑麥與大麥、黑麥小麥與大麥，共14種分布區。臺灣位於北回歸線與15°C等溫線之間，與亞洲大部分地區一樣屬於淺藍色的稻米分布區（延伸閱讀p.285）。

主地圖下方另有四幅小地圖說明香料等其他作物，左邊的中南美洲地圖標示可可（Cacao）、香草（Vanille）、古柯（Coca，延伸閱讀p.285）的分布；中間的亞非美三洲地圖標示糖（Zucker）、咖啡（Kaffee）、糖與咖啡、棉花（Baumwolle）、瑪黛茶（Paraguay Thee）的分布；右上的亞洲地圖標示中國茶（Thea Chinensis）、肉桂（Zim. Mcblumen Laurus Cassia）的分布；右下的東南亞地圖標示胡椒（Pfeffers）、肉桂（Zimmts）、丁香（Gewürznelke）、肉荳蔻（Muskatnufs）的分布；臺灣出現在中間及右上的地圖中，雖然臺灣也生產糖、茶、肉桂等香料，但可能因為島形面積太小，難以標示，所以都未標出作物代表圖案。

本圖中雖也標示了兼具藥性與毒性的古柯產區，但卻未標示類似性質的罌粟產區，此一作物所提煉的鴉片，曾導致清朝民窮國弱，湖廣總督林則徐等大臣屢次上奏道光帝，力陳若不禁絕鴉片，「數十年後，中原幾無可以禦敵之兵，且無可以充餉之銀。」終於在繪製本地圖的當年（1839年），特命林則徐在廣州虎門銷燬鴉片二萬多箱，隔年便爆發第一次鴉片戰爭，一直打到1842年。

在這場戰爭中，臺灣並未缺席，而且是在清軍幾乎全面潰敗的戰局中，少數讓英軍受挫的戰區。1840年第一次鴉片戰爭開打，臺

林則徐虎門銷煙

第一次鴉片戰爭的定海之戰

二沙灣砲臺（Photo by Jimmy Yao CC BY-SA 2.0）

灣兵備道姚瑩立刻戍兵14,000人於各港口，募集鄉勇47,000人，並增修雞籠二沙灣、大武崙、臺南四草、安平等17處砲墩及砲臺，積極備戰。

1841年9月，英國運輸船納爾布達號（Nerbudda）出現在雞籠港外，據說發炮攻擊雞籠二沙灣砲臺，遭到清兵發炮還擊，將其擊傷。該船後撤，誤觸暗礁下沉，英軍被俘133人。10月英國派艦至雞籠要求換回俘虜，未獲回覆，英軍再攻雞籠，從三沙灣登陸，遭清軍炮擊，將其逐至外洋。1842年3月，英船阿恩號（Ann）出現在中部大安港外，臺灣鎮總兵派數艘漁船誘導阿恩號入河內多礁處擱淺，再派兵擊沉英船，俘虜數十名英國人。

即使如此，依然無法扭轉大局，第一次鴉片戰爭清朝大敗。而引發戰爭的鴉片早在臺灣納入清朝版圖時，便一併傳入臺灣，到了康熙末年，已有專設的鴉片館，與纏足、辮髮並稱為臺灣三大劣習。藍鼎元在1722年撰寫的《平臺記略》中感嘆：「鴉片煙不知始自何來……聞此為狡黠島夷，誑傾唐人財命者……愚夫不悟，傳入中國已十餘年，廈門多有，而臺灣特甚，殊可哀也！」至十八世紀中期，吸食鴉片的情況更為嚴重，蔓延全臺。

《番社采風圖》的「刈禾」描繪割稻場景

福爾摩沙烏龍茶（Formosa Oolong）商標

◀根據1717年的《諸羅縣志》記載：臺灣中南部海拔八百到五千尺的山地有野生茶樹，附近居民採其幼芽，簡單加工製成茶葉，供自家飲用。

隨著泉州府安溪的移民，精湛的製茶工藝也引入臺灣，茶產業逐漸興盛。同治年間（1856～1875），英商甸特洋行（Dent & Co.）的首任駐淡水代理商約翰．陶德（John Dodd）開始與買辦李春生在北臺灣推廣種茶，引進廈門與福州技工精製烏龍茶，以「福爾摩沙烏龍茶」（Formosa Oolong）為品牌，外銷美國，大受好評，帶起臺灣茶業的風潮，並讓大稻埕繁華起來，他也因此被譽為「臺灣烏龍茶之父」。

▶古柯（coca）原產於南美洲，是重要的經濟作物，在印加帝國文化中是一種傳統藥草。古柯的葉子中富含生物鹼，是製作古柯鹼的主要原料。但古柯葉中的古柯鹼含量只有0.25％至0.77%，含量很低，要經過數次提煉純化，才能製成古柯鹼。一般嚼食古柯葉或飲用古柯茶，不會出現毒性反應，或造成生理上的問題。

古柯

◀在臺南南科考古發現的稻米化石，證明臺灣在新石器就已有稻米育種能力。1603年所撰的《東番記》也記錄臺灣原住民在很早以前便已經種稻，除供食用外，並做為釀酒及祭祀之用。到了明朝末年，大陸東南的漢人移民臺灣，將中國的水稻品種以及各式農具一併引入，開始有了較具規模的農田水稻種植。

荷蘭人據臺後，鼓勵漢人從事農耕，至1660年，農田面積合計有 12,252甲。1662年鄭成功收復臺灣，主要目的就是以臺灣作為練兵籌餉的基地。到1683年時，墾殖農田面積達30,055甲。1683年滿清政府入臺，農業移民日眾，耕地開發更加積極，墾殖地區由濁水溪擴大至大肚溪、大甲溪流域，臺灣因而成為閩粵沿海一帶的「穀倉」。臺灣生產的稻米除了供應島民之外，主要銷往中國內地。

罌粟

▲罌粟（Opium poppy）是製取鴉片及多種鎮靜劑（如嗎啡、可待因等）的主要原料。罌粟籽則含有對健康有益的油脂，是重要的食品，可用於麵包、餅乾烘焙，或製成醬料，使用於沙拉中。而罌粟花絢爛華美，也是一種觀賞植物。由於罌粟可製作成毒品，卻又具有製作藥物及生產罌粟籽的價值，因此很多國家以法律規範種植，未經許可種植者視為犯罪。

唐朝時，罌粟便經由大食（阿拉伯）進貢而傳入中國，稱為阿芙蓉。明朝時列為藩國貢品，作為中藥之用。到了十九世紀，英國為了平衡對中貿易逆差（購買大量昂貴絲綢與瓷器等），因此由印度進口鴉片至中國，造成許多中國吸食者的健康問題，同時也導致白銀貨幣大量流至外國，影響國內財政。清廷於是指派林則徐等在廣東禁煙，引燃第一次鴉片戰爭的導火線。

全球服裝秀，
臺灣以洋名上場

《全球居民服裝材質概述》

（*Planiglob zur Ubersicht der verschiedenen Bekleidung's Weise der Bewohner des ganzen Erdbodens*）

海因里希．伯格豪斯（Heinrich Berghaus），繪於1839年，出自《自然科學地圖集》（*Physikalischer Atlas*）。

同樣出自《自然科學地圖集》的《全球居民服裝材質概述》屬於「人文地理學」，和上一幅《世界主要作物分布地圖》都與各地物產及氣候溫度相關。地圖同樣標註經緯度，並畫出經線、赤道、南北回歸線、北緯66°北極圈與南緯66°南極圈，另外還標示了一條紅色的0°C等溫線，顯示各地溫度與服裝材質的對應關係。

地圖最上方以五種不同色塊代表不同的服裝材質，由左至右依序是：裸身（Völlige Nacktheit）、獸皮（Kleidung von Thierfellen）、動物毛料（Kleidung von Thierwolle）、棉布（Kleidung von Baumwolle）、其他植物纖維布（Kleidung von andern Pflanzenzeugen）。

地圖下方也對應上方的五種色塊分成五格，由左至右依序是：裸身（澳大利亞人、巴布亞新幾內亞人、南美洲原住民瓜拉尼婦女）、獸皮（南美洲巴塔哥尼亞人、北美印地安人蘇族、愛斯基摩

澳大利亞原住民

北美印地安蘇族戰士

中亞吉爾吉斯獵人

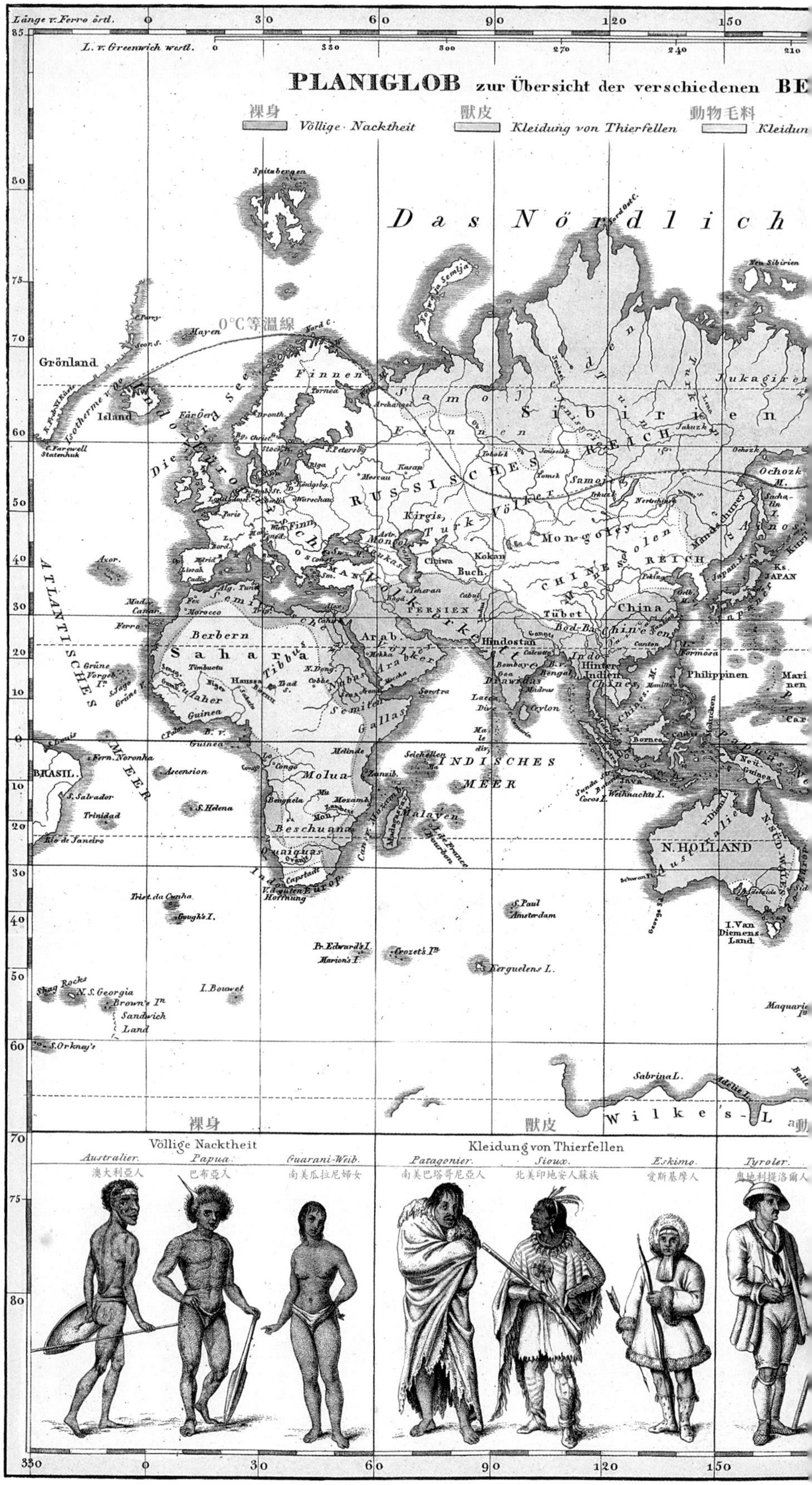

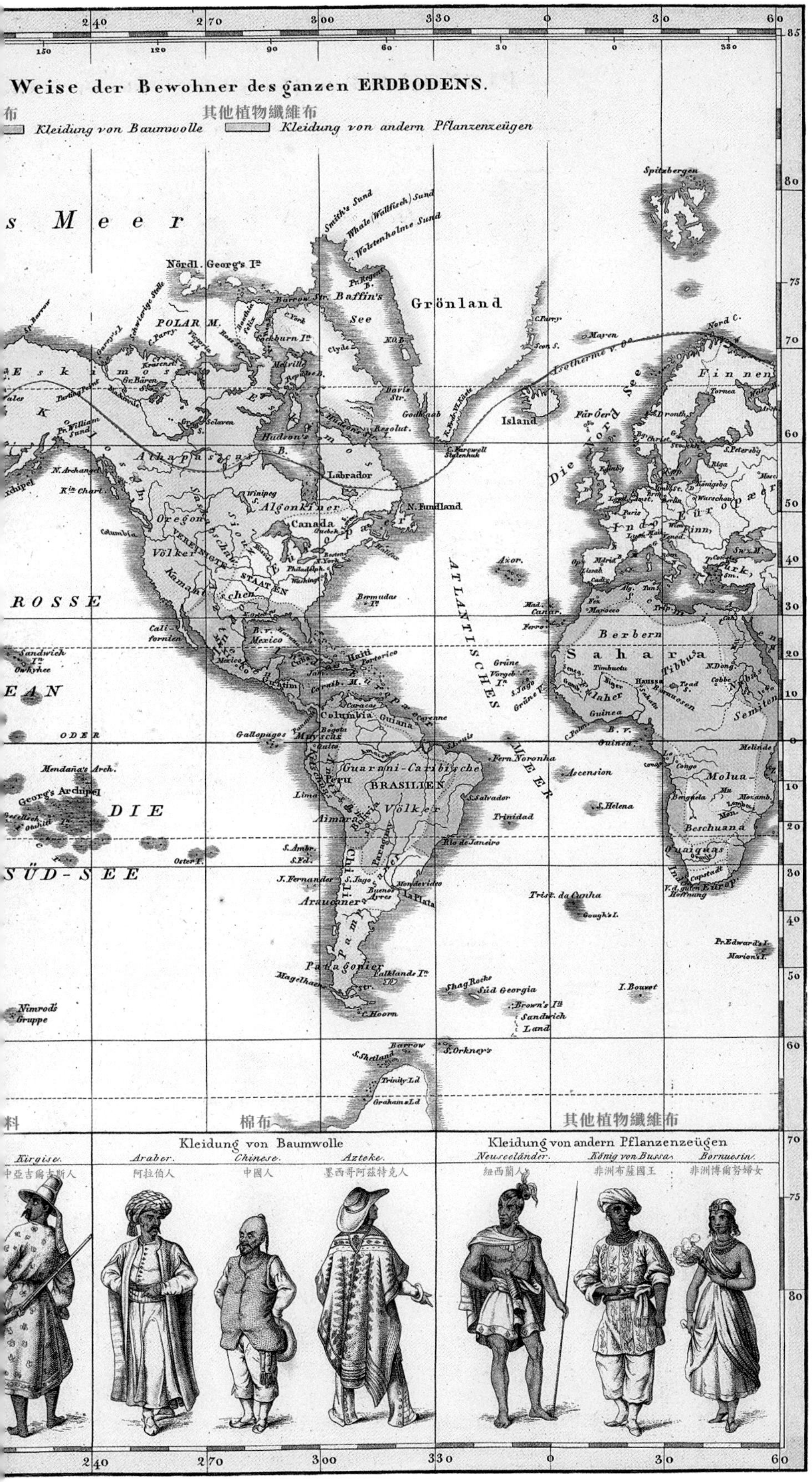

Weise der Bewohner des ganzen ERDBODENS.

其他植物纖維布

Kleidung von Baumwolle　Kleidung von andern Pflanzenzeügen

料　棉布　其他植物纖維布

Kleidung von Baumwolle　Kleidung von andern Pflanzenzeügen

Kirgise. 中亞吉爾吉斯人　Araber. 阿拉伯人　Chinese. 中國人　Azteke. 墨西哥阿茲特克人　Neuseeländer. 紐西蘭人　König von Bussa. 非洲布薩國王　Bornuesin. 非洲博爾努婦女

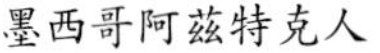

墨西哥阿茲特克人

非洲博爾努婦女

人）、動物毛料（奧地利的提洛爾人、巴黎紳士、中亞的吉爾吉斯人）、棉布（阿拉伯人、中國人、墨西哥阿茲特克人）、其他植物纖維布（紐西蘭人、非洲布薩國王、非洲博爾努婦女）。

雖然臺灣早期原住民多裸身或以苧麻、香蕉樹幹纖維織布做衣，並非採用棉布，但隨著大量漢族移民入臺，帶進了棉布，以物易物，原住民逐漸改穿棉布衣服。

《番社采風圖》的織布

地圖中的臺灣標示為I. Formosa，而非清朝已改設臺灣府約150年的Taiwan，顯然除了日韓等鄰國穿插使用「東寧」與「臺灣」之外，不少西洋製圖者仍以福爾摩沙稱呼臺灣，此一事實部分反映出臺灣始終未獲清朝官方的重視，沒有積極開發建設，廣為宣傳招商，無怪乎大多數外國人對臺灣缺乏認識。

雖然臺灣兵備道姚瑩率領守軍在1840～1842年的第一次鴉片戰爭中挫敗英軍，但仍無法扭轉大局，清廷被迫簽訂中國近代第一個不平等條約《南京條約》，開放廣州、福州、廈門、寧波、上海五處為通商口岸，並割讓香港給英國。從此，西方侵略者用武力打開了中國的門戶，使中國逐步淪為半殖民地。

《南京條約》訂立後，英國全權代表進而要求清廷懲辦抗英有功的臺灣兵備道姚瑩等官員，姚瑩因而被貶官至四川，令人慨歎。

臺灣是南島語族分布的最北端

《人種分布地圖》

（*Geographische Verbreitung der Menschen-Rassen*）

海因里希．伯格豪斯（Heinrich Berghaus），繪於1839年，出自《自然科學地圖集》（*Physikalischer Atlas*）。

繼前兩幅《世界主要作物分布地圖》與《全球居民服裝材質概述》之後，伯格豪斯又仔細描繪了這幅民族學領域的《人種分布地圖》。主地圖位於中央，以六種色線來區分六大人種，並在地圖右下方以六種色塊標註，左三塊為：白色人種（高加索－伊朗人種）、黃色人種（蒙古人）、棕色人種（馬來人）；右三塊為：黑棕色人種（阿爾弗爾人、巴布亞人）、黑色人種（衣索比亞人、尼格羅人）、紅色人種（美洲印地安人）。

地圖上方及兩側則以地區來區分人種，左上為美洲人種，

美洲人種

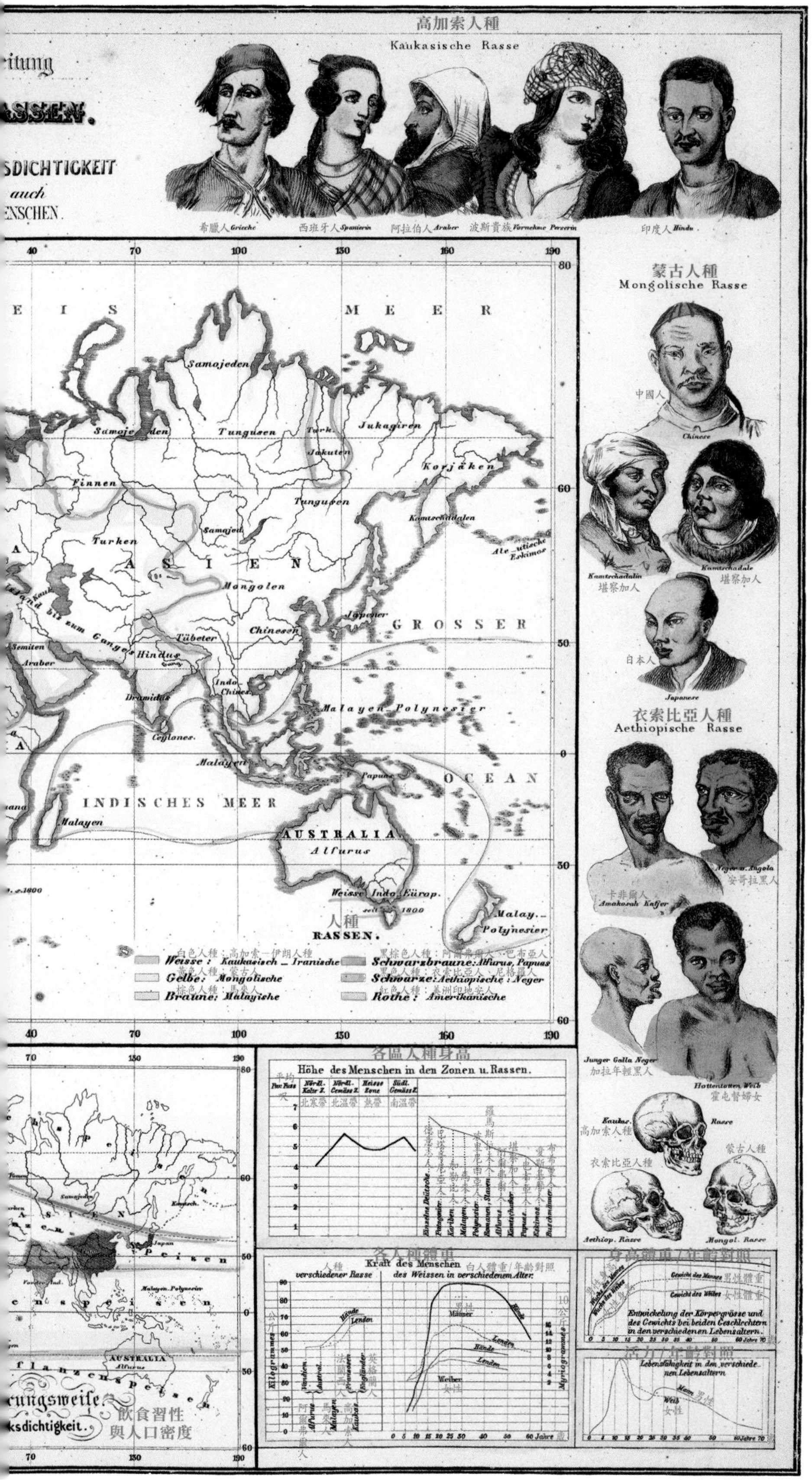

亞洲人種

包括穆依斯卡人（Muisca）、易洛魁（Tschirokies）首領、阿岡昆（Sakis/Algonkiner）首領、阿留申（Aleuten）婦女、愛斯基摩人（Eskimo）、查魯亞人（Tscharrua）、博托庫多人（Botocude）、阿勞卡尼亞人（Araucaner）、火地島人（Feuerländer）共9幅頭像；左側（中）為馬來人種、澳洲人種、黑色人種，包括馬來奴隸（Malaysische Sclavin）、馬來人（Malaye）、印尼阿爾弗爾人（Alfuru）、夏威夷的玻里尼西亞人（Polynesier v. Hawaii）、巴布亞人（Papua）共5幅頭像；左側（下）有3幅美洲與澳洲人種的頭骨圖。

地圖右上方有高加索人種的5幅頭像：希臘人、西班牙人、阿拉伯人、波斯貴族與印度人；右側（上）有蒙古人種的4幅頭像：中國人、堪察加人（Kamtschadale）、日本人；右側（中）有衣索比亞人種的4幅頭像：卡非爾人（Amakosah Kafier）、安哥拉黑人（Neger v. Angola）、加拉年輕黑人（Junger Galla Neger）、霍屯督婦女（Hottentotten Weib）；右側（下）有3幅高加索、衣索比亞與蒙古人種的頭骨圖。

這種根據膚色、地區及體質（頭骨等特徵）區分人種的傳統方式，已因人類基因圖譜的研究而有不同的定義，加上跨洲移民、異族通婚混血等因素，而變得更加複雜。人種的具體劃分具有相當的爭議性，種族的概念也涉及民族主義等範疇，甚至被誤用為奴隸制度的根據，曲解為「低等」民族理所當然要被「高等」民族奴役。

猶太人被運送到納粹的奧斯維辛集中營，絕大部分進了毒氣室。

到了二十世紀初，種族主義達到最高峰，造成納粹德國（1933～1945）在第二次世界大戰時期對猶太人和吉普賽人的滅絕屠殺。

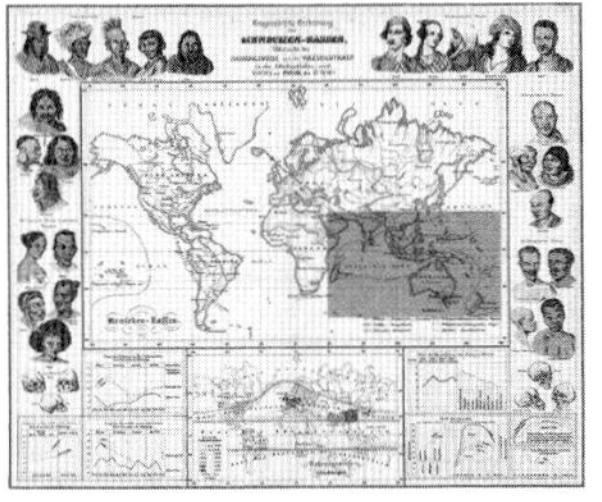

本圖繪於1839年的普魯士王國時期，當時的普魯士國王腓特烈．威廉三世（Friedrich Wilhelm III）非常重視教育改革，曾明確表示：「大學是科學工作者無所不包的廣闊天地，科學無禁區，科學無權威，科學自由！」教育改革為普魯士的工業化飛速發展奠定了雄厚的科技人才基礎，成為普魯士重新崛起的動力。

伯格豪斯的《自然科學地圖集》正是在這樣的社會氛圍中出版的，所以書中處處可見求真求實的精神，例如本圖最下方逐一表列：1.區域出生率和死亡率（北歐、中歐、南歐、安地列斯、東印度；溫帶、熱帶）、2.各季節的出生率（鄉村、城市；溫帶、熱帶）、3.各季節的死亡率（鄉村、城市；溫帶、熱帶）、4.飲食習性與人口密度、5.各區人種身高（北寒帶、北溫帶、熱帶、南溫帶；德意志人最高、布希曼人最矮）、6.各人種體重（人種、男性、女性/年齡）、7.身高體重/年齡對照（男性、女性）、8.活力/年齡對照（男性、女性），共8種曲線圖。這些冰冷的數據分析，似乎也隱含了一百年後納粹德國的民族優越感引發偏激的種族屠殺陰影。

事實上，營養、教育等環境差異才是不同人種之間體格或智商差異的主因，硬將人種和體格或智力畫上等號，就如同古印度殘存至今的「種姓制度」一樣荒謬。試觀今日世界體壇（尤其是美國NBA）及各領域的傑出者，不乏來自殖民時代黑奴地區的後裔。至於曾被譏為「東亞病夫」的中國人（蒙古人種），在元朝帝國時代卻橫掃歐亞，讓白色人種望而生畏。

本圖中的臺灣被劃入棕色人種（馬來人）的土黃色線區域內，介於黃色人種（中日韓及中南半島）與黑棕色人種（澳洲、新幾內亞與所羅門群島）之間。當時棕色人種以馬來人為代表，更精確的說法為「原馬來人」（Proto-Malay），屬於南島民族之一。

大約10,100～5000年前，南島民族由亞洲大陸移居臺灣，發展出卓越的航海能力，分批移民至其他島嶼；大約5000年前，南下擴散到菲律賓群島。大約4500年前，到達婆羅洲與印尼東部。大約3200年前，往東擴散至馬里亞納（Mariana）群島及南太平洋部分地區，往西擴散到馬來半島與蘇門答臘等地。接

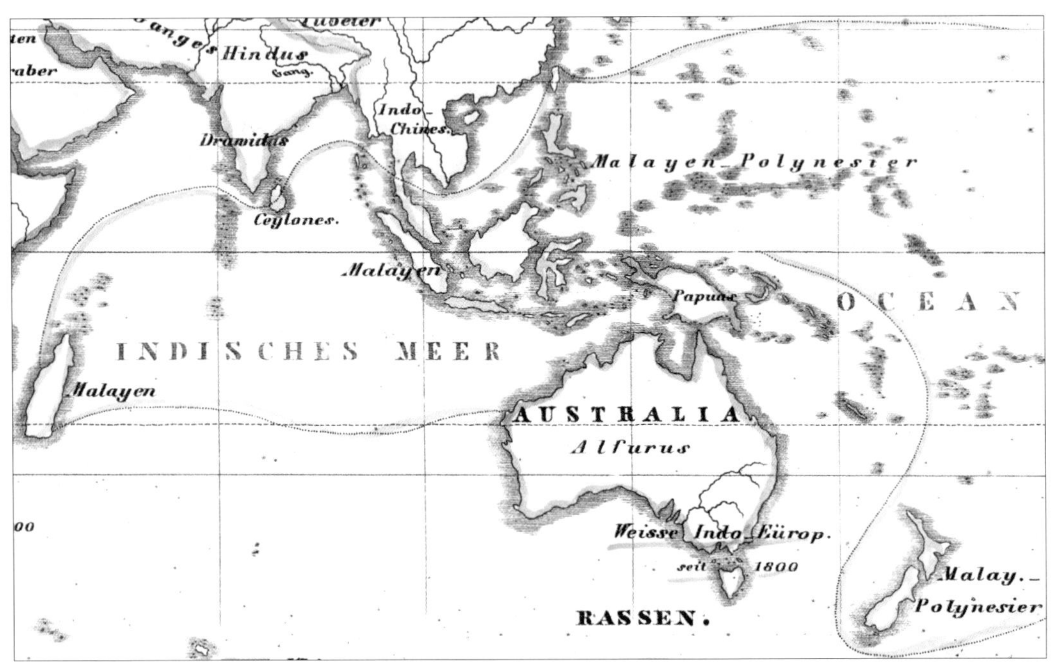

著擴散到中太平洋美拉尼西亞（Melanesia）的加羅林（Caroline）群島。大約在西元300年時到達玻里尼西亞。紐西蘭的毛利族（Maori）是最晚的移民，大約在西元800年。

毛利人首領（繪於1769年）

學界認為，由亞洲大陸移居至臺灣的族群，在臺灣形成了南島語系，之後沿著島嶼，逐步擴展到太平洋各地。這個假說最早由語言學學者提出，因為南島語言的十大語支有九支都在臺灣，有最高的多樣性。遺傳人類學者也以粒線體DNA的研究，對這個假說提供更多證據。

另外2015年臺灣大學森林環資系與智利共組研究團隊，分析西太平洋島弧上的構樹（*Broussonetia papyrifera*），發現各地構樹與南臺灣構樹皆有相同的葉綠體基因單型（haplotype），因為構樹沒有雄雌異株，無法自然產出種子，需由人類以其根部進行無性生殖來傳播。加上構樹是南島民族重要的資源，樹葉可以供作豬、牛、羊、兔、鹿的飼料，樹皮可以造紙，同時也可以加工製成樹皮布，在祭典上使用，與南島民族的生活息息相關，因此會隨著南島民族遷徙而傳播。此一研究結果證實西太平洋各地的構樹起源於臺灣，同時也間接證實了南島語族出自臺灣的假說。這個假說在學界有很多支持者，但尚未得到一致共識。

構樹

長久以來，飽受漠視的臺灣，位於南島語族分布的最北端，在南島語族的發展過程中占有重要的地位。無關乎封建的漢族文化，不用朝貢也不用看人臉色，唯一需要的就是冒險犯難的開拓精神與不向命運低頭的勇氣。

十八世紀夏威夷原住民以構樹皮編織的樹皮布

延伸閱讀 ▼所謂的「南島」（Austronesia），是1899年由澳洲人類學家威廉．施密特（Wilhelm Schmidt）將拉丁文的字根「auster南風」與希臘文「nêsos島」組合而成。南島民族是指使用南島語系語言的族群，主要分布範圍北到臺灣，南至紐西蘭，東到復活節島，西至馬達加斯加。包括東帝汶、印尼、馬來西亞、菲律賓、汶萊、馬達加斯加、密克羅尼西亞（Micronesia）、夏威夷、玻里尼西亞與臺灣的原住民族、中國回輝人、紐西蘭毛利人、美拉尼西亞人（Melanesian）等。另外還分布於泰國北大年地區、新加坡、越南的西原和占婆地區、柬埔寨。

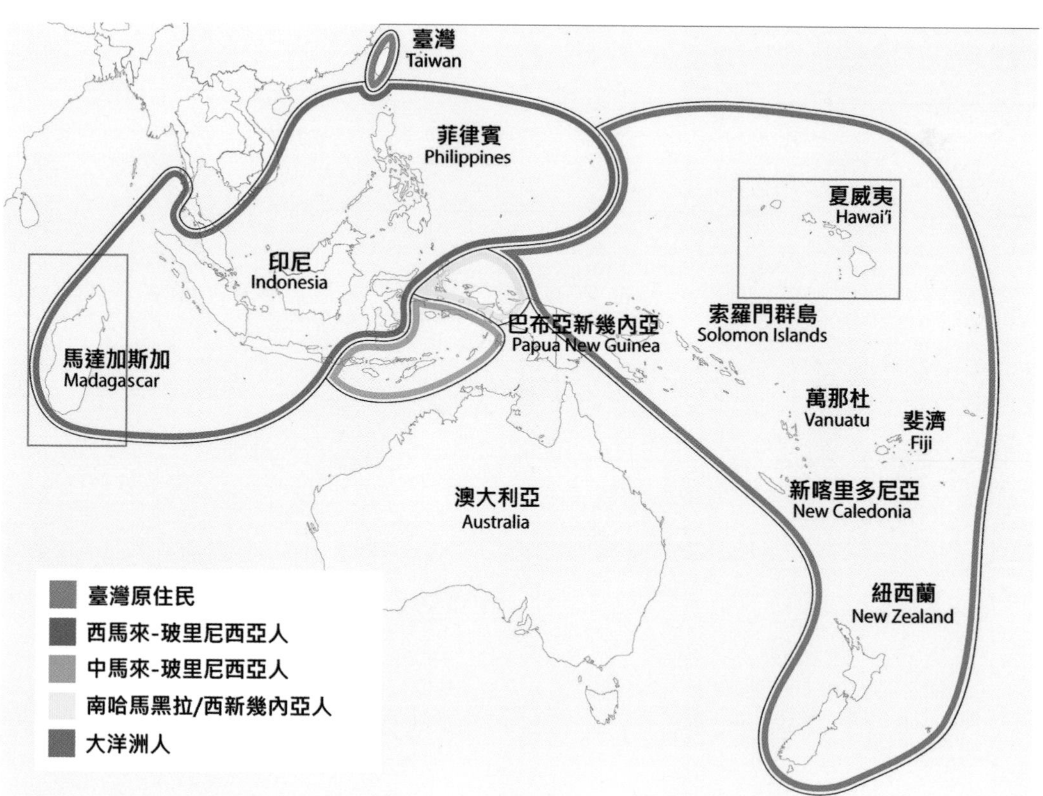

南島語系的擴散（Obsidian Soul CC0 1.0）

皇朝一統，割地賠款，邊陲臺灣，自求多福

《皇朝一統輿地全圖》

六嚴，縮摹重刻於1842年，李兆洛舊圖繪於1832年，出自美國國會圖書館。

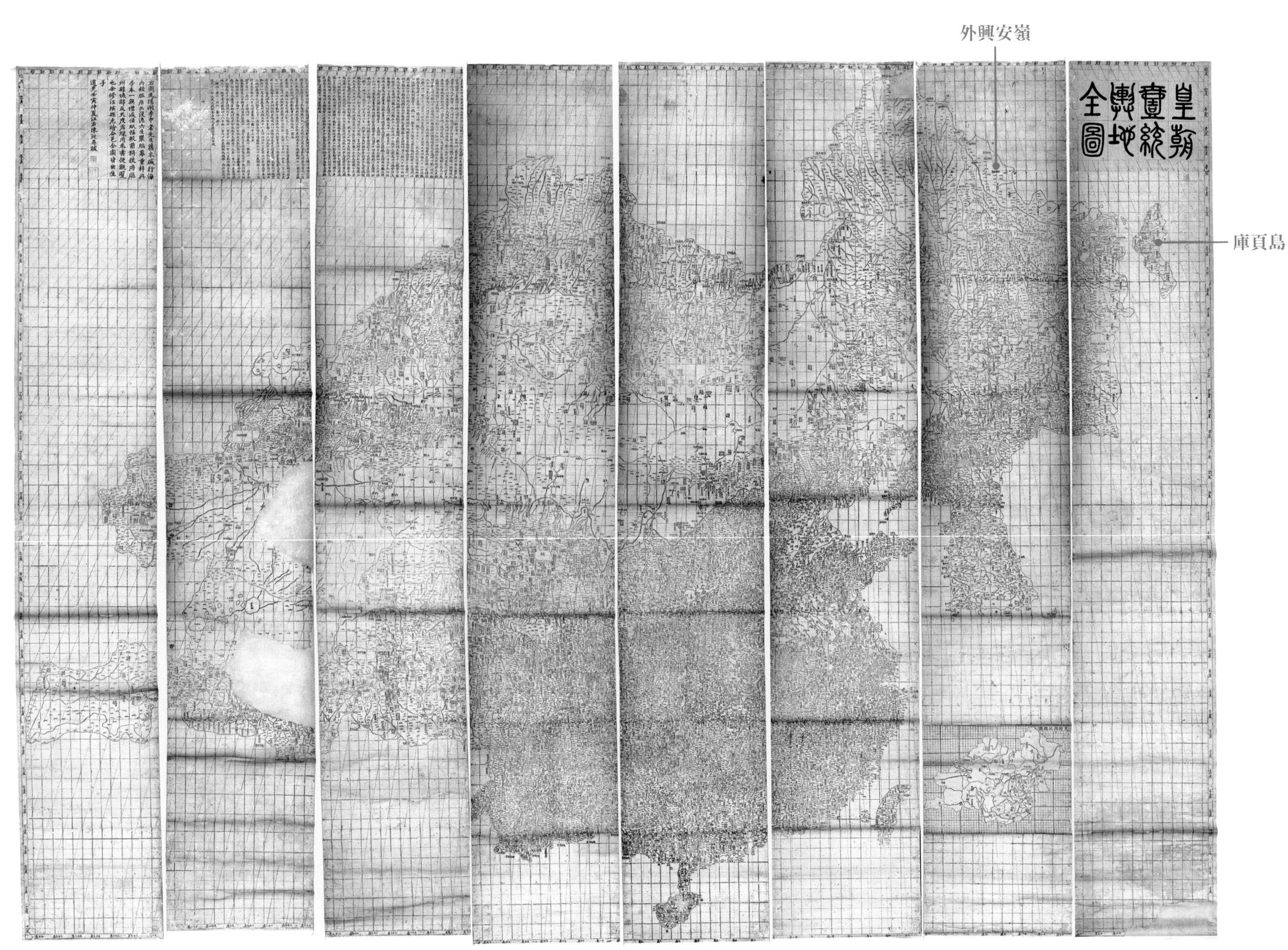

西元1842年，清朝的欽差大臣耆英與英國全權代表璞鼎查（Henry Pottinger）在英艦「康華麗號」（Cornwallis）上簽訂結束鴉片戰爭的《南京條約》，中國開放五個通商口岸，並割讓香港，是中國近代史上第一個喪權辱國的不平等條約。

停靠南京港的康華麗號

眼見英國在《南京條約》中獲得五口通商等好處，隔年，美國也要求比照，在澳門簽訂了《望廈條約》。法國有樣學樣，於1844年在廣州簽訂了《黃埔條約》，獲得與英美同等的在華特權。

1845年，英國食髓知味，強迫清廷簽訂《上海租地章程》，是外國在中國強占的第一個「租界」，之後，各國依樣畫葫蘆，紛紛在中國成立租界，至1902年為止，共出現過25個專管租界和2個公共租界。

就在大清皇朝被迫簽下不平等條約，並割讓香港的這一年，六嚴根據清朝地理學家李兆洛十年前殘破的舊圖，縮摹重印《皇朝一統輿地全圖》。在當時的局勢中，「皇朝一統」的圖名似乎是對大清帝國開始崩裂前的最後緬懷，顯得有些諷刺。至於「輿地全圖」則較務實，擺脫了諸如《大清萬年一統天下全圖》（參見p.250）等誇大自己、擠壓外邦的「天下觀」，大致如實描繪當時的漢地十八省、東三省（奉天、吉林、黑龍江）、藩部（蒙古、青海、西藏、新疆）及周邊屬國（朝鮮等）。

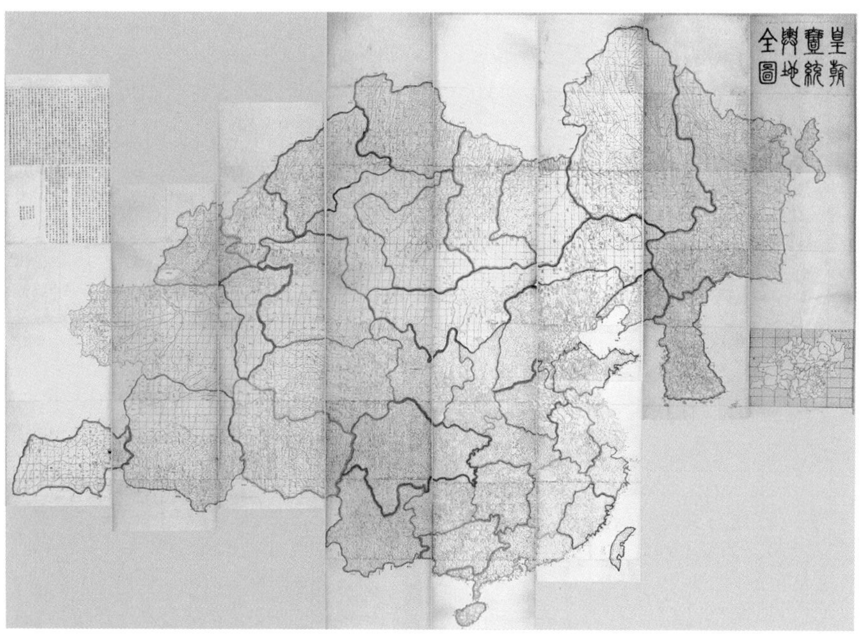

美國國會圖書館收藏的李兆洛《皇朝一統輿地全圖》可明顯看出舊圖缺漏處重新裱貼的痕跡。

六嚴在左上角的圖跋中說：「右圖為陽湖李申耆先生舊本，盛行海內，鋟版歷久漫漶，六生嚴縮摹重梓，與李本一無增減，惟紙幅較前稍狹。」連李兆洛的圖跋也一併載錄在前面：「皇朝康熙、乾隆兩朝，內府輿圖外間流布絕少，陽湖孝廉董方立精心仿繪，復博稽掌故，旁羅方志……東盡費雅喀、西極蔥嶺、北界俄羅斯、南至于海；分為四十一圖，大者數尺，小亦尺餘，鬥合既難，觀者不易，今總為一圖焉。舒之則為屏幅，卷之則為冊頁，殊便尋覽。」

由此可知本圖乃是李兆洛將董方立仿繪大小不一的41幅內府輿圖，彙總為由8軸拼合成高243 cm × 長338 cm的大圖。六嚴摹繪重刊時，則等比縮為163 × 220 cm。李兆洛與六嚴之所以能將大小不一的輿圖等比縮放再組合成一幅大圖，乃得益於中國古代製圖家發明的「計里畫方」，在地圖上按照一定的比例關係繪成方格坐標網，以此來控制地圖上各要素的方位和距離，也讓等比縮放與拼組地圖有跡可循。

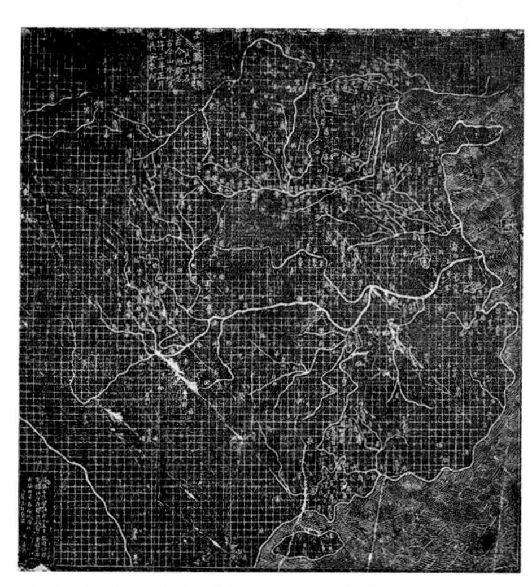

北宋《禹跡圖》碑拓片是現存最早計里畫方的地圖。每寸一方，每方折地百里。

除了計里方格網線之外，新舊兩幅《皇朝一統輿地全圖》還分別以紅線與虛線標繪出經線，0度中央經線通過京師，東經線與西經線則按漸增角度分別往東西方偏斜；至於緯線，由地圖底邊海南島南岸附近的北緯18度往上標示，每兩格1度，一直到外興安嶺北邊俄羅斯邊界附近的北緯61度。舊圖的經緯度標示在清朝疆界線的外圍，新圖則標示在地圖四邊的外框上。這種結合中國傳統「計里畫方」與西方經緯度座標系統的製圖方法，可看出當時中國製圖者正努力從傳統過渡到現代的嘗試。

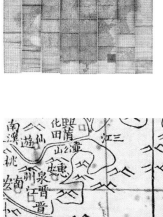

圖跋中所謂「東盡費雅喀」的費雅喀（Gilyak）是庫頁島上的少數民族，元代時稱為吉里迷或吉烈滅（Gilemi），清代定名為費雅喀，今學術界通稱為尼夫赫人（Nivkh），是西伯利亞東南地區原住民族，分布於黑龍江下游及庫頁島北部。1689年，清朝與俄國簽定《尼布楚條約》，規定外興安嶺以南為中國領土，當時俄國人並不知曉庫頁島的存在。1709年，康熙帝派遣三位耶穌會修士測量全國版圖時，耶穌會士得知韃靼海峽對岸有一大島，便向朝廷回報。翌年第二支由滿人組成的測量隊成功地橫渡韃靼海峽登上庫頁島，將庫頁島繪入清朝地圖中，雍正十年（1732年）更在此成立三姓副都統衙門。

費雅喀夫婦（右）與蝦夷男子（左）

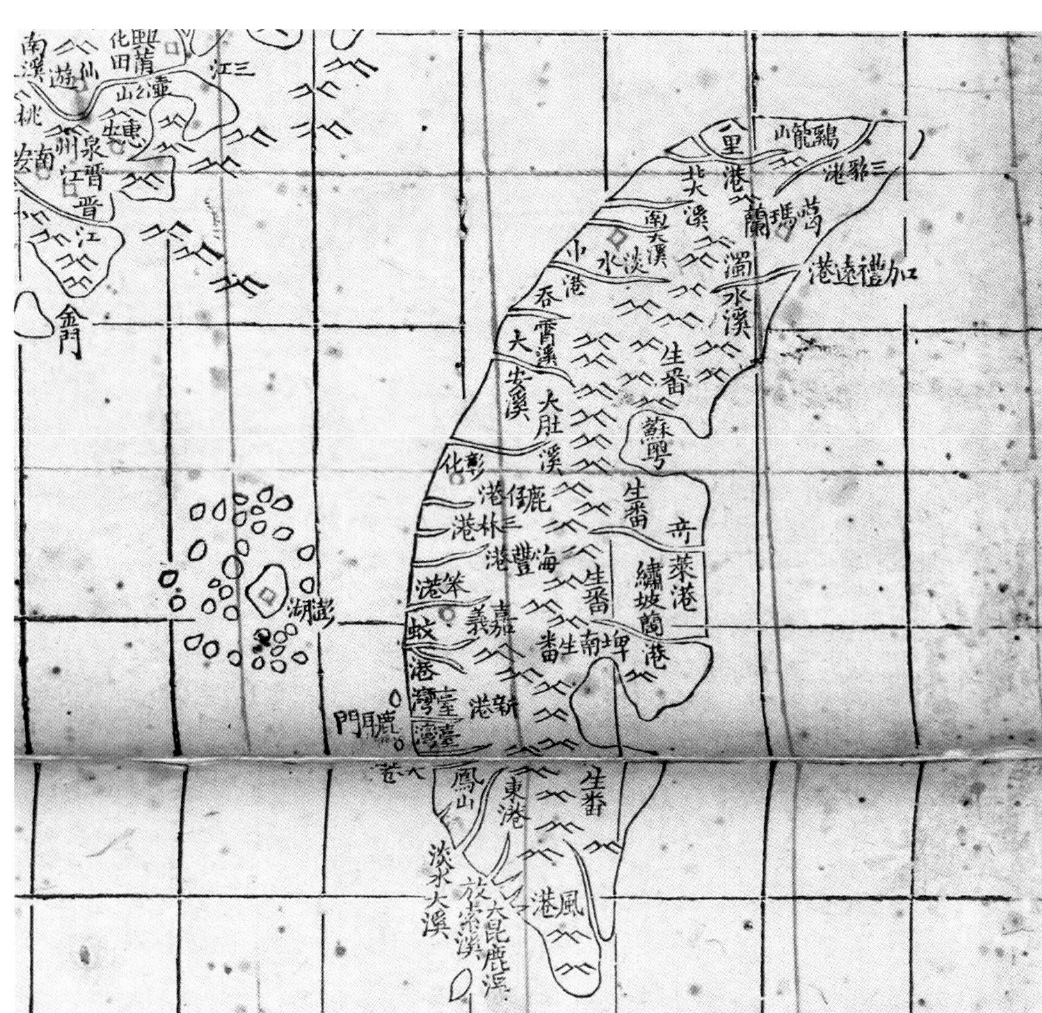

康熙帝派遣的三位耶穌會修士於1714年時也曾渡海來臺測繪地圖，可惜只畫了西半部（請參見p.238）。繼《康熙皇輿全覽圖》之後，雍正帝及乾隆帝也下令測繪《雍正十排圖》（1730）與《乾隆十三排圖》（1761），並稱為清朝三大實測地圖，但臺灣東半部依然懸缺，直到1832年，李兆洛的舊版《皇朝一統輿地全圖》才繪出臺灣東岸，原因之一是嘉慶十五年（1810年）時將東岸的噶瑪蘭納入大清版圖，1812年正式設噶瑪蘭廳。

當時臺灣府仍隸屬福建省，因此李兆洛《皇朝一統輿地全圖》的臺灣島界與福建省界都描一樣的藍色邊（各省的不同色邊疑為後人補描）。雖然臺灣中央山脈的東側仍有多處標示「生番」，但除了噶瑪蘭廳之外，也標出了不少新地名，例如三貂港（三貂角）、加禮遠港（冬山河）、濁水溪（今稱蘭陽溪）、蘇澳、奇萊港（花蓮溪）、繡坡蘭港（秀姑巒溪）、埤南（卑南）、風港（楓港溪）等。

臺灣西半部也增加了幾個新地名，是上述「三大實測地圖」中未標出的，例如八里港、吞霄溪（通霄鎮南勢溪）、大安溪等。1842年新版《皇朝一統輿地全圖》重刊時，大安溪口的大安港曾發生第一次鴉片戰爭中的「大安之役」，英船阿恩號（Ann）被臺灣守軍誘入內河擱淺、擊沉，俘虜數十名英國人，奉道光皇帝之命，連同1841年「雞籠之役」俘虜的英軍，共有197名俘虜遭到斬首，但最後清廷仍然戰敗，簽訂《南京條約》。

同年9月，又有一艘英船在八里港北方的金包里（金山）海面遭風擱淺，依照《南京條約》中的規定，臺灣守軍救起了25名英國人，送交英方。

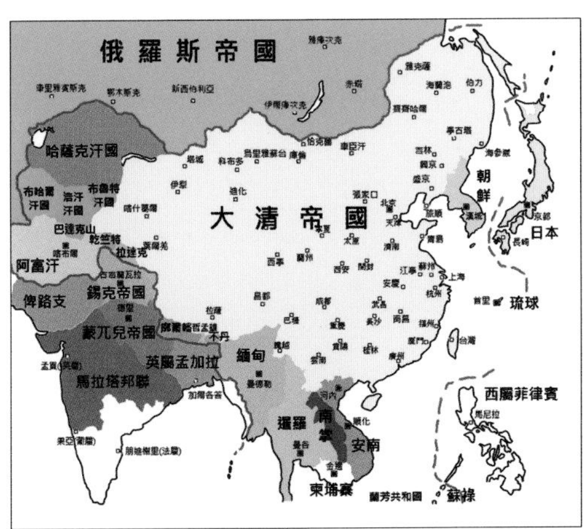

乾隆時期清朝疆域與藩屬國（紅線之內）(By Jason22)

▲清朝領土面積最大時達1300多萬平方公里，在中國歷代，僅次於元朝蒙古帝國的3000萬平方公里，並保持了一百多年。晚清領土面積雖縮減至1107萬平方公里，但在當時仍是世界第二大國，僅次於沙俄。

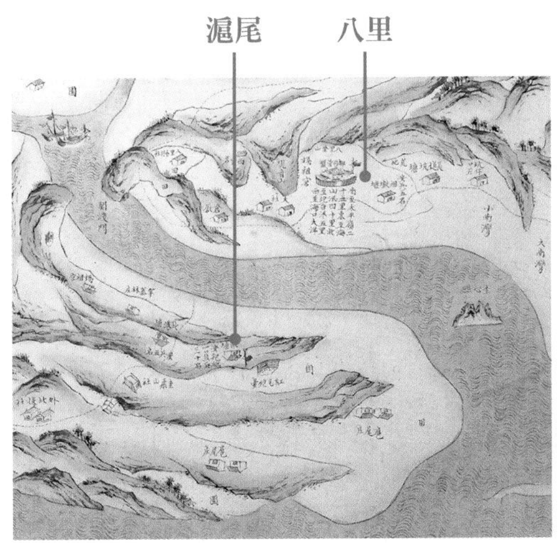

1756年《乾隆臺灣輿圖》中的八里與淡水

▲1712年，清廷置淡水分防千總於八里，為北臺灣駐兵之始，八里成了管轄大甲以北的軍事重鎮。1718年又置淡水營守備駐防八里坌，八里逐漸繁興。由於雍正、乾隆年間移民大量湧至臺灣北部，兩岸對渡頻繁，八里遂繼鹿耳門、鹿港之後，於1790年正式升格為口岸，與蚶江、五虎門對渡。但港道日漸淤塞，終於迫使八里淡出歷史舞臺。在嘉慶、道光年間，航運與港口機能漸被北岸的滬尾（今淡水）所取代。

冬山河出海口，遠處是龜山島(Photo by Shizhao CC BY-SA 3.0)

▲加禮遠又稱加禮宛（Karewan），噶瑪蘭語意指尖尾瑪瑙珠，有沙崙之意，是指位於冬山河（舊名加禮宛港，古時稍寬一點的溪流常稱為港）下游南岸沙埔地。後來因漢人入墾，加禮宛的噶瑪蘭人受到脅迫，而於1840年移往南方澳，再移往花蓮新城的加禮宛平原，甚至遠達臺東加走灣一帶。

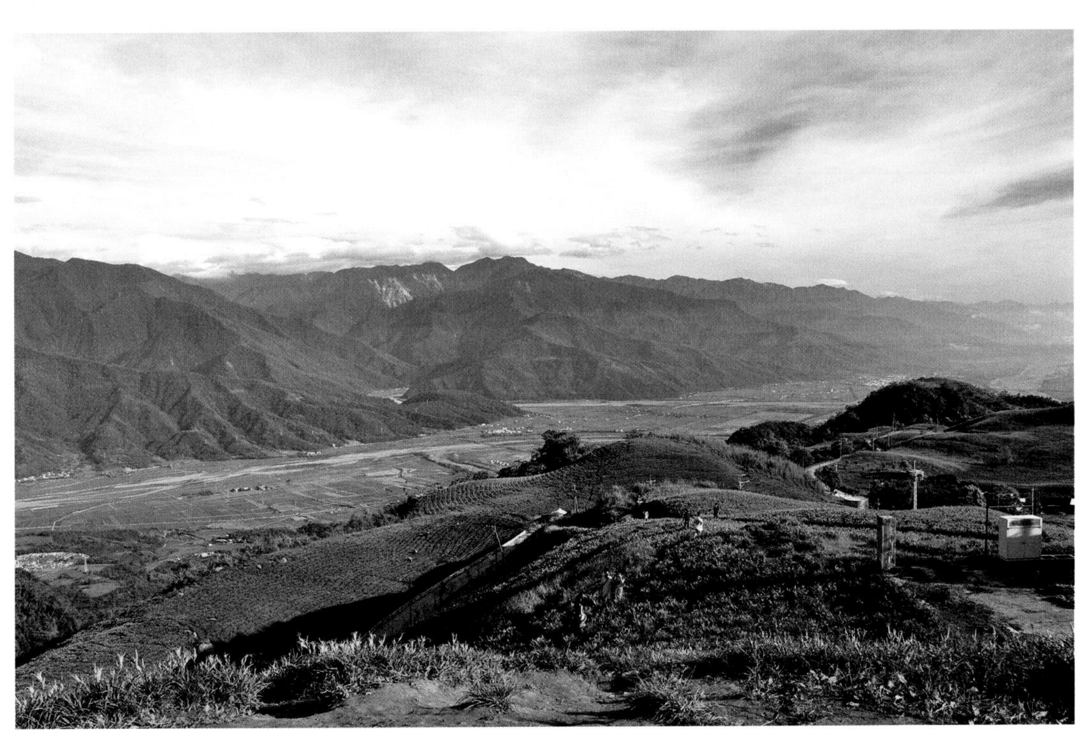
花東縱谷(Photo by 徐月春 CC BY 3.0)

▲臺東卑南鄉舊稱「埤南」，以紀念卑南族大頭目鼻那來（Pinara）建立部落典章納制度，征服花東縱谷各大族，清朝光緒年間被冊封為卑南大王。

世界動物分布圖，臺灣黑熊未現身

《世界動物分布圖》（*Zoological map of the world, showing the geographical distribution of animals*）

威廉．斯普納（William Spooner），繪於1844年，出自澳洲國家圖書館（National Library of Australia）。

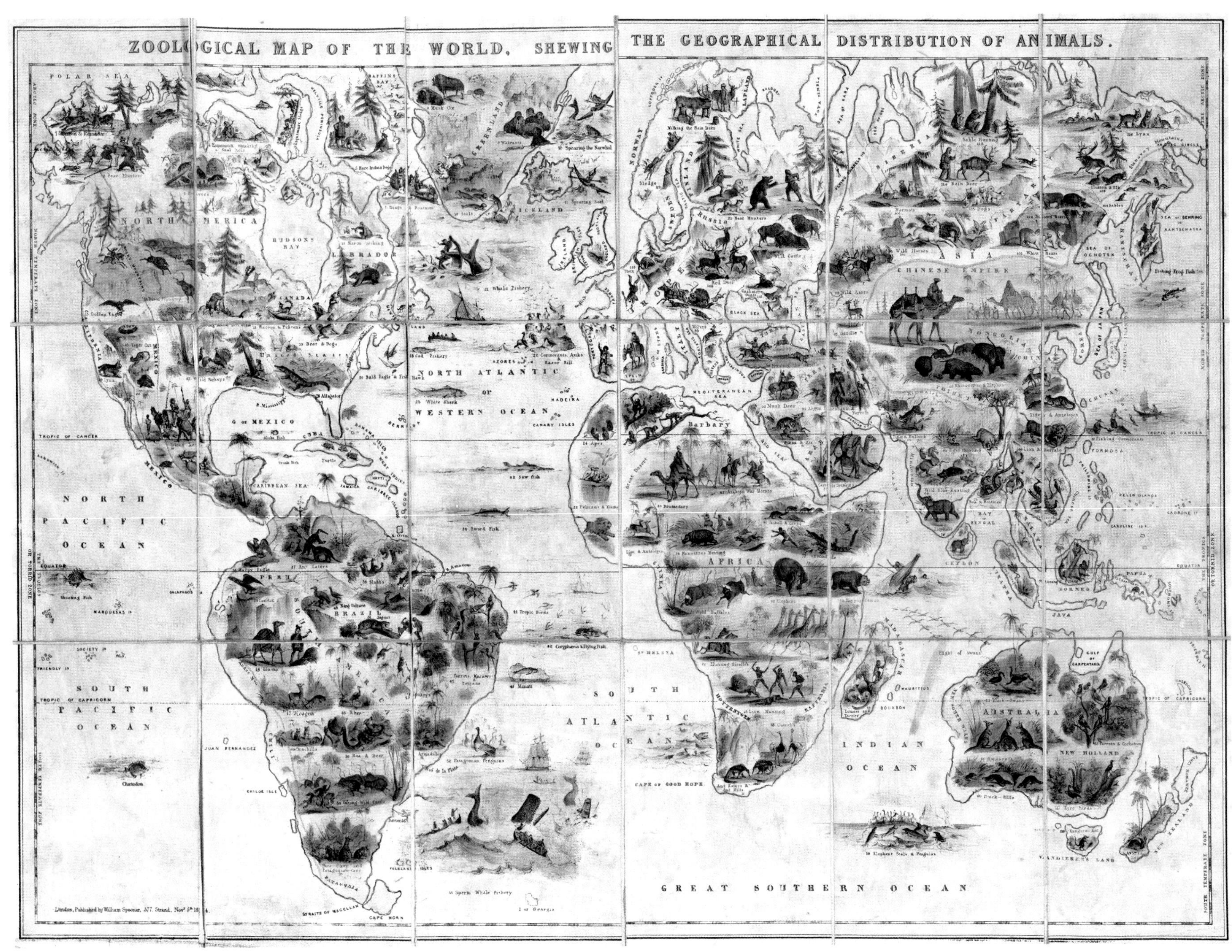

繼1839年德國出版的《世界主要作物分布地圖》及《人種分布地圖》之後，1844年的英國也發行了《世界動物分布圖》，雖然同屬於科學類地圖，但這幅《世界動物分布圖》的製圖者威廉．斯普納（William Matthias Spooner）並不像繪製前兩幅地圖的應用數學教授伯格豪斯（Heinrich Berghaus）那樣具有科學的背景，他早年在文具公司當學徒，約二十年後在倫敦開設了版畫公司，生產銷售諷刺漫畫、仕女畫、紙上探索遊戲等。

斯普納製作的紙上探索遊戲

本幅《世界動物分布圖》透過遍布世界各地的動物生態，以豐富多彩、賞心悅目且輕鬆有趣的方式，達到娛樂和教育兼具的目的，可說是紙上探索遊戲的延伸。斯普納製作了很多這樣的產品，使得英國維多利亞時代的孩子，可以從這些遊戲性質的產品中，獲得教育學習的效果。但是這些產品並不便宜，當時的標準價格是7.5先令，就通貨膨脹而言，現在約等於30英鎊（40美元）。

雖有意寓教於樂，斯普納畢竟只是一位非科學教育背景的版畫商店老闆，因此本幅《世界動物分布圖》中仍有部分錯誤，例如中華帝國（Chinese Empire）的東南部畫了攻擊水牛的獅子，但獅子主要分布在西亞、印度和非洲，並非中國本土動物，斯普納參考的資

維多利亞時代的倫敦火車站

清嘉慶《職貢圖》中的獅子

料可能將外國進貢給中國的獅子誤認為中國本土動物。

至於在中國東南方近海捕魚的鸕鶿，雖屬中國本土動物，但基本上中國漁民都是在內河或湖泊中利用鸕鶿捕魚，可能因為內陸已無空間描繪，只好畫在海上，相對地也把北回歸線上的臺灣往南擠，並且沿用舊習，以Formosa稱呼臺灣。而臺灣特有的黑熊、帝雉、梅花鹿等動物，受限於島嶼面積不夠大，無法上場。

普通鸕鶿（Photo by JJ Harrison CC BY-SA 3.0）

當時的臺灣因清朝在鴉片戰爭中慘敗，受英國脅迫，派閩浙總督赴臺調查1842年臺灣守軍奉命斬首197名英國俘虜一事，最後將臺灣兵備道姚瑩、臺灣鎮總兵達洪阿革職，押解上京交刑部審辦，並追回雞籠、大安兩次戰役有功人員的封賞，導致臺灣民心不安，加上新任官員施政不佳，引發數次民變。

太平洋板塊邊緣的臺灣

《世界地質地圖》（*Geological Map of the World*）

雷諾茲父子（James Reynolds & Sons）出版，埃姆斯利（John Emslie）繪於1852年。

這是一幅倫敦出版的教學用地圖，顯示了全球各種岩層的分布。雖然地質學可以回溯到古希臘學者泰奧弗拉斯托斯（Theophrastus）對岩石的研究，或是中國北宋科學家沈括（1031～1095）在離海數百公里的山區地層中發現貝殼化石而提出陸地形成假說。但直到十八世紀，地質學才開始成為一門獨立的科學。

泰奧弗拉斯托斯

沈括

本地圖出版時，非洲和亞洲許多內陸地區均尚未探索，更不用說進行地質分析了，因此本圖非洲大陸的地質分布標示非常簡略。實際上，要到1900年左右，經過半個世紀的大規模勘測之後，全世界的地質情況才大致明確。

本圖的四個角落及非洲下方共有5幅插圖，顯示不同類型的地貌，由左上角的極區冰障（ice barriers）開始，順時針方向依序是：珊瑚礁、澳洲塔斯馬尼亞（Tasmania）的皮勒角（Cape Pillar）、印度安達曼群島（Andaman Islands）的巴倫島（Barren Island）和義大利西西里的庫克洛普斯島（Island of Cyclops，延伸閱讀p.301）。

地圖中央的赤道0度緯線特別標註「珊瑚礁地區」（Region of Coral Reefs），並將北回歸線與南回歸線間塗成溫暖的粉紅色，與中高緯度的冷藍色做出區隔。巴倫島下方的圖例則依序標出地質年代圖案：沖積層、第三紀（Tertiary，如今已改為古近紀Paleogene與新近紀Neogene）、第二紀（Secondary，如今已改為中生代Mesozoic）、第一紀（Primary，如今已改為古生代Paleozoic）、火成岩&變質岩、火山岩、珊瑚礁。地質年代圖案的右側則說明各年代地層的主要成分，例如砂、黏土、白堊、煤、雲母、斑岩等。

巴倫島（NASA）

臺灣位於北回歸線上，但未標島名，地質圖示為火山岩，與中國大陸的火成岩&變質岩不同，也與琉

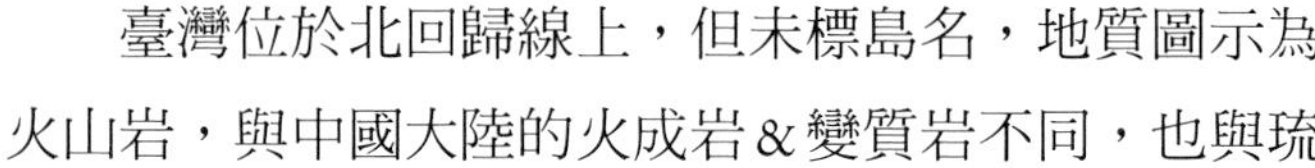

皮勒角（Photo by Lordtatting CC BY-SA 4.0）

庫克洛普斯島

巴倫島

GEOLOGICAL MAP OF THE WORLD.

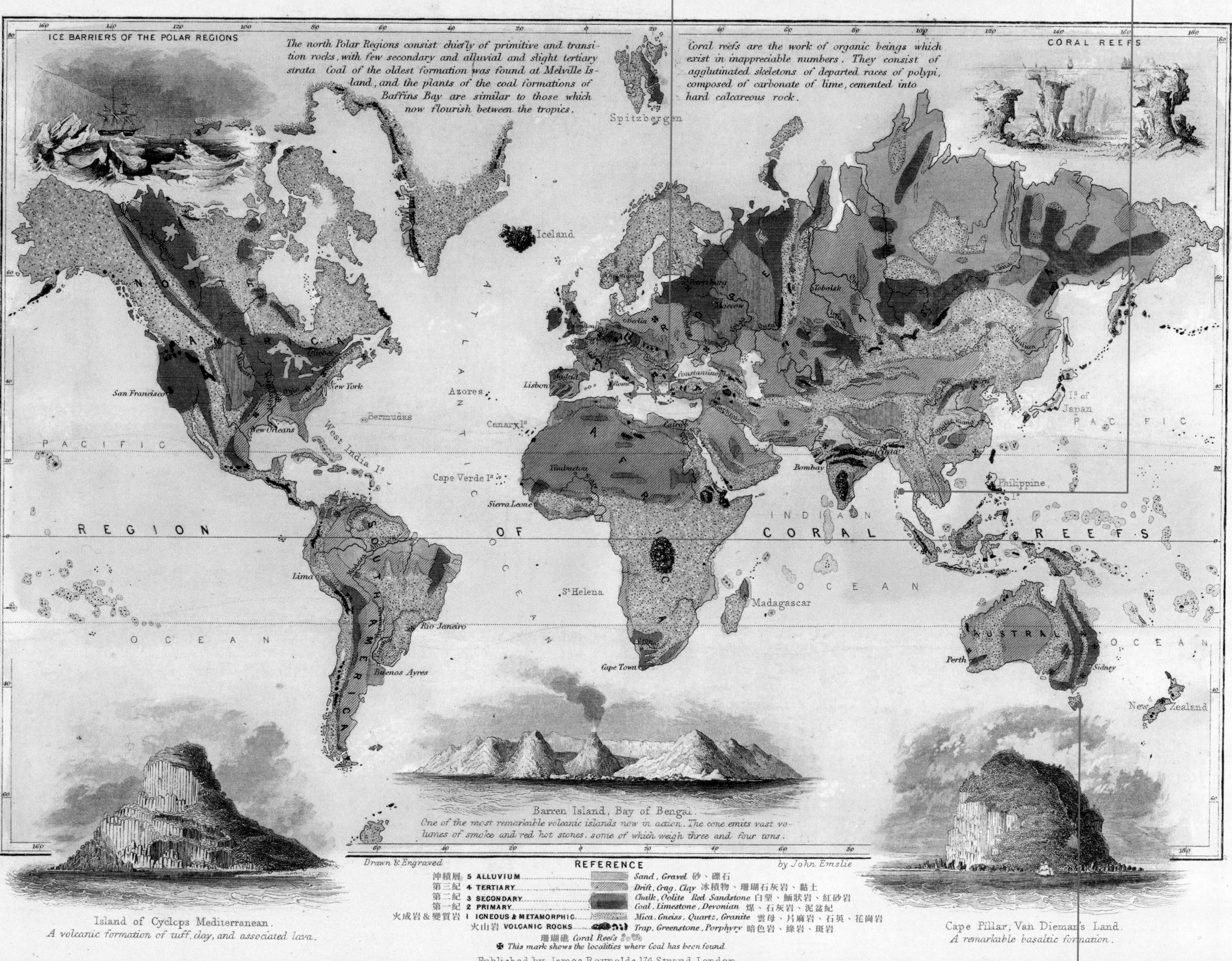
ICE BARRIERS OF THE POLAR REGIONS
The north Polar Regions consist chiefly of primitive and transition rocks, with few secondary and alluvial and slight tertiary strata. Coal of the oldest formation was found at Melville Island, and the plants of the coal formations of Baffins Bay are similar to those which now flourish between the tropics.
Coral reefs are the work of organic beings which exist in inappreciable numbers. They consist of agglutinated skeletons of departed races of polypi, composed of carbonate of lime, cemented into hard calcareous rock.
CORAL REEFS
Spitzbergen
Iceland
NORTH AMERICA
San Francisco
New York
New Orleans
Azores
Bermudas
West India Is.
Lisbon
Canary Is.
Cape Verde Is.
Sierra Leone
PACIFIC
REGION OF CORAL REEFS
SOUTH AMERICA
Lima
Rio Janeiro
Buenos Ayres
OCEAN
ATLANTIC OCEAN
St. Helena
AFRICA
Cape Town
Madagascar
Tobolsk
Bombay
Is. of Japan
PACIFIC
Philippine Is.
INDIAN OCEAN
AUSTRALIA
Perth
Sidney
New Zealand
Barren Island, Bay of Bengal.
One of the most remarkable volcanic islands now in action. The cone emits vast volumes of smoke and red hot stones, some of which weigh three and four tons.
Drawn & Engraved by John Emslie
REFERENCE
沖積層 5 ALLUVIUM Sand, Gravel 砂、礫石
第三紀 4 TERTIARY Drift, Crag, Clay 冰積物、珊瑚石灰岩、黏土
第二紀 3 SECONDARY Chalk, Oolite, Red Sandstone 白堊、鲕狀岩、紅砂岩
第一紀 2 PRIMARY Coal, Limestone, Devonian 煤、石灰岩、泥盆紀
火成岩&變質岩 1 IGNEOUS & METAMORPHIC Mica, Gneiss, Quartz, Granite 雲母、片麻岩、石英、花崗岩
火山岩 VOLCANIC ROCKS Trap, Greenstone, Porphyry 暗色岩、綠岩、斑岩
珊瑚礁 Coral Reefs
This mark shows the localities where Coal has been found
Published by James Reynolds, 174 Strand London.
Island of Cyclops Mediterranean.
A volcanic formation of tuff, clay, and associated lava.
Cape Pillar, Van Dieman's Land.
A remarkable basaltic formation.

皮勒角

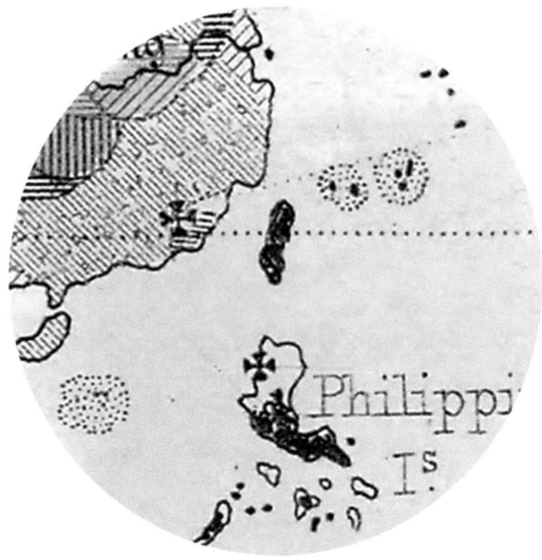

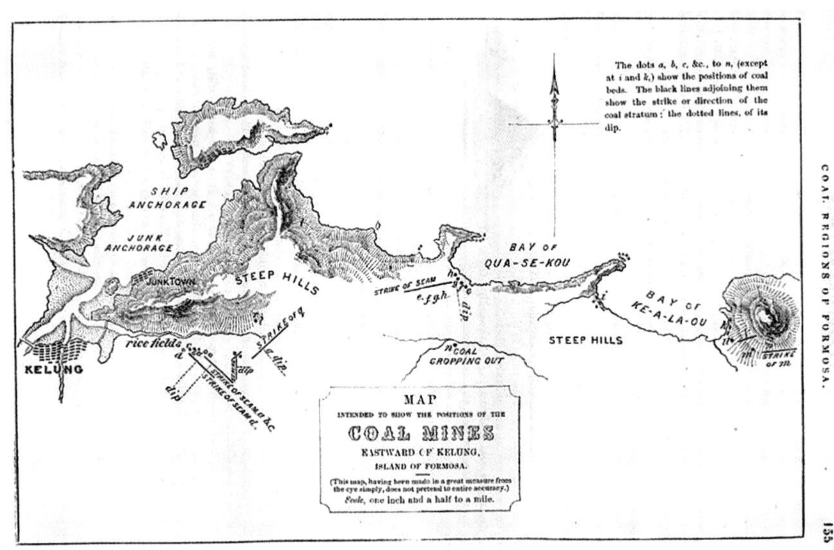

美國人1856年所繪福爾摩沙雞籠煤礦分布圖

球群島的珊瑚礁不同，而和南方菲律賓的火山岩地質相同。其實臺灣位處歐亞板塊最東緣，東側與菲律賓海板塊相接，就在現今地球板塊活動最劇烈、頻繁的環太平洋火山（環）帶（Circum-Pacific Belt 或 Ring of Fire）邊上，所以臺灣島經年累月大小地震不斷。距今約60萬年前，是臺灣大屯火山群主要的噴發期，大量岩漿湧出地表，火山活動約持續至20萬年前才停止。

就在本地圖出版前不久的1847年，英船忠誠號（Royalist）航抵雞籠，勘查雞籠附近煤層，發現品質優良且易開採，返英後報告

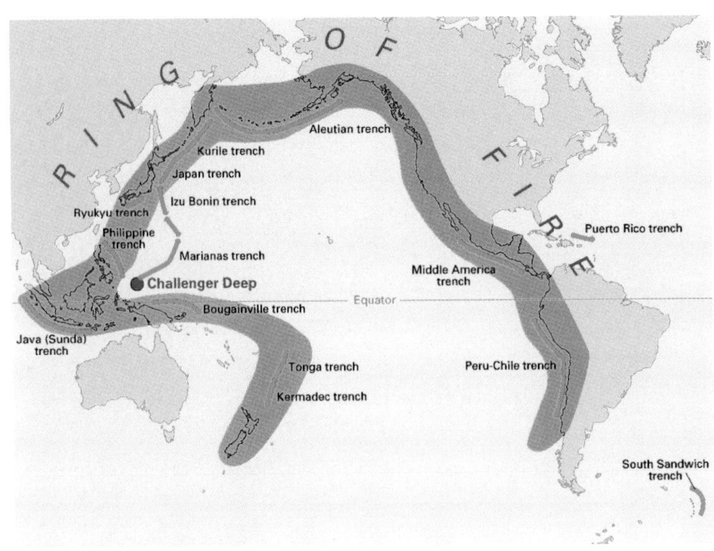

環太平洋火環帶（USGS）

政府，建議取得開採權，做為遠東英船的燃料。隔年英船薩拉森號（Saracens）來臺探測沿海地形，並將雞籠煤礦勘查報告發表於英國皇家地理學會。

當年12月3日，彰化臺中地區發生大地震，造成13,993棟房屋全毀，1030人死亡，是自有地震紀錄以來，截止至當時，臺灣地震中傷亡最慘重的一次。

1849年，廣州發行的英文期刊《中國叢報》（*Chinese Repository*）論析臺灣的煤礦優於英國利物浦（Liverpool）的煤礦。1850年，英國駐華公使多次照會兩廣總督及閩浙總督，要求購買雞籠煤礦，均遭拒絕。兩廣總督及廣東巡撫上奏：「英人在福建港口虧折甚多，思換臺灣做為港口。」廷諭：「正詞駁斥，絕其妄念。」臺灣兵備道徐宗幹更訂立「全臺紳民公約」，嚴鴉片之禁：「有吸煙者與為娼同，有買膏者與為盜同，若販土者與謀反相同。」並增滬尾行營砲、劈山砲等72座，艋舺添39座，籌防英人來犯。

1851年，本地圖發行的前一年，洪秀全1843年創立的拜上帝會，在廣西桂平金田村正式宣布起事，建號「太平天國」，掀起中國歷史上規模最大的戰爭，戰亂雖未波及隔海的臺灣，但後續仍造成相關的影響，容後再述。

太平天國金田起義

脾氣暴躁的獨眼巨人舉起巨石拋向逃離的船隻。

延伸閱讀 ◀▼庫克洛普斯（Cyclops）是希臘神話中的獨眼巨人，居住於西西里島，其獨眼長在額頭上。船隻經過庫克洛普斯島時，須避開獨眼巨人拋下的巨石。

南極羅斯冰架（Photo by lin padgham CC BY 2.0）

延伸閱讀 ◀當冰川流到大陸邊緣，形成巨大的陸緣冰岸，稱為「冰障」，又稱「冰架」。陸緣冰斷裂後入海，即形成冰山。最著名的是南極大陸的羅斯冰架（Ross Ice Shelf）。

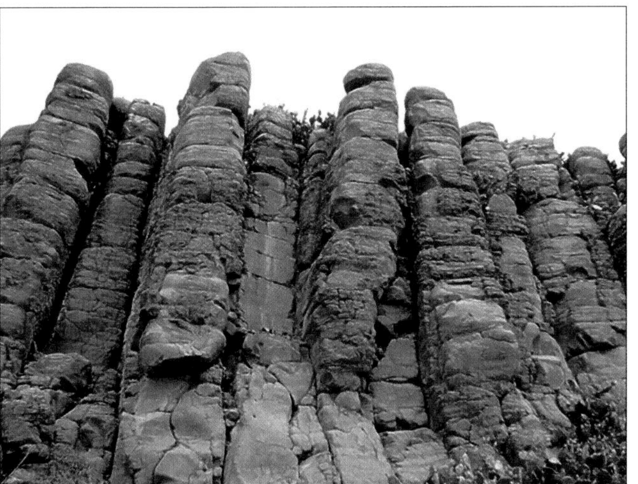

澎湖桶盤嶼玄武岩石柱（Photo by Pppighil CC BY-SA 3.0）

延伸閱讀 ◀火成岩是經由岩漿冷卻生成的岩石，分為深成岩和火山岩。深成岩是岩漿在地底下慢慢冷卻生成，由於溫度下降緩慢，形成的礦物顆粒較大，例如花崗岩。反之，岩漿在地表面快速冷却，礦物顆粒較小，稱為火山岩，例如玄武岩。

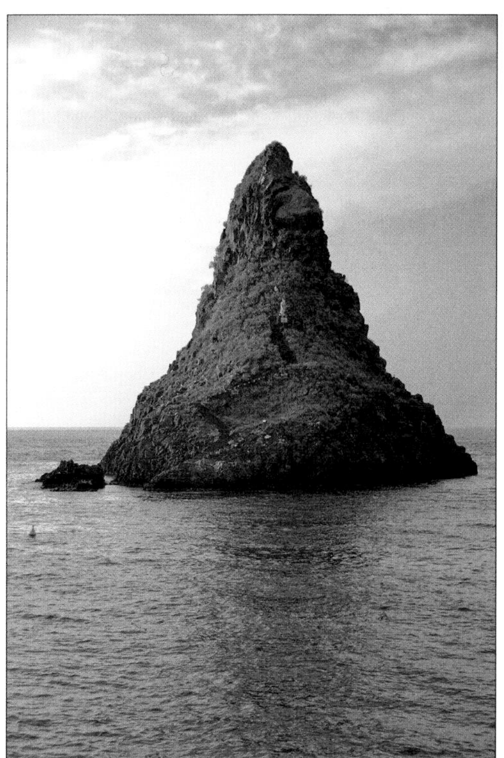

庫克洛普斯島（Photo by gnuckx CC BY 2.0）

萬國旗海飄揚，臺灣歸屬何方？

《萬國全圖》

赤志忠七（Akashi Tadashichi），繪於1874年，出自不列顛哥倫比亞大學圖書館（University of British Columbia Library）。

日本人繪製與發行這幅《萬國全圖》期間，發生了幾件與臺灣相關的大事，在解析地圖之前，先來回溯一下：

1842年第一次鴉片戰爭結束後，簽訂了《南京條約》。14年後的1856年10月8日，廣東水師在廣州碼頭檢查裝有走私貨物的「亞羅號」（Arrow），並逮捕了船上有海盜嫌疑的中國船員。英國領事宣稱「亞羅號」曾在香港註冊，英國有管轄權，要求釋放全部被捕水手，被清朝水師官員拒絕。雙方幾經談判仍無法達成共識，加上《南京條約》修約要求亦遭清廷回絕，英國遂派遣軍艦數艘、軍隊約二千人，開向廣東虎門，揭開第二次鴉片戰爭的序幕。

1858年，英法聯軍陸續攻占廣州、天津大沽口，清廷被迫簽訂《天津條約》，除了《南京條約》中開放的上海、寧波、福州、廈門、廣州5口之外，再增開臺灣及瓊州2處口岸。臺灣也被捲進了鴉片戰爭的漩渦。1862～1864年，臺灣暴發戴潮春事件，與1851～1872年中國內地的太平天國之亂，因天地會而產生了聯結。（延伸閱讀p. 305）

1867年美國軍隊進攻琅璚

第二次鴉片戰爭中的廣州城戰役

1867年，美國商船「羅發號」（Rover）在臺灣南端遇暴風觸礁沉沒，倖存者漂流到琅璚（恆春半島，當時屬於生番地界，不在臺灣府的管轄範圍）登陸，卻遭原住民殺害。同年6月，美國亞洲艦隊司令率軍艦二艘、軍隊181人進攻琅璚，遭原住民伏襲，指揮官戰死，美軍撤退。

美軍無功而返後，要求清政府查辦「羅發號」事件，清政府怕事態擴大，命臺灣總兵率兵南下，但到柴城（車城）便受阻無法前進。美國駐廈門領事只好自行偕同通事，與琅璚十八社總頭目卓杞篤直接交涉，雙方達成協議，同意歸還羅發號船長夫婦的首級及所劫物品，並答應不再殺害船難者。

海底電纜

海底電纜

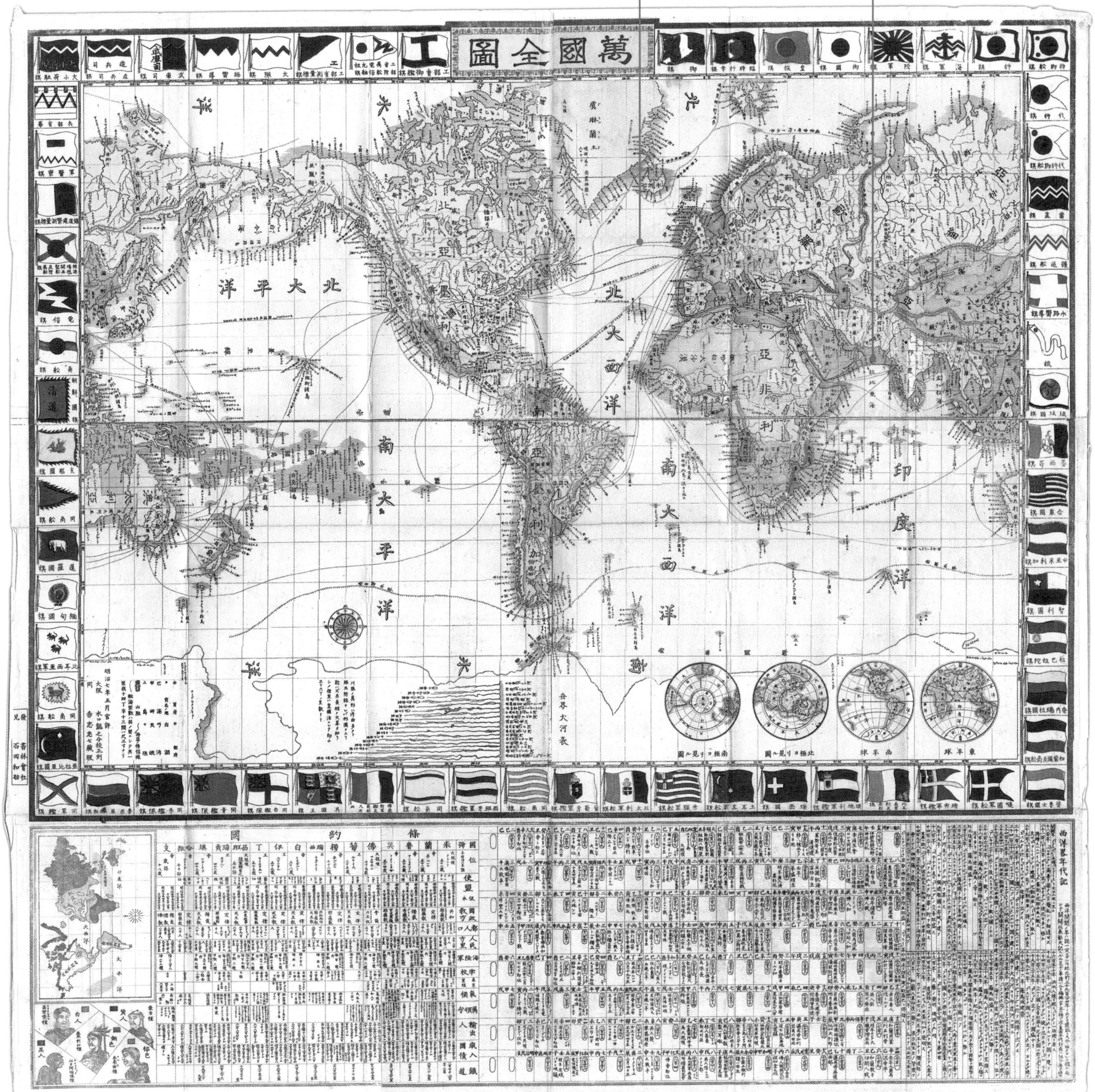

萬國全圖

牡丹社事件

「羅發號」事件雖告落幕，但清朝政府仍因循原有的消極政策，地圖也明顯標出「番界線」，默認無力處理番界線外的事件。1871年宮古島民至琉球國那霸上繳年貢後返航途中，遭遇颱風，漂流至臺灣東南部八瑤灣（今屏東縣滿州鄉九棚）上岸後，54人因故被排灣族馘首，僅12人生還回國。當時琉球國同屬清朝與日本薩摩藩的朝貢國，日本便藉八瑤灣事件要求清政府懲戒牡丹社原住民，清廷戶部尚書竟然表示：「生番係我化外之民，問罪與否，聽憑貴國辦理。」此一說法成為日本1874年出兵臺灣的依據，發動了3600名官兵攻打臺灣南部原住民部落，稱為「牡丹社事件」。日軍雖征服牡丹社等原住民，但在臺日軍因熱病侵襲，病歿650人，又耗費鉅額軍費，深感難以持續，於是與清廷簽訂《北京專約》，息事罷兵。

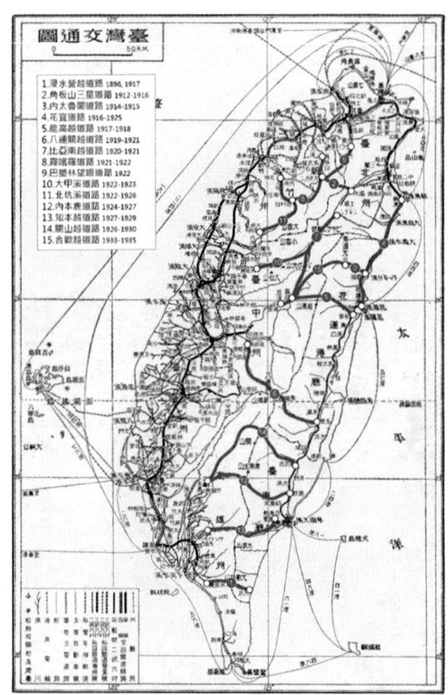

臺灣越嶺古道（紅線）

牡丹社事件之後，清廷體認到臺灣的重要性，轉為積極治理，對東部地區進行「開山撫番」，闢建東西部越嶺古道，雖仍無法有效統治原住民地區，但可避免外國勢力再以原住民治理問題進犯臺灣。1895年日本占領臺灣後，也持續開發了多條越嶺古道。

「牡丹社事件」是日本自1868年明治維新以來首次對外用兵，當時的日本正逐步邁向軍國主義，多年來一直積極訪查探勘、蒐集研究，對臺灣的經濟價值與戰略地位有很清楚的認識。一如本地圖下方所附的各國詳細資料：「西洋略年代記」從創世紀的亞當夏娃開始，一直到製圖前不久的1870年普法戰爭（倫敦世界博覽會應該是在1862年，本圖作者誤填至1871年。維也納萬國博覽會則是在1873年開幕）；「條約國」則詳列16個主要邦交國的領袖、大使、條約生效日期、政治體制、宗教、首都人口、全國人口、面積、兵力、學校、與東京的距離、氣候、殖民地、進出口、歲入與國債、鐵道長度等；「人種」則包括黃色蒙古人、白色高加索人、銅色亞美利加人、黑色衣索比亞人、棕色馬來人5種。顯現日本人對資料蒐集、整理、分析的重視。

除了地圖外框環繞各國國旗、軍旗和船旗之外，南極大陸上還列出了東半球、西半球、北極和南極地圖，以及世界大河長度表。地圖主體以西經60度經線為中央線，這樣的構圖可能是受到1494年教宗調解西葡兩大航海強國瓜分新世界的「教宗子午線」（西經46度）影響，導致東經121度的臺灣（加註ホルモサFormosa）被擠到地圖左側邊緣，與右側的中國北京（東經116度）遠隔兩邊。至於臺灣左下方的清朝（支那）國旗中的龍，竟然被畫成趴在地上的犬翼龍，與大清國旗相去甚遠。

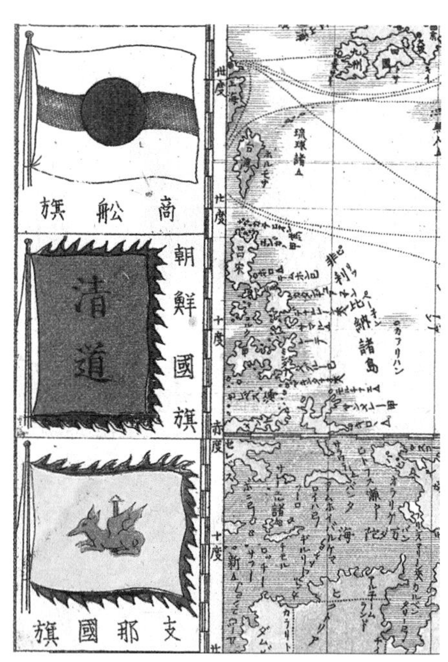

其實1874年時，清朝尚未制定國旗，只有代表軍事級別的八旗（鑲黃、正黃、正白、正紅、鑲白、鑲紅、正藍、鑲藍）。但依照當時的海上國際慣例，商船需懸掛所屬（註

大清國旗（Sodacan CC BY-SA 4.0）

冊）國籍的船旗才能進行貿易，否則將被視為海盜船，因此許多中國商船只好註冊懸掛外國國旗，1856年的「亞羅號」事件即是中國商船懸掛英國國旗所引發的糾紛。

到了1862年，協辦大學士曾國藩下令：「各處師船，仿照外國豎立旗號之例，概用黃色龍旗，使彼一望即知，不敢妄動……擬用三角尖旗，均用黃色畫龍，龍頭向上。」此三角形黃色龍旗主要參考自八旗中的正黃旗，但削去一角呈三角形以避免僭越，主要用於政府和海軍船艦，民船不得懸掛。

後來北洋通商大臣李鴻章在與西方列強談判、簽約等外交活動中，看到西方列國莊嚴懸掛國旗，而中國卻無旗可掛，深感有失「天朝威儀」，於是上奏慈禧太后，請求頒制國旗，慈禧就命李鴻章負責設計，終於在1889年決定以黃龍旗為大清國旗。

地圖中的臺灣雖已在1858年的《天津條約》中開放為對外口岸，但圖中的航線都只停靠上海與香港，過臺灣海峽而不入，主要是因為圖版不夠大，只能標記最重要的港口。其實1871年時，英商得忌利士洋行（Douglas Lapraik & Co.）開設臺灣航線，往來於安平、淡水、廈門、汕頭、香港，每兩星期一回，獲利頗豐，於是增置航輪，往來於臺灣與中國南部沿海各商埠間，臺灣航業遂逐漸被其壟斷。

得忌利士公司的航輪

本地圖的另一特色是標繪出海底電纜，2條大西洋海底電纜分別由英國和法國連接至美國與加拿大，另一條由英國經地中海、紅海、阿拉伯海，連接到印度孟買，展現了當時大英帝國的雄厚國力。

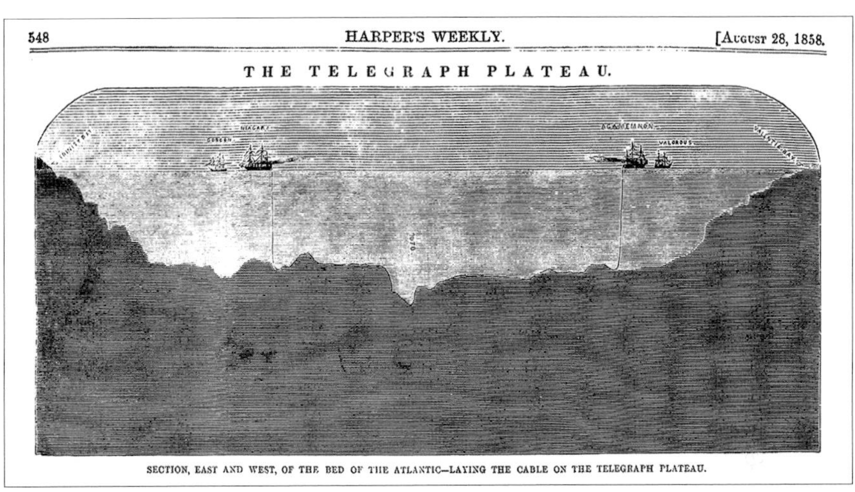

548 HARPER'S WEEKLY. [August 28, 1858.

THE TELEGRAPH PLATEAU.

SECTION, EAST AND WEST, OF THE BED OF THE ATLANTIC—LAYING THE CABLE ON THE TELEGRAPH PLATEAU.

1858年美國《哈潑週刊》（*Harper's Weekly*）介紹大西洋海底電纜的鋪設

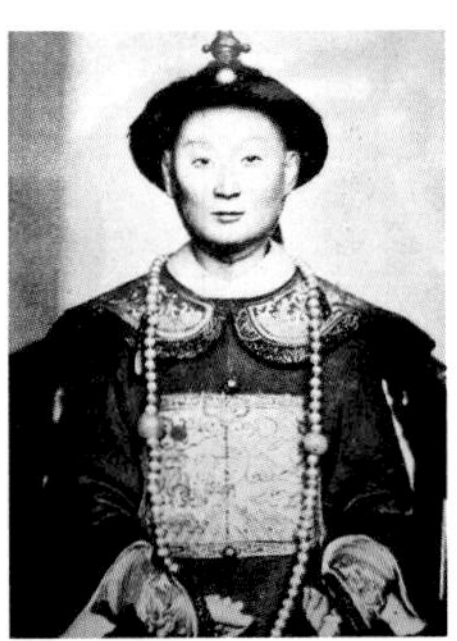

林文察

延伸閱讀 ◀1861年，彰化知縣委任戴潮春組織鄉勇，遏止當地盜匪。戴潮春便藉此發展天地會，擴充到十餘萬人，改稱八卦會。1862年，臺灣兵備道處死八卦會洪姓總理，導致會眾起義，遍及中部地區。1863年，清廷派福建提督林文察（出身霧峰林家）回臺平亂，直到1864年才完全平定，是臺灣清治時期民變中持續時間最久者。霧峰林家則因功獲得大量田產與樟腦專賣權，一躍成為中臺灣最有勢力的家族。

延伸閱讀 ▶第一次鴉片戰爭後，廣東各幫會因為反對清朝政府而聯合起來，稱為天地會，又稱為洪門，以「洪」字象徵「漢」的「中」「土」被奪走，因此致力於「反清復明」的大業。太平天國起義過程中，洪門也曾參與協助。

天地會令牌

臺灣從未如此靠近中國

《大清廿三省輿地全圖》

佚名，繪於1887～1907年，出自美國國會圖書館（Library of Congress）。

廣東欽州人劉永福二十歲時便加入起義軍，響應廣東老鄉洪秀全的太平天國運動。但太平天國運動最終失敗，劉永福隨義軍逃往中越邊境一帶。後來劉永福組建黑旗軍，接受越南阮朝政權招安，據守一方。1883～1885年參與中法越南戰爭，曾在鎮南關之役中大敗法軍。

清朝的歷史總是牽動著臺灣的人與事，除了太平天國之亂、鴉片戰爭之外，這次中法越南戰爭的戰火又延燒到臺灣。1884年法國為了結束越南膠著的戰局，逼迫中國從越南撤軍，於是令遠東艦隊司令率領三艘戰艦強攻臺灣雞籠，計畫取得當地的煤礦作為船隻燃料，並占領臺灣以威脅中國。

法軍雖攻占雞籠，但在滬尾登陸戰中死傷慘重，只好退回艦上。1885年由於法軍困於雞籠，未能占領臺北府，於是封鎖臺灣海峽及中國東南沿岸，並攻占澎湖，以取得更好的中法談判籌碼，但此次對臺戰役，法國損兵折將，遠東艦隊司令孤拔（Amédée Courbet）在《中法新約》簽訂的兩天後，病逝於澎湖。

雖然中國在鎮南關與滬尾之役中取得勝利，卻在《中法新約》中承認法國對越南的宗主權，從此越南脫離中國，成為法國屬地。和約簽訂之後，清軍撤出越南，法軍撤出澎湖，停止對臺灣的封鎖。

戰後，清政府進一步意識到海防的重要，於是加緊建立北洋艦隊，並在臺灣設省，積極建設。推測本地圖繪於臺灣正式設省的

鎮南關

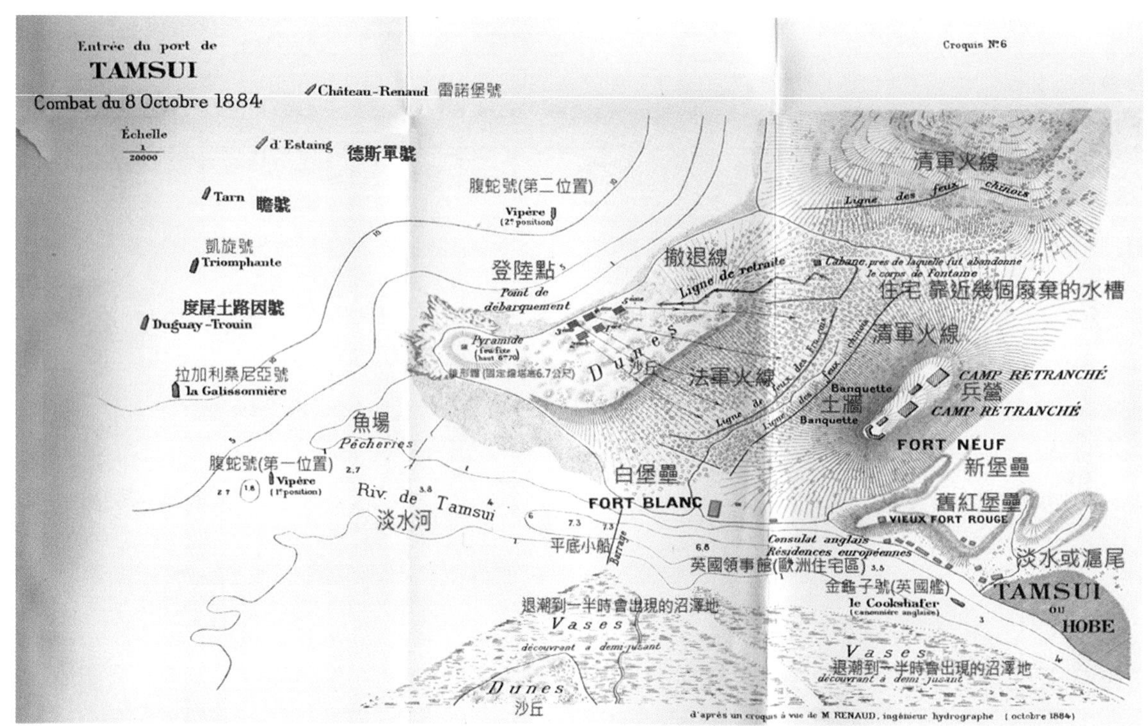

1884年淡水之役戰鬥布置圖（Eugene Germain Garnot+臺灣阿成）

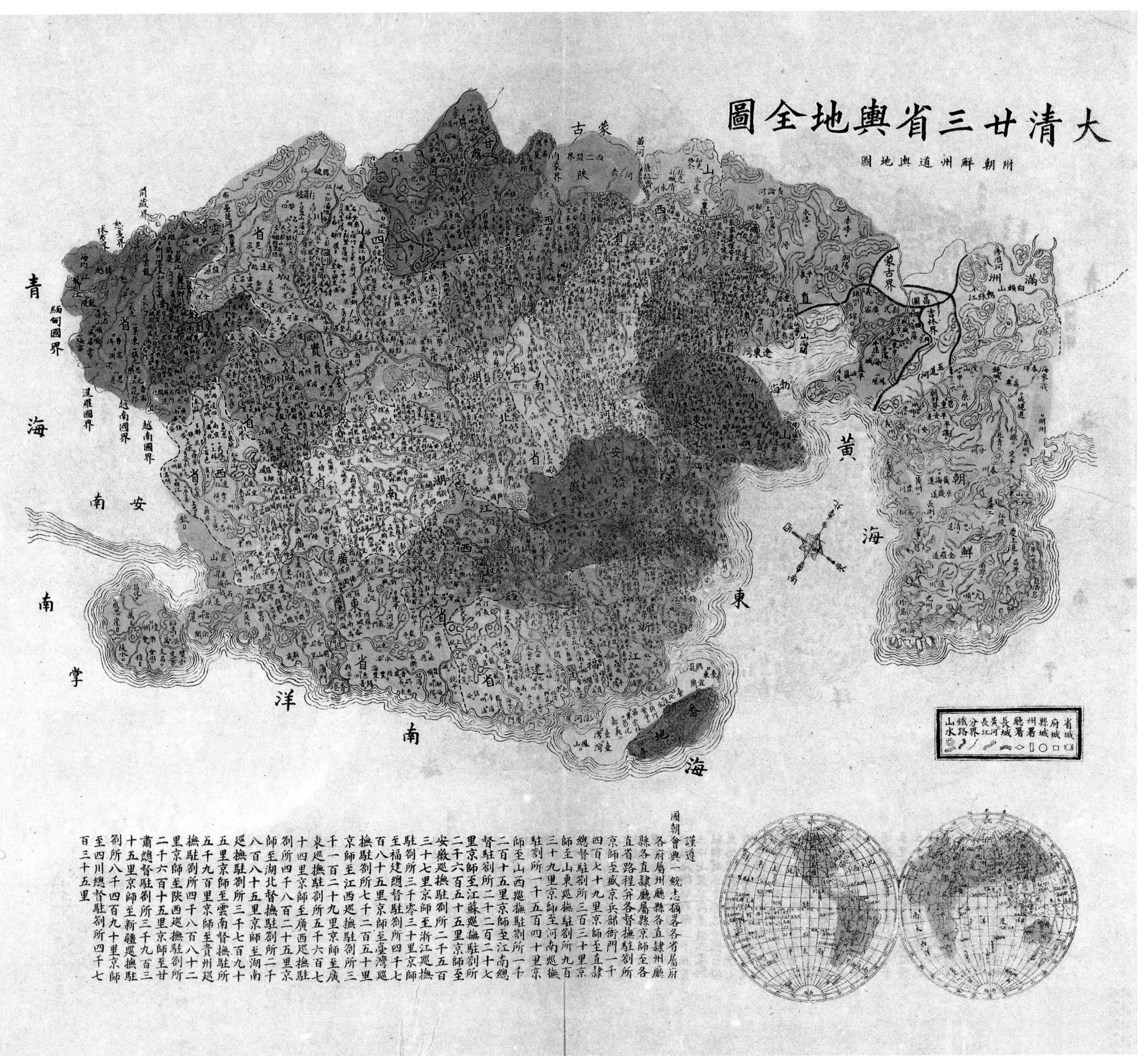
大清廿三省輿地全圖
附朝鮮州道輿地圖
謹遵
國朝會典一統志摘畧各省屬府各府屬州廳縣各直隸州廳縣各直隸廳屬縣京師至各直省路程幷各督撫駐劄所京師至盛京兵部衙門一千四百七十九里京師至直隸總督駐劄所三百三十里京師至山東巡撫駐劄所九百三十九里京師至河南巡撫駐劄所一千五百四十里京師至山西巡撫駐劄所一千二百十五里京師至江南總督駐劄所二千二百二十七里京師至江蘇巡撫駐劄所二千六百五十五里京師至安徽巡撫駐劄所二千五百三十七里京師至浙江巡撫駐劄所三千零三十里京師至福建總督駐劄所四千七百八十五里京師至臺灣巡撫駐劄所七千二百五十里京師至江西巡撫駐劄所三千一百二十九里京師至廣東巡撫駐劄所五千六百七十四里京師至廣西巡撫駐劄所四千八百二十五里京師至湖北督撫駐劄所二千八百八十五里京師至湖南巡撫駐劄所三千七百九十五里京師至雲南督撫駐所五千九百里京師至貴州巡撫駐劄所四千八百八十二里京師至陝西巡撫駐劄所二千六百十五里京師至甘肅總督駐劄所三千九百三十五里京師至新疆巡撫駐劄所八千四百九十里京師至四川總督駐劄所四千七百三十五里

1887年之後，因為圖中的臺灣塗成與福建省不同的黃色，圖序中也分別標明「福建總督駐箚所」（1885年福建巡撫劉銘傳移駐臺北，改為臺灣巡撫，福建巡撫一職由閩浙總督兼理）及「臺灣巡撫駐箚所」。怪異的是臺灣並未比照其他各省，以粗大字體標示省名，反而是用來標示東部的「番地」，並以省界線與臺灣區隔，塗上不同顏色。

劉銘傳任臺灣巡撫次年（1886）攝於基隆

地圖名稱雖為《大清廿三省輿地全圖》，但圖序中卻只列出22省，而地圖中以不同顏色區分的行省也只有20個，除非把塗了顏色的朝鮮、臺灣番界及瓊州也算進去，才有23個色塊。

由於沒有「計里畫方」的方格線及經緯線，本地圖描繪的疆域因而變形失真。不僅朝鮮變大變胖、海南島北移的緯度高過臺灣，臺灣也橫躺在浙江與福建的海岸邊，幾乎連在一起，而且隸屬臺灣的澎湖（誤寫為澎河）也被塗成福建省的藍色。

圖中還有多處地名錯誤（如苗粟）及標色錯誤（如直隸省跨到盛京轄區），各省的行政建制也非常紊亂，以臺灣為例，臺東誤移至臺灣北端且誤標為府（1887年時由卑南廳改為臺東直隸州），安平縣誤移至苗栗縣以北，嘉義縣誤標為廳，臺南府誤標為臺灣府（1887年時已改為臺南府），安平縣誤標為臺灣縣

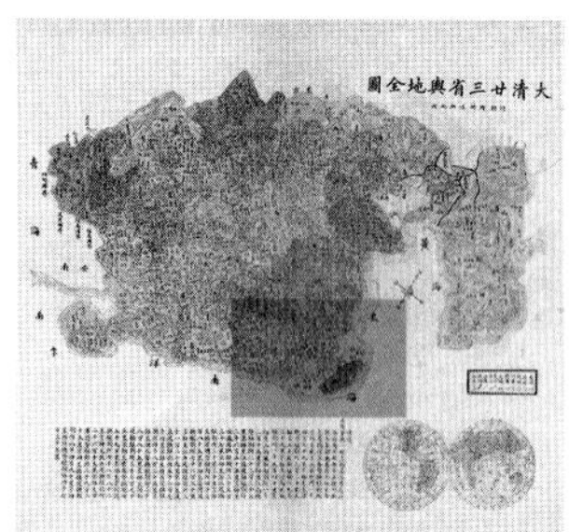

（1887年時已改為安平縣），恆春縣（1875年就已設縣管轄）誤移至番界內的東岸，錯誤連連，實在不忍卒睹。

本地圖雖有不少錯誤，但也有幾項特色：（一）陸海交界以多重波浪紋顯示；（二）山脈以19世紀廣泛採用的暈滃法（Hachure）來表示地形起伏。（三）以粗線特別強調東北地區的鐵路。但該區鐵路1897年動工，1903年才通車，當時臺灣已割讓給日本，不再是大清的行省，這二處顯然矛盾；若再考量圖名中的廿三省，或許可以推測本地圖繪於1907年之後，當年廢除盛京、吉林、黑龍江將軍衙門，改設奉天省、吉林省、黑龍江省，湊足了23省。

延伸閱讀 ▼俄羅斯占領外興安嶺後，1886年便計劃修建從赤塔經由清政府控制下的滿洲地區直達海參崴的西伯利亞鐵路。為了使清政府同意其築路計劃，沙俄政府開始積極與清政府發展雙邊關係。1896年，清政府特使李鴻章在赴俄祝賀沙皇尼古拉二世加冕典禮期間簽署了《中俄密約》，同意俄國「通過黑龍江、吉林修築一條鐵路」。1896年，在華俄道勝銀行的支持下，中國東省鐵路公司成立。1897年動土興建東清鐵路，1903年全線通車營業。

東省鐵路滿洲里段（SMU中央大學圖書館）

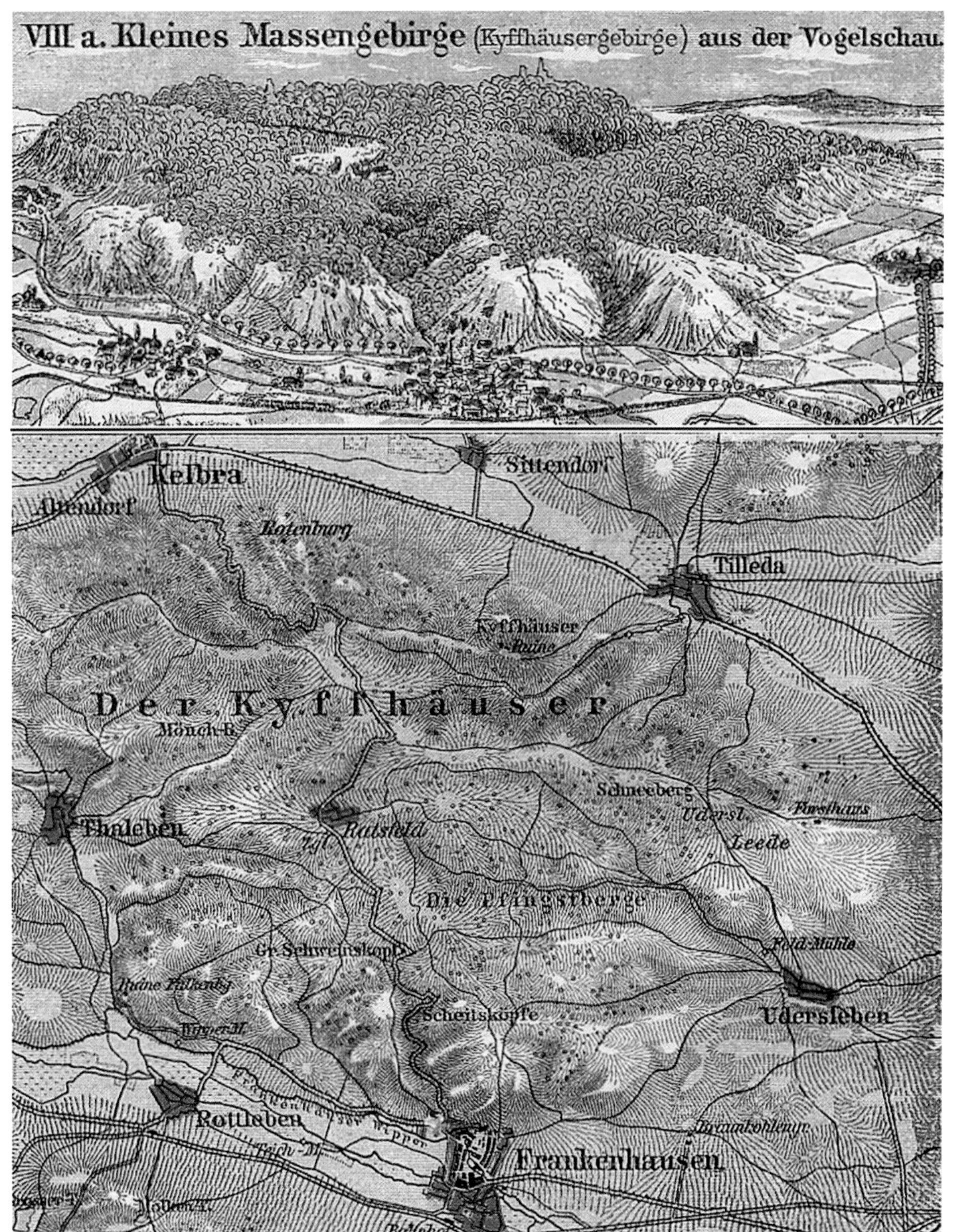

鳥瞰地圖與暈滃法地圖對照

甲午之戰奪寶島，畫入版圖廣宣傳

《大日本明細新圖》

村田信兄，繪於1895年，出自地理珍稀古地圖（Geographicus Rare Antique Maps）。

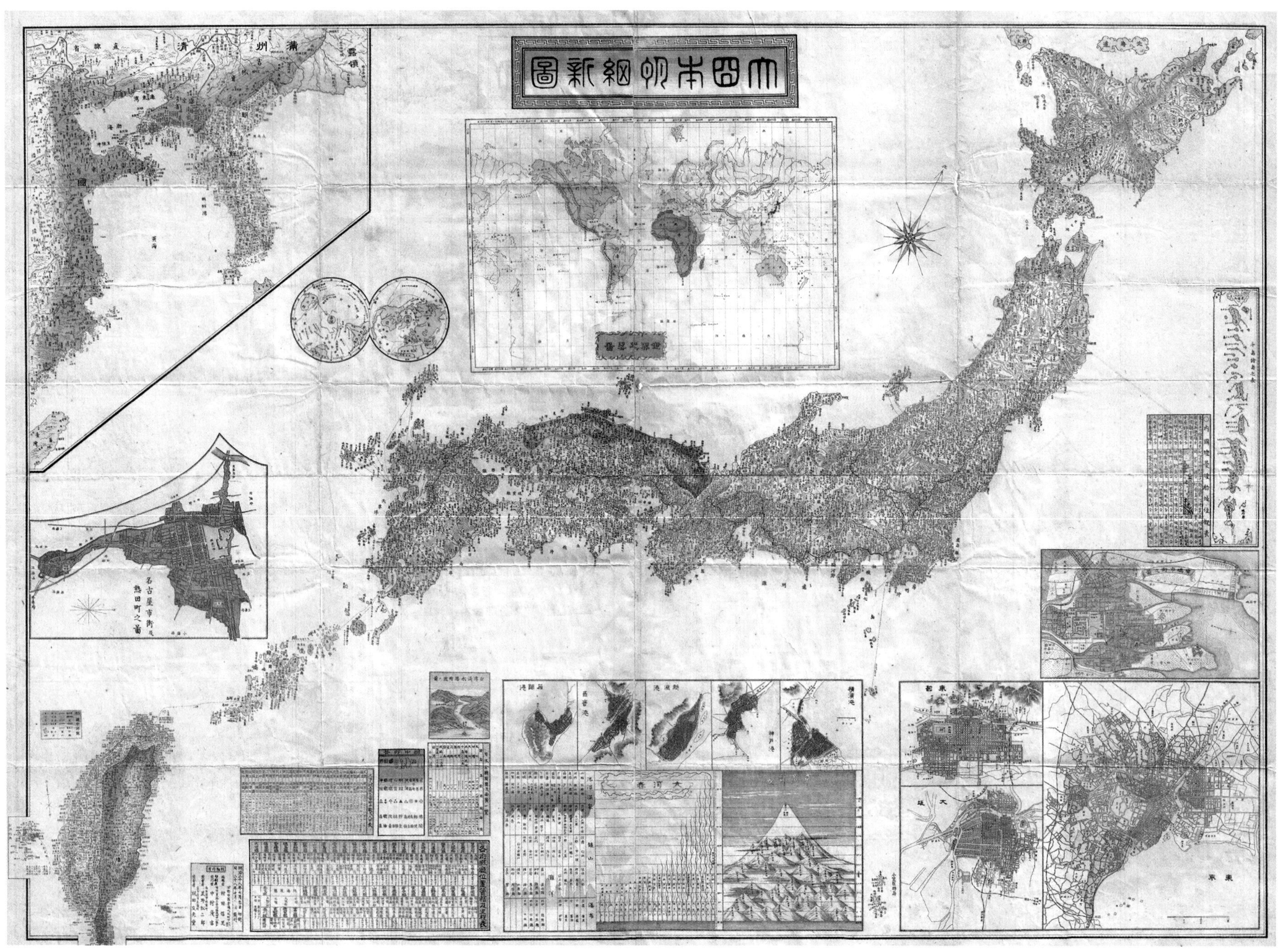

這幅《大日本明細新圖》的確相當「新」，因為1895年（本地圖版權欄中的明治28年）4月17日簽訂《馬關條約》，清朝將臺灣與澎湖割讓給日本。當年7月20日，短短3個月，本地圖便印刷出版，左下角繪出了剛剛才納入日本版圖的臺灣與澎湖，標記的城鎮地名、山脈水系、鐵道公路、港口燈塔等等，鉅細靡遺，比起清朝繪製的臺灣地圖，有過之而無不及。

其實早在1871年發生琉球人遭臺灣原住民殺害的「八瑤灣事件」之後，日本在1872年冊封琉球王為藩王，確認琉球為日本的藩國，做為日後進犯臺灣的依據。當年便派遣鹿兒島營長樺山資紀等人赴臺探查形勢。隔年以琉球宗主國身分向清廷抗議臺灣原住民殺害琉球人一事，同時再派樺山資紀由福州偽裝來臺灣，環遊全島，刺探臺情，停留四個月後返日。1874年，日本成立「臺灣番地事務局」，出兵遠征臺灣，引爆「牡丹社事件」。

1894年甲午戰爭黃海海戰中的樺山資紀中將

日本如此處心積慮，當然不是只為了替區區54位遇害的琉球人討公道，而是覬覦臺灣已久，從1593年豐臣秀吉派遣使者前往臺灣要求納貢開始，到1616年德川家康出兵征臺因遭風災無功而返，均可看出日本據臺的野心。而明鄭時代允許日本商人住在基隆以加強雙邊貿易關係，更讓日本有機會實地勘查蒐集臺灣島內形勢等詳細資料。

本地圖除了正中央的日本本島之外，圖名框下方的「世界之略圖」中以醒目的鮮紅色標出日本列島，包含臺灣；左上角框內呈現與日本相鄰的俄國、清國與朝鮮，下方也故意露出臺灣一角，卻與朝鮮下方的日本不同色。

日本本島下方描繪廣島、東京、京都及大阪4大城，以及橫濱、神戶、新潟、長崎、箱館5大港，外加新入版圖的臺灣淡水港。5大港下方則是表列「高山、大河、溫泉、礦山、灘洋、瀑布」，由於還來不及全臺實測，所以這部分尚未納入臺灣的資料，直到1896年9月完成測量後，發現海拔3,952公尺的玉山和3,886公

德川家康

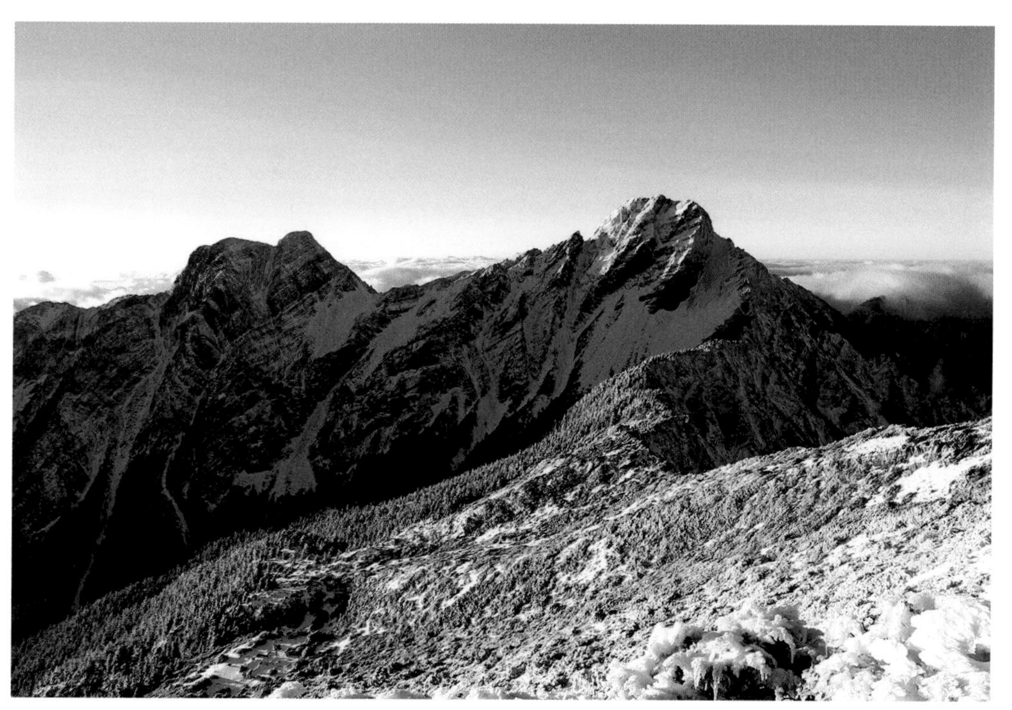

玉山主峰（Photo by Dragons70c CC BY-SA 4.0）

雪山主峰（Photo by 庭富 CC BY-SA 4.0）

尺的雪山比3,776公尺的富士山還要高，因此1897年6月時，分別將玉山及雪山命名為「新高山」與「次高山」。

淡水港口圖下方的「日本全國周圍及面積一覽」已列入臺灣的面積，至於人口數因《馬關條約》中第五款規定：本條約批准互換之後兩年內（1897年5月8日），臺灣住民可變賣所有產業並離境，期滿後尚未遷出者便視為日本臣民。故本地圖1895年出版時未列入臺灣人口。根據1897年的官方統計，最後選擇離開臺灣的共有6456人，約為當時臺灣總人口265萬的0.24%，以仕紳占大多數，留下的99.76%臺灣人均取得日本國籍。

本地圖趕在1895年7月出版，當然是為了展示剛納入日本版圖的臺灣，因此即使縮短琉球群島海域

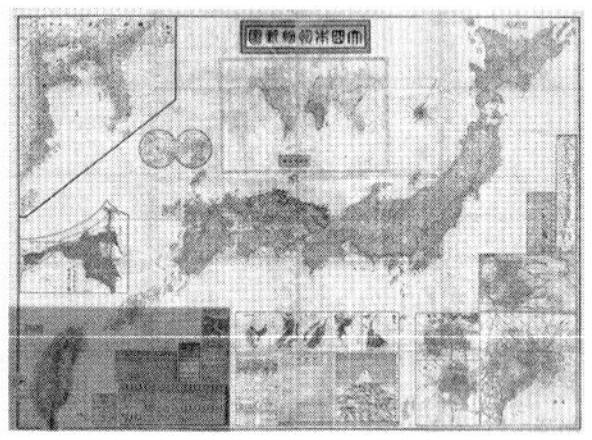

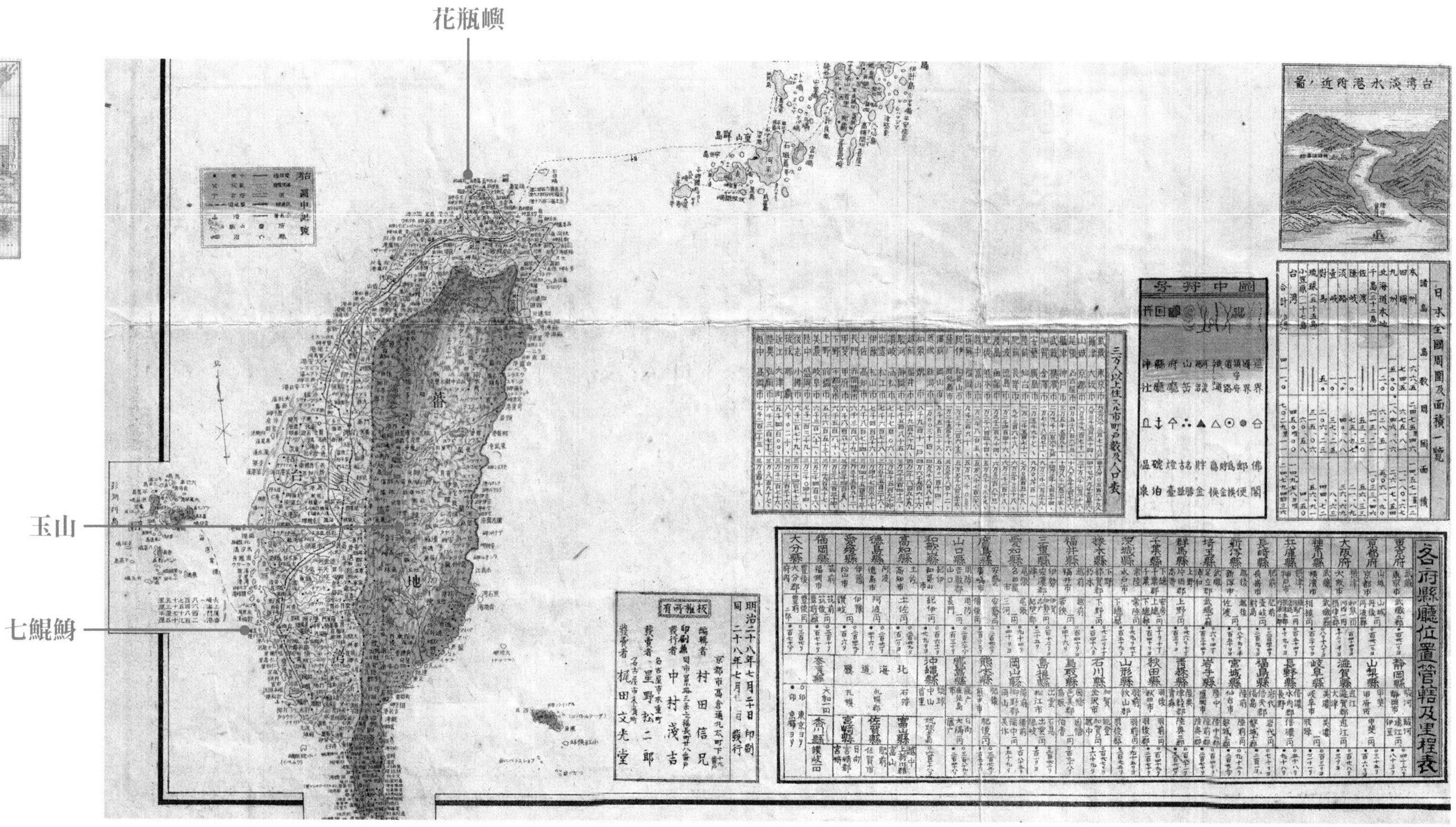

花瓶嶼

玉山

七鯤鯓

花瓶嶼（Photo by Koala0090 CC BY-SA 4.0）

雪山山脈（Photo by Peellden CC BY-SA 3.0）

的長度（以致無法合理標出經緯線），也要把臺灣與澎湖納進地圖中，仔細描繪這座垂涎多年的美麗之島，因為她將是目光的焦點，所以描繪精細的程度不下於日本本島，不但畫出臺灣周邊較大離島澎湖、小琉球、蘭嶼（1877年清朝恆春知縣前往紅頭嶼勘查，將其收入版圖）等，也繪出了西岸沙洲、七鯤鯓、花瓶嶼等較小沙洲及島礁。

臺灣本島除了密密麻麻的地名之外，也以十九世紀廣泛採用的暈滃法（Hachure）來表現山脈，而源於中央山脈的河川雖然大多短急，仍逐一畫出。中央山脈及雪山山脈以東（不含1812年設噶瑪蘭廳管理的宜蘭地區）則以番地界線與臺灣西半部區隔開來，塗上醒目的橘色，因為從荷治時期、明鄭時期到清治時期，數百年來官方勢力均無法有效進入這塊番界，1874年的「牡丹社事件」也讓進入番界的日本遠征軍吃盡苦頭。雖然本地圖的番界內標記了不少地名，但日治時期的多起原住民武裝抗日活動，仍讓日軍疲於奔命。

至於開發多年的臺灣西半部，在1885年建省後第一任巡撫劉銘傳任內，除了設官銀局開始臺灣自造銀元、創臺灣新式學堂「西學堂」與「電報學堂」之外，更添購輪船遠航南洋、1891年基隆－臺北鐵路通車（臺灣第一條客運鐵路）、鋪設安平至澎湖及滬尾至福州的海底電纜（全中國最早的海底電纜）、連接島內電信線等。因此本地圖中不但標示全島港口、燈塔、鐵道、公路、電信線，更畫出了日本本島地圖沒有的海底電纜，但只畫出安平至澎湖的海底電纜，畢竟滬尾至福州的海底電纜不在割讓的範圍內。

臺灣省造光緒元寶

然而就在1891年基隆－臺北鐵路通車之後，55歲的劉銘傳便因諸多原因告老還鄉。其駐臺六年所興辦的近代化工作，因續任的臺灣巡撫並未積極續辦而未竟全功，但已是清領臺灣二百餘年間治理最為積極的一段時期。

清代興建的臺北火車碼頭

割讓出去的臺灣依然掛在身邊不願放

《皇朝直省輿地全圖》

黎佩蘭彙整鄒伯奇之圖，繪於1896年，出自美國國會圖書館。

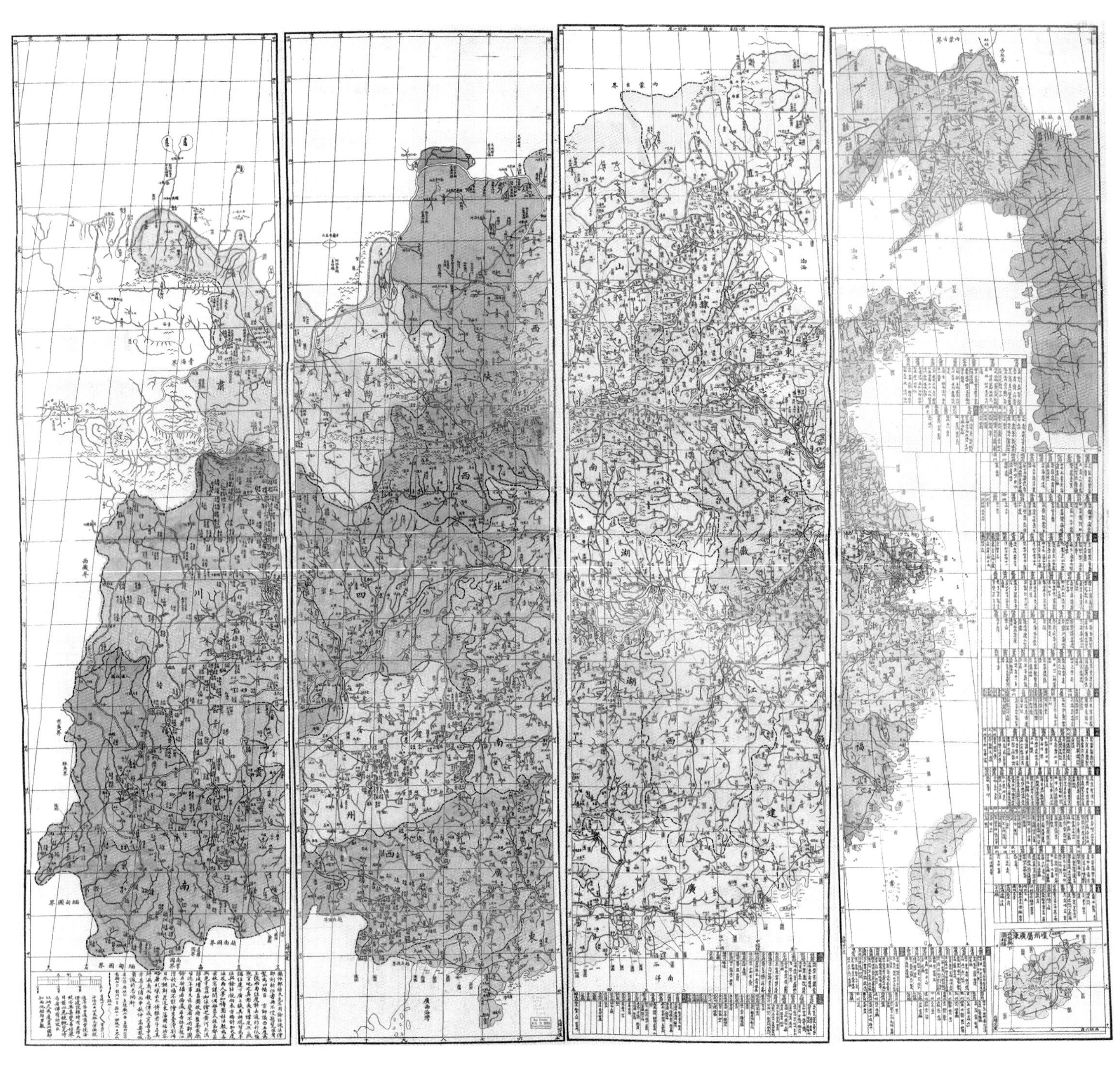

西元1896年（本地圖左下角圖跋末所註記的光緒丙申年），第一任臺灣巡撫劉銘傳病逝於故鄉安徽，死前應該已聽聞他盡心盡力經營了6年的臺灣與澎湖，已在1895年的《馬關條約》中割讓給了日本，想必悲憤得難以瞑目。

同樣姓劉的黑旗軍領袖劉永福雖然在越南打敗法軍，卻因1885年簽訂的《中法新約》，奉命率黑旗軍撤離越南回國。1894年甲午戰爭爆發後，劉永福奉調前往臺灣協防，重新招募黑旗軍。卻因與臺灣巡撫唐景崧不睦，而被派去臺南鎮守。

臺灣民主國國旗

《馬關條約》簽訂後，臺灣割讓給日本。清廷令唐景崧等駐臺官員內渡，但有不少漢人拒絕向日本投降，擁立唐景崧為臺灣民主國大總統，並以劉永福為大將軍。1895年5月29日，日軍在澳底登陸，爆發乙未戰爭。6月4日，唐景崧棄職逃往廈門。駐紮在臺南府的劉永福遂於6月26日自立為大總統，設立議會，發行鈔票以籌軍餉。清廷封鎖大陸與臺灣的交通，斷絕一切支援。劉永福向張之洞及中國沿海督撫求援，均未獲支持。10月18日，日軍兵臨臺南城下，劉永福於布袋嘴與乃木希典軍隊交戰失利，寫信求和，遭到拒絕。10月20日，劉永福由安平港搭船內渡廈門，臺灣民主國瓦解，之後的臺灣武裝抗日活動轉為游擊戰，直到1915年的西來庵事件為止，長達20年。

乙未戰爭中的近身肉搏戰

西來庵事件被告從臺南監獄押解赴臨時法院受審

本地圖繪於臺灣割讓給日本、臺灣民主國瓦解之後，照理說不該再把臺灣塗成福建省一樣的顏色。而且《馬關條約》中也確認朝鮮獨立，結束與清朝的宗藩關係，右上角的朝鮮也不該再塗成橘色，就像1885年《中法新約》中成為法國保護國的越南，在本地圖中未塗任何顏色。

或許臺灣和朝鮮都剛脫離清朝不久，製圖者黎佩蘭一時還難以割捨，不像割地賠款大臣李鴻章，大筆一揮，藩國、邊疆便盡歸列強所有，幾無懸念。就如臺灣民主國副總統兼團練使丘逢甲在乙未戰爭後的喟嘆：「宰相有權能割地，孤臣無力可回天。」既然木已成舟，無可挽回，只能留下空殼，聊表追思，因此圖中的臺灣只標註島名、基隆和生番，而府與縣的符號後面則是一片空白，島的形貌也回復到「康乾盛世」時的《皇朝一統輿地全圖》（參見p. 294）中的臺灣，彷彿在緬懷昔日的風光。

李鴻章攝於簽訂《馬關條約》後的1896年

根據圖跋所言，本圖摹自鄒伯奇（1819～1869）以餘弦線法所繪的書冊地圖，該繪圖技法盛行於十九世紀。本地圖以經過直隸京師的經線為中經線，描繪直隸、盛京等共十九個省。臺灣位於東經3～6度、北緯22～26度之間，雖未畫出大約23.3度的北回歸線，但符合穿越臺灣嘉義附近的緯度座標。

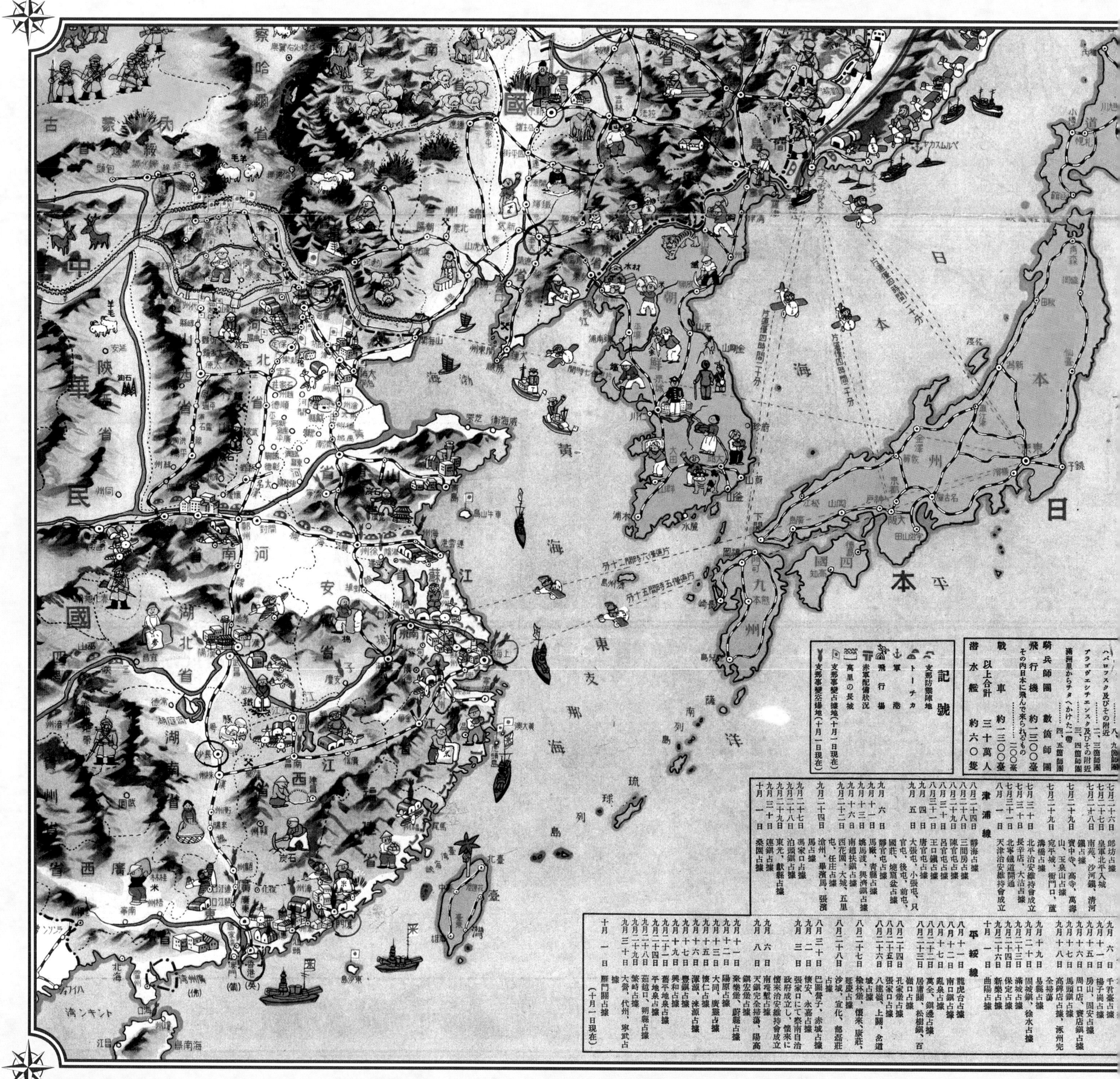

蒙古
察哈爾省
中華民國
陝西省
山西省
河北省
山東省
河南省
江蘇省
安徽省
湖北省
湖南省
江西省
浙江省
福建省
廣東省
廣西省
朝鮮
日本海
黃海
東支那海
日本
本州
九州
四國
北海道
臺灣
琉球列島
南西諸島
太平洋

記號
支那防禦陣地
トーチカ
軍港
飛行場
赤軍配備狀況
萬里の長城
支那事變占據地（十月一日現在）
支那事變空爆地（十月一日現在）

……八、九箇師團
ハバロフスク及びその附近……二、三箇師團
ブラゴヴェシチエンスク及びその附近……三、四箇師團
満洲里からチタへかけた一帶……四、五箇師團
騎兵師團 數箇師團
飛行機 約一三〇〇臺
その内日本に飛んで來られるもの……二〇〇臺
戰車 約一三〇〇臺
以上合計 三十萬人
潛水艦 約六〇隻

七月二十六日 郎坊占據
七月二十七日 皇軍北平入城
七月二十八日 南苑、沙河鎭、清河鎭占據
七月二十九日 寶中寺、高寺、萬壽山、玉泉山占據
七月二十九日 宛平城、衙門口、蘆溝橋占據
七月三十日 北平治安維持會成立
七月三十日 長辛店、大沽占據
七月三十一日 北寧鐵道開通
八月一日 天津治安維持會成立
津浦線
八月二十四日 靜海占據
八月二十八日 三間房占據
八月二十九日 陳官屯占據
八月三十日 呂官屯占據
八月三十一日 王口鎭占據
九月四日 唐官屯占據
九月五日 大張屯、小張屯、只官屯、後屯、前屯、國莊、燒窩盆占據
九月六日 靜官屯占據
九月十一日 馬廠、青縣占據
九月十三日 姚馬渡、興濟鎭占據
九月十六日 南趙扶鎭占據
九月二十二日 西花園、大城、五里屯、任庄占據
九月二十四日 滄州、畢濱馬、張濱馬占據
九月二十七日 馮家口占據
九月二十八日 泊頭鎭占據
九月二十九日 東光、獻縣占據
九月三十日 連鎭占據
十月一日 桑園占據

九月六日 千君臺占據
九月十一日 楊子尚占據
九月十五日 房山、固安占據
九月十六日 周口店、竇店鎭占據
九月十七日 馬頭鎭占據
九月十八日 高碑店占據、涿州完全掃蕩
九月十九日 易縣占據
九月二十日 固城鎭、徐水占據
九月二十三日 滿城占據
九月二十四日 保定占據
九月二十六日 新樂占據
十月一日 曲陽占據
平綏線
八月十一日 龍虎台占據
八月十二日 南口鎭占據
八月十七日 亂泉占據
八月二十二日 萬全、鎭邊占據
八月二十三日 居庸關、松樹鎭、百嶺口占據
八月二十四日 孔家堡占據
八月二十五日 張家口占據
八月二十六日 八達嶺、上關、岔道城占據
八月二十七日 楡林堡、懷來、康莊、延慶占據
八月二十八日 沙城、宣化、部磊莊占據
八月三十日 巴圖營子、赤城占據
九月二日 懷安、永嘉占據
九月三日 張家口にて察南自治政府成立し、懷來に懷來治安維持會成立
九月六日 南壕塹占據
九月八日 天鎭完全掃蕩、陽高鎭宏堡占據
九月十一日 聚樂堡、蔚縣占據
九月十二日 陽原占據
九月十三日 大同、廣靈占據
九月十五日 懷仁占據
九月十六日 渾源、淶源占據
九月十七日 豐鎭占據
九月十九日 興和占據
九月二十一日 舊平地泉占據
九月二十四日 平地泉占據
九月二十八日 茹越口、朔縣占據
九月二十九日 繁峙占據
九月三十日 大營、代州、寧武占據
十月一日 雁門關占據
（十月一日現在）

第 6 章

獨立運動與世界大戰

二十世紀

全圖不差毫釐，臺灣謬誤百里

《京都新造中華大國各省經界府州縣廳五湖四海及赤白道不差毫釐地輿全圖》

約繪於1900年，出自馬克斯．普朗克科學史研究所（Max Planck Institute for the History of Science）。

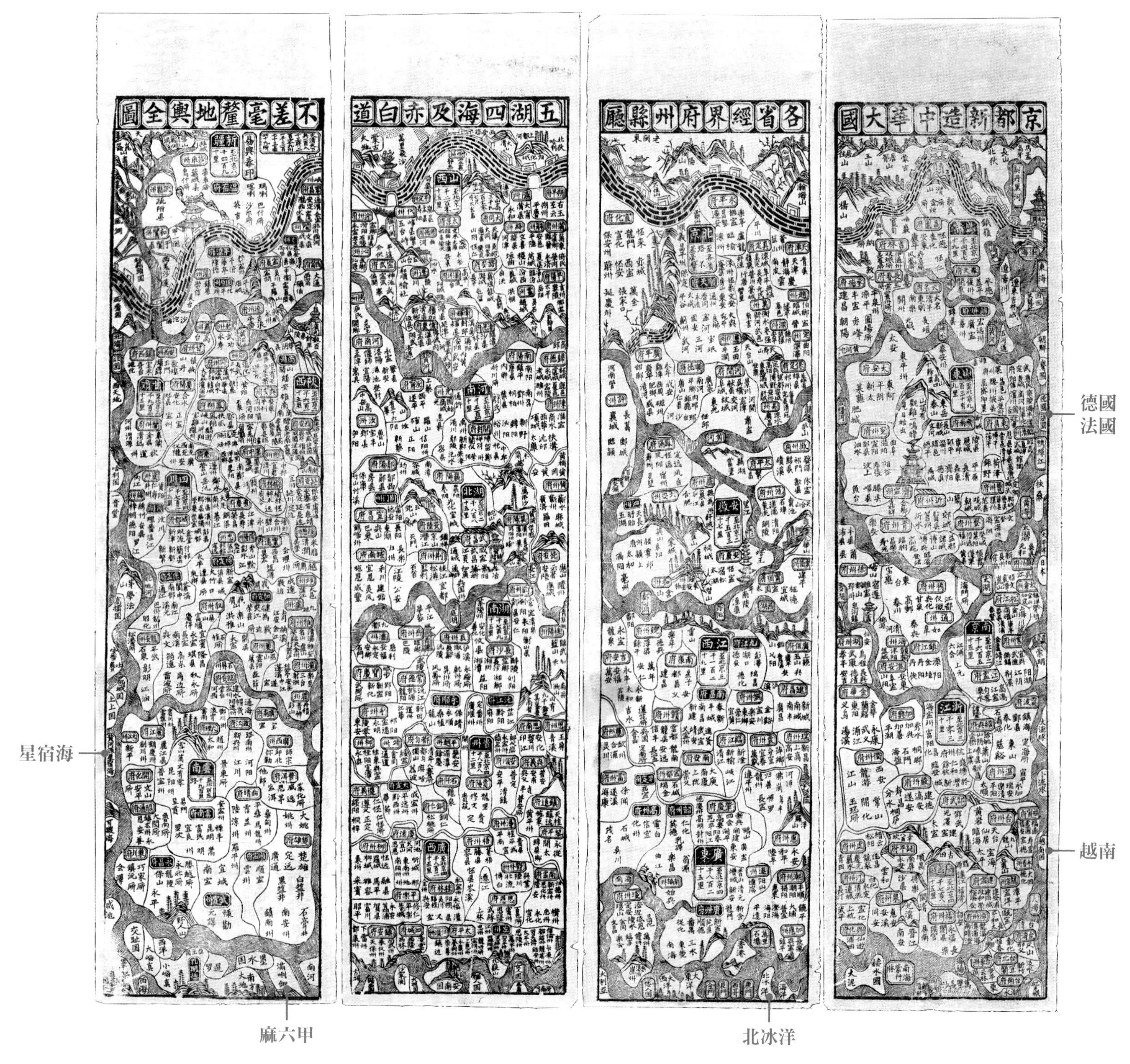

本地圖名稱長達32字，除了表明是在中央政府所在地的首都（北京）發行最權威、最新的「中華大國地輿全圖」，更誇下海口保證「各省經界、府州縣廳、五湖四海及赤白道，不差毫釐」。在大地測量學跨入二十世紀後日趨精確之際，這幅無任何經緯度座標網的地圖敢如此大言不慚，比起之前將世界各大洋及外邦全擠到邊框角落的「歷代中國一統天下輿圖」的狂妄自大，實在不遑多讓。

現在就來看看這幅「不差毫釐」的地圖：北迄蒙古新疆，南至萬里長沙，西到吐蕃西域，東達東海日本。圖左上方標註「大清天下共一百八十三府、二百零九州、一千三百七十三縣、四十九所」，根據清朝行政區劃演變紀錄，推估本圖約繪製於光緒末年。該標註左邊的「易興泰印」透露出本地圖的印行機構（但遍查史料尚未發現該機構相關資料），既未列製圖者姓名，也無圖例及圖序，詳述製圖源流與準則，顯然刻意規避「不差毫釐」廣告不實的責任。

香港大鵬灣（Photo by Outlookxp CC BY-SA 4.0）

地圖由四長幅拼成，最上方一排傲氣十足的圖名，甚至將涉及天文學的「赤白道」也納進來，企圖展現「上通天文，下通地理」的專業形象，無奈全圖沒有半條經緯線，哪來「赤道」？至於「各省經界府州縣廳」則只是在各省方框內標記至北京里程，州縣廳名整齊排列於各府方框下面，並無法顯示各州縣廳的正確方位，真是「差之毫釐，謬以千里」。

而所謂的「五湖四海」，卻將黃河與長江兩大水系相連成單一水系，彷彿同源於星宿海。廣東省南方海面則一口氣標記了「北冰洋、大東洋、大西洋」三大洋，各洋匯聚於此，更是令人匪夷所思。其他令人震驚的地方包括：山東省東海岸緊鄰著德國與法國、福建省東海岸緊鄰著越南國、海南島東南方的萬里石塘（西沙群島）跑到了香港的大鵬灣裡、麻六甲（滿喇伽）與雲南省隔河相望等等，不勝枚舉。

臺灣在這幅「不差毫釐」的地圖中也難逃「謬誤連連」的命運：（一）番薯形的臺灣擠壓成方形。（二）地圖出版當年，臺灣

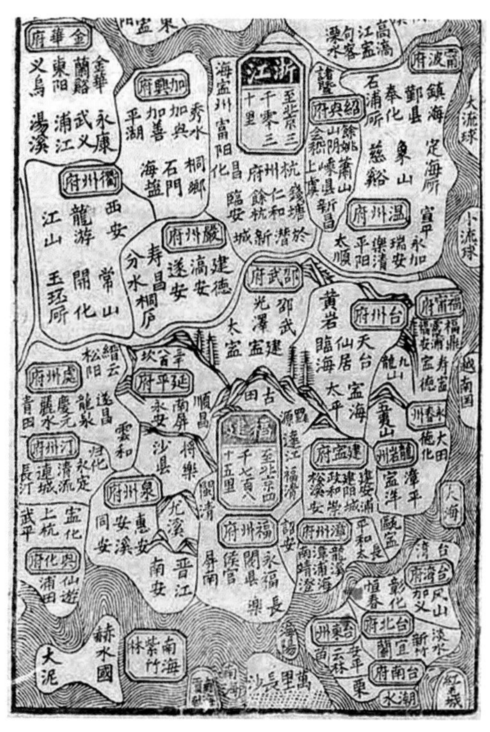

已割讓日本多年，不歸「中華大國」管轄，原來清朝劃分的「三府一州」在日本占領後，已於1901年改為「三縣四廳」（臺北縣、臺中縣、臺南縣、宜蘭廳、臺東廳、澎湖廳、恆春廳）。（三）地圖中的臺灣府、臺北府、臺南府、臺東州，不但南北顛倒，東西相反，連縣級單位也歸屬錯誤（鳳山、嘉義、安平、恆春4縣應屬臺南府；而苗栗、彰化、雲林、臺灣4縣應屬臺灣府）。（四）臺南紅毛城（赤崁樓）成了東岸離島，西岸的澎湖則被換成了越南的海陽市。

就在當年，孫中山由日本橫濱搭船抵達臺灣，會晤臺灣總督兒玉源太郎，獲允諾於興中會革命軍起義後予以援助，孫中山便在臺北新起町設立革命總司令部指揮所，策劃惠州起義。後因日本內閣改組，不允許臺灣總督接濟興中會革命軍，使得惠州起義失敗，孫中山此次來臺停留42天後返回日本。

孫中山來臺時的寓所

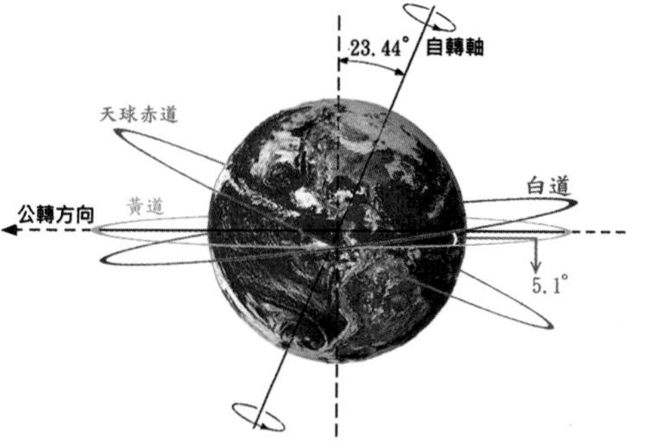

地球的白黃赤道（AxialTiltObliquity CC BY-3.0）

延伸閱讀 ◀天球是一個與地球同圓心，並有相同自轉軸，半徑無限大的球，將所有天體都包含其中，在說明天文學時，是很實用的工具。天球赤道是地球赤道在天球上的投影，相對於黃道平面傾斜約23.44°。「白道」是指月球繞地球運行的軌道，接近黃道（地球繞太陽運行的軌道）面，兩個軌道面間的夾角只有5.1°。

日俄戰爭爆發，臺灣監控俄國波羅的海艦隊

《滑稽歐亞外交地圖》

小原喜三郎，繪於1904年，出自波士頓公共圖書館（Boston Public Library）。

西元1877年英國製圖家佛雷德・羅斯（Fred W. Rose）畫了一幅《莊嚴又詼諧的戰爭圖》（*Serio-Comic War Map*），諷刺當年的俄土戰爭，主場景為歐洲與西亞。俄國與土耳其為了爭奪高加索、巴爾幹、克里米亞、黑海等，進行了10次重大戰爭，是歐洲歷史上最長的系列戰爭，奧地利、英國、法國、波蘭、羅馬尼亞、保加利亞等國也先後參與其中。1856年的第9次戰爭時俄軍戰敗，因此伸進黑海克里米亞（Crimea）的章魚爪差點被割斷。1877年的第10次俄土戰爭，俄國勝利取得大片領土，土耳其則逐漸衰落。

27年後的1904年，日俄戰爭爆發，日本東京慶應義塾大學的學生小原喜三郎模仿《莊嚴又詼諧的戰爭圖》，畫了這幅《滑稽歐亞外交地圖》，將場景延伸到東亞。

1904年的俄國章魚變得更大了，章魚大爪除了伸向歐洲與西亞，也把一爪伸進中國滿洲的旅順港（1898年強迫清朝將旅順及大連灣租借給俄國），另一爪則纏住西藏喇嘛的右手，因為1904年英國駐印度軍隊侵入西藏，逼迫清朝簽訂的《拉薩條約》內容公布後廣泛引起公憤，俄國對英國獨自在西藏牟利提出抗議，其實是想分一杯羹，駐印英軍則伸手想要拿開纏住西藏的章魚爪。

1904年的旅順港

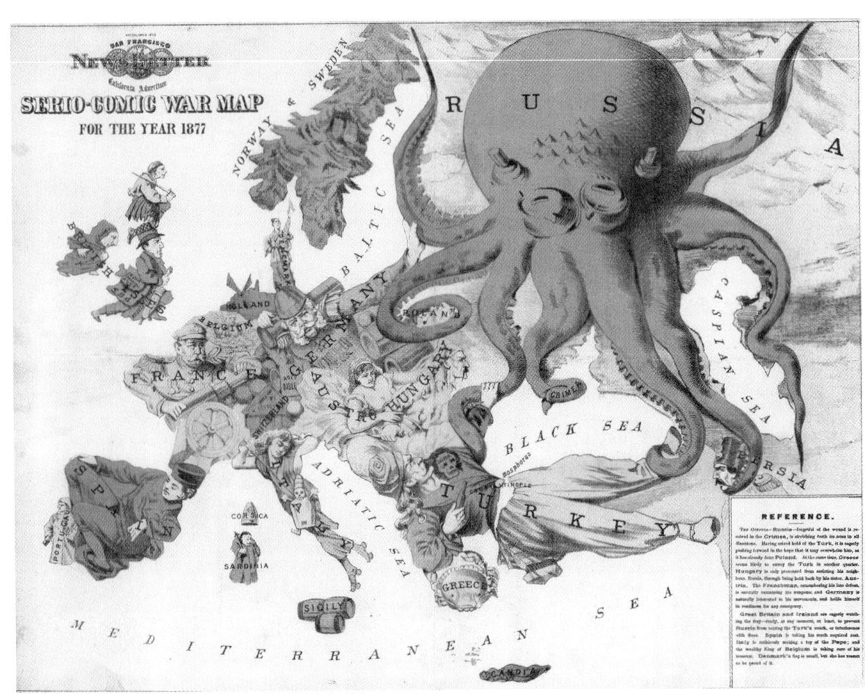

1877年《莊嚴又詼諧的戰爭圖》

延伸閱讀 ▶日俄戰爭起因於日本和俄羅斯為了爭奪在朝鮮半島和滿洲地區的勢力範圍，是近代史上，亞洲國家打敗歐洲國家的第一場大規模戰爭，也激發了日本的軍國主義。主戰場位於中國遼東半島及朝鮮半島一帶海域，而夾在兩個惡鄰間的中國，卻只能眼睜睜看著他們在自己家的院子裡扭打，為的是爭奪院內果樹上纍纍的果實。

1905年的日俄奉天會戰

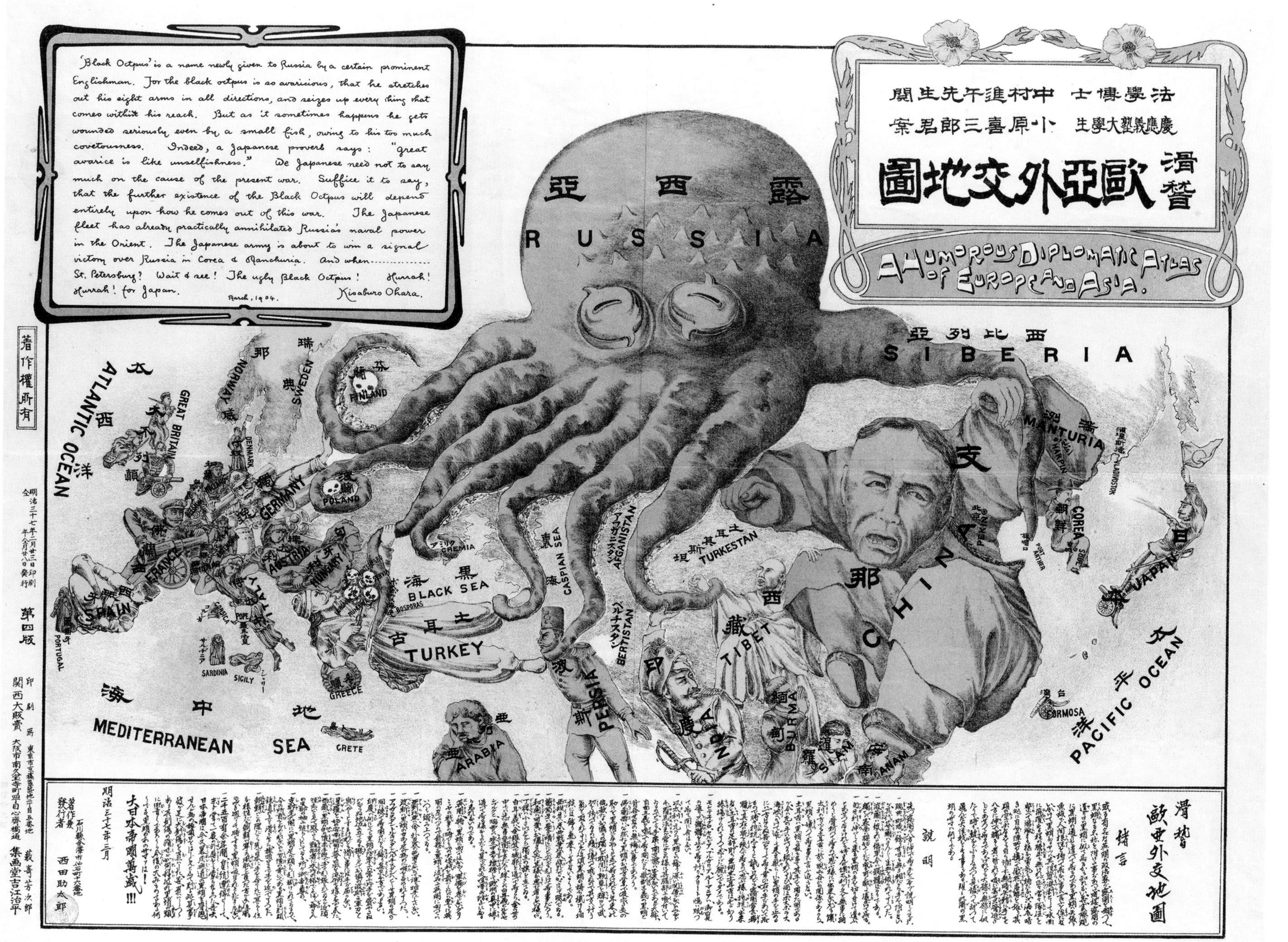

'Black Octpus' is a name newly given to Russia by a certain prominent Englishman. For the black octpus is so avaricious, that he stretches out his eight arms in all directions, and seizes up every thing that comes within his reach. But as it sometimes happens he gets wounded seriously even by a small fish, owing to his too much covetousness. Indeed, a Japanese proverb says: "great avarice is like unselfishness." We Japanese need not to say much on the cause of the present war. Suffice it to say, that the further existence of the Black Octpus will depend entirely upon how he comes out of this war. The Japanese fleet has already practically annihilated Russia's naval power in the Orient. The Japanese army is about to win a signal victory over Russia in Corea & Manchuria. And when............ St. Petersburg? Wait & see! The ugly Black Octpus! Hurrah! Hurrah! for Japan.

March, 1904. Kisaburo Ohara.

法學博士 中村進午先生閱

慶應義塾大學生 小原喜三郎君案

滑稽歐亞外交地圖

A HUMOROUS DIPLOMATIC ATLAS OF EUROPE AND ASIA.

露西亞 RUSSIA　西比利亞 SIBERIA　支那 CHINA　日本 JAPAN　太平洋 PACIFIC OCEAN　大西洋 ATLANTIC OCEAN　地中海 MEDITERRANEAN SEA　黑海 BLACK SEA　土耳古 TURKEY　波斯 PERSIA　印度 INDIA　西藏 TIBET　亞拉比亞 ARABIA

著作權所有

第四版

大日本帝國萬歲!!!

已脫離愁眉苦臉、自顧不暇的宗主國支那（China）的緬甸、暹羅、安南及朝鮮都雙手合十，自求多福，也彷彿是向站在大炮上耀武揚威的日本軍人表示臣服，預告日本帝國將橫掃亞洲。

至於已割讓給日本將近十年的臺灣則被畫成一尊大炮，因為俄羅斯駐紮在旅順的太平洋艦隊遭日軍攻擊而損失大半；沙皇尼古拉二世下令波羅的海艦隊馳援，艦隊從聖彼得堡出發，繞過非洲大陸與印度洋，並航經臺灣東岸與對馬海峽。但俄軍艦隊的航行路徑已被日軍發覺，臺灣這尊大炮就負責監控俄國波羅的海艦隊，最終在日本海以逸待勞，將其擊潰。

1904年波羅的海艦隊在馬達加斯加靠岸補給

五四運動中，鳥瞰臺灣島

《新日本鳥瞰圖》

1920年原陸地測量部長陸軍少將伊部直光校閱，原測量部技官小倉儉司編輯，出自日本國會圖書館。

西元1917年，北京政府向德國宣戰，成為第一次世界大戰的參戰國。1918年初，日本向北京政府提供了大量貸款，並協助組建和裝備一支中國參戰軍，卻連帶要求中國答應1915年《對華二十一條要求》的換文，載明日本接收山東省內舊德國權利、並擴展築路權、定居權和通商權。1919年戰勝國舉行的巴黎和會中，不顧中國也是戰勝國之一，決定將德國在中國山東的權益轉讓給日本，消息傳到中國後，群情激憤，學生、工商業者、教育界和許多愛國團體從1919年5月4日開始，陸續上街示威遊行、請願、罷課、罷工。

這幅《新日本鳥瞰圖》就在中國爆發「五四運動」的隔

1919年五四運動

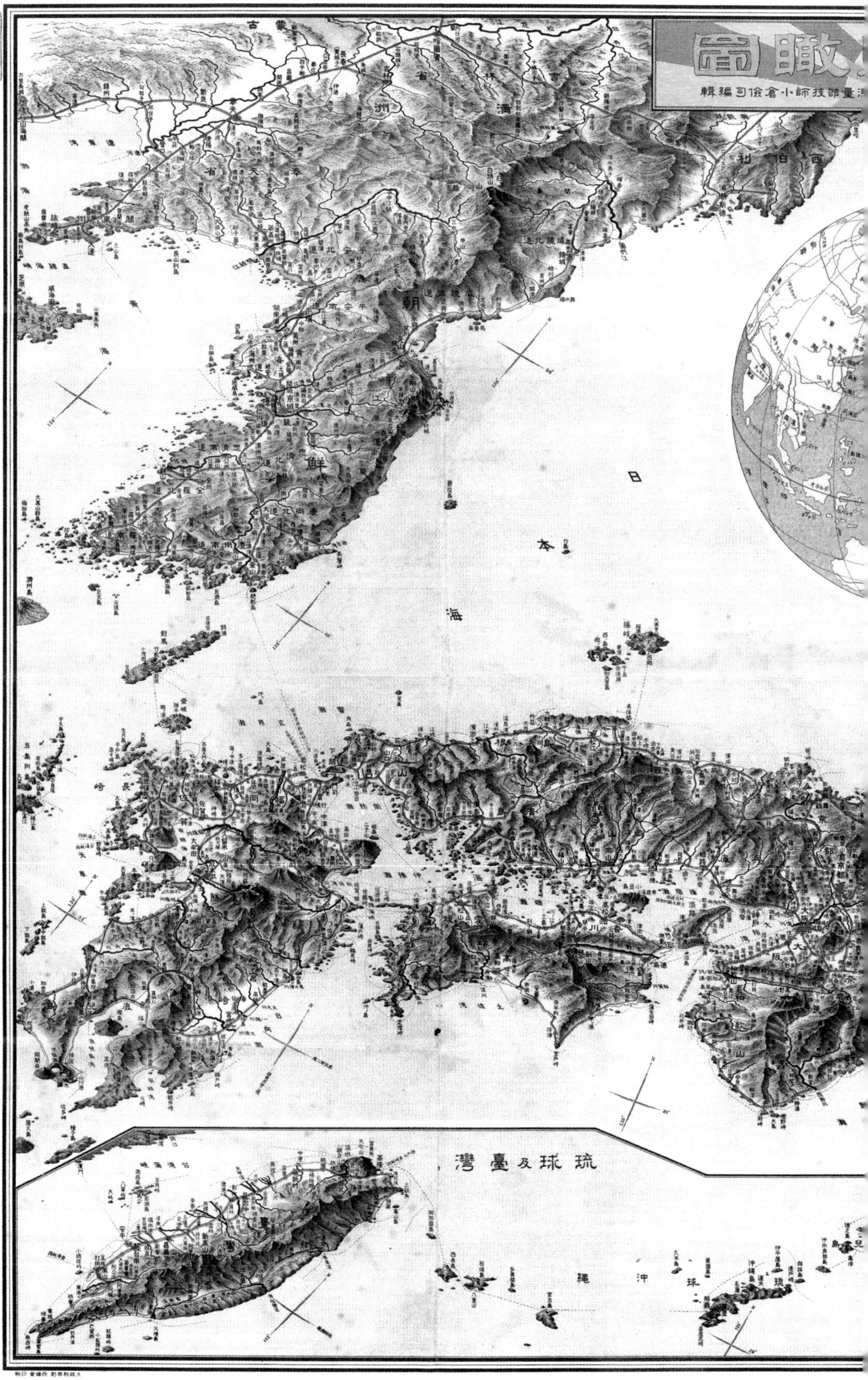

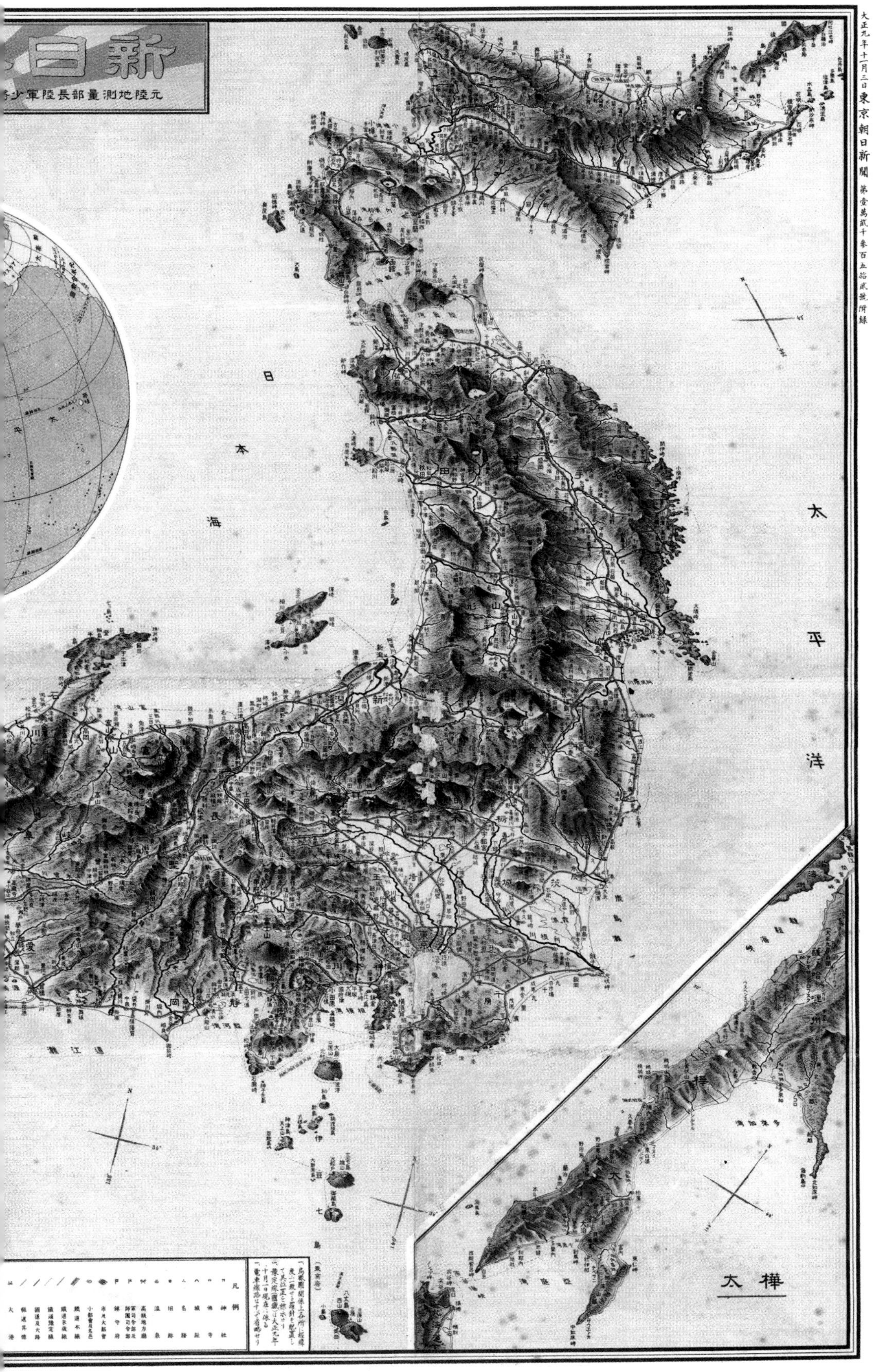

1867年江戶幕府把政權交還天皇的《大政奉還圖》拉開「明治維新」的序幕

年出版發行，由原任日本陸軍「陸地測量部」少將部長伊部直光與技術軍官小倉儉司共同編繪。日本自從1868年明治維新後積極西化，近代地圖的製作也是重點項目，1888 年設立了陸地測量部，1909年派員來臺測量地形，開始大量製作臺灣地圖。

由於日本列島礦產資源匱乏、眾多人口生存空間不足，成為日本發動侵華戰爭的重要原因之一。日軍侵華期間，從中國（包括臺灣）掠奪煤、鐵、銅、鋁、鎂、鉛、鋅、金、銀等數億噸礦產。自1894 年甲午戰爭前開始，日本便有計劃地對中國進行了深入的調查和測量，長達半個世紀，製作出數以萬計的文件與地圖。

本幅「鳥瞰圖」是日本陸地測量部累積數十年科學製圖技術與經驗，結合當時逐漸興起的航空攝影，將中世紀的寫意式「鳥瞰圖」提升至更精確、更立體的層級。目前保存完整的「鳥瞰圖」可追溯至15世紀初期的《羅馬鳥瞰圖》，而

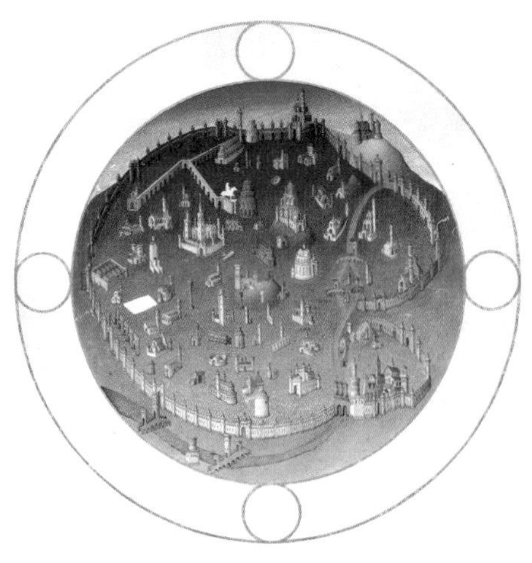

1411～1416年的《羅馬鳥瞰圖》

1919年陸軍大將久邇宮親王（左一，1928年來臺巡視時，險遭朝鮮人行刺）等4名親王攝於SPAD S.XIII戰鬥機前。

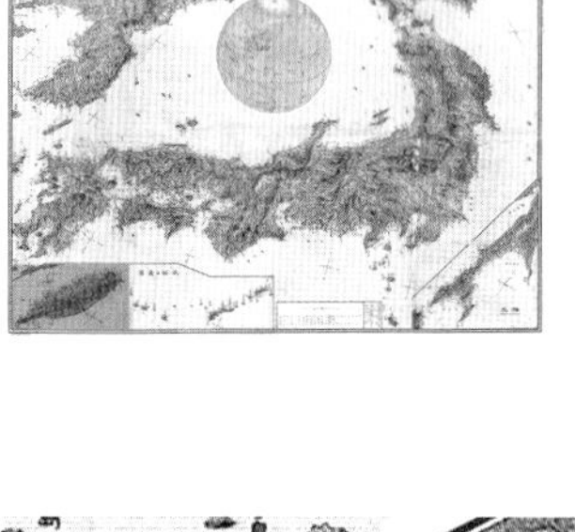

航空攝影最早是由法國納達爾（Nadar）於1858年率先在熱氣球上實現。

到了1878年，日本軍人横山松三郎首次使用氣球進行空中攝影。1911年日本軍人德川好敏首次使用飛機進行空中攝影。航拍的軍事用途於1914～1918年第一次世界大戰期間由飛行員得到了發展。1914年日人野島銀藏駕駛飛機來臺，在臺北、臺南、臺中、嘉義表演飛行，是飛機首次出現在臺灣。

本地圖將當時受日本統治的臺灣（1895～1945年）、樺太（庫頁島南部1905～1945年）、朝鮮（1910～1945年）全納進來，日本四大島位於中央，圖名框下方的地球也配合鳥瞰風格，以立體方式呈現，醒目的紅色日本帝國靠近中央線。相對於立體地球的經緯線座標，鳥瞰主地圖的經緯線僅局部標示在空白海面上，而且受限於圖框，略將南北緯度壓扁，使得日本列島幾乎躺平。

至於經緯座標超出圖框外的臺灣、琉球與樺太，則配合主地圖的空白區塊，另畫框線加以區

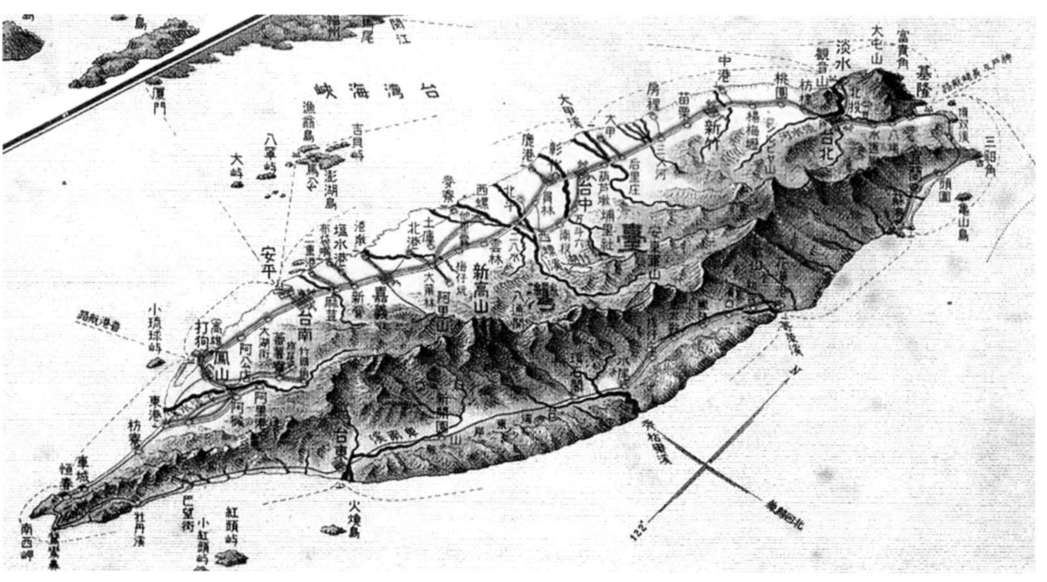

1917年通車的瑛石閣車站

蘇澳（Photo by Fred Hsu CC BY-SA 3.0）

八通關駐在所

延伸閱讀 ▲1919年，日本政府為了執行理蕃政策，闢建「八通關越嶺道路」，至1921年全線完工，西起南投信義鄉久美村，東至璞石閣（玉里），並沿線設立警察駐在所。八通關駐在所位於中央山脈與玉山山脈之間鞍部上，是清代八通關古道、八通關越嶺道、通往新高山及阿里山道路的交會點，因此成為交通要塞。除了警察駐在所之外，也設有接待所、辦公室、宿舍、挑夫房舍及浴室等設施。

隔，並比照主地圖的經緯座標，往南傾斜。圖中的臺灣東岸標記了一處經緯座標：東經122度，北緯23.4度（北回歸線）。這條北回歸線往西沿著秀姑巒溪口，穿越海岸山脈，進入花東縱谷，一條1914年通車的紅色鐵路由奇萊溪口的花蓮港往南到達水尾（瑞穗），其實繪製本圖時已通車到璞石閣（玉里，1917年通車）。北回歸線接著跨越中央山脈的八通關，穿過新高山（玉山主峰位於北緯23.47度）與阿里山，進入西部平原。

西部平原上，由基隆到鳳山的縱貫鐵路1908年全線通車至鳳山九曲堂，以配合在當地舉行的「汽車博覽會」，當時淡水線（1901年）等支線也都陸續完工通車，而東北部的宜蘭線（蘇澳到頭圍）則在花璞線1917年通車後開始興建，1920年通車。鮮紅色的鐵道將黃綠色的臺灣妝點出活潑的氣息，還沒有鐵道的屏東東港到後山臺東也有公路串聯起來，即使連公路也沒有的蘇澳到花蓮，也有渡輪航線相連，所以當時的臺灣環島交通已粗具規模。

早在1896年，臺灣總督府便撥款補助日本大阪商船公司，開設基隆與神戶間的定期輪船航線，隔年更搭載臺灣各族原住民代表前往日本觀光，實施懷柔政策。1897年再補助日本郵輪公司，開設基隆、打狗、福州、廈門、香港航線。而臺灣各港口間的航線也一一畫出，包括澎湖馬公。雖然小琉球嶼、紅頭嶼、火燒島、龜山島等離島間尚無大船航線，但各小島一一浮在海面上，和臺灣本島一起迎向光明，只要島上有住民，就必然有渡船來往。

國恥地圖烙印，臺灣情何以堪

《中華國恥地圖》

武昌亞新地學社，繪於1931年。

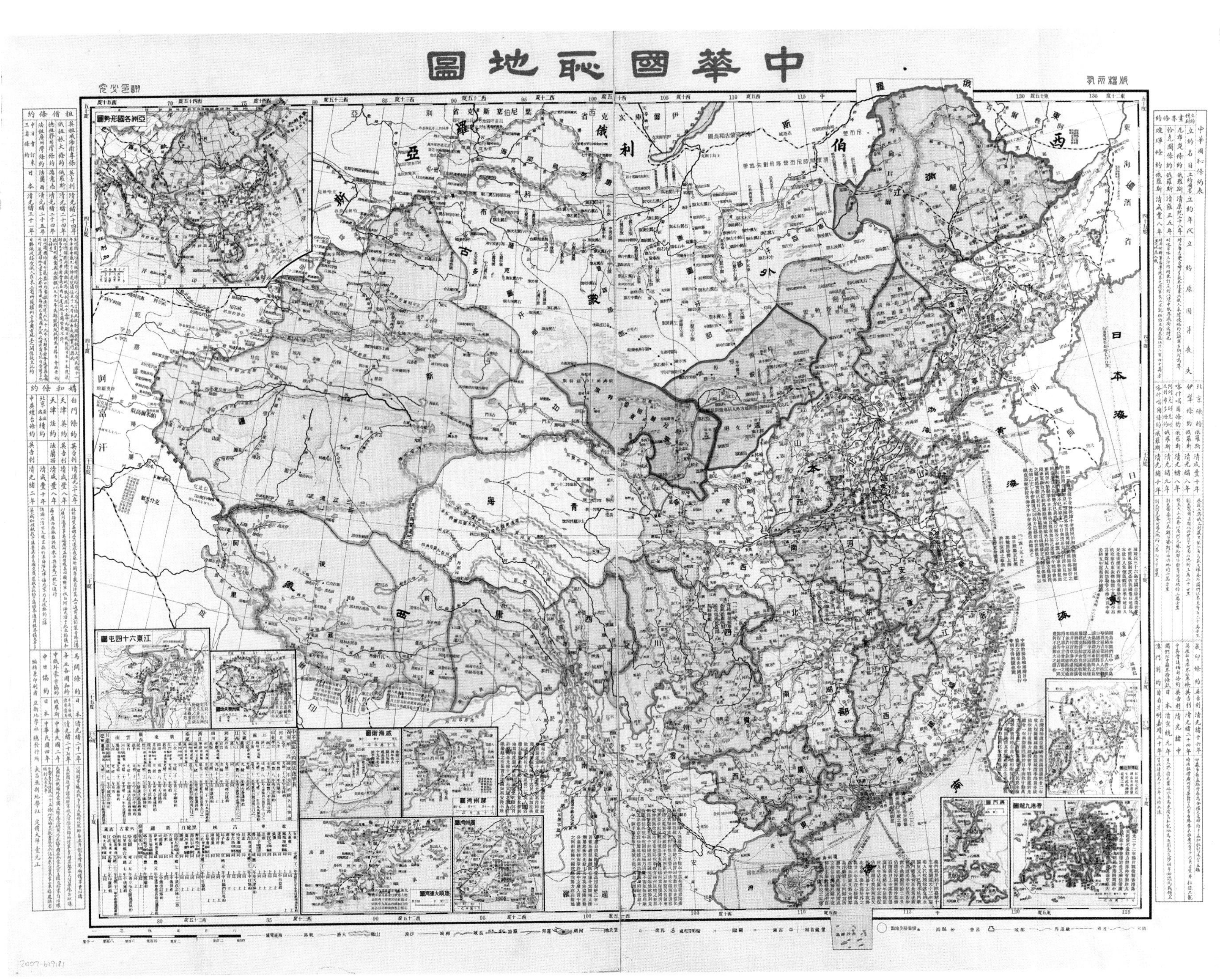

有學者將1842年簽訂中國近代第一個不平等條約《南京條約》開始，到1945年抗戰勝利之前的中國歷史，形容為「百年國恥」。「國恥」一詞起源於1915年5月9日，北洋政府被迫簽訂日本提出的《對華二十一條要求》。消息傳出，舉國震怒。當天北京二十萬人到中央公園集會，號召人們誓雪國恥，全國教育聯合會要求全國各級學校以每年5月9日為「國恥紀念日」。

1915年簽訂《對華二十一條要求》時中日代表合影及親筆簽名

五卅慘案後的抗議行動

繼1919年「巴黎和會」期間英、美、法、日、義5國決定將德國在中國山東的權益轉讓給日本，引發中國國內的「五四運動」之後。1925年5月30日，青島、上海等地工人遊行抗議日本棉紗廠非法開除及毆打工人，卻遭到開槍鎮壓，造成「五卅慘案」，一再挑動中國民眾悲憤的情緒，激起了中國的民族主義。

北伐勝利紀念幣

隨著1926年廣州國民政府出兵北伐，1927年建立南京國民政府，到1928年北伐成功，全國統一之後，要求「廢除不平等條約，收回列強在中國各種特權」的運動不斷在全國如火如荼地展開。

這幅《中華國恥地圖》就是在這樣的氛圍中出版於1931年，雖然早在訂出「國恥日」隔年的1916年便陸續出現不同年版的「國恥地圖」，但1931年版的《中華國恥地圖》算是其中資料較完整、描繪較詳盡的地圖，連慘案發生地點都標示出來。而且除了主地圖外，還加了9幅局部小圖：江東六十四屯、滿洲喪失地圖、威海衛、膠州灣、旅順大連灣、廣州灣、澳門、香港九龍、延琿附近，連最南方的領土西沙群島也以破框方式加以涵蓋，顯示「寸土不失」的用心。

本圖由「武昌亞新地學社」印刷發行，該社創立於1898年，是中國最早的地圖專業出版社。其贊助機構為1896年創立的中國第一個地理學會「中國譯圖公會」，後改稱「武昌輿地學會」，共譯繪中外輿圖700多幅。

此圖出版時，正值1927～1937年的「黃金十年」，南京國民政府開始訂定學校設備與課程標準，積極辦學，致力掃除文盲。亞新地學社則響應「廢除不平等條約」的民意，出版適合掛在學校課堂上的大尺寸（142×96cm）《中華國恥地圖》，方便老師用圖講解，加深學生印象，以強化愛國意識。

地圖兩側附有「中華國恥條約表」，分為三類：畫界條約、租借條約、媾和條約。其中涉及臺灣的有左側的《天津條約》（加開臺灣安平、淡水、打狗、雞籠為通商口岸）與《馬關條約》（割讓臺灣與澎湖），但繪製本圖時，臺灣已割讓給日本36年，已非中國領土，因此只在《馬關條約》下註記割讓臺灣與澎湖，而地圖左下角的「中華國恥立約開放商埠表」中並未列出《天津條約》中被迫開放的臺灣安平、淡水、打狗、雞籠4個口岸，地圖右下角的臺灣與澎湖列島也未比照28省與西藏、蒙古2地區一樣上色，僅在蒼白的臺灣島上，烙印一大片醒目的紅字：

「臺灣為明遺臣鄭成功所開，清康熙二十二年收入版圖，屬福建行政區域，清季海疆多故，始改建行省，極力經營。會甲午戰敗，遂於光緒二十一年，與澎湖同割於日本，而我十餘萬方里之土地、二百餘萬世守之人民，竟永淪異域。當被割時，臺民大憤，相繼抗約拒日，卒以不敵而敗，然其重歸祖國之念，至今未泯。日人雖力謀同化，未能遽收效果也。」

字字鮮紅，宛如紅字黥面，無端被賣為奴，臺灣情何以堪？

1937年上海霞飛路

閱讀延伸

◀「黃金十年」是指1927年定都南京，到1937年遷都重慶的期間。1928年北伐成功，統一中國，開啟中華民國一段罕有的短暫盛世，GDP年平均增長率3.9%，人均GDP年增長率1.8%。但中國國民黨內部也開始腐化，到了1937年抗日戰爭全面爆發，使得這十年間的經濟現代化努力成為泡沫。

日據臺灣，昔日光彩依舊？

《象形中華民國人物輿地全圖》

基亞闊夫等人（John A. Diakoff, G. Primakoff, P. Sergeeff），繪於1931年，
出自史丹佛大學總圖書館（David Rumsey Map Center at the Stanford University Library）。

這幅以麻布襯底、石版印製的大地圖，高154公分，寬202公分，繪製者為左側上方標示的俄國人基亞闊夫，發行者則為右側上方標示的北方貿易公司，這是一家俄羅斯公司，總部設在哈爾濱。

1940年的哈爾濱聖尼古拉大教堂

根據左上角圖名Map of China框內的英文說明，編者基亞闊夫（John A. Diakoff）是前俄羅斯東方文化研究者學會（Russian Orientalist's Society）的科學研究員，另有兩位俄籍人員負責繪圖與刻版。此外還特別註明本地圖已由東三省特區教育廳、哈爾濱東方文言商務大學、哈爾濱師範大學審定，大學中學均適用。顯然這是一幅教學用的大掛圖，雖然是由俄國人編繪、俄國公司發行，但圖說均為中英文對照，僅在右下角列出一行俄文說明本圖「由哈爾濱北方貿易公司以石版印製」。

主圖以豐富多彩的寫實方式描繪當時中國各省的山川地貌、民族風情、名勝古蹟與特有動植物。四周的裝飾框上則環繞著20張各地的黑白景觀照片，與彩色插圖相映成趣，這種結合照片的地圖，在當時的中國地圖出版界算是新的嘗試。

地圖左下角和右下角分別是一月與六月平均氣溫圖，此外另有三個圖例框，其中「物產圖例」與「工業圖例」頗具特色，可能是為了突顯中國東北各省較發達的工礦業。至於海上，除了中式帆船之外，也畫了數艘蒸汽動力大輪船，沿著密集的航線來往於國內外各港口。

中國境外的地區，例如蘇聯、日本、韓國、印度和越南等國，也描繪了許多代表該國特色的小插圖，但均未上彩，與鮮艷多彩的中國做出區隔。其中較特殊的是當時仍屬日本領土的臺灣，卻以等同中國內地的方式彩繪島上的插圖，除了西部的縱貫鐵路外，還彩繪了高聳的中央山脈、椰子樹、香蕉樹與各式水果等，也畫出了澎湖群島與綠島、蘭嶼。顯然俄籍製圖者有意讓臺灣重回中國的懷抱，一來討好負責審定的中國東三省特區教育廳等單位，二來算是對1905年日俄戰爭中打敗俄國的日本進行圖面上的報復，當年俄國在《樸茨茅斯條約》（*Treaty of Portsmouth*）中被日本搶走了旅順與大連的租借權、長春至旅順的鐵路及附屬財產和煤礦。

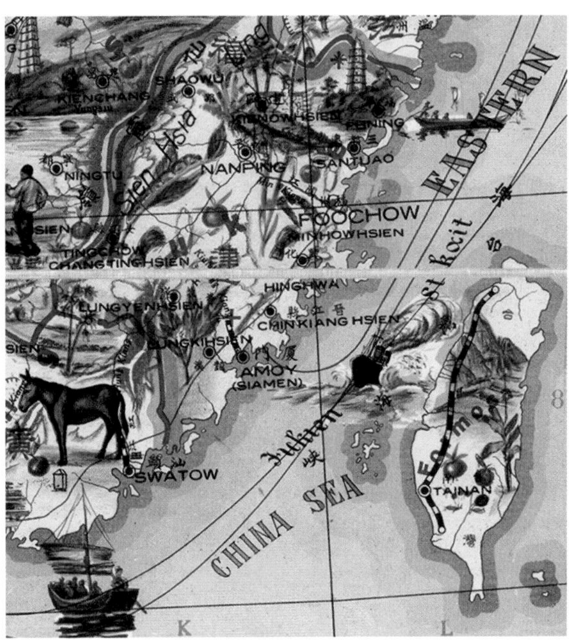

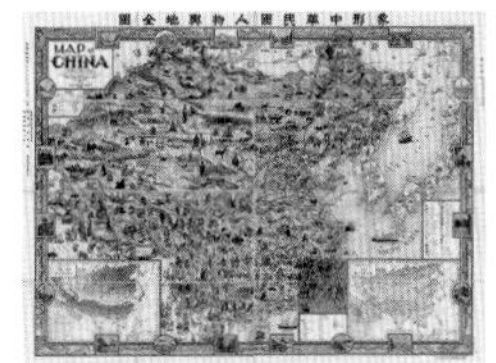

其實日本自從1895年占領臺灣後，幾乎每年都要忙於應付數起臺灣住民的抗日事件，而在本地圖發行前一年，臺灣霧社的賽德克族因不滿日本長期以來的勞役與壓迫，於霧社公學校運動會上襲殺日本人。事發後立即遭日方調集軍警，以飛機、大砲、毒氣等強力鎮壓；最後賽德克族首領莫那魯道飲彈自盡，參與行動的各部落幾遭滅族，數百位寧死不屈的族人集體自縊，是臺灣日據期間最後一次激烈的武裝抗日行動。

隔年，也就是本地圖發行的1931年，日本關東軍進攻瀋陽，九一八事變爆發，換由中國接續臺灣三十餘年來最後一次的武裝抗日行動，展開14年的對日抗戰。

霧社事件紀念碑

穿上日本和服的臺灣

《遠東地圖》（*A chart of ye Far Eastern landes*）

英國皇家海軍見習軍官繪於1932年，出自英國國家航海博物館（National Maritime Museum, Greenwich）。

這幅充滿東方風味的地圖繪於九一八事變爆發的隔年，當時中國上海展開了抵制日貨運動，沉重打擊日本在上海的貿易。日本一來為了反制，二來為了配合日軍在中國東北的侵略行動，於是選在上海發動淞滬戰爭。

戰爭打了一個多月，由於上海的戰事讓長江航運中斷，使得列強在中國的利益受損，於是逼迫中日雙方談判。然而英、美、法、義各國出面調停時，卻對日本侵占中國東北採取放任的態度。1932年3月，日本在中國東北扶植成立了滿洲國傀儡政權。

滿洲國皇帝溥儀肖像郵票

本圖中的上海港口外，有一名軍人左手手槍、右手機關槍，不停掃射，顯然就是描繪淞滬戰爭。左邊陸地上的舞女與火光，搭配右邊的英文Shanghai, In peace exceeding gaiety, In war the curfew tolls，或可譯為「上海歌舞昇平，戰火蔓延宵禁」。而東北剛成立的滿洲帝國則被畫成一頭凶猛的東北虎，蹲在長城外，對北京虎視眈眈，左下方的中華民國國旗的半顆白日也與右上方日本軍旗的半顆太陽彼此對峙。

繪圖者仍以十世紀之後中亞及歐洲人所謂的契丹（Cathay）來稱呼中國，雖然中華民國（Republic of China）已成立20年，但由於國共持續內戰，日本不斷侵略，當時的中國在列強眼中，仍無法擺脫清朝末年的衰弱印象，一如圖中穿著清朝服飾的中國人、舉著大刀的平劇角色，以及拉著人力車的車夫，而坐在沙發上的西洋貴婦則邊抽菸邊說：「主人要去高爾夫俱樂部。」（Master go Golfe Club.）道盡了當時中國的難堪處境。雖然陸上和海上都各畫了一條中國神獸——張牙舞爪的龍，卻更突顯出以九百年前曾強盛一時的Cathay來稱呼中國所隱含的諷刺意味。

龍爪下方的廈門（Amoy）旁邊畫了一隻咬著老鼠的貓，豎直了尾巴，英文卻寫著whose cats are not good mousers.（此處貓兒不太會捕鼠），以幽默的漫畫方式說明廈門老鼠的猖獗。而更南方的汕頭（Swatow）則插上了一枝海盜旗，英文也直接了當地說明「海盜住在這裡」。

至於對岸的臺灣，與朝鮮一樣，都被塗成與殖民帝國日本相同的淺綠色。臺灣島上只標註臺南（Tainan）一處地名，整座島嶼幾乎被一位身穿和服、搖著扇子的日本男子占滿，與日本本島上的日本女子遙相呼應。而東部海面上的英文Here ye Mikado holdeth swave（日本天皇牢牢掌控此地），似乎也在諷刺對岸那條張牙舞爪的中國龍。1923年4月，日本皇太子裕仁曾來臺訪問12天，三年後登基成為日本天皇。

臺灣東部海面還畫了一頭鯨魚，噴起高高的水柱。因為臺灣東部有溫暖的熱帶洋流黑潮流經，捲起海底豐富的營養鹽，吸引了瓶鼻海豚、領航鯨、虎鯨、抹香鯨、大翅鯨等各類鯨豚來此覓食並進行交配。

臺灣海峽南方海面則畫了一艘三桅帆船，註記「飛剪式帆船前往廣東交易茶葉」（Clippers came to Canton for tea），說明當時中臺之間的茶葉貿易依然熱絡。

1923年日本皇太子裕仁巡視臺灣總督府

19世紀末的飛剪式帆船

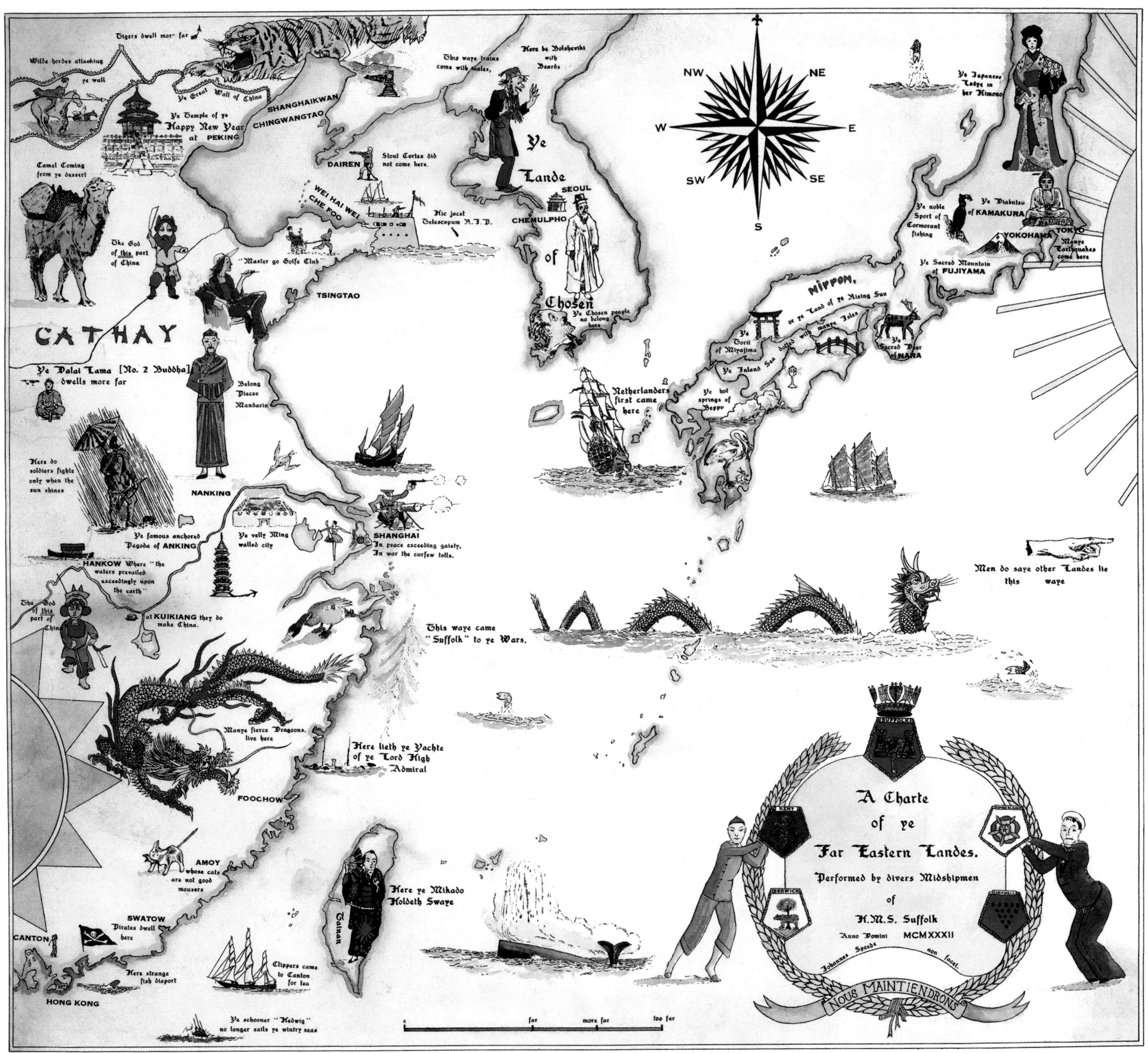

Tigers dwell more far
Wilde hordes attacking ye wall
Ye Great Wall of China
Ye Temple of ye Happy New Year at PEKING
SHANGHAIKWAN
CHINGWANGTAO
This waye trains come with males.
Here be Bolsheviki with Beards
Ye Lande of Chosen
SEOUL
CHEMULPHO
Ye Chosen people no belong here
DAIREN
Stout Cortez did not come here.
WEI HAI WEI
CHE FOO
Hic jacet Telescopum N.I.D.
Camel Coming from ye dessert
The God of this part of China
"Master go Golfe Club"
TSINGTAO
CATHAY
Ye Dalai Lama [No. 2 Buddha] dwells more far
Belong Piecee Mandarin
NANKING
Here do soldiers fight only when the sun shines
Ye famous anchored Pagoda of ANKING
Ye velly Ming walled city
SHANGHAI
In peace exceeding gaiety. In war the curfew tolls.
HANKOW Where "the waters prevailed exceedingly upon the earth"
The God of this part of China
at KUIKIANG they do make China.
This waye came "Suffolk" to ye Wars.
Manye fierce Dragoons live here
Here lieth ye Yachte of ye Lord High Admiral
FOOCHOW
AMOY whose cats are not good mousers
SWATOW Pirates dwell here
CANTON
Here strange fish disport
HONG KONG
Clippers came to Canton for tea
Ye schooner "Hedwig" no longer sails ye wintry seas
Here ye Mikado Holdeth Swaye
Taiwan
0 far more far too far
NW
NE
W
E
SW
SE
S
Ye Japanese Ladye in her Kimono
Ye Diabutsu of KAMAKURA
Ye noble Sport of Cormorant fishing
YOKOHAMA
TOKYO
Manye Earthquakes come here
Ye Sacred Mountain of FUJIYAMA
NIPPON, or ye Land of ye Rising Sun
Ye Torii of Miyajima
Ye Inland Sea dotted with manye Isles
Ye Sacred Deer of NARA
Netherlanders first came here
Ye hot springs of Beppu
Men do saye other Landes lie this waye
SUFFOLK
A Charte of ye Far Eastern Landes.
Performed by divers Midshipmen of H.M.S. Suffolk
Anno Domini MCMXXXII
Johannes Speede non fecit.
KENT
BERWICK
CORNWALL
NOUS MAINTIENDRONS

中國抗日戰爭爆發，臺灣處境尷尬

《支那事變和日蘇關係繪地圖》（一目でわかる支那事変と日ソ関係絵地図）

海老原敏吾、石田英助，繪於1937年，出自澳洲國家圖書館（National Library of Australia）。

繼1931年九一八事變，扶植成立滿洲國傀儡政權之後，日軍再度處心積慮於1937年7月7日製造盧溝橋事變，導致中日全面開戰。8月13日，中國為了引起國際社會關注，選在上海主動發起大規模的淞滬會戰。12月13日，南京失守，估計有二三十萬中國人在日軍殘酷的「南京大屠殺」中遇害，中國戰時首都被迫遷至重慶。

1937年8月日軍轟炸後的上海南火車站——《申報》記者王小亭

這幅沾滿鮮血的戰爭地圖竟然出自日本當年11月的一本《婦人俱樂部》雜誌，今日看來頗為突兀，實際上當時的日本全國籠罩在軍國主義的氛圍中，日本政府將其在東北亞的侵略擴張說成是保護本國正當權益的行動，因此即使大眾雜誌也紛紛美化日本的海外擴張，鼓勵國民團結起來，在獲取時尚情報之際，仍不忘在精神及實質上全力支援前線戰士。1920年創刊的《婦人俱樂部》是當時的暢銷女性雜誌，持續發行到1988年才停刊，在日據時代也曾連同《主婦之友》、《婦人公論》及《婦人畫報》等女性雜誌發行到臺灣。

《婦人俱樂部》昭和12年11月附錄

本地圖附有截止至1937年10月1日的「蘇聯遠東軍兵力部署」、「戰地軍事記號」、「中日戰況速覽」三個列表。這類戰爭即時資料，民間雜誌怎麼可能如此快速取得？當然是由軍方提供，因此推測本圖撰文者海老原敏吾應具有軍方背景，至於繪圖者石田英助則為知名的兒童漫畫家、插畫家，是手塚治虫崇拜的漫畫前輩。本地圖為了沖淡戰爭的血腥味，特別找來畫風天真的兒童插畫家描繪小插圖，將飛機、軍艦、坦克都畫得像可愛的小玩具，就連帶槍士兵的表情也像漫畫中的大叔。

圖中的朝鮮、蘇聯、滿洲國、中國各地都畫出重要物產與工廠，而日本本土卻只標示地名與鐵路，一片空曠，彷彿暗示日本本土資源短缺，迫不得已只好向外開發，由此也可看出日本覬覦鄰國資源的野心。另一方面，日本軍歌中則宣稱軍隊出征是「代天打不義」，因為英美德俄列強勢力侵入東亞，覬覦中國，而中國貧窮落後，日本若不出面，就沒有別的力量可反制歐美霸權了。因此日本是為了拯救中國、保衛東亞的和平而戰。

1937年日軍在中國占領區發行的宣傳海報

圖及繪　石田英助

文字　海老原敏吾

婦人倶樂部十一月號附錄

一目でわかる 支那事變と日ソ關係繪地圖

記號

- 支那防禦陣地
- トーチカ
- 軍港
- 飛行場
- 赤軍配備狀況
- 萬里の長城
- 支那事變占據地（十月一日現在）
- 支那事變空爆地（十月一日現在）

ソ聯極東軍

狙擊師團　二十箇師内外

ウラヂヴオストツク及びその附近……八、九箇師團

ハバロフスク及びその附近……二、三箇師團

ブラゴヴエシチエンスク及びその附近……三、四箇師團

滿洲里からチタへかけた一帶……四、五箇師團

騎兵師團　數箇師團

飛行機　約一三〇〇臺

その内日本に飛んで來られるもの……二〇〇臺

戰車　約一三〇〇臺

以上合計　三十萬人

潛水艦　約六〇隻

北支戰況早わかり

北平天津附近

七月七日　蘆溝橋事件發生

七月二十六日　郎坊占據

七月二十七日　皇軍北平入城

七月二十八日　南苑、沙河鎭、清河鎭占據

七月二十九日　寶中寺、高寺、萬壽山、玉泉山占據

七月二十九日　宛平城、衙門口、蘆溝橋占據

七月三十日　北平治安維持會成立

七月三十日　長辛店、大沽占據

七月三十一日　北寧鐵道開通

八月一日　天津治安維持會成立

津浦線

八月二十四日　靜海占據

八月二十八日　三間房占據

八月二十九日　陳官屯占據

八月三十日　呂官屯占據

八月三十一日　王口鎭占據

九月四日　唐官屯占據

九月五日　大張屯、小張屯、只官屯、[illegible]屯、前屯、國莊、姚窩盆占據

九月六日　靜官屯占據

九月十一日　馬廠、青縣占據

九月十三日　姚馬渡、興濟鎭占據

九月十六日　南趙扶鎭占據

九月二十二日　西花園、大城、五里屯、任庄占據

九月二十四日　滄州、舉濱馬、張濱馬占據

九月二十七日　馮家口占據

九月二十八日　泊頭鎭占據

九月二十九日　東光、獻縣占據

九月三十日　連鎭占據

十月一日　桑園占據

平漢線

七月二十八日　良鄕占據

八月二十一日　七里堡占據

八月二十八日　花石片占據

九月六日　千君臺占據

九月十一日　楊子崗占據

九月十五日　房山、固安占據

九月十六日　周口店、竇店鎭占據

九月十七日　馬頭鎭占據

九月十八日　高碑店占據、涿州完全掃蕩

九月十九日　易縣占據

九月二十日　固城鎭、徐水占據

九月二十三日　滿城占據

九月二十四日　保定占據

九月二十六日　新樂占據

十月一日　曲陽占據

平綏線

八月十一日　龍虎台占據

八月十二日　南口鎭占據

八月十七日　亂泉占據

八月二十二日　萬全、鎭邊占據

八月二十三日　居庸關、松樹鎭、百嶺口占據

八月二十四日　孔家堡占據

八月二十五日　張家口占據

八月二十六日　八達嶺、上關、岔道城占據

八月二十七日　餘林堡、懷來、康莊、延慶占據

八月二十八日　沙城、宣化、鄒家莊占據

八月三十日　巴圖營子、赤城占據

九月二日　懷安、永嘉占據

九月三日　張家口にて察南自治政府成立し、懷來に懷來治安維持會成立

九月六日　南壕塹占據

九月八日　天鎭完全掃蕩、陽高鎭宏堡占據

九月十一日　聚樂堡、蔚縣占據

九月十二日　陽原占據

九月十三日　大同、廣靈占據

九月十五日　懷仁占據

九月十六日　渾源、淶源占據

九月十七日　豐鎭占據

九月十九日　興和占據

九月二十一日　新平地泉占據

九月二十四日　平地泉占據

九月二十八日　茹越口、朔縣占據

九月二十九日　繁峙占據

九月三十日　大營、代州、寧武占據

十月一日　雁門關占據

（十月一日現在）

大正九年九月十四日第三種郵便物認可（毎月一回一日發行）昭和十二年十月十一日印刷納本　昭和十二年十一月一日發行　婦人倶樂部（第十八卷第十三號）附錄

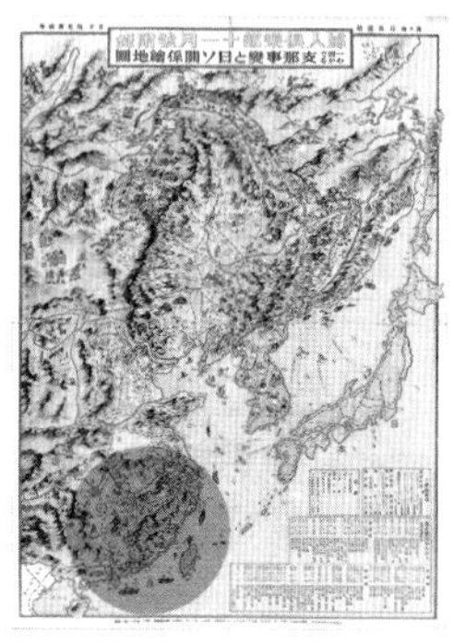

雖然是中日戰爭，圖中卻列出蘇聯遠東軍力的部署，以及大批蘇聯軍人駐防在日本操控的滿洲國北方邊界，因為七七事變爆發後，中華民國南京政府採取聯俄容共方針，當年8月便與蘇聯簽訂《中蘇互不侵犯條約》，向蘇聯購買重型武器，蘇聯也派遣顧問團並協助中國訓練飛行員。至於當時宣稱共同抗日的中共紅軍，也在圖中以紅色虛線標示的「赤化地帶」持槍觀望。

本圖中唯一讓人怵目驚心的畫面是一顆顆紅色炸彈，標示出開戰後到10月1日的日本軍機轟炸中國地點，全是由玩具般軍機投下的，然而地面上的中國百姓卻若無其事的繼續工作，顯得異常荒謬，但在侵略者眼中卻視為理所當然，還驕傲地在中國土地上插上一面面日本國旗，標示開戰後到10月1日的日軍占領地區。

當時的臺灣已被日本統治四十餘年，跨越了幾個世代，一般臺灣人（尤其是年輕世代）在日本的高壓統治下，對昔日祖國中國的情感聯結已日趨淡薄，加上臺灣當時不景氣，失業率高漲，如何安身立命勝過民族大義。雖有移居中國大陸的臺灣人組成「臺灣義

描繪日本婦女縫製「千人針」平安符送交前線戰士的版畫（藏於波士頓美術館）

勇隊」參加抗日，但受日本統治的一般臺灣民眾仍在官方宰制下，只能跟著搖旗吶喊、慶祝日軍的輝煌戰果，甚至被徵調入伍成為臺籍日本兵，投入前線戰場，和昔日祖國的中國同胞廝殺。

而臺灣婦女也比照日本婦女，由奉公會（日本動員臺灣人的基層組織）發起縫製「千人針」平安符送交前線戰士的活動，然而有不少臺籍日本兵在光榮歡送聲中前往中國戰場後，卻陸續傳回重傷或陣亡的消息，臺灣人這才發現，日本官方媒體《臺灣日日新報》不斷報導日本軍隊如何神勇、中國軍隊多麼不堪一擊的新聞，似乎與事實有些落差。而日據時代號稱「代表四百萬臺灣人言論立場」的中文《臺灣新民報》（1930年由《臺灣民報》更名而成）報導雖較客觀，但1937年中日全面開戰後，日本當局為了強化「皇民化」政策，限令全島報紙一律廢止中文，《臺灣新民報》逐漸喪失發言的空間。

地圖中的臺灣雖然只標註臺北、臺中、高雄、花蓮港、臺東5處地名，以及西部縱貫鐵路與花東鐵路，但也畫了一棵臺灣盛產的香蕉樹，畢竟畫面受限，無法再多畫其他物產。而臺灣海峽西南方海面上則畫了兩艘日本軍艦，與東海上的三艘日本軍艦，對中國海岸形成包圍，甚至占領了東沙島。

臺灣日日新報

號外

臺北、新竹に

敵機來襲す

我戰鬪機直に擊退

1938年2月23日《臺灣日日新報》的報導

《臺灣新民報》前身《臺灣民報》位於臺北的總批發處

「臺灣義勇隊」附設的「臺灣醫院」

延伸閱讀 ◀「臺灣義勇隊」主要成員為不願被日人統治、移居到大陸的臺灣子弟，1938年正式成立於浙江省，隸屬臺灣獨立革命黨，主要領導者為李友邦。後期還有臺籍日本兵從日軍軍營投誠加入，人數最多時達七百多人。由於熟諳日語，主要協助刺探軍情、訊問日俘、提供醫療服務等工作，曾經成立四間「臺灣醫院」。

日本滿洲物產豐盛，臺灣米糖也不遜色

《日滿物產地圖》

齋藤英夫、山上喜司繪於1930～1939年，出自澳洲國家圖書館（National Library of Australia）。

相較於上一幅附在《婦人俱樂部》雜誌中的《支那事變和日蘇關係繪地圖》，這幅附在《小學六年生》月刊中的《日滿物產地圖》，顯然不能再用「祖國資源短缺」提醒主婦「勤儉持家報國」的角度式來呈現日本樣貌，而應讓國家未來的主人翁認識祖國「地大物博」，以祖國為傲。因此一改上幅地圖中的空曠日本本土，以鳥瞰圖的方式鉅細靡遺地展現各地豐富的物產。

除了日本本土的物產，當然也要將費盡苦心扶植建立的滿洲國，以及陸續占領的樺太（南庫頁島）、朝鮮及臺灣等地的物產一併展現出來。

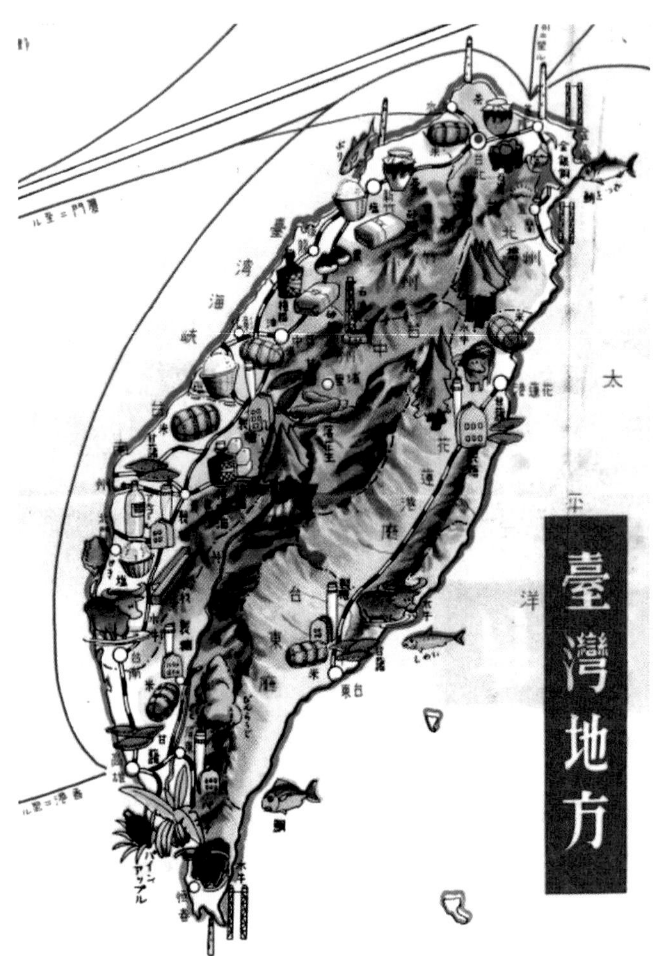

上一幅《支那事變和日蘇關係繪地圖》中的臺灣只畫出一種物產——香蕉，實在無法完整反映出當年日本強占臺灣的意圖——以臺灣豐富的自然資源與廉價勞工，支援日本本土的整體發展。此種典型的殖民地經濟模式在兒玉源太郎的總督任內打下基礎，並於1943年太平洋戰爭中達到高峰。若以年代區分，1900～1920年間，臺灣的經濟主軸為蔗糖，1920～1930年則以稻米為主的農產出口。到了1930年之後，由於戰爭需要，總督府開始將臺灣的經濟重心轉為工業。

本地圖中的臺灣物產以米、甘藷和水牛最普遍，鹽則只產於西海岸，製糖廠集中在中南部，茶葉集中在北部，香蕉、鳳梨與木材只出現在南部。其他較特殊的物產有：北部的石炭（煤）、金銀銅；苗栗的栗子、樟腦油、石油；埔里的落花生；嘉義的樟腦與樟腦油等。臺灣環島沿海還畫出了數座燈塔及鮪魚、鯛魚等海產。

日據時期的苗栗出磺坑油田是亞洲第一口油井

本地圖發行後不久，因為中日戰爭爆發，1939年日本政府頒布了「軍事機密保護法」，禁止鳥瞰圖的繪製與刊行，此一命令讓鳥瞰圖逐漸式微。

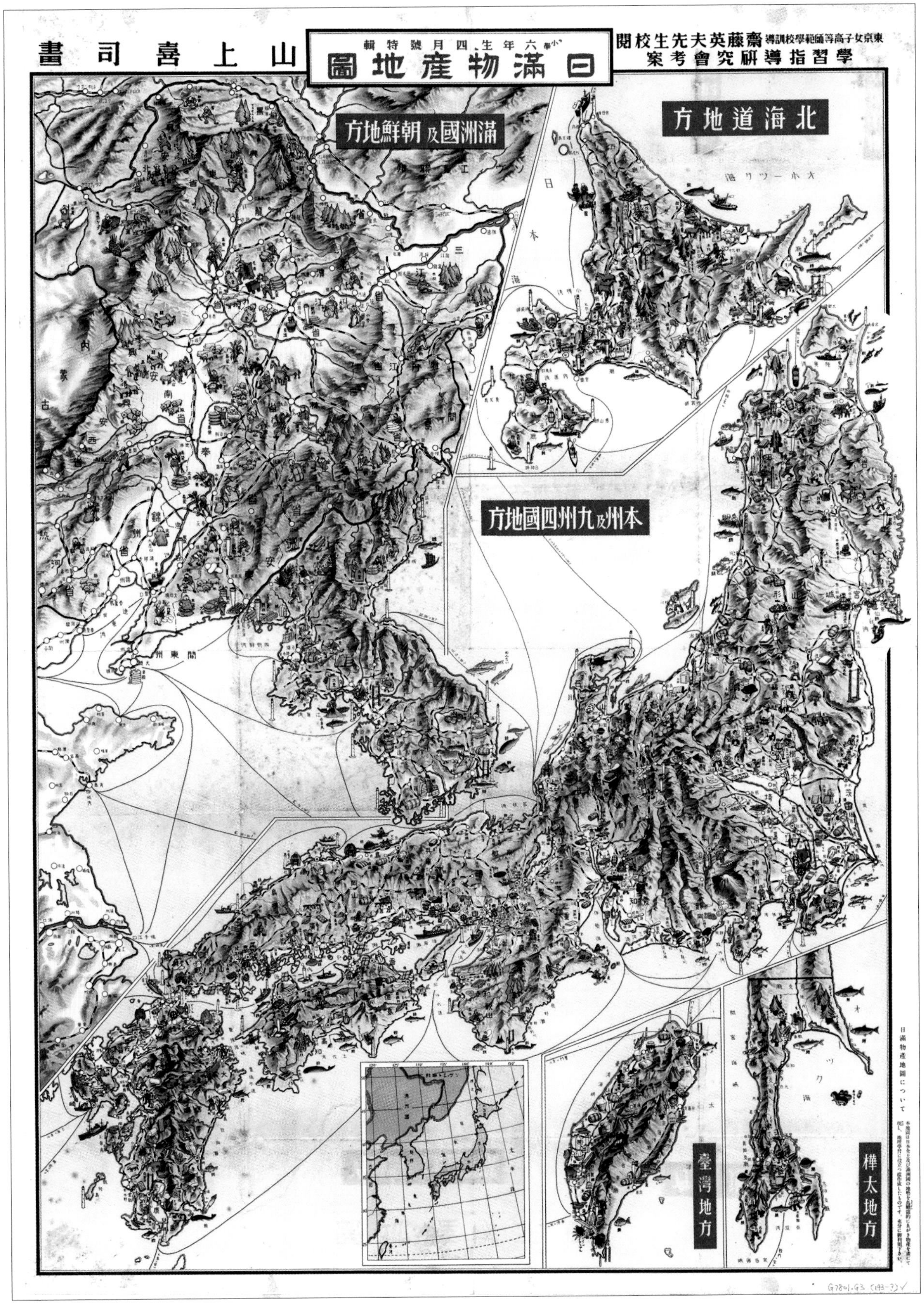

日滿物產地圖

小學六年生四月號特輯

東京女子高等師範學校訓導 齋藤英夫先生校閱

學習指導研究會考案

山上喜司畫

滿洲國及朝鮮地方

北海道地方

本州及九州四國地方

臺灣地方

樺太地方

延伸閱讀 ▼臺灣總督府為了增加蔗糖產量，引進含糖量高的蔗種，改良製糖方法，並獎勵投資製糖業，建立「原料採集區域制度」，規定農民只能把甘蔗賣給自己農地附近的糖廠，而且價格由糖廠決定，吸引了許多日本大財團紛紛來臺設立製糖公司。臺灣糖業於1930年代產量達到高峰。1931年的蔗糖年產量達146.3萬公噸，居全日本第一。

日據時期的橋仔頭糖廠第一工場

延伸閱讀 ▼日俄戰爭時，臺灣米因曾支援前線，受到重視。1910年，臺灣總督府開始進行臺灣在來米的品種與技術改良。1929年，多產、抗病性佳的蓬萊米研發成功，成為輸日的重要商品。因為日本米一年只一穫，且稻米生產易受氣候影響；相對而言，臺灣稻米一年兩穫，生產較穩定，在日本米生產失調或戰爭缺糧時，常扮演調節角色。

當時臺灣總督府較專注於發展糖業，但米市熱絡連帶拉抬米價，大量蔗農改種稻米，在米糖比價收購制度中，影響了糖業株式會社的甘蔗收購成本，因而造成「米糖相剋」效應。

臺灣稻田（Photo by Fred Hsu CC BY-SA 3.0）

中國五族共和，臺灣呢？

《太平洋民族地圖》（*Peoples of the Pacific*）

米格爾・瓦魯比亞斯（Miguel Covarrubias），
繪於1939年，出自波士頓公共圖書館
雷文索爾地圖收藏中心（Norman B. Leventhal Map Center Collection）。

美國舊金山於1939年舉行「金門國際博覽會」（Golden Gate International Exposition）時，邀請墨西哥畫家兼民族學家瓦魯比亞斯，繪製六幅壁畫來裝飾主題場館「太平洋廳」（Pacific House），以「太平洋慶典」（Pageant of the Pacific）為主題，分別描繪太平洋地區的民族、動植物、藝術、經濟、土著住屋、交通運輸。展出後大受歡迎，於是主辦單位將壁畫轉印成版畫發行，本幅《太平洋民族地圖》就是當時的第一幅壁畫轉印而成。

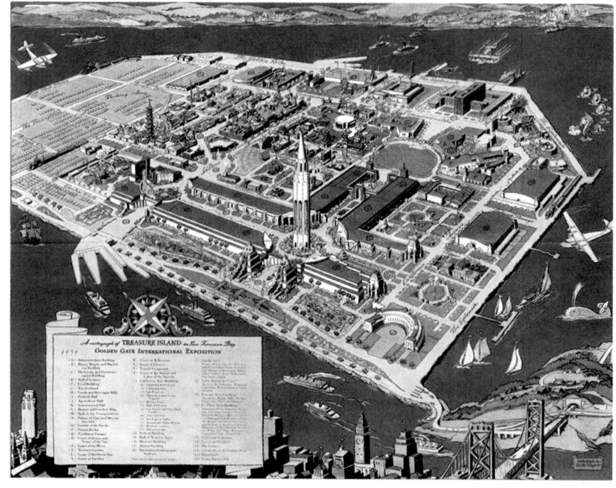

1939年「金門國際博覽會」

Lithographed in the U. S. A. by H. S. Crocker Company, Inc. and Schwabacher-Frey Company

《太平洋動植物地圖》

博覽會結束後，六幅壁畫移至紐約的美國自然歷史博物館（American Museum of Natural History）繼續展出。但再由紐約運回舊金山後，第六幅壁畫卻下落不明，另外五幅壁畫則被安裝在渡輪大樓（Ferry Building）的世界貿易俱樂部（World Trade Club），直到2001年渡輪大樓改建，這些壁畫才移往舊金山金銀島發展局（Treasure Island Development Authority）的倉庫中，等待找到適合的展示場地。

瓦魯比亞斯被稱為墨西哥的文藝復興者，繪畫作品和諷刺漫畫經常刊登在1920～1930年代《紐約客》（*New Yorker*）和《浮華世界》（*Vanity Fair*）雜誌的封面上，1929年曾獲國家藝術總監獎，在美洲享有盛名。據估計，這幾幅壁畫的市價為每幅100萬美元。然而本地圖的價值不在於對國家、島嶼和山川之類地理常識的描繪，這些在教科書、傳統地圖中都可找到，本地圖的價值在於以獨特的繪畫語言詮釋廣闊太平洋地區所代表的意義。

正在繪製《太平洋動植物地圖》的瓦魯比亞斯

《峇厘島》書名頁

除了繪畫專長，瓦魯比亞斯更於1933年成為古根漢基金會會士（Guggenheim Fellow），前往東南亞，研究當地的文化、語言和習俗，並在中國度過一段時間。1937年撰寫了一本詳盡的人種誌《峇厘島》（*Island of Bali*），後來又在墨西哥國立歷史博物館（Escuela Nacional deAntropologíae Historia）教授民族學，這時他對人類學的興趣超越了藝術。

這幅《太平洋民族地圖》結合了瓦魯比亞斯的藝術與民族學專長，描繪的範圍包括環繞太平洋的亞洲、澳洲（大洋洲）、北美洲和南美洲四大洲，《太平洋民族地圖》顯然並未將所有太平洋地區的民族都包括在內，只繪出作者認為最「有特色和代表性」的民族。

由於很多民族是跨越國界的，因此本地圖中並未標出國界，而只以陸地顏色來區分相關的族群，列表

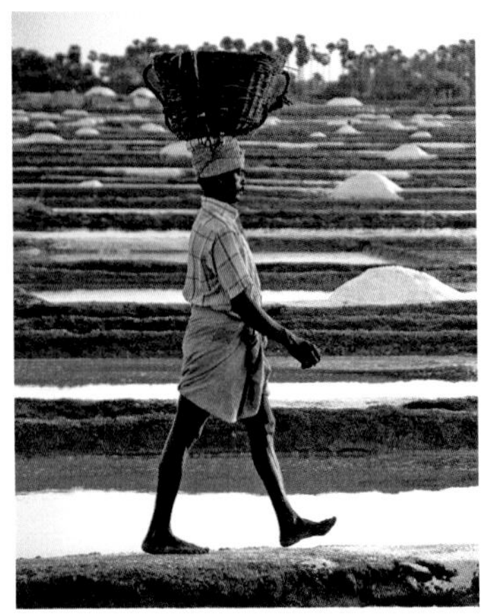
印度的達羅毗荼人（Photo by Arvind Rangarajan CC BY-SA 3.0）

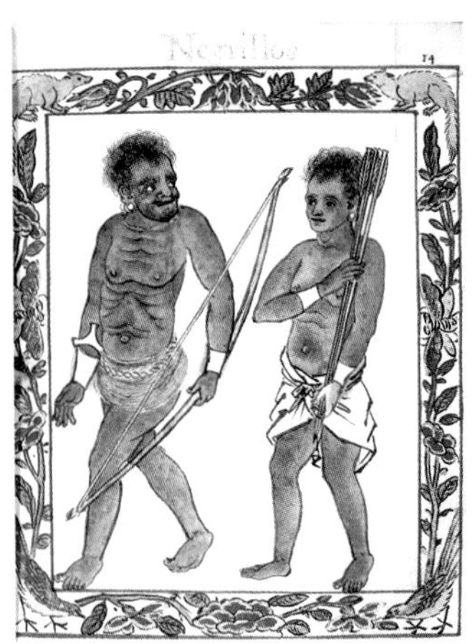
前哥倫布時期的菲律賓尼格利陀人

1870年代斐濟的美拉尼西亞人

紐西蘭的玻里尼西亞人（毛利酋長）

標示於地圖左下角，由上往下依序為：蒙古種（最北邊黃色地區的西伯利亞人、蒙古人、愛斯基摩人；金色地區的中國人、中南半島人、西藏人；綠色地區的馬來人；橘紅色地區的美洲印第安人）、高加索種（粉紅色地區）、黑色人種（駝色地區的達羅毗荼人、尼格利陀人；灰色地區的美拉尼西亞人；褐色地區的美國黑人；磚紅色地區的玻里尼西亞人、密克羅尼西亞人）。

臺灣劃歸金色地區，遙望對岸中國，有新疆回族、塞北蒙古族、黃河中原漢族、上海旗袍女子、閩南藍衫婦女、雲貴少數民族與西藏喇嘛，基本上涵蓋了「漢滿蒙回藏」五族，較突兀的是陝甘地區還畫了一位佩槍軍人，或許是指陝北的中共八路軍。

臺灣位於金色地區的邊緣，雖然島上的原住民族不在上述所謂的「五族」之內，但因西岸有大量閩南移民，加上畫面受限，繪者便以對岸的藍衫閩南婦女代表。

事實上，臺灣是南島語族分布的最北緣，與綠色地區的馬來人關係也相當密切。臺灣東部海面上繪有兩位持矛拉弓的半裸土著，與左邊穿著菲律賓傳統禮服的女子形成明顯對比。土著的長矛穿越臺灣東部，或許可將這兩位土著視為臺灣與菲律賓原住民同屬的南島語族。

復活節島（Photo by Bjørn Christian Tørrissen CC BY-SA 3.0）

本地圖中的綠色、灰色、磚紅色地區均另以淺藍色的弧形區塊加以標示，整體來看，幾乎等同於南島語族的分布範圍，遠達夏威夷與復活節島，一如臺灣東岸的拉弓土著，正奮力將箭射向遠方。

西藏喇嘛（Stephane Passet攝於1913）

1912～1928年「五族共和」國旗

延伸閱讀 ◀國民政府成立初期提出「五族共和」的政治口號，強調中國五大族群的和諧相處，並以五大族群傳統上喜愛的顏色紅（漢）、黃（滿）、藍（蒙）、白（回）、黑（藏）五色旗作為南京政府和北洋政府的國旗，代表五族共和。

地圖索引

三劃

四劃

五劃

六劃

七劃

八劃

九劃

十劃

十一劃

十二劃

十三劃

十四劃

十五劃

十六劃

十七劃

十八劃

製圖者索引

三劃

四劃

五劃

六劃

七劃

八劃

九劃

十劃

十一劃

十二劃

重要相關名詞索引

四劃

五劃

六劃

九劃

十劃

十一劃

十二劃

十三劃

十四劃

十五劃

十六劃

十七劃

十八劃

十九劃

二十劃

二十一劃

二十五劃以上

創作團隊簡介

王存立

曾任桂冠圖書主編、牛頓出版副總編、閣林文創總編輯、遠足文化發行人……從事編輯出版工作三十餘年，企劃主編近千冊各類圖書。著有《明清時期的臺灣古地圖》（金鼎獎）、《圖說中國帝王-唐太宗》、《小恐龍歷險記》（國立編譯館漫畫首獎）、《理財小達人》（入圍金鼎獎）等二十餘本。

編輯工作多年，有機會大量閱讀，結交各類專長的作者，廣泛接觸多樣的文藝風格，深入查證浩瀚的史料典籍，因緣際會而踏入古地圖的迷人世界，亟欲與讀者分享其中的瑰麗與趣味。

邱艷翎

自在工作多年，參與多項圖書編輯、翻譯、寫作，從藝術、科普、文史，到兒童幼教……，用文字傳達對書籍文化的熱愛，未曾稍減；知識之深之廣，永遠閱讀不盡，期待繼續在各種文化領域及生活藝術中發掘珍寶，與讀者分享。

陳文怡

生命中最美好的事，莫過於寫下隻字片語讓心靈感動。文字的旅程有時就像是一條不歸路，一條很美的不歸路，沿途的美好風光，全停駐在心中醞釀，發酵成一杯香醇的美酒。著有《輕鬆保養EASY GO》、《迪迪的相簿》、《夢中的演奏者》、《理財小達人系列》等書。

陳致儒

從事圖文整合工作多年，隱身幕後，藉由作品傳達字句中透出的日常美感，供讀者翻閱書頁時沉澱、感受。

台灣珍藏

世界珍稀古地圖中的臺灣

從古羅馬到日本帝國，跨越 2000 年，從 83 幅精緻稀有古地圖發現臺灣

作　　者　王存立
協力編輯　邱艷翎、陳文怡
責任編輯　張瑞芳
校　　對　王存立、張瑞芳、魏秋綢
美術編輯　陳致儒
行銷統籌　張瑞芳
行銷專員　何郁庭
總 編 輯　謝宜英
出 版 者　貓頭鷹出版

發 行 人　凃玉雲
發　　行　英屬蓋曼群島商家庭傳媒股份有限公司城邦分公司
　　　　　104 台北市中山區民生東路二段 141 號 11 樓
劃撥帳號　19863813　戶名：書虫股份有限公司
城邦讀書花園　www.cite.com.tw
購書服務信箱　service@readingclub.com.tw
24 小時傳真專線　02-25001990 ～ 1
香港發行所　城邦（香港）出版集團／電話：852-25086231 ／傳真：852-25789337
馬新發行所　城邦（馬新）出版集團／電話：603-90563833 ／傳真：603-90562833
印 製 廠　中原造像股份有限公司
初　　版　2021 年 4 月
定　　價　新台幣 3000 元／港幣 1000 元（紙本平裝）
　　　　　新台幣 2100 元（電子書）
ISBN　978-986-262-458-6（紙本平裝）
　　　978-986-262-460-9（電子書 PDF）

【大量採購　請洽專線】02-2500-1919
讀者意見信箱　owl@cph.com.tw
貓頭鷹知識網　http://www.owls.tw

國家圖書館出版品預行編目（CIP）資料

世界珍稀古地圖中的臺灣：從古羅馬到日本帝國，跨越 2000 年，從 83 幅精緻稀有古地圖發現臺灣 / 王存立著 . -- 初版 . -- 臺北市：貓頭鷹出版：英屬蓋曼群島商家庭傳媒股份有限公司城邦分公司發行，2021.04
　面；　公分 . --（臺灣珍藏：22）
ISBN 978-986-262-458-6（精裝）

1. 古地圖　2. 歷史地圖　3. 臺灣史

733.35　　110002067